出版业知识服务转型之路
——国家知识资源服务模式试点研究

（Ⅰ）

THE TRANSFORMATION OF
KNOWLEDGE SERVICE
IN PUBLISHING INDUSTRY
PILOT STUDY ON NATIONAL KNOWLEDGE
RESOURCE SERVICE MODEL

主　编　张　立
副主编　刘颖丽　介　晶

社会科学文献出版社
SOCIAL SCIENCES ACADEMIC PRESS (CHINA)

寄　语

2014 年，国家新闻出版广电总局、财政部联合发布《关于推动新闻出版业数字化转型升级的指导意见》，明确提出重点支持部分专业出版企业按服务领域划分、联合开展专业数字内容资源知识服务模式探索。2015 年，国务院印发《促进大数据发展行动纲要》，提出要建立国家知识服务平台与知识资源服务中心。同年，国家新闻出版广电总局办公厅发出《关于开展专业数字内容资源知识服务模式试点工作的通知》，委托中国新闻出版研究院负责具体的组织工作。这标志着知识资源服务模式试点工作的正式启动。2016 年，国家新闻出版广电总局批复中国新闻出版研究院筹建知识资源服务中心，旨在为建设国家知识资源服务中心、建设国家知识服务平台、构建国家知识服务体系、提高我国知识资源的生产与供给能力奠定基础。与此同时，财政部、国家发改委先后对中国新闻出版研究院立项的国家知识服务平台给予了资金支持。

在 2015 年至 2018 年的三年多时间里，中国新闻出版研究院在国家新闻出版广电总局数字出版司的指导下，先后分三批遴选出 128 家企事业单位，参与知识资源服务模式试点工作。参与试点工作的各专业出版单位、高校、技术公司忠于职守、履职尽责，推出了一系列面向知识服务的标准，以及众多各具特色、高质量的知识服务产品，许多产品已走向市场，受到读者的欢迎和好评。

今天，我非常高兴地看到中国新闻出版研究院将三年多的试点成果进行汇集出版，内容包括了知识服务工作历程、标准体系、应用案例和观点荟萃等。我以为这既是对试点工作的一个总结，也将为行业未来发展提供一份重要的参考资料。

在原国家新闻出版总署和国家新闻出版广电总局部署的新闻出版重大科技工程中，中国新闻出版研究院承担了数字版权保护技术研发工程和国家知识资源服务模式试点工程。现在两项任务都顺利完成，并开始提供应用服务，取得了可喜的成绩，令人兴奋。在此，我对中国新闻出版研究院在项目的研发上表现出的认真负责的态度、一丝不苟的工作责任心、勇于担当甘于奉献的精神，以及高效的执行能力感到由衷的钦佩。我热切期望中国新闻出版研究院在国家知识资源服务平台建设和推广应用中重点做好三件事。

第一，确保平台内容的权威性、准确性、纯洁性，为用户提供高质量高水平的内容产品和内容服务。

第二，把融合发展作为引领数字出版未来发展的重要方向，带动出版业坚定不移地走融合创新发展之路，实现数字化的出版和出版的数字化这个双重目标，使出版业在新时代焕发多彩的生机和活力。

第三，高度重视信息内容资源的安全性、可靠性。把三个确保作为追求目标：确保知识内容不被侵权盗版、不被恶意篡改；确保信息服务不被中断；确保系统安全等级符合国家相关规定。

借本书出版之机，我向奋斗在数字出版战线上的同志们表示敬意，希望大家继续努力，为我国出版业在新时代坚守主阵地，弘扬主旋律，传播新知识，发挥正能量做出更大贡献。

中国音像与数字出版协会理事长

原国家新闻出版广电总局副局长

孙寿山

2019 年 5 月 31 日

序
知识服务是出版服务的重要方式之一

《出版业知识服务转型之路——国家知识资源服务模式试点研究》一书即将出版，张立同志希望我为本书写一个序，我欣然同意，其主要的缘由有三点。

第一，我曾参与"国家知识资源数据库工程"的可行性论证工作，对出版业知识服务问题关注已久。2006年9月，《国家"十一五"时期文化发展规划纲要》发布，明确提出：大力发展以数字化内容、数字化生产和网络化传播为主要特征的新兴文化产业，积极发展网络文化产业，鼓励扶持民族原创的健康向上的互联网文化产品的创作和研发，拓展民族网络文化发展的空间。并且把"国家知识资源数据库工程"列为"十一五"时期国家重大文化产业推进项目之一。在此之前，国家新闻出版总署已经高度重视数字出版产业发展问题，把"国家知识资源数据库工程"与"数字版权保护技术研发工程""国家数字复合出版系统工程""中华字库工程"列为数字出版产业发展的四大工程，并委托相关部门进行论证。中国新闻出版研究院（当时名为"中国出版科学研究所"）牵头对"国家知识资源数据库工程""数字版权保护技术研发工程"进行可行性论证，我担任"国家知识资源数据库工程"项目组组长，组成了包括来自中国出版集团、方正阿帕比、万方数据、北京大学、中南出版集团等单位的专家在内的项目小组，在广泛调研和讨论的基础上，形成了《国家知识资源数据库工程可行性报告》。2007年9月，国家新闻出版总署组织专家对四大工程进行可行性论证，柳斌杰署长、孙寿山副署长都参加了会议。中国科学院院士高庆狮、杨芙清，两院院士王越，工程院院士方滨兴，北京大学教授、博士生导师俞士汶，王选夫人陈堃銶等90余位专家、学者、研究人员参加了论证。会后，各项目组根据专家意见对可行性论证报告做了修改。国家新闻出版总署与财政部等部门就四大工程的立项问题进行协商。2009年，财政部批复同意"数字版权保护技术研发工程""中华字库工程"立项，但是对"国家知识资源数据库工程"的属性有不同的看法。财政部认为此工程具有很强的产业属性，要更多地通过市场化的方式进行，我们认为此项目既具有产业属性，更具有公益属性和技术研发属性，由于认识的不一致，该工程在"十一五"期间没有启动。

2011 年，《国家"十二五"时期文化改革发展规划纲要》发布，再次将"国家知识资源数据库工程"列入"十二五"期间"文化数字化建设工程"重点项目。为此，国家新闻出版总署再次启动项目的可行性论证，仍由中国新闻出版研究院牵头，我也再次组织专家对项目进行研究，项目小组在"十一五"期间形成的"国家知识资源数据库工程"可行性论证的基础上，充分考虑了互联网技术发展的新特点，结合知识服务技术发展的最新成果，对项目可行性方案做了进一步修改与完善，形成了新的可行性报告。此后，国家新闻出版总署财务司、科技与数字出版司就项目的立项问题多次与财政部等部门进行协商，但是由于多种原因该工程迟迟没有立项。虽然没有正式立项，但是国家新闻出版总署（国家新闻出版广电总局）、中国新闻出版研究院等对该工程的关注没有停止，数字出版业界对该工程的关注也没有停止，因此该工程的相关工作一直在进行当中。

第二，中国新闻出版研究院在国家知识资源服务中心建设中投入很多。"十二五"以来，网络技术、数字技术发展很快，知识服务受到广泛重视。2015 年，国务院印发了《促进大数据发展行动纲要》，明确提出要建立国家知识服务平台与知识资源服务中心。为我们再次正式启动国家知识资源数据库建设项目提供了依据，国家新闻出版广电总局数字出版司、规划发展司、财务司等与财政部、国家发改委等部门积极沟通，采取"化整为零"的方式，对专业数字内容加工、知识服务标准研制、知识服务平台建设、大数据处理等分别立项，逐步推进工程建设。在此思路之下，做了五个方面工作：一是从 2015 年开始，在国家新闻出版广电总局数字出版司的指导下，中国新闻出版研究院先后开展了三批"专业数字内容资源知识服务模式试点"工作，总共遴选出 110 家出版单位、科研单位等参与试点工作；二是组织 28 家首批试点单位开展了知识服务标准研制工作，确定了知识服务领域的 24 项标准，2015 年 11 月，首批 8 项标准由国家新闻出版广电总局批准颁布，有 7 项标准被纳入 2017 年国家标准制定计划；三是 2015 年财政部批准了中国新闻出版研究院申报的"知识服务平台建设"项目，并给予资助，知识服务中心平台建设启动；四是 2016 年国家新闻出版广电总局正式批准由中国新闻出版研究院筹建知识资源服务中心；五是2017年，国家发改委批准立项新闻出版大数据应用工程——国家知识服务平台项目，围绕知识服务领域的大数据应用研究开始启动。可以看出，"国家知识资源数据库工程"虽然没有整体立项，但是工程的实质性工作一直在有序进行当中。为了做好知识资源服务中心建设及相关工程的研发工作，中国新闻出版研究院组建了专业的团队（由张立副院长负责），联合有关出版单位和科研单位等，在国家新闻出版广电总局、财政部、国家发改委等部门的大力支持下，按照"国家知识资源数据库工程"建设的总体构想，全面启动国家知识服务建设工作。现在网站初期建成，可在线访问的知识服务产品有100多款，未来会向社会提供更多的知识服务产品。

第三，知识服务是互联网时代出版服务的重要方式，出版单位有独特的优势，有广阔的发展空间。互联网时代，知识的生产、传播、利用等已经发生巨大的改变，知识生产多元化、知识传播网络化、知识获取便捷化，特别是在资本的推动下，互联网知识服务风生水起，读者对知识服务的需求大增，知识服务将会有更大的发展，各种知识服务参与者都将迎来新的增长契机。美国学者弗里茨·马克卢普在《美国的知识生产与分配》一书中提出，教育、研究、传媒是知识生产与传播的主要领域。在没有互联网的时代，这一观点是没有异议的。但是在互联网时代，许多传统的观念正在被颠覆，许多产业正在被重构，互联网正在成为知识生产与传播的主阵地。在这样的大背景下，传统出版单位如何在知识服务中找到自己的位置，如何在互联网知识服务的浪潮中不被边缘化，这是很多出版单位尚未意识到的。传统出版机构不仅有多年积累下来的专业优质内容资源，更有一批高素质、专业的知识加工人才，能够为读者提供高质量的知识服务，但是出版单位的市场意识比较弱，特别是互联网思维缺乏，许多出版单位尽管已经研发了不错的产品，但是还没有真正走向互联网。搭建国家知识资源服务平台，开展专业数字内容资源知识服务模式试点工作，是推动传统出版单位转向互联网服务的措施之一。我们期待拥有人才、资源、管理等优势的出版单位，在互联网知识服务时代，仍然发挥主力军、主阵地的作用，为用户提供真正优质的专业知识，不负人民对高质量知识服务的期待。

中国新闻出版研究院院长　魏玉山

2019年3月2日

目　录

寄　语 ／1

序　知识服务是出版服务的重要方式之一 ／1

（Ⅰ）

第一章　国家知识资源服务模式试点工作综述 ／1

第一节　国家知识资源服务背景 ／2

第二节　国家知识资源服务发展历程 ／5

第三节　国家知识资源服务模式试点工作开展情况 ／7

第四节　国家知识资源服务模式试点工作取得的成绩 ／10

第五节　当前知识资源服务模式试点单位存在的问题 ／12

第六节　关于知识服务应用推广的几点建议 ／14

第二章　国家知识资源服务模式试点单位调查问卷分析 ／ 17

　　第一节　知识资源总体情况 ／ 17

　　第二节　知识资源服务模式试点单位运营情况 ／ 19

　　第三节　知识资源服务模式试点单位产品情况 ／ 24

　　第四节　知识资源服务模式试点单位用户情况 ／ 27

　　第五节　当前存在的困难和未来预期 ／ 30

第三章　国家知识资源服务模式试点单位应用案例分析 ／ 33

　　第一节　知识资源服务模式试点单位总体情况 ／ 33

　　第二节　知识资源服务模式试点单位服务产品情况 ／ 34

　　第三节　知识资源服务模式试点单位产品定位情况 ／ 35

　　第四节　知识资源服务模式试点单位服务对象情况 ／ 37

　　第五节　知识资源服务模式试点单位技术架构情况 ／ 38

　　第六节　知识资源服务模式试点单位典型产品功能及特点情况 ／ 41

　　第七节　知识资源服务模式试点单位运营模式情况 ／ 42

　　第八节　知识资源服务模式试点单位盈利模式情况 ／ 43

　　第九节　知识资源服务模式试点单位采用相关标准情况 ／ 44

第四章　知识服务标准研制情况 ／ 57

　　第一节　专业数字内容资源知识服务模式试点通用标准研制情况介绍 ／ 57

　　第二节　知识服务标准体系表 ／ 59

　　第三节　知识资源建设与服务工作指南 ／ 72

第四节　知识资源建设与服务基础术语 ／80

第五节　知识资源通用类型 ／89

第六节　知识元描述通用规范 ／94

第七节　知识应用单元描述通用规范 ／121

第八节　知识关联通用规则 ／174

第九节　主题分类词表描述与建设规范 ／185

第五章　知识服务相关观点荟萃 ／203

第一节　知识服务的起源与概念 ／203

第二节　知识付费的创新与实践 ／205

第三节　出版业怎么做知识服务 ／208

第四节　知识服务未来发展趋势 ／213

参考文献 ／217

附　录 ／219

（Ⅱ）

第六章　国家知识资源服务中心门户网站建设情况 ／225

第一节　国家知识资源服务中心建设背景 ／225

第二节　国家知识服务平台介绍 ／226

第七章　专业类知识资源服务模式试点单位案例 ／ 245

　　第一节　人教数字出版有限公司 ／ 245

　　第二节　中国林业出版社 ／ 253

　　第三节　中国科技出版传媒股份有限公司 ／ 259

　　第四节　中国少年儿童新闻出版总社 ／ 264

　　第五节　中国农业出版社 ／ 287

　　第六节　福建科学技术出版社 ／ 293

　　第七节　社会科学文献出版社 ／ 297

　　第八节　电子工业出版社 ／ 303

　　第九节　中国社会科学出版社 ／ 310

　　第十节　中华书局 ／ 314

　　第十一节　哈尔滨工业大学出版社 ／ 319

　　第十二节　中国人民大学出版社 ／ 323

　　第十三节　成都音像出版社 ／ 330

　　第十四节　《中华医学杂志》社 ／ 336

　　第十五节　中国大百科全书出版社 ／ 340

　　第十六节　天津大学出版社 ／ 354

　　第十七节　中国人民公安大学出版社 ／ 358

　　第十八节　中国发展出版社 ／ 363

　　第十九节　华东师范大学出版社 ／ 366

　　第二十节　外语教学与研究出版社 ／ 378

第二十一节　人民邮电出版社　／392

第二十二节　人民法院出版社　／401

第二十三节　英大传媒投资集团　／413

第二十四节　中国海关出版社　／419

第二十五节　法律出版社　／440

第二十六节　黑龙江东北数字出版传媒有限公司　／444

第二十七节　人民交通出版社　／450

第二十八节　海峡出版发行集团　／480

第二十九节　海洋出版社　／483

第三十节　北京卓众出版有限公司　／487

第三十一节　中国水利水电出版社　／490

第三十二节　石油工业出版社　／497

第三十三节　商务印书馆　／505

第三十四节　中国建筑工业出版社　／514

第三十五节　知识产权出版社　／519

第三十六节　地质出版社　／524

第三十七节　上海音乐出版社　／528

第三十八节　中国铁道出版社　／533

（Ⅲ）

第八章　综合类知识资源服务模式试点单位案例 ／541

  第一节　读者出版传媒股份有限公司 ／541

  第二节　人民出版社 ／557

  第三节　中国财富出版社 ／568

  第四节　上海辞书出版社 ／575

  第五节　清华大学出版社 ／577

  第六节　罗辑思维"得到" ／585

  第七节　浙江出版集团数字传媒有限公司 ／595

  第八节　陕西师范大学出版社 ／601

  第九节　三联生活传媒有限公司 ／610

  第十节　中文集团数字出版传媒股份有限公司 ／616

  第十一节　北京合纵医信网络科技有限公司 ／624

  第十二节　山东科学技术出版社 ／636

  第十三节　重庆课堂内外杂志有限责任公司 ／649

  第十四节　人大数媒科技（北京）有限公司 ／660

  第十五节　化学工业出版社 ／668

  第十六节　中国出版集团东方出版中心 ／672

  第十七节　上海交通大学出版社 ／684

  第十八节　《中国出版传媒商报》社 ／693

  第十九节　北京师范大学出版社 ／702

第二十节　大象出版社 ／ 707

第二十一节　北京广播公司 ／ 711

第二十二节　时代新媒体出版社 ／ 716

第二十三节　中国农业科学技术出版社 ／ 726

第二十四节　河北冠林数字出版有限公司 ／ 729

第二十五节　中国图书进出口（集团）总公司 ／ 733

第二十六节　湖北科学技术出版社 ／ 740

第二十七节　北京畅想数字音像科技股份有限公司 ／ 746

第二十八节　接力出版社 ／ 756

第二十九节　广西师范大学出版社 ／ 760

第三十节　中国时代经济出版社 ／ 764

第三十一节　中信出版社 ／ 768

第三十二节　北京交通大学出版社 ／ 773

第三十三节　江苏凤凰教育出版社 ／ 782

第三十四节　重庆出版集团 ／ 785

第三十五节　中财数据网络有限公司 ／ 792

第三十六节　湖北长江传媒数字出版有限公司 ／ 797

第九章　知识服务技术企业单位案例 ／ 803

后　记　在我脑子里，知识服务不只是营销概念 ／ 863

第一章
国家知识资源服务模式试点工作综述[*]

知识是人类对主、客观世界探索的结果的总和，知识的获取和掌握对个人物质生活和精神生活的提升具有重要作用，同时知识的积累及传承能力决定了一个国家和民族的文化素养和科技实力。出版产业是表达、传播知识的重要行业，从"铅与火"时代到"光与电"时代，发展到今天与数字和网络技术的融合，出版业走到了"知识服务"阶段，可以说这是技术与人类文明发展过程中出版业发展的必经阶段。

当前，知识服务方兴未艾，其产品、平台、应用等日新月异，令人眼花缭乱，但同时也存在水平参差不齐的现象，这些问题不仅影响知识服务的高质量发展，也影响出版业的转型升级。因此，打造由国家主导的知识资源服务平台，构建国家知识资源服务体系，是发挥主流媒体作用，进而推动出版业融合发展的必然要求。

2015年3月，国家新闻出版广电总局启动了"专业数字内容资源知识服务模式试点工作"（简称"知识资源服务模式试点工作"），遴选了28家出版单位作为首批知识资源服务模式试点单位；2018年1月，遴选了27家新闻出版单位为第二批知识资源服务模式试点单位；2018年5月，受原国家新闻出版广电总局委托，我院启动第三批试点单位遴选工作，最终选出广播影视、出版、互联网、高校及科研院所等55家企事业单位。三批共遴选知识资源服务模式试点单位110家，这些试点单位虽然所在垂直领域不同，也形成了不同的知识服务产品及运营模式，但在投入产出、用户规模、

* 撰稿人：张立，中共党员，编审，研究员，中宣部"四个一批"专业技术领军人才，新闻出版业领军人才，国务院特殊津贴享受者，现任中国新闻出版研究院副院长、数字版权保护技术研发工程总体组专职副组长，目前主要参与数字出版、数字版权、知识服务等方面的规划起草、课题研究、技术开发、教学培训等工作；介品，中共党员，副编审，主要从事数字出版、知识服务、版权保护等相关方面的研究工作；周丹，中共党员，现任中国新闻出版研究院国家知识资源服务中心商务专员，主要参与数字版权、知识服务等方面的课题研究、项目管理等工作。

未来规划等方面仍有相似且值得研究总结分析之处。因此，特开展试点单位知识服务产品建设情况调研，一是向各试点单位发放调查问卷；二是请各单位提供典型知识服务产品应用案例介绍。本章将主要介绍国家知识资源服务模式试点工作各方面开展情况以及存在的问题。

第一节　国家知识资源服务背景

一　互联网知识付费产品对出版业的冲击

据统计2017年全年的知识付费产业规模达到49.1亿元[①]，已成为信息文化产业发展和关注热点。现阶段比较火的知识服务产品主要是在大众市场，这些产品基本上都是由民营公司运营的，包括早期成立的百度，以及近几年做得风生水起的"得到"、知乎、分答、喜马拉雅、36氪、"豆瓣"、樊登读书会等。"5分钟商学院""李翔商业内参""薛兆丰的北大经济学课""每天听见吴晓波"等知识产品更是被大家所熟知。一些内容很好的"年度付费订阅专栏"，能创造1000万～2000万元的订阅收入，这相当于一本销量20万册的畅销书的码洋。[②] 这类以音视频为主要载体的互联网知识付费产品，正在悄然改变人们以图书为主要来源的获取知识的方式，这对传统出版业造成了很大的冲击。

二　建立国家知识资源服务模式的重要性

知识服务不但打破了传统印刷出版物的载体局限，更根本的改变在于它是紧密围绕读者需求的知识传递，它不仅给读者提供知识内容本身，而且从用户的需求出发，为用户提供有用的信息和知识以满足用户的知识诉求。知识服务提升了出版的品质，成为出版业实现转型升级的重要方向。在互联网时代大力发展知识服务，不仅是出版业自身发展的要求，更是加强思想文化宣传阵地建设，保障我国信息和文化安全的必然选择。

知识服务在更加精准地满足读者知识需求的同时，也会不断地收集到大量用户信

[①]　知识付费内容良莠不齐，爱学习的我们该如何应对？ [EB/OL]. 2018-07-25. https://baijiahao.baidu.com/s?id=16069351 62228999540&wfr=spider&for=pc.

[②]　知识付费内容良莠不齐，爱学习的我们该如何应对？ [EB/OL]. 2018-07-25. https://baijiahao.baidu.com/s?id=16069351 62228999540&wfr=spider&for=pc.

息和行为数据，例如具体账号、IP、终端设备、地理位置数据、语音数据等，可以对用户进行精准画像。通过数据分析和数据挖掘，可能计算出很多敏感信息。如在科研领域，通过知识搜索数据可以分析判断出我国科技研发情况以及科技发展的战略调整；通过数据分析和数据挖掘也为科学研究和科技创新提供了重要的数据基础。因此，如果数据掌握在外国企业手中，将存在很大的信息安全隐患，如果外国情报部门获取这些内容，会对国家安全造成严重威胁。而由本土企业保存数据，可以被有效地监管，发生风险的概率会大大降低。

此外，知识服务的内容除存在科学性、真实性和准确性风险外，还存在一定的意识形态安全风险，在这方面外国企业也在监管范围之外。因此，我国应该大力发展知识服务，把国家知识服务平台提升到思想文化宣传新阵地的高度，牢牢把握知识服务的平台优势、技术优势、资源优势和数据优势，保障我国信息和文化安全。

三　国家开展知识资源服务模式试点工作的创新性

（一）从文献服务到知识服务

知识服务作为教育科研、技术创新及管理的重要支撑，一直受到各个国家的重视，国内外在相关领域也展开了大量的探索和实践，并在服务机构建设和平台运营方面取得了丰硕的成果，如国内的国家科技图书文献中心、中国高等教育文献保障系统、中国知网、万方数据等，国外的美国国会图书馆、日本机构知识库等。

然而，当前国内外相关机构提供的资源服务层仍处于粗粒度阶段，主要是通过对文献外部特征进行资源规范和组织，为用户提供相关的文献服务（或基于数据库、文献库的内容服务）。本书将对"知识服务"这一新型的、细粒度的、超越传统出版的服务形态进行系统的分析与探索（如服务对象、服务内容、建设主体等），以推动传统出版文献服务模式的升级，提高知识内容的查找速度和精准度，提升各行各业的内容服务水平，同时建立国家级的知识保障体系，确保文化安全。

（二）从单一企业主导到多元主体联合驱动

新闻出版领域的对外用户服务由单一企业（主要为出版企业）主导转向多元主体（知识资源服务中心、出版社、技术企业及相关外围角色）联合驱动，是我国新闻出版行业知识服务进入一个新阶段的重要标志之一。

在单一企业主导时代，主要是企业自筹资金研发产品，根据市场需求提供相关服务。在多元主体联合驱动时代，则主要采取"自上而下"和"自下而上"相结合的运作模式。"自上而下"即政府搭建平台、制定规则，企业按照规则，参与知识服务建设。"自下而上"即企业可根据市场反馈和用户需求，创新知识服务，提出相关建议，从而引导整个行业的发展。

（三）从线性商业模式到商业生态系统

传统出版商业模式是基于文献资料的"编印发"线性模式。知识服务有效跳出传统出版的商业模式，遵循现代服务业的商业模式和运作方式，向目标用户提供一些知识型、高附加值、高层次、个性化的服务。在平台上除了提供传统的文献、学术、科研服务外，还将与政府机构、科研机构、高校、技术公司、社交媒体、大众读者、广告商等各个群体联结，通过发挥各个群体的价值，实现成果共享，从而推动不同群体的融合发展，最终形成一个学术生态系统。

（四）知识服务相关政策梳理

近年来，政策的鼓励与支持，促进了知识服务的多元化发展（见表1-1）。在国家层面上，国务院在2017年出台的《关于进一步扩大和升级信息消费，持续释放内需潜力的指导意见》中提出支持用市场化方式发展知识分享平台，体现了对知识服务的支持态度。原国家新闻出版广电总局出台的政策，更多的是界定知识服务的概念与范畴，支持知识的多层级信息内容服务，鼓励开发多层次、多维度、多形态知识服务产品。

表1-1　知识服务相关政策

年份	发布机构	文件名称	主要内容
2016	国家新闻出版广电总局	《新闻出版业数字出版"十三五"时期发展规划》	● 加快移动出版产业链建设，鼓励开发基于场景和网络社区的新型信息和知识服务产品，进一步培育细分市场 ● 在专业领域，开发成体系的专业内容知识资源产品和垂直服务平台，探索知识服务产业化应用模式
2017	国务院	《关于进一步扩大和升级信息消费，持续释放内需潜力的指导意见》	● 支持用市场化方式发展知识分享平台

年份	发布机构	文件名称	主要内容
2017	国家新闻出版广电总局	《关于深化新闻出版业数字化转型升级工作的通知》	• 为人民群众与国民经济各领域提供资讯、数据、文献、知识的多层级信息内容服务 • 完成知识服务模式建设，以其引领、兼容其他服务模式建设，满足大众、教育、学术研究领域信息消费市场的用户需求，具备多层级立体化的服务能力 • 探索知识服务模式。开发多层次、多维度、多形态知识服务产品，跨领域调取知识资源，开发跨领域知识服务产品；以知识服务兼容文献服务等其他服务模式，探索知识服务在专业、大众、教育出版的转型升级进程中的应用模式

第二节　国家知识资源服务发展历程

一　国家知识资源服务论证阶段

2006 年，《国家"十一五"时期文化发展规划纲要》发布，将"国家知识资源数据库工程"列入"十一五"时期国家重大文化产业推进项目之一。2007 年 6 月，新闻出版总署委托我院牵头组织项目组进行国家知识资源数据库工程可行性论证。这项工程无论是在国内还是在国际上，都是重大创新型出版工程。项目组通过近两年的调研和论证，对本工程实施的意义、可行性、关键技术、实施步骤、运维方式、资金预算及风险等方面做了逐步深入的了解和论证。国家知识资源数据库工程虽然在《国家"十一五"时期文化发展规划纲要》中被列为产业化项目，但由于本工程是一个跨行业、跨领域的国家文化基础性工程，具有很强的公益性，所以亟须国家鼎力支持，它的建设关系着未来整个数字内容产业的健康发展。整个论证工作历时近两年。在这近两年的时间里，项目组广泛听取国内相关领域顶级专家——从科学院院士到大学教授和企业专业技术人员等 200 余人——的意见，经过反复讨论和几十次的集中修改，明确了合理、可行的技术路线与总体规划，最终形成科学、合理、严谨而全面的可行性论证报告，并于 2009 年 4 月底上报新闻出版总署科技与数字出版司。

2011 年，中共中央办公厅、国务院办公厅发布《国家"十二五"时期文化改革发展规划纲要》，将"国家知识资源数据库"列入"十二五"期间"文化数字化建设工程"重点项目。

2014年，国家新闻出版广电总局、财政部联合制定了《关于推动新闻出版业数字化转型升级的指导意见》，国家知识资源数据库的建立，将通过对出版企业的支持，推动新闻出版整个行业的发展，实现数字化转型升级。

2015年，国家知识资源数据库工程共性关键技术研发相关工作由国家新闻出版广电总局科技司上报至科技部，并列入"十三五"国家重点研发计划优先启动重点研发任务；同时，在国家新闻出版广电总局数字出版司指导下，中国新闻出版研究院组织部分出版单位开始进行知识资源服务模式试点工作。

2016年1月，国家新闻出版广电总局办公厅向中国新闻出版研究院下发了《关于同意筹建知识资源服务中心的批复》（新广出办函〔2016〕28号），批准中国新闻出版研究院筹建知识资源服务中心，中央文资办也立项支持国家知识服务平台建设，这意味着知识服务的国家队开始组建。

国家知识资源服务中心采用分布式部署集成的理念，逐步建立专业领域知识服务分中心，不断提高知识资源聚合度与优质知识资源生产供给能力，提升知识资源流通效率，加速行业资源的整合汇聚，促进知识内容产品生产，提高国家知识资源公共服务能力，提高新闻出版业为外部产业供应知识服务的市场服务能力，为构建"国家级知识资源服务体系"提供基础性保障。

二 国家知识资源服务模式试点阶段

从2015年至2018年中国新闻出版研究院在新闻出版主管部门的统一部署下，先后组织了三批知识资源服务模式试点单位的征集和遴选工作，共有110家出版单位、高校和科研院所、互联网企业等入选；进行了20家技术支持单位的征集和遴选工作；构建了知识资源服务标准体系并编写了相关标准；制定了有关工作方案和建设方案；完成了知识服务平台和国家知识资源服务中心门户网站（包括移动版和网站版）的初步构建；完成了知识服务技术开发团队组建等工作。

据不完全统计，目前试点单位已经研发出100多款知识服务产品，如中国建筑工业出版社的"爱建筑"、人民卫生出版社的"人卫临床助手"和"人卫用药助手"、人民出版社的"党员小书包"等。试点单位在知识服务方面的探索已经初见成效，将产生示范效应，带动新闻出版业的转型升级迈入新阶段。

第三节　国家知识资源服务模式试点工作开展情况

一　知识资源服务模式试点单位遴选情况

为加快推进专业化知识服务平台建设，有效聚集专业领域资源，推动国家知识服务体系建设，原国家新闻出版广电总局决定开展知识资源服务模式试点工作。2015年以来，中国新闻出版研究院配合国家新闻出版广电总局开展了三批知识资源服务模式试点单位征集工作，共征集知识资源服务模式试点单位110家。

（一）专业类知识资源服务模式试点单位

2015年3月，国家新闻出版广电总局办公厅发布了《关于开展专业数字内容资源知识服务模式试点工作的通知》（新广出办函〔2015〕82号），征集专业数字内容资源知识服务模式试点单位。最终确定28家出版单位作为专业数字内容资源知识服务模式首批试点单位，专业领域涵盖了交通、卫生、法律、建筑等行业。

（二）技术支持单位

2015年10月，国家新闻出版广电总局数字出版司发布了《关于征集专业数字内容资源知识服务模式试点工作技术支持单位的通知》（数出〔2015〕175号），征集确认20家技术单位入围技术单位推荐名单，其中核心技术支持单位11家；知识体系建设及知识化加工、管理技术支持单位9家；知识服务与运营支持单位12家（同一单位可申报多项支持）。

（三）第二批专业类知识资源服务模式试点单位

2017年11月，国家新闻出版广电总局办公厅发布《关于征集第二批专业数字内容资源知识服务模式试点单位的通知》（新广出办函〔2017〕261号），征集知识资源服务模式试点单位，经过专家初审、终审，最终确定27家出版单位作为第二批知识资源服务模式试点单位，涵盖工具书、古籍、教育、中医药等专业领域。

（四）第三批综合类知识资源服务模式试点单位

2018年3月，国家知识资源服务中心征集并遴选知识资源服务模式（综合类）试点单位。第三批扩大了试点范围，面向出版单位、广播影视单位、互联网内容企业、科研院所及高等院校等企事业单位征集知识资源服务模式（综合类）试点单位。经过专家评审，最终遴选出 55 家企事业单位参与试点工作，专业领域和试点单位范围进一步扩大。

二 试点单位知识服务产品建设情况

110 家知识资源服务模式试点单位虽然所在的垂直领域不同，也形成了不同的知识服务产品及运营模式，但在投入产出、用户规模、未来规划等方面仍有共性，具有值得研究总结之处。因此，为了全面了解三批知识资源服务模式试点单位的产品应用情况，国家知识资源服务中心在主管部门的指导下，特开展此次调研，本次调研共分为两部分：一是向各试点单位发放调查问卷；二是各试点单位进行知识服务典型产品案例介绍。

此次调查问卷共计回收 95 份，回收率达 86.4%。调查问卷从资金投入产出，知识服务产品情况，知识服务产品用户规模情况，当前发展面临的困境及未来在知识服务方面的布局设想、规划等几方面展开调研。应用案例共回收 91 份，回收率达 82.73%。各试点单位从典型产品的市场定位、服务对象、知识服务技术架构情况、典型产品功能及特点、运营模式、盈利模式、采用相关标准情况等几方面进行了介绍。

本次回收的调查问卷和应用案例基本上客观呈现了目前各试点单位知识服务开展情况。比如，在资金方面各个单位都有不同程度的投入，有 79 家单位投入资金超过 100 万元，其中 53 家单位超过 500 万元。另外，有 17 家单位，虽然未获得财政资助，但依然投入超过 100 万元的资金开发知识服务应用，其中有 10 家单位资金投入超过 500 万元。市场推广稍显不足，仅有 13 家单位市场推广经费占总体投入费用的比例超过 15%，86% 的试点单位的市场推广经费比例不足 15%，有 51 家试点单位的市场推广经费比例不足 5%。其中，资金投入 500 万元以上的有 26 家试点单位市场推广经费比例不足 5%。可见知识服务单位在市场推广方面整体投入偏低。但总体来看，各试点单位目前在知识服务产品的研发、运营、推广等方面还是有一个比较良好的局面，基本上每家都至少拥有一个已上线运营的知识服务平台或产品。

三 知识资源服务模式试点标准研制情况

为加快推进专业数字内容资源知识服务平台建设，有效聚集专业领域数字内容资源，推动国家知识资源服务体系建设，2015 年 3 月，由国家新闻出版广电总局统一部署，由中国新闻出版研究院负责具体组织实施，启动了专业数字内容资源知识服务模式试点工作。中国新闻出版研究院组织相关专家和出版单位代表编制了《专业数字内容资源知识服务模式试点工作方案》，明确了"统一部署、标准先行、分步推进、鼓励创新"的基本原则，及具体工作任务。在标准方面，明确要研制知识资源服务模式试点通用标准，实现知识资源建设流程与规范的统一。

2015 年 3 月以第一批 28 家试点单位为工作团队基础，完成了初步知识服务标准体系设计，并在当年完成了首批 8 项通用知识服务标准的研制工作。2016 年 3 月，为了扩大试点工作成果，所以致力于把 8 项工程项目标准转化为国家标准，到 2017 年 7 月，除体系表之外的另外 7 项标准被正式列为 2017 年国家标准的制定项目。2018 年 4 月启动第二批知识资源服务模式试点的整体工作后，在第一批和第二批基础之上同步正式启动了知识服务的国家标准及相应行业标准的制定工作，在 2018 年 6 月召开了知识服务国家标准和行业标准的启动和研究工作协调会，在前期第一、二批试点单位的基础之上征集国家标准承担单位，一共有 34 家单位参与了国家标准和行业标准制定工作。

四　国家知识资源服务中心门户网站建设情况

国家知识资源服务中心门户网站，是展示出版行业知识资源汇聚、知识服务平台建设情况的窗口，是服务于管理部门和各知识资源服务模式试点单位的窗口。门户网站汇聚了各行业领域知识服务分平台，同时又保证了各单位内容资源不离开单位本身。国家知识资源服务中心门户网站主要为各知识资源服务模式试点单位提供技术、标准、版权保护等服务，同时与各专业领域的知识服务分平台相互引流、导流，并推动各试点单位进行知识服务转型升级建设，保障知识服务行业的健康有序发展。

国家知识资源服务中心门户网站的总体建设目标是：建成知识服务的基础设施，提供智库、标准、政策、技术、监管等各类支撑服务；各个出版社、期刊社、报社等出版单位将先利用基础支撑服务建立自己的专业资源分库与知识服务分平台，再与国家知识服务平台对接，以形成覆盖不同领域的结构科学、层次清晰、覆盖全面、高度关联、内容精准的分布式知识库群。

目前，已有多家单位完成了与国家知识资源服务中心门户网站的对接工作，包括：人民法院出版社、社会科学文献出版社、中国社会科学出版社、中国建筑工业出版社、福建科学技术出版社、人民卫生出版社、中国农业出版社、知识产权出版社、北京语言大学出版社、中国科技出版传媒股份有限公司等。在门户网站通过对不同行业的关键词进行检索，即可检索出各出版单位知识服务案例中相应的内容，当用户查看条目的详情时则会跳转至各知识服务案例网站。

第四节　国家知识资源服务模式试点工作取得的成绩

一　知识资源服务模式试点工作初见成效，产生示范效应

2015年至2018年，中国新闻出版研究院在新闻出版主管部门统一部署下，先后组织了三批知识资源服务模式试点单位征集和遴选工作，共有110家出版单位、高校和科研院所入选。据不完全统计，目前试点单位已研发出超过100款的知识服务产品，有些产品现在仍然有一定的市场应用，比如中国建筑工业出版社研发的"爱建筑"、人民卫生出版社研发的两款产品——"人卫临床助手"和"人卫用药助手"等。在2018年4月的数博会上，这些试点单位也展示了自己的产品，人民法院出版社的法信平台已经开始大面积地推广使用。很多出版社在试点这样一种工作模式下已经研发出了一些产品，在知识服务方面的探索已初见成效，产生了一定的示范效应，将带动新闻出版业的转型升级迈入新阶段。

二　构建知识服务标准体系，制定相关标准

从2015年3月开始，中国新闻出版研究院在国家新闻出版广电总局指导下，承担了专业数字内容资源知识服务模式试点工作，启动了整个知识服务的标准化项目，当时以第一批28家试点单位为工作团队基础，完成了初步的知识服务标准体系设计，并且在当年完成了首批8项通用知识服务标准的研制工作。2016年3月，为了扩大试点的工作成果，研究院在国家新闻出版广电总局数字出版司的部署下着手把8项通用知识服务标准转化为国家标准，到2017年7月整个知识服务的8项标准中除体系表之外的另外7项标准被正式列为2017年国家标准的制定项目。2018年4月启动了第二批知识服务试点的整体工作，在第一批和第二批的基础之上同步正式启动了知识服

务的国家标准及相应行业标准的制定工作，在 2018 年 6 月召开了知识服务国家标准和行业标准的启动和研究工作协调会，在前期第一批、第二批试点单位的基础之上征集国家标准承担单位，一共有 34 家单位参与了国家标准和行业标准制定工作。

三　建设国家知识资源服务平台，聚集行业资源

2018 年，国家知识资源服务中心门户网站 1.0 版本已经全部完成建设并上线运行。在 2017 年国家知识资源服务中心门户网站建设基础上，该中心推进了门户网站案例对接、单点登录系统建设等工作。目前，国家知识资源服务中心门户网站和单点登录系统全面上线，门户网站已完成包括人民卫生出版社、中国建筑工业出版社等 10 家出版社在内的知识服务试点案例对接，而且知识产权出版社等 8 家单位已进行了单点登录集成。

国家知识资源服务中心门户网站（包括移动版和网站版）分为网站前台和后台两部分。前台供普通用户访问，主要包括首页、检索结果、检索排行、列表页、详细页、登录注册及会员中心等页面。前台所有页面都是 H5 响应式布局，支持不同分辨率的终端设备自适应显示。后台用于管理员或编辑 / 运营者对内容进行管理发布统计，包括标准 / 政策法规等文章类型的内容管理、单位 / 案例管理、热词、专家等功能。

四　部分单位知识条目超百万，建设资金投入大

2018 年以来，在知识资源服务模式试点单位的四次工作会中，国家知识资源服务中心多次下发调查问卷，对试点单位知识服务产品开发建设及应用情况进行了统计。从知识服务产品应用情况调查问卷数据来看，知识资源服务模式试点单位平均结构化加工图书在 10 万种以内，结构化加工的音视频资源在 10 万小时以内，知识条目和图片资源以 10 万条和 10 万张以内为主，部分单位知识条目数量超过 100 万条。

同时，从知识资源服务模式试点单位的整体分类情况来看，用于知识服务建设的资金投入超过 500 万元的知识服务单位分布在 14 个垂直领域。出版传媒、纺织服装和信息科技领域入选的知识服务单位平均资金投入全部超过 500 万元。从市场推广情况来看，第一、二批专业类试点单位的平均市场推广经费为 63 万元，第三批综合类试点单位的平均市场推广经费为 71 万元。从知识服务产品的内容资源权利方面来看，

试点单位对其知识服务内容资源拥有较大的权利，其中信息网络传播权、无线移动网络数字版使用权和转授权位列前三。

五 知识服务产品涉猎广泛，内容资源形式多样

在下发调查问卷的同时也对各试点单位进行了典型知识服务产品案例调研，本次共有91家知识服务试点单位提供了112个知识服务产品的具体介绍。其中，第一、二批专业数字内容资源知识服务模式试点单位的知识服务产品主要涵盖了教育、法律、建筑、农业、医药卫生、水利水电、交通运输、知识产权、电力、地图、海洋、化工等专业领域，这些产品基本上都是以其出版社或期刊社的内容为基础资源，并加入或整合相关资源来构建专业知识库，涵盖了图片、音频、视频、文献等多种类型的数字内容资源，对这些数字化内容进行了大规模的结构化整合，建成其所在领域的专业知识库，为该领域各类型用户提供专业的知识服务和解决方案。第三批知识服务产品有一些仍然深耕垂直领域，比如船舶与海洋、核科学、财经、农业种业、审计、医学等；有一些是面向不同群体的教育类产品，比如宝宝巴士是面向0~6岁婴幼儿家庭的、智慧帮错题本是面向K12阶段的学生及其家长的、党员小书包是面向全体党员和各级党组织的等；有一些知识服务产品是为大众提供服务的，比如罗辑思维"得到"是为终身学习的个人用户服务的、中信书院是为希望提升自我的阅读爱好者服务的等。从中可以看到，产品所涉范围很广，内容也是多种多样。

第五节　当前知识资源服务模式试点单位存在的问题

一 内容资源多数局限于本单位，互联互通难

通过对本次回收的91家知识服务试点单位案例的112个知识服务产品进行分析，可以看出绝大多数试点单位知识服务产品的内容资源来自这些出版社或期刊社多年来积累的出版资源。例如，修车帮是基于《汽车与驾驶维修》杂志创办的，该平台汇聚了《汽车与驾驶维修》杂志自创刊以来的维修技能知识资源；建筑施工专业知识资源与信息服务平台是基于中国建筑工业出版社的施工资源来提供各种内容服务的；等等。虽然各个试点单位积累的内容资源已经较为丰富，但若要向用户提供高附加值、

高层次、知识型的服务，则需要内容资源全、广、深，从目前了解到的情况看，拥有内容资源的各单位在相互之间打通或共享内容资源方面还存在较大的屏障。

二　不了解用户需求，产品功能虚设

现在知识服务的产品种类很多，模式也很多，但是想要在各自擅长的行业、擅长的垂直领域内打造一个真正符合用户需求的产品，需要我们做产品的精心设计。目前，有些知识服务提供方在没有充分了解用户需求的情况下，就开始想当然地进行知识服务产品的设计开发，结果很多产品功能并不实用，甚至根本就没用，造成了自己建的很热闹也很辛苦，结果到市场上，根本无人问及。这无疑是一种极大的浪费，不能为了转型而转型，还是需要从用户需求出发、从解决用户痛点出发来提供有价值的知识服务。

三　产品运营投入低，多数产品尚未赢利

据了解，很多出版单位没有专门设立知识服务产品运营推广部门，大多数是由一两个人或几个人来维持产品运营，少数大的专业出版单位虽然做了自己的微信公众号等自媒体频道，但也只是编辑或其他部门的同事兼着发些自媒体文章，运营手段非常有限。在这种投入低的情况下，产品"圈粉"困难，没有影响力和传播力，也就很难让知识服务产品有高产出，甚至很多知识服务产品根本就没有赢利，一直处在持续投入阶段。还是希望各知识服务单位充分认识到产品运营推广的重要性，并能够不断地引入互联网营销的一些手段和技巧，从而推动产品的可持续运营和发展。

四　标准应用不深入，执行力度有待加大

通过对知识服务试点单位回收案例中试点单位对相关标准的应用情况进行分析，可以看到试点单位对标准化工作有了认识，它们中有些遵循相关标准，有些在遵循相关标准的基础上结合自己单位的实际业务需求，制定了相关的企业标准，这在一定程度上说明了试点单位已经逐步认识到标准化工作对企业发展的重要性。但是，我们应看到，本次调查也反映了试点单位在实施应用标准时的一些问题：标准化工作不够深入细致，标准执行力度有待进一步加强，标准的贯彻实施缺乏有效的监督手段等。

五 各家知识服务产品开发框架不统一，维护成本较高

从各家提供的案例中可以看到，知识资源服务模式试点单位中同一家单位的不同知识服务产品的开发框架是不一致的。这是由于为这些试点单位提供技术的各家企业都有自己习惯使用甚至自己封装的一套开发体系，从数据库到后台开发语言再到前端展示技术都各式各样。一个出版单位的多个知识服务产品的开发框架都不统一，这给出版单位后续持续运营和维护多个知识服务产品造成了很大的困难，其工作量和费用支出都是巨大的，因此各单位产品维护成本较高。

六 很多知识服务产品仅考虑功能点，产品缺乏友好性

目前，有很多出版单位在做知识服务，各类知识服务产品也层出不穷。但大部分知识服务产品是企业内部编辑或者项目经理自己勾画或想象出来的，其基本出发点仅仅是把现有的内容资源充分运用起来，把产品功能做得大而全。但产品是否是用户真正需要的？操作流程是否符合用户习惯？界面风格是否简洁美观，符合当下主流设计风格？往往并没有对这些问题进行用户需求调研，从而无法做到充分满足用户使用需求，导致开发出来的知识服务产品发布后很难吸引用户，更谈不上留住用户。

第六节 关于知识服务应用推广的几点建议

一 建立内容资源共享机制

目前，各个试点单位的知识服务产品本身能力是足够的，每个都有其独特的内容资源，但是从整个行业资源覆盖来说，单个出版单位是不具备优势的，很难和传统的数据库厂商、内容资源提供商竞争。如何让出版单位建立共享或联盟机制来做这件事情，可能对出版单位、对用户来说都是更有利的一件事情。共享或联盟应该是同行业内拥有同品种内容资源的出版单位的强强联合，比如法律出版社和中国法制出版社，这两家出版社可能会有同一种类型的内容资源，如何将这类内容资源整合在一起，为它的下游用户提供全面、优质、有深度的内容资源，这是值得思考的。国家知识资源

服务中心可以考虑牵头来促成拥有同类型内容资源的试点单位进行强强联合，建立内容资源共享机制。

二　加强知识服务垂直应用

近几年在知识服务领域，"得到"、知乎、分答、喜马拉雅等几家综合性较强的知识服务平台率先占领了大众市场。这些平台的优势是知识覆盖面广，能够满足多样化用户需求，但同时也存在知识内容难以纵深、学习效果不明显、用户分散且留存率较低等问题。传统出版社特别是专业出版社资源积累的优势在此就显现出来了，出版社可以加强知识服务产品在各自垂直领域的深度服务，满足用户在专业化场景下的实际需求，从而帮助用户进行决策或辅助其开展具体工作等。例如人民卫生出版社推出的知识服务产品"人卫用药助手"就是针对医药卫生专业人员，通过深入挖掘、系统整合人民卫生出版社的药学学术资源，将大量知识碎片化，以药物学和临床药物治疗学为两条主线展开的知识构建，这款产品为医、药、护、技专业人员提供了非常实用的药学知识服务。所以，只有加强知识服务的垂直应用，才可以让知识服务产品得到更好的落地应用。

三　加快各项标准推广使用

针对上面提到的标准问题，建议加强宣传引导，增加标准培训及行业交流机会，扩大标准普及率；修订体系和完善标准，巩固和优化现有知识服务标准体系，深入调研，优先制定行业急需的知识服务相关标准；加大投入保障标准的顺利实施，加强标准化政策与其他政策的协调配合，促进标准化工作与产业发展的融合，强化标准化在推动产业发展和转型升级中的导向和保障作用；严格监督检查，保障标准的执行效果，完善标准实施的监督机制，建立标准实施的反馈机制，加大认证认可工作力度，建立产业诚信体系，促进标准有效实施。

四　加大服务保障体系建设

规范知识服务管理，监督知识服务主体的市场行为，利用政策法规进行引导和支持、规范与监督，是知识服务行业健康稳定发展的有力保障。加强对知识服务产业的法律政策保障，促进知识服务的持续发展，可通过以下几个措施来实现：强化政策保障，制定和落实促进知识服务发展的引导政策，加速知识服务全领域融合发展；完善数字内容权利法律法规，改善知识产权保护环境；部署一批知识服务项目，充分发挥项目带动作用，推进知识服务在各个领域健康有序发展；通过项目补助、贷款贴息、税收减免等多种举措加强对知识服务企业的财政支持；等等。

五　持续推动知识服务工作

2019 年，在现有知识资源服务模式试点工作及知识服务平台建设工作基础上，国家知识资源服务中心将结束试点工作，全面转向知识服务应用。虽然试点工作结束了，但是国家知识资源服务中心仍将持续推进知识服务的相关工作；出版单位仍须继续加大投入，进一步向知识服务转型；政府部门的一些相关政策、项目、资金等也须继续给予支持，从而推动整个出版业更好地转型升级和持续发展。

第二章

国家知识资源服务模式试点单位调查问卷分析[*]

中国新闻出版研究院工程研发中心对 95 家入选的试点单位进行了知识服务产品应用情况问卷调查，从资金投入产出、知识服务产品、知识服务用户和当前困境及未来预期等几个方面了解 95 家单位在知识服务项目上的开展情况，并简要地描述知识服务的成果，客观地呈现知识资源服务模式试点单位的经营现状。

第一节　知识资源总体情况

一　知识资源拥有情况

知识资源服务模式试点单位知识资源情况包括知识条目、结构化加工图书、图片资源、音视频资源等方面。95 家知识资源服务模式试点单位中有 91 家拥有自己的知识资源，占总数的 96%。但数据显示，只有 48 家将自己单位的知识服务工作作为出版流程中的必备环节（见图 2-1）。

二　知识资源规模情况

从问卷调查数据来看，知识资源服务模式试点单位结构化加工图书和音视频资源分别在 10 万种以内和 10 万小时以内，知识条目和图片资源以在 10 万条以内和 10 万

　　* 撰稿人：张立，中共党员，编审，研究员，中宣部"四个一批"专业技术领军人才，新闻出版业领军人才，国务院特殊津贴享受者，现任中国新闻出版研究院副院长、数字版权保护技术研发工程总体组专职副组长，目前主要参与数字出版、数字版权、知识服务等方面的规划起草、课题研究、技术开发、教学培训等工作；介晶，中共党员、副编审，主要从事数字出版、知识服务、版权保护等相关方面的研究工作；孔娜，助理研究员，中国新闻出版研究院调查统计中心助理研究员，主要负责全国期刊出版统计工作；陆希宇，助理研究员，现任光明日报出版社责任编辑，主要参与数字出版、知识服务等方面的课题研究工作；熊秀鑫，高级软件工程师，现任中国新闻出版研究院国家知识资源服务中心技术总监，目前主要参与数字出版、数字版权、知识服务等方面的课题研究、技术开发与管理等工作。

张以内为主，部分单位知识条目数量已超过 100 万条。虽然有极少企业为 1000 万条以上，但总体而言知识资源服务模式试点单位的知识资源规模仍较小，在后续发展中仍有待扩大（见图 2-2）。

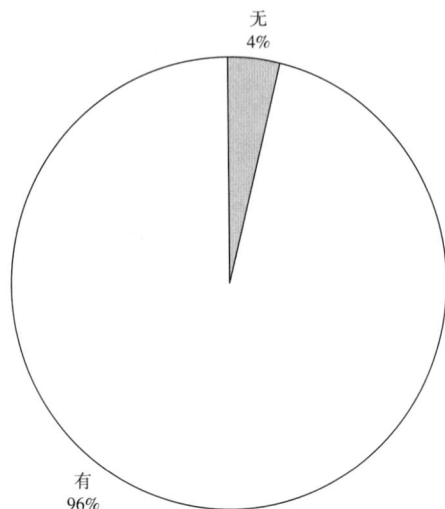

图 2-1　知识资源服务模式试点单位知识资源情况

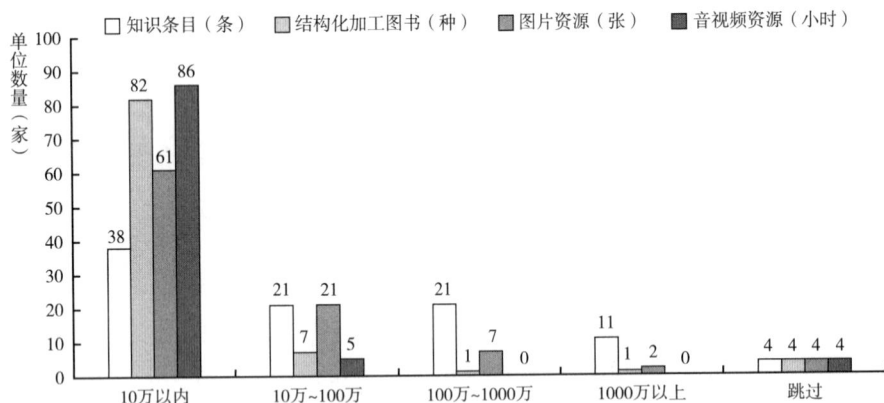

图 2-2　知识资源服务模式试点单位知识资源细分情况

三　知识资源服务应用开发情况

95 家试点单位的知识资源服务应用以"部分委托开发"为主，占总数的 61%，另有 20 家试点单位是"完全自主独立开发"，占总数的 21%（见图 2-3）。

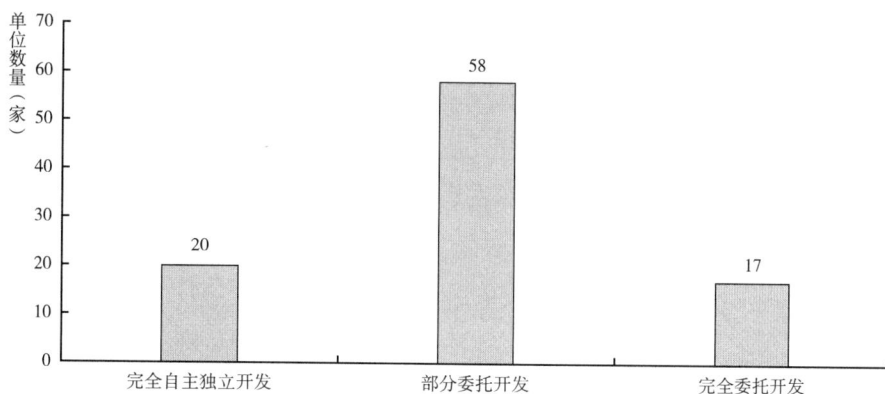

图 2-3 知识资源服务模式试点单位知识资源服务应用开发情况

四 知识资源类别分布情况

参与调查的 95 家知识服务单位，所在的垂直领域分布在 17 个不同领域，主要集中在人文社会科学、综合、教育和自然科学技术 4 个领域。这四个领域的试点单位占总数的 57%（见图 2-4）。

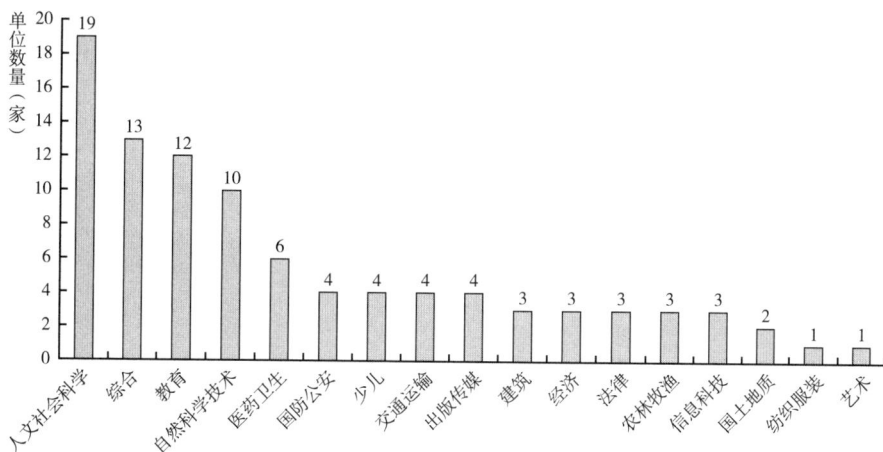

图 2-4 知识资源服务模式试点单位知识资源类别分布情况

第二节 知识资源服务模式试点单位运营情况

知识资源服务模式试点单位运营情况包括资金投入、产品销售、市场推广、盈利模式、人员投入等方面。

一 资金投入情况

95 家试点单位积极开发知识服务产品，寻求多方资金支持，近三年有 59 家试点单位的知识服务项目入选新闻出版改革发展项目库，61 家试点单位的知识服务项目获得中央或地方财政资助（见图 2-5）。48 家试点单位同时入选新闻出版改革发展项目库和获得财政资助。23 家试点单位既未入选新闻出版改革发展项目库，也未获得财政资助。

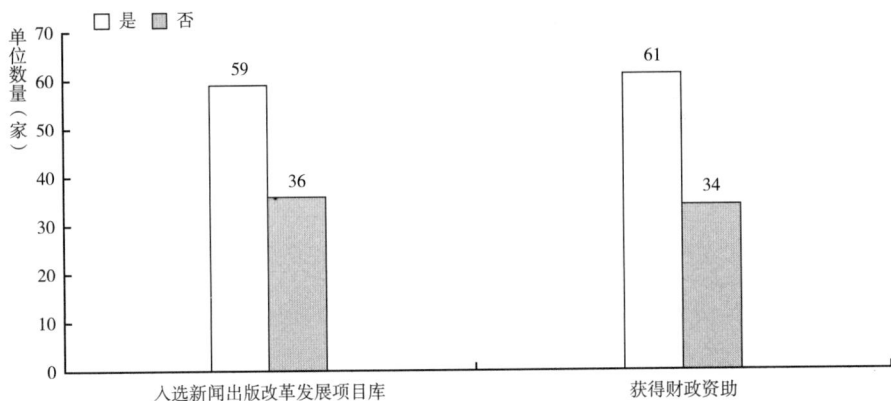

图 2-5　知识资源服务模式试点单位申请资助情况

有 79 家单位投入资金超过 100 万元，其中 53 家单位超过 500 万元（见图 2-6）。另外有 17 家单位，虽然未获得财政资助，但依然投入大于 100 万元的资金开发知识服务产品，其中有 10 家单位资金投入超过 500 万元。

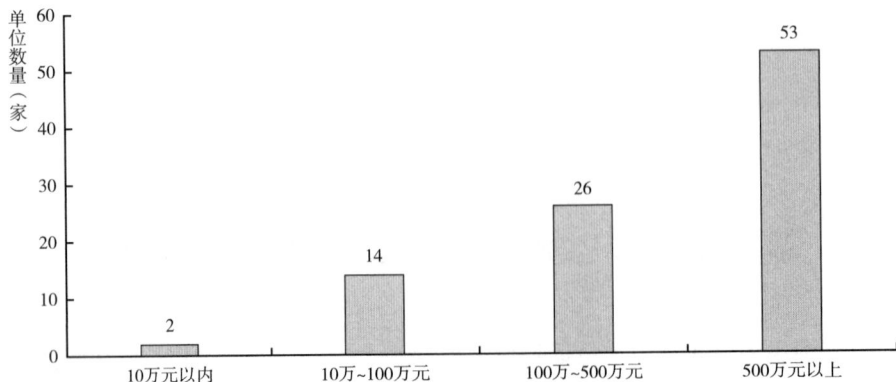

图 2-6　知识资源服务模式试点单位资金投入情况

专业类知识资源服务模式试点单位比综合类知识资源服务模式试点单位多11家，而且资金投入在100万~500万元和500万元以上两个区间里，前者比后者分别多10家和9家，前者的整体资金投入高于后者（见图2-7）。

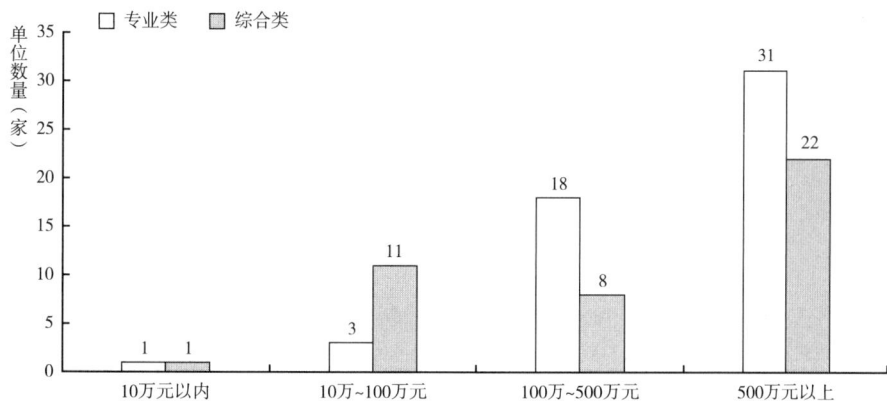

图 2-7　专业类和综合类知识资源服务模式试点单位资金投入情况

资金投入超过500万元的知识资源服务模式试点单位分布在14个垂直领域。出版传媒、纺织服装和信息科技领域的知识资源服务模式试点单位资金投入全部超过500万元（见图2-8）。

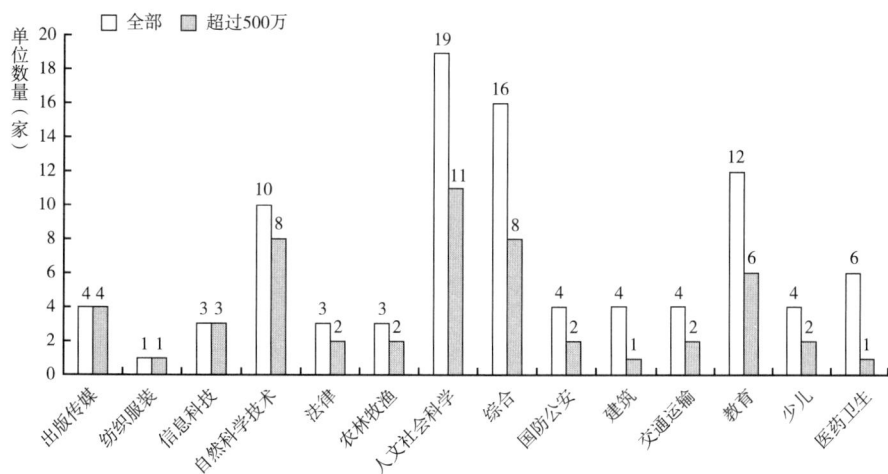

图 2-8　资金投入超过 500 万元的知识资源服务模式试点单位分布情况

二　产品销售情况

知识服务产品销售数额呈现 U 形状态，24 家单位的销售额不足 10 万元，41 家单位的销售额超过 100 万元，分别占 25% 和 43%（见图 2-9）。

如图 2-10 所示，产品销售额超过 50 万元的单位有 57 家，其中 42 家的资金投入超过 500 万元，占全部资金投入超过 500 万元的单位（共 53 家）的 79%。57 家单位中也有 9 家资金投入在 100 万～ 500 万元。基本呈现高投入高产出的态势。

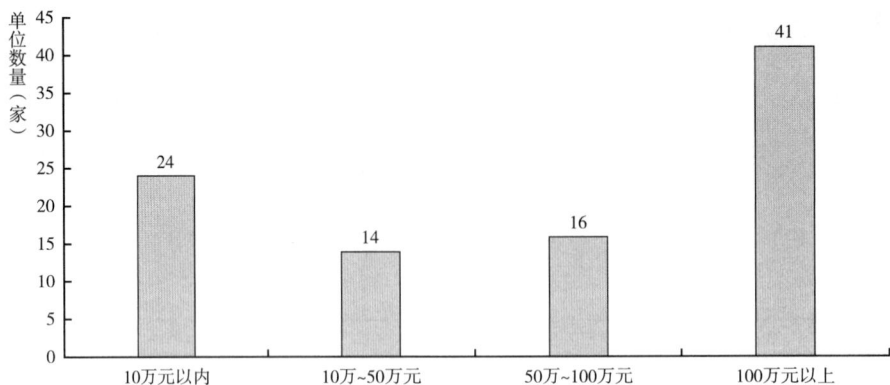

图 2-9　知识资源服务模式试点单位产品销售情况

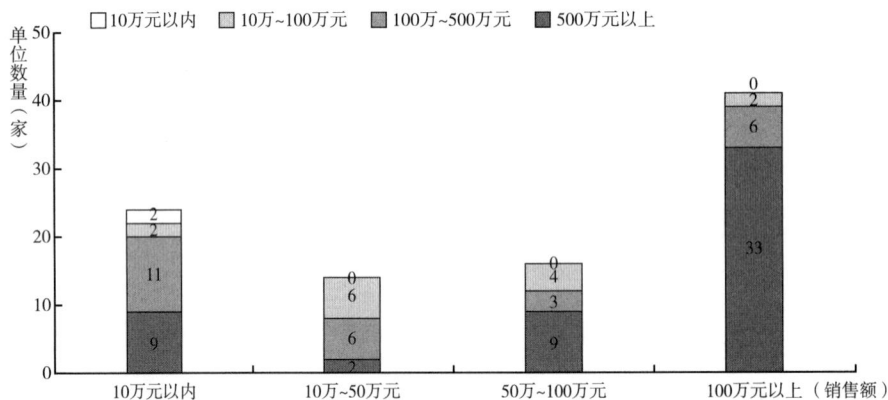

图 2-10　知识资源服务模式试点单位投资情况

三　市场推广情况

如图 2-11 所示，95 家试点单位市场推广环节薄弱，仅有 13 家单位市场推广经费占总体投入费用的比例超过 15%，86% 的试点单位市场推广经费比例不足 15%。有 51 家试点单位的市场推广经费比例不足 5%，其中，资金投入 500 万元以上的试点单位中有 26 家的市场推广经费比例不足 5%。可见，知识资源服务模式试点单位在市场推广方面整体投入偏低。

根据调查问卷，若用最大值估算各试点单位市场推广经费，这 95 家试点单位的平均市场推广经费仅为 67 万元。其中，信息科技类试点单位的平均市场推广经费最高，为 140 万元，其次是综合类试点单位，为 102 万元，艺术类、出版传媒类、少儿类和建筑类试点单位的推广经费均略高于平均值，最少的是经济类试点单位，为 4 万元。

从知识资源服务模式试点单位的整体分类情况看，第一、二批的专业类试点单位的平均市场推广经费为 63 万元，第三批综合类试点单位的平均市场推广经费为 71 万元。

整体来看，市场推广投入偏低，未能跟进项目开发节奏（缺乏市场意识，宣传力度薄弱）。信息科技类和综合类知识服务项目面对的用户群体比较广泛，知识迭代频率较高，市场竞争比较激烈，市场推广经费相对较高；经济类知识服务项目相对而言专业性比较高，知识迭代频率较低，受众群体相对集中，市场推广经费相对较低。

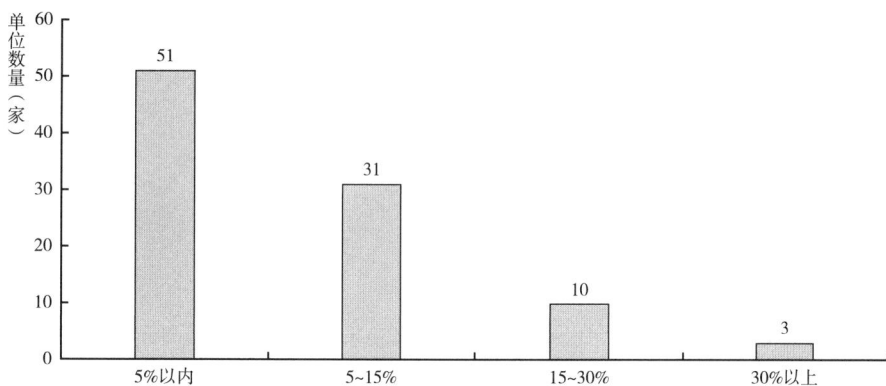

图 2-11　知识资源服务模式试点单位市场推广经费占总体投入费用比例情况

在 95 家试点单位中，有 29 家单位的推广经费超过 100 万元，其中 27 家试点单位的资金投入在 500 万元以上。另有 54 家单位的推广经费不足 50 万元，其中 26 家试点单位的资金投入在 500 万元以上，但推广经费比例不足 5%。

四　盈利模式情况

如图 2-12 所示，95 家试点单位的知识服务产品盈利模式单一，市场开发相对迟缓。有 50 家知识资源服务模式试点单位以产品会员制付费为盈利模式，问卷调查中仅有 3 家单位明确填报是复合型盈利模式。

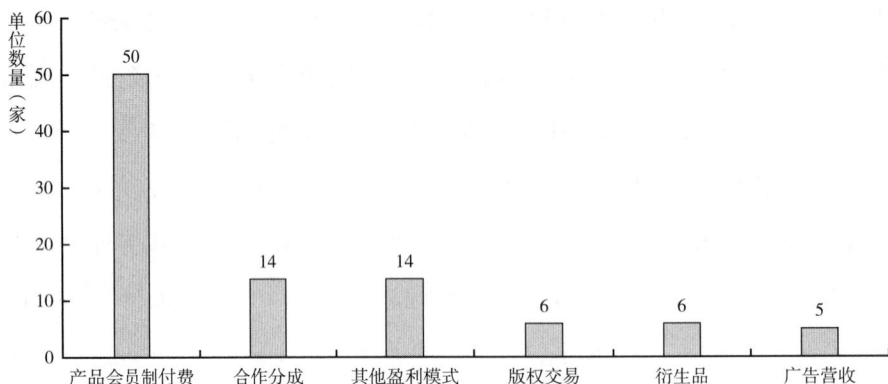

图 2-12　知识资源服务模式试点单位盈利模式

五　人员投入情况

95 家试点单位在知识服务项目上的人员投入整体相对偏少。21 家试点单位在知识服务项目上的人员投入比例不足 5%（见图 2-13）。

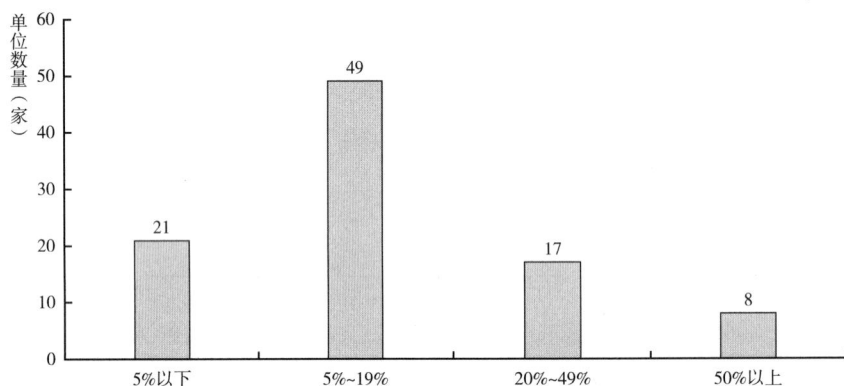

图 2-13　知识资源服务模式项目人员占全体员工数量的比例

近半数试点单位分别投入在技术、内容编辑和市场方面的人员数量不足 10 人，值得注意的是人员投入在 100 人以上的竟然没有市场人员（见图 2-14）。

第三节　知识资源服务模式试点单位产品情况

一　产品内容

在 95 家试点单位中，有 23 家单位的典型知识服务产品以"库"的形式存在，有

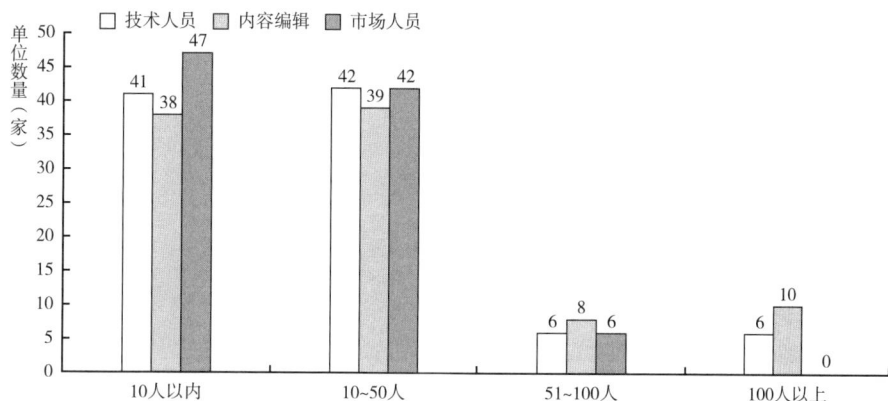

图 2-14　知识资源服务模式试点单位人员投入情况

31 家单位的以"平台"的形式存在。

　　知识资源服务模式试点单位的典型产品在市场上该类产品中所占份额整体偏低，产品竞争力不足。仅有 19 家单位份额在 50% 以上，76 家单位份额低于 50%，其中 42 家单位份额低于 5%（见图 2-15）。

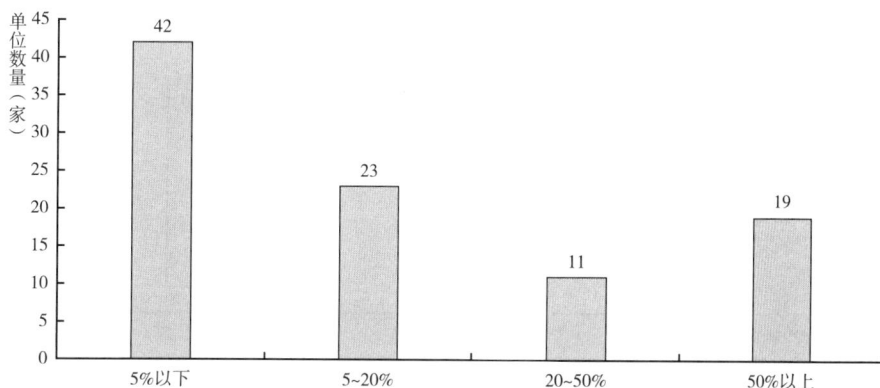

图 2-15　知识资源服务模式试点单位典型产品占市场上该类产品的比例分布

二　产品形式

　　如图 2-16 所示，95 家试点单位的知识服务产品形式多样，以电子书和资源库为主。有 56 家单位同时开发了 4 种及 4 种以上的产品形式。

三　产品内容资源权利情况

　　如图 2-17 所示，95 家试点单位对其知识服务内容资源拥有较大的权利，其中传

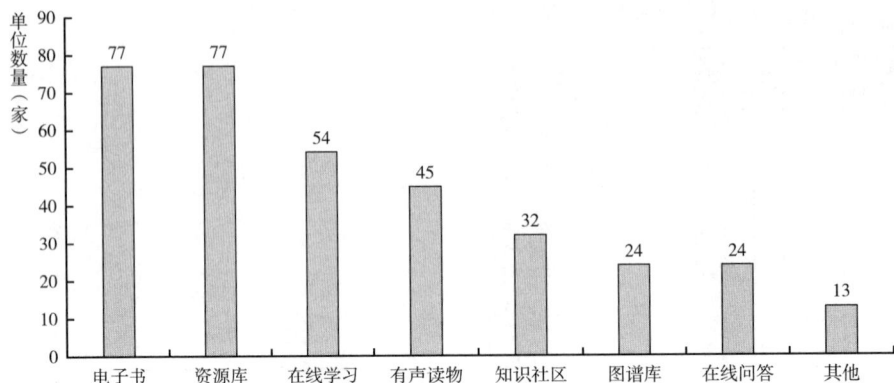

图 2-16 知识资源服务模式试点单位产品形式分布

播权、使用权和转授权位列前三。57 家试点单位对知识服务内容资源拥有 4 种及以上的权利，其中 34 家试点单位拥有问卷所列的全部权利。

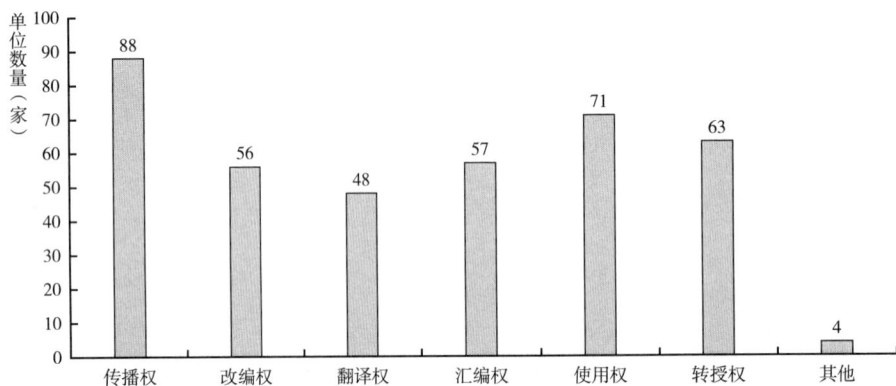

图 2-17 知识资源服务模式试点单位内容资源权利分布

四 产品应用效果自我评估

如图 2-18 所示，95 家试点单位对知识服务产品应用效果的自我评估水平总体偏中上，半数以上单位的自我评估为中。分别从用户规模、产品、技术和市场四个角度来看，试点单位对产品的评估水平较高，有 45 家试点单位对产品的评估为好，另有 46 家试点单位的评估为中；试点单位对技术的评估水平略低于产品，但也处于中上，31 家单位的评估为好，56 家单位的评估为中，对技术方面的较高评估水平得益于多年来在数字化转型过程中的经验积累。在四个方面的评估中，对用户规模和市场的评估水平偏低，分别有 22 家试点单位和 19 家试点单位的自我评估为差，用户规模小、黏性不高、市场培育能力弱等现实问题拉高了差评率。

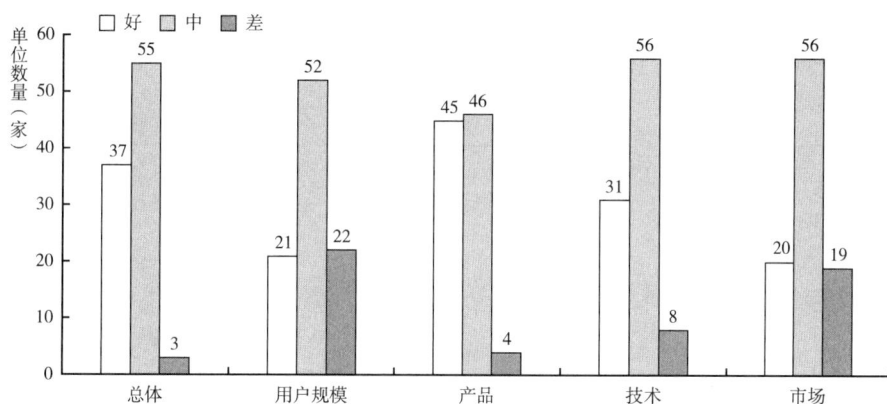

图 2-18　知识服务产品应用效果自我评估

虽然试点单位对其产品充满了信心，但如何用产品吸引用户，如何将产品转化为市场效益，如何实现产品、用户、市场之间的良性循环是客观存在的问题。

第四节　知识资源服务模式试点单位用户情况

一　总用户数量

95 家试点单位的产品当前用户数量偏低，40 家单位的总用户数不足 10 万人。然而人民日报微信公众号中每一篇文章的阅读数量均在 10 万以上。有 23 家试点单位知识服务项目的总用户数在 100 万人以上，其中 4 家试点单位知识服务项目的总用户数在 1000 万人以上（见图 2-19）。

总用户数超过 100 万人的 23 家试点单位的数据显示，有 22 家试点单位资金投入在 100 万元以上，其中 18 家试点单位资金投入在 500 万元以上；有 22 家试点单位的产品销售额在 50 万元以上，其中 18 家试点单位的产品销售额在 100 万元以上。

总用户数超过 100 万人的 23 家试点单位的知识服务项目主要分布在 10 个领域，分别是教育类、人文社会科学类和综合类各 4 个试点单位，出版传媒类、信息科技类、

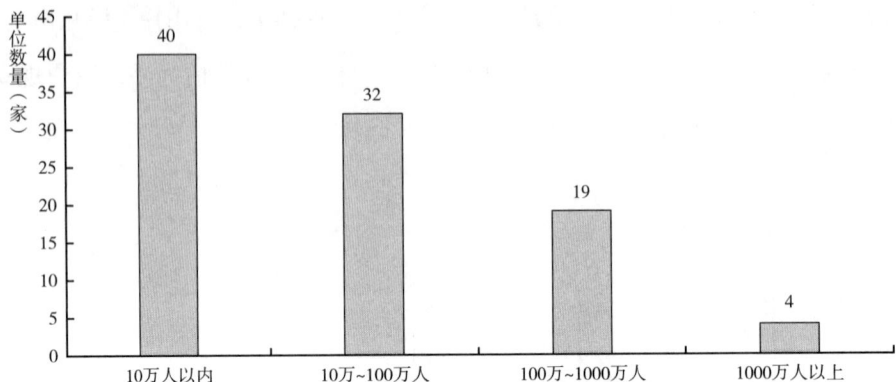

图 2-19　知识资源服务模式试点单位总用户数量情况

医药卫生类和自然科学技术类各 2 个试点单位，少儿类、国防公安类和建筑类各 1 个试点单位。

二　活跃用户数量

试点单位知识服务项目的用户活跃数量较少。约半数试点单位的日活跃用户数量不足 1000 人、月活跃用户数量不足 1 万人（见图 2-20）。

数据显示，三分之一的试点单位未对用户行为的数据进行采集和分析。

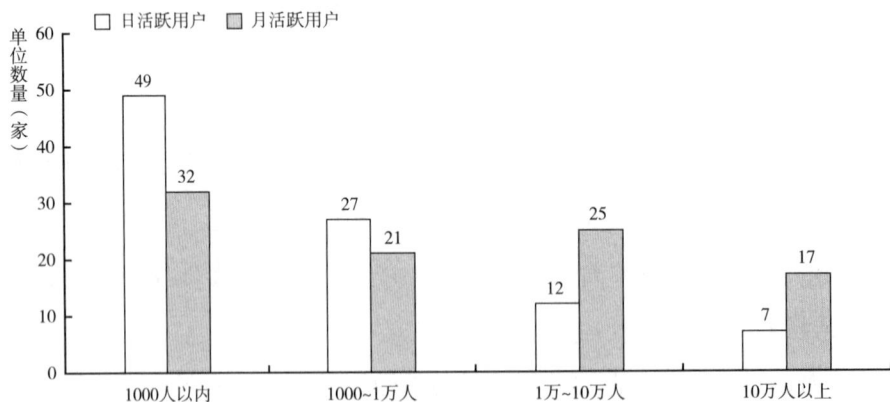

图 2-20　知识资源服务模式试点单位活跃用户数量情况

三　用户行为数据采集

95 家试点单位并未对用户行为给予足够的关注，其中有 31 家单位没有对用户行为数据进行采集。对用户行为数据进行采集的 64 家试点单位数据显示，用户年龄主要集中在 26 ~35 岁（见图 2-21）。阅读时间主要集中在 8 小时工作时间内和 18~23 时的闲暇时间段（见图 2-22）。

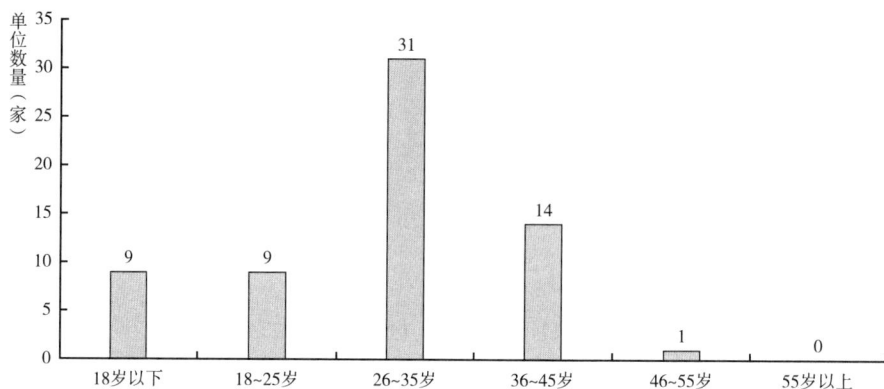

图 2-21 知识服务产品用户年龄情况

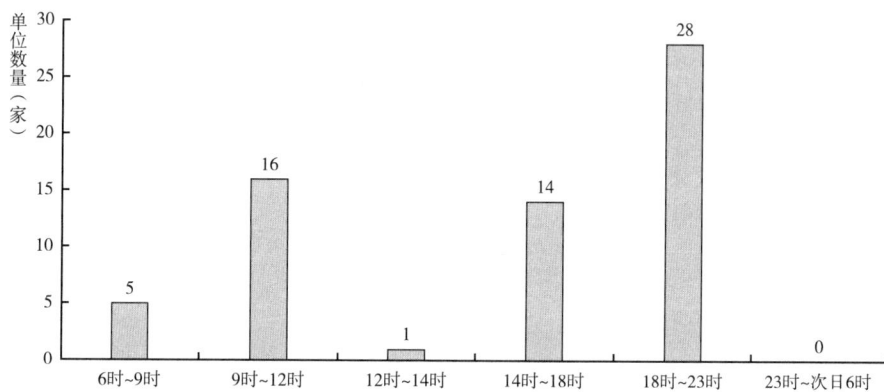

图 2-22 知识服务产品用户使用时间情况

四 用户地区分布

对用户行为数据进行采集的 64 家试点单位数据显示，用户主要分布在华东和华北地区（见图 2-23），这两个地区人口密度较大，行业竞争压力也比较大，同时也是大部分知识资源服务模式试点单位所在地区，各种因素使得用户地区分布较为集中。另外五个地区目前是用户数量洼地，潜在用户数量巨大。

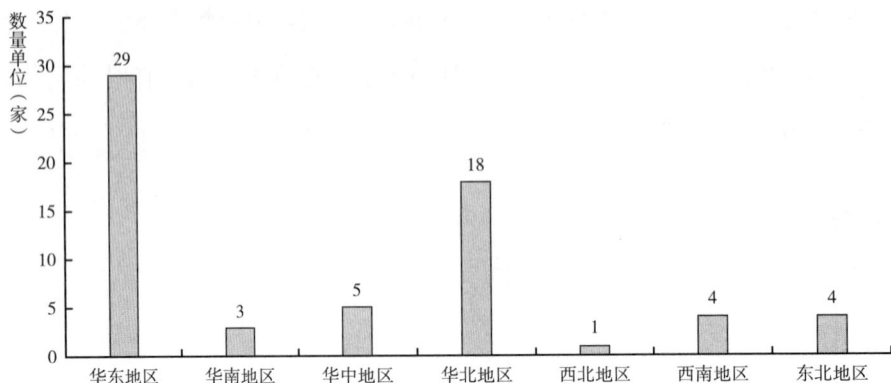

图 2-23　知识服务产品用户地区分布情况

第五节　当前存在的困难和未来预期

一　当前困境

试点单位调查问卷数据显示，当前在知识服务实践中遇到的主要困难是仍未形成有效商业模式，尚未形成投入产出完整闭环和专业顶尖人才引进困难（见图 2-24）。从传统媒体转向新媒体的过程中，对新媒体、新技术的认知不足，前景不明晰，无法形成行之有效的商业运营模式。

随着互联网技术的飞速发展，商业模式、个人行为习惯都发生了翻天覆地的变化，传统出版业未能及时跟上信息技术的发展节奏，甚至被甩出了这趟高速前进的列车，与新兴的互联网新媒体相比，竞争实力堪忧。

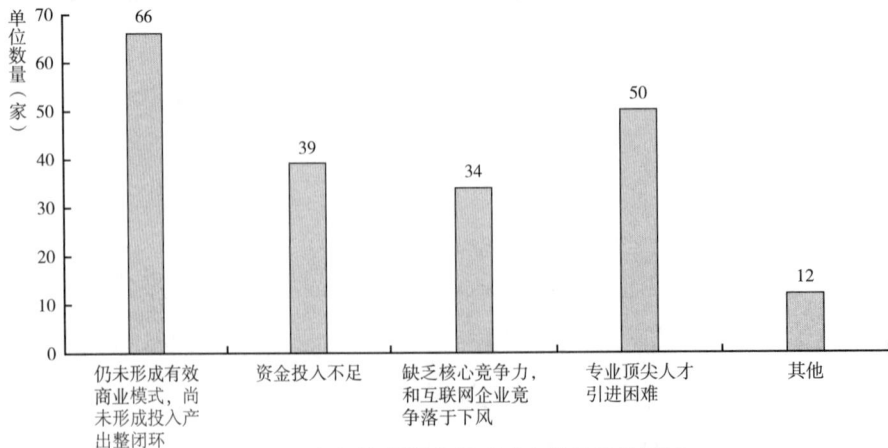

图 2-24　知识资源服务模式试点单位当前困境

二　未来资金投入

未来追加投资比例偏低。有 84 家单位预计比原有投资增加的比例低于 50%，有 49 家单位比例低于 20%，有 24 家单位比例在 5% 以内（见图 2-25）。

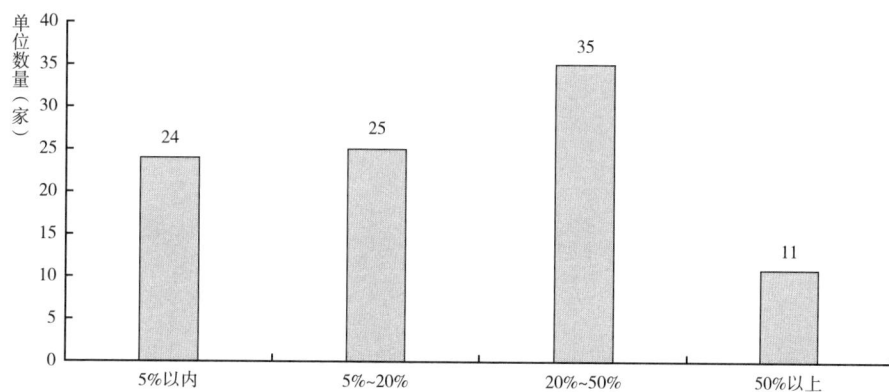

图 2-25　知识资源服务模式试点单位未来资金投入情况

三　产品发展方向

根据调查问卷，未来知识服务产品开发仍以现有产品为主，开发侧重点将略有偏移，但仍集中在资源库、在线学习、有声读物等方面（见图 2-26）。

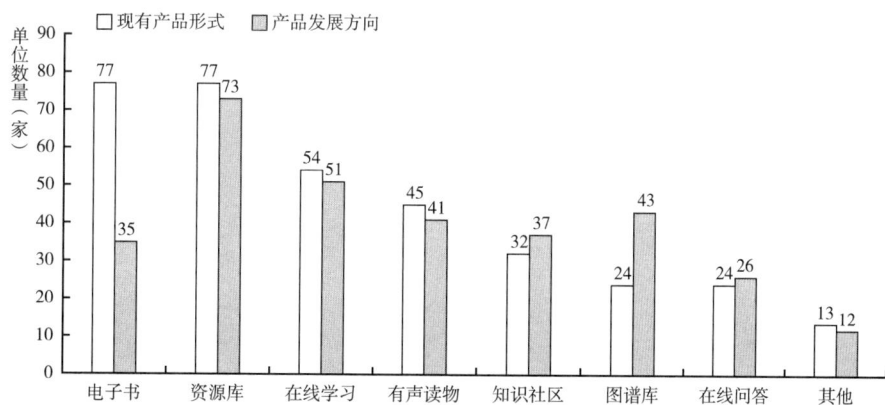

图 2-26　知识资源服务模式试点单位产品发展方向

第三章

国家知识资源服务模式试点单位应用案例分析[*]

第一节　知识资源服务模式试点单位总体情况

本次调研共收到 91 家知识资源服务模式试点单位（三批共 110 家）的知识服务应用案例调查报告，其中包括：第一批知识资源服务模式试点单位 25 家（共 28 家）、第二批知识资源服务模式试点单位 25 家（共 27 家）、第三批知识资源服务模式试点单位 41 家（共 55 家）。第一批试点单位案例回收率达到 89.29%，第二批试点单位案例回收率达到 92.59%，第三批试点单位案例回收率达到 74.55%，案例总回收率为 82.73%（见表 3-1）。同时，本次调研也回收了 95 份调查问卷。

表 3-1　三批知识资源服务模式试点单位案例回收情况

单位：家，%

批次	回收案例单位数	试点单位总数	回收率
第一批	25	28	89.29
第二批	25	27	92.59
第三批	41	55	74.55
合计	91	110	82.73

在本次案例调研中，各试点单位从典型产品名称、产品简介、产品市场定位、产品服务对象、知识服务技术架构情况、典型产品功能及特点、运营模式、盈利模式、

* 撰稿人：介晶，中共党员，副编审，主要从事数字出版、知识服务、版权保护等相关方面的研究工作；熊秀鑫，高级软件工程师，现任中国新闻出版研究院国家知识资源服务中心技术总监，目前主要参与数字出版、数字版权、知识服务等方面的课题研究、技术开发与管理等工作；谢冰，中共党员，现任中国新闻出版研究院标准化研究所助理研究员，目前主要参与数字出版、知识服务、标准研制等方面的课题研究工作。

采用相关标准情况9个方面进行了详细介绍。虽然有些知识资源服务模式试点单位在某些方面未进行介绍，但总体来看，各单位目前在知识服务产品的研发、运营、推广等方面有一个较为良好的局面，基本上每家都至少拥有一个已上线运营的知识服务平台或产品。

第二节　知识资源服务模式试点单位服务产品情况

一　知识服务产品涉及领域广泛，类型多样

本次91家知识服务试点单位共提供了112个知识服务产品的具体介绍。其中，第一、二批专业类知识资源服务模式试点单位的知识服务产品主要涵盖了法律、建筑、农业、医药卫生、交通运输、知识产权、电力、化学化工等领域（见图3-1）。这些产品基本上都是以其出版社或期刊社的内容为基础资源，加入或整合相关资源来构建专业知识库，涵盖了图片、音频、视频、文献等多种类型的数字内容资源，并对这些数字化内容资源进行了大规模的结构化整合，建成其所在领域的专业知识库，为该领域各类型用户提供专业的知识服务和解决方案。

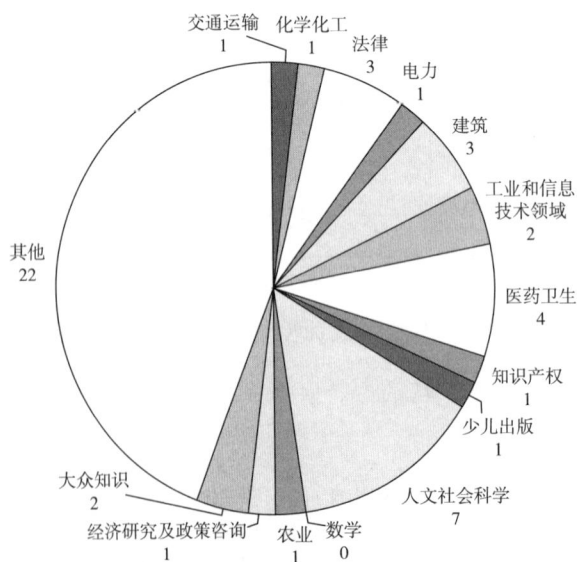

图3-1　第一、二批知识资源服务模式试点单位产品所涉及的垂直领域

第三批综合类知识资源服务模式试点单位除了有出版单位外，还有高等院校、科研院所、互联网内容企业等，它们的知识服务产品有一些仍然深耕垂直领域，比如船舶与海洋、核科学、财经、农业种业、审计、医学等；有一些是面向不同群体的教育类产品，比如宝宝巴士是面向0~6岁婴幼儿家庭的、智慧帮错题本是面向K12阶段的学生及其家长的、党员小书包是面向全体党员和各级党组织的等；有一些知识服务产品是为大众提供服务的，比如"得到"是为终身学习的个人用户服务的、中信书院是为希望提升自我的阅读爱好者服务的等。从中可以看到，产品所涉范围很广，内容也是多种多样的。

二　知识服务产品内容资源多依托于单位自身的积累

通过对91家试点单位的112个知识服务产品进行分析，可以看出绝大多数试点单位知识服务产品的内容资源来自出版社或期刊社多年来的出版资源积累。例如，修车帮是基于《汽车与驾驶维修》杂志创办的，该平台汇聚了《汽车与驾驶维修》杂志自创刊以来的维修技能知识资源；建筑施工专业知识资源与信息服务平台是基于中国建筑工业出版社的施工资源提供各种内容服务的；E知元是依托电子工业出版社的内容资源，精选电子技术类专业图书进行结构化及知识化加工的知识服务产品等。

第三节　知识资源服务模式试点单位产品定位情况

一　定位于某领域专业性、权威性知识检索和知识服务平台

第一、二批试点单位的知识服务产品基本上都是定位于某领域内专业性、权威性的知识检索和知识服务平台，比如服饰文化专业领域知识库、农业专业知识服务平台、建筑施工专业知识资源平台、法律知识和案例大数据融合服务平台、化工知识服务平台、海关数库、宇航科教一体化平台、轨道交通专业知识资源库系统等。它们以解决行业从业人员的实际需求为导向，为这些行业从业者或研究者提供一个专业的知识查询、服务、学习平台，并以提供智能知识服务为目标，深入挖掘、系统整合各类资源，最终形成专业类知识服务平台或产品。

二 产品具有区域性或为某些特定人群提供专业知识服务

第三批试点单位的知识服务产品类型比较多样，既有定位于某领域内专业性、权威性的知识服务平台或产品（比如物流行业全新的数字出版和知识服务门户——开放式物流知识资源发现平台、园艺服务领域第一品牌——"绿手指"园艺知识服务平台、审计知识服务产品则为审计领域从业人员提供了专业化知识应用和知识创新服务等），又有相当大一部分是为各地区或各类人群提供知识服务的产品（比如时代教育在线平台是立足安徽省基础教育市场的、京师英语听说训练系统是主要针对北京中考英语听说考试的等）。这些知识服务平台或产品类型多样，定位也更加多元化。

三 除内容外，未来侧重于为用户提供各种服务

从各个知识服务产品的市场定位可以看出，大多数产品除了为用户提供内容外，还希望能为用户提供各种类型的服务，比如文献检索服务、按需定制服务、交流分享服务、同行社交服务、智能推荐服务、智能辅助采选服务、文献综述服务、成果评测服务、组织管理服务、动态发布服务、移动学习服务、同类推送服务、精准培训服务、在线专家答疑服务、不同场景下的模拟训练服务等。

同时，从91家知识资源服务模式试点单位的112个典型产品名称中也可看出，有很多产品是以"知识""服务""资源""专业""智慧""数据库""知识库""智库"等关键词来命名的（见图3-2）。这也从一个侧面反映了知识资源服务模式试点单位

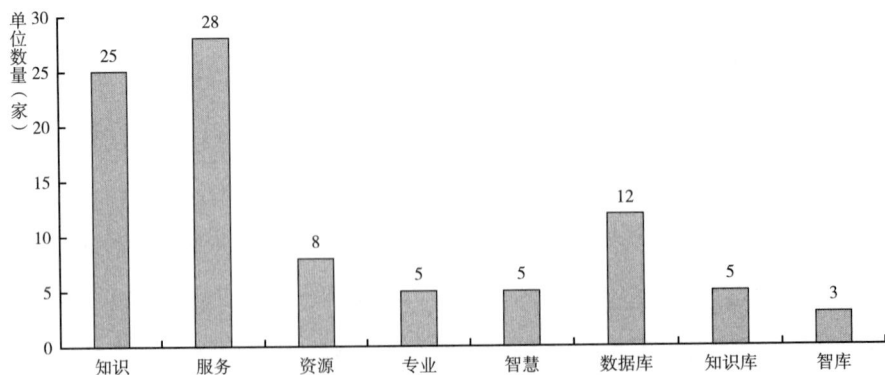

图 3-2　知识资源服务模式试点单位产品名称涵盖的主要关键词

的发展方向和重点。除了提供专业权威的知识资源外，各知识服务产品还需要向用户提供优质的服务，以便增加平台用户黏性，提高产品的使用率。

第四节　知识资源服务模式试点单位服务对象情况

通过案例分析可以看出，这些知识服务产品通常是为其所在领域的管理人员、科研人员、专业院校师生等提供专业知识服务。这些用户基本上都是出版社或期刊社积累下来的受众群体，现在这些单位换了一种方式来更好地为这些人提供服务。但也有直接为广大网友提供服务的，如中国科学技术出版社的科普中国产品。总体来说，这些知识服务产品的服务对象基本上涵盖了以下 5 类用户。

一　政府部门

主要为各级政府的各个部门提供有关公共管理与决策过程的各类知识服务，并基于知识分析实现对网络舆情的监测、预测、引导等。如中国林业出版社的国家生态知识服务运营平台的功能之一就是为政府管理机构提供林业／生态文明建设管理方面的知识服务。

二　经营企业

主要为经营企业提供该企业所在领域的知识性产品、知识关联、知识定制等专业知识服务。如中国建筑工业出版社的建筑施工专业知识资源与信息服务平台可以为建筑施工单位提供施工工艺工法、施工管理与技术文件、施工全过程可视化等资源库服务，并能为建筑施工专业人员提供在线学习互动平台服务。其针对建筑材料与施工机具设备产品的选型库，可为用户提供相关厂家、租赁企业信息等服务，成熟后可向产品厂家提供广告服务。

三　教学机构

主要为教学机构提供服务于老师和学生的在线教育类辅助教学产品和服务。如北京语言大学出版社的国际汉语教育知识资源服务平台通过与高校展开合作的模式，邀请高校入驻，为高校开通专属机构账号，为其提供教学、学术资源。同时采取资源共建的方式，通过机构用户进行资源生产，资源共建利益分成，实现行业内资源的版权交易，推动汉语产品在全球汉语教学领域的资源开放和共享。

四　科研机构

主要为各类科研机构提供基于专业学术研究需求的知识检索等方面的知识服务。如哈尔滨工程大学出版社的船核知识在线知识服务产品主要服务对象是国内船舶与海洋专业、核科学与技术专业的本研类、高职高专类院校师生及相关科研院所工作人员，并通过为他们提供相关的知识化服务，来促进科研成果与实际工作相融合。

五　广大民众

主要为广大民众提供基于学习、消遣、社交需求等方面的，且与百姓生活息息相关的知识问答、知识检索、在线视频等方面的知识服务。如湖北科学技术出版社的"绿手指"园艺知识服务平台的服务对象是热爱生活的人，包括但不限于普通家庭、专业设计师等。"绿手指"园艺知识服务平台致力于打造绿色环保的生活方式，主要针对人群为有一定经济基础的女性（白领、受过高等教育的家庭主妇）及其他向往自然、质朴、有机生活的人群。

第五节　知识资源服务模式试点单位技术架构情况

一　第一、二批专业类试点单位案例技术架构分析

对第一、二批专业类试点单位的知识服务案例技术架构分析，可以从产品类型、客户端选择、技术选型、数据传输、数据存储、部署模式和应用服务等方面进行归纳总结。

（1）在产品类型方面，多数试点单位已建立了知识资源管理库，并通过它对各类资源进行管理与检索。已建立知识资源管理库的试点单位，在检索方面采用了不同的检索引擎，其中使用最为普遍的是 Solr 和 Lucene，也有一些试点单位使用了其他检索引擎，如中国科技出版传媒股份有限公司的"中国生物志库"使用的是 Elastic Search。

（2）在客户端选择方面，多数知识服务案例是基于 PC 端的 Web 应用。也有近

10 家试点单位在知识服务案例中开发了移动端应用，如人民卫生出版社的"人卫临床助手"同时有 Android 客户端和 iOS 客户端，中国中医药出版社则开发了微信公众号来拓宽读者获取知识的渠道。

（3）在技术选型方面，主要从开发语言、后台技术框架、前端框架等方面进行总结。在开发语言方面，各试点单位的知识服务案例后台以 Java 语言为主，不过 PHP、C#、ASP.net、Python 及支持移动端开发 Android、Swift、Objective-C 等也有试点单位在使用，部分试点单位甚至还使用了偏底层开发的 C 和 C++ 语言。后台技术框架使用方面，既有被广泛应用的 SpringMVC、MyBatis 等业内成熟的开发框架，也有类似于社会科学文献出版社所使用的 Zving Framework 私有框架。Web 前端以 HTML/HTML5+CSS/CSS3+JavaScript 框架为主，包括 jQuery、AngularJS 和 Vue 等常用前端 JS 框架，以及 Bootstrap 等页面布局框架。与此同时，也有少数试点单位还在使用纯 JSP 技术进行页面展现。

（4）在数据传输方面，不少知识服务案例采用 XML 的方式，也有一些知识服务案例使用目前流行的 HTTP+JSON 的方式进行数据传输，甚至有些应用了出现时间相对较短的 RestFul 架构。

（5）在数据存储方面，大部分知识服务案例还是选用传统的关系型数据库，例如 MySQL、SQL Server、Oracle 等。也有少数试点单位在知识服务案例中选用 NoSQL 这样的非关系型数据库，如外语教学与研究出版社的 U 校园智慧教学云平台。同时还有一些试点单位，例如中国科学技术出版社，选用了分布式存储 HBase 数据库。

（6）在部署模式方面，多数试点单位采用了自建机房／购买服务器的方式进行私有部署，也有一些试点单位在知识服务案例中尝试云服务的部署模式，如北京卓众出版有限公司部署在阿里云上的基于移动端的汽车专业媒体 OTO 应用服务平台（简称"修车帮"）。多数知识服务案例部署在 Linux 系统上，也有少数案例使用 Windows 服务器，如黑龙江东北数字出版传媒有限公司的"多维边疆"知识服务产品、新疆电子音像出版社的读读精品出版平台等。

（7）在应用服务方面，大部分知识服务案例使用 Tomcat、Nginx 对外提供服务，如华东师范大学出版社的"智慧树"融出版平台、社会科学文献出版社的皮书数据库平台、中国水利水电出版社的数字水利出版平台等。

二 第三批综合类试点单位案例技术架构分析

对 41 家综合类试点单位知识服务案例技术架构内容的分析，也可以从产品类型、客户端选择、技术选型、数据传输、数据存储、部署模式和应用服务等方面进行归纳总结。

（1）在产品类型方面，部分试点单位建立了知识资源管理库，例如:《中国出版传媒商报》社的《中国出版传媒商报》历史资料数据库、中财数据网络有限公司的中国财经数字图书馆等。已建立知识资源管理库的试点单位，在检索方面使用最为普遍的是 Solr。产品类型除了知识资源库以外，还包括在线教育平台，例如浙江青云在线教育科技有限公司的"青只课堂"、读者出版传媒股份有限公司的"读者·新语文"中小学阅读与写作教育平台等。除了上述两种产品类型，也有试点单位建立了各自行业领域的知识图谱，如时代经济出版社的审计知识服务产品等。

（2）在客户端选择方面，多数知识服务案例基于 PC 端的 Web 应用，也有部分试点单位在知识服务案例中开发了移动端应用。同时，也有试点单位开发了微信公众号来拓宽读者获取知识的渠道，例如：湖北长江传媒数字出版有限公司的"党员知家"智慧党建综合服务平台等。

（3）在技术选型方面，主要从开发语言、后台技术框架、前端框架等方面进行了总结。在开发语言方面，各试点单位的知识服务案例后台以 Java 语言为主，支持移动端开发的 Android、Objective-C 等也有试点单位在使用。在后台技术框架使用方面，以 SpringMVC、MyBatis 等业内成熟的开发框架为主。Web 前端以 HTML/HTML5+CSS/CSS3+JavaScript 框架为主。

（4）在数据传输方面，知识服务案例主要采用 XML 方式。

（5）在数据存储方面，大部分知识服务案例还是选用传统的关系型数据库，例如 MySQL、Oracle 等。

（6）在部署模式方面，多数试点单位采用了自建／购买服务器的方式进行私有部署，也有试点单位在知识服务案例中尝试云服务的部署模式，例如：时代经济出版社的审计知识服务产品。有的知识服务案例主要部署在 Linux 系统上，例如：时代新媒体出版社的时代教育在线平台、广州朗声图书有限公司的百听听书平台等。

（7）在应用服务方面，知识服务案例使用 Tomcat、Nginx、CDN、SLB 对外提供服务，例如：时代新媒体出版社的时代教育在线平台、河北冠林数字出版有限公司的河北教育资源云平台、北京广播公司的"听听 FM"、重庆课堂内外杂志有限责任公司的"壹笔·作文"等。

第六节　知识资源服务模式试点单位典型产品功能及特点情况

一　产品都已建立数据库，基本上都能实现文献检索功能

在本次收到的知识服务产品案例中，各单位在介绍本部分情况时都比较灵活，有的介绍了本单位典型知识服务产品的具体模块或版块设置情况，如中国少年儿童新闻出版总社的中少快乐阅读平台、中国中医药出版社的"悦医家"移动书馆等；有的介绍了产品具体有哪些功能，如人民法院出版社的法信平台等；有的介绍了平台可提供的服务方式和内容，如中华书局的籍合网等。从中可以看出，各试点单位至少都已建立了各种类型的数据库，基本上都能实现文献检索功能。

二　部分产品场景化应用较好，有些已实现智能大数据关联

有的产品场景化应用做得比较好，如人民卫生出版社的"人卫临床助手"就是基于符合现实场景推出的，从而提高了临床医生的决策能力；有的产品实现了智能大数据关联，如知识产权出版社的 DI Inspiro® 知识产权大数据与智慧服务系统，实现了专利、商标、版权、期刊、标准、判例之间的数据关联，从而实现了分析高效（支持千万级数据即时统计分析，多种可视化分析图表展示）、检索多样（24 种检索模式，超过 600 个检索字段，可视化检索与扩展检索，多种检索辅助系统可展示多种分析结果并可实现实时统计分析）等。

三　在线教育／教学平台类知识服务产品功能针对性强

知识服务产品类型除知识资源库之外，还包括在线教育／教学平台，如人民教育出版社的教师网络培训和服务平台为教师提供教材配套教学培训、在线学习、教研互动等功能；哈尔滨工业大学出版社建设了数学数字出版综合应用一体化平台，为具有

数学专业背景的教师、学生及数学爱好者等个人用户提供服务；北京师范大学出版社的京师英语听说训练系统是利用智能语音测评技术，针对北京中考英语听说考试，为满足考生对英语听说考试平时训练和考前模拟需求来设计的等。除了上述产品类型外，也有几家试点单位利用自然语言处理技术建立了各自行业领域的知识图谱，如中国农业出版社、英大传媒集团等。具体情况如表3-2所示。

表3-2　知识资源服务模式试点单位各业务开展情况

单位：个

序号	主要产品形式	试点单位开展此项业务数量	
		第一、二批（50家）	第三批（41家）
1	知识资源库	49	32
2	电子书阅读	45	36
3	在线学习／题库	30	24
4	有声读物	22	26
5	知识社区	18	15
6	知识图谱库	17	8
7	在线问答	16	8
8	其他形式	10	7

第七节　知识资源服务模式试点单位运营模式情况

大部分试点单位是通过线上线下相结合的方式进行产品推广和运营的，在线上通过关键词的优化、公众号宣传、广告等吸引自然流量，或者根据学科前沿和时事热点主动策划专题，向用户推送内容等；线下通过举办论坛、路演、展览等活动对知识服务产品进行推广。

一　线上运营模式

（1）微信公众号（服务号和订阅号）按频率进行宣传推广。

（2）邮件推广（EDM 群发电子邮件推广）。

（3）在网站上发布行业热点新闻，建立链接。

（4）整合用户产生的高质量内容，如未正式出版的一手调研数据等，经编辑加工后传播。

二　线下运营模式

（1）对领域内的专业院校、科研院所、企业等进行点对点宣传推广。

（2）举办发布会、论坛、路演、学术会议、行业年会、培训等。

（3）与第三方企业／机构进行合作，如内容资源置换等。

（4）通过落地广告，对潜在用户进行辐射影响。

（5）各级图书馆渠道等。

三　产品运营推广水平有待提高

虽然目前大多数单位已经明确知道要借助线上和线下多种方式来进行产品运营和推广，但其力度有限。据了解，很多出版单位并没有专门设立知识服务产品的运营推广部门，大多数是一两个人或几个人来维持产品运营，少数大的专业出版单位虽然有了自己的微信公众号、微博、头条号等自媒体频道，但也仅仅是编辑或其他部门的同事兼顾着发些自媒体的文章，运营手段和力度都非常有限，起不到有效运营和推广的作用。这种运营投入不够的情况，导致其产品没有影响力和传播力，圈粉困难。

第八节　知识资源服务模式试点单位盈利模式情况

一　面向机构用户

（1）提供定制开发（知识服务平台或数据库产品）的收入。

（2）对政府采购收取年服务费。

（3）直接销售数据库产品（包括镜像）的收入。

（4）机构客户收费订阅。

（5）提供在线有偿服务。

（6）与电商、移动运营商等平台合作分成。

（7）纸质书与数据库或在线产品（在线提供增值服务）联动销售。

（8）广告收益等。

二　面向个人用户

（1）数字内容付费下载阅读。

（2）在线教育培训收入。

（3）提供在线有偿服务。

三　部分盈利模式灵活多变，部分尚处于探索阶段

目前，各试点单位在知识服务产品的盈利模式方面，有的已经做得比较成熟，还制定了相对灵活的销售模式和策略组合，比如社会科学文献出版社采用了直销和代理相结合的方式，开拓了高校、公共图书馆、研究机构、政府机构、企业等多类型用户，同时提供了多版本、多子库供用户任意选择或组合，还可提供定制库等增值服务；有的试点单位还在探索中，尚未形成盈利模式，目前处在持续投入和产品免费试用阶段。

第九节　知识资源服务模式试点单位采用相关标准情况

一　第一、二批专业类试点单位采用相关标准情况分析

目前回收的案例中有 37 家试点单位填写了"采用相关标准情况"的内容，从中可以看出试点单位大致采用了四大类相关标准来指导知识服务建设工作，分别是技术开发标准、出版标准、专业领域标准及其他标准。专业类试点单位采用相关标准目录如表 3-3 所示，专业类试点单位采用相关标准情况统计如表 3-4 所示。

表 3-3　专业类试点单位采用相关标准目录

类型	序号	具体标准
技术开发标准	1	DotNet 编码规范
	2	OAI-PMH 协议
	3	信息技术 软件生存周期过程
	4	计算机软件需求说明编制指南
	5	计算机软件测试文件编制指南
	6	计算机软件质量保证计划规范
	7	软件文档管理指南
	8	软件维护指南
	9	信息技术 开放系统互连 高层安全模型（GB/T 17965-2000）
	10	"程序源代码资源建设规范"标准
出版标准	1	国际标准：ISLI 标准、CNONIX 标准、XML 标准、DOCBOOK 标准
	2	国家标准：MPR 标准、CNONIX 国家标准、知识服务国家标准
	3	行业标准：内容资源加工标准
	4	工程项目标准：中央文化企业数字化转型升级工程标准、知识服务标准、复合出版标准、版权工程标准
	5	企业标准：企业标准、企业项目标准
专业领域标准	1	医学类标准：ICD 10、Mesh2016 版、国际学科分类表等
	2	公安知识体系分类标准
其他标准	1	知识管理国家标准
	2	知识管理良好实践指南
	3	企业知识产权管理规范

表 3-4　专业类试点单位采用相关标准情况统计

序号	出版社名称	技术开发标准	出版标准	专业领域标准	其他标准
1	中国纺织出版社		√		
2	中国林业出版社		√		
3	北京卓众出版有限公司	√			
4	华东师范大学出版社		√		
5	科学出版社		√		
6	社会科学文献出版社		√		
7	人民法院出版社		√		
8	中国少年儿童新闻出版总社		√		
9	中国法制出版社		√		

续表

序号	出版社名称	技术开发标准	出版标准	专业领域标准	其他标准
10	化学工业出版社		√		
11	中国海关出版社		√		
12	人民卫生出版社		√		
13	中国农业出版社		√		
14	人民邮电出版社				
15	中国建筑工业出版社		√		
16	福建科学技术出版社		√		
17	上海音乐出版社		√		
18	石油工业出版社				
19	电子工业出版社		√		
20	中国科学技术出版社				
21	法律出版社				
22	中国社会科学出版社		√		
23	国防工业出版社				
24	中国大百科全书出版社		√		
25	知识产权出版社				
26	人民交通出版社股份有限公司				
27	外语教学与研究出版社				
28	中国水利水电出版社		√		
29	黑龙江东北数字出版传媒有限公司		√		
30	地质出版社		√		
31	中华书局		√		
32	人大数媒科技（北京）有限公司		√		
33	哈尔滨工业大学出版社		√		
34	新疆电子音像出版社				
35	北京语言大学出版社		√		
36	中国铁道出版社				
37	中国中医药出版社				
38	中国人民大学出版社		√		
39	成都音像出版社		√		

续表

序号	出版社名称	技术开发标准	出版标准	专业领域标准	其他标准
40	海洋出版社	√			√
41	《中华医学杂志》社有限责任公司			√	
42	中国地图出版社				
43	天津大学出版社		√		
44	人教数字出版公司		√		
45	华中科技大学出版社		√		
46	中央党校出版社		√		
47	英大传媒集团				
48	中国人民公安大学出版社		√	√	
49	海峡出版发行集团				
50	中国发展出版社		√		
	合计（家）	2	33	2	1

其中，采用技术开发标准的试点单位有 2 家，采用出版标准的试点单位有 33 家，采用专业领域标准的单位有 2 家，采用其他标准的单位有 1 家（见图 3-3）。

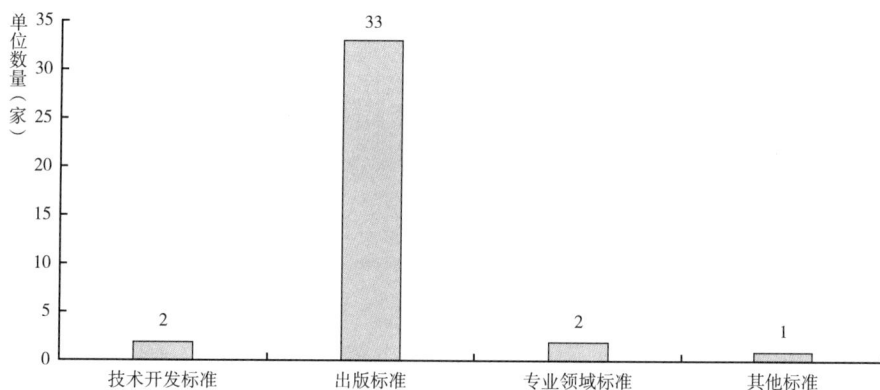

图 3-3 专业类试点单位采用相关标准情况

可以看出，大部分试点单位采用了出版标准来指导知识服务建设工作，采用的标准包括国际标准、国家标准、行业标准、工程项目标准、企业标准，涵盖标准体系的各个层级。专业类试点单位采用出版标准情况统计如表 3-5 所示。

表 3-5 专业类试点单位采用出版标准情况统计

序号	出版社名称	国际标准	国家标准	行业标准	工程项目标准	企业标准
1	中国纺织出版社				√	
2	中国林业出版社				√	√
3	北京卓众出版有限公司					
4	华东师范大学出版社		√			
5	科学出版社	√				
6	社会科学文献出版社				√	√
7	人民法院出版社					√
8	中国少年儿童新闻出版总社		√			√
9	中国法制出版社					√
10	化学工业出版社				√	√
11	中国海关出版社					√
12	人民卫生出版社		√			√
13	中国农业出版社					√
14	人民邮电出版社					
15	中国建筑工业出版社				√	
16	福建科学技术出版社				√	
17	上海音乐出版社	√				√
18	石油工业出版社					
19	电子工业出版社				√	√
20	中国科学技术出版社					
21	法律出版社					
22	中国社会科学出版社					√
23	国防工业出版社					
24	中国大百科全书出版社					√
25	知识产权出版社					
26	人民交通出版社股份有限公司					
27	外语教学与研究出版社					
28	中国水利水电出版社					√
29	黑龙江东北数字出版传媒有限公司		√			√
30	地质出版社				√	
31	中华书局					√
32	人大数媒科技（北京）有限公司				√	
33	哈尔滨工业大学出版社				√	
34	新疆电子音像出版社					
35	北京语言大学出版社					√
36	中国铁道出版社					

续表

序号	出版社名称	国际标准	国家标准	行业标准	工程项目标准	企业标准
37	中国中医药出版社					
38	中国人民大学出版社		√		√	√
39	成都音像出版社				√	
40	海洋出版社					
41	《中华医学杂志》社有限责任公司					
42	中国地图出版社					
43	天津大学出版社				√	√
44	人教数字出版公司		√	√		
45	华中科技大学出版社	√				
46	中央党校出版社		√		√	
47	英大传媒集团					
48	中国人民公安大学出版社	√		√	√	
49	海峡出版发行集团					
50	中国发展出版社		√			
	合计（家）	4	8	2	15	19

其中，采用国际标准的专业类试点单位有4家，采用国家标准的专业类试点单位有8家，采用行业标准的专业类试点单位有2家，采用工程项目标准的专业类试点单位有15家，采用企业标准的专业类试点单位有19家（见图3-4）。

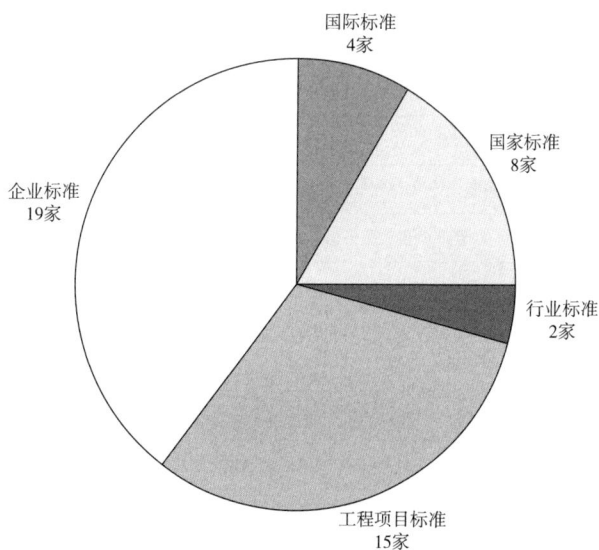

图3-4　专业类试点单位采用出版标准情况

通过对回收案例中试点单位采用相关标准情况进行分析，可以看到，试点单位对标准化工作有了一定的认识，试点单位有些遵循相关标准，有些在遵循相关标准的基础上结合单位的实际业务需求，制定了相关企业标准，有些已经开始设计企业的标准体系，这在一定程度上说明试点单位已经逐步认识到标准化工作对企业发展的重要性。试点单位正在积极推动相关标准的实施应用，并通过相关标准规范生产流程，提高生产效率和产品质量。

二　第三批综合类试点单位采用相关标准情况分析

目前回收的 41 份案例中有 28 家试点单位填写了"采用相关标准情况"的内容，其中有 18 家单位填写了有效内容。试点单位大致采用了三大类相关标准来指导知识服务建设工作，分别是技术开发标准、出版标准和专业领域标准。综合类试点单位采用相关标准目录如表 3-6 所示，综合类试点单位采用相关标准情况统计如表 3-7 所示。

表 3-6　综合类试点单位采用相关标准目录

类型	序号	具体标准
技术开发标准	1	HTML5
	2	RDF
	3	DOM
	4	计算机软件开发规范
	5	计算机软件需求说明编制指南
	6	信息安全管理体系标准
	7	信息技术 开放系统互连 网络层安全协议
	8	互联网数据中心和互联网接入服务信息安全管理系统接口规范
	9	互联网数据中心工程技术规范
出版标准	1	国际标准：ISLI、ONIX、XML、DOCBOOK、EPUB3、JATS、MARC、RDA、DC、DITA、SCROM2004
	2	国家标准：MPR 标准、CNONIX 标准、知识服务国家标准
	3	行业标准：内容资源加工标准、中小学数字教材加工规范、电子书系列标准、元数据标准
	4	工程项目标准：中央文化企业数字化转型升级工程标准、知识服务标准、版权工程标准
	5	企业标准：企业标准、企业项目标准

续表

类型	序号	具体标准
专业领域标准	1	统计标准：COUNTER 标准
	2	中组部国家标准：干部网络培训课程相关标准
	3	基础地理信息要素分类与代码
	4	专题地图信息分类与代码
	5	地理信息 现行实用标准
	6	地球空间数据交换格式
	7	数字城市地理空间信息公共平台技术规范
	8	城市地理信息系统设计规范
	9	数字城市地理信息公共平台 地名／地址编码规则
	10	基础地理信息要素数据字典第2部分 1：5000 1：10000 基础地理信息要素数据字典
	11	信息交换用汉字编码字符集、基本集
	12	地理信息 目录服务规范
	13	地理信息 空间模式
	14	公共地理信息通用地图符号
	15	地理信息 要素编目方法
	16	地理信息 时间模式
	17	地理信息 分类与编码规则
	18	地理信息 服务
	19	地理信息 公共平台基本规定
	20	地理信息 质量评价过程
	21	地理信息 专用标准
	22	基础地理信息数据库基本规定
	23	古代建筑彩画病害与图示
	24	长城资源要素分类、代码与图式
	25	石质文物病害分类与图示
	26	古代壁画病害与图示

表 3-7　综合类试点单位采用相关标准情况统计

序号	出版社名称	技术开发标准	出版标准	专业领域标准
1	重庆课堂内外杂志有限责任公司	√	√	
2	山东科学技术出版社			
3	北京合纵医信网络科技有限公司		√	
4	中国财富出版社			
5	中国图书进出口公司		√	√
6	上海交通大学出版社			
7	人民出版社			
8	哈尔滨工程大学出版社		√	
9	上海辞书出版社			
10	清华大学出版社			
11	时代新媒体出版社			
12	中信出版社			
13	河北冠林数字出版有限公司		√	
14	北京广播公司		√	
15	湖北长江传媒数字出版有限公司		√	
16	罗辑思维"得到"			
17	浙江出版集团数字传媒有限公司		√	
18	江苏凤凰教育			
19	广州朗声图书有限公司			
20	世界图书出版广东有限公司			
21	读者出版传媒股份有限公司			
22	湖北科学技术出版社有限公司			
23	浙江青云在线教育科技有限公司			
24	中国出版集团东方出版中心有限公司		√	
25	广西师范大学出版社			
26	中国出版传媒商报			
27	北京维旺明科技股份有限公司			
28	中财数据网络有限公司		√	
29	北京畅想数字音像科技股份有限公司		√	
30	国家行政学院出版社			√
31	大象出版社		√	
32	北京交通大学出版社		√	

续表

序号	出版社名称	技术开发标准	出版标准	专业领域标准
33	陕西师范大学出版总社	√		√
34	三联生活传媒有限公司		√	
35	农业科学技术出版社			
36	中文集团数字出版传媒股份有限公司			
37	重庆出版集团		√	
38	福州智永信息科技有限公司			
39	北京师范大学出版社			
40	时代经济出版社		√	
41	接力出版社			
合计（家）		2	16	3

　　其中，采用技术开发标准的综合类试点单位有 2 家，采用出版标准的综合类试点单位有 16 家，采用专业领域标准的综合类试点单位有 3 家（见图 3-5）。

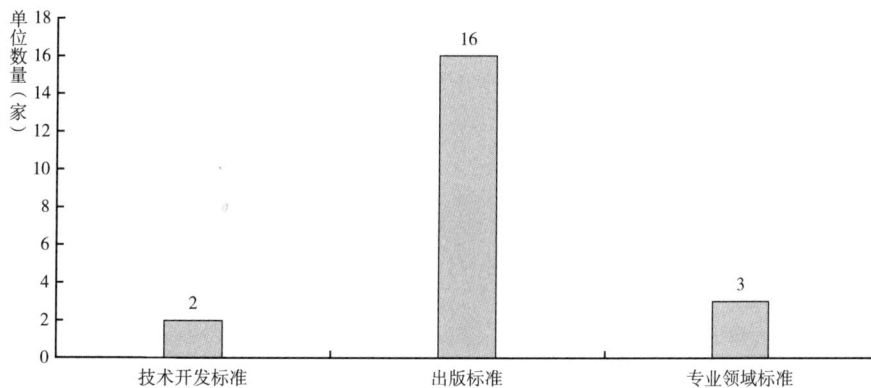

图 3-5　综合类试点单位采用相关标准情况

　　可以看出，大部分综合类试点单位采用了出版标准来指导知识服务建设工作，采用的标准包括国际标准、国家标准、行业标准、工程项目标准、企业标准，涵盖标准体系的各个层级。综合类试点单位采用出版标准情况统计如表 3-8 所示。

表 3-8　综合类试点单位采用出版标准情况统计

序号	出版社名称	国际标准	国家标准	行业标准	工程项目标准	企业标准
1	重庆课堂内外杂志有限责任公司	√				
2	山东科学技术出版社					
3	北京合纵医信网络科技有限公司		√		√	
4	中国财富出版社	√	√		√	
5	中国图书进出口公司					
6	上海交通大学出版社					
7	人民出版社					
8	哈尔滨工程大学出版社	√				
9	上海辞书出版社					
10	清华大学出版社					
11	时代新媒体出版社					
12	中信出版社					
13	河北冠林数字出版有限公司	√		√		
14	北京广播公司					√
15	湖北长江传媒数字出版有限公司		√	√	√	
16	罗辑思维"得到"					
17	浙江出版集团数字传媒有限公司	√				
18	江苏凤凰教育					
19	广州朗声图书有限公司					
20	世界图书出版广东有限公司					
21	读者出版传媒股份有限公司					
22	湖北科学技术出版社有限公司					
23	浙江青云在线教育科技有限公司					
24	中国出版集团东方出版中心有限公司					√
25	广西师范大学出版社					
26	中国出版传媒商报					
27	北京维旺明科技股份有限公司					
28	中财数据网络有限公司	√				
29	北京畅想数字音像科技股份有限公司					√
30	国家行政学院出版社					
31	大象出版社					√
32	北京交通大学出版社					√
33	陕西师范大学出版总社					

续表

序号	出版社名称	国际标准	国家标准	行业标准	工程项目标准	企业标准
34	三联生活传媒有限公司					√
35	农业科学技术出版社					
36	中文集团数字出版传媒股份有限公司					
37	重庆出版集团	√	√			√
38	福州智永信息科技有限公司					
39	北京师范大学出版社					
40	时代经济出版社				√	
41	接力出版社					
合计（家）		7	4	2	4	7

其中，采用国际标准的综合类试点单位有 7 家，采用国家标准的综合类试点单位有 4 家，采用行业标准的综合类试点单位有 2 家，采用工程项目标准的综合类试点单位有 4 家，采用企业标准的综合类试点单位有 7 家（见图 3-6）。

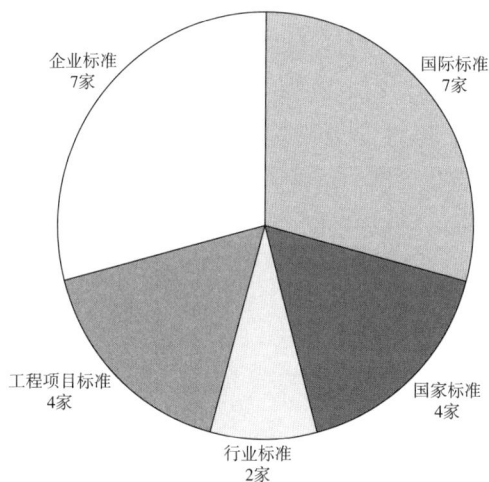

图 3-6　综合类试点单位采用出版标准情况

三　标准应用中的一些问题与建议

本次问卷调查反映了试点单位在实施相关标准方面的一些问题，如：标准化工作不够深入细致，标准执行力度有待进一步加大，标准的贯彻实施缺乏有效的监督手段等。

对此，一是应加强宣传引导，举办标准培训及行业交流活动，扩大标准普及范围；二是应修订体系和完善标准，巩固和优化现有知识服务标准体系，深入调研，优先制定行业急需的知识服务相关标准；三是应加大投入，保障标准的顺利实施，加强标准化政策与其他政策的协调配合，促进标准化工作与产业发展的融合，强化标准化在推动产业发展和转型升级中的导向和保障作用；四是应严格监督检查，保障标准的执行效果，完善标准实施的监督机制，建立标准实施的反馈机制，加大认证认可的工作力度，建立产业诚信体系，促进标准有效实施。

第一节　专业数字内容资源知识服务模式试点通用标准研制情况介绍

为加快推进专业数字内容资源知识服务平台建设，有效聚集专业领域数字内容资源，推动国家知识资源服务体系建设，2015 年 3 月，由国家新闻出版广电总局数字出版司统一部署，由中国新闻出版研究院负责具体组织实施，启动了专业数字内容资源知识服务模式试点工作。

2015 年 3 月 27 日，国家新闻出版广电总局办公厅发布了《关于开展专业数字内容资源知识服务模式试点工作的通知》（新广出办函〔2015〕82 号），开始征集专业数字内容资源知识服务模式试点单位。

4 月 25 日，中国新闻出版研究院组织专家按照试点通知要求对收到的 60 份申报材料进行了初审，主要包括申报单位基本情况、资产与经营状况、出版资源状况、规划与机构设置、人才队伍、数字出版基础等 7 个方面，重点考察申报材料是否完整、齐备，申报单位财务报表是否合规。

4 月 27 日至 28 日，国家新闻出版广电总局数字出版司组织召开了专业数字内容资源知识服务模式试点专家评审会。会上，专家对 60 家单位提交的申报材料进行了认真审阅，综合考虑申报单位企业状况、人才队伍、资源优势、数字化基础、经费保

＊　本章第一节撰稿人：刘颖丽、谢冰。第二节主要起草人：武宝瑞、张文飞、安秀敏、李海亮、吴艳萍、魏凯、冯向梅、温晋。第三节主要起草人：张新新、郭玉洁、魏枫、汪智、李聪、马遥。第四节主要起草人：高培、张敬源、戚雪、纪亮、吴枋倚、卫未、李海亮、徐强。第五节主要起草人：张安超、段志兵、温强、徐屹然、范君宜、徐强、于生洪、刘冠群、李洪健、郭玉洁。第六节主要起草人：魏立华、周洋、邹隐、田胜立、敖然、刘拥军、董铁鹰、孙茂松、唐卫清、李军。第七节主要起草人：魏立华、刘爱芳、王磊、田胜立、敖然、刘拥军、董铁鹰、孙茂松、唐卫清、李军。第八节主要起草人：刘化冰、闫翔、朱欣昱、程序、孙涛涛、唐学贵、陈昊、张保生、彭天敖、张慧一、李昂、谢冰。第九节主要起草人有王德胜、李弘、田佳烨、安秀敏，主要参与人有牛玉莲、刘冠群、于生洪、王磊、范君宜。

障以及示范效应等因素后，遴选出 28 家单位作为专业数字内容资源知识服务模式试点单位。其中，中央出版单位 22 家，占 79%；地方出版单位 6 家，占 21%，基本涵盖所有申报领域。

5 月 7 日，国家新闻出版广电总局办公厅发布了《关于确定专业数字内容资源知识服务模式试点单位的通知》，正式明确了地质出版社等 28 家新闻出版单位为专业数字内容资源知识服务模式试点单位。

中国新闻出版研究院组织相关专家和出版单位代表编制了《专业数字内容资源知识服务模式试点工作方案》，明确了"统一部署、标准先行、分步推进、鼓励创新"的基本原则，以及具体的工作任务。在标准方面，明确提出要研制知识服务试点通用标准，实现知识资源建设流程与规范统一。

5 月 11 日，中国新闻出版研究院组织召开了专业数字内容资源知识服务模式试点工作启动会，会议通报了试点工作标准起草基本任务，对标准研制计划进行了交流讨论，下发了知识服务试点标准调研问卷。

5 月 28 日，中国新闻出版研究院组织召开了专业数字内容资源知识服务模式试点工作专家研讨会，会议通报了标准调研反馈情况，研究确定了标准工作方案，并讨论了试点单位分组以及试点工作进度和工作思路。会后，面向试点单位发出了《关于征集通用标准起草组组长单位的通知》，通知中明确了知识服务标准体系（知识服务基础标准 5 项、知识描述标准 6 项、知识加工标准 7 项、知识服务标准 4 项）以及首批制定的通用标准项目（8 项），面向试点单位征集通用标准起草组组长单位，并发布了《专业内容资源知识服务模式试点工作标准（一期）研制方案》以及调研问卷的反馈汇总情况。

6 月 12 日，面向试点单位发出了《关于确认参与知识服务试点通用标准起草组和技术功能需求清单的通知》，要求各试点单位根据本单位开展知识服务工作的相关情况明确参与起草的通用标准项目。6 月 19 日，在专业数字内容资源知识服务模式试点工作通用标准研讨会上，参会人员就 8 项通用标准的大纲进行了研究讨论。6 月 26 日，在专业数字内容资源知识服务模式试点标准工作启动会上，正式成立了通用标准起草组，宣布了组长单位，并对通用标准大纲进行了研讨，同时为保证标准编制质量，进行了标准编写培训。

为确保通用标准的协调性，8月20日至21日，中国新闻出版研究院组织召开了知识服务模式试点通用标准协调会，会议就通用标准工作组稿进行研讨，明确通用标准边界，统筹关联标准相关内容，确保标准间的协调性和一致性。9月30日，各通用标准起草组完成了标准征求意见稿，并向28家试点单位征求意见。10月29日至30日，各标准起草组完成了对反馈意见的初步整理，中国新闻出版研究院组织召开了专业数字内容资源知识服务模式试点通用标准征求意见及意见处理会，会议邀请了相关专家听取试点单位对反馈意见处理情况的汇报并答疑。11月12日，召开了专业数字内容资源知识服务模式试点通用标准专家评审会，8项通用标准全部通过评审。11月23日，国家新闻出版广电总局数字出版司批准发布了8项通用标准（见表4-1）。

表 4-1　专业数字内容资源知识服务模式试点通用标准

序号	标准编号	标准名称	主要内容
1	GC/ZX 19—2015	知识服务标准体系表	覆盖知识服务完整流程的标准体系，包括基础标准、知识组织标准、知识服务标准。梳理并规范当前和今后需要制定的标准以及与其密切相关的标准
2	GC/ZX 20—2015	知识资源建设与服务工作指南	规定了知识资源建设与服务工作的基本条件、基本流程和基本方法
3	GC/ZX 21—2015	知识资源建设与服务基础术语	规范知识资源建设和知识服务相关的常用术语
4	GC/ZX 22—2015	知识资源通用类型	对知识资源的分类进行统一规范
5	GC/ZX 23—2015	知识元描述通用规范	描述知识元的界定范围、规则约束、构成模型等
6	GC/ZX 24—2015	知识应用单元描述通用规范	根据专业数字内容资源知识应用单元特点与组织方式，提出适用于出版内容资源的知识应用单元模型
7	GC/ZX 25—2015	知识关联通用规则	制定统一的知识关联表达方式和关联规则
8	GC/ZX 26—2015	主题分类词表描述与建设规范	主题分类词表的构成要素及表达

第二节　知识服务标准体系表

1. 范围

本标准给出了新闻出版知识服务标准化体系的层次结构和标准体系表。

本标准适用于专业数字内容资源知识服务模式试点工作。

2. 规范性引用文件

下列文件对于本文件的应用是必不可少的。凡是注日期的引用文件，仅所注日期的版本适用于本文件。凡是不注日期的引用文件，其最新版本（包括所有的修改单）适用于本文件。

GC/ZX 21—2015 知识资源建设与服务基础术语

3. 术语和定义

GC/ZX 21—2015 界定的以及下列术语和定义适用于本文件。

3.1 标准　standard

为在一定的范围内获得最佳秩序，经协商一致制定并由公认机构批准，共同使用的和重复使用的一种规范性文件。

注：标准宜以科学、技术和经验的综合成果为基础，以促进最佳社会效益为目的。

[GB/T 20000.1—2002，定义 2.3.2]

3.2 体系（系统）system

相互关系或相互作用的一组要素。

注：系统可以指整个实体。系统的组件可能也是一个系统，此组件可称为子系统。

[GB/T 19000—2003，定义 3.2.1]

3.3 标准体系　standard system

一定范围内的标准按其内在联系形成的科学的有机整体。

[GB/T 13016—2009，定义 3.3]

3.4 标准体系表　diagram of standard system

一定范围的标准体系内的标准按其内在联系排列起来的图表。

标准体系表用以表达标准体系的构思、设想、整体规划，是表达标准体系概念的模型。

[GB/T 13016—2009，定义 3.4]

3.5 相关标准　relative standard

与本体系关系密切且需直接采用的其他标准体系的标准。

[GB/T 13016—2009，定义 3.8]

3.6 规范 specification

阐明要求的文件。

[GB/T 19000—2008，定义 3.7.3]

4. 知识服务标准体系构成

4.1 标准体系框架

知识服务标准体系由应制定的标准（A）与相关标准（B）两大类构成；大类下分为基础标准、知识组织标准与知识服务标准三小类。其中，知识组织标准分为知识描述标准与知识加工标准，知识服务标准分为知识服务产品标准、知识服务平台标准与知识服务评价标准。标准统计见附录 A。

知识服务标准体系结构见图 4-1。

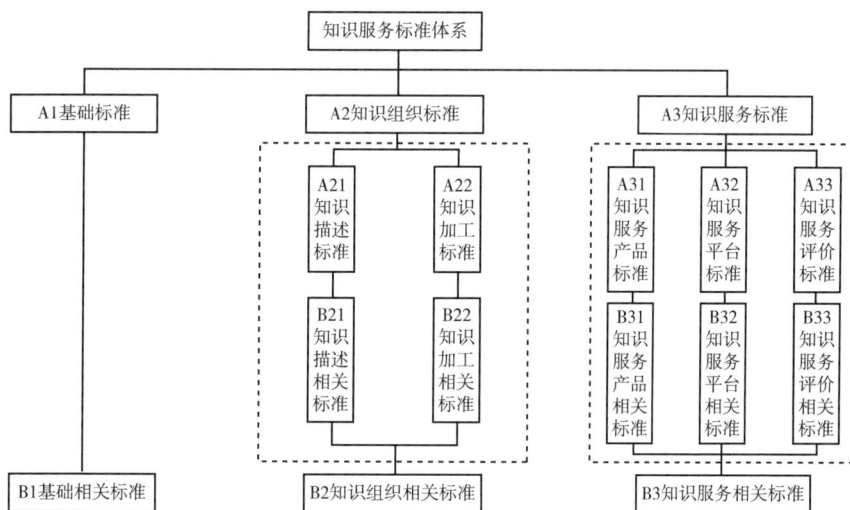

图 4-1 知识服务标准体系结构

4.2 标准明细表组成

4.2.1 明细表的分类

根据 4.1 的规定，分体系名称和代码表示如下：

a）A1 基础标准。

b）A2 知识组织标准，包括 A21 知识描述标准，A22 知识加工标准。

c）A3 知识服务标准，包括 A31 知识服务产品标准，A32 知识服务平台标准，A33 知识服务评价标准。

4.2.2 明细表的表示

知识服务标准明细表的结构表示如下：

a）分体系名，由分支体系名称组成。

b）标准序号，由标准所在分体系代号（如顺序号）组成。

c）标准名称，在编或待编标准的名称。

d）研制方向，对标准研制方向的简要说明。

e）宜定等级，建议标准研制次序，"高"为优先级，"中"为次优先级。

f）研制状态，"已发布"表示标准已经发布，"待编"表示标准暂未制定。

4.3 相关标准的组成

4.3.1 相关标准的分类

相关标准包括知识服务已发布的国家标准、行业标准、国际标准以及待发布的标准等。根据 4.1 的规定，将相关标准分别纳入三个分体系，分体系名称和代码表示如下：

a) B1 基础相关标准。

b) B2 知识组织相关标准，包括 B21 知识描述相关标准，B22 知识加工相关标准。

c) B3 知识服务相关标准，包括 B31 知识服务产品相关标准，B32 知识服务平台相关标准，B33 知识服务评价相关标准。

4.3.2 相关标准的表示

相关标准明细表的结构表示如下：

a）分体系名，分支体系的名称。

b）标准序号，由相关标准所在分体系代码和顺序号组成。

c）标准名称，已发布标准的名称和待发布标准的名称。

d）标准编号，国家标准、行业标准、国际标准和其他标准号。

5. 知识服务标准明细表

5.1 基础标准

5.1.1 基础标准明细表

基础标准明细见表 4-2。

表 4-2　基础标准明细

分体系名	标准序号	标准编号	标准名称	研制方向	宜定等级	研制状态
A1 基础标准	A1.1	GC/ZX 19—2015	知识服务标准体系表	覆盖知识服务完整流程的标准体系，包括基础标准、知识组织、知识服务、应用指南等。梳理并规范当前和今后需要制定的标准以及与其密切相关的标准	高	已发布
	A1.2	GC/ZX 20—2015	知识资源建设与服务工作指南	规定了知识资源建设与服务工作的基本条件、基本流程和基本方法	高	已发布
	A1.3	GC/ZX 21—2015	知识资源建设与服务术语	规范与知识资源建设和知识服务相关的常用术语	高	已发布
	A1.4	GC/ZX 22—2015	知识资源通用类型	对知识资源的分类进行统一规范	高	已发布
	A1.5	GC/ZX 25—2015	知识关联应用规则	制定统一的知识关联表达方式和关联规则	高	已发布
	A1.6		知识资源建设与服务企业标准编写指南	指导企业标准规范化、企业知识标准体系建设的应用标准	中	待编
	A1.7		专业领域知识资源术语系列标准	各专业知识资源及相关的术语概念和定义	中	待编
	A1.8		知识服务框架指南	知识服务顶层设计架构，描述属分关系以及服务协作模式等	中	待编
	A1.9		知识服务规范系列标准	提供知识服务类型、模式、交互、评价、制定规则、方法以及知识投送等系列标准	中	待编

5.1.2　基础相关标准明细表

已发布的基础相关标准明细见表 4-3。

表 4-3　已发布的基础相关标准明细

分体系名	标准序号	标准编号	标准名称
B1 基础相关标准	B1.1	GB/T 13016—2009	标准体系表编制原则和要求
	B1.2	GB/T 13017—2008	企业标准体系表编制指南
	B1.3	CY/Z 12.1—2010	新闻出版信息化标准体系表 第 1 部分：基础类标准
	B1.4	CY/Z 12.2—2010	新闻出版信息化标准体系表 第 2 部分：电子政务标准
	B1.5	CY/Z 12.3—2010	新闻出版信息化标准体系表 第 3 部分：电子商务标准
	B1.6	GC/FH 1—2016	工程标准体系表
	B1.7	GC/FH 8—2016	版权资产数据管理规范

续表

分体系名	标准序号	标准编号	标准名称
	B1.8	GC/FH 26—2016	资源数据库管理规范
	B1.9	GC/FH 30—2016	工程软件系统接口描述规则
	B1.10	GC/FH 31—2016	工程标准符合性测试规程
	B1.11	GC/FH 35—2016	工程系统基本流程
	B1.12	GC/FH 36—2016	工程项目管理指南
	B1.13	GC/FH 37—2016	工程系统安全指南
	B1.14	GC/FH 38—2016	工程标准应用指南
	B1.15	CY/T 50—2008	出版术语
	B1.16	GC/FH 2—2016	工程术语
	B1.17	GB/T 2900.75—2008	电工术语数字录音和录像
	B1.18	GB/T 4894—2009	信息与文献术语
	B1.19	GB/T 5271.1—2000	信息技术词汇 第1部分：基本术语
	B1.20	GB/T 10112—1999	术语工作原则与方法
	B1.21	GB/T 10113—2003	分类与编码通用术语
	B1.22	GB/T 12200.1—1990	汉语信息处理词汇 第1部分：基本术语
	B1.23	GB/T 16785—1997	术语工作概念与术语的协调
	B1.24	GB/T 17933—1999	电子出版物术语
	B1.25	GB/T 23289—2009	术语工作文后参考文献及源标识符
B1 基础相关 标准	B1.26	GB/T 25069—2011	信息安全技术术语
	B1.27	GB/T 27936—2011	出版物发行术语
	B1.28	GB/T 13745—2009	中华人民共和国学科分类与代码国家标准
	B1.29	CY/T 44—2008	新闻出版信息分类代码集
	B1.30	CY/T 46—2008	新闻出版业务主题词表
	B1.31	GY/Z 199—2004	广播电视节目资料分类法
	B1.32	GB/T 4754—2011	国民经济行业分类
	B1.33	GB/T 21373—2008	知识产权文献与信息 分类及代码
	B1.34	GB/T 5271.4—2000	信息技术词汇 第4部分：数据的组织
	B1.35	GB/T 5271.5—2008	数据处理词汇 第5部分：数据的表示法
	B1.36	GB/T 5271.6—2000	信息技术词汇 第6部分：数据的准备和处理
	B1.37	GB/T 5271.8—2001	信息技术词汇 第8部分：安全
	B1.38	GB/T 5271.18—2008	信息技术词汇 第18部分：分布式数据处理
	B1.39	GB/T 5271.29—2006	信息技术词汇 第29部分：人工智能语音识别与合成
	B1.40	GB/T 12200.2—1994	汉语信息处理词汇 第2部分：汉语和汉字
	B1.41	GB/T 30880—2014	信息技术通用逻辑（CL）：基于逻辑的语言族框架
	B1.42	GB 18030—2005	信息技术 中文编码字符集
	B1.43	GB 13000—1993	信息交换用汉字编码字符集的扩充
	B1.44	ISO 17316	〔International Standard Link Identifier（ISLI）〕国际标准关联标识符
	B1.45	ISO 26324—2012	〔Information and Documentation – Digital Object Identifier System（DOI）〕信息和文献 – 数字资源唯一标识符系统

分体系名	标准序号	标准编号	标准名称
B1 基础相关 标准	B1.46	ANSI/NISO Z39.56	〔The Serial Item and Contribution Identifier (SICI)〕串行产品及分配标识符
	B1.47	ISO/IEC 24707:2007	Information Technology – Common Logic (CL): a Framework for a Family of Logic−Based Languages 信息技术 通用逻辑 (CL)：基于逻辑的语言族框架

5.2 知识组织标准

5.2.1 知识组织标准明细表

知识组织标准明细见表 4-4。

表 4-4 知识组织标准明细

分体系名		标准序号	标准编号	标准名称	研制方向	宜定等级	研制状态
A2 知识 组织 标准	A21 知识 描述 标准	A21.1	GC/ZX 23—2015	知识元描述通用规范	描述知识元的界定范围、规则约束、构成模型等	高	已发布
		A21.2	GC/ZX 24—2015	知识应用单元通用描述规范	根据专业数字内容资源知识单元特点与组织方式，提出适用于出版内容资源的知识单元模型	高	已发布
		A21.3		知识地图描述规范	提供面向概念、流程、能力、关系的知识地图表达	高	待编
		A21.4		知识本体描述规范	基于 OWL 描述专业领域本体的表达	高	待编
		A21.5		语义网描述规范	描述语义网的知识表达	中	待编
		A21.6	GC/ZX 26—2015	主题分类词表描述与建设规范	主题分类词表的构成要素及表达	高	已发布
		A21.7		专业领域知识地图系列标准	企业依靠资源优势构建本专业领域的知识地图	中	待编
		A21.8		专业领域主题分类词表系列标准	企业依靠资源优势构建本专业领域的主题分类词表	中	待编
		A21.9		专业领域知识本体系列标准	企业依靠资源优势构建本专业领域的知识本体	中	待编
	A22 知识 加工 标准	A22.1		知识加工流程	建立支持本领域内容资源知识加工和标引流程的系列标准	高	待编
		A22.2		知识加工规范	建立支持本领域内容资源知识加工和标引的系列标准	高	待编
		A22.3		知识标引规则	提供本领域知识标引规则描述的系列标准	高	待编

续表

分体系名		标准序号	标准编号	标准名称	研制方向	宜定等级	研制状态
A2 知识 组织 标准	A22 知识 加工 标准	A22.4		知识发现与知识资源更新规范	提供通过知识推理以及延伸至互联网的知识发现、实现知识组织的更新的系列标准	高	待编
		A22.5		通用知识元建库规范	指导通用知识元数据库的建设与管理	中	待编
		A22.6		专用知识元建库规范	指导专用知识元数据库的建设与管理	中	待编
		A22.7		专业领域知识资源建库规范	指导专业知识资源数据库的应用	中	待编

5.2.2 知识组织相关标准明细表

已发布的知识组织相关标准明细见表 4-5。

表 4-5　已发布的知识组织相关标准明细

分体系名		标准序号	标准编号	标准名称
B2 知识组织 相关标准	B21 知识描述 相关标准	B21.1	CY/T 45—2008	新闻出版业务基础数据元
		B21.2	CY/T 46—2008	新闻出版业务主题词表
		B21.3	CY/T 83—2012	中国标准名称标识符
		B21.4	CY/T 90.1—2013	出版元数据 第 1 部分：框架
		B21.5	CY/T 90.2—2013	出版元数据 第 2 部分：核心数据元素集
		B21.6	CY/T 90.3—2013	出版元数据 第 3 部分：通用数据元素集
		B21.7	CY/T 90.4—2013	出版元数据 第 4 部分：扩展及应用
		B21.8	CY/T 90.5—2013	出版元数据 第 5 部分：维护与管理
		B21.9	GC/FH 3—2016	出版发行机构分类与代码
		B21.10	GC/FH 4—2016	资源类型分类与代码
		B21.11	GC/FH 7—2016	复合出版公共标签
		B21.12	GC/FH 12—2016	复合文档基础结构
		B21.13	GC/FH 13—2016	篇章复合文档结构
		B21.14	GC/FH 14—2016	条目复合文档结构
		B21.15	GC/FH 15—2016	新闻复合文档结构
		B21.16	GC/FH 16—2016	论文复合文档结构
		B21.17	GC/FH 17—2016	课件复合文档结构
		B21.18	GC/FH 32—2016	知识单元模型
		B21.19	GB/T 3529—1992	中文书刊名称汉语拼音拼写法
		B21.20	GB/T 3792.1—2009	文献著录 第 1 部分：总则

续表

分体系名		标准序号	标准编号	标准名称
B2 知识组织 相关标准	B21 知识描述 相关标准	B21.21	GB/T 3792.2—2006	文献著录 第2部分：普通图书著录规则
		B21.22	GB/T 3792.3—2009	文献著录 第3部分：连续性资源
		B21.23	GB/T 3792.4—2009	文献著录 第4部分：非书资料
		B21.24	GB/T 3792.9—2009	文献著录 第9部分：电子资源
		B21.25	GB/T 4754—2011	国民经济行业分类
		B21.26	GB/T 6447—1986	文摘编写规则
		B21.27	GB/T 12451—2001	图书在版编目数据
		B21.28	GB/T 13190—1991	汉语叙词表编制规则
		B21.29	GB/T 18391.1—2009	信息技术 数据元的规范和标准化 第1部分：框架
		B21.30	GB/T 18391.2—2009	信息技术 数据元的规范和标准化 第2部分：分类
		B21.31	GB/T 18391.3—2009	信息技术 数据元的规范和标准化 第3部分：注册系统元模型与基本属性
		B21.32	GB/T 18391.4—2009	信息技术 数据元的规范和标准化 第4部分：数据定义的形成
		B21.33	GB/T 18391.5—2009	信息技术 数据元的规范和标准化 第5部分：数据元命名和标识规则
		B21.34	GB/T 18391.6—2009	信息技术 数据元的规范和标准化 第6部分：注册
		B21.35	GB/T 24663—2009	企业核心元数据
		B21.36	GB/T 25100—2010	信息与文献 都柏林核心元数据元素集
		B22.37	GB/Z 26248.1—2010	信息技术 文档描述和处理语言 用于XML的规则语言描述(RELAX) 第1部分：RELAX 核心
		B21.38	W3C	XML Schema
		B21.39	W3C	RDF（Resource Description Framework，资源描述框架）
	B22 知识加工 相关标准	B22.1	CY/T 101.1—2014	新闻出版内容资源加工规范 第1部分：加工专业术语
		B22.2	CY/T 101.2—2014	新闻出版内容资源加工规范 第2部分：数据加工与应用模式
		B22.3	CY/T 101.3—2014	新闻出版内容资源加工规范 第3部分：数据加工规格
		B22.4	CY/T 101.4—2014	新闻出版内容资源加工规范 第4部分：数据加工质量
		B22.5	CY/T 101.5—2014	新闻出版内容资源加工规范 第5部分：资料管理
		B22.6	CY/T 101.6—2014	新闻出版内容资源加工规范 第6部分：数据管理
		B22.7	CY/T 101.7—2014	新闻出版内容资源加工规范 第7部分：数据交付
		B22.8	CY/T 101.8—2014	新闻出版内容资源加工规范 第8部分：图书加工
		B22.9	CY/T 101.9—2014	新闻出版内容资源加工规范 第9部分：报纸加工
		B22.10	CY/T 101.10—2014	新闻出版内容资源加工规范 第10部分：期刊加工
		B22.11	CY/T 102.1—2014	数字内容对象存储、复用与交换规范 第1部分：对象模型
		B22.12	CY/T 102.2—2014	数字内容对象存储、复用与交换规范 第2部分：对象封装、存储与交换
		B22.13	CY/T 102.3—2014	数字内容对象存储、复用与交换规范 第3部分：对象一致性检查方法
		B22.14	GC/FH 5—2016	资源标识应用规范

续表

分体系名		标准序号	标准编号	标准名称
B2 知识组织 相关标准	B22 知识加工 相关标准	B22.15	GC/FH 6—2016	名称标识应用规范
		B22.16	GC/FH 9—2016	数据存储与备份规范
		B22.17	GC/FH 10—2016	数据交换规则
		B22.18	GC/FH 11—2016	跨媒体数据链接规范
		B22.19	GC/FH 27—2016	工程软件系统编码规范
		B22.20	GC/FH 28—2016	组件注册配置规范
		B22.21	GB/T 3792.6—2005	测绘制图资料著录规则
		B22.22	GB/T 3860—2009	文献主题标引规则
		B22.23	GB/T 7714—2015	信息与文献 参考文献著录规则
		B22.24	GB/T 18793—2002	信息技术 可扩展置标语言 (XML)1.0
		B22.25	GB/T 19017—2008	质量管理体系技术状态管理指南
		B22.26	GB/T 19015—2008	质量管理体系质量计划指南
		B22.27	GB/T 19256.8—2009	地理信息 元数据 XML 模式实现
		B22.28	GB/T 20530—2006	文献档案资料数字化工作导则
		B22.29	GB/T 23286.1—2009	文献管理 长期保存的电子文档文件格式 第 1 部分：PDF1.4(PDF/A-1) 的使用
		B22.30	GB/T 23703.1—2009	知识管理 第 1 部分：框架
		B22.31	GB/T 23703.2—2010	知识管理 第 2 部分：术语
		B22.32	GB/T 23703.3—2010	知识管理 第 3 部分：组织文化
		B22.33	GB/T 23703.4—2010	知识管理 第 4 部分：知识活动
		B22.34	GB/T 23703.5—2010	知识管理 第 5 部分：实施指南
		B22.35	GB/T 23703.6—2010	知识管理 第 6 部分：评价
		B22.36	GB/T 23829—2009	辞书条目 XML 格式
		B22.37	GB/T 24639—2009	元数据的 XML Schema 置标规则
		B22.38	ISO 25964—1—2011	信息与文献 叙词表和与其他词汇表的互用性 第 1 部分：信息检索叙词表
		B22.39	ISO 25964—2—2013	信息与文献 叙词表和与其他词汇表的互用性 第 2 部分：其他词汇表的互用性
		B22.40	IEC 62448—2009	多媒体系统和设备 多媒体的电子出版和电子图书电子出版的通用格式
		B22.41	ISO/IEC 10646:2012	信息技术 通用编码字符集 (UCS)

5.3 知识服务标准

5.3.1 知识服务标准明细表

知识服务标准明细见表 4-6。

表 4-6　知识服务标准明细

分体系名		标准序号	标准名称	研制方向	宜定等级	研制状态
A3 知识服务标准	A31 知识服务产品标准	A31.1	知识图谱应用规范	提供基于知识组织的知识导航和知识图谱应用的系列规范	高	待编
		A31.2	知识产品版权保护相关规范	描述知识产品的知识版权保护方法,保护数字产品版权信息	中	待编
		A31.3	知识互动规范	提供描述知识互动模式和类型的规范	高	待编
	A32 知识服务平台标准	A32.1	知识服务平台统一身份认证规范	用于实现知识服务平台与用户机构认证系统的身份认证,支持各类用户的实名访问	中	待编
		A32.2	知识服务平台统一日志规范	用于实现知识服务平台中各类用户的实名访问,日志数据按照统一方式进行记录、保存和汇集	中	待编
		A32.3	知识资源调度规则	知识整合服务及知识资源交换、调度与管理规则	中	待编
		A32.4	知识搜索技术规范	描述知识搜索技术的应用	中	待编
		A32.5	知识产品定制与投送服务规范	描述知识定制规则、方法以及知识投送、服务等系列标准	中	待编
	A33 知识服务评价标准	A33.1	知识产品与服务评价	知识产品以及服务质量的指标和评价要求	中	待编

5.3.2 知识服务相关标准明细表

已发布的知识服务相关标准明细见表 4-7。

表 4-7　已发布的知识服务相关标准明细

分体系名		标准序号	标准编号	标准名称
B3 知识服务相关标准	B31 知识服务产品相关标准	B31.1	CY/T 48.1—2008	音像制品质量技术要求 第1部分:盒式音带
		B31.2	CY/T 48.2—2008	音像制品质量技术要求 第2部分:数字音频光盘(CD-DA)
		B31.3	CY/T 48.3—2008	音像制品质量技术要求 第3部分:VHS 像带
		B31.4	CY/T 48.4—2008	音像制品质量技术要求 第4部分:数字视频光盘(VCD)
		B31.5	CY/T 48.5—2008	音像制品质量技术要求 第5部分:多用途数字视频光盘(DVD-Video)
		B31.6	CY/T 64—2009	只读类数字音频光盘 CD-DA 常规检测参数
		B31.7	CY/T 65—2009	只读类数字视频光盘 VCD 常规检测参数
		B31.8	CY/T 115—2015	电子书内容版权保护通用规范
		B31.9	CY/T 126—2015	数字版权唯一标识符
		B31.10	GC/FH 18—2016	出版产品版式规范
		B31.11	GC/FH 19—2016	蒙古文出版产品版式规范
		B31.12	GC/FH 20—2016	藏文出版产品版式规范

续表

分体系名	标准序号	标准编号	标准名称
B3 知识服 务相关 标准			
	B31 知识服务 产品相关 标准	B31.13	GC/FH 21—2016	维吾尔文和哈萨克文出版产品版式规范
		B31.14	GC/FH 22—2016	傣文出版产品版式规范
		B31.15	GC/FH 23—2016	朝鲜文出版产品版式规范
		B31.16	GC/FH 24—2016	彝文出版产品版式规范
		B31.17	GC/FH 25—2016	壮文出版产品版式规范
		B31.18	GC/FH 29—2016	数字出版产品封装规范
		B31.19	GB/T 15424—1995	电子数据交换用支付方式代码
		B31.20	GB 15851—1995	带消息恢复的数字签名方案
		B31.21	GB/T 15852—1995	密码校函数的数据完整性机制
		B31.22	GB/T 16784—2008	工业产品售后服务总则
		B31.23	GB/T 21737—2008	为消费者提供商品和服务的购买信息
		B31.24	GB/T 24620—2009	服务标准制定导则 考虑消费者需求
		B31.25	GB/T 25061—2010	数字签名
		B31.26	GB/T 25530—2010	地理信息 服务
		B31.27	GB/Z 25598—2010	地理信息 目录服务规范
		B31.28	GB/Z 25599—2010	地理信息 注册服务规范
	B32 知识服务 平台相关 标准	B32.1	GB/T 17900—1999	网络代理服务器的安全技术要求
		B32.2	GB/T 17901.1—1999	信息技术 安全技术 密钥管理 第1部分：框架
		B32.3	GB/T 17902.1—1999	信息技术 安全技术 带附录的数字签名 第1部分：概述
		B32.4	GB/T 17903.1—1999	信息技术 安全技术 抗抵赖 第1部分：概述
		B32.5	GB/T 17903.2—1999	信息技术 安全技术 抗抵赖 第2部分：使用对称技术的机制
		B32.6	GB/T 17903.3—1999	信息技术 安全技术 抗抵赖 第3部分：使用非对称技术的机制
		B32.7	GB/T 20009—2005	信息安全技术 数据库管理系统安全评估准则
		B32.8	GB/T 20273—2006	信息安全技术 数据库管理系统安全技术要求
		B32.9	GB/Z 20986—2007	信息安全技术 信息安全事件分类分级指南
		B32.10	GB 15843.1—1999	信息技术安全技术实体鉴别 第1部分：概述
		B32.11	GB 15843.2—1997	信息技术安全技术实体鉴别 第2部分：采用对称加密算法的机制
		B32.12	GB 15843.3—1998	信息技术安全技术实体鉴别 第3部分：用非对称签名技术的机制
		B32.13	GB 15843.4—1999	信息技术安全技术实体鉴别 第4部分：采用密码校验函数的机制
	B33 知识服务 评价相关 标准	B33.1	CY/T 103—2014	数据库出版物质量评价规范
		B33.2	GC/FH 33—2016	数字出版产品质量评价规范
		B33.3	GC/FH 34—2016	数字内容资源评估规范
		B33.4	GB/T 4088—2008	数据的统计处理和解释 二项分布参数的估计与检验
		B33.5	GB/T 23791—2009	企业质量信用等级划分通则
		B33.6	GB/T 23794—2009	企业信用评价指标体系分类及代码
		B33.7	GB/T 26316—2010	市场、民意和社会调查 服务要求
		B33.8	GB/T 3533.1—2009	标准化经济效果评价 第1部分：原则和计算方法

附录 A

（资料性附录）

标准统计

A.1 标准统计

标准统计见表 A–1。

表 A–1 标准统计

单位：项

分类	标准		相关标准
	已发布	待编	
基础标准	5	4	47
知识组织标准	3	13	80
知识服务标准	0	9	49
总计	8	26	176
	34		

参考文献

[1] GB/T 1.1—2000 标准化工作导则 编写标准的一般规定

[2] GB/T 1.1—2009 标准化方法

[3] GB/T 13016—2009 标准体系表编制原则和要求

[4] GB/T 13017—2008 企业标准体系表编制指南

[5] GB/T 19000—2008 质量管理体系 基础和术语

[6] GB/T 20000.1—2002 标准化工作指南 第 1 部分：标准化和相关活动的通用词汇

[7] GB/T 20000.2—2001 标准化工作指南 第 2 部分：采用国际标准的规则

[8] GB/T 20000.3—2003 标准化工作指南 第 3 部分：引用文件

[9] CY/T 90.1—2013 出版元数据 第 1 部分：框架

[10] CY/T 90.2—2013 出版元数据 第 2 部分：核心数据元素集

［11］CY/T 90.3—2013 出版元数据 第 3 部分：通用数据元素集

［12］CY/T 90.4—2013 出版元数据 第 4 部分：扩展及应用

［13］CY/T 90.5—2013 出版元数据 第 5 部分：维护与管理

第三节　知识资源建设与服务工作指南

1. 范围

本标准规定了知识资源建设与服务工作的顶层设计、基本条件、基本流程和基本方法。

本标准适用于专业数字内容资源知识服务模式试点工作。

2. 规范性引用文件

下列文件对于本文件的应用是必不可少的。凡是注日期的引用文件，仅所注日期的版本适用于本文件。凡是不注日期的引用文件，其最新版本（包括所有的修改单）适用于本文件。

GC/ZX 21—2015 知识资源建设与服务基础术语

3. 术语和定义

GC/ZX 21—2015 界定的术语和定义适用于本文件。

4. 缩略语

下列缩略语适用于本文件。

B2C：企业到用户的电子商务模式（Business To Customer）。

B2B：企业到企业的电子商务模式（Business To Business）。

B2G：企业到政府机构的电子商务模式（Business To Government）。

B2F：企业到家庭的电子商务模式（Business To Family）。

O2O：线上到线下的电子商务模式（Online To Offline）。

B2B2C：网络购物电子商务模式（Business to Business to Customer）。

5. 知识资源建设与服务顶层设计

知识资源建设与服务实施单位应具有前瞻而务实的知识服务战略规划，相应的配套制度和保障机制。应组建知识服务推进工作领导小组，制定知识资源建设规划和知识服务战略规划，建立知识资源建设资金保障体系，形成知识资源的版权管理机制和知识服务实施团队，构建具备知识资源建设的基础软硬件设施，研发和应用知识服务相关技术，完善知识服务运营体系。

知识资源建设与服务流程如图 4-2 所示。

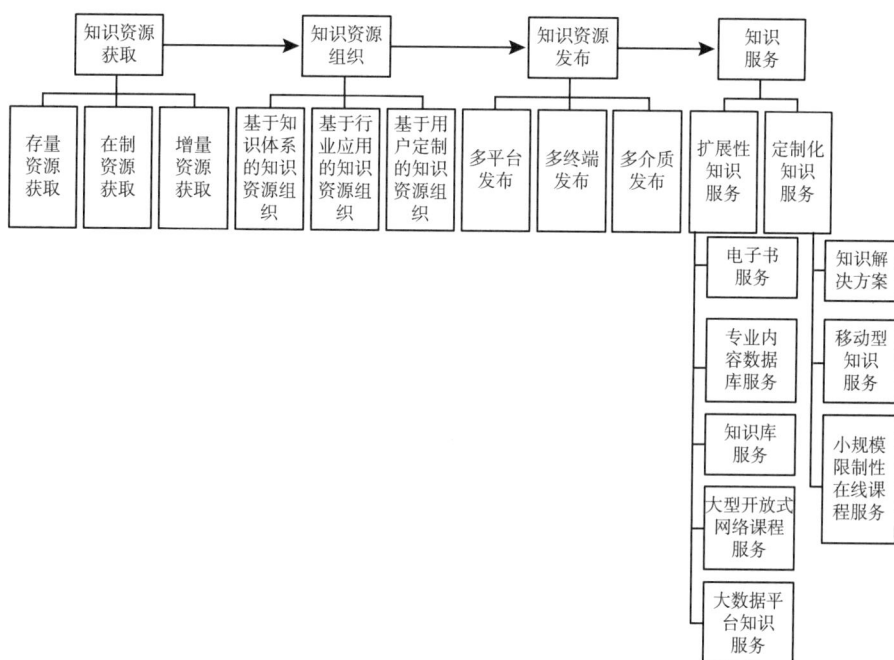

图 4-2　知识资源建设与服务流程

6. 知识资源建设

6.1 知识资源建设基本条件

6.1.1 基本条件构成

知识资源建设的基本条件构成如图 4-3 所示。

图 4-3　知识资源建设的基本条件构成

6.1.2 资产资金条件

应确保在团队、技术、资源、营销和资金等方面进行投入，以保障知识资源建设与服务能够持续进行。

6.1.3 内容资源条件

应具备具有一定规模，在特定行业或特定领域具有代表性和领先优势并体现发展趋势，且具有较大市场潜力的内容资源，包括文字、图片、音视频等。

6.1.4 版权管理条件

开展知识资源建设，应形成相对完善的版权筛查、版权保护、版权授予和版权交易等一系列版权制度，并获得相应资源的信息网络传播权的授权和转授权。

6.1.5 人力资源条件

应具有与知识服务开展相适应的资源建设团队和技术支持团队，人员需具备专业学历、加工经验、技术能力和产品研发能力，具备对大数据、云计算、语义标引、移动互联网等技术的认知能力、转化能力和应用能力。

6.1.6 软硬件条件

应具备相应的硬件配备和软件配置，拥有网络安全防控机制。

6.2 知识资源建设基本流程

6.2.1 知识资源获取

6.2.1.1 存量资源获取

主要对出版社既有的纸质产品进行数字化、结构化，进而获取所需的数字内容资源。

6.2.1.2 在制资源获取

针对出版社日常编辑出版过程中的知识，通过流程同步化的手段，进行数据加工，以获得所需的数字内容资源。

6.2.1.3 增量资源获取

在出版社主营业务之外，通过资源置换、资源购置、网络抓取等方式和手段，获得所需的数字内容资源。

6.2.2 知识资源组织

6.2.2.1 基于知识体系的知识资源组织

6.2.2.1.1 知识元的构建

根据用途不同，分别构建概念型、事实型等类型的知识元，为开展知识服务奠定基础。

6.2.2.1.2 知识体系的构建

在知识元构建的基础上，理清知识元相互之间的逻辑层次，分别从学科层面和行业层面构建知识体系，将知识体系作为知识组织、知识标引和知识应用的依据。

6.2.2.2 基于行业应用的知识资源组织

根据目标用户的应用需求，围绕特定行业或特定领域用户的业务流程和工作环节组织文字、图片、音频、视频等各种类型的知识资源。

6.2.2.3 基于用户定制的知识资源组织

根据特定用户的具体和特定知识需求，围绕特定的知识应用场景，对相关数字内容资源进行重组、聚类和关联，向特定用户进行推送或交付。

7. 知识服务

7.1 知识服务基本条件

7.1.1 基本条件构成

知识服务的基本条件构成如图4-4所示。

图4-4 知识服务的基本条件构成

7.1.2 知识服务领导小组

实施单位应组建知识服务领导小组，由单位领导层担任领导小组组长，定期制定、修改知识服务阶段性发展规划，检查、督促知识服务工作整体进度，建立、健全知识服务评估体系，确保知识服务工作长期稳定开展。

7.1.3 知识服务实施团队

结合知识服务阶段性发展规划，开展知识服务工作。

7.1.4 知识产品条件

实施单位应具备思路清晰、品种丰富、门类齐全、特色鲜明、效益明显的数字产品和服务模式，能够为目标用户提供满足其需求的知识产品和解决方案。

7.1.5 技术应用条件

实施单位应具备对知识服务相关技术的认知能力、研发能力和应用能力，如知识挖掘、知识地图、知识推送、知识标引和知识检索等。

7.1.6 市场运营条件

实施单位应拥有清晰的知识服务目标市场，建立专业化、职业化的知识服务运营团队，探索成效明显的知识服务盈利模式。

7.2 知识服务基本流程

7.2.1 知识服务模式策划

7.2.1.1 用户需求分析

7.2.1.1.1 目标用户类型分析

在进行策划时，分析调研对象的意见反馈，对目标市场进行细分，区分个人用户和机构用户，确定目标用户的类型和规模。

7.2.1.1.2 竞品分析

对现有的或潜在的竞争产品和服务的优势和劣势进行分析、比较和评价，将获得的相关竞品分析结果整合到有效的服务战略制定、实施、监控和调整框架中，为制定服务战略提供依据。

7.2.1.1.3 情景分析

对用户接受知识服务的重要场景和流程进行分析，形成知识服务的需求列表，并根据前期的竞品分析结果将知识服务的需求进行优先级划分。

7.2.1.1.4 用户购买力分析

通过充分调研，准确获知用户的购买能力、消费决策能力，为制定科学合理的定价体系，展开有效的营销奠定基础。

7.2.1.2 资源可行性分析

7.2.1.2.1 内容资源分析

策划人员应明确知识服务中的内容资源范围和类型，对知识服务所需的图书、期刊的各种文件（排版文件、PDF、XML等）、音频、视频、图片等内容资源的来源、版权信息进行分析，为内容资源加工做好准备。对内容资源的分析包括可利用量、品质情况、赋存条件、开发价值等方面。

7.2.1.2.2 人力资源分析

对知识服务载体的生产全流程中所需的编辑人员、内容资源管理人员、技术开发人员、内容资源维护人员、技术维护人员等进行分析，确定内容、技术、运营、管理人才的数量和配置。

7.2.1.3 技术可行性分析

策划人员和技术人员一起从开发、使用、传播等角度探讨知识服务载体的整体建设，进行技术分析，其内容包括现有软件基础及产品软件需求、现有硬件基础及产品硬件需求。

7.2.1.3.1 现有软件基础及产品软件需求分析

分析信息化建设情况、知识服务业务软件使用情况，提出在软件系统方面的需求，列出所需软件系统目录，明确所需软件系统的功能点和运行环境等。

7.2.1.3.2 现有硬件基础及产品硬件需求分析

必备的硬件设备主要包括通用硬件设备（含与之配套的系统软件）及专用硬件设备。

通用硬件设备是指：个人计算机、服务器、存储设备、网络设备、安全设备等及配套系统软件。在网络安全、数据安全、应用安全、系统安全方面提供硬件保障。

专用硬件设备是指：以特定出版资源面向特定市场的数字出版产品的生产所必须配置的专用硬件设备，用以满足特定知识服务的生产需求。

7.2.1.4 市场可行性分析

7.2.1.4.1 知识服务背景分析

包括知识服务市场概况、知识服务相关政策、知识服务技术等背景分析。

7.2.1.4.2 知识服务的市场供需分析

包括知识服务市场供需现状分析、知识服务市场供需预测。

7.2.1.4.3 知识服务目标市场分析

包括知识服务目标市场界定、市场占有份额分析。

7.2.1.4.4 知识服务市场价格现状与定价体系分析

包括知识服务国内市场销售价格、国际市场销售价格分析等。

7.2.1.4.5 市场竞争力分析

包括知识服务市场的主要竞争对手情况、竞争力优劣势、营销策略分析等。

7.2.1.4.6 盈利模式分析

针对企业用户、事业单位用户、政府机关用户和个人用户，灵活有效地采取 B2C、B2B、B2G、B2F、O2O 、B2B2C 等各种营销模式，以取得社会效益和经济效益最大化的预期目标。

7.2.1.5 撰写知识服务计划书

在对知识服务模式进行前述详细分析后，明确知识服务定位、知识服务类型、知识服务表现形式、内容资源、盈利模式、营销策略、效益估算、知识服务产品开发进度、知识服务产品标准、知识服务产品人员及职责等内容，编写知识服务产品计划书。

7.2.2 知识服务模式确定

7.2.2.1 提供知识产品

实施单位可根据用户需求，向用户提供知识产品，如电子书、专业内容数据库等。

7.2.2.2 提供解决方案

实施单位可根据用户对特定领域、特定行业、特定应用场景的知识需求，提供知识解决方案，以切实解决用户的问题。

7.2.3 知识资源发布

7.2.3.1 多平台发布

包括自主运营平台、第三方运营平台等。发布到第三方运营平台的产品，应签订授权合同，可通过自动化的投送系统实现自动投送。

7.2.3.2 多终端发布

包括 PC 端、智能移动终端等。

7.2.3.3 多介质发布

包括纸质、网络、移动存储介质等。

7.2.4 知识服务的运营与维护

7.2.4.1 产品运营和维护

产品运营人员可选择自主平台或者第三方平台，采用合适的运营方式和商业模式，对知识产品进行推广和销售，并采用数据统计工具，对实现销售的知识产品进行统计分析。

产品维护人员应对处于销售状态或已销售的知识产品进行维护和升级，使之可持续提供既定的产品功能和价值。

7.2.4.2 内容维护和更新

内容维护人员须长期对产品内容进行维护，防止知识产品出现内容瑕疵和内容缺陷，确保知识产品内容上的合法性和合规性。内容维护人员还须定期对产品内容进行更新，避免内容资源过时、陈旧，确保其时效性。维护人员需在后台实施监控，确保内容资源的完整性，保障用户可安全使用。

7.3 知识服务基本形态

7.3.1 扩展性知识服务

7.3.1.1 电子书服务

以学科体系或行业应用为分类标准，提供综合性、全面性或特定行业、特定领域的数字图书、期刊、报纸等，及其检索、应用和下载等服务。

7.3.1.2 专业内容数据库服务

组织特定行业或专业的海量结构化数据，并提供检索、应用和下载等服务。

7.3.1.3 知识库服务

按照知识体系组织并综合采用文字、图片、音视频等多种数字内容资源，围绕特定领域、特定行业和特定需求，提供知识服务。

7.3.1.4 大型开放式网络课程服务

按照学科领域的不同，集中录制各个领域权威专家的网络课程，通过互联网传播的手段，向规模巨大的受众群体提供在线教育服务。

7.3.1.5 大数据平台知识服务

以大数据平台为知识服务的外在展示，以语义分析、云计算为技术支撑，按照知识体系，在社会科学领域以预警、辅助决策为目标，在自然科学领域以预测、发现知识为目标，研发知识服务平台并销售。

7.3.2 定制化知识服务

7.3.2.1 知识解决方案

根据用户对特定类别、特定领域的个性化知识需求，提供点对点的直联、直供、直销知识服务解决方案，以满足用户的个性化知识需求。

7.3.2.2 移动型知识服务

遵循移动互联网传播规律，以知识元为基础，针对用户个性化、定制化的知识需求，提供个性化的知识解决方案，如采取模糊匹配、语音回复等方式。

7.3.2.3 小规模限制性在线课程服务

根据特定的企业需求，创建小规模限制性在线课程，提供培训服务，并对课程活动做出明确规定，如在线时间、作业完成情况及考核要求等。

参考文献

［1］GB/T 1.1—2009 标准化工作导则 第 1 部分：标准的结构和编写

［2］GC/ZX 2—2014 项目管理指南

［3］GC/ZX 17—2014 出版社数字出版业务流程规范

［4］董金祥 . 基于语义面向服务的知识管理与处理 [M]. 杭州：浙江大学出版社，2009.

［5］联合国经济合作与发展组织（OECD）. 以知识为基础的经济 [M]. 北京：机械工业出版社，1997.

［6］李鹏翔 . 面向图书情报机构的知识服务能力及评价研究 [D]. 南京：南京理工大学，2008.

［7］刘佳，沈旺，李贺 . 数字图书馆知识服务能力及建设研究 [D]. 吉林：吉林大学，2012.

［8］图书情报工作杂志社 . 知识服务的现在与未来 [M]. 北京：海洋出版社，2013.

第四节　知识资源建设与服务基础术语

1. 范围

本标准规定了知识资源建设与服务中的基础术语和定义。

本标准适用于专业数字内容资源知识服务模式试点工作。

2. 总体结构说明

知识资源建设与服务基础术语由知识基础术语、知识组织术语和知识服务术语三个部分组成，结构如图 4-5 所示。

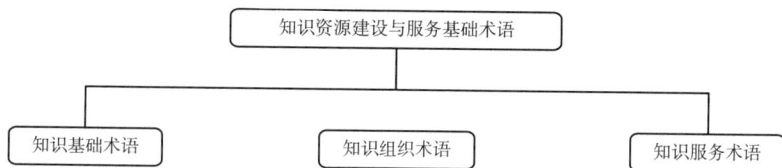

图 4-5 知识资源建设与服务基础术语结构

3. 知识基础术语

3.1 知识 knowledge

通过学习、实践或探索所获得的认知、判断或技能。

[GB/T 23703.2—2010，定义 2.1]

3.2 概念 concept

通过对特征的独特组合而形成的知识单元。

概念不受语种限制，但受社会或文化背景的影响。

[GB/T 15237.1—2000，定义 3.2.1]

3.3 概念知识 conceptual knowledge

人们根据客体的共有特征抽象得到的心理构想，通常用定义描述并被赋予约定的称谓。

3.4 事实知识 factual knowledge

关于客观事实的知识。

改写 GB/T 23703.2—2010，定义 2.5。

3.5 原理知识 principle knowledge

关于自然界（含人类社会）的原理和法则的科学知识。

改写 GB/T 23703.2—2010，定义 2.6。

3.6 技能知识 skill knowledge

关于做事的技艺或能力的知识。

改写 GB/T 23703.2—2010，定义 2.7。

3.7 人际知识 interpersonal knowledge

关于谁知道以及谁知道如何去做某事的知识。

改写 GB/T 23703.2—2010，定义 2.8。

3.8 知识元 knowledge element

在一定范围内，表达一个完整事物或概念的不必再分的基本知识单位。

3.9 知识单元 knowledge unit

按照一定关系组织的一组知识元相关信息的集合。

3.10 内容资源 content resource

可供人们直接或间接开发与利用的信息集合的总称。

3.11 知识资源 knowledge resource

经过知识化组织后，可重复利用的内容资源的总称。

3.12 数据 data

可用计算机处理和存储的二进制编码表现的内容。

3.13 存量资源 stock resource

在历史过程中已经编辑、出版的内容资源。

3.14 在制资源 resource underway

日常的经营管理过程中所正在编辑、出版的内容资源。

3.15 增量资源 incremental resource

相对独立于出版社的编辑出版主营业务，通过资源交换、资源共享、资源购置等方式所获取的同类或者相似的内容资源。

4. 知识组织术语

4.1 知识组织 knowledge organization

为开展知识服务，对内容资源进行整理、加工、聚类、重组等，使其有序化和结构化，形成知识资源的活动。

4.2 知识获取 knowledge acquisition

从某种知识源中总结和抽取有价值的知识的活动。

[GB/T 23703.2—2010，定义 2.13]

4.3 知识鉴别 knowledge identification

组织根据目标，明确内外部存在的知识，并进行知识需求分析的活动。

[GB/T 23703.2—2010，定义 2.11]

4.4 知识共享 knowledge sharing

将已有的知识分享给他人或机构的活动。

4.5 知识应用 knowledge utilization

利用现有的知识去解决问题或创造价值的活动。

[GB/T 23703.2—2010，定义 2.16]

4.6 知识传递 knowledge transfer

知识在人与人或机构之间进行传导的过程。

改写 GB/T 23703.2—2010，定义 2.17。

4.7 知识流程 knowledge process

在业务过程中对知识进行获取、储存、共享、复用以及创造所形成的知识流动。

改写 GB/T 23703.2—2010，定义 2.18。

4.8 知识关联 knowledge association

知识与知识之间通过一定规则所建立的关系。

4.9 领域本体 domain ontology

领域知识的形式化说明，通常由概念、概念之间的关系、公理、规则组成。对某一领域公共词汇表中的词汇含义及词汇间关系的形式化的表示。

4.10 专业领域本体 professional domain ontology

某个专业领域内不同主体 (人、代理、机器等) 之间进行交流的一种语义基础，由本体提供明确定义的词汇表，描述概念和概念之间的关系，作为使用者之间达成的共识。

4.11 资源描述框架 resource description framework；RDF

一种用于描述网络上的信息和资源的标记语言。

RDF 可用于描述 Web 资源，比如标题、作者以及版本信息、内容描述、可用时间表等。W3C 规定的用于描述 Web 上的资源信息的一种标准模型。

4.12 RDF 模式 RDF schema；RDFs

一套模式规范语言。在 RDF 基础上定义了一组通用的核心概念以及概念的层次和实例关系，包括资源、类、属性及子类关系（类间从属关系）、子属性关系（属性间从属关系）等。提供了一套扩展机制，支持领域建模。

4.13 知识组织系统 knowledge organization system；KOS

一种机器可理解的系统，即可以被计算机系统所识别、读取和理解的系统。

是对人类知识结构进行表达和有组织的阐述的各种语义工具的统称，包括分类法、叙词表、知识图谱、知识地图、语义网络、领域本体等。

4.14 简单知识组织系统 simple knowledge organization system；SKOS

由 W3C 提出的，在语义网框架下，用 RDF 语言来表示叙词表、分类法、主题词表、术语表等受控词表的概念体系基本结构模型。

W3C，中文名为万维网联盟，又称 W3C 理事会，是国际最著名的标准化组织。致力于对 Web 进行标准化，创建并维护了 WWW 标准，W3C 标准被称为 W3C 推荐标准（W3C Recommendations）。W3C 最重要的工作是发展 Web 规范，也就是描述 Web 通信协议（比如 HTML 和 XML）和其他构建模块的"推荐标准"。

4.15 网络知识组织系统 network knowledge organization system；NKOS

网络环境下，知识组织系统数字化和系统化的说明。

4.16 概念图 concept map

一种用于表示概念之间关系的图形。

[GB/T 23703.2—2010，定义 4.8]

4.17 语义网络 semantic network

一种用可以被计算机理解的方式描述事物的网络。

4.18 知识管理 knowledge management

对知识、知识创造过程和知识的应用进行规划和管理的活动。

[GB/T 23703.2—2010，定义 2.9]

4.19 内容加工 content processing

将大量分散、零乱、无序的内容资源进行整理、提炼，并按照一定的逻辑顺序和科学体系加以编排使之系统化的活动。

[CY/T 101.1—2014，定义 5.1.3]

4.20 数字化加工 digitization processing

把传统载体上的内容（纸、胶片、磁带、影片、唱片等）通过专业化加工，变成以二进制记录的可以在计算机上进行存储、处理、利用的某种格式或者封装的组合文件等。

4.21 知识化加工　knowledged processing

根据知识服务的需要，按照一定的知识规则，对内容资源进行置标、抽取、消歧、计算、存储、管理等一系列的活动。

4.22 标引　marking up

根据一定的规则，对内容资源进行分析的过程。

4.23 置标　tagging

为相关数字内容资源附加标签的过程。

4.24 去重　duplicate removal

根据去重的规则，去掉内容资源中重复内容的过程。

4.25 消歧　disambiguation

根据消歧的规则，消除内容资源中有歧义内容的过程。

4.26 分类表　classification

带有特定标记的标引语言，将词汇按学科体系和词义范畴分类排列，配合词汇表使用的一种分类体系。

4.27 索引　indexing

根据标引的规则，对文献内容进行抽取、定位和表示。

4.28 自动标引　automatic marking up

采用计算机程序所实现的标引活动。

4.29 内容结构化　content structuring

按照一定规则对数字内容资源进行结构化拆分和标引的活动。

4.30 受控词表　controlled vocabulary

用于标引的规范化的词或短语的列表。

[GB/T 4894—2009，定义 4.4.2.2.1.3]

4.31 关联数据　linked data

采用语义网技术发布的、可供计算机阅读的、可相互连接的数据。

4.32 本体　ontology

知识的形式化说明，通常由概念、概念之间的关系、公理、规则组成。

4.33 聚合 aggregation

用于表示一组资源的有序集合。

本标准参照的 OAI-ORE 规范，用 ore:aggregation 表示一个聚合。

5. 知识服务术语

5.1 知识服务 knowledge service

基于知识资源或知识产品，满足目标用户知识需求的服务活动。

5.2 知识库 knowledge library

针对特定需求，采用特定的组织方式，具有存储、检索、管理和应用的相互联系的知识集群。

5.3 在线学习 e-learning

一种基于网络的、不用面对面交互的远距离教学技术。

改写 GB/T 23703.2—2010，定义 4.11。

5.4 博客 blog

一种由个人管理、不定期发布个人的日志、文章、图片或视频等的网站。

[GB/T 23703.2—2010，定义 4.13]

5.5 微博 microblog

微型博客的简称，即一句话博客，是一种通过关注机制分享简短实时信息的广播式的社交网络平台。

5.6 网络论坛 forum

一般是电子公告牌系统（bulletin board system；BBS）。

一种提供在线讨论的程序，拥有数据上传或下载、消息发布与阅读、与其他用户交换消息等功能。

[GB/T 23703.2—2010，定义 4.14]

5.7 社交网络 social network；SN

以个体为节点，以相互关系（如同事、兴趣爱好、专业技能、商业交往等）为纽带，形成的社会结构。

[GB/T 23703.2—2010，定义 4.16]

5.8 电子书　ebooks

通过相关设备直接呈现文字、图像、音频、视频等内容的数字出版产品。

电子书包括电子图书、电子期刊和电子报等。

[CY/T 96—2013，定义 4.2.4]

5.9 内容数据库　content database

按照一定逻辑组织并集合内容的数字出版产品。

[CY/T 96—2013，定义 4.2.8]

5.10 按需印刷　print on demand; POD

按照用户要求的内容和数量，在指定地点和时间，利用数码及超高速印刷技术设备进行数字印刷并装订成册的出版方式。

[CY/T 101.1—2014，定义 7.1.11]

5.11 数字出版　digital publishing

以数字技术手段对作品进行编辑、加工、复制，以数字产品形态或内容服务形式向公众传播的专业活动。

[CY/T 96—2013，定义 4.1.2]

5.12 数字出版产品　digital publishing products

以知识信息为内容，以数字技术为手段，以数字产品形式或内容服务形式面向公众传播的文化产品。

数字出版产品包括电子书、内容数据库和知识产品等。

[CY/T 96—2013，定义 4.2.2]

5.13 在线内容服务　online content service

基于网络平台及动态更新的内容资源，通过互联网，随时随地向用户提供数字化的内容服务。

改写 GC/ZX 17—2014，定义 3.1.5。

5.14 知识地图　knowledge map

一种知识导航系统，并显示不同的知识存储之间重要的动态联系，协助用户快速找到所需知识。

[GB/T 23703.2—2010，定义 4.7]

5.15 知识图谱 knowledge graph

一种知识领域映射图，用于展示学科知识核心结构、发展历史、前沿领域以及整体知识架构的系列图形，解释知识领域的动态发展规律，为学科研究提供价值参考。

可以将搜索结果进行知识系统化，任何一个关键词都能获得完整的知识体系。

5.16 可视化 visualization

将数据以表格、图形或图像的方式进行呈现。

6. 缩略语

下列缩略语适用于本文件。

RDF：资源描述框架（Resource Description Framework）。

RDFs：RDF 模式（Resource Description Framework Schema）。

KOS：知识组织系统（Knowledge Organization System）。

SKOS：简单知识组织系统（Simple Knowledge Organization System）。

NKOS：网络知识组织系统（Network Knowledge Organization System）。

BBS：电子公告牌系统（Bulletin Board System）。

SN：社交网络（Social Network）。

参考文献

［1］GB/T 10112—1999 术语工作 原则与方法

［2］GB/T 12200.1—1990 汉语信息处理词汇 第 1 部分：基本术语

［3］GB/T 13190.1—2015 汉语叙词表编制规则

［4］GB/T 13418—1992 文字条目通用排序规则

［5］GB/T 15237—2000 术语工作 词汇 第 1 部分：理论与应用

［6］GB/T 16785—2012 术语工作 概念与术语的协调

［7］GB/T 16786—2007 术语工作 计算机应用 数据类目

［8］GB/T 17532—2005 术语工作 计算机应用 词汇

［9］GB/T 19100—2003 术语工作 概念体系的建立

［10］GB/T 19101—2003 建立术语语料库的一般原则与方法

［11］GB/T 19102—2003 术语部件库的信息描述规范

［12］GB/T 20001.1—2001 标准编写规则 第 1 部分：术语

［13］GB/T 23703.2—2010 知识管理 第 2 部分：术语

［14］GB/T 29181—2012 术语工作 计算机应用 术语信息置标框架

［15］CY/T 50—2008 出版术语

第五节　知识资源通用类型

1. 范围

本标准规定了知识资源类型划分原则和各种类型的描述。

本标准适用于专业数字内容资源知识服务模式试点工作。

2. 规范性引用文件

下列文件对于本文件的应用是必不可少的。凡是注日期的引用文件，仅所注日期的版本适用于本文件。凡是不注日期的引用文件，其最新版本（包括所有的修改单）适用于本文件。

GC/ZX 21—2015 知识资源建设与服务基础术语

3. 术语和定义

GC/ZX 21—2015 界定的以及下列术语和定义适用于本文件。

3.1 数值型知识 numeric knowledge

以数值的形式存在，包含完整数值信息的知识。

3.2 规则型知识 rule knowledge

关于事物运行、运作规律所遵循的法则的知识。

4. 知识资源类型划分原则

4.1 科学性

应根据不同专业领域的业务需求及知识特性，以最稳定的本质属性或特征为分类的基础和依据，按一定排列顺序予以系统化，并形成完整、独立和合理的类型体系。

4.2 实用性

应有效用于对知识资源的划分、标引、聚合和重组等。

4.3 通用性

应满足不同专业领域知识服务业务的一般需求。

4.4 可扩展性

可根据本领域的特点进行扩展。

5. 知识资源类型框架

知识资源类型框架见图 4-6。

6. 事实型知识

6.1 人物知识

用于描述人物名称、属性及相互之间关系的知识。

示例：门捷列夫（俄国化学家，制作出世界上第一张元素周期表。）

6.2 机构知识

用于描述机关、团体、企业和事业单位等的名称及其属性的知识。

示例：化学工业出版社（组建于 1953 年 1 月，是新中国出版界历史较为悠久的中央级出版社，出版科技图书、教材、大众图书、电子出版物及科技期刊等五大类。）

6.3 时间知识

用于描述人物、机构、事件等的时间范围和时间点（含年代、朝代）的知识。

示例：唐朝（时间范围是公元 618~907 年。）

6.4 地点知识

用于描述人物、机构、事件所在的地理位置，以及随时间变化的地理位置名称的知识。

示例：北京（位于东经 115° 7′~117° 4′，北纬 39° 4′~41° 6′，中心位于北纬 39° 54′ 20″，东经 116° 25′ 29″，总面积 16410.54 平方千米。北京位于华北平原北部，背靠燕山，毗邻天津市和河北省。）

6.5 事件知识

用于描述有重要影响的事件（如社会事件、历史事件、地理事件等）的名称、时间、地点、人物等属性的知识。

示例：九一八事变（1931 年 9 月 18 日夜，日本关东军炸毁沈阳柳条湖附近的南

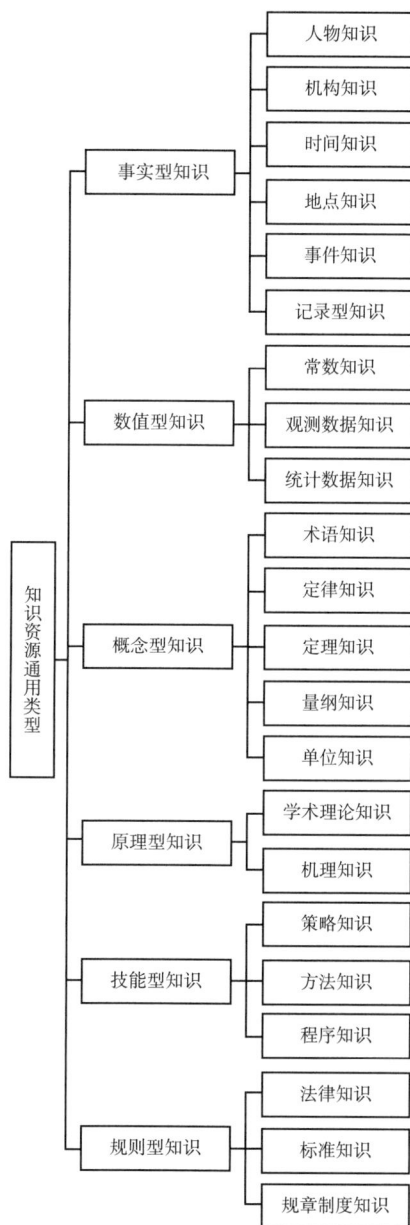

图 4-6 知识资源类型框架

满铁路路轨，并栽赃嫁祸于中国军队。日军以此为借口，炮轰沈阳北大营。）

6.6 记录型知识

用于描述伴随时间、空间、技术等获取的相关原始资料的知识。

示例：卫星照片。

7. 数值型知识

7.1 常数知识

用于描述有特定意义且固定不变数值的知识。

示例：3.14159265358979323846264338327950288……（圆周率 π 的值。）

7.2 观测数据知识

用于描述通过观察、测量直接得到的数据的知识。

示例：9℃（2015 年 11 月 11 日北京市最高温度。）

7.3 统计数据知识

用于描述统计工作活动过程中所取得的各种数据的知识。

示例：1370536875 人（2010 年第六次全国人口普查数据。）

8. 概念型知识

8.1 术语知识

用于描述专业用语及其相关解释的知识。

示例：催化剂（catalyst，又称"触媒"。一种因其存在能改变化学反应速率而本身消耗可忽略的物质。）

8.2 定律知识

用于描述客观规律和科学概括的表述等方面的知识。

示例：牛顿第一定律（任何物体都要保持匀速直线运动或静止状态，直到外力迫使它改变运动状态为止。）

8.3 定理知识

用于描述经过逻辑论证的具有真实性质并被确定了的命题或公式等方面的知识。

示例：余弦定理（指三角形中，任意一边的平方等于另外两边平方的和减去另两边及其夹角的余弦的积的两倍。）

8.4 量纲知识

用于描述特定物理量或物理现象度量的知识。

示例：时间、长度、质量等。

8.5 单位知识

用于描述人为规定的量度标准知识。

示例：米（光在真空中于 1/299792458 秒进行的距离。）

9. 原理型知识

9.1 学术理论知识

用于描述学术研究中提出的评价、看法、提法或程式等方面的知识。

9.2 机理知识

用于描述为实现某一特定功能，一定的系统结构中各要素的内在工作方式以及诸要素在一定环境下相互联系、相互作用的运行规则和原理等方面的知识。

示例：哮喘的发病机理（一般为变态反应、气道炎症、气道高反应性、神经机制等因素的相互作用。）

10. 技能型知识

10.1 策略知识

用于描述根据事态和环境变化而制定的行动方针和工作方法等方面的知识。

示例：美国"先欧后亚"策略（二战中，美国首要的战略目标应当是在军事上彻底打败法西斯德国，并规定美国应当以积极参战作为对抗纳粹德国的手段，同时把"日本约束住"。）

10.2 方法知识

用于描述为达到某种目的而采取的途径、步骤、手段等方面的知识。

示例：SWOT 分析法（用来确定企业自身的竞争优势、竞争劣势、机会和威胁，从而将公司的战略与公司内部资源、外部环境有机地结合起来的一种科学的分析方法。）

10.3 程序知识

用于描述事物进行过程中的次序或顺序的布置和安排等方面的知识。

示例：数据分析步骤（决定目标、确定业务手段、数据收集、数据清洗、数据建模、优化和重复。）

11. 规则型知识

11.1 法律知识

用于描述有关法律规范和法律现象等方面的知识。

11.2 标准知识

用于描述可共同使用和重复使用的规则等方面的知识。

11.3 规章制度知识

用于描述规则和制度，约束相关人员的行为和事物处理方法等方面的知识。

参考文献

［1］GB/T 3469—2013 信息资源的内容形式和媒体类型标识

［2］GB/T 23703.1—2009 知识管理 第 1 部分：框架

［3］GB/T 23703.7—2014 知识管理 第 7 部分：知识分类通用要求

［4］联合国经济合作与发展组织（OECD）. 以知识为基础的经济 [M]. 北京：机械工业出版社，1997.

［5］岳高峰 . 知识管理良好实践指南——GB/T 23703 知识管理国家标准解读 [M]. 北京：电子工业出版社，2014.

［6］李志刚 . 知识管理原理、技术与应用 [M]. 北京：电子工业出版社，2010.

［7］王晓光 . 数字资产管理 [M]. 北京：电子工业出版社，2013.

第六节　知识元描述通用规范

1. 范围

本标准描述了专业知识服务中知识元的一般类型与结构，规定了知识元的元数据项及知识元的扩展方式。

本标准适用于专业数字内容资源知识服务模式试点工作，以及新闻出版行业其他知识服务领域中知识资源的发现、共享、交换与再利用。

2. 规范性引用文件

下列文件对于本文件的应用是必不可少的。凡是注日期的引用文件，仅所注日期的版本适用于本文件。凡是不注日期的引用文件，其最新版本（包括所有的修改单）适用于本文件。

GC/ZX 21—2015 知识资源建设与服务基础术语

3. 术语和定义

GC/ZX 21—2015 界定的术语和定义适用于本文件。

4. 缩略语

下列缩略语适用于本文件。

XML：可扩展标记语言（Extensible Markup Language）。

RDF：资源描述框架（Resource Description Framework）。

OWL2：OWL2 网络本体语言（OWL 2 Web Ontology Language）。

UML：统一建模语言（Unified Modeling Language）。

URI：统一资源识别符（Uniform Resource Identifier）。

URL：统一资源定位器（Uniform Resource Locator）。

URN：统一资源名称（Uniform Resource Name）。

DC：都柏林核心元数据规范（Dublin Core）。

DCMI：都柏林核心元数据倡议（Dublin Core Metadata Initiative）。

5. 知识元定义概述

5.1 定义知识元的基本原则

知识元是知识资源的基本元素，定义知识元应注意以下方面：

a）结构应尽可能：独立于特定的专业领域；独立于知识元的内容载体；独立于特定知识内容；独立于特定的知识服务。

b）应支持基于语义关联的科学知识发现、检索、浏览、分析、重用、可视化。描述应遵循元数据描述、本体建模、关联数据等技术。

c）应具有可扩展性。

5.2 知识元的一般结构

知识元描述包括以下结构要素：

a）所描述知识元属性；

b）所描述知识元关联关系；

c）所描述知识元的内容资源。

知识元结构见图 4-7。

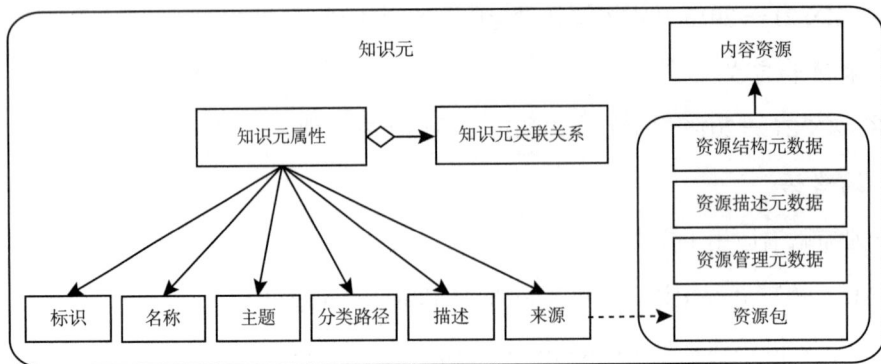

图 4-7　知识元结构

标识：标识是知识元作为一个资源的唯一标记，以 URI 格式定义。

名称：是直接检索知识元的一个检索途径，可用相应的标准主题词命名。

主题：知识元所属主题词 / 关键词。

分类路径：知识元所属类别、分类号。说明该知识元的分类体系及分类层次中的位置，可作为类别检索点和快速返回某一学科层次；也用于实现与关联内容自动链接的链接点。

描述：对知识元的内容进行完整的文字描述及声像辅助描述。该描述应包括：定义、公理、公式、推论、事实、事件、事例、数表等内容，并随着科研的进步不断更新。

来源：定义知识元的来源、版权信息。

知识元关联关系：与该知识元相关联的内容链接条目清单。其内容包括：相关参考书刊，与其他学科、知识元的交叉内容，相关多媒体声像内容，相关网络信息内容等关联信息。关联条目的格式内容包括关联条目所属学科类别、题名或知识元名称、关键词、分类号，用于与知识元实现自动链接的链接点。

知识元的内容资源：定义知识元到承载知识元的内容资源的链接。

5.3 知识元的扩展

见本书第七章。

6. 知识元定义模型

6.1 规则和约定

6.1.1 描述规范

知识元描述框架应符合开放、跨领域、基于语义网等要求，使用RDFs/OWL语言，以实现对来自跨领域、多层次、多受众知识数据的有效融合、集成、重用与关联组织。

6.1.2 一致性与完整性条件

一致性条件是指同一模型在不同地方不同时刻被引用时应该得到一致的结果，完整性条件是指知识元描述模型的定义在逻辑上应该是精确的、可靠的。

6.1.3 编码规则

每个英文单词的首字母大写，其余字母均小写，不使用任何连字符，在名称中不使用下划线"_"、下圆点"."和连字符"–"。单词应完整使用，名称建议不使用缩略语，以保证语义的清晰，提高可读性，因特殊原因需要在名称中使用缩略语的，需提供对应的全称和相应的说明。

6.1.4 XML 元素表达及描述要求

本标准中 XML 模式定义的不同位置出现的元素如有不同的语义，一般要求采用不同的元素名称；标准文档中出现元素名称时要求用尖括号 <> 括起，作为提示，便于同其他类型的名词相区别。

本标准中元素标记的声明不应以该元素的相关父元素或祖先元素的路径表达为前缀，当相同语义的元素名在 XML 模式定义中出现不止一次，需要使用语境描述才能区别时，则应采用 XPath（XML 节点访问路径）的标准写法，以便于了解其出现的具体位置。

6.1.5 XML 组件的命名

本标准中与元素、属性、简单类型和复杂类型概念相关的命名基于如下约定。

如果名称基于多个单词，每个单词的首字母应大写。第一个单词首字母是否大写由描述的概念的类型决定。具体规定如下：

a）组件元素的命名：第一个单词的首字母必须大写。

b）组件属性的命名：第一个单词的首字母必须小写。

c）复杂类型的命名：第一个单词的首字母必须大写，类型名后添加后缀 Type。

d）简单类型的命名：第一个单词的首字母必须小写，类型名后添加后缀 Type。

6.2 公共结构和基本数据类型

6.2.1 目标命名空间声明

下列 URI 及前缀名称应用来指代相应的命名空间，各单位可根据实际需求自定义命名空间，见表 4-8。

表 4-8　引用的命名空间清单

前缀	命名空间 URI	描述
Dc	http://purl.org/dc/elements/1.1/	都柏林核心元素
dcterms	http://purl.org/dc/terms/	都柏林核心术语
Foaf	http://xmlns.com/foaf/0.1/	FOAF 词汇术语
Ore	http://www.openarchives.org/ore/terms/	ORE 词汇术语
Rdf	http://www.w3.org/1999/02/22-rdf-syntax-ns#	RDF 词汇术语
rdfs	http://www.w3.org/2000/01/rdf-schema#	RDFS 词汇术语
skos	http://www.w3.org/2004/02/skos/core#	SKOS 词汇术语
rdaGr2	http://rdvocab.info/ElementsGr2/	编目规则术语
frbr_core	http://purl.org/vocab/frbr/core#	书目记录的功能需求。为资源的描述定位提供完整思考框架
frbroo	http://iflastandards.info/ns/fr/frbr/frbroo	书目记录的功能需求。为资源的描述定位提供完整思考框架
wgs84_pos	http://www.w3.org/2003/01/geo/wgs84_pos#	World Geodetic System 1984，是为 GPS 全球定位系统使用而建立的坐标系统

下列 URI 为知识描述规范标准的目标命名空间：

xmlns:gkadm = http://xxx.com/gkadm/schema/cores/

6.2.2 基本类型

如字符串、日期、时间、数字、枚举等常用数据类型的元数据项。

6.2.3 复杂元数据类型

如命名实体（人物、机构）、地点、时间年代等可复用的、复杂元数据类型，可参照引用 DCMI、FOAF、SKOS、OAI-ORE 等已有元数据规范的定义。

6.3 知识元属性

6.3.1 标识

定义知识元标识符，标识符的值采用 URI 规范按规则生成。

6.3.2 名称

定义知识元名称，是对本知识元的知识内容高度概括的表述。

6.3.3 分类路径

定义描述知识元采用的分类体系及分类体系中的分类值。

一个知识元可以有多个分类路径。例如：知识元可将知识体系按照学科标准分成若干领域，并且与学科分类号分别对应。

6.3.4 描述

对知识元的内容进行完整的文字描述及声像辅助描述。

6.3.5 来源

定义知识元的来源和到知识载体（出版内容资源）间的链接。

来源具体定义为提供者、所有者或代理。

知识元到知识载体的链接是在构建知识库时所赋予某一知识元的唯一位置标识，采用超链接指向知识元所在的载体。可使用 W3C(World Wide Web Consortium: 万维网联盟) 的开放标引数据模型最佳实践建议的资源引用描述规范表达知识元在各类内容资源中的引用位置。

典型知识元类型属性结构参见附录 B。

7. 知识元的扩展

7.1 扩展概述

知识元模型在具体使用该本体时，可以根据其具体使用领域及使用场景定义其知识应用单元及相关对象的具体类型，同时针对这些新对象类型扩充其所描述的知识元的属性描述信息。扩展方式包括扩展类、扩展属性和扩展约束三个方面。扩展时应遵循如下原则：

a）新建的类、属性和实例的标识符不应与已有词汇和定义相矛盾。

b）扩展内容应满足知识元本体所规定的约束条件，可在已有约束条件基础上进一步限定。

c）扩展的类和属性，应符合 7.2 的要求。

7.2 类扩展

7.2.1 类扩展方式

对于知识元本体中已定义好的类，出版机构可根据需要进行类扩展。类扩展方式包括：

a) 细化已有类：将新类作为对已有类的细化（specialized），应作为已有类的子类（subClass)。

b）添加新类：可包含不相交（disjointWith）属性和等价类（equivalentClass）属性等。

7.2.2 细化已有类

如果当前知识元本体模型（及其扩展模型）中定义的对象类型过粗，并不包含出版机构所需要的确切对象类型，则出版机构可以细化新的对象类型。

例如，出版机构需要对 gkadm:Place 类添加一个 Country 类，出版机构的名字空间为 myNamespace，此时该 Country 类的 URI 为 myNamespace:Country，其 RDF/XML 定义的示例代码如下。

```
<owl:Class rdf:about="&myNamespace;Country">
<rdfs:subClassOf rdf:resource="&gkadm;Place"/>
<rdfs:label xml:lang="en"> Country </rdfs:label>
<rdfs:label xml:lang="zh">国家 </rdfs:label>
<rdfs:comment xml:lang="zh"> 一种拥有治理一个社会的权力的机构，在一定的
领土内拥有外部和内部的主权。</rdfs:comment>
<rdfs:isDefinedBy rdf:resource="&myNamespace；"/>
</owl:Class>
```

7.2.3 添加新类

将新增的类直接添加在本机构的命名空间中，无须为其指定 subClassOf 属性。对于这种新类，用 RDF/XML 定义的示例代码如下。

```
<owl:Class rdf:about="&myNamespace; MyNewClass">
<rdfs:label xml:lang="en">MyNewClass</rdfs:label>
<rdfs:label xml:lang="zh"> 新增加的类的名称 </rdfs:label>
```

```
<rdfs:comment xml:lang="zh"> 新增类的注释说明 </rdfs:comment>
<rdfs:isDefinedBy rdf:resource="&myNamespace;"/>
</owl:Class>
```

7.3 属性扩展

对于知识元本体中已定义的属性，出版机构可根据需要进行属性扩展。属性扩展方式包括以下两项。

a）细化已有属性：将新属性作为对已有属性的细化（specialized），应作为已有属性的子属性（subProperty)，对原有对象类型的值域做进一步限定。

b）添加新属性。

7.3.1 细化已有属性

应对细化后的新属性进行定义，定义方式如下。

a）该新属性作为知识元已有属性的子属性。

b）该新属性的定义域（domain）或者保持不变（即与 GKADM 已有属性的定义域相同），或者是已有属性定义域（针对对象类型属性）的子类。

c）该新属性的值域或者保持不变（即与 GKADM 已有属性的值域相同），或者是已有属性值域（针对对象类型属性）的子类，或者是对 GKADM 已有属性的约束的进一步限定。

d）若该新属性自行定义，应采用该机构的命名空间。若该新属性使用其他命名空间的属性，则可采用其原有的命名空间。

对于与知识情景的相关的用户情景（UserContext）和情境元数据（contextMeta）、资源单元的相关资源单元（isRelatedTo）、资源元数据（resMeta）和管理元数据（mgntMeta），都可以进行细化，以便得到细化的关系和扩展的元素。

以对 GKADM 中的已有属性进行细化为例：该已有属性（用"originalProperty"表示）新增一个属性（用"myNewProperty"表示），作为已有属性的子属性，采用该出版单位自己的命名空间（"myNamespace"）。定义该新属性的示例代码（RDF/XML）如下。

```
<owl:ObjectProperty rdf:about="&myNamespace;myNewProperty">
<rdfs:subPropertyOf rdf:resource="gkadm;originalProperty"/>
<rdfs:label xml:lang="en">myNewProperty</rdfs:label>
<rdfs:label xml:lang="zh"> 新属性名 </rdfs:label>
<owl:versionInfo>1.0</owl:versionInfo>
<rdfs:comment xml:lang="zh"> 新属性的注释 </rdfs:comment>
<rdfs:isDefinedBy rdf:resource="&myNamespace;"/>
<rdfs:domain rdf:resource="&gkadm;originalDomain"/>
<rdfs:range rdf:resource="&gkadm;originalRange"/>
</owl:ObjectProperty>
```

7.3.2 添加新属性

将新增的属性直接添加在本机构的命名空间中，其定义域为 GKADM 本体中的某个类。该属性若是对象属性，则其值域可以是 GKADM 本体中的其他类。

添加一个新属性（用"myNewProperty"表示），采用所属单位自己的命名空间（"myNamespace"），定义该新属性的示例代码（RDF/XML）如下。

```
<owl:ObjectProperty rdf:about="&myNamespace;myNewProperty">
<rdfs:label xml:lang="en">myNewProperty</rdfs:label>
<rdfs:label xml:lang="zh"> 新属性名 </rdfs:label>
<owl:versionInfo>1.0</owl:versionInfo>
<rdfs:comment xml:lang="zh"> 新属性的注释 </rdfs:comment>
<rdfs:isDefinedBy rdf:resource="&myNamespace;"/>
<rdfs:domain rdf:resource="&gkadm;originalDomain"/>
<rdfs:range rdf:resource="&gkadm;originalRange"/>
</owl:ObjectProperty>
```

附录 B

（资料性附录）

典型知识元类型属性结构参考

B.1 知识元类型

各类知识元是一种用部分—整体、属性—值等关系及公理等规则联系起来的概念层次体系。本规范定义的知识元本体有概念、事件、实体（含代理人、实物、地点等）、时间等。知识元分类示意见图 B-1。

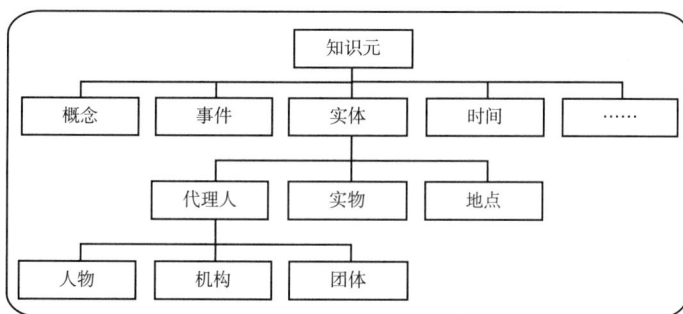

图 B-1　知识元分类示意

B.2 典型知识元类型属性结构

B.2.1 概念（Concept）

名称：Concept

标签：概念知识元

定义：对特定领域的术语或概念进行定义和组织，并表达和显示术语或概念间的语义关系。

注释：概念类知识元本体参考 skos:Concept 定义本体，提供了对叙词表、分类法、术语等受控词表的知识管理及语义处理方案。

属性：dc:identifier（标识符）、skos:prefLabel（首选标签）、skos:note（注释描述）、skos:altLabel（非首选标签）、skos:hiddenLabel（隐藏标签）、skos:inScheme（概念体

系）、skos:broader（上位关系）、skos:narrower（下位关系）、skos:related（相关关系）、skos:broadMatch(上位映射）、skos:narrowMatch（下位映射）、skos:relatedMatch（相关映射）、skos:closeMatch（相近映射）、skos:exactMatch（同义映射）、skos:notation（概念标记）、skos:mgntMeta（管理元数据）。

概念知识元定义的结构见图 B-2。

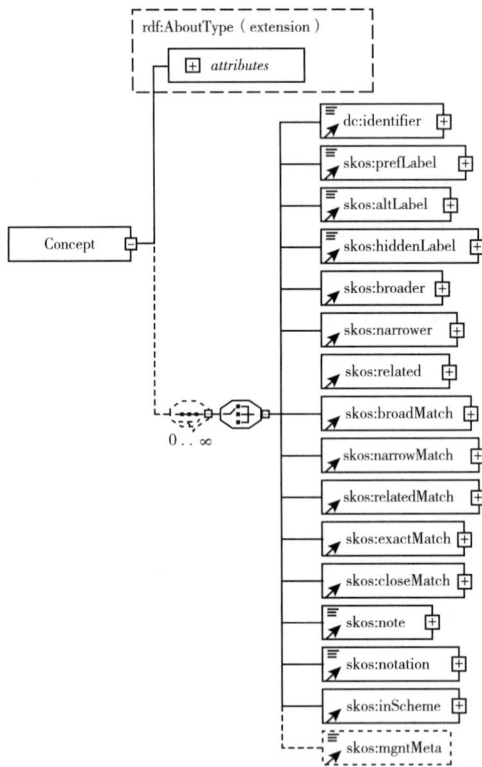

图 B-2　概念知识元定义的结构

概念知识元属性说明见表 B-1。

表 B-1 概念知识元属性说明

编号	英文标签	中文名称	解释	约束性	数据类型
1	dc:identifier	标识符	知识元对象的资源标识 URI	必选	URI
2	skos:prefLabel	首选标签	概念知识元表达的词汇	必选	LangString 字符型
3	skos:note	注释描述	用于提供与 SKOS 概念相关的信息。注释信息属性不存在固有约束	可选	注释信息可以是纯文本、超文本或图像，可以是一个定义、关于概念范围的信息、编辑信息或其他信息类型
4	skos:altLabel	非首选标签	概念的别名或可选词汇	可选	LangString 字符型
5	skos:hiddenLabel	隐藏标签	隐藏标签在用户通过文本搜索功能与知识组织系统交互时非常有用。例如用户寻找一个相关概念时输入了拼错的词语，如果拼错的查询与隐藏标签匹配，用户仍然能够找到相关概念，但隐藏标签对于用户而言是不可见的	可选	LangString 字符型
6	skos:inscheme	概念体系	SKOS 概念体系可以视为一个或多个 SKOS 概念的集合体。概念体系是当前词汇所在的概念体系	必选	LangString 字符型
7	skos:broader	上位关系	两个概念之间的等级连接表示其中一个概念比另一个概念在某方面更概括（"宽泛"）	必选	属性 rdf 资源
8	skos:narrower	下位关系	两个概念之间的等级连接表示其中一个概念比另一个概念"狭窄"	必选	属性 rdf 资源
9	skos:related	相关关系	两个概念之间的相关链接表示两个概念内在"有关"，但是其中任何一个概念不以任何方式比另一个概念更概括	必选	属性 rdf 资源
10	skos:broadMatch	上位映射	用于声明不同概念体系中 SKOS 概念之间的映射链接，表示一个概念比另一个概念"宽泛"的等级映射链接	必选	属性 rdf 资源
11	skos:narrowMatch	下位映射	用于声明不同概念体系中 SKOS 概念之间的映射链接，表示一个概念比另一个概念"狭窄"的等级映射链接	必选	属性 rdf 资源
12	skos:relatedMatch	相关映射	用于声明不同概念体系中 SKOS 概念之间的映射链接，表示两个概念之间的相关映射链接	必选	属性 rdf 资源
13	skos:closeMatch	相近映射	用于声明不同概念体系中 SKOS 概念之间的映射链接，用于链接两个十分相似的概念，这两个概念可在一些信息检索应用中相互替换。为了避免跨多个概念体系映射时出现"合成错误"的可能，skos:closeMatch 不被声明为一个传递性属性	必选	属性 rdf 资源
14	skos:exactMatch	同义映射	属性用于链接两个概念，表明在广泛的信息检索应用中，概念在很大程度上可以交替使用。skos:exactMatch 是一个传递性属性，是 skos:closeMatch 的子属性	必选	属性 rdf 资源

续表

编号	英文标签	中文名称	解释	约束性	数据类型
15	skos:notation	概念标记	用于在给定的概念体系范围中唯一标识一个概念。如分类体系的分类号	必选	String 字符型
16	gkadm:mgntMeta	管理元数据	一个概念知识元的管理元数据	可选	Structure 结构

B.2.2 事件（Event）

名称：Event

标签：事件知识元

定义：比较重大，对一定的人群会产生一定影响的事情。包括自然事件和人为事件。

注释：事件本体，与 FRBR 规范事件 (Event) 等价。

属性：dc:identifier（标识符）、skos:prefLabel（首选标签）、skos:note（注释描述）、skos:altLabel（非首选标签）、skos:hiddenLabel（隐藏标签）、gkadm:happenedAt（发生地点）、gkadm:occurredAt（发生时间）、gkadm:mgntMeta（管理元数据）。

事件数据结构见图 B-3。

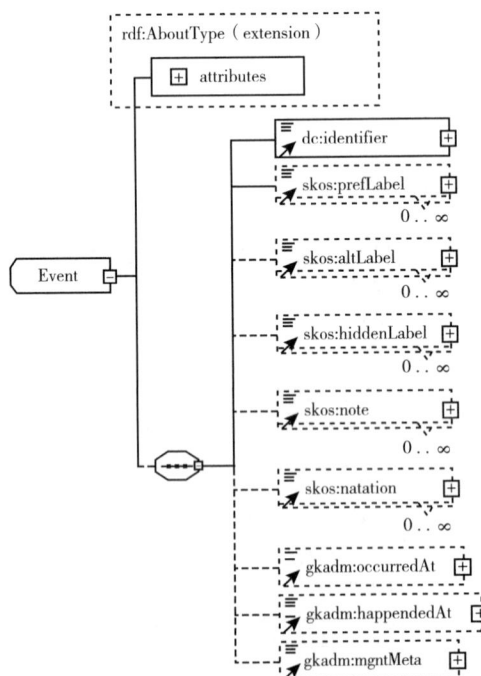

图 B-3 事件数据结构

事件属性说明见表 B-2。

表 B-2 事件属性说明

编号	英文标签	中文名称	解释	约束性	数据类型
1	dc:identifier	标识符	事件知识元对象的资源标识 URI	必选	URI
2	skos:prefLabel	首选标签	描述事件的首选标签	必选	LangString 字符型
3	skos:note	注释描述	用于提供与事件相关的描述信息。注释信息属性不存在固有约束	可选	注释信息可以是纯文本、超文本或图像，可以是一个定义、关于事件时间、地点信息、编辑信息或其他信息类型
4	skos:altLabel	非首选标签	描述事件的别名或可选标签	可选	LangString 字符型
5	skos:hiddenLabel	隐藏标签	隐藏标签在用户通过文本搜索功能与知识组织系统交互时非常有用。例如用户寻找一个相关概念时输入了拼错的词语，如果拼错的查询与隐藏标签匹配，用户仍然能够找到相关概念，但隐藏标签对于用户而言是不可见的	可选	LangString 字符型
6	skos:notation	事件标记	事件主题术语的分类号	必选	String 字符型
7	gkadm:occurredAt	发生时间	事件的时间范围	可选	TimeSpan 实例
8	gkadm:happenedAt	发生地点	事件的发生地	可选	Place 实例
9	gkadm:mgntMeta	管理元数据	一个知识元的管理元数据	可选	Structure 结构

B.2.3 实体（Entity）

B.2.3.1 代理人（Agent）

名称：Agent

标签：代理人

定义：在知识体系中的人物、团体或机构。是人物、团体或机构的超类。

注释：具体的代理人实体有三类：人物（Person）、机构（Organization）、团体（Group）。本标准规范选择了表达各类命名实体的主要属性，分别定义基类 Agent 的属性和各类实体的扩展属性。

属性：dc:identifier（标识符）、skos:prefLabel（首选标签）、skos:note（注释描述）、skos:altLabel（非首选标签）、foaf:name（名称）、dc:date（日期）、dcterms:hasPart

（由……组成）、dcterms:isPartOf（是……成员/部分）、gkadm:hasMet（出现）、gkadm:isRelatedTo（相关资源）、owl:sameAs（与……相同）、gkadm:acronym（缩略名）、foaf:homepage（主页）、gkadm:begin（开始时间）、gkadm:end（结束时间）、gkadm:mgntMeta（管理元数据）。

代理人数据结构见图 B-4。

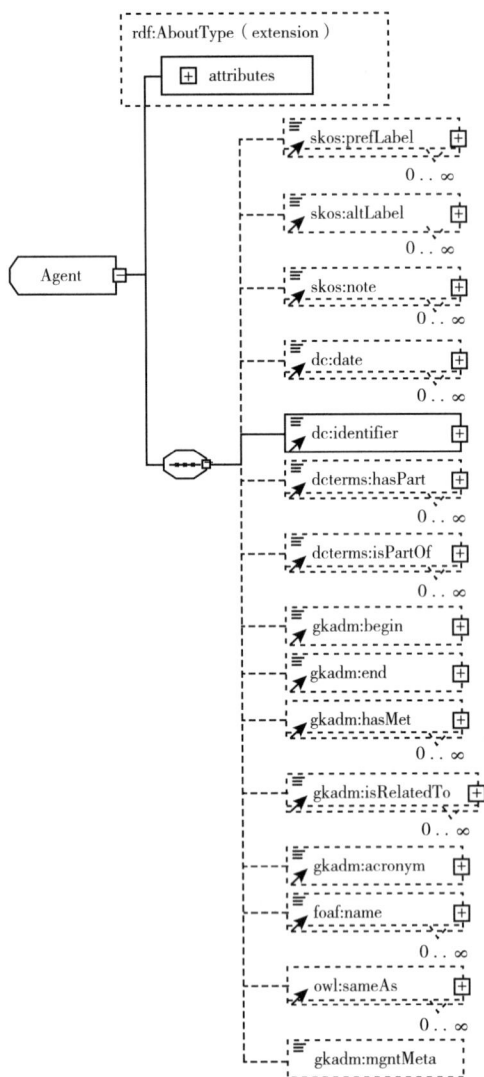

图 B-4　代理人数据结构

代理人属性说明见表 B-3。

表 B-3　代理人属性说明

编号	英文标签	中文名称	解释	约束性	数据类型
1	dc:identifier	标识符	知识元对象的资源标识 URI	必选	URI
2	skos:prefLabel	首选标签	命名实体的首选标签	必选	LangString 字符型
3	skos:note	注释描述	用于提供与命名实体相关的信息。注释信息属性不存在固有约束	可选	注释信息可以是纯文本、超文本或图像，可以是一个定义、关于概念范围的信息、编辑信息或其他信息类型
4	skos:altLabel	非首选标签	别名或可选标签	可选	LangString 字符型
5	dcterms:hasPart	由……组成	一个实体与另一个实体间有构成关系（有构成组织机构的部门或成员）	可选	属性 rdf 资源
6	dcterms:isPartOf	是……成员 / 部分	一个实体是另一个实体的一部分或成员（是另一机构的部门或成员）	可选	属性 rdf 资源
7	dc:date	日期	与实体相关的日期	可选	dc:date 日期型
8	gkadm:hasMet	出现	一个命名实体对象描述的实体共同出现	可选	属性 rdf 资源
9	gkadm:isRelatedTo	相关资源	与其他命名实体的相关关系	可选	属性 rdf 资源
10	foaf:name	名称	命名实体的名称	必选	String 字符型
11	owl:sameAs	与……相同	与另一个命名实体相同	可选	属性 rdf 资源
12	gkadm:acronym	缩略名	由命名实体的名称的首字母构成的缩略词	可选	String 字符型
13	foaf:homepage	主页	个人或组织机构的主页	可选	String 字符型
14	gkadm:mgntMeta	管理元数据	一个知识元的管理元数据	可选	Structure 结构
15	gkadm:begin	开始时间	相关的开始时间	可选	dc:date 日期型
16	gkadm:end	结束时间	相关的结束时间	可选	dc:date 日期型

B.2.3.2 人物（Person）

名称：Person

标签：人物

定义：人类社会的自然人成员。在知识体系中的人物。是 Agent 的子类。

注释：一个个人或是由个人建立的识别身份，与 foaf:Person 等价。

属性：继承自 Agent 的属性有：dc:identifier（标识符）、skos:prefLabel（首选标签）、skos:note（注释描述）、skos:altLabel（非首选标签）、foaf:name（名称）、dc:date（与实体相关的日期）、dcterms:hasPart（由……组成）、dcterms:isPartOf（是……成员 / 部分）、gkadm:hasMet（出现）、gkadm:isRelatedTo（相关资源）、owl:sameAs（与……相同）、gkadm:acronym（缩略名）、foaf:homepage（主页）、gskadm:mgntMeta（管理元数据）。

扩展属性有与人物相关的日期、地点、职业，具体的包括：rdaGr2:biographicalInformation（简历信息）、rdaGr2:professionOrOccupation（职业）、rdaGr2:dateOfBirth（出生日期）、rdaGr2:dateOfDeath（死亡日期）、rdaGr2:gender（性别）、rdaGr2:placeOfBirth（出生地点）、rdaGr2:placeOfDeath（死亡地点）。

人物数据结构见图 B-5。

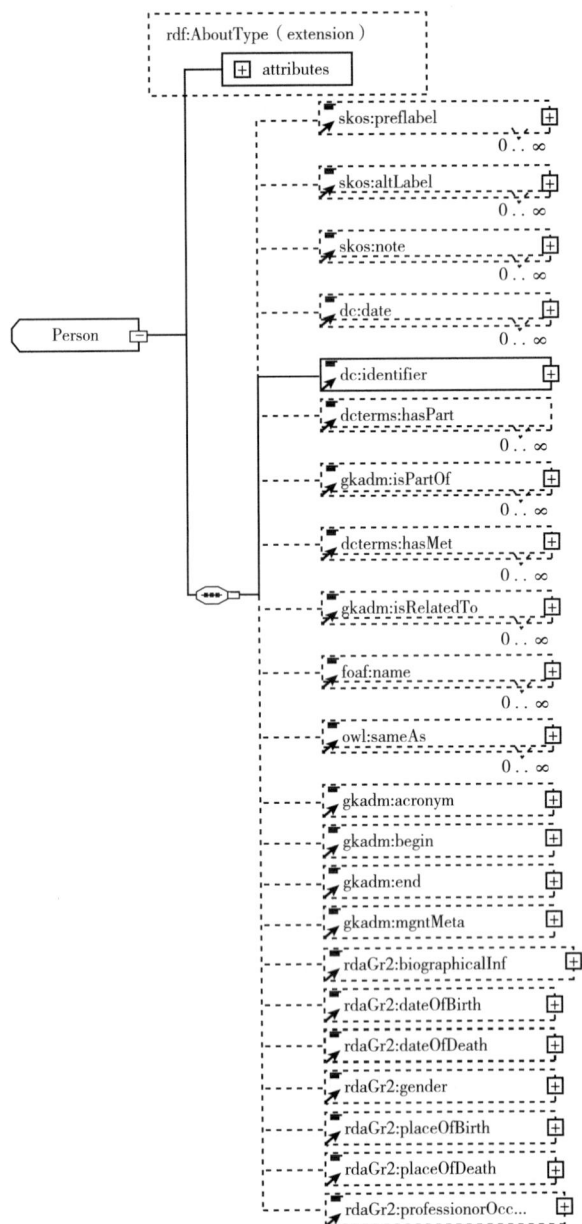

图 B-5　人物数据结构

人物扩展属性说明见表 B-4。

表 B-4　人物扩展属性说明

编号	英文标签	中文名称	解释	约束性	数据类型
1	rdaGr2:biographicalInformation	简历信息	人物简历	可选	String 字符型
2	rdaGr2:dateOfBirth	出生日期	出生日期	可选	dc:date 日期型
3	rdaGr2:dateOfDeath	死亡日期	死亡日期	可选	dc:date 日期型
4	rdaGr2:gender	性别	性别	可选	String 字符型
5	rdaGr2:placeOfBirth	出生地点	出生地	可选	String 字符型
6	rdaGr2:placeOfDeath	死亡地点	死亡地	可选	String 字符型
7	rdaGr2:professionOrOccupation	职业	人物职业	可选	String 字符型

B.2.3.3 团体（Group）

名称：Group

标签：团体

定义：由社会人组织起来的某种人群。是 Agent 的子类。

注释：通过一个特定的名称和多项活动或是一项活动所识别的团体，与 foaf:Group 等价。团体比机构更灵活、松散，可以是临时性的机构，如相关的集会、会议、展览会、博览会等。

属性：继承自 Agent 的属性有：dc:identifier（标识符）、skos:prefLabel（首选标签）、skos:note（注释描述）、skos:altLabel（非首选标签）、foaf:name（名称）、dc:date（日期）、dcterms:hasPart（由……组成）、dcterms:isPartOf（是……成员/部分）、gkadm:hasMet（出现）、gkadm:isRelatedTo（相关资源）、owl:sameAs（与……相同）、gkadm:acronym（缩略名）、foaf:homepage（主页）、gkadm:mgntMeta（管理元数据）。

扩展属性有与团体相关的数字、与团体关联的地点、与团体相关的日期，具体包括：rdaGr2:biographicalInformation（简介）、rdaGr2:dateOfEstablishment（成立日期）、rdaGr2:dateOfTermination（结束日期）、number（数字序号标设）、rdaGr2:placeOfBirth（成立地点）、rdaGr2:professionOrOccupation（行业）。

团体数据结构见图 B-6。

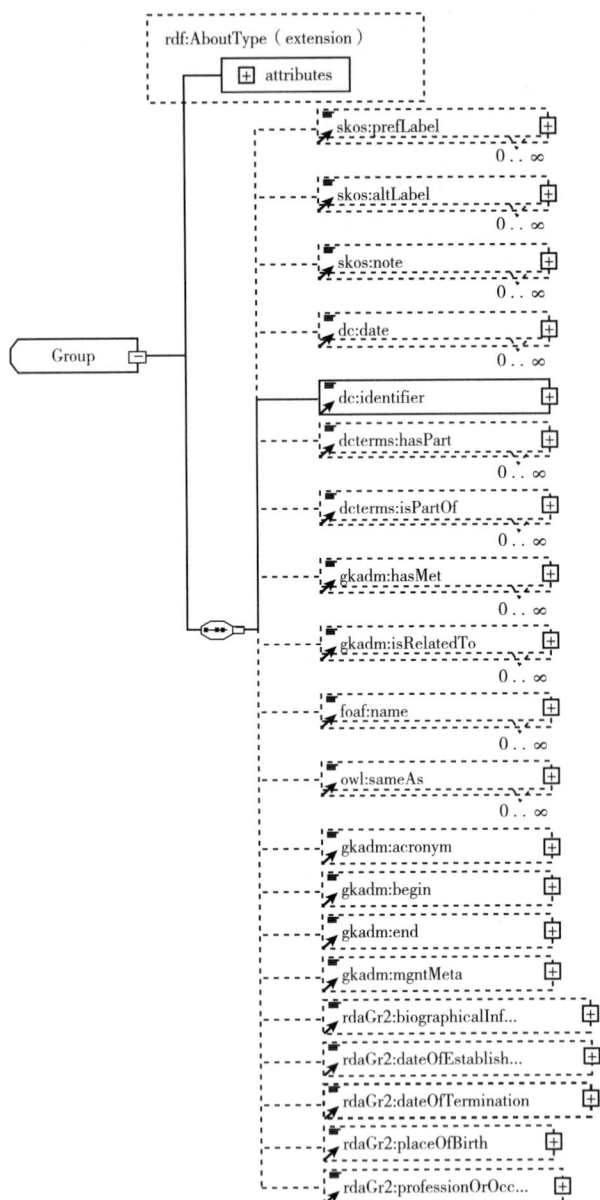

图 B-6　团体数据结构

团体扩展属性说明见表 B-5。

表 B-5　团体扩展属性说明

编号	英文标签	中文名称	解释	约束性	数据类型
1	rdaGr2:biographicalInformation	简介	团体简介	可选	String 字符型
2	rdaGr2:dateOfEstablishment	成立日期	团体成立日期	可选	dc:date 日期型
3	rdaGr2:dateOfTermination	终止日期	团体终止日期	可选	dc:date 日期型
4	number	数字序号标识	与团体相关用于排序的数字标识	可选	Number 数字型
5	rdaGr2:placeOfBirth	成立地点	与团体相关的地点信息	可选	String 字符型
6	rdaGr2:professionOrOccupation	行业	团体的相关行业	可选	String 字符型

B.2.3.4 机构（Organization）

名称：Organization

标签：机构

定义：依法设立的机关、事业、企业、社团及其他依法成立的单位。是 Agent 的子类。

注释：社会组织结构，与 foaf:Organization 等价。机构是比团体相对固定的社会组织机构，如行业协会、政府部门、企业等。

属性：继承自 Agent 的属性有：dc:identifier（标识符）、skos:prefLabel（首选标签）、skos:note（注释描述）、skos:altLabel（非首选标签）、foaf:name（名称）、dc:date（日期）、dcterms:hasPart（由……组成）、dcterms:isPartOf（是……成员/部分）、gkadm:hasMet（出现）、gkadm:isRelatedTo（相关资源）、owl:sameAs（与……相同）、gkadm:acronym（缩略名）、foaf:homepage（主页）、gkadm:mgntMeta（管理元数据）。

扩展属性有与机构关联的地点、与机构相关的日期，具体包括：rdaGr2:biographicalInformation（简介）、rdaGr2:dateOfEstablishment（成立日期）、rdaGr2:dateOfTermination（结束日期）、rdaGr2:professionOrOccupation（行业）、gkadm:organizationScope（机构范围）、gkadm:organizationDomain（机构领域）、gkadm:organizationSector（机构性质）、gkadm:geographicLevel（机构地域范围）、gkadm:country（机构所属国家）。机构组织数据结构见图 B-7。

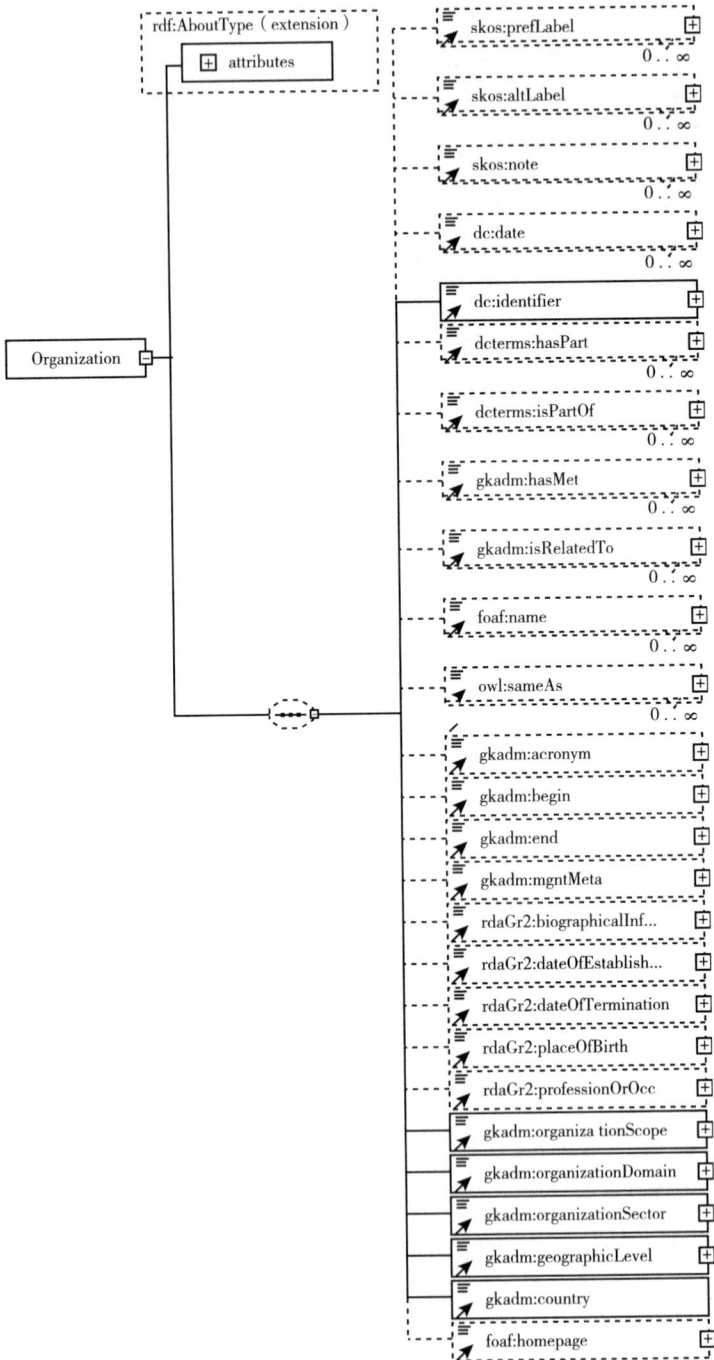

图 B-7　机构组织数据结构

机构扩展属性说明见表 B-6。

表 B-6　机构扩展属性说明

编号	英文标签	中文名称	解释	约束性	数据类型
1	rdaGr2:biographicalInformation	简介	机构简介	可选	String 字符型
2	rdaGr2:dateOfEstablishment	成立日期	机构成立日期	可选	dc:date 日期型
3	rdaGr2:dateOfTermination	终止日期	机构终止日期	可选	dc:date 日期型
4	rdaGr2:placeOfBirth	成立地点	与机构相关的地点信息	可选	String 字符型
5	rdaGr2:professionOrOccupation	行业	机构的相关行业	可选	String 字符型
6	gkadm:organizationScope	机构范围	机构的业务范围，如 Cross/Single/Thematic/Individual	可选	String 字符型
7	gkadm:organizationDomain	机构领域	机构领域，如 Library/Archive/Museum	可选	String 字符型
8	gkadm:organizationSector	机构性质	机构实体性质，如 Private/Public/Government Department	可选	String 字符型
9	gkadm:geographicLevel	机构地域范围	机构地域影响力范围，如 Regional/National/Worldwide	可选	String 字符型
10	gkadm:country	机构所属国家	国家地区名称	可选	String 字符型

B.2.3.5 实物（PhysicalArtifact）

名称：PhysialArtifact

标签：实物

定义：具体存在的物件。

注释：实物，与 FRBR 规范实物等价。

属性：dc:identifier（标识符）、skos:prefLabel（首选标签）、skos:note（注释描述）、skos:altLabel（非首选标签）、skos:hiddenLabel（隐藏标签）、gkadm: isRelatedTo（相关资源）、skos:notation（分类号）、gkadm:mgntMeta（管理元数据）。

实物数据结构见图 B-8。

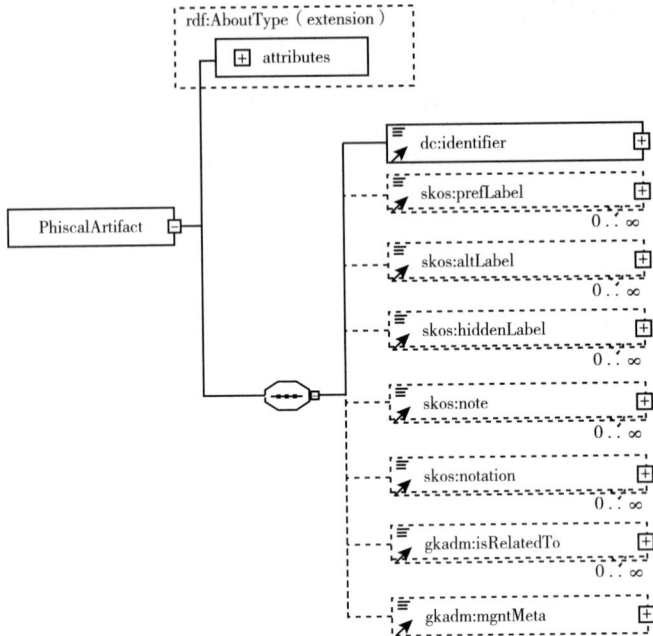

图 B-8　实物数据结构

实物属性说明见表 B-7。

表 B-7　实物属性说明

编号	英文标签	中文名称	解释	约束性	数据类型
1	dc:identifier	标识符	事件知识元对象的资源标识 URI	必选	URI
2	skos:prefLabel	首选标签	描述实物的词语、短语或字符串	必选	LangString 字符型
3	skos:note	注释描述	用于提供与实物相关的注释信息。注释信息属性不存在固有约束	可选	注释信息可以是纯文本、超文本或图像，可以是一个定义、关于概念范围的信息、编辑信息或其他信息类型
4	skos:altLabel	非首选标签	描述实物的别名或可选标签	可选	LangString 字符型
5	skos:hiddenLabel	隐藏标签	隐藏标签在用户通过文本搜索功能与知识组织系统交互时非常有用。例如用户寻找一个相关概念时输入了拼错的词语。如果拼错的查询与隐藏标签匹配，用户仍然能够找到相关概念，但隐藏标签对于用户而言是不可见的	可选	LangString 字符型
6	skos:notation	分类号	实物的分类号	必选	String 字符型
7	gkadm:isRelatedTo	相关资源	实物与其他资源的相关关系	可选	属性 rdf 资源
8	gkadm:mgntMeta	管理元数据	一个知识元的管理元数据	可选	Structure 结构

B.2.3.6 地点（Place）

名称：Place

标签：地名

定义：赋予某一地理实体的专有名称。

注释：一个地点可以由多个概念或概念体系来标识。通常选择这些概念中的一个作为统一标目，以便始终如一地命名与参照该地点。其他的概念或概念体系可以作为地点的变异术语看待。

属性：dc:identifier（标识符）、skos:prefLabel（首选标签）、skos:note（注释描述）、skos:altLabel（非首选标签）、gkadm:mgntMeta（管理元数据）等。地点数据结构见图 B-9。

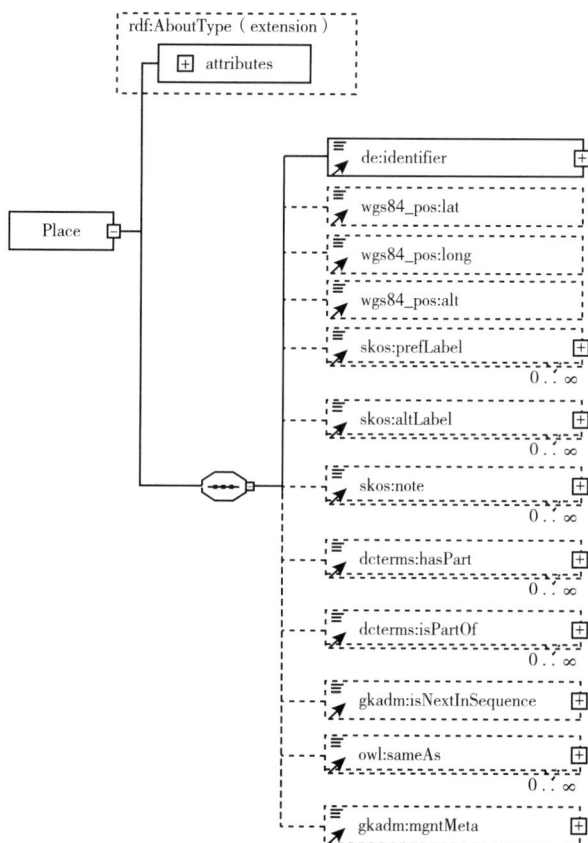

图 B-9　地点数据结构

地点属性说明见表 B-8。

表 B-8　地点属性说明

编号	英文标签	中文名称	解释	约束性	数据类型
1	dc:identifier	标识符	事件知识元对象的资源标识 URI	必选	URI
2	skos:prefLabel	首选标签	描述事件的首选标签	必选	LangString 字符型
3	skos:altLabel	非首选标签	别名或可选标签	可选	LangString 字符型
4	skos:note	注释描述	用于提供与事件相关的术语注释信息。注释信息属性不存在固有约束	可选	注释信息可以是纯文本、超文本或图像，可以是一个定义、关于概念范围的信息、编辑信息或其他信息类型
5	wgs84_pos:lat	纬度	一个地点的 GPS 坐标系纬度值	可选	float 单精度
6	wgs84_pos:long	经度	一个地点的 GPS 坐标系经度值	可选	float 单精度
7	wgs84_pos:alt	海拔高度	一个地点的 GPS 坐标系海拔高度值	可选	float 单精度
8	gkadm: isNextInSequence	下一个相关资源	是 relation 的子属性，定义了构成 R 资源的若干资源存在顺序关系时，组成部分资源间的后继关系	可选	属性 rdf 资源
9	dcterms:hasPart	由……组成	一个实体与另一个实体间有构成关系	可选	属性 rdf 资源
10	dcterms:isPartOf	是……一部分	一个实体是另一个实体的一部分	可选	属性 rdf 资源
11	owl:sameAs	与……相同	与另一个资源实体相同	可选	属性 rdf 资源
12	gkadm:mgntMeta	管理元数据	一个知识元的管理元数据	可选	Structure 结构

B.2.4 时间范围（TimeSpan）

名称：TimeSpan

标签：时间范围

定义：用于封装和描述一个时间段的相关信息，以标注某个事件的开始到结束。

注释：时间范围对象，有明确的开始和结束时间。

属性：dc:identifier（标识符）、skos:prefLabel（首选标签）、skos:note（注释描述）、skos:altLabel（非首选标签）、gkadm:begin（开始时间）、gkadm:end（结束时间）、gkadm:isNextInSequence（下一个相关资源）、dcterms:hasPart（由……组成）、dcterms:isPartOf（是……一部分）、owl:sameAs（与……相同）、gkadm:mgntMeta（管理元数据）。

时间范围数据结构见图 B-10。

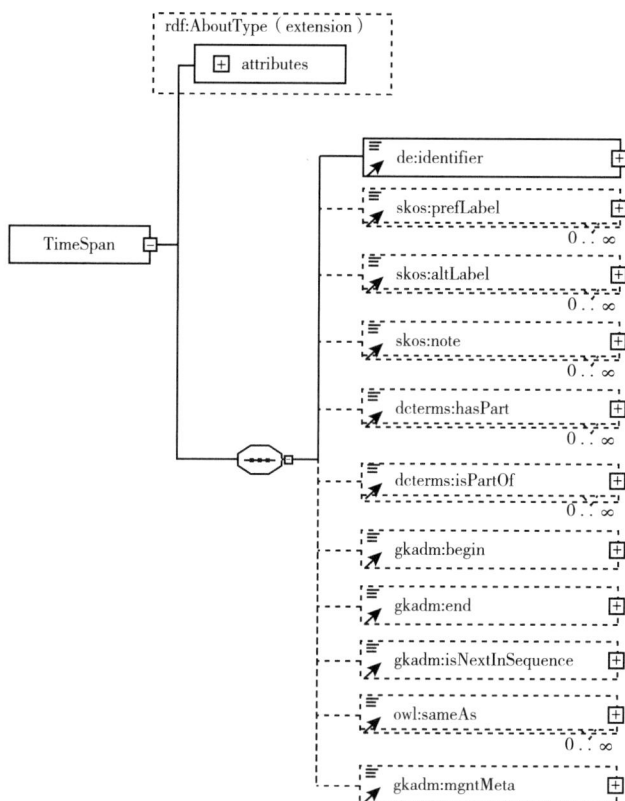

图 B-10　时间范围数据结构

时间范围属性说明见表 B-9。

表 B-9　时间范围属性说明

编号	英文标签	中文名称	解释	约束性	数据类型
1	dc:identifier	标识符	事件知识元对象的资源标识 URI	必选	URI
2	skos:prefLabel	首选标签	描述事件的首选标签	必选	LangString 字符型
3	skos:note	注释描述	用于提供与事件相关的术语注释信息。注释信息属性不存在固有约束	可选	信息可以是纯文本、超文本或图像，可以是一个定义、关于概念范围的信息、编辑信息或其他信息类型
4	gkadm:begin	开始时间	表达时间范围的开始时间	可选	dc:date 日期型
5	gkadm:end	结束时间	表达时间范围的结束时间	可选	dc:date 日期型
6	gkadm:isNextInSequence	下一个相关资源	relation 的子属性，定义了构成 R 资源的若干资源存在顺序关系时，组成部分资源间的后继关系	可选	属性 rdf 资源

续表

编号	英文标签	中文名称	解释	约束性	数据类型
7	dcterms:hasPart	由……组成	一个实体与另一个实体间有构成关系	可选	属性 rdf 资源
8	dcterms:isPartOf	是……一部分	一个实体是另一个实体的一部分	可选	属性 rdf 资源
9	owl:sameAs	与……相同	与另一个资源实体相同	可选	属性 rdf 资源
10	gkadm:mgntMeta	管理元数据	一个知识元的管理元数据	可选	Structure 结构

参考文献

［1］GB/T 2260—2007 中华人民共和国行政区划代码

［2］GB/T 5795—2006 中国标准书号

［3］GB/T 4754—2011 国民经济行业分类

［4］GB/T 4880.2—2000 语种名称代码 第2部分：3字母代码

［5］GB/T 4880.3—2009 语种名称代码 第3部分：所有语种的3字母代码

［6］GB/T 7408—2005 数据元和交换格式 信息交换 日期和时间表示法

［7］GB/T 18793—2002 信息技术可扩展置标语言（XML）1.0

［8］GB/T 23703.1—2009 知识管理 第1部分 框架 标准信息

［9］GB/T 23703.2—2010 知识管理 第2部分 术语

［10］GB/T 23703.7—2014 知识管理 第7部分 知识分类通用要求

［11］GB/T 25100 信息与文献 都柏林核心元数据元素集

［12］CY/T 90（1-5）—2013 出版元数据 第1至第5部分

［13］Resource Description Framework[RDF]. http://www.w3.org/TR/2004/REC-rdf-syntax-grammar-20040210.

［14］Web Ontology Language[OWL]. http://www.w3.org/TR/2012/REC-owl2-syntax-20121211.

［15］Open Archives Initiative Object Reuse and Exchange[OAI-ORE]. http://www.openarchives.org/ore.

［16］Simple Knowledge Organization System[SKOS].http://www.w3.org/2004/02/skos/.

［17］DCMI Metadata Terms[DCMI].http://dublincore.org/documents/dcmi-terms/.

第七节 知识应用单元描述通用规范

1. 范围

本标准规定了面向用户需求的知识应用单元的特征和组织方式、通用描述方法。

本标准适用于专业数字内容资源知识服务模式试点工作和新闻出版行业知识服务的应用。

2. 规范性引用文件

下列文件对于本文件的应用是必不可少的。凡是注日期的引用文件，仅所注日期的版本适用于本文件。凡是不注日期的引用文件，其最新版本（包括所有的修改单）适用于本文件。

GC/ZX 21—2015 知识资源建设与服务基础术语

3. 术语和定义

GC/ZX 21—2015 界定的以及下列术语和定义适用于本文件。

3.1 知识应用单元 knowledge application unit

面向应用目的和场景，为有不同基础背景和内容需求的用户提供个性化知识服务的知识单位。

3.2 用户情境 customer context

描述用户需求及其周围环境的相关信息的语义信息对象。

3.3 资源对象 resource object

用于描述数字内容及相关信息（如元数据、标识符等）的数字实体。

资源对象定义引用《出版社数字出版资源对象存储、复用与交换基本规范》。

3.4 资源图 resource map；ReM

用于表示资源或数字内容对象的结构和组成。由资源图标识符、资源图元数据、所对应的聚合、一组被聚合资源以及有关聚合和被聚合资源的附加属性（如元数据）组成。

本标准参照 OAI-ORE 规范。

4. 缩略语

下列缩略语适用于本文件。

XML：可扩展置标语言（Extensible Markup Language）。

RDF：资源描述框架（Resource Description Framework）。

OWL：OWL2Web 本体语言（OWL 2 Web Ontology Language）。

UML：统一建模语言（Unified Modeling Language）。

URI：统一资源识别符（Uniform Resource Identifier）。

URL：统一资源定位器（Uniform Resource Locator）。

URN：统一资源名称（Uniform Resource Name）。

DC：都柏林核心元数据规范（Dublin Core）。

DCMI：都柏林核心元数据倡议（Dublin Core Metadata Initiative）。

5. 知识应用单元的描述原则和结构

5.1 知识应用单元定义的基本原则

知识应用单元的结构用于知识应用中对用户需求、知识元、知识内容资源、知识关联以及聚合资源的定义原则。知识应用单元结构的定义基于以下考虑。

a）抽象统一的数据模型。知识应用单元是在复合数字对象的语义知识及知识关联模型基础上，建立准确反映用户个性和行为特征的用户模型。

b）基于用户行为特征对用户需求建模，构建用户特征本体，可动态完善用户特征本体并明确用户知识服务需求。

c）采用元数据描述、关联数据等语义网技术进行数据建模，支撑语义环境下的知识服务。

d）独立于特定的专业领域。

e）独立于知识资源的表现。

f）独立于特定的知识服务。

本标准对知识应用单元、不同的知识应用的用户需求、知识应用单元包含的知识元及知识元关联关系、知识元的内容资源载体的各类元数据进行建模，并定义这些内容的描述方法。

5.2 知识应用单元的结构

知识应用单元是在各出版单位、研究机构已有的跨领域、多情境、多层次、多受众的专业内容资源的基础上，管理海量异构的元数据或描述信息，并可聚合对这些专业内容资源进行更深入地语义描述。

5.2.1 概述

知识应用单元的结构和知识应用单元的描述元数据，包括基本结构和语义增强的扩展结构，构建灵活的类的层级结构以支持知识资源的描述与组织，以及模型自身的类和从其他名称空间复用的类。

模型的基本聚合结构由语义资源层和内容资源层构成。

a）语义资源层：由知识应用单元的用户情境对象集合、知识元对象集合及知识元间的关联关系构成。

b）内容资源层：承载知识元的内容资源的信息聚合。

知识应用单元的结构见图 4-8。

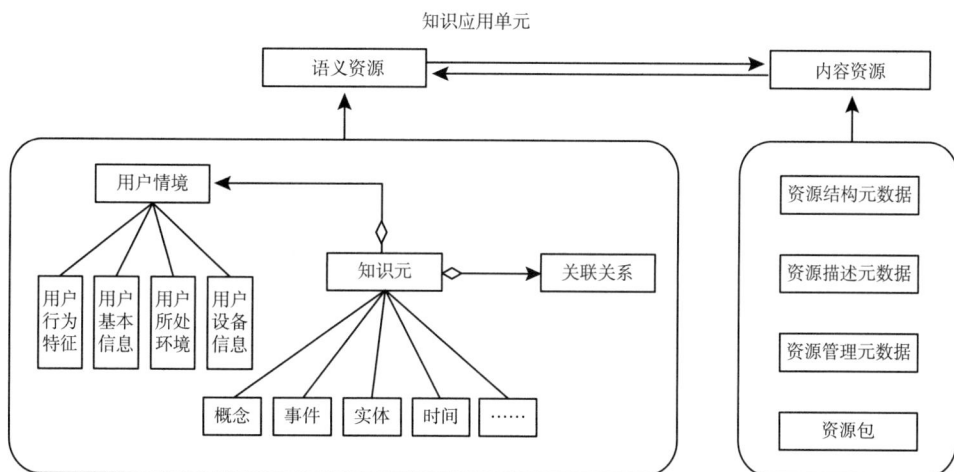

图 4-8　知识应用单元的结构

5.2.2 语义资源层

使用用户情境本体，抽象归纳新闻出版领域中典型的知识服务模式的应用场景与用户特征；包括知识服务的应用对象、目的和范围、受众特征等。

从多个维度对用户情境进行归纳与分类，每个情境维度由该维度下的若干情境要素和属性构成。采用与知识本体描述同构的用户情境本体来表示知识应用单元匹配的用户情境，使用 RDFs/OWL 格式对用户情境进行语义描述，并对其结构和特征进行形式化表示。本体通常采用层次概念树的形式，树中的每个节点表示用户情境的某一元素。根据概念之间的相互关联关系，进一步发现和收集用户反馈的兴趣概念，并通过对概念的属性和关系的描述更清晰地表达用户的个性化知识需求。

根据知识服务的需求建模，发现用户情境的关联性、连续性，从而推理出用户需求特征与知识服务间的关联性。

各种类型的知识元及知识元间的关联构成知识本体，知识本体是应用知识元中的语义信息集合。

5.2.3 内容资源层

知识应用单元模型用复合数字对象表示内容资源。

6. 知识应用单元模型

6.1 规则和约定

6.1.1 描述规范

知识应用单元通用描述规范定义了面向复合数字对象层次的内容资源的语义关联组织，在知识应用单元的逻辑架构基础上，使用 XML 模式定义语言（XML Schema Definition Language，简称 XSD）定义的数据模型。遵循 XSD 1.1 Candidate Recommendation 编制，采用开放、跨领域、基于语义网框架进行设计，实现对来自跨领域、多层次、多受众、异构知识应用单元数据的有效融合、集成、重用与关联组织。并根据资源描述框架（RDF）、资源描述框架模式 (RDFs) 和 Web 本体语言（OWL）标准，给出知识应用单元模型本体（Geneal Knowledge Application Data Model，简称 GKADM）类和属性的数据模型定义。

6.1.2 一致性与完整性条件

一致性条件是指同一模型在不同地方不同时刻被引用时应该得到一致的结果；完

整性条件是指模型的定义在逻辑上应该是精确、可靠的。

6.1.3 命名规范

每个单词的首字母大写，其余字母均小写，不使用任何连字符，在名称中不使用下划线"_"、下圆点"."和连字符"-"。单词应完整使用，名称建议不使用缩略语，以保证语义的清晰和可读性，因特殊原因名称需要使用缩略语的，需提供对应的全称和相应的说明。

6.1.4 XML 元素表达及描述要求

XML 模式定义的不同位置出现的元素如有不同的语义，应采用不同的元素名称；标准文档中出现元素名称时要求用尖括号 <> 括起来，作为提示，便于同其他类型的名词相区别。

元素标记的声明不应以该元素的相关父元素或祖先元素的路径表达为前缀，当相同语义的元素名在 XML 模式定义中出现不只一次时，需要使用语境描述才能区别时，则必须采用 XPath 的标准写法，以便于了解其出现的具体位置。

6.1.5 XML 组件的命名

与元素、属性、简单类型和复杂类型概念相关的命名基于如下约定。

如果名称基于多个单词，每个单词的首字母应大写。第一个单词首字母是否大写由描述的概念的类型决定。具体规定如下。

a）组件元素的命名：第一个单词的首字母应大写。

b）组件属性的命名：第一个单词的首字母应小写。

c）复杂类型的命名：第一个单词的首字母应大写，类型名后添加后缀 Type。

d）简单类型的命名：第一个单词的首字母应小写，类型名后添加后缀 Type。

6.2 公共结构和基本数据类型

6.2.1 目标命名空间声明

使用如表 4-9 所示的 URI 及前缀名称来指代相应的命名空间，各单位可根据实际需求定义自己的命名空间。

表 4-9　知识应用单元通用描述规范命名空间声明

前缀	命名空间 URI	描述
Dc	http://purl.org/dc/elements/1.1/	都柏林核心元素
dcterms	http://purl.org/dc/terms/	都柏林核心术语
foaf	http://xmlns.com/foaf/0.1/	FOAF 词汇术语
Ore	http://www.openarchives.org/ore/terms/	ORE 词汇术语
Rdf	http://www.w3.org/1999/02/22-rdf-syntax-ns#	RDF 词汇术语
Rdfs	http://www.w3.org/2000/01/rdf-schema#	RDFs 词汇术语
Skos	http://www.w3.org/2004/02/skos/core#	SKOS 词汇术语

下列 URI 为《知识描述标准》的目标命名空间：

xmlns:gkadm = http://xxx.com/gkadm/cores/

6.2.2 基本类型

针对字符串、日期、时间、数字、枚举等常用数据类型的元数据项。

6.2.3 复杂元数据项类型

描述在知识描述标准中可复用的复合元数据项。

如：命名实体（人物、机构、地名）、时间年代等元数据项。可参照引用 DCMI、ORE、SKOS、FOAF 等已有元数据规范的定义。

6.3 知识应用单元模型定义

名称：GKADM

标签：通用知识应用单元数据模型

定义：内容资源对象、内容资源的语义信息对象以及用户使用情境等类型的对象按照逻辑关系构成的整体。

注释：装配知识元与内容对象以及匹配的用户情境对象的容器，是支撑知识服务的基础单元。

属性：dc:identifier（标识符）、skos:prefLabel（首选标签）、skos:note（注释描述）、

gkadm: isRelatedTo（与……相关）、gkadm:kUnitType（类型）、dc:subject（关键字集合）、gkadm:ContentObject（内容资源对象）、gkadm:semanticInfoObject（语义信息对象）、ore:aggregationCollection（聚合资源包）、gkadm:inUserContext（所属用户情境）、gkadm:mgntMeta（管理元数据）。

知识应用单元结构见图 4-9。

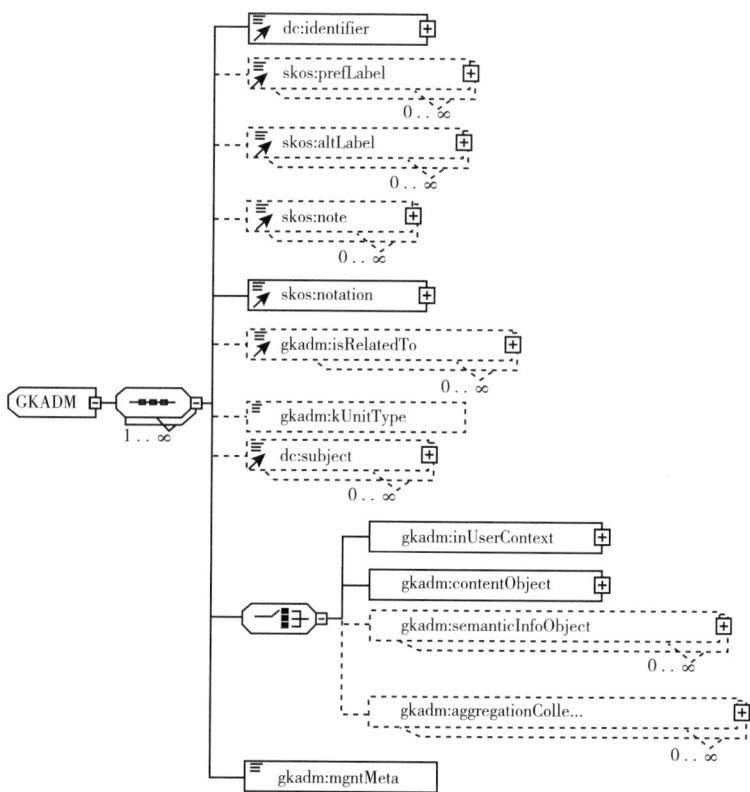

图 4-9 知识应用单元结构

知识应用单元通用数据模型见表4-10。

表4-10　知识应用单元通用数据模型

编号	英文标签	中文名称	解释	约束性	数据类型
1	dc:identifier	标识符	知识应用单元对象的资源标识URI	必选	URI
2	skos:prefLabel	首选标签	知识应用单元的首选标签	必选	String 字符型
3	skos:note	注释描述	用于提供与知识应用单元相关的介绍信息。注释信息属性不存在固有约束	可选	注释信息可以是纯文本、超文本或图像，可以是一个定义、关于概念范围的信息、编辑信息或其他信息类型
4	skos:altLabel	非首选标签	知识应用单元别名或可选标签	可选	String 字符型
5	skos:notation	知识单元分类标记	知识应用单元的分类号	必选	String 字符型
6	gkadm:isRelatedTo	与……相关	与其他知识应用单元对象的相关关系	可选	属性 rd 资源
7	gkadm:kUnitType	类型	知识应用单元的类型	可选	String，枚举类型
8	gkadm:contentObject	内容对象	知识应用单元的内容对象	可选	ContentObjectType
9	gkadm:semanticInfoObject	语义信息对象	知识应用单元的语义信息对象	可选	SemanticInfoObjectType
10	gkadm:inUserContext	所属用户情境	与知识应用单元匹配的用户情境对象	可选	UserContextType
11	gkadm:aggregationCollection	聚合资源包	知识应用单元包含的聚合资源包	可选	ore:Aggregation
12	gkadm:mgntMeta	管理元数据	知识应用单元的管理元数据	可选	Structure 结构

6.3.1 知识应用单元用户情境

名称：UserContext

标签：用户情境

定义：描述用户需求及其周围环境的相关信息的语义信息对象。

注释：知识的准确含义取决于特定的上下文环境。对于同一个知识元的同一个方面，在不同的情境上下文中可以有不同的描述。用户情境本身带有独特的语境，只有与这些描述结合起来才能准确地刻画知识。用户情境用于保存知识应用单元的上下文信息。其中用户特征信息是对知识应用单元适用受众的特征描述，如用户性别、年龄、职业、教育背景、兴趣；适用应用环境特征主要包括时间、地点、目标等要素。适用技术环境信息主要指知识服务运行时的软硬件设备的信息，如平台信息、应用交互特征、通信及计算能力、网络带宽等。

　　属性：dc:identifier（标识符）、skos:prefLabel（首选标签）、skos:note（注释描述）、gkadm:isRelatedTo（与……相关）、gkadm:intendedEndUserRole（终端用户角色）、gkadm:purpose（应用目的）、gkadm:runtimEnv（运行时环境要求）、gkadm:typicalRange（受众范围）、gkadm:difficulty（难度）、dc:language（语种）、owl:sameAs（与……相同）、gkadm:contextMeta（情境元数据）、gkadm:mgntMeta（管理元数据）。其中情境元数据、管理元数据可以结合实际应用进行扩展。

　　用户情境数据构见图 4-10。

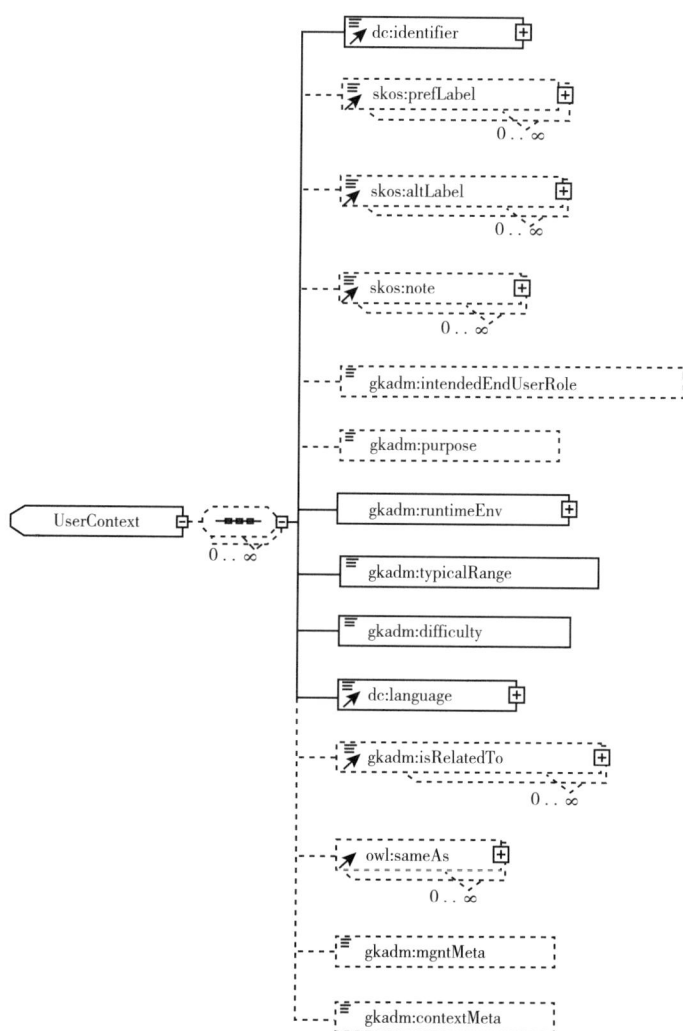

图 4-10　用户情境数据结构

用户情境描述见表4-11。

表4-11 用户情境描述

编号	英文标签	中文名称	解释	约束性	数据类型
1	dc:identifier	标识符	知识应用单元对象的资源标识URI	必选	URI
2	skos:prefLabel	首选标签	知识应用单元的首选标签	必选	String 字符型
3	skos:note	注释描述	用于提供与知识应用单元相关的介绍信息。注释信息属性不存在固有约束	可选	注释信息可以是纯文本、超文本或图像，可以是一个定义、关于概念范围的信息、编辑信息或其他信息类型
4	skos:altLabel	非首选标签	知识应用单元别名或可选标签	可选	String 字符型
5	gkadm:isRelatedTo	与……相关	与其他知识应用单元对象的相关关系	可选	String 字符型或属性 rdf 资源
6	gkadm:intendedEndUserRole	终端用户角色	使用知识应用单元的最终用户角色	可选	String，枚举类型 教师、作者、学习者、管理者
7	gkadm:purpose	应用目的	受众使用知识应用单元的目标	可选	String，枚举类型 专业学习、普及教育
8	gkadm:runtimEnv	运行时环境要求	知识应用单元使用时的网络及软硬件环境要求	可选	Container
8.1	gkadm:platform	系统平台	操作系统平台	可选	String，枚举类型 browser、windows、linux、macos、ios、android
8.2	gkadm:network	网络要求	离线、本地、全局在线应用及网络带宽需求	可选	String，枚举类型 offline、local、online、online-low、online-middle、online-high
8.3	gkadm:otherReq	其他要求	其他交互特征的硬件支持需求	可选	String 字符型
9	gkadm:typicalRange	受众范围	知识应用单元的典型受众范围，如年龄或等级范围	可选	String，枚举类型 高等教育、职业教育、大众科普、特殊岗位培训
10	gkadm:difficulty	难度	对于典型的目标用户来说知识应用单元的难度	可选	String，枚举类型 很容易、容易、中等、难、很难

续表

编号	英文标签	中文名称	解释	约束性	数据类型
11	dc:language	语种	知识应用单元的典型用户所使用的语言	可选	String，枚举类型，iso 标准语种名称 zh-cn、en…
12	owl:sameAs	与……相同	与另一个情境资源相同	可选	属性 rdf:资源
13	gkadm:contextMeta	情境元数据	其他用户情境元数据	可选	Structure 结构
14	gkadm:mgntMeta	管理元数据	用户情境的管理元数据	可选	Structure 结构

6.3.2 知识应用单元语义资源

名称：SemanticInfoObjectType

标签：知识应用的语义信息对象

定义：知识元是知识应用单元语义信息的核心构成单位，是与知识应用单元相关的各种类型的知识元的集合，用于揭示和发现知识资源。

注释：知识元为知识应用单元提供了一个在特定背景和限定条件下的断言信息，描述知识元所包含的内部特征、所表示的方法和过程以及知识应用单元之间的关系等内容。知识元可以拥有自身的元数据，并用受控词表进行规范描述，提供细致深入的信息，实现对象与相关的人、地点、主题等数据信息的关联。具体的描述定义参见《专业数字内容资源知识服务模式试点工作标准：知识元描述通用规范》，在本标准中引用其中的超类定义。语义信息资源的子类包括主体（人／机构）、地点、概念、事件、自然实体、时间范围等。这个类还是自定义语义信息资源的扩展点。在知识应用单元中语义信息资源对象是具体的各类语义信息对象的集合，是在语义网中访问与知识应用单元相关的语义概念空间的一个节点。

属性：gkadm:SemanticInfoObject（语义信息对象集合）。

语义信息对象结构见图 4-11。

6.3.3 知识应用单元内容资源

名称：gkadm:ContentObjectType

标签：通用知识应用单元内容资源

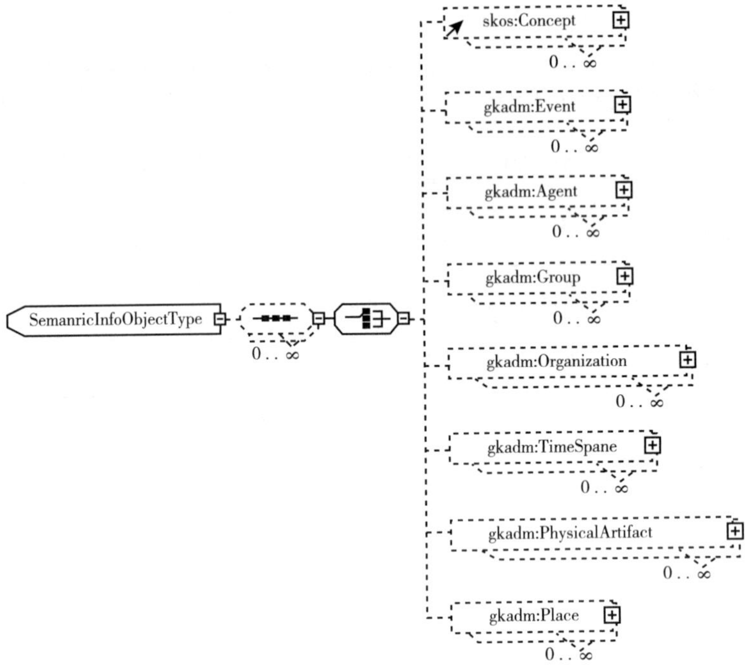

图 4-11　语义信息对象结构

定义：通用知识应用单元内容资源对象是通用知识应用单元中用于描述和展现知识的内容载体的复合数字对象封装。

注释：内容资源包括图片、音频、视频、动漫、程序、数字图书、课程课件、试卷习题等以数字对象形式存在的各种内容资源。这些资源文件可通过其特有的内容标准规范和呈现形式，表现知识应用单元的信息。

属性：dc:identifier（标识符）、skos:prefLabel（首选标签）、gkadm:isRelatedTo（与……相关）、gkadm:contentURL（文件位置）、dc:title（标题）、dc:subject(主题）、dc:keyword（关键字）、dc:coverage（范围）、dc:format（文件格式）、gkadm:resMeta(资源元数据)、dc:rights（权利元数据）、dc:relations（关联关系）、gkadm:mgntMeta（管理元数据）、其他 dc 和 dcterms 元数据。其中与其他知识应用单元的关联关系、资源元数据和管理元数据可以结合实际应用进行扩展。

知识应用单元内容资源数据结构——DC&DCMI 元数据见图 4-12。

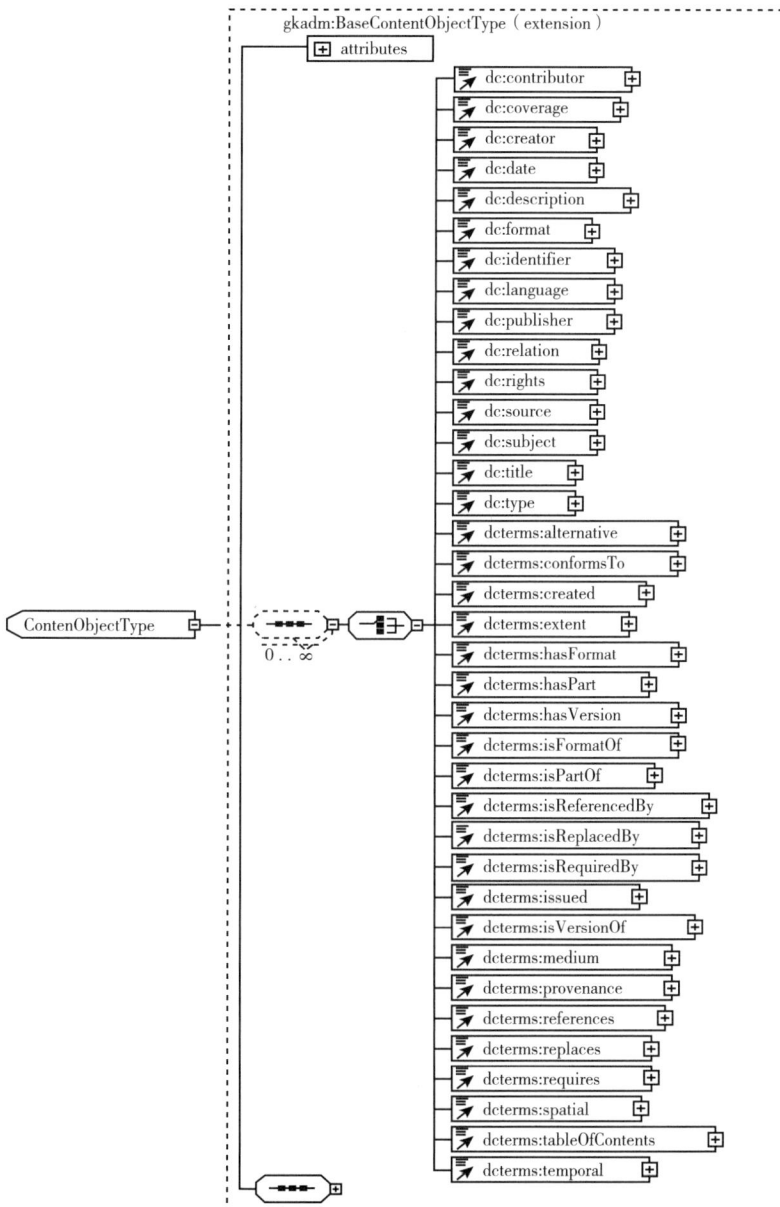

图 4-12　知识应用单元内容资源数据结构——DC&DCMI 元数据

知识应用单元内容资源数据结构——扩展语义关系元数据及管理元数据见图4-13。

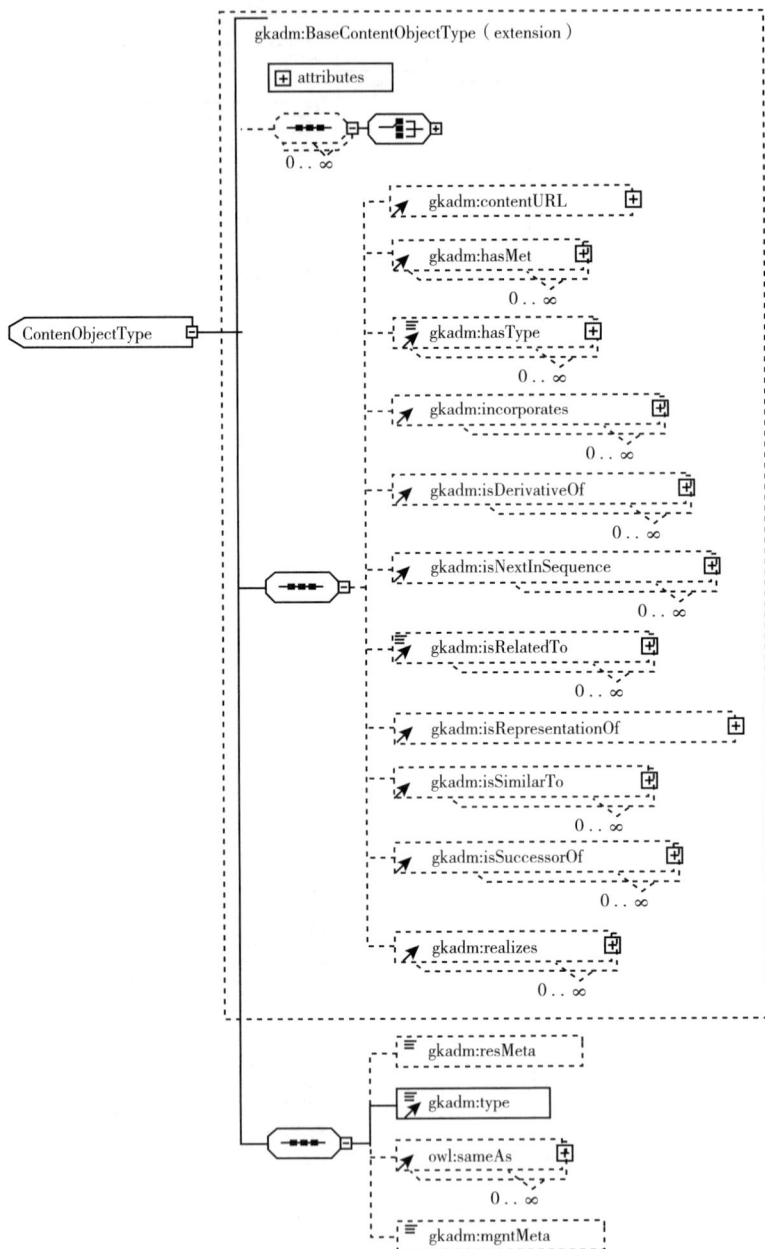

图 4-13　知识应用单元内容资源数据结构——扩展语义关系元数据及管理元数据

知识应用单元内容资源数据结构描述见表4-12。

表4-12 知识应用单元内容资源数据结构描述

编号	英文标签	中文名称	解释	约束性	数据类型
1	dc:identifier	标识符	知识应用单元对象的资源标识URI	必选	URI
2	skos:prefLabel	首选标签	知识应用单元的首选标签	必选	String字符型
3	gkadm:isRelatedTo	与……相关	与其他知识应用单元对象的相关关系	可选	属性rdf:resource
4	gkadm:contentURL	文件位置	内容资源的访问位置	可选	URL
5	gkadm:type	内容资源类型	内容资源的类型	必选	String,枚举类型
6	owl:sameAs	与……相同	与另一个内容资源相同	可选	属性rdf资源
7	dc:title	标题	内容资源题名	必选	String字符型
8	dc:creator	作者	内容资源作者	必选	String字符型
9	dc:contributor	贡献者	内容贡献者	可选	Container
9.1	dc:role	贡献者角色	内容贡献者角色	可选	String,枚举类型译者、编撰、责编……
9.2	gkadm:name	贡献者名称	内容贡献者名称（姓名、机构名）	可选	String字符型
10	dc:date	日期	与内容资源相关的日期时间属性	可选	Date String
11	dc:description	描述	内容资源简介	可选	String字符型
12	dc:format	知识应用单元内容格式	知识应用单元（及其所有组成成分）在技术上的数据类型	必选	String,MIME枚举类型
13	dc:subject	主题	描述知识元对象主题的关键字或短语集合,每个主题词使用" "空格分隔	可选	String字符型
14	dc:coverage	范围	内容相关的时间或空间范围	可选	String字符型
15	dcterms:temporal	时间范围	内容资源相关的时间范围	可选	TimeSpan实例
16	dcterms:spatial	空间范围	内容资源相关的空间范围	可选	Place实例
17	dc:language	语种	知识应用单元的典型用户所使用的语言	可选	String,枚举类型,iso标准语种名称zh-cn、en…
18	dc:publisher	出版者	出版机构名称	可选	String字符型
19	dc:source	来源	标注知识应用单元内容资源的来源	可选	String字符型
20	dc:type	类型	自然或人文的一般分类。如绘画、摄影作品、图片、文物等	可选	String,枚举类型
21	dc:rights	权利信息	描述资源的版权信息	可选	String字符型
22	dcterms:alternative	交替题名	内容资源的其他名称	可选	String字符型

续表

编号	英文标签	中文名称	解释	约束性	数据类型
23	dcterms:conformsTo	符合……规范	内容资源遵循的规范	可选	String，受控规范名称
24	dcterms:created	资源的创建时间	内容资源的创建时间或年代	可选	String 字符型
25	dcterms:extent	长度	内容资源的时间或空间尺寸，如播放时长、长宽高度等	可选	String 字符型
26	dcterms:issued	发行/出版时间	内容资源的发行/出版时间	可选	Date String
27	dcterms:medium	媒介材质	资源的物理载体媒介或材料	可选	String 字符型
28	dcterms:provenance	出处	资源的出处、提供者、拥有者信息	可选	String 字符型或属性 rdf 资源
29	dcterms:tableOfContents	资源目录	资源的目录清单信息	可选	String 字符型
30	gkadm:mgntMeta	管理元数据	一个内容聚合对象的管理元数据，可扩展的自定义结构	可选	Structure 结构
31	gkadm:resMeta	资源元数据	一个内容聚合对象的资源元数据，可扩展的自定义结构	可选	Structure 结构
32	dc:relation	关联关系	以下关系属性是 relation 关系的子属性	可选	String 字符型或属性 rdf 资源
33	dcterms:hasFormat	存在的相关资源格式	当前内容资源存在的其他相关资源格式	可选	String 字符型或属性 rdf 资源
34	dcterms:isFormatOf	是相关资源的一种格式	当前内容资源是另一相关资源的一种格式	可选	String 字符型或属性 rdf 资源
35	dcterms:hasPart	存在相关部分资源	当前内容资源存在的其他相关部分资源	可选	String 字符型或属性 rdf 资源
36	dcterms:isPartOf	是相关资源的一部分	当前内容资源是另一相关资源的一部分	可选	String 字符型或属性 rdf 资源
37	dcterms:hasVersion	存在其他版本资源	与当前内容资源相关的其他版本资源，如改编版、升级版、修订版、翻译版等	可选	String 字符型或属性 rdf 资源
38	dcterms:isVersioOf	是……版本	当前资源是另一相关资源的……版本	可选	String 字符型或属性 rdf 资源
39	dcterms:reference	引用	当前资源引用了另一相关资源	可选	String 字符型或属性 rdf 资源
40	dcterms:isReferencedBy	被引用	当前内容资源被另一相关资源引用	可选	String 字符型或属性 rdf 资源
41	dcterms:replaces	替代	当前内容资源替代了另一相关资源	可选	String 字符型或属性 rdf 资源
42	dcterms:isReplacedBy	被替代	当前内容资源已被另一相关资源替代	可选	String 字符型或属性 rdf 资源
43	dcterms:requires	需要	当前资源依赖于另一相关资源	可选	String 字符型或属性 rdf 资源

续表

编号	英文标签	中文名称	解释	约束性	数据类型
44	dcterms:isRequiredBy	被需要	当前资源是另一相关资源的依赖	可选	String 字符型或属性 rdf 资源
45	gkadm:hasType	有……类型	一个知识应用单元有哪种表现形式的资源	可选	String，取值自 skos:Concept 中的属性定义
46	gkadm:realizes	实现	定义当前知识应用单元内容资源表现的物理实体资源	可选	String 字符型或属性 rdf 资源
47	gkadm:incorporates	包含	一个知识应用单元对象包含了另一独立知识单元对象	可选	String 字符型或属性 rdf 资源
48	gkadm:isDerivativeOf	派生	一个知识应用单元对象派生自另一个知识单元对象。不同于一部作品的更新版本。可以是译本、摘要	可选	String 字符型或属性 rdf 资源
49	gkadm:isNextInSequence	序列	定义不同知识应用单元间的顺序关系	可选	String 字符型或属性 rdf 资源
50	gkadm:isRepresentationOf	由……表现	定义当前描述的知识应用单元由哪个具体的资源来呈现	可选	String 字符型或属性 rdf 资源
51	gkadm:isSimilarTo	与……类似	定义当前描述的知识应用单元与哪个资源相似	可选	String 字符型或属性 rdf 资源
52	gkadm: isSuccessorOf	续集	定义当前描述的知识应用单元的后继对象	可选	String 字符型或属性 rdf 资源
53	gkadm:hasMet	出现	一个知识应用单元对象描述的实体的创作或发现的时间、地点等属性	可选	String 字符型或属性 rdf 资源

注：编号 5 和编号 12 中数据类型枚举类型见 GC/ZX 22—2015。

6.3.4 知识应用单元关联关系

知识应用单元对象间的关联关系是通过知识应用单元到知识组织系统间的映射关系建立的。关联关系是通过知识应用单元中各个语义信息对象的子类及属性关系定义的，它描述了受控概念词汇复杂的属性空间。属性空间的值能够更规范、准确地描述概念含义以及概念之间的内在关联。在本标准中，采用资源描述框架（RDF）、资源描述框架模式(RDFs) 和 Web 本体语言（OWL）标准描述的本体来实现知识应用单元间的语义关联，具体关联关系描述参见《知识元描述通用规范》中对语义信息对象的详细定义。

6.3.5 知识应用单元的聚合资源包

类名：ore:Aggrengation

标签：知识应用单元聚合资源包

定义：由与知识应用单元相关的内容资源聚合而成的整体。

注释：聚合资源集成 OAI-ORE 规范，可管理已存在的聚合资源。

属性：dc:identifier（标识符）、gkadm:aggregatedRO（聚合资源对象）、gkadm:dataProvider（聚合资源提供者）、gkadm:hasView（有视图资源）、gkadm:Object（聚合资源的访问对象 URL）、gkadm:isShownAt（聚合资源呈现于）、gkadm:isShownBy（聚合资源被呈现）、gkadm:provider（发布者）、dc:rights（资源权利元数据）、gkadm:rights（发布权利元数据）、gkadm:ugc（用户产生内容）、gkadm:mgntMeta（管理元数据）。其中管理元数据应结合实际应用进行扩展。

知识应用单元的聚合资源结构见图 4-14。

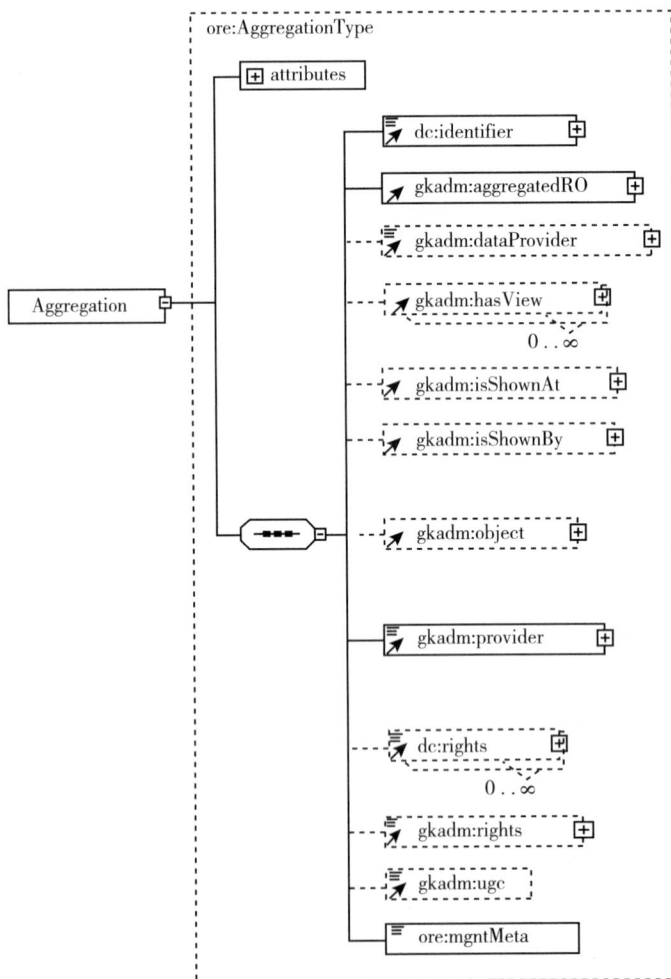

图 4-14　知识应用单元的聚合资源结构

知识应用单元的聚合资源结构描述见表 4-13。

表 4-13　知识应用单元的聚合资源结构描述

编号	英文标签	中文名称	解释	约束性	数据类型
1	dc:identifier	标识符	聚合资源对象的资源标识 URI	必选	URI
2	gkadm:aggregatedRO	聚合资源对象	聚合资源对象的访问链接	必选	URL
3	gkadm:dataProvider	聚合资源提供者	聚合资源提供者	可选	String 字符型
4	gkadm:hasView	有视图资源	聚合资源的视图资源链接	可选	URL
5	gkadm:Object	聚合资源的访问对象 URL	聚合资源的缩略呈现对象链接	可选	URL
6	gkadm:isShownAt	聚合资源呈现于	呈现聚合资源对象的访问链接	可选	URL
7	gkadm:isShownBy	聚合资源被呈现	聚合资源对象权利所有者的访问链接	可选	URL
8	gkadm:provider	发布者	聚合资源的发布者	可选	String 字符型
9	dc:rights	资源权利元数据	聚合资源的权利元数据	可选	String 字符型
10	gkadm:rights	发布权利元数据	聚合资源发布运营相关的权利元数据	可选	String 字符型
11	gkadm:ugc	用户产生内容	聚合资源相关的用户产生内容	可选	String 字符型
12	gkadm:mgntMeta	管理元数据	聚合资源的管理元数据	可选	Structure 结构

知识应用单元示例参见附录 C。

7. 知识应用单元模型扩展

7.1 知识应用单元模型扩展的基本原则

通用知识应用单元模型本体定义了一个抽象本体 GKADM。应根据使用的领域及场景定义知识应用单元及相关对象的具体类型，并针对这些新对象类型扩充其属性描述信息。扩展方式包括扩展类与扩展属性两个方面。扩展时应遵循如下原则。

a）新建的类、属性和实例的标识符不应与已有词汇和定义相矛盾。

b）扩展内容应满足知识应用单元本体所规定的约束条件，可在已有约束条件基础上进一步限定。

c）扩展的类和属性，应符合 7.2 和 7.3 的要求。

7.2 类扩展

7.2.1 类扩展方式

对于知识应用单元本体中已定义的类，出版机构可根据需要进行类扩展。类扩展方式包括以下两项。

a）细化已有类：将新类作为对已有类的细化（specialized），应作为已有类的子类（subClass）。

b）添加新类：可包含 disjointWith（不相交）属性和 equivalentClass（等价类）属性等。

7.2.2 细化已有类

如果当前知识应用单元本体模型及其扩展模型中定义的对象类型过粗，并不包含出版机构所需要的确切对象类型，则出版机构可以添加新的对象类型。

例如，出版机构需要对 gkadm:Place 类添加一个 Country 类，出版机构的命名空间为 myNamespace，此时该 Country 类的 URI 为 myNamespace:Country，其 RDF/XML 定义的示例代码如下。

```
<owl:Class rdf:about="&myNamespace;Country">
    <rdfs:subClassOf rdf:resource="&gkadm;Place"/>
    <rdfs:label xml:lang="en"> Country </rdfs:label>
    <rdfs:label xml:lang="zh">国家 </rdfs:label>
    <rdfs:comment xml:lang="zh"> 一种拥有治理一个社会的权力的机构，在一定的领土内拥有外部和内部的主权。</rdfs:comment>
    <rdfs:isDefinedBy rdf:resource="&myNamespace；"/>
  </owl:Class>
```

7.2.3 添加新类

将新增的类直接添加在本机构的命名空间中，无须为其指定 subClassOf 属性。对于这种新类，用 RDF/XML 定义的示例代码如下。

```
<owl:Class rdf:about="&myNamespace;MyNewClass">

    <rdfs:label xml:lang="en"> MyNewClass </rdfs:label>

    <rdfs:label xml:lang="zh"> 新增加的类的名称 </rdfs:label>

    <rdfs:comment xml:lang="zh"> 新增类的注释说明 </rdfs:comment>

    <rdfs:isDefinedBy rdf:resource="&myNamespace;"/>

</owl:Class>
```

7.3 属性扩展

7.3.1 属性扩展方式

对于知识应用单元本体中已定义的，出版机构可根据需要进行属性扩展。属性扩展方式包括以下两项。

a）细化已有属性：将新属性作为对已有属性的细化（specialized），应作为已有属性的子属性（subProperty)，对原有对象类型的值域做进一步限定。

b）添加新属性。

7.3.2 细化已有属性

应对细化后的新属性进行定义，定义方式如下。

a）该新属性作为知识应用单元已有属性的子属性。

b）该新属性的定义域（domain）或者保持不变（即与知识应用单元已有属性的定义域相同），或者是已有属性定义域（针对对象类型属性）的子类。

c）该新属性的值域或者保持不变（即与知识应用单元已有属性的值域相同），或者是已有属性值域（针对对象类型属性）的子类，或者是对知识应用单元已有属性的约束的进一步限定。

d）若该新属性自行定义，应采用该机构的命名空间。若该新属性使用其他命名空间的属性，则可采用其原有的命名空间。

对于与知识情境相关的用户情境（UserContext）和情境元数据（contextMeta）、资源单元的相关资源单元（isRelatedTo）、资源元数据（resMeta）和管理元数据（mgntMeta），都可以进行细化，以便得到细化的关系和扩展的元素。

以对知识应用单元中的已有属性进行细化为例：该已有属性（用"originalProperty"表示）新增一个属性（用"myNewProperty"表示），作为已有属性的子属性，采用该出版单位自己的命名空间（"myNamespace"）。定义该新属性的示例代码（RDF/XML）如下。

```
<owl:ObjectProperty rdf:about="&myNamespace;myNewProperty">

    <rdfs:subPropertyOf rdf:resource="gkadm;originalProperty"/>

    <rdfs:label xml:lang="en">myNewProperty</rdfs:label>

    <rdfs:label xml:lang="zh"> 新属性名 </rdfs:label>

    <owl:versionInfo>1.0</owl:versionInfo>

    <rdfs:comment xml:lang="zh"> 新属性的注释 </rdfs:comment>

    <rdfs:isDefinedBy rdf:resource="&myNamespace;"/>

    <rdfs:domain rdf:resource="&gkadm;originalDomain"/>

    <rdfs:range rdf:resource="&gkadm;originalRange"/>

</owl:ObjectProperty>
```

7.3.3 添加新属性

将新增的属性直接添加在本机构的命名空间中，其定义域为知识应用单元本体中的某个类。该属性若是对象属性，则其值域可以是知识应用单元本体中的其他类。

添加一个新属性（用"myNewProperty"表示），采用所属单位自己的命名空间（"myNamespace"），定义该新属性的示例代码（RDF/XML）如下。

```
<owl:ObjectProperty rdf:about="&myNamespace;myNewProperty">

    <rdfs:label xml:lang="en">myNewProperty</rdfs:label>

    <rdfs:label xml:lang="zh"> 新属性名 </rdfs:label>

    <owl:versionInfo>1.0</owl:versionInfo>
```

```
        <rdfs:comment xml:lang="zh"> 新属性的注释 </rdfs:comment>

        <rdfs:isDefinedBy rdf:resource="&myNamespace;"/>

        <rdfs:domain rdf:resource="&gkadm;originalDomain"/>

        <rdfs:range rdf:resource="&gkadm;originalRange"/>

    </owl:ObjectProperty>
```

附录 C

（资料性附录）

知识应用单元描述示例

知识应用单元描述示例片段一（带内容资源）如下。

```xml
<?xml version="1.0" encoding="UTF-8"?>
<?xml-model href="GKADM-INTERNAL.xsd" type="application/xml"
 schematypens="http://purl.oclc.org/dsdl/schematron"?>
<rdf:RDF xmlns:xsi="http://www.w3.org/2001/XMLSchema-instance"
 xsi:schemaLocation="http://www.w3.org/1999/02/22-rdf-syntax-ns# GKADM-
INTERNAL.xsd"
  xmlns:dc="http://purl.org/dc/elements/1.1/"
  xmlns:gkadm="http://xxx.com/gkadm/schema/cores/"
  xmlns:foaf="http://xmlns.com/foaf/0.1/"
  xmlns:rdaGr2="http://rdvocab.info/ElementsGr2/"
  xmlns:ore="http://www.openarchives.org/ore/terms/"
  xmlns:dcterms="http://purl.org/dc/terms/"
  xmlns:rdfs="http://www.w3.org/2000/01/rdf-schema#"
  xmlns:owl="http://www.w3.org/2002/07/owl#"
  xmlns:rdf="http://www.w3.org/1999/02/22-rdf-syntax-ns#"
  xmlns:wgs84="http://www.w3.org/2003/01/geo/wgs84_pos#"
  xmlns:skos=http://www.w3.org/2004/02/skos/core# >
<gkadm:GKADM>
 <gkadm:ContentObject rdf:about="http://book.crphdm.com/14504/1/">
  <dc:creator rdf:resource="http://www.nra.gov.cn"/>
```

```
<dc:creator> 中华人民共和国铁道部 </dc:creator>

<dc:date>2010.05</dc:date>

<dc:description xml:lang="zh-cn"> 本《规范》主要依据《国家职业标准 救援
起复工》以及国家铁路总局颁发的《铁路技术管理规程》和检修、安全操作、标准
化作业等有关规章、规范制定。</dc:description>

<dc:identifier> 统一书号：15113·3257</dc:identifier>

<dc:title xml:lang="zh-cn"> 救援起复工 </dc:title>

<dc:type rdf:resource="http://book.crphdm.com/14504"/>

<gkadm:type>EBOOK</gkadm:type>

</gkadm:ContentObject>

<gkadm:WebResource rdf:about=" http://book.crphdm.com/14504/">

<dcterms:hasPart rdf:resource="http://book.crphdm.com/15092/"/>

<gkadm:rights rdf:resource="http://creativecommons.org/licenses/by-nc-
sa/3.0/"/>

</gkadm:WebResource>

<gkadm:WebResource rdf:about="http://upload.crphdm.com/cbook/
medium/14/14504.jpg">

<gkadm:rights rdf:resource="http://creativecommons.org/licenses/by-nc-
sa/3.0/"/>

</gkadm:WebResource>

<gkadm:WebResource rdf:about="http://upload.crphdm.com/cbook/orig/15/
thumb_220_300_thumb_220_302_15973.jpg">

<gkadm:rights rdf:resource="http://creativecommons.org/licenses/by-nc-
sa/3.0/"/>

</gkadm:WebResource>

<gkadm:WebResource rdf:about=" http://book.crphdm.com/14504/13/">
```

```
    <gkadm:rights rdf:resource="http://creativecommons.org/licenses/by-nc-
sa/3.0/"/>
    </gkadm:WebResource>
  <gkadm:semanticInfoObject>
    <gkadm:Agent rdf:about="http://www.crphdm.com">
      <skos:prefLabel> 中国铁道出版社 </skos:prefLabel>
    </gkadm:Agent>
    <gkadm:Place rdf:about=" http://www.railcn.net/railway-bureau/beijing/">
      <skos:prefLabel xml:lang="zh-cn"> 北京铁路局 </skos:prefLabel>
    </gkadm:Place>
    <skos:Concept rdf:about="http://book.crphdm.com/concept/268 ">
      <skos:prefLabel> 机务 </skos:prefLabel>
      <skos:broad rdf:resource="#4">
    </skos:Concept>
    <skos:Concept rdf:about=" http://book.crphdm.com/concept/4">
      <skos:prefLabel xml:lang="zh-cn"> 规章规范 </skos:prefLabel>
      <skos:narrower rdf:resource="#268">
    </skos:Concept>
   </gkadm:semanticInfoObject>
  <ore:Aggregation rdf:about="http://book.crphdm.com/14504/1/">
    <gkadm:aggregatedRO rdf:resource="#BOOKID:14504"/>
    <gkadm:dataProvider> 中国铁道出版社 </gkadm:dataProvider>
    <gkadm:hasView rdf:resource="http://book.crphdm.com/14504/1/IMAGE/
cover.jpg"/>
      <gkadm:hasView rdf:resource="http://book.crphdm.com/14504/1/IMAGE/ 铁
路职业技能规范（总表）.jpg"/>
```

```
        <gkadm:hasView rdf:resource="http://book.crphdm.com/14504/1/IMAGE/ 铁
路职业技能规范（分表）.jpg "/>

        <gkadm:hasView rdf:resource="http://book.crphdm.com/14504/1/IMAGE/ 封
底 .jpg "/>

        <gkadm:isShownAt rdf:resource="http://book.crphdm.com/14504/1/"/>

        <gkadm:isShownBy rdf:resource="http://book.crphdm.com/14504/"/>

        <gkadm:object rdf:resource="http://book.crphdm.com/reader-v1.swf#14504-
13"/>

        <gkadm:provider> 中国铁道出版社机务系统特色专题库 </gkadm:provider>

        <gkadm:rights rdf:resource="http://creativecommons.org/licenses/by-nc-
sa/3.0/"/>

    </ore:Aggregation>

    <gkadm:aggregationCollection rdf:about="#SPECIALID:11">

        <gkadm:aggregatedRO rdf:resource="http://www.crphdm.com/special_
repository/11"/>

        <gkadm:language>zh-cn</gkadm:language>

        <gkadm:rights rdf:resource="http://creativecommons.org/licenses/by-nc-
sa/3.0/"/>

    </gkadm:aggregationCollection>

    </gkadm:GKADM>

    </rdf:RDF>

    <?xml version="1.0" encoding="UTF-8"?>

    <?xml-model href="GKADM-INTERNAL.xsd" type="application/xml"

    schematypens="http://purl.oclc.org/dsdl/schematron"?>

    <rdf:RDF xmlns:xsi="http://www.w3.org/2001/XMLSchema-instance">
```

知识应用单元描述示例片段二（带用户情境）如下。

```
<xsi:schemaLocation="http://www.w3.org/1999/02/22-rdf-syntax-ns#
GKADM-INTERNAL.xsd"
    xmlns:dc="http://purl.org/dc/elements/1.1/"
    xmlns:gkadm="http://xxx.com/gkadm/schema/cores/"
    xmlns:foaf="http://xmlns.com/foaf/0.1/"
    xmlns:rdaGr2="http://rdvocab.info/ElementsGr2/"
    xmlns:ore="http://www.openarchives.org/ore/terms/"
    xmlns:dcterms="http://purl.org/dc/terms/"
    xmlns:rdfs="http://www.w3.org/2000/01/rdf-schema#"
    xmlns:owl="http://www.w3.org/2002/07/owl#"
    xmlns:rdf="http://www.w3.org/1999/02/22-rdf-syntax-ns#"
    xmlns:wgs84="http://www.w3.org/2003/01/geo/wgs84_pos#"
    xmlns:skos="http://www.w3.org/2004/02/skos/core#"  >
<gkadm:GKADM>
<gkadm:inUserContext rdf:about="http://book.crphdm.com/15167/">
    <dc:identifier>ISBN：978-7-113-11321-6</dc:identifier>
    <dc:prefLabel xml:lang="zh-cn"> 亲历者旅行指南：上海江苏浙江安徽 </dc:prefLabel>
    <gkadm:isRelatedTo> 旅游指南 </gkadm:isRelatedTo>
    <gkadm:difficulty> 容易 </gkadm:difficulty>
    <dc:language>zh-cn</dc:language>
</gkadm:inUserContext>
<gkadm:ContentObject rdf:about="http://book.crphdm.com/15167/">
    <dc:creator rdf:resource="http://book.crphdm.com/15167/2/#386"/>
    <dc:creator> 亲历者《编辑部》</dc:creator>
```

```
        <dc:date>2012.08</dc:date>

        <dc:identifier>ISBN：978-7-113-11321-6</dc:identifier>

        <dc:title xml:lang="zh-cn"> 亲历者旅行指南：上海江苏浙江安徽 </dc:title>

        <dc:subject xml:lang="zh-cn"> 旅游指南 </dc:subject>

        <dc:subject xml:lang="zh-cn"> 上海市 </dc:subject>

        <dc:subject xml:lang="zh-cn"> 江苏省 </dc:subject>

        <dc:subject xml:lang="zh-cn"> 浙江省 </dc:subject>

        <dc:subject xml:lang="zh-cn"> 安徽省 </dc:subject>

        <dc:format>application/pdf</dc:format>

        <skos:prefLabel> 亲历者旅行指南：上海江苏浙江安徽 </skos:prefLabel>

        <dc:type rdf:resource="http://book.crphdm.com/15167"/>

        <gkadm:type>EBOOK</gkadm:type>

   </gkadm:ContentObject>

   <gkadm:WebResource rdf:about="http://book.crphdm.com/15167/4/">

        <gkadm:rights rdf:resource="http://creativecommons.org/licenses/by-nc-
sa/3.0/"/>

   </gkadm:WebResource>

   <gkadm:semanticInfoObject>

     <gkadm:Agent rdf:about="http://www.crphdm.com">

      <skos:prefLabel> 中国铁道出版社 </skos:prefLabel>

     </gkadm:Agent>

     <skos:Concept rdf:about="http://book.crphdm.com/concept/136">

      <skos:prefLabel>国内旅游资讯 </skos:prefLabel>

      <skos:broad rdf:resource="#135"/>

     </skos:Concept>

     <skos:Concept rdf:about="http://book.crphdm.com/concept/135">
```

```
        <skos:prefLabel> 旅游 </skos:prefLabel>

        <skos:broad rdf:resource="#134"/>

        <skos:narrower rdf:resource="#136"/>

      </skos:Concept>

      <skos:Concept rdf:about="http://book.crphdm.com/concept/134">

        <skos:prefLabel> 生活休闲 </skos:prefLabel>

        <skos:narrower rdf:resource="#135"/>

      </skos:Concept>

    </gkadm:semanticInfoObject>

  </gkadm:GKADM>

  <gkadm:GKADM>

    <gkadm:inUserContext rdf:about="http://book.crphdm.com/22327/">

      <dc:identifier>ISBN：978-7-113-11744-3</dc:identifier>

      <dc:prefLabel xml:lang="zh-cn"> 亲历者旅行指南：香港澳门台湾 </dc:prefLabel>

       <gkadm:isRelatedTo> 旅游 </gkadm:isRelatedTo>

       <gkadm:difficulty> 容易 </gkadm:difficulty>

      <dc:language>zh-cn</dc:language>

    </gkadm:inUserContext>

    <gkadm:ContentObject rdf:about="http://book.crphdm.com/22327/">

      <dc:creator rdf:resource="http://book.crphdm.com/22327/2/#4"/>

      <dc:creator> 亲历者《编辑部》</dc:creator>

      <dc:date>2010.09</dc:date>

      <dc:identifier>ISBN：978-7-113-11744-3</dc:identifier>

      <dc:title xml:lang="zh-cn"> 亲历者旅行指南：香港澳门台湾 </dc:title>

      <dc:subject xml:lang="zh-cn"> 旅游指南 </dc:subject>

      <dc:subject xml:lang="zh-cn"> 香港 </dc:subject>
```

```
        <dc:subject xml:lang="zh-cn"> 澳门 </dc:subject>

        <dc:subject xml:lang="zh-cn"> 台湾 </dc:subject>

        <dc:format>application/pdf</dc:format>

        <dc:rights xml:lang="zh-cn"></dc:rights>

        <dc:relations xml:lang="zh-cn"></dc:relations>

        <skos:prefLabel> 亲历者旅行指南：香港澳门台湾 </skos:prefLabel>

        <dc:type rdf:resource="http://book.crphdm.com/22327"/>

        <gkadm:type>EBOOK</gkadm:type>

    </gkadm:ContentObject>

    <gkadm:WebResource rdf:about="http://book.crphdm.com/22327/2/">

        <gkadm:rights rdf:resource="http://creativecommons.org/licenses/by-nc-
sa/3.0/"/>

    </gkadm:WebResource>

    <gkadm:semanticInfoObject>

      <gkadm:Agent rdf:about="http://www.crphdm.com">

        <skos:prefLabel> 中国铁道出版社 </skos:prefLabel>

      </gkadm:Agent>

      <skos:Concept rdf:about="http://book.crphdm.com/concept/136">

        <skos:prefLabel> 国内旅游资讯 </skos:prefLabel>

        <skos:broad rdf:resource="#135"/>

      </skos:Concept>

      <skos:Concept rdf:about="http://book.crphdm.com/concept/135">

        <skos:prefLabel> 旅游 </skos:prefLabel>

        <skos:broad rdf:resource="#134"/>

        <skos:narrower rdf:resource="#136"/>

      </skos:Concept>
```

```
        <skos:Concept rdf:about="http://book.crphdm.com/concept/134">

        <skos:prefLabel> 生活休闲 </skos:prefLabel>

        <skos:narrower rdf:resource="#135"/>

      </skos:Concept>

    </gkadm:semanticInfoObject>

  </gkadm:GKADM>

  </rdf:RDF>
```

知识应用单元描述示例片段三（带被需要与需要关系）如下。

```
    <?xml version="1.0" encoding="UTF-8"?>

    <?xml-model href="GKADM-INTERNAL.xsd" type="application/xml"

    schematypens="http://purl.oclc.org/dsdl/schematron"?>

    <rdf:RDF xmlns:xsi="http://www.w3.org/2001/XMLSchema-instance"

    xsi:schemaLocation="http://www.w3.org/1999/02/22-rdf-syntax-ns# GKADM-
INTERNAL.xsd"

    xmlns:dc="http://purl.org/dc/elements/1.1/"

    xmlns:gkadm="http://xxx.com/gkadm/schema/cores/"

    xmlns:foaf="http://xmlns.com/foaf/0.1/"

    xmlns:rdaGr2="http://rdvocab.info/ElementsGr2/"

    xmlns:ore="http://www.openarchives.org/ore/terms/"

    xmlns:dcterms="http://purl.org/dc/terms/"

    xmlns:rdfs="http://www.w3.org/2000/01/rdf-schema#"

    xmlns:owl="http://www.w3.org/2002/07/owl#"

    xmlns:rdf="http://www.w3.org/1999/02/22-rdf-syntax-ns#"
```

```
  xmlns:wgs84="http://www.w3.org/2003/01/geo/wgs84_pos#"

  xmlns:skos="http://www.w3.org/2004/02/skos/core#"  >

<gkadm:GKADM>

 <gkadm:inUserContext rdf:about="http://book.crphdm.com/16298/">

  <dc:identifier>ISBN：978－7－113－14437－1</dc:identifier>

  <dc:prefLabel xml:lang="zh-cn"> 机械制图 </dc:prefLabel>

   <skos:note xml:lang="zh-cn"> 本书为高职高专机车车辆专业及城市轨道交
通车辆专业的教材，也可作为中等职业学校及其他专业学校（院）或相近专业学生
的教材。</skos:note>

    <gkadm:intendedEndUserRole> 学习者 </gkadm:intendedEndUserRole>

    <gkadm:isRelatedTo> 机械 </gkadm:isRelatedTo>

    <gkadm:difficulty> 中等 </gkadm:difficulty>

    <gkadm:typicalRange> 高等教育 </gkadm:typicalRange>

    <gkadm:purpose> 专业学习 </gkadm:purpose>

   <dc:language>zh-cn</dc:language>

 </gkadm:inUserContext>

<gkadm:ContentObject rdf:about="http://book.crphdm.com/16298/">

 <dc:creator rdf:resource="http://book.crphdm.com/16298/4/#3"/>

 <dc:creator> 武晓丽 李嘉 </dc:creator>

 <dc:date>2012 年 06 月 </dc:date>

 <dc:publisher> 中国铁道出版社 </dc:publisher>

 <dc:description xml:lang="zh-cn"> 本书为高等职业教育机械类公共基础课教
材，采用项目式教学编排方式，重在体现机车车辆专业针对性。全书由绪论、七
个项目以及附录组成。内容包括用一两个视图可表达的零件，用两三个视图可表
达的简单零件，表面有交线的零件，看、画零件图的基本方法，典型零件图的绘
制与阅读，零件的装配与连接，装配图的绘制与阅读等。　　本书为高职高专
```

机车车辆专业及城市轨道交通车辆专业的教材，也可作为中等职业学校及其他专业学校（院）或相近专业学生的教材。</dc:description>

  <dc:identifier>ISBN：978-7-113-14437-1</dc:identifier>

  <dc:title xml:lang="zh-cn"> 机械制图 </dc:title>

  <dc:subject xml:lang="zh-cn"> 机械制图 </dc:subject>

  <dc:subject xml:lang="zh-cn"> 高等职业教育 </dc:subject>

  <dc:subject xml:lang="zh-cn"> 维修 </dc:subject>

  <dc:subject xml:lang="zh-cn"> 教材 </dc:subject>

  <dc:format>application/pdf</dc:format>

  <skos:prefLabel> 机械制图 </skos:prefLabel>

  <dc:type rdf:resource="http://book.crphdm.com/16298"/>

  <gkadm:type>EBOOK</gkadm:type>

  <dcterms:isRequiredBy rdf:resource="http://book.crphdm.com/18367/4/">

    <dc:title xml:lang="zh-cn"> 机械制图习题集 </dc:title>

    <dc:identifier>ISBN：978-7-113-15186-7</dc:identifier>

  </dcterms:isRequiredBy>

</gkadm:ContentObject>

<gkadm:WebResource rdf:about="http://book.crphdm.com/16298/4/">

 <gkadm:rights rdf:resource="http://creativecommons.org/licenses/by-nc-sa/3.0/"/>

 </gkadm:WebResource>

<gkadm:semanticInfoObject>

 <gkadm:Agent rdf:about="http://www.crphdm.com">

 <skos:prefLabel> 中国铁道出版社 </skos:prefLabel>

 </gkadm:Agent>

 <skos:Concept rdf:about="http://book.crphdm.com/concept/377">

```
          <skos:prefLabel> 高等职业教育基础类教材 </skos:prefLabel>

          <skos:broad rdf:resource="#152"/>

        </skos:Concept>

        <skos:Concept rdf:about="http://book.crphdm.com/concept/152">

          <skos:prefLabel> 铁路 </skos:prefLabel>

          <skos:broad rdf:resource="#75"/>

          <skos:narrower rdf:resource="#377"/>

        </skos:Concept>

        <skos:Concept rdf:about="http://book.crphdm.com/concept/75">

          <skos:prefLabel> 学历教材 </skos:prefLabel>

          <skos:narrower rdf:resource="#152"/>

        </skos:Concept>

    </gkadm:semanticInfoObject>

  </gkadm:GKADM>

  <gkadm:GKADM>

    <gkadm:inUserContext rdf:about="http://book.crphdm.com/18367/">

    <dc:identifier>ISBN：978-7-113-15186-7</dc:identifier>

    <dc:prefLabel xml:lang="zh-cn"> 机械制图习题集 </dc:prefLabel>

    <dc:altfLabel xml:lang="zh-cn"></dc:altfLabel>

    <skos:note xml:lang="zh-cn"> 本书为高职高专机车车辆专业及城市轨道交
通车辆专业的教材，也可作为中等职业学校及其他专业学校（院）或相近专业学生
的教材。</skos:note>

    <gkadm:intendedEndUserRole> 学习者 </gkadm:intendedEndUserRole>

    <gkadm:isRelatedTo> 机械 </gkadm:isRelatedTo>

    <gkadm:difficulty> 中等 </gkadm:difficulty>

    <gkadm:purpose> 专业学习 </gkadm:purpose>
```

<dc:language>zh-cn</dc:language>

</gkadm:inUserContext>

<gkadm:ContentObject rdf:about="http://book.crphdm.com/18367/">

<dc:creator rdf:resource="http://book.crphdm.com/18367/4/#3"/>

<dc:creator> 李德福 </dc:creator>

<dc:date>2012 年 08 月 </dc:date>

<dc:publisher> 中国铁道出版社 </dc:publisher>

<dc:description xml:lang="zh-cn"> 本书为全国铁道职业教育教学指导委员会规划系列教材、高等职业教育机械类公共基础课系列教材之一，采用项目式教学编排方式，重在针对铁道相关专业。全书由绪论、七个项目以及附录组成。内容包括用一两个视图可表达的零件，用两三个视图可表达的简单零件，表面有交线的零件，看、画零件图的基本方法，典型零件图的绘制与阅读，零件的装配与连接，装配图的绘制与阅读等。　　本书为高职高专机车车辆专业及城市轨道交通车辆专业的教材，也可作为中等职业学校及其他专业学校（院）或相近专业学生的教材。</dc:description>

<dc:identifier>ISBN：978-7-113-15186-7</dc:identifier>

<dc:title xml:lang="zh-cn"> 机械制图习题集 </dc:title>

<dc:subject xml:lang="zh-cn"> 机械制图 </dc:subject>

<dc:subject xml:lang="zh-cn"> 习题集 </dc:subject>

<dc:format>application/pdf</dc:format>

<skos:prefLabel> 机械制图习题集 </skos:prefLabel>

<dc:type rdf:resource="http://book.crphdm.com/18367"/>

<gkadm:type>EBOOK</gkadm:type>

<dcterms:requires rdf:resource="http://book.crphdm.com/16298/4/">

<dc:title xml:lang="zh-cn"> 机械制图 </dc:title>

<dc:identifier>ISBN：978-7-113-14437-1</dc:identifier>

```
        </dcterms:requires>
      </gkadm:ContentObject>
      <gkadm:WebResource rdf:about="http://book.crphdm.com/18367/4/">
        <gkadm:rights rdf:resource="http://creativecommons.org/licenses/by-nc-
sa/3.0/"/>
      </gkadm:WebResource>
      <gkadm:semanticInfoObject>
        <gkadm:Agent rdf:about="http://www.crphdm.com">
          <skos:prefLabel> 中国铁道出版社 </skos:prefLabel>
        </gkadm:Agent>
          <skos:Concept rdf:about="http://book.crphdm.com/concept/377">
          <skos:prefLabel> 高等职业教育基础类教材 </skos:prefLabel>
          <skos:broad rdf:resource="#152"/>
          </skos:Concept>
          <skos:Concept rdf:about="http://book.crphdm.com/concept/152">
          <skos:prefLabel> 铁路 </skos:prefLabel>
          <skos:broad rdf:resource="#75"/>
          <skos:narrower rdf:resource="#377"/>
        </skos:Concept>
          <skos:Concept rdf:about="http://book.crphdm.com/concept/75">
          <skos:prefLabel> 学历教材 </skos:prefLabel>
          <skos:narrower rdf:resource="#152"/>
        </skos:Concept>
      </gkadm:semanticInfoObject>
    </gkadm:GKADM>
  </rdf:RDF>
```

知识应用单元描述示例片段四（带某资源的一部分关系）如下。

```
<?xml version="1.0" encoding="UTF-8"?>
<?xml-model href="GKADM-INTERNAL.xsd" type="application/xml"
 schematypens="http://purl.oclc.org/dsdl/schematron"?>
<rdf:RDF xmlns:xsi="http://www.w3.org/2001/XMLSchema-instance"
 xsi:schemaLocation="http://www.w3.org/1999/02/22-rdf-syntax-ns# GKADM-
INTERNAL.xsd"
   xmlns:dc="http://purl.org/dc/elements/1.1/"
   xmlns:gkadm="http://xxx.com/gkadm/schema/cores/"
   xmlns:foaf="http://xmlns.com/foaf/0.1/"
   xmlns:rdaGr2="http://rdvocab.info/ElementsGr2/"
   xmlns:ore="http://www.openarchives.org/ore/terms/"
   xmlns:dcterms="http://purl.org/dc/terms/"
   xmlns:rdfs="http://www.w3.org/2000/01/rdf-schema#"
   xmlns:owl="http://www.w3.org/2002/07/owl#"
   xmlns:rdf="http://www.w3.org/1999/02/22-rdf-syntax-ns#"
   xmlns:wgs84="http://www.w3.org/2003/01/geo/wgs84_pos#"
   xmlns:skos="http://www.w3.org/2004/02/skos/core#"  >
<gkadm:GKADM>
 <gkadm:inUserContext rdf:about="http://book.crphdm.com/17787/">
  <dc:identifier></dc:identifier>
  <dc:prefLabel xml:lang="zh-cn"> 高速铁路变配电设备检修岗位 </dc:prefLabel>
   <skos:note xml:lang="zh-cn"> 本书适用于高速铁路变配电设备检修人员岗
前资格性培训和岗位适应性培训，可作为高速铁路职工岗位培训教材，也可供高速
铁路变配电设备检修技术人员和运营管理人员学习，对各类职业院校相关师生学习
也有重要的参考价值。</skos:note>
```

```
        <gkadm:intendedEndUserRole> 教师 </gkadm:intendedEndUserRole>

        <gkadm:intendedEndUserRole> 学习者 </gkadm:intendedEndUserRole>

        <gkadm:intendedEndUserRole> 管理者 </gkadm:intendedEndUserRole>

        <gkadm:typicalRange> 特殊岗位培训 </gkadm:typicalRange>

        <gkadm:typicalRange> 职业教育 </gkadm:typicalRange>

        <gkadm:isRelatedTo> 高速铁路 </gkadm:isRelatedTo>

        <gkadm:difficulty> 中等 </gkadm:difficulty>

        <gkadm:purpose> 专业学习 </gkadm:purpose>

      <dc:language>zh-cn</dc:language>

    </gkadm:inUserContext>

    <gkadm:ContentObject rdf:about="http://book.crphdm.com/17787/4/">

      <dc:creator rdf:resource="http://book.crphdm.com/17787/4/#3"/>

      <dc:creator> 铁道部劳动和铁道司 铁道部运输局 </dc:creator>

      <dc:date>2012 年 10 月 </dc:date>

      <dc:publisher> 中国铁道出版社 </dc:publisher>

      <dc:description xml:lang="zh-cn"> 本书为铁道部规划的高速铁路岗位培训教
材之一，是根据《高速铁路变配电设备检修岗位培训规范》编写的。全书共八章，
内容包括理论知识和实作技能两大类。理论知识主要内容为安全知识、专业知识、
相关知识。实作技能主要内容为基本技能和专业技能，包括：变配电所值班；变配
电所高压设备检查维护、试验及故障处理；变配电所二次设备检查维护、试验及故
障处理；变配电所应急故障处理。    本书适用于高速铁路变配电设备检修人员岗
前资格性培训和岗位适应性培训，可作为高速铁路职工岗位培训教材，也可供高速
铁路变配电设备检修技术人员和运营管理人员学习，对各类职业院校相关师生学习
也有重要的参考价值。</dc:description>

      <dc:identifier>ISBN：978-7-113-15290-1</dc:identifier>

      <dc:title xml:lang="zh-cn"> 高速铁路变配电设备检修岗位 </dc:title>
```

```
<dc:subject xml:lang="zh-cn"> 高速铁路 </dc:subject>

<dc:subject xml:lang="zh-cn"> 供电装置 </dc:subject>

<dc:subject xml:lang="zh-cn"> 设备检修 </dc:subject>

<dc:subject xml:lang="zh-cn"> 岗位培训 </dc:subject>

<dc:subject xml:lang="zh-cn"> 教材 </dc:subject>

<dc:format>application/pdf</dc:format>

<dc:relations xml:lang="zh-cn"></dc:relations>

<skos:prefLabel> 高速铁路变配电设备检修岗位 </skos:prefLabel>

<dc:type rdf:resource="http://book.crphdm.com/17787"/>

<gkadm:type>EBOOK</gkadm:type>

 <dcterms:isPartOf> 高速铁路岗位培训教材 </dcterms:isPartOf>

</gkadm:ContentObject>

<gkadm:WebResource rdf:about="http://book.crphdm.com/17787/4/">

  <gkadm:rights rdf:resource="http://creativecommons.org/licenses/by-nc-
sa/3.0/"/>

  </gkadm:WebResource>

<gkadm:semanticInfoObject>

 <gkadm:Agent rdf:about="http://www.crphdm.com">

  <skos:prefLabel> 中国铁道出版社 </skos:prefLabel>

 </gkadm:Agent>

  <skos:Concept rdf:about="http://book.crphdm.com/concept/34">

  <skos:prefLabel> 供电 </skos:prefLabel>

  <skos:broad rdf:resource="#9"/>

  </skos:Concept>

  <skos:Concept rdf:about="http://book.crphdm.com/concept/9">

  <skos:prefLabel> 培训教材 </skos:prefLabel>
```

```
    <skos:broad rdf:resource="#8"/>

    <skos:narrower rdf:resource="#34"/>

  </skos:Concept>

  <skos:Concept rdf:about="http://book.crphdm.com/concept/8">

  <skos:prefLabel> 铁路职工培训 </skos:prefLabel>

  <skos:narrower rdf:resource="#9"/>

  </skos:Concept>

 </gkadm:semanticInfoObject>

</gkadm:GKADM>

<gkadm:GKADM>

 <gkadm:inUserContext rdf:about="http://book.crphdm.com/17248/">

  <dc:identifier>ISBN：978-7-113-15286-4</dc:identifier>

  <dc:prefLabel xml:lang="zh-cn"> 高速铁路通信综合维修岗位 </dc:prefLabel>

  <skos:note xml:lang="zh-cn"> 本书适用于高速铁路通信综合维修岗前资格
性培训和岗位适应性培训，可作为高速铁路职工岗位培训教材，也可供高速铁路通
信综合维修人员和运用管理人员学习，对各类职业院校相关师生学习也有重要的参
考价值。</skos:note>

  <gkadm:intendedEndUserRole> 学习者 </gkadm:intendedEndUserRole>

  <gkadm:intendedEndUserRole> 教师 </gkadm:intendedEndUserRole>

  <gkadm:isRelatedTo> 高速铁路 </gkadm:isRelatedTo>

  <gkadm:difficulty> 中等 </gkadm:difficulty>

  <gkadm:purpose> 专业学习 </gkadm:purpose>

  <dc:language>zh-cn</dc:language>

 </gkadm:inUserContext>

<gkadm:ContentObject rdf:about="http://book.crphdm.com/17248/4/">

  <dc:creator rdf:resource="http://book.crphdm.com/17248/4/#3"/>
```

<dc:creator> 铁道部劳动和铁道司 铁道部运输局 </dc:creator>

<dc:date>2012 年 10 月 </dc:date>

<dc:publisher> 中国铁道出版社 </dc:publisher>

<dc:description xml:lang="zh-cn"> 本书为铁道部规划的高速铁路岗位培训教材之一，是根据《高速铁路通信综合维修岗位培训规范》编写的。全书共六章，内容包括理论知识和实作技能两大类。理论知识主要内容为：安全知识、专业知识、相关知识；实作技能主要内容为基本技能和专业技能，包括有线通信设备维修，无线通信设备维修等专业技能知识。　　本书适用于高速铁路通信综合维修岗前资格性培训和岗位适应性培训，可作为高速铁路职工岗位培训教材，也可供高速铁路通信综合维修人员和运营管理人员学习，对各类职业院校相关师生学习也有重要的参考价值。</dc:description>

<dc:identifier>ISBN：978-7-113-15286-4</dc:identifier>

<dc:title xml:lang="zh-cn"> 高速铁路通信综合维修岗位 </dc:title>

<dc:subject xml:lang="zh-cn"> 高速铁路 </dc:subject>

<dc:subject xml:lang="zh-cn"> 铁路通信 </dc:subject>

<dc:subject xml:lang="zh-cn"> 维修 </dc:subject>

<dc:subject xml:lang="zh-cn"> 岗位培训 </dc:subject>

<dc:subject xml:lang="zh-cn"> 教材 </dc:subject>

<dc:format>application/pdf</dc:format>

<skos:prefLabel> 高速铁路通信综合维修岗位 </skos:prefLabel>

<dc:type rdf:resource="http://book.crphdm.com/17248"/>

<gkadm:type>EBOOK</gkadm:type>

<dcterms:isPartOf> 高速铁路岗位培训教材 </dcterms:isPartOf>

</gkadm:ContentObject>

<gkadm:WebResource rdf:about="http://book.crphdm.com/17248/4/">

<gkadm:rights rdf:resource="http://creativecommons.org/licenses/by-nc-sa/3.0/"/>

```
    </gkadm:WebResource>
    <gkadm:semanticInfoObject>
      <gkadm:Agent rdf:about="http://www.crphdm.com">
        <skos:prefLabel> 中国铁道出版社 </skos:prefLabel>
      </gkadm:Agent>
      <skos:Concept rdf:about="http://book.crphdm.com/concept/71">
        <skos:prefLabel> 通信 </skos:prefLabel>
        <skos:broad rdf:resource="#9"/>
      </skos:Concept>
      <skos:Concept rdf:about="http://book.crphdm.com/concept/9">
        <skos:prefLabel> 培训教材 </skos:prefLabel>
        <skos:broad rdf:resource="#8"/>
        <skos:narrower rdf:resource="#71"/>
      </skos:Concept>
      <skos:Concept rdf:about="http://book.crphdm.com/concept/8">
        <skos:prefLabel> 铁路职工培训 </skos:prefLabel>
        <skos:narrower rdf:resource="#9"/>
      </skos:Concept>
    </gkadm:semanticInfoObject>
  </gkadm:GKADM>
  <gkadm:GKADM>
    <gkadm:inUserContext rdf:about="http://book.crphdm.com/17771/">
      <dc:identifier>ISBN：978-7-113-15021-1</dc:identifier>
      <dc:prefLabel xml:lang="zh-cn"> 高速铁路轨道车司机岗位 </dc:prefLabel>
      <skos:note xml:lang="zh-cn"> 本书适用于高速铁路轨道车司机岗前资格性
培训和岗位适应性培训，可作为高速铁路职工岗位培训教材，也可供高速铁路轨
```

道车驾驶人员、运营管理人员学习，对各类职业院校相关师生学习也有重要的参考价值。</skos:note>

        `<gkadm:intendedEndUserRole>` 学习者 `</gkadm:intendedEndUserRole>`

        `<gkadm:isRelatedTo>` 轨道 `</gkadm:isRelatedTo>`

        `<gkadm:difficulty>` 中等 `</gkadm:difficulty>`

        `<gkadm:purpose>` 专业学习 `</gkadm:purpose>`

        `<dc:language>zh-cn</dc:language>`

        `</gkadm:inUserContext>`

        `<gkadm:ContentObject rdf:about="http://book.crphdm.com/17771/">`

        `<dc:creator rdf:resource="http://book.crphdm.com/17771/4/#3"/>`

        `<dc:creator>` 铁道部劳动和铁道司 铁道部运输局 `</dc:creator>`

        `<dc:date>2012` 年 07 月 `</dc:date>`

        `<dc:publisher>` 中国铁道出版社 `</dc:publisher>`

        `<dc:description xml:lang="zh-cn">` 本书为铁道部规划的高速铁路岗位培训教材之一，是根据《高速铁路轨道车司机岗位培训规范》编写的。全书共七章，内容包括理论知识和实作技能两大类。理论知识主要内容为安全知识、专业知识、相关知识。实作技能主要内容为基本技能和专业技能，包括：高速铁路轨道车检查、试验与驾驶；高速铁路轨道车维护保养与应急故障处理；高速铁路轨道车非正常情况下的行车办法及起复救援等专业技能知识。   本书适用于高速铁路轨道车司机岗前资格性培训和岗位适应性培训，可作为高速铁路职工岗位培训教材，也可供高速铁路轨道车驾驶人员、运营管理人员学习，对各类职业院校相关师生学习也有重要的参考价值。`</dc:description>`

        `<dc:identifier>ISBN`：978-7-113-15021-1`</dc:identifier>`

        `<dc:title xml:lang="zh-cn">` 高速铁路轨道车司机岗位 `</dc:title>`

        `<dc:subject xml:lang="zh-cn">` 高速铁路 `</dc:subject>`

        `<dc:subject xml:lang="zh-cn">` 轨道车 `</dc:subject>`

```
    <dc:subject xml:lang="zh-cn"> 驾驶员 </dc:subject>

    <dc:subject xml:lang="zh-cn"> 技术培训 </dc:subject>

    <dc:subject xml:lang="zh-cn"> 教材 </dc:subject>

    <dc:relations xml:lang="zh-cn"></dc:relations>

    <skos:prefLabel> 高速铁路轨道车司机岗位 </skos:prefLabel>

    <dc:type rdf:resource="http://book.crphdm.com/17771"/>

    <gkadm:type>EBOOK</gkadm:type>

    <dcterms:isPartOf> 高速铁路岗位培训教材 </dcterms:isPartOf>

  </gkadm:ContentObject>

  <gkadm:WebResource rdf:about="http://book.crphdm.com/17771/4/">

    <gkadm:rights rdf:resource="http://creativecommons.org/licenses/by-nc-
sa/3.0/"/>

  </gkadm:WebResource>

  <gkadm:semanticInfoObject>

    <gkadm:Agent rdf:about="http://www.crphdm.com">

    <skos:prefLabel> 中国铁道出版社 </skos:prefLabel>

    </gkadm:Agent>

    <skos:Concept rdf:about="http://book.crphdm.com/concept/21">

    <skos:prefLabel> 工务 </skos:prefLabel>

    <skos:broad rdf:resource="#9"/>

    </skos:Concept>

    <skos:Concept rdf:about="http://book.crphdm.com/concept/9">

    <skos:prefLabel> 培训教材 </skos:prefLabel>

    <skos:broad rdf:resource="#8"/>

    <skos:narrower rdf:resource="#21"/>

    </skos:Concept>
```

```
        <skos:Concept rdf:about="http://book.crphdm.com/concept/8">

        <skos:prefLabel> 铁路职工培训 </skos:prefLabel>

        <skos:narrower rdf:resource="#9"/>

        </skos:Concept>

    </gkadm:semanticInfoObject>

  </gkadm:GKADM>

  <gkadm:GKADM>

  <gkadm:inUserContext rdf:about="http://book.crphdm.com/18160/">

    <dc:identifier>ISBN：978-7-113-15188-1</dc:identifier>

    <dc:prefLabel xml:lang="zh-cn"> 高速铁路接触网维修岗位 </dc:prefLabel>

    <skos:note xml:lang="zh-cn"> 本书适用于高速铁路接触网维修人员岗前资
格性培训和岗位适应性培训，可作为高速铁路职工岗位培训教材，也可供高速铁路
接触网维修人员和运用管理人员学习，对各类职业院校相关师生学习也有重要的参
考价值。</skos:note>

        <gkadm:intendedEndUserRole> 学习者 </gkadm:intendedEndUserRole>

        <gkadm:intendedEndUserRole> 管理者 </gkadm:intendedEndUserRole>

        <gkadm:isRelatedTo> 高速铁路 </gkadm:isRelatedTo>

        <gkadm:difficulty> 中等 </gkadm:difficulty>

        <gkadm:purpose> 专业学习 </gkadm:purpose>

        <dc:language>zh-cn</dc:language>

    </gkadm:inUserContext>

    <gkadm:ContentObject rdf:about="http://book.crphdm.com/18160/">

    <dc:creator rdf:resource="http://book.crphdm.com/18160/4/#3"/>

    <dc:creator> 铁道部劳动和铁道司 铁道部运输局 </dc:creator>

    <dc:date>2012 年 10 月 </dc:date>

    <dc:publisher> 中国铁道出版社 </dc:publisher>
```

<dc:description xml:lang="zh-cn"> 本书为铁道部规划的高速铁路岗位培训教材之一，是根据《高速铁路接触网维修岗位培训规范》编写的。全书共九章，内容包括理论知识和实作技能两大类。理论知识主要内容为安全知识、专业知识、相关知识。实作技能主要内容为基本技能和专业技能，包括：高速铁路接触网巡视、检查技能；高速铁路接触网维修专业技能；高速铁路接触网故障及处理；高速铁路接触网作业计划管理；高速铁路接触网检测技能。　　本书适用于高速铁路接触网维修人员岗前资格性培训和岗位适应性培训，可作为高速铁路职工岗位培训教材，也可供高速铁路接触网维修人员和运营管理人员学习，对各类职业院校相关师生学习也有重要的参考价值。</dc:description>

<dc:identifier>ISBN：978-7-113-15188-1</dc:identifier>

<dc:title xml:lang="zh-cn"> 高速铁路接触网维修岗位 </dc:title>

<dc:subject xml:lang="zh-cn"> 高速铁路 </dc:subject>

<dc:subject xml:lang="zh-cn"> 接触网 </dc:subject>

<dc:subject xml:lang="zh-cn"> 维修 </dc:subject>

<dc:subject xml:lang="zh-cn"> 岗位培训 </dc:subject>

<dc:subject xml:lang="zh-cn"> 教材 </dc:subject>

<dc:format>application/pdf</dc:format>

<skos:prefLabel> 高速铁路接触网维修岗位 </skos:prefLabel>

<dc:type rdf:resource="http://book.crphdm.com/18160"/>

<gkadm:type>EBOOK</gkadm:type>

<dcterms:isPartOf> 高速铁路岗位培训教材 </dcterms:isPartOf>

</gkadm:ContentObject>

<gkadm:WebResource rdf:about="http://book.crphdm.com/18160/4/">

<gkadm:rights rdf:resource="http://creativecommons.org/licenses/by-nc-sa/3.0/"/>

```
</gkadm:WebResource>
<gkadm:semanticInfoObject>
  <gkadm:Agent rdf:about="http://www.crphdm.com">
   <skos:prefLabel> 中国铁道出版社 </skos:prefLabel>
  </gkadm:Agent>
  <skos:Concept rdf:about="http://book.crphdm.com/concept/34">
   <skos:prefLabel> 供电 </skos:prefLabel>
   <skos:broad rdf:resource="#9"/>
  </skos:Concept>
  <skos:Concept rdf:about="http://book.crphdm.com/concept/9">
   <skos:prefLabel> 培训教材 </skos:prefLabel>
   <skos:broad rdf:resource="#8"/>
   <skos:narrower rdf:resource="#34"/>
  </skos:Concept>
  <skos:Concept rdf:about="http://book.crphdm.com/concept/8">
   <skos:prefLabel> 铁路职工培训 </skos:prefLabel>
   <skos:narrower rdf:resource="#9"/>
  </skos:Concept>
 </gkadm:semanticInfoObject>
</gkadm:GKADM>
<gkadm:GKADM>
 <gkadm:inUserContext rdf:about="http://book.crphdm.com/21776/">
  <dc:identifier>ISBN：978-7-113-15076-1</dc:identifier>
  <dc:prefLabel xml:lang="zh-cn"> 高速铁路桥隧维修岗位 </dc:prefLabel>
   <skos:note xml:lang="zh-cn"> 本书适用于高速铁路桥隧人员岗前资格性培
训和岗位适应性培训，可作为高速铁路职工岗位培训教材，也可供高速铁路桥隧
```

维修岗位人员和桥隧管理人员学习，对各类职业院校相关师生学习也有重要的参考
价值。</skos:note>

<gkadm:intendedEndUserRole> 学习者 </gkadm:intendedEndUserRole>

<gkadm:intendedEndUserRole> 教师 </gkadm:intendedEndUserRole>

<gkadm:intendedEndUserRole> 管理者 </gkadm:intendedEndUserRole>

<gkadm:isRelatedTo> 铁路桥遂 </gkadm:isRelatedTo>

<gkadm:difficulty> 中等 </gkadm:difficulty>

<gkadm:purpose> 专业学习 </gkadm:purpose>

<dc:language>zh-cn</dc:language>

</gkadm:inUserContext>

<gkadm:ContentObject rdf:about="http://book.crphdm.com/21776/">

<dc:creator rdf:resource="http://book.crphdm.com/21776/7/#3"/>

<dc:creator> 铁道部劳动和铁道司 铁道部运输局 </dc:creator>

<dc:date>2012 年 10 月 </dc:date>

<dc:publisher> 中国铁道出版社 </dc:publisher>

<dc:description xml:lang="zh-cn"> 本书为铁道部规划的高速铁路岗位培训教材
之一，是根据《高速铁路桥隧维修岗位培训规范》编写的。全书共分七章，内容包括
理论知识和实作技能两大类。理论知识主要内容为安全知识、专业知识、相关知识。
实作技能主要内容为基本技能和专业技能，包括：桥梁主体结构维修、桥梁附属结
构维修、隧道维修等专业技能知识。 本书适用于高速铁路桥隧人员岗前资格性
培训和岗位适应性培训，可作为高速铁路职工岗位培训教材，也可供高速铁路桥隧
维修岗位人员和桥隧管理人员学习，对各类职业院校相关师生学习也有重要的参考
价值。</dc:description>

<dc:identifier>ISBN：978-7-113-15076-1</dc:identifier>

<dc:title xml:lang="zh-cn"> 高速铁路桥隧维修岗位 </dc:title>

<dc:subject xml:lang="zh-cn"> 高速铁路 </dc:subject>

```xml
<dc:subject xml:lang="zh-cn"> 铁路桥 </dc:subject>

<dc:subject xml:lang="zh-cn"> 维修 </dc:subject>

<dc:subject xml:lang="zh-cn"> 岗位培训 </dc:subject>

<dc:subject xml:lang="zh-cn"> 教材 </dc:subject>

<dc:subject xml:lang="zh-cn"> 铁路隧道 </dc:subject>

<dc:coverage></dc:coverage>

<dc:format>application/pdf</dc:format>

<skos:prefLabel> 高速铁路桥隧维修岗位 </skos:prefLabel>

<dc:type rdf:resource="http://book.crphdm.com/21776"/>

<gkadm:type>EBOOK</gkadm:type>

  <dcterms:isPartOf> 高速铁路岗位培训教材 </dcterms:isPartOf>

</gkadm:ContentObject>

<gkadm:WebResource rdf:about="http://book.crphdm.com/21776/4/">

   <gkadm:rights rdf:resource="http://creativecommons.org/licenses/by-nc-sa/3.0/"/>

</gkadm:WebResource>

<gkadm:semanticInfoObject>

  <gkadm:Agent rdf:about="http://www.crphdm.com">

   <skos:prefLabel> 中国铁道出版社 </skos:prefLabel>

  </gkadm:Agent>

  <skos:Concept rdf:about="http://book.crphdm.com/concept/21">

   <skos:prefLabel> 工务 </skos:prefLabel>

   <skos:broad rdf:resource="#9"/>

  </skos:Concept>

  <skos:Concept rdf:about="http://book.crphdm.com/concept/9">

   <skos:prefLabel> 培训教材 </skos:prefLabel>
```

```
        <skos:broad rdf:resource="#8"/>

        <skos:narrower rdf:resource="#21"/>

      </skos:Concept>

      <skos:Concept rdf:about="http://book.crphdm.com/concept/8">

      <skos:prefLabel> 铁路职工培训 </skos:prefLabel>

      <skos:narrower rdf:resource="#9"/>

      </skos:Concept>

    </gkadm:semanticInfoObject>

  </gkadm:GKADM>

  <gkadm:GKADM>

   <gkadm:inUserContext rdf:about="http://book.crphdm.com/21941/">

    <dc:identifier>ISBN：978-7-113-15293-2</dc:identifier>

    <dc:prefLabel xml:lang="zh-cn"> 高速铁路线路维修岗位 </dc:prefLabel>

     <skos:note xml:lang="zh-cn"> 本书适用于高速铁路线路维修人员岗前资格
性培训和岗位适应性培训，可作为高速铁路职工岗位培训教材，也可供高速铁路线
路维修人员和运营管理人员学习，对各类职业院校相关师生学习也有重要的参考价
值。</skos:note>

      <gkadm:intendedEndUserRole> 学习者 </gkadm:intendedEndUserRole>

      <gkadm:intendedEndUserRole> 教师 </gkadm:intendedEndUserRole>

      <gkadm:intendedEndUserRole> 管理者 </gkadm:intendedEndUserRole>

      <gkadm:isRelatedTo> 铁路线路 </gkadm:isRelatedTo>

      <gkadm:difficulty> 中等 </gkadm:difficulty>

      <gkadm:purpose> 专业学习 </gkadm:purpose>

    <dc:language>zh-cn</dc:language>

   </gkadm:inUserContext>

   <gkadm:ContentObject rdf:about="http://book.crphdm.com/21941/">
```

```
    <dc:creator rdf:resource="http://book.crphdm.com/21941/4/#3"/>

    <dc:creator> 铁道部劳动和铁道司 铁道部运输局 </dc:creator>

    <dc:date>2012.10</dc:date>

    <dc:description xml:lang="zh-cn"> 本书为铁道部规划的高速铁路岗位培训教
材之一，是根据《高速铁路线路维修岗位培训规范》编写的。全书共七章，内容包
括理论知识和实作技能两大类。理论知识主要内容为安全知识、专业知识、相关知
识。实作技能主要内容为基本技能和专业技能，包括：常用仪器及工具，线路、道
岔检查及作业，线路设备故障应急处理等专业技能知识。    本书适用于高速铁路
线路维修人员岗前资格性培训和岗位适应性培训，可作为高速铁路职工岗位培训教
材，也可供高速铁路线路维修人员和运营管理人员学习，对各类职业院校相关师生
学习也有重要的参考价值。</dc:description>

    <dc:identifier>ISBN：978-7-113-15293-2</dc:identifier>

    <dc:title xml:lang="zh-cn"> 高速铁路线路维修岗位 </dc:title>

    <dc:subject xml:lang="zh-cn"> 高速铁路 </dc:subject>

    <dc:subject xml:lang="zh-cn"> 铁路线路 </dc:subject>

    <dc:subject xml:lang="zh-cn"> 维修 </dc:subject>

    <dc:subject xml:lang="zh-cn"> 岗位培训 </dc:subject>

    <dc:subject xml:lang="zh-cn"> 教材 </dc:subject>

    <dc:format>application/pdf</dc:format>

    <skos:prefLabel> 高速铁路线路维修岗位 </skos:prefLabel>

    <dc:type rdf:resource="http://book.crphdm.com/21941"/>

    <gkadm:type>EBOOK</gkadm:type>

    <dcterms:isPartOf> 高速铁路岗位培训教材 </dcterms:isPartOf>

</gkadm:ContentObject>

<gkadm:WebResource rdf:about="http://book.crphdm.com/21941/4/">

    <gkadm:rights rdf:resource="http://creativecommons.org/licenses/by-nc-sa/3.0/"/>
```

```
        </gkadm:WebResource>
        <gkadm:semanticInfoObject>
            <gkadm:Agent rdf:about="http://www.crphdm.com">
            <skos:prefLabel> 中国铁道出版社 </skos:prefLabel>
          </gkadm:Agent>
            <skos:Concept rdf:about="http://book.crphdm.com/concept/21">
            <skos:prefLabel> 工务 </skos:prefLabel>
            <skos:broad rdf:resource="#9"/>
          </skos:Concept>
            <skos:Concept rdf:about="http://book.crphdm.com/concept/9">
            <skos:prefLabel> 培训教材 </skos:prefLabel>
            <skos:broad rdf:resource="#8"/>
            <skos:narrower rdf:resource="#21"/>
          </skos:Concept>
            <skos:Concept rdf:about="http://book.crphdm.com/concept/8">
            <skos:prefLabel> 铁路职工培训 </skos:prefLabel>
            <skos:narrower rdf:resource="#9"/>
          </skos:Concept>
        </gkadm:semanticInfoObject>
      </gkadm:GKADM>
</rdf:RDF>
```

参考文献

［1］GB/T 2260—2007 中华人民共和国行政区划代码

［2］GB/T 5795—2006 中国标准书号

［3］GB/T 4754—2011 国民经济行业分类

［4］GB/T 4880.2—2000 语种名称代码 第2部分：3字母代码

［5］GB/T 4880.3—2009 语种名称代码 第3部分：所有语种的3字母代码

［6］GB/T 7408—2005 数据元和交换格式 信息交换 日期和时间表示法

［7］GB/T 18793—2002 信息技术可扩展置标语言（XML）1.0

［8］GB/T 25100 信息与文献 都柏林核心元数据元素集

［9］CY/T 90(1-5)—2013 出版元数据 第1至第五部分

［10］CY/T 102.1—2014 数字内容对象存储、复用与交换规范 第1部分：对象模型

［11］CY/T 102.2—2014 数字内容对象存储、复用与交换规范 第2部分：对象封装、存储与交换

［12］GC/ZX 8.1—2014 出版社数字出版资源对象存储、复用与交换基本规范

［13］Resource Description Framework[RDF]. http://www.w3.org/TR/2004/REC-rdf-syntax-grammar-20040210.

［14］Web Ontology Language[OWL]. http://www.w3.org/TR/2012/REC-owl2-syntax-20121211.

［15］Open Archives Initiative Object Reuse and Exchange[OAI-ORE]. http://www.openarchives.org/ore.

［16］Simple Knowledge Organization System[SKOS]. http://www.w3.org/2004/02/skos/.

［17］DCMI Metadata Terms[DCMI]. http://dublincore.org/documents/dcmi-terms/.

第八节　知识关联通用规则

1. 范围

本标准规定了知识关联的构建、类型、表达、规则和发布。

本标准适用于由专业数字内容资源知识服务模式试点工作的内容提供者开展的知识资源与知识服务资源加工、工具开发和应用系统建设。

2. 规范性引用文件

下列文件对于本文件的应用是必不可少的。凡是注日期的引用文件，仅所注日期的版本适用于本文件。凡是不注日期的引用文件，其最新版本（包括所有的修改单）

适用于本文件。

GC/ZX 21—2015 知识资源建设与服务基础术语

3. 术语和定义

GC/ZX 21—2015 界定的以及下列术语和定义适用于本文件。

3.1 统一资源标识符　uniform resource identifier；URI

一个用来识别一种资源名称的字符串。

3.2 属性词汇　attribution vocabulary

用于描述知识的各种属性和知识关联中各种关系的规范化词汇。

3.3 知识关联词汇　knowledge linking service vocabulary；KLS

用于描述知识关联关系的规范化词汇。

4. 知识关联的构建

4.1 知识关联构建的一般原则

4.1.1 充分性原则

知识关联的构建过程中将尽可能多的知识关联关系挖掘出来。

4.1.2 多样性原则

建立各种知识之间的多种关联关系，包括知识组织体系中各知识概念之间的关联、知识元之间的关联关系和跨域知识之间的关联关系等。

4.1.3 知识共享原则

支持其他机构对所构建的知识关联信息进行访问和整合，以实现跨机构和跨行业的知识共享。

4.1.4 动态性原则

满足知识及构建环境的动态变化，具备一定的灵活性、扩展性和适应性。

4.2 知识关联构建方法

4.2.1 知识获取

利用知识发现和数据挖掘等技术，对数字内容资源进行加工处理，经提炼、整合、完善和分解，形成基础性知识。

4.2.2 知识描述

依据 RDF 对获取的基础性知识进行描述，采用 URI 进行唯一标识。

4.2.3 建立关联

依据RDF对知识的关联关系进行描述，所建立的知识关联关系包括关联属性和链接。

4.2.4 知识存储和应用

采用支持RDF技术的数据库对基础性知识及知识关联进行存储，形成知识库。在此基础上建立相关的应用，实现知识关联信息的发布。

5. 知识关联的类型

5.1 知识关联类型划分维度

按照相关度、显现度和领域范围对知识关联的类型进行划分。

5.2 按相关度划分的知识关联类型

可划分为同一性关联、隶属性关联和相关性关联。

同一性关联，是指知识之间所具有的某种程度的相同（或相似）之处所形成的关联关系。

隶属性关联，是指构成某知识或知识集合，隶属某一概念、范畴和类别的逻辑关系，是由知识本身的性质决定的。常见的隶属关系包括属种、总分、包含等。

相关性关联，是指在同一性、隶属性关联关系之外，知识之间所具有的相互依存、相互渗透、相互制约、相互作用的关系，一般是指相反、相对、因果、引用、应用、影响等关系，其关联关系可以是不严格固定的，其数量关系也可以是不完全确定的。

5.3 按显现度划分的知识关联类型

按显现度维度可划分为显性关联关系和隐性关联关系。

显性关联关系是指通过知识的表达可以直接识别和发现的关联关系，可以从知识表达的对象中直接识别和发现，也可以通过引用规范的词汇表识别和发现。常见的显性知识关联包括：学科关联、主题关联、文献外部特征（如分类、作者、引文、标题、机构、期刊等）关联。

隐性关联关系是指通过知识的表达无法直接识别和发现，通过词汇表也无法建立识别，需要通过数据挖掘或语义网络才能够发现的知识关联关系。常见的隐性知识关联包括：共引关联、共词关联、组配关联、同概念关联等。

5.4 按领域范围划分的知识关联类型

按领域范围可划分为内部知识关联关系和外部知识关联关系。

内部知识关联关系是指相同领域或范围的知识之间所建立的关联关系。

外部知识关联关系是指不同领域和范围的知识之间所建立的关联关系。

6. 知识关联的表达

6.1 知识关联表达的原则

知识关联的表达是通过计算机可理解的语言规范和技术将知识关联信息进行结构化标识。遵循以下原则：

a）采用 RDF 标准来表达知识关联；

b）采用统一资源标识符（URI）和实体名词作为知识关联中的要素进行标识；

c）利用 HTTP URI 以方便资源对象的可定位查找。

6.2 基于 RDF 技术的知识关联通用表达规则

6.2.1 RDF 技术

RDF 是一种以框架型的知识表示方式来描述信息资源的技术。RDF 通过标识各种资源的属性和这些属性之间的相互关系来表达知识关联的元数据。知识关联的表达应遵循 RDF 规范。

采用 RDF schema（RDFs）来定义资源的类型、属性并让资源之间的关系显性化，可揭示资源之间的语义关系。

6.2.2 RDF 的陈述表达

RDF 的陈述表达推荐采用 URI 规范进行唯一标识。除采用 URI 之外，也可采用文本值表达 RDF。

6.2.3 RDF 的语法规范

RDF 的表达形式可采用 XML 语法规范。

6.3 词汇表的定义

可以采用元数据词汇作为描述特定资源的规范化属性。可根据不同的知识关联类型和领域，自定义元数据词汇规范。具体定义方法可通过规范元数据词汇集和指定 URI 实现，在具体的 RDF 描述中使用命名空间来表示该词汇集，并在属性的定义中采用该词汇集中的词汇。

知识关联的表达支持都柏林核心元数据元素集中定义的表达主体的属性（见表 4-14）。

表 4-14　都柏林核心元数据元素集

定义	属性
Title	资源的名字
Creator	一个主要负责创建资源内容的实体
Subject	资源内容的主题
Description	资源内容的描述
Publisher	一个负责使资源内容可用的实体
Contributor	一个负责为资源内容做出贡献的实体（如作者）
Date	在资源生命周期中某时间关联的日期
Type	资源内容的类型
Format	资源的物理形式或数据形式
Identifier	一个在给定下文中明确标识资源的标识符
Source	一种对当前资源的来源引用
Language	资源内容采用的语言
Relation	一个对相关资源的引用
Coverage	资源内容所在的范围或区域
Rights	关于资源的权限信息

采用都柏林核心元数据元素集作为属性的 RDF 示例如下。

```
<rdf:RDF
    xmlns:rdf="http://www.w3.org/1999/02/22-rdf-syntax-ns#"
    xmlns:dc="http://purl.org/dc/elements/1.1/">
<rdf:Description rdf:about="http://www.dlib.org">
<dc:title>D-Lib Program - Research in Digital Libraries</dc:title>
<dc:description>The D-Lib program supports the community of people
    with research interests in digital libraries and electronic
    publishing.</dc:description>
<dc:publisher>Corporation For National Research Initiatives</dc:publisher>
<dc:date>1995-01-07</dc:date>
<dc:subject>
```

```
<rdf:Bag>

<rdf:li>Research; statistical methods</rdf:li>

<rdf:li>Education, research, related topics</rdf:li>

<rdf:li>Library use Studies</rdf:li>

</rdf:Bag>

</dc:subject>

<dc:type>World Wide Web Home Page</dc:type>

<dc:format>text/html</dc:format>

<dc:language>en</dc:language>

</rdf:Description>

</rdf:RDF>
```

注：其中，命名空间采用 dc 作为前缀来标识都柏林核心元数据。

7. 知识关联的规则

7.1 知识关联对象的 URI

在知识关联对象的描述中，可使用 URI 作为实体的标识名称。该 URI 应满足如下要求。

a）在指定的命名空间内定义知识对象的 URI。

b）选择知识对象合适的主键，确保每个知识对象 URI 的唯一性。

c）保证 URI 长期存在和可解释。

d）尽量保证 URI 短小、易记。

7.2 语义化属性词汇的选择和定义

7.2.1 属性词汇

主体资源及其属性值采用 URI 标识的知识对象，需通过标识属性的谓语 URI 描述两者之间的关联关系。该谓语既可来自公认词汇，也可来自自定义词汇。

7.2.2 公认词汇

描述知识关联可使用以下公认词汇。

a）使用 FOAF 词汇集描述科研人员兴趣、专业、单位及其之间的关系。

b）使用复审词汇描述对知识产品和服务的评价。

c）使用简单知识组织系统 SKOS 描述分类表。

d）使用网络本体语言 OWL 描述知识本体。

e）使用项目描述 DOAP 词汇集描述知识项目。

7.2.3 KLS 的属性定义

在描述知识关联时，也可优先通过 KLS 定义的词汇集对主体资源和属性值之间的关联关系以及跨域知识之间的关联关系进行描述。各专业内容资源领域，也可根据需要在 KLS 基础上定义不同的词汇集（见表 4-15）。

表 4-15　KLS 定义的词汇集

定义	属性
Is equivalent to	相同知识
Standard	经过规范的知识
Generic	上位知识信息
Specific	下位知识信息
Related	相关知识信息
Field	所属领域信息
Classification	所属分类类目信息
Citation	引用知识或文献信息
Logic	逻辑关联关系信息
Sequence	时间、地点和数列等顺序信息
Multimedia	多媒体信息关联
Website	相关网址链接
Source	知识所属来源
Similar	同类别或相似知识信息
Identification	关联标识符
Same as	表明两者相同或相等
Contain	前者包含后者
Belong to	前者隶属后者
Opposite	前者与后者是相对或相反关系
Reason is	前者是后者的原因
Result is	前者是后者的结果
Cite	前者引用后者

续表

定义	属性
Cite by	前者被后者引用
Used by	后者应用于前者
Effect	前者对后者产生影响
Coexist with	两者同时出现
Match	两者是相互匹配关系
Near	两者相邻或相近
Similar to	两者相似
Is concept of	后者是前者的概念描述
Cluster of	后者是前者的聚类表述
Sequence up	两者依顺序升序关联
Sequence down	两者依顺序降序关联

7.3 跨域关联关系的属性定义

7.3.1 跨域知识关联的表达

在表达跨域知识关联的 RDF 表达中，主语和宾语来自不同的知识，需要通过谓语来构建主语和宾语之间的关联关系。通过这样的关联，可以实现从最初的知识跳转至其他知识，从而发现更多潜在的知识对象。跨域知识关联具有聚合知识的功能。

跨域知识关联的谓词是具有重要影响的关联谓语，可以优先采用 KLS 词汇集定义的谓语来表达跨域知识关联，并可以参考使用 RDF schema 等其他词汇集表达跨域知识关联关系。

7.3.2 KLS 跨域知识关联的命名空间和使用范例

使用范例如下。

```
<?xml version="1.0"?>
<!DOCTYPE rdf:RDF [<!ENTITY xsd "http://www.w3.org/2001/
XMLSchema#">]>
<rdf:RDF
  xmlns:rdf="http://www.w3.org/1999/02/22-rdf-syntax-ns#"
```

```
    xmlns:klsc="http://www.knowledgelinkingservice.com/KLS/elements /1.0/"

    xml:base="http://example.org/schemas/vehicles">
<rdf:Description rdf:ID="MotorVehicle">
<rdf:type rdf:resource="http://www.w3.org/2000/01/rdf-schema#Class"/>
</rdf:Description>
<rdf:Description rdf:ID="PassengerVehicle">
<rdf:type rdf:resource="http://www.w3.org/2000/01/rdf-schema#Class"/>
<klsc:belong rdf:resource="#MotorVehicle"/>
</rdf:Description>
<rdf:Description rdf:ID="Truck">
<rdf:type rdf:resource="http://www.w3.org/2000/01/rdf-schema#Class"/>
<klsc:belong rdf:resource="#MotorVehicle"/>
</rdf:Description>
<rdf:Description rdf:ID="Van">
<rdf:type rdf:resource="http://www.w3.org/2000/01/rdf-schema#Class"/>
<klsc:belong rdf:resource="#MotorVehicle"/>
</rdf:Description>
<rdf:Description rdf:ID="MiniVan">
<rdf:type rdf:resource="http://www.w3.org/2000/01/rdf-schema#Class"/>
<klsc:belong rdf:resource="#Van"/>
<klsc:belong rdf:resource="#PassengerVehicle"/>
</rdf:Description>
</rdf:RDF>
```

7.4 跨域的知识关联方式

7.4.1 等同关联

等同关联是指某个知识对象可能会被多个关联数据发布者进行 URI 标识，从而使得同一个知识对象具有多个 URI。为了能够对描述同一知识对象的多个 RDF 描述进行聚合，需要在 URI 标识之间建立等同链接。

等同关联是由关联数据集中某一知识对象的 URI 指向其他数据集中相同知识对象 URI 别名的 RDF 链接。该链接能够将采用不同 URI 命名的相同知识对象关联在一起。可以使用"owl:sameAs"或 KLS 词汇集中的"Same as"来声明两个 URI 是同一知识对象。

7.4.2 词汇关联

词汇关联是由知识关联词汇集中某一概念术语指向其他与之存在知识关联的名词术语的 RDF 链接。对于基于关联数据的知识关联，可通过异构词汇集之间的词汇关联来实现聚合。

可采用常用的词汇性链接，例如 RDF schema 或 OWL 本体语言所提供的属性关联，也可通过 KLS 关联关系属性进行定义。

7.4.3 相关性关联

相关性关联是由关联数据集中某一知识对象的 URI 指向其他数据集中与之存在任意关联的其他知识对象的 URI。相关性关联的最终结果是一个 RDF 的集合。在这个集合中，存在两种 RDF。一种是由相关性关联的路径所组成的知识关系网络。另一种是采用 RDF 来表述任意两个知识对象之间所具有的关联关系。这个 RDF 的谓语可以来自 KLS 跨域关联关系的属性定义，也可以来自提供相关性链接谓语词汇的权威词汇集。

8. 关联数据的发布

根据数据量的大小、数据的更新频率、数据的存储方式和访问方式的不同，可用以下方式来发布关联数据。

a）静态发布。发布静态的 RDF 文件，适用于数据量很小的情况。

b）批量存储。将 RDF 文件存储在 RDF 数据库中，可采用 Pubby 等服务器作为关联数据服务的前端，适用于数据量大的情况。

c）调用时生成。在请求数据时根据原始数据在线生成 RDF 数据，适用于更新频率大的情况。

d）事后转换。D2R 方式，即从关系数据库到 RDF 数据转换，适用于将关系数据库存储的数据内容发布成关联数据。

附录 D

（规范性附录）

RDF 表达和语法相关规范

本标准中采用的 RDF 表达和相关规范遵照 W3C 有关标准执行，需要遵循的 W3C 标准规范见表 D-1。

表 D-1　W3C 标准规范

W3C 标准规范	引用地址
RDF Schema 1.1	http://www.w3.org/TR/2014/REC-rdf-schema-20140225/
RDF 1.1 XML Syntax	http://www.w3.org/TR/2014/REC-rdf-syntax-grammar-20140225/
RDF 1.1 Concepts and Abstract Syntax	http://www.w3.org/TR/2014/REC-rdf-syntax-grammar-20140225/
RDF 1.1 Semantics	http://www.w3.org/TR/2014/REC-rdf11-mt-20140225/
RDF 1.1 Primer	http://www.w3.org/TR/2014/NOTE-rdf11-primer-20140624/

参考文献

［1］GB/T 5271.5—2008 信息技术 词汇 第 5 部分：数据表示

［2］GB/T 20001—2010 标准编写规则 第 1 部分：术语

［3］GB/T 25100—2010 信息与文献 都柏林核心元数据元素集

［4］ISO 26324—2012 文献和情报 数字化对象识别符体系

［5］DLT 890.501—2007 能量管理系统应用程序接口 (EMS-API) 第 501 部分：公共信息模型的资源描述框架 (CIM RDF) 模式

［6］W3C XML Schema[S/OL]. http://www.w3.org/standards/techs/xmlschema#completed.

［7］W3C RDF (Resource Description Framework，资源描述框架)[S/OL]. http://www.w3.org/standards/semanticweb/data.

第九节 主题分类词表描述与建设规范

1. 范围

本标准规定了主题分类词表的组成结构、描述、编制、应用及更新与维护。

本标准适用于专业数字内容资源知识服务模式试点工作。

2. 规范性引用文件

下列文件对于本文件的应用是必不可少的。凡是注日期的引用文件，仅所注日期的版本适用于本文件。凡是不注日期的引用文件，其最新版本（包括所有的修改单）适用于本文件。

GB/T 4894—2009 信息与文献 术语

GC/ZX 21—2015 知识资源建设与服务基础术语

3. 术语和定义

GB/T 4894—2009 和 GC/ZX 21—2015 界定的以及下列术语和定义适用于本文件。

3.1 规范词 standard term

用于标引的词或短语。

3.2 主题分类词表 terminology and classification list

由词汇表、分类表和特征表构成的一种一体化规范词的集合。

3.3 词汇表 terminology list

在一个特定的领域表示系统性概念的词汇集。

改写 GB/T 25514—2010，定义 3.1。

3.4 特征表 attribute list

表示人物、地理、机构或事件名称等知识属性的专用概念集合。

3.5 词间关系 relationship between terms

在词汇表中建立的并反映主题词属性和相互间的语义关系，包括用代关系、属分关系和相关关系。

改写 GB/T 19486—2004，定义 2.9。

3.6 等同关系 equivalence relationship

不同概念用同样的词汇所表现的关系。

3.7 层级关系 hierarchical relationship

两个概念之间的关系，其中一个概念的内涵包括另一个概念的内涵以及至少包括一个附件限定特征。如：词—名词；交通工具—汽车；人—小孩。

改写 GB/T 4894—2009，定义 4.4.2.2.5.2。

3.8 相关关系 associative relationship

由于经验而产生的两个概念之间所具有的非等级层次联系的关系。

改写 GB/T 4894—2009，定义 4.4.2.2.6.3。

3.9 上位词 broader terms；BT

与另一个有向下层次关系的标引词相比，表示一个更广泛概念的叙词表的标引词。

3.10 下位词 narrower terms；NT

与另一个有向上层次关系的标引词相比，表示一个更特定概念的叙词表的标引词。

3.11 自由词 index term

取自内容资源中的非规范化的词和词组，或与其他词汇无属种关系的词和词组。

3.12 类目 class

至少具有一个共同特征的单元。

3.13 族首词 top term

一个叙词表的标引词，表示与其具有向下层级关系的标引词的最宽泛的概念，而且没有上位词。

3.14 标引语言 marking up language

为反映内容资源特征或形式所建立的人工语言。

改写 GB/T 4894—2009，定义 4.4.2.2.1.4。

3.15 自动标引 automatic marking up

采用计算机程序所实现的全部或部分标引工作。

4. 主题分类词表的组成

4.1 主体结构

一个完整的主题分类词表由词汇表、分类表、特征表和其他相关构成。主题分类词表主体结构如图4-15所示。

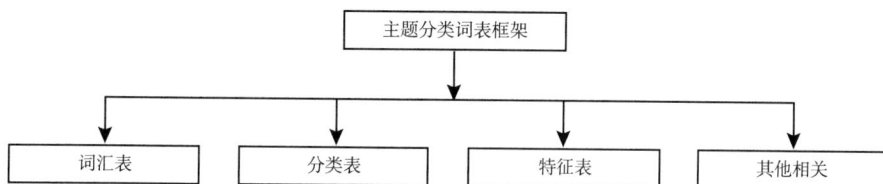

图4-15 主题分类词表主体结构

主体分类词表的主体结构说明如下。

a）词汇表作为主题分类词表的核心表，对词汇代码、词条名称、词条释义等进行描述。

b）分类表作为主题分类词表的辅助表，对词汇表中的词条进行分类。

c）特征表作为主题分类词表的辅助表，对词汇表中的词条进行补充描述。

d）其他相关可用于描述具有个性化主题分类词表的其他需求。

4.2 词汇表结构

词汇表由词条代码、词条名称、词条释义、词条属性、词条类号和词间关系组成。词汇表结构如图4-16所示。

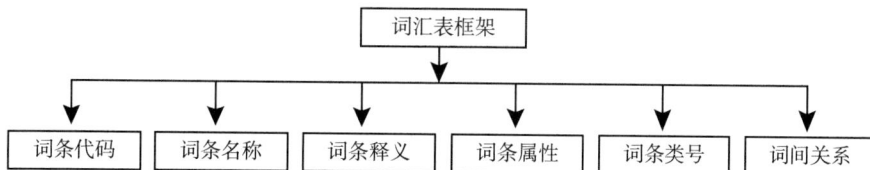

图4-16 词汇表结构

词汇表结构描述如下。

a）词条代码，赋予每一词条的一个代码，编码一般原则主要包括：计算机可处理；具有层级；具有唯一性；具有冗余性。

b）词条名称，描述词条的中文名称、英文名称、汉语拼音名称和拉丁文名称等的一组信息。

c）词条释义，描述词条内涵和外延的定义、说明或解释性等的文字。

d）词条属性，描述词条的性质，包括用、代、属、分、参、族。

e）词条类号，描述词条所属类目的代码。

f）词间关系，描述词条间的等同关系、层级关系和相关关系等。

4.3 分类表结构

分类表由类号、类目和注释组成。分类表结构如图 4-17 所示。

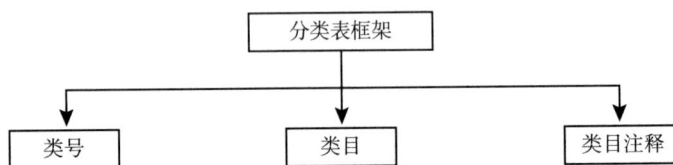

图 4-17　分类表结构

分类表结构描述如下。

a）类号，描述词汇表中词汇的分类标识。

b）类目，学科类目的名称。

c）类目注释，描述类目内容的简要文字。

4.4 特征表结构

特征表由特征词代码、特征词、特征注释和特征词间关系构成。特征表结构如图 4-18 所示。

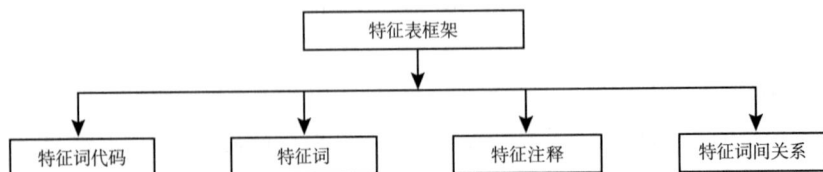

图 4-18　特征表结构

特征表结构描述如下。

a）特征词代码，描述特征词的标识。

b）特征词，描述人物、事件、地理、时间等特征的词或词组。

c）特征词注释，特征词的说明文字。

d）特征词间关系，描述特征词与词汇表的关系。

4.5 相关索引

主题分类词表可根据需要设置相关索引。

相关索引可包括：音序索引、分类索引、词族索引和其他索引。

相关索引结构见图 4-19。

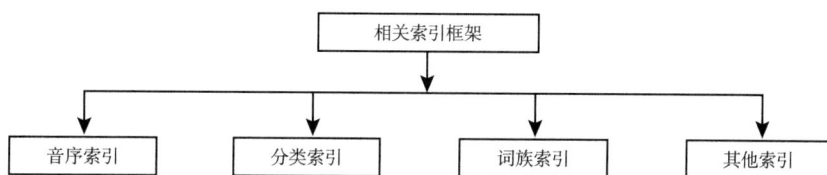

图 4-19　相关索引结构

相关索引结构描述如下。

a）音序索引，按照汉语拼音或英文字母顺序排列词条的索引。

b）分类索引，为分类体系所设置的索引。

c）词族关系，为词汇表中的族首词所设置的索引。

d）其他索引，其他需要设置的索引，如英汉对照索引等。

5. 主题分类词表的描述

5.1 词表描述

词表描述信息见表 4-16，词表 XML Scheme 见附录 E。

表 4-16　词表描述信息

名称	标签	说明	类型	可选性	取值
词条代码	TerminologyID	描述词条名称唯一代码的一组信息	数字	必选	
词条信息	TerminologyInformation	描述词条名称及属性构成的一组信息	字符	必选	

续表

名称	标签	说明	类型	可选性	取值
正式主题词	FormalSubjectTerm	词条名称，是规范化的词或词组，用于标引的正式词	字符	必选	
非正式主题词	InformalSubjectTerm	非规范化的词或词组（含同义词、近义词等），具有词间关系，与主题词无属分关系，不用于标引的词	字符	可选	
自由词	FreeTerm	不规范的词	字符	可选	
英文主题词	EnglishFormalSubjectTerm	主题词的英文名称	字符	可选	
拼音正式主题词	PinyinFormalSubjectTerm	主题词的汉语拼音名称	字符	可选	
词条释义	TermNote	词条的内涵和外延的限定，适用于范围或词义说明等	字符	必选	
属性信息	AttributeInformation	描述词条属性的一组信息	字符	必选	
词条属性	TermAttribute	采用代码方式对词条性质所做的描述	字符	必选	Y＝用项 D＝代项 S＝属项 F＝分项 C＝参项 Z＝族项
对应词条代码	TermAttributeTermID	属性所涉及的词条 ID	字符	必选	可多个 ID
分类信息	ClassificationInformation	描述词条学科分类的一组信息	字符	必选	
类号	ClassificationNumber	词汇所属的学科类目的代码	字符	有则必选	
类目	ClassName	至少具有一个共同特征的单元	字符	有则必选	
类目注释	ClassNote	对类目的说明	字符	有则必选	
分类法名称	ClassificationName	所采用的分类法名称	字符	有则必选	
特征词信息	FeatureInformation	描述词表特征词的一组信息	字符	有则必选	
特征词代码	FeatureTermCode	描述特征词的代码（见取值）	字符	有则必选	A＝事件 B＝人物 C＝机构 D＝地点 E＝时间 X＝其他
特征词	FeatureTermName	描述事件、人物、机构、地点、时间等特征的词或词组	字符	有则必选	
特征词注释	FeatureNote	对特征词的说明	字符	有则必选	

续表

名称	标签	说明	类型	可选性	取值
词间关系信息	TermRelationshipInformation	描述词间关系的一组信息	字符	有则必选	
词间关系类型	TermRelationshipType	描述词与词之间所构成的关系类型（见取值）	字符	有则必选	A= 等同关系 B= 层级关系 C= 相关关系 Z= 其他关系
对应关系词代码	TermRelatedTermID	描述与之相关词的 ID	字符	有则必选	可多个 ID
索引信息	IndexingInformation	描述主题分类词表索引的一组信息	字符	可选	
音序索引	PinyinIndexing	按照汉语拼音排列的索引	字符	可选	
分类索引	ClassificationIndexing	按照分类类目排列的索引	字符	可选	
词族索引	TopTermIndexing	按照族首词排列的索引	字符	可选	
其他索引	ElseIndexing	其他索引	字符	可选	

5.2 分类表描述

本标准的分类表遵循分类法一般编制原则，常用分类表 / 法见表 4-17。

表 4-17　常用分类表 / 法

分类表 / 法名称	文种	版本 / 编号
中国图书馆分类法	中文	2010 年第 5 版
中国图书馆分类法期刊分类表	中文	2012 年第 3 版
国民经济行业分类与代码	中文	GB/T 4754—2011
中华人民共和国学科分类与代码	中文	GB/T 13745—2009
中国档案分类法	中文	1997 年第 2 版
Dewey Decimal Classification（杜威十进分类法）	英文	第 22 版
The Subject Category Scheme for a Global Book Trade（国际图书贸易主题分类词表）	英文	2014 年

5.3 特征表描述

特征词及代码见表 4-18。

表 4-18　特征词及代码

类型	代码	说明
事件	A	作品中涉及的重要事件等
人物	B	作品中涉及的重要人物等
机构	C	作品中涉及的重要机构等
地点	D	涉及事件、人物、机构、地名等的地方
时间	E	涉及事件、人物、机构、地名等的时间
其他	X	其他

6. 主题分类词表的编制

6.1 词汇表编制

6.1.1 词源

词汇的来源主要包括以下五种。

a）工具型的资源，包括辞典（词典）、主题词表、相关标准、年鉴、百科全书等。

b）法律法规资源，包括政策、法律、法规等文件。

c）出版物资源，包括学术图书、学术期刊及报纸等。

d）其他相关资源，学位论文、专利、会议和档案文献等。

e）网络媒体资源，包括网络词库、在线百科等。

6.1.2 选词

词汇的选择范围及原则主要包括以下八项。

a）应符合所确定的专用词表的学科范围。

b）应具有单一性，词形简洁、概念明确。

c）应以名词或名词性词组为主，避免使用单字型动词，慎重选用形容词、副词、数量词。外来语词一般选用正式汉语译名，通用英译名也可选用。特殊时也可选用外文与汉字相结合的词形。

d）同一事物的多个名称均应入选。

e）应兼顾组配性和专指性要求。

f）应与国内外相关词表具有兼容性。

g）通常选用全称作为主题词，简称作为关键词。

h）英文主题词和汉语拼音主题词的首字母应大写。

6.1.3 确词

词汇选定的基本条件与规则主要包括以下六项。

a）依据词汇表所覆盖的学科范围，选定具有标引需求的词或词组。

b）确定通用名词和术语以及专指性强、使用频率较高的名词和词组。

c）确定复合概念词组经概念分解后，分解词可用于组配的词和词组。

d）不采用由 2 个或 2 个以上概念所构成的复合词。

e）不选用由整体和部分所构成的复合词。

f）不选用由事物与事物方面所构成的复合词。

6.1.4 释义

词汇释义的基本规则包括以下四项。

a）同一词语在不同应用场景下具有不同含义时，应注明其使用场景。

b）定义易引起歧义时，须加词条注释。

c）应使用自然词序，不应使用倒置形式。

d）为复合词时，应避免使用标点符号，可使用连字符或括号。

6.1.5 词间关系

6.1.5.1 词间关系类型

主题分类词表的基本词间关系包括以下三项。

a）等同关系，表示概念相同或相近的词间关系，包括全称与缩略同义、本名与别名同义等。词表中通常采用"用""代"词间关系标识符。示例如下。

科学技术（正式主题词）

D 科技（非正式主题词）

b）层级关系，表示主题词概念中上位概念与下位概念的隶属关系。示例如下。

联合国

S 国际组织

c）相关关系，某一主题词虽不具有同义和准同义关系，也不具有上位和下位关系，但在使用中具有密切联系的词。示例如下。

技术评价

S 评价

C 可行性评价

6.1.5.2 词间关系符号

主题词的词间关系符号使用一个汉语拼音字母表示词间关系符号，包括以下六项。

a）Y = 用，主题词指引符。

b）D = 代，非正式主题词指引符。

c）S = 属，上位词指引符。

d）F = 分，下位词指引符。

e）Z = 族，族首词指引符。

f）C = 参，参照词指引符。

6.1.5.3 词间关系表达

词间关系类型与符号见表 4-19。

表 4-19 词间关系类型与符号

名称	词性	符号	词间关系
族项	族首词	Z	
用项	主题词	Y	等同关系
代项	自由词	D	
属项	广义词	S	层级关系
分项	狭义词	F	
参项	相关词	C	相关关系

6.1.5.4 词汇表表达样例

词汇表表达样例如图 4-20 所示。

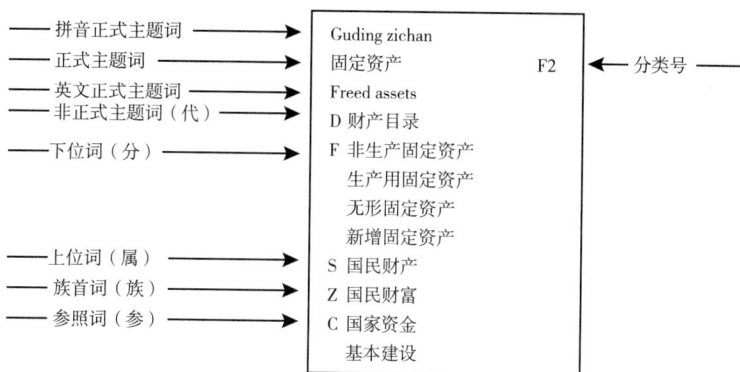

图 4-20 词汇表表达样例

6.2 分类表编制

6.2.1 选用分类表

根据学科范围和业务需求可选用成熟的分类体系，可参考各专业领域编制的分类表 / 法或主题词表中的范畴表。常用的分类表 / 法见表 4-17。

6.2.2 编制分类表

当一个词汇表没有适用的分类法，可在现有分类法的基础上进行类目细化，或参考现有分类法进行编制。

6.3 特征表编制

特征表是分类表的扩展，由人物、机构、地名、时间、民族、语种等构成。不同领域的主题分类表所描述的特征词不同，但基本格式相同。

6.4 主题分类词表编制流程

主题分类词表编制参考流程如图 4-21 所示。

7. 主题分类词表的使用

7.1 人工标引

人工标引基本规则包括以下九项。

a）选用词汇表中的主题词作为标引词，不选用自由词作为标引词。

b）选用词汇表中与主题词词形相同的作为标引词。

c）标引词选择要充分考虑主题词概念覆盖的全面性和专指性，以满足查全和查准要求。

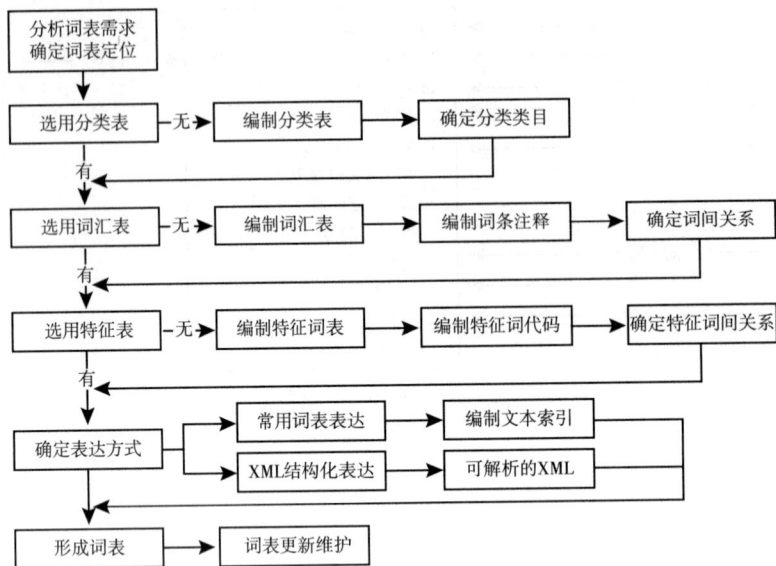

图 4-21　主题分类词表编制参考流程

d）当词汇表中没有相应的和专指的主题词时，则选用与主题直接相关或邻近的词进行组配标引。

e）当没有适用的词可供组配使用时，可选用最直接的上位词进行标引。

f）当没有适用的词可供上位标引时，应增补主题词。

g）当词条具有相关特征词时应进行复核标引。

h）用于概念组配的词之间在概念上应具有交叉或限定的逻辑关系，不能进行单纯的字面组配，不能随意组配。

i）组配结果的概念可能产生多义时应放弃组配，采用上位标引或补充主题词办法。

7.2 自动标引

自动标引方式包括以下两项。

a）自动赋词标引，采用预先编制的词表对内容资源进行标引。

b）自动抽词标引，直接从内容资源中抽取词或短语对内容资源进行标引。

8. 主题分类词表的更新与维护

8.1 维护原则

主题分类词表应定期修订并发布，增补、删除、修改的基本原则如下。

a）随时记录原则，发现问题应随时记录并填写记录卡。

b）随时修改原则，发现错误应立即修改并填写记录卡备案。

c）定期更新原则，对发现的问题统一协调，定期更新。

d）逐步完善原则，新编主题分类词表需要在实践中逐步完善，发现问题及时记录，定期更新。

8.2 维护方法

8.2.1 增补

主题分类词表应根据学科知识发展趋势以及对标引和检索应用情况的统计，进行增补，增补新词应符合如下条件。

a）反映新学科和新理论等的概念，作为新词。

b）词表中无相应的词，又不能采用组配方式、上位标引方式进行标引的概念，作为新词。

c）使用率、检索率较高的热词，作为新词。

8.2.2 删除

在使用中发现错误的、重复的、过时的、标引率和检索率低下的词应进行随时删除。

8.2.3 修改

在标引或使用中发现类目、词在概念、词形、参照关系上存在矛盾或错误时，应及时修改。

附录 E
（规范性附录）
词表 XML Scheme

```xml
<?xml version="1.0" encoding="UTF-8"?>
<Thesaurus>
    <!-- 主题分类词表 -->
    <WordList>
        <!-- 词汇表 -->
        <Word>
            <!-- 词汇 -->
            <TerminologyID> 词条代码 </TerminologyID>
            <TerminologyInformation>
                <!-- 词条信息 -->
                <FormalSubjectTerm>
                    <!—正式主题词 -->
                    <InformalSubjectTerm> 非正式主题词 </InformalSubjectTerm>
                    <FreeTerm> 自由词 </FreeTerm>
                    <EnglishFormalSubjectTerm> 英文正式主题词 </EnglishFormalSubjectTerm>
                    <PinyinFormalSubjectTerm> 拼音正式主题词 </PinyinFormalSubjectTerm>
                </FormaSubjectTerm>
                <TermNote> 词条释义 </TermNote>
```

```
                    </TerminologyInformation>
                    <AttributeInformation>
                        <!-- 属性信息 -->
                        <TermAttribute>
                            <!-- 词条属性：Y = 用项 D = 代项 S = 属项
F = 分项 C = 参项 Z = 族项 -->
                                <TermAttributeID> 对 应 词 条 代 码 </
TermAttributeID>
                        </TermAttribute>
                    </AttributeInformation>
                    <ClassificationInformation>
                        <!-- 分类信息 -->
                        <ClassificationNumber>类号</ClassificationNumber>
                        <ClassName> 类目 </ClassName>
                        <ClassNote> 类目注释 </ClassNote>
                        <ClassificationName> 分 类 法 名 称 </
ClassificationName>
                    </ClassificationInformation>
                    <FeatureInformation>
                        <!-- 特征词信息 -->
                        <FeatureTermCode> 特 征 词 代 码 </
FeatureTermCode>
                        <FeatureTermName>
                            <!-- 特征词 -->
                            <FeatureNote> 特征词注释 </FeatureNote>
                        </FeatureTermName>
```

```
                              </FeatureInformation>
                              <TermRelationshipInformation>
                                   <!-- 词间关系信息 -->
                                   <TermRelationshipType>
                                          <!-- 词间关系类型：A= 等同关系 B= 层级
关系 C= 相关关系 Z= 其他关系 -->
                                          <TermRelatedTermID> 对应关系词代码 </
TermRelatedTermID>
                                   </TermRelationshipType>
                              </TRelationshipInformation>
                              <IndexingInformation>
                                   <!-- 索引信息 -->
                                   <PinyinIndexing> 音序索引 </PinyinIndexing>
                                   <ClassificationIndexing> 分 类 索 引 </
ClassificationIndexing>

                                   <TopTermIndexing> 词族索引 </TopTermIndexing>
                                   <ElseIndexing> 其他索引 </ElseIndexing>
                              </IndexingInformation>
                    </Word>
          </WordList>
          <ClassList>
                    <!-- 分类表 -->
                    <Class>
                         <!-- 分类 -->
                         <ClassificationNumber> 类号 </ClassificationNumber>
                         <ClassName> 类目 </ClassName>
```

```
                    <ClassNote> 类目注释 </ClassNote>

            </Class>

    </ClassList>

    <FigureList>

        <!-- 特征表 -->

        <Feature>

            <!-- 特征 -->

            <FeatureTermCode> 特征词代码 </FeatureTermCode>

            <FeatureTermName> 特征词 </FeatureTermName>

            <FeatureNote> 特征词注释 </FeatureNote>

            <TermRelationshipType> 词 间 关 系 类 型 </
TermRelationshipType>

        </Feature>

    </FigureList>

    <OtherRelated>

        <!-- 其他相关 -->

        <PinyinIndexing> 音序索引 </PinyinIndexing>

        <ClassificationIndexing> 分类索引 </ClassificationIndexing>

        <TopTermIndexing> 词族索引 </TopTermIndexing>

        <ElseIndexing> 其他索引 </ElseIndexing>

    </OtherRelated>

</Thesaurus>
```

参考文献

［1］GB/T 15417—1994 文献 多语种叙词表编制规则

［2］GB/T 19486—2004 电子政务主题词表编制规则

［3］GB/T 25514—2010 健康信息学 健康受控词表 结构和高层指标

［4］CY/T 46—2008 新闻出版业务主题词表

［5］CB/T 3495.16—1997 船舶工业档案管理规则 著录标引细则和主题词表

［6］QJ A 1914—1997 航天工业公文与文书档案主题词表

［7］NY 200—1991 农业科技档案主题词表

［8］JT/T 36—2006 交通汉语主题词表编制与引用规则

［9］JT/T 0036.2—1992 交通汉语主题词表 副表

［10］JT/T 0036.3—1992 交通汉语主题词表 汉字首字拼音索引

［11］JT/T 0036.4—1993 交通汉语主题词表 英汉对照索引

［12］HY/T 033—1994 海洋科学叙词表

［13］GY/T 58—1989 广播影视专业叙词表（采、编、播、导专业用）

［14］TB/T 1943—2001 中国铁路叙词表的编制与使用规则

［15］SL/Z 347—2006 水利公文主题词表

［16］BS 8723—2—2005 信息检索用结构语义 导则 主题词表

［17］中国图书馆分类法编辑委员会编.中国图书馆分类法 [M]. 北京：国家图书馆出版社，2010.

［18］中国科学技术信息研究所编著.汉语科技词系统（新能源汽车卷）[M]. 北京：科学技术文献出版社，2012.

［19］中国科学技术信息研究所编著.汉语科技词系统（智能材料与结构技术卷）[M]. 北京：科学技术文献出版社，2014.

［20］王军，卜书庆.网络环境下的知识组织规范和应用指南 [M]. 北京：国家图书馆出版社，2012.

［21］Isaac.A Summers E.SKOS Simple Knowledge Organization System Primer[EB/OL].http://www.w3.org/TR/skos-primer/.

第五章
知识服务相关观点荟萃[*]

近年来，知识服务已成为热词。知识服务、知识付费、知识产品、知识交付、微课、音频产品、有声读物、听书等，不同的概念，不同的观点，交织在一起相互碰撞。各种不同的声音，甚至是截然相反的声音，都存在着。在这里，本书课题组把近年来有关知识服务的观点，摘录在此，供读者参考。

第一节　知识服务的起源与概念

一　知识服务的起源

在国外，知识服务的概念最初用以指代知识密集型服务业、知识密集型服务、知识密集型服务活动。[①]

按照联合国开发计划署的定义，知识服务基于全球知识技术状态的建议、专家意见、经验和试验方法，其目的在于帮助知识使用者获得最佳知识解决方案。[②]

在我国，知识服务最早出现在图书情报、档案学领域，是指依托现有资源，针对用户需求，对信息进行搜集、鉴别、分析、重组和传播等的智力服务过程。

近年来，出版领域开始引入知识服务的理念。目前对于出版领域的知识服务，普遍认同的定义是：出版企业围绕目标用户的知识需求，通过整合各种显性和隐性知识资源，向用户提供信息、知识产品和解决方案的信息服务活动。[③]

---

[*]　撰稿人：介晶，中共党员，副编审，主要从事数字出版、知识服务、版权保护等相关方面的研究工作。

[①]　李霞，樊治平，冯博. 知识服务的概念、特征与模式 [J]. 情报科学，2007(10): 1584–1587.

[②]　Hat are UNDP's "Knowledge Services"?[EB/0L].2010–09–13.http://www.undp.org/execbrd/pdf.

[③]　张新新，出版机构知识服务转型的思考与构想 [J]. 中国出版，2015(24): 23–26.

二 知识服务的概念

冯宏声：在构建国家知识服务体系的总体思路中，我们对知识服务的概念认识是：以各领域知识体系建设为基础，研制标准，融合技术，优化知识汇聚机制，实现高效的采集沉淀，做好知识组织，设计并生产知识产品，以产品为纽带，连接知识创造与知识应用，面向不同的机构用户、个体用户提供多样化服务模式，促进知识创新与再创造，支持各领域生产活动，支持各领域学术研究，支持各类机构的决策，满足社会公众以知识为核心的文化消费。[①]

张晓林：认为知识服务是以信息知识的搜寻、组织、分析、重组能力为基础，根据用户的问题和环境，融入用户解决问题的过程中，提供能够有效支持知识应用和知识创新的服务。[②]

田红梅：认为知识服务是指从各种显性和隐性信息资源中针对人们的需要将知识提炼出来、传输出去的过程，是以资源建设为基础的信息服务的高级阶段。[③]

陈英群：认为知识服务是指向用户提供知识信息、知识挖掘手段及问题解决方案的服务。[④]

戚建林：从广义和狭义两个范畴给出了定义。从广义上讲，知识服务是指一切为用户提供所需知识的服务；从狭义上讲，知识服务是指针对用户专业需求，以问题解决为目标，对相关知识进行搜集、筛选、研究分析并支持应用的一种较深层次的智力服务。[⑤]

这些有关知识服务概念的论述基本上代表了图书情报领域对知识服务内涵的理解，反映了图书情报领域知识服务的内容、特点、方式和目标。但正是因为特殊服务领域的限制，这些知识服务概念缺乏超出特殊服务领域之外的一般意义的内涵与外延。

李霞等：认为知识服务是一个满足客户不同类型知识需求的服务过程，其过程是知识服务提供者凭借其具有的高度专业化的知识，在充分挖掘客户需求的基础上，结

① 冯宏声 . 加快推进馆社合作，共建知识服务新生态 [J]. 出版科学，2018, 26(4): 5-7。
② 张晓林 . 走向知识服务 [M] . 成都：四川大学出版社，2001:110-112。
③ 田红梅 . 试论图书馆从信息服务走向知识服务 [J] . 情报理论与实践，2003, 26(4): 312-314。
④ 陈英群 . 知识服务的主要特征及其发展趋势 [J] . 河南图书馆学刊，2002, 12(6):41-44。
⑤ 戚建林 . 论图书情报机构的信息服务与知识服务 [J] . 河南图书馆学刊，2003, 22(2):37-38。

合组织内外搜集、整理的信息与知识，进行知识创新，并借助适当的方法和手段，在与客户交互的过程中，帮助客户获取知识、提高客户解决问题的能力、帮助客户理性决策，或者直接帮助客户解决问题。①

罗振宇：知识交付除了"学术"和"入门"还出现了第三种行为——"跨界通识"。知识的场景化，高度的用途化正在让"跨界通识"变成市场的刚需。知识交付的最终结果：碎片化学习，知识累计碎片。知识正在面临三大转型：终身学习、跨界通识、碎片化趋势。从而出现一个新的产业：知识服务。②

第二节　知识付费的创新与实践

知识付费诞生在移动互联网时代，出现在时间节奏加快的当下，正是因为人们在有限的精力与时间里，对知识的渴求与日俱增，他们担心被高速发展的行业抛下，害怕跟不上快速迭代的知识，不甘在别人侃侃而谈时自己茫然无措。但庞杂的信息，过多的选择反而增加了时间成本，人们陷入了决策困境。知识付费领域的弄潮儿正是抓住这样的客观现实与人们的普遍心理，将其发展得风生水起。③

知识付费作为知识服务影响力和知识变现能力的集中表现，是一种全新的知识共享传播模式。作为互联网时代的风口产业，知识付费利于知识的优质供给、高效筛选和有效传播，对出版业的转型发展和创新变革具有重要影响。④

2016 年是知识付费元年，国内各大知识共享平台纷纷开展知识付费实践，比较典型的知识付费平台包括知乎、分答、"得到"和喜马拉雅。它们以付费咨询、付费问答、付费订阅、付费音频等产品形式，探索创立知识付费的有偿共享经济模式，不仅创新了产品形态和内容生产方式，也带来了付费机制和商业模式的颠覆性变化。各平台通过提供专业垂直的细分产品积累了大量的忠实用户。国内各大知识付费明星产品借助互联网传播和支付方式，促使知识服务和社群经济变现，实现了知识的优质供给

① 李霞，樊治平，冯博. 知识服务的概念、特征与模式 [J]. 情报科学，2007(10); 1584–1587.
② 罗振宇. 从媒体到知识服务 [EB/QL]. 2017-08-16. http://www.sohu.com/a/165190797_99918922.
③ 毋婷娴. 传统出版业在知识付费时代的危与机 [J]. 新闻研究导刊，2018, 9(20): 211,240.
④ 郑久良，汤书昆. 知识付费背景下出版业发展模式与路径探析 [J]. 中国编辑，2018(11): 24–28,34.

和高效筛选，缩减了知识传播的流程，提高了受众黏性和活跃度。[①]

信息时代，智慧经济的发展繁荣向好，知识付费也已经逐步被消费者广泛接受。当前，互联网视频资源会员专享、网络文学付费订阅、自媒体网课线上购买等丰富多样的消费形式，逐渐培养起消费者为知识付费的消费习惯。据统计，2017 年国内知识付费行业市场规模约 49.1 亿元，2018 年知识付费用户规模约 2.92 亿人，乐观估计，至 2020 年其规模将达到 235 亿元，越来越多消费者愿意为高品质的知识买单。随着移动互联网技术的发展和移动端 App 的流行，知识付费行业因为商业化运营催生了内容价值的货币化，行业的变现能力吸引了资本市场的关注。数据显示，在知识付费细分的媒体和阅读领域，2017 年总共完成 210 笔融资，总融资规模达到 96.27 亿元，同比增长 7%。2018 年上半年，共计发生 95 笔融资，规模达 24.28 亿元。[②]

方军：人们对知识付费的认知在 2018 年有两个根本性的变化。第一，用户付费的知识产品已经成为一种可行的内容变现方式，更多的互联网产品（比如社交类、工具类）也会加入进来。第二，知识付费或知识服务可能并不是一个行业，而是达成目标的"工具"，这个目标可以是传播知识的公益性目标，也可以是商业性目标。[③] 下面以知识付费音频节目为例进行分析。

（1）知识付费音频节目主打知识品牌。近期，"爱音斯坦 FM"音频聚合平台研究院所做的一份中国企业家调查问卷显示："焦虑，对新事物、新知识感觉力不从心，缺乏有效学习渠道等问题，是当下企业家反映最多的问题。"这也代表了付费音频潜在受众的现状，他们亟须通过有效学习来提升个人竞争力。

（2）知识付费音频节目强调付费的经济要求。节目付费的达成关键之一在于名人效应，从《王利芬成长社》到《白先勇细说红楼梦》，从《复旦女教师陈果的幸福哲学课》到《余秋雨：中国文化必修课》，知识付费音频节目能率先在市场上打开局面，基本上离不开主讲人自身的号召力。主讲人早在节目开播前便积累了一定程度的流量效应，这是让用户付费的第一步。

（3）知识付费音频节目追求"短平快"。作为喜马拉雅首款音频付费节目，《好

① 郑久良，汤书昆．知识付费背景下出版业发展模式与路径探析 [J]．中国编辑，2018(11): 24–28,34.
② 李建菲．知识付费 内容深耕和规范发展才是重点 [N]．农村金融时报，2018–11–26(A08).
③ 陈茜．喜马拉雅的盈利渴望 知识付费风口已过 [J]．商学院，2018(12):53–55.

好说话》的成功因素大抵可以代表知识付费音频节目的共性特质，即"短音频的体系化、课程化输出"。这类音频产品时长大多在 5~8 分钟，体系化是说节目之间存在内在联系，课程化则意味着节目行进方式为讲授式。①

　　知识付费业态，是互联网信息服务发展潮流中涌现出的新型信息服务业态，即以优质"知识"信息服务吸引用户直接付费的业态。知识付费业态，属于广义内容付费业态的一种类型，是从早期以网络游戏、影视、音乐等纯娱乐性内容为主的付费业态中逐步分离并独立发展起来的。纯娱乐性内容付费业态顺应了快节奏工作状态下用户的娱乐性解压诉求，知识付费业态则满足了知识焦虑裹挟下用户的时代竞技发展渴求。当下，我国知识付费业态发展的主力军是互联网知识付费平台型企业。2016 年，知乎、分答、"得到"及喜马拉雅等平台纷纷探索付费咨询、付费问答、付费订阅、付费音频等形式，将我国知识付费业态推上了互联网市场发展的"风口"。知识付费平台，从经济学角度看，其最突出的特点是发挥着知识付费业态的开放式中介发展平台的功能，是知识付费业态中两端市场用户群体——"知识生产者"与"知识消费者"的连接者、匹配者和市场机制设计者。目前我国知识付费平台仍处于起步阶段，在总体呈现发展趋势的同时，也出现了"有人欢喜有人忧""有人退场有人入场"的结构性分化态势。②

　　一般情况下，用户购买知识付费课程是希望快速获得解决方案，并能马上运用到实际工作或生活中。通过对各类"爆款"课程的分析，以及荔枝微课的实操经验来看，"爆款"课程通常具备以下 6 大共性。

　　一是干货，即用清晰的逻辑和实例在短时间内介绍出问题的关键点。这类知识付费课程一方面能让用户将方法论与自身经验相结合，形成能够切实指导生活和工作的实战技巧；另一方面能节省用户的学习时间，让用户产生深度思考并认可其价值，这也是知识付费产品实现良性发展的关键。要实现这一目标，内容生产团队必须拓宽知识获取渠道，让专业人才参与到知识付费的内容生产中，从而生产出高质量的课程产品。

　　二是普适性，即能普遍满足大众刚需。不同专业领域和不同知识水平的用户对课程的需求不同，在制作知识付费课程时，内容团队既要注意迎合大众心理，也要注意

　　①　张帅. 知识付费音频对广播社教类节目的启示 [J]. 中国广播，2018(11): 61-63.
　　②　刘友芝. 知识付费平台持续发展的现实瓶颈与创新突破 [J]. 编辑之友，2018(11): 22-27.

课程的主题设置不能太过小众，内容呈现方式要更"接地气"。

三是痛点，即课程主题要击中用户的痛点。许多刚刚涉足知识付费课程的内容生产团队很容易在这方面走弯路，特别是家庭教育类课程的内容生产团队倾向于大而全的亲子育儿课，希望在一款课程产品里将所有的亲子教育知识都传达给用户。殊不知，用户更愿意为一些相对聚焦的内容埋单。不久前，荔枝微课上线了一款有关"正面管教"的课程，课程内容仅仅聚焦在怎样跟孩子沟通这一点，上线后好评如潮。

四是好讲师，即讲师的专业度和能力。荔枝微课的课程数据显示，目前用户对付费课程的选择标准正逐步从内容干货向讲师背景转移。在同质化现象严重的大背景下，用户很难分辨哪些才是真正的好课，讲师的背景与资历自然成为重要的评判标准之一。

五是易用，即简单且实操性强。当下，生活节奏较快，大部分人不愿意花费大量时间学习某个问题的解决之道，通俗易懂且实用的知识付费课程成为用户的首选。因此，在打造"爆款"知识付费课程时，一方面要追求"短平快"，将信息尽可能地精简；另一方面，要采用轻松活泼的表现形式，寓教于乐，让用户轻松获取所需知识。

六是包装，即设计和文案。课程包装肩负着将课程有效呈现给用户的重要责任，换句话说，用户会不会购买，很大程度上取决于对课程的介绍。在进行课程包装时，设计和文案是两个重要组成部分。如果设计没有吸引力，用户不会点击浏览，更没有兴趣了解课程内容；如果文案没有说服力，用户不会对课程和讲师产生信任，更不会产生购买欲望。[1]

第三节　出版业怎么做知识服务

出版理念的变革——由内容提供商向知识服务商转变，是转型的核心指标。出版业兼具制造业和服务业双重属性，随着互联网时代的到来，其制造业属性日趋淡化，服务业属性愈加明显。互联网技术的应用使现代信息呈几何式爆炸增长，在使用户获取信息变得轻松快捷的同时，也加大了将信息重组为知识解决方案的难度。对此，专

---

[1]　赚钱的知识付费课程都做了些什么？ [EB/QL]. 2018-02-26. https://mp.weixin.qq.com/s/kfnG9o55GJv6QZH8BswGPw.

业出版机构应该重新审视自己的角色定位，在有知识需求的用户与优质内容生产者间架起一座"桥梁"，完成从"内容提供商"到"知识服务商"的定位转型。这意味着传统出版业不应再将业务停留在单一的内容提供上，而应以互联网经济的商业模式重塑内容产业。新闻出版"十三五"工作规划中，将"增强新闻出版业的文化服务与信息内容服务能力"作为下一阶段的工作目标，由此可见，出版业的终极价值不仅仅是产品生产，更包含了知识服务。①

2015 年 8 月，国务院下发《促进大数据发展行动纲要》，提出开展"知识服务大数据应用"：建立国家知识服务平台与知识资源服务中心，形成以国家平台为枢纽、行业平台为支撑，覆盖国民经济主要领域，分布合理、互联互通的国家知识服务体系，为生产生活提供精准、高水平的知识服务，提高我国知识资源的生产与供给能力。早在 2014 年，中央出版企业就已启动知识资源加工、知识组织工作，构建各领域知识体系，搭建面向专业用户的知识服务平台，推出知识服务产品。2015 年，国家新闻出版广电总局启动知识资源服务模式试点工作。传统出版单位大胆创新，取得显著成果。例如，人民卫生出版社的"人卫临床知识库"App 以及"人卫临床助手"App、人民法院出版社的法信平台、农业出版社的"智汇三农"服务平台、交通出版社的"车学堂"App、电子工业出版社的"E 知元"数字产品、北京语言文化大学出版社的"Easy Steps to Chinese"系列丛书、清华大学出版社的智学苑平台，等等，都是专业性强、经济效益好、市场前景不错的产品。②

未来的知识服务商至少有三个层级：初级知识服务商，仅仅完成简单知识产品的生产和供应；中级知识服务商，要搭建创造者和需求者之间的平台；高级知识服务商，应当以建立一个相对稳定，又可以不断动态完善的知识体系为基础，借助知识服务平台，实现线上线下互动，形成多元立体的产品线、服务线，构建起特定领域知识服务生态系统。当前，传统出版企业开展知识服务，应当在以下四个方面加强融合。

（1）加强知识内容和技术应用的融合。结合实际，布局不同层级的技术应用。一是加快对知识资源的编码管理，引入 ISLI 国家标准及相关标准，引进必备的编码技术

① 雷晓艳."互联网 +"时代传统出版业的知识服务转型 [J]. 编辑之友 , 2018(11): 16–21.
② 冯宏声 . 内容产业的合与分 : 知识服务的多元化未来 [J]. 出版广角 , 2018(7): 6–8.

工具，提高元数据管理能力；二是完善数字化生产线，实现协同编纂，引入国家数字复合出版工程中开发的相应生产工具；三是支持知识资源的语义管理，借助国家数字复合出版工程中主题词表、本体库等相关工具，实现从关键词检索到语义检索的转变；四是创新内容呈现形态，以 ISLI 国家标准的关联编码为支撑，引入 AR、VR 等技术，在确保产品稳定性的同时，提高用户体验；五是布局数据管理，充分运用版权保护技术研发工程成果，全面应用 CNONIX 国家标准，提高版权资产管理水平，确保数据准确与安全，提高与下游发行、渠道、用户等环节的数据共享，以反馈生产，支持生产决策。

（2）多形态产品与多形态需求融合。基于用户需求供应多形态产品。一是资源模块化，以知识体系建设、知识标引工作为基础，基于相互关联的知识元，形成可变化的资源（素材）模块；二是产品多维化，针对不同用户需求推出产品，如基础知识、学术知识、专业知识、科普知识、小百科知识；三是体验定制化，通过跨终端、多渠道，再编辑、再设计、再创造，做好用户体验。

（3）传统运营与互联网运营融合。创新营销模式，提高营销水平。一是实现线上线下融合，做好"O+O"部署，布局好哪些产品与服务在线上，哪些产品与服务在线下；二是实现单向生产供应与各类用户互动参与的融合，即用户上传内容（UGC）、专业作者上传内容（PGC）与编辑上传内容（EGC）融合，形成"线上社区＋平台＋线下社群"的模式，用户生产的内容由社区、社群进行初审，由出版企业的编委会进行最终审定；三是实现出版企业销售与作者参与销售的融合，让专家走到台前，借助音视频等形式，对"知识网红"进行包装与培养；四是创新付费模式，基于不同的产品、不同的用户，形成多种付费模式的融合，以及会员包年、游戏通关、深度学习、衍生产品、周边文创、线下活动等多元化的策略组合。

（4）企业战略与国家战略衔接融合。基于国家的统一战略部署，形成多种合作。一是与国家知识服务机构合作，加入公共服务平台，形成具有互动性的用户引流；二是与各个外部行业机构合作，通过各种不同规模、不同量级的知识产品为外部产业的生产活动提供最基本的知识支持，并为其他专业领域提供深度内容供应链接服务，实现用户引流。[1]

---

① 冯宏声.知识服务：互联网时代出版业转型升级的方向 [J].出版参考，2017(11): 1.

到目前为止，专业出版社在知识服务转型上大体有以下模式：

（1）将纸质产品转化成资源数据库，沿用原渠道进行推广。拥有丰富的专业内容资源是专业出版社打造本专业知识服务平台，实现数字化转型的坚实基础。众多专业出版社都在积极将出版社纸质资源数字化，建立本专业的资源数据库。比如，中国人民公安出版社上线的"中国警察智识数据库"，依托公安部所属出版机构60多年的公安专业图书出版资源，为广大公安干警和公安院校师生打造了一种全新的知识检索工具。该数据库资源内容兼具学术性和实务性，资源类型包括专著、图片、论文、知识、案例等，建立了领域本体知识体系，勾画了公安专业知识图谱，形成了具有权威性的智能化公安专业知识服务平台。电子工业出版社建立的华信数字出版网是一个面向研究生、本科、高职、中职、中小学教育各学段的资源服务平台，为用户提供纸质书在线购买以及配套数字教育资源下载服务。

（2）将纸质产品转化成互联网产品，通过互联网开展运营。此模式应该是目前我国专业出版社互联网使用程度最高的知识服务转型模式。不但建立了拥有大量资源的数据库，还对部分产品进行了场景化设计。做得好的出版社有人民卫生出版社、中国人民法院出版社等。人民卫生出版社在2018年全国数字出版转型示范评估中，在知识服务类和出版社类中均排名第一。人民卫生出版社开发了一系列知识服务产品，具有代表性的有"人卫临床助手""人卫用药助手"。"人卫临床助手"以临床工作实际需求为导向，为医务工作者提供了一个医学知识查询、学习平台，并逐步嵌入实际工作流程中，切实为临床工作助力。"人卫用药助手"服务于医药卫生专业人员，通过深入挖掘、系统整合人民卫生出版社药学精品学术资源，为广大医、药、护、技专业人员提供科学、权威、前沿、实用的药学知识服务。中国人民法院出版社建设的法信平台是中国最大的法律知识与案例应用平台。和传统法律数据库相比，其聚集了海量版权资源，特别是专业加工的法条案例，全面搭建了知识体系，将知识和大数据深度融合，并且增加了知识服务的场景运营。

（3）在线教育或在线培训模式。工业时代，受传播技术的限制，出版社难以和读者建立联系；互联网时代，出版社通过自建平台，可以和用户建立直接的联系，开展知识服务，而不是只提供图书。我国很多专业出版社承担着本专业领域的教材或资格考试类图书的出版工作，原来是出版社出书，读者自己学。现在，各出版社可以在自建平台上进行培训，开展在线教育。比如，中国建筑工业出版社上线的中国建筑出版在线知识服务频道和"建工社微课程"微信服务号，通过 PC 端和移动端为建筑执业考试类考生提供网上增值服务、网上培训业务。[①]

我国专业出版社的个性化知识服务各模式包括以下几种。

（1）基于用户需求的个性化定制服务模式：专业出版社基于用户明确提出的需求，为用户定制专属知识服务产品。定制服务主要包含内容定制服务、信息检索定制服务、用户界面定制服务等。这种形式一般适用于相对固定的群体，例如某个单位的内部学习就可选择定制服务，群体需求基本一致，但是很难完全满足单个个体的需求。且此处"需求"的含义更多的是"要求"，由用户主动提出，专业出版社在其中处于被动地位。

（2）基于用户场景的个性化岗位服务模式：专业出版社基于用户场景的个性化岗位服务，是专业出版社按照服务对象的岗位分析和预判用户需求，为不同岗位的用户提供知识服务。专业出版社利用大数据对用户岗位进行分析，将知识服务与具体用户场景绑定，按照岗位匹配知识，建立岗位知识模型，从出版社已有知识库中提取相应知识，对知识进行整理加工，从而构建与用户岗位相匹配的知识库。岗位服务模式与定制服务模式相比，专业出版社在知识服务中化被动为主动，实现了知识服务水平的动态提升。但是，这种知识服务依然是针对群体需求，用户通过检索获取的知识是其岗位所需知识，而非单个用户的具体需求。从某种程度上来说，专业出版社获得了主动地位，用户在其中更多地处于被动地位。

（3）基于用户行为的个性化推送服务模式：基于用户行为的个性化推送服务是基于单个用户行为，通过大数据分析，实现知识与用户的精准匹配的一种知识服务模式。专业出版社积累了大量专业领域的用户数据，不仅可以分析包括性别、年龄、学历、职业等在内的静态用户数据信息，而且可以挖掘包括检索、收藏、浏览习惯、浏览历史等在内的动态用户数据信息。专业出版社在知识服务个性化推荐中，对静态用户数据信息的分析有助于把握推送内容和服务的大方向，结合动态用户数据信息则可以精准地及时推送，最终通过算法实现智能推送。平台提供的学习工具，例如用户笔

① 程海燕 . 专业出版社知识服务转型升级路径分析 [J]. 出版广角 , 2018(19): 19-22.

记、标签、批注等，有助于进一步了解用户的兴趣取向。①

在知识服务中，知识库是知识获取、组织的核心。知识库中的知识包括用户个人健康信息及对相关信息类别的描述，以及中医的相关理论、中医概念间的关系及中医概念与个人健康信息形成的个人健康体系。知识库基于个人健康信息和相关中医理论为智慧中医系统提供决策支持。知识服务的目的是从繁杂的信息中提取有价值的知识，为用户提供问题解决方案。从该角度出发，中医药知识库在提供决策支持的时候不仅要匹配相关诊疗记录，还须结合用户最新的个人健康信息，推断用户患病状态，生成医疗决策方案。②

知识服务的转型路径：经过一系列调研与分析，我们发现，当前出版社向知识服务转型，有三条常见路径。路径 A——产品数字化：这个阶段的特征是，将纸质产品转化成数字产品，沿用原渠道进行推广。形式上是产品形态的变化，本质上是版权的变化。路径 B——"产品 + 运营"互联网化：将纸质产品转化并改造成适应互联网时代的产品，提升产品服务能力；策略性放弃原有渠道，通过互联网进行运营。其本质是产品服务能力和服务方式的变化。路径 C——全盘平台化：打通上下游，建立基于互联网平台的知识生产及使用（PGC、UGC）的商业模式。其本质是从以产品为中心到以产品为基础、以服务为中心的模式变化。比如知乎、百度知道等。以上三条路径对于出版社来说难度逐渐增加，因为要出版社改变的因素在逐级增加。在路径 A，出版社可以只改变产品形态，其他全部借用传统出版优势；在路径 B，不仅要改变产品形态，还要考虑用户场景、互联网运营；到路径 C，几乎颠覆了出版社的现有工作方式和工作目标。但路径 C 恰恰是知识服务的最佳实现方式。这也是传统出版社知识服务转型的一大难点。③

第四节　知识服务未来发展趋势

2018 年 1 月，国家新闻出版广电总局数字出版司副司长冯宏声在"2018 中国知

---

①　张美娟, 胡丹. 我国专业出版社知识服务及其模式研究 [J]. 出版科学, 2018, 26(6): 12–16.

②　黄炜, 程钰, 李岳峰. 基于知识服务的中医药个人健康知识库构建研究 [J]. 现代情报, 2018, 38(12): 78–85.

③　刘长明. 传统出版业知识服务转型的分析和展望 [J]. 中国传媒科技, 2018(8): 16–17.

识服务产业峰会"中谈到"知识服务的未来"，他从诸多方面做了具体分析。在服务方向上，不要再把大众、专业、教育作为供应方的理念分类方式，而是作为需求方的分类方式，让服务方向变得更加多元。在服务对象上，出版社不但要服务于政府部门、科研机构、教学机构，更主要的是还要服务于产业企业。毕竟大多数时候，出版社应当是某一个行业的出版社。在技术应用上，从以前的书、报刊、光盘向知识百科、条目等方式拓展，提供查询服务、知识检索等，并以知识图谱的方式提供。在服务主体上，出版企业的竞争对手有新兴的互联网内容企业，还有行业机构、个人网红。出版企业要立足于门槛较高的专业知识服务，积极学习，不断创新。[①]

从理论到实践的探索成果给人们带来了新的启发，关于知识服务体系建设的总体思路也在不断升级。我们可以看到，知识服务将有一个多元化的更加美好的未来。

一是服务方向的多元化。知识服务不仅是专业出版的转型升级方向，更是所有传统出版业态的转型升级方向。知识服务的方向可包括面向大众、面向教育、面向专业等。

二是服务对象的多元化。未来数字内容产业在开展知识服务时，将向多类型服务对象提供服务。例如，为政府部门提供决策支持服务（内部管理、社会治理与管理、公共服务）与舆情应对服务；为科研机构提供科研创新的支持服务（知识检索查询），以及新知识验证与沉淀的入口服务（专业领域知识的开放式共享平台）；为教学机构提供教育类知识供应、互动支持及数据沉淀服务；为产业企业提供领域知识供应、人员培养服务；为出版行业提供知识产品再生产、支持知识服务的服务；为个人用户提供满足学习、生活与消遣需求的服务。

三是技术应用的多元化。传统知识服务关注语义分析、知识资源管理、知识加工、知识挖掘、知识组织等技术，新时代知识服务更多关注大数据、物联网等新技术。新技术也需要知识服务支持，知识图谱等成果作为优质智慧数据，将为人工智能的"智能体"发展提供支撑。例如，云计算可提高计算能力，提高知识调度的效率；物联网使万物数据在线，增加知识沉淀的厚度；大数据能够有效汇聚数据，提升知识验证的精度；人工智能促进智慧出版，拓展知识元数据应用；AR/VR/MR 技术将抽象

---

① 吴雪. 2018 年的知识服务与新出版之路 平台、工具、MCN、CP 各自怎么玩？ [EB/QL]. 2018-01-16.http://www.bookdao.com/article/404746/.

转为可视，优化知识呈现的效果；关联解析可实现知识关联，推动交叉学科的突破。

四是服务形态的多元化。知识是高级形态的信息，知识服务也是高级形态的信息内容服务，就其他内容服务模式而言，知识服务应当是向下兼容的。未来的内容产业主体应不断创新可供应的知识产品形态与知识服务方式。如今，文献产品（书、报刊）仍然是重要的知识产品形态之一，有一定学习能力的用户会更喜欢自己挖掘知识；知识产品以碎片化方式部署在前台、后台，以结构化、体系化方式存储并不断更新。查询服务是知识检索、知识导航（基于可关联的知识地图、知识立方图）等产品与服务融合的新形态；场景服务包括专业领域资讯服务，知识社区、知识社群服务，线上与线下培训服务，咨询与解决方案供应服务，以及广告服务；知识服务的定价体系将更加复杂与多样化，可按产品供应量、服务时长、服务次数、包月包年等方式进行计算。

五是服务主体的多元化。知识服务行业需要政府、科研院校、行业组织与行业机构、传统出版企业、新兴互联网内容企业、技术企业、平台企业以及个人共同参与、共同建设，才能形成完整的知识服务生态体系。①

未来，知识服务的重点是根据问题和场景确定用户需求，通过信息的析取和重组来形成符合需要的知识产品，帮助用户找到或形成有效的解决方案。知识服务的作用主要体现在对解决方案的贡献。解决方案的形成过程，是一个对需求不断发现、理解、分析和组织的过程。"超以象外，得其环中。"学会从"产品"到"场景"的思维方式，通过匹配用户目标进行服务研究，才能超越表象，抓住知识服务的本质。②

在当前这个时代，随着社会经济的不断发展和人们生活水平的不断提高，以后将会有越来越多的人渴望得到更多的知识，以此来满足他们精神层面的需求。所以从这个角度来说，知识付费的市场前景还是很广阔的。但是对于知识付费来说，它所面临的挑战也很大，毕竟很多人花钱来学习，一方面是为了获取他们欠缺的某些知识，从而让他们在当今这个市场上有更强的竞争力；另一方面，他们也希望花钱买的产品是一些"真"的东西，是一些对他们来说真的有帮助的东西。虽然现在人们的生活水平

①　冯宏声.内容产业的合与分：知识服务的多元化未来 [J]. 出版广角，2018(7): 6-8.
②　赵龙.知识服务"场景"化研究初探 [A]. 北京科学技术情报学会；2018 年北京科学技术情报学会学术年会——智慧科技发展情报服务先行论坛论文集 [C]. 北京科学技术情报学会，2018: 5.

提高了，但是人们的时间越来越少了，很多人不希望自己花费时间和金钱去学习，最终得到的结果却是不光没有学到东西，还浪费了很多的时间和金钱，这种极差的用户体验也会让很多人对知识付费感到失望。所以对于知识付费的生产者来说，这就对产品的内容质量提出了很高的要求。在当前这个时代，我们发现，能够生产知识的团队越来越多了，同时他们所生产的内容也是参差不齐。所以不管是对平台方来说，还是对生产者来说，现在这个时代最需要做的一件事情就是加快优胜劣汰，让真正优质的内容，能够在当前这个市场上得到更好的发展，让一些内容质量差，用户体验差的内容被淘汰。同时对平台方来说，他们在对接知识付费的生产者和消费者的时候，也要让更多的消费者能够清楚地知道收费内容的大的框架有哪些，他们通过这些知识付费产品到底能学到什么东西，同时他们在学习之前最好能够对知识付费的生产者有很详细的了解，这样他们在购买知识付费产品时才会更加放心，才能够买到他们真正需要的产品。①

中国新闻出版研究院院长魏玉山认为，知识服务的内容开始细分为两类：一类是心灵鸡汤和人生指导，水平参差不齐，用户疲劳感已显现；另一类是以出版机构、科研机构为主制作的产品，在细分领域深耕，逐渐成为市场刚需，盈利能力强。但是，如果传统出版机构不能转变其固有理念和机制，未来知识服务领域的成功者就可能只有数字资源整合商，而没有传统出版机构。②

---

① 火爆了两年的知识付费，它的未来可能会是什么样的？[EB/QL]. 2018-07-25. https://baijiahao.baidu.com/s?id=1606919134870047384&wfr=spider&for=pc.

② 人民日报：融合转化，知识服务升级 [EB/QL]. 2018-02-26. https://mp.weixin.qq.com/s/f8-FZBKgvZ-_xT0wxoxujw.

参考文献

［1］ 中共中央办公厅, 国务院办公厅. 国家"十一五"时期文化改革发展规划纲要 [EB/OL].2006-09-13. http://www.gov.cn/jrzg/2006-09/13/content_388046. htm.

［2］ 国务院办公厅. 国家"十二五"时期文化改革发展规划纲要 [EB/OL].2012-02-15. http://www.gov.cn/jrzg/2012-02/15/content_2067781.htm.

［3］ 国务院. 促进大数据发展行动纲要 [EB/OL]. 2015-09-15.http://www.gov.cn/zhengce/content/2015-09/05/content_10137.htm.

［4］ 国务院.国务院关于进一步扩大和升级信息消费持续释放内需潜力的指导意见 [EB/OL].2017-08-24. http://www.gov.cn/zhengce/content/2017-08/24/content_5220091.htm.

［5］ 魏玉山. 建设国家知识资源服务中心助力新闻出版知识服务 [J]. 出版参考, 2017(11):5-7.

［6］ 郭虹.CNONIX 应用消除大数据时代信息"孤岛"[N]. 中国出版传媒商报, 2016-08-23.

［7］ 刘宇阳. 知识服务与出版创新 [J]. 出版参考, 2017(11):4.

［8］ 艾瑞咨询集团.2017 年中国知识付费市场研究 [EB/OL].2017-12-05. http://www.iimedia.cn/59925.html.

［9］ 易观国际.中国知识付费行业发展白皮书 2017[EB/OL]. 2017-12-09. http://www.1qqit.com/archives/661664.html.

［10］ 赵倩."互联网 +"视阈下出版企业知识服务模式研究 [D].北京印刷学院, 2017.

［11］张淑雅,杜恩龙.关于出版企业知识服务模式的思考[J].出版广角,
2017(14):13-15.

［12］王炎龙,邱子昊.知识生产视域下出版业的知识服务模式[J].出版广角,
2017(13):10-12.

附　录

一　知识服务项目大事记

2006 年，《国家"十一五"时期文化发展规划纲要》将"国家知识资源数据库工程"列入"十一五"时期国家重大文化产业推进项目。

2014 年，国家新闻出版广电总局、财政部联合制定了《关于推动新闻出版业数字化转型升级的指导意见》，提出重点支持国家知识资源数据库的建立。

2015 年，国家知识资源数据库工程共性关键技术研发相关工作列入"十三五"国家重点研发计划优先启动重点研发任务；同时，开始进行知识资源服务试点工作。

2015 年 3 月至 5 月，征集并确定第一批专业数字内容资源知识服务模式试点单位 28 家。

2015 年 10 月，征集并确定专业数字内容资源知识服务模式试点工作技术支持单位 20 家。

2015 年 11 月 5 日至 7 日，召开专业数字内容资源知识服务模式试点工作技术支持单位征集评审会。

2016 年 1 月，国家新闻出版广电总局办公厅向中国新闻出版研究院下发《关于同意筹建知识资源服务中心的批复》，批准中国新闻出版研究院筹建知识资源服务中心。

2016 年 4 月 21 日，召开专业数字内容资源知识服务模式试点阶段性工作部署会。

2016 年 9 月 13 日至 14 日，召开专业数字内容资源知识服务模式试点阶段性工作部署会。

2017 年 11 月至 2018 年 1 月，征集并确定第二批专业数字内容资源知识服务模式试点单位 27 家。

2018 年 3 月至 5 月，国家知识资源服务中心征集并遴选专业数字内容资源知识服务模式（综合类）试点单位 55 家。

2018 年 4 月 17 日，根据原国家新闻出版广电总局统一部署，中国新闻出版研究院组织召开专业数字内容资源知识服务模式（专业类）试点单位工作会。

2018 年 8 月 9 日，国家知识资源服务中心召开专业数字内容资源知识服务模式（综合类）出版单位试点工作会议，43 家出版试点单位参会。

2018 年 9 月 11 日，召开专业数字内容资源知识服务模式高校、高校出版社及科研机构工作会议，70 余名试点单位代表参会。

2018 年 9 月 27 日，召开专业数字内容资源知识服务模式试点工作技术单位工作会议，60 余名来自技术支持单位的代表参会。

二 知识服务产品应用情况调查问卷

1. 单位名称 _____

2. 本单位是否为总局批复的 55 家知识服务试点单位（ ）

A．是 B．否

3. 本单位从事的垂直领域是（括号后划"√"）

交通运输（ ）化学化工（ ）法律（ ）电力（ ）建筑（ ）工业和信息技术领域（ ）医药卫生（ ）知识产权（ ）少儿出版（ ）水利水电（ ）国土地质领域（ ）生命科学（ ）纺织服装（ ）林业 / 生态文明（ ）国防科技（ ）人文社会科学（ ）数学（ ）农业（ ）经济研究及政策咨询（ ）大众知识（ ）其他（ ）

4. 本单位有无互联网出版许可证（ ）

A．有 B．无

5. 本单位数字资源情况（ ）

A．无 B．有

6. 知识条目（ ）条

A．10 万条以内 B．10 万 ~100 万条

C．100 万 ~1000 万条 D．1000 万条以上

7. 结构化加工图书（ ）种

A.10 万种以内　　　　B.10 万~100 万种

C. 100 万~1000 万种　D. 1000 万种以上

8. 图片资源（　）张

A.10 万张以内　　　　B.10 万~100 万张

C. 100 万~1000 万张　D. 1000 万张以上

9. 音视频资源（　）小时

A.10 万小时以内　　　B.10 万~100 万小时

C. 100 万~1000 万小时　D. 1000 万小时以上

本单位开展知识服务投入／产出情况：

10. 资金投入情况（　）

A.10 万元以内　　　　B. 10 万~100 万元

C. 100 万~500 万元　D. 500 万元以上

人员情况：

11. 技术人员数量（　）

A.10 人以内　B.10~50 人　C. 51~100 人　D. 100 人以上

12. 内容编辑数量（　）

A.10 人以内　B.10~50 人　C. 51~100 人　D. 100 人以上

13. 市场人员数量（　）

A.10 人以内　B.10~50 人　C. 51~100 人　D. 100 人以上

14. 知识服务项目人员数量占本单位整体员工数量的比例（　）

A .0~5%　B.5%~19%　C.20%~49%　D.50% 以上

市场投入产出情况：

15. 市场推广经费数额（　）

A. 占总体投入费用的 5% 以内　　B. 占总体投入费用的 5% 至 15%

C. 占总体投入费用的 15% 至 30%　D. 占总体投入费用的 30% 以上

16. 知识服务产品销售数额（　）

A.10 万元以内　　　　B.10 万~50 万元

C. 50 万~100 万元　　D. 100 万元以上

17. 典型知识服务产品 (eg.   )

18. 该典型产品在市场上该类产品中所占份额（   ）

A .5% 以下　B.5% ~20%　C.21%~50%　D.50% 以上

19. 本单位已开展的知识服务产品形式有（多选）

A . 电子书阅读（   ）　　B. 知识资源库（   ）C. 知识图谱库（   ）

D. 在线学习 / 题库（   ）E. 在线问答（   ）　F. 知识社区（   ）

G. 有声读物（   ）　　　　H. 其他（请注明）

20. 本单位知识服务应用开发情况（   ）

A. 完全自主独立开发　B. 部分委托开发　　C. 完全委托开发

21. 本单位知识服务工作是否为出版流程中的必备环节（   ）

A. 是　B. 否

22. 本单位知识服务内容资源有以下哪些权利（多选）

A. 信息网络传播权（   ）B. 改编权（   ）　C. 翻译权（   ）　D. 汇编权（   ）

E. 无线移动网络数字版使用权（包括电子书发布、下载、电子光盘发布、手机阅读、IVR 语音改编、有声读物和以多媒体数字格式发布业务等）（   ）F. 转授权（可根据需要将授权的全部或部分授权转让于第三方）（   ）　G. 其他（请注明）

本单位知识服务产品用户规模情况：

23. 机构用户情况：

23.1 机构数量 （   ）

23.2 机构用户总量（   ）

个人用户情况：

24. 总用户数（   ）

A. 10 万人以内　B. 10 万 ~100 万人 C. 100 万 ~1000 万人 D. 1000 万人以上

25. 并发数（某一时刻同时访问人数）（   ）

A. 500 人以内　　B .500~1000 人　C. 1000~3000 人　D. 3000~10000 人

E.1 万 ~10 万人　F.10 万人以上

26. 日活跃用户数量 DAU（   ）

A.1000 人以内　B.1000 至 10000 人　C. 1 万至 10 万人　D. 10 万人以上

27. 月活跃用户数量 MAU（   ）

A.1000 人以内　B.1000 至 10000 人　C.1 万至 10 万人　D.10 万人以上

28. 有无对用户行为数据进行采集，并分析（   ）

A. 无　　B. 有

29. 用户年龄大部分集中在（   ）

A .18 岁以下　B.18~25 岁　C.26~35 岁　D.36~45 岁　E.46~55 岁　F.55 岁以上

30. 用户使用产品的时间段情况（   ）

A . 6 时 ~9 时　　　　　B. 9 时 ~12 时　　　C. 12 时 ~14 时

D. 14 时 ~18 时　　　E. 18 时 ~23 时　　F. 23 时至次日 6 时

31. 用户使用产品频次平均情况（   ）

A . 每天 1~5 次　B. 每周 1~5 次　C. 每月 1~5 次　D. 每年 1~5 次

32. 用户所在地区主要分布情况（   ）

A . 华东地区（包括山东、江苏、上海、浙江、安徽、福建、江西）

B. 华南地区（包括广东、广西、海南）

C. 华中地区（包括河南、湖南、湖北）

D. 华北地区（包括北京、天津、河北、山西、内蒙古）

E. 西北地区（包括宁夏、青海、陕西、甘肃、新疆）

F. 西南地区（包括四川、贵州、云南、重庆、西藏）

G. 东北地区（包括辽宁、吉林、黑龙江）

33. 本单位知识服务产品盈利模式（   ）

A . 产品会员制付费　B. 版权交易　C. 广告营收　D. 合作分成　E. 衍生品　F. 其他盈利模式（请注明）

本单位未来在知识服务的布局设想、规划：

34. 资金投入（   ）

A . 比原有投资增加 5% 以内　　　　　B. 比原有投资增加 5%~9%

C. 比原有投资增加 10%~19%　　　　D. 比原有投资增加 20%~50%

E. 比原有投资增加 50% 以上

35 下一步重点发展方向（多选）

A．电子书阅读（　　）　　B．知识资源（　　）　C．知识图谱库（　　）

D．在线学习/题库（　　）E．在线问答（　　）　F．知识社区（　　）

G．有声读物（　　）　　　　H．其他（请注明）

36．投入人员（　　）

A．增加 5 人以内　　　　　B．增加 5 至 10 人

C．增加 11 至 20 人　　　　D．增加 20 人以上

37．其他方面（请注明）_____

38．当前在知识服务具体实践中遇到了哪些困难与困惑（　　　　）

A．仍未形成有效商业模式，尚未形成投入产出完整闭环

B．资金投入不足

C．缺乏核心竞争力，和互联网企业竞争落于下风

D．专业顶尖人才引进困难

F．其他（请注明）_____

39．知识服务产品应用效果进行自我评估

39.1 总体评估　　　　　　　□好 □中 □差

39.2 用户规模方面评估　　　□好 □中 □差

39.3 产品方面评估　　　　　□好 □中 □差

39.4 技术方面评估　　　　　□好 □中 □差

39.5 市场方面评估　　　　　□好 □中 □差

40．本单位近三年有无知识服务方面的项目入选新闻出版改革发展项目库（　　）

A．无　B．有

41．如果有，请列出项目名称及预算_____

42．本单位近三年有无知识服务方面的项目获得中央财政或地方财政的资助（　　）

A．无　B．有

43．如果有，请列出项目名称及资助金额_____

44．联系人_____

45．电话_____

出版业知识服务
转型之路
——国家知识资源服务模式试点研究

（Ⅱ）

THE TRANSFORMATION OF
KNOWLEDGE SERVICE
IN PUBLISHING INDUSTRY
PILOT STUDY ON NATIONAL KNOWLEDGE
RESOURCE SERVICE MODEL

主　编　张　立

副主编　刘颖丽　介　晶

社会科学文献出版社
SOCIAL SCIENCES ACADEMIC PRESS (CHINA)

目　录

寄　语 ／1

序　知识服务是出版服务的重要方式之一 ／1

（Ⅰ）

第一章　国家知识资源服务模式试点工作综述 ／1

　　　第一节　国家知识资源服务背景 ／2

　　　第二节　国家知识资源服务发展历程 ／5

　　　第三节　国家知识资源服务模式试点工作开展情况 ／7

　　　第四节　国家知识资源服务模式试点工作取得的成绩 ／10

　　　第五节　当前知识资源服务模式试点单位存在的问题 ／12

　　　第六节　关于知识服务应用推广的几点建议 ／14

第二章　国家知识资源服务模式试点单位调查问卷分析 ／ 17

　　第一节　知识资源总体情况 ／ 17

　　第二节　知识资源服务模式试点单位运营情况 ／ 19

　　第三节　知识资源服务模式试点单位产品情况 ／ 24

　　第四节　知识资源服务模式试点单位用户情况 ／ 27

　　第五节　当前存在的困难和未来预期 ／ 30

第三章　国家知识资源服务模式试点单位应用案例分析 ／ 33

　　第一节　知识资源服务模式试点单位总体情况 ／ 33

　　第二节　知识资源服务模式试点单位服务产品情况 ／ 34

　　第三节　知识资源服务模式试点单位产品定位情况 ／ 35

　　第四节　知识资源服务模式试点单位服务对象情况 ／ 37

　　第五节　知识资源服务模式试点单位技术架构情况 ／ 38

　　第六节　知识资源服务模式试点单位典型产品功能及特点情况 ／ 41

　　第七节　知识资源服务模式试点单位运营模式情况 ／ 42

　　第八节　知识资源服务模式试点单位盈利模式情况 ／ 43

　　第九节　知识资源服务模式试点单位采用相关标准情况 ／ 44

第四章　知识服务标准研制情况 ／ 57

　　第一节　专业数字内容资源知识服务模式试点通用标准研制情况介绍 ／ 57

　　第二节　知识服务标准体系表 ／ 59

　　第三节　知识资源建设与服务工作指南 ／ 72

第四节　知识资源建设与服务基础术语 ／80

第五节　知识资源通用类型 ／89

第六节　知识元描述通用规范 ／94

第七节　知识应用单元描述通用规范 ／121

第八节　知识关联通用规则 ／174

第九节　主题分类词表描述与建设规范 ／185

第五章　知识服务相关观点荟萃 ／203

第一节　知识服务的起源与概念 ／203

第二节　知识付费的创新与实践 ／205

第三节　出版业怎么做知识服务 ／208

第四节　知识服务未来发展趋势 ／213

参考文献 ／217

附　录 ／219

（Ⅱ）

第六章　国家知识资源服务中心门户网站建设情况 ／225

第一节　国家知识资源服务中心建设背景 ／225

第二节　国家知识服务平台介绍 ／226

第七章 专业类知识资源服务模式试点单位案例 ／245

第一节 人教数字出版有限公司 ／245

第二节 中国林业出版社 ／253

第三节 中国科技出版传媒股份有限公司 ／259

第四节 中国少年儿童新闻出版总社 ／264

第五节 中国农业出版社 ／287

第六节 福建科学技术出版社 ／293

第七节 社会科学文献出版社 ／297

第八节 电子工业出版社 ／303

第九节 中国社会科学出版社 ／310

第十节 中华书局 ／314

第十一节 哈尔滨工业大学出版社 ／319

第十二节 中国人民大学出版社 ／323

第十三节 成都音像出版社 ／330

第十四节 《中华医学杂志》社 ／336

第十五节 中国大百科全书出版社 ／340

第十六节 天津大学出版社 ／354

第十七节 中国人民公安大学出版社 ／358

第十八节 中国发展出版社 ／363

第十九节 华东师范大学出版社 ／366

第二十节 外语教学与研究出版社 ／378

第二十一节 人民邮电出版社 ／392

第二十二节 人民法院出版社 ／401

第二十三节 英大传媒投资集团 ／413

第二十四节 中国海关出版社 ／419

第二十五节 法律出版社 ／440

第二十六节 黑龙江东北数字出版传媒有限公司 ／444

第二十七节 人民交通出版社 ／450

第二十八节 海峡出版发行集团 ／480

第二十九节 海洋出版社 ／483

第三十节 北京卓众出版有限公司 ／487

第三十一节 中国水利水电出版社 ／490

第三十二节 石油工业出版社 ／497

第三十三节 商务印书馆 ／505

第三十四节 中国建筑工业出版社 ／514

第三十五节 知识产权出版社 ／519

第三十六节 地质出版社 ／524

第三十七节 上海音乐出版社 ／528

第三十八节 中国铁道出版社 ／533

（Ⅲ）

第八章　综合类知识资源服务模式试点单位案例 ／541

　　第一节　读者出版传媒股份有限公司 ／541

　　第二节　人民出版社 ／557

　　第三节　中国财富出版社 ／568

　　第四节　上海辞书出版社 ／575

　　第五节　清华大学出版社 ／577

　　第六节　罗辑思维"得到" ／585

　　第七节　浙江出版集团数字传媒有限公司 ／595

　　第八节　陕西师范大学出版社 ／601

　　第九节　三联生活传媒有限公司 ／610

　　第十节　中文集团数字出版传媒股份有限公司 ／616

　　第十一节　北京合纵医信网络科技有限公司 ／624

　　第十二节　山东科学技术出版社 ／636

　　第十三节　重庆课堂内外杂志有限责任公司 ／649

　　第十四节　人大数媒科技（北京）有限公司 ／660

　　第十五节　化学工业出版社 ／668

　　第十六节　中国出版集团东方出版中心 ／672

　　第十七节　上海交通大学出版社 ／684

　　第十八节　《中国出版传媒商报》社 ／693

　　第十九节　北京师范大学出版社 ／702

第二十节　大象出版社 ／707

第二十一节　北京广播公司 ／711

第二十二节　时代新媒体出版社 ／716

第二十三节　中国农业科学技术出版社 ／726

第二十四节　河北冠林数字出版有限公司 ／729

第二十五节　中国图书进出口（集团）总公司 ／733

第二十六节　湖北科学技术出版社 ／740

第二十七节　北京畅想数字音像科技股份有限公司 ／746

第二十八节　接力出版社 ／756

第二十九节　广西师范大学出版社 ／760

第三十节　中国时代经济出版社 ／764

第三十一节　中信出版社 ／768

第三十二节　北京交通大学出版社 ／773

第三十三节　江苏凤凰教育出版社 ／782

第三十四节　重庆出版集团 ／785

第三十五节　中财数据网络有限公司 ／792

第三十六节　湖北长江传媒数字出版有限公司 ／797

第九章　知识服务技术企业单位案例 ／803

后　记　在我脑子里，知识服务不只是营销概念 ／863

第六章

国家知识资源服务中心门户网站建设情况*

第一节　国家知识资源服务中心建设背景

一　国家知识资源数据库

国家知识资源数据库工程是国家"十一五""十二五"时期文化发展规划纲要重大科技专项，是原国家新闻出版广电总局新闻出版重大科技工程之一。该工程自 2006 年开始论证酝酿，2009 年完成第一轮可行性论证，2012 年启动第二轮论证。

2014 年，基于该工程论证工作的成果，国家新闻出版广电总局提出建设国家知识服务体系的总体构想：以国家知识资源数据库库群建设为支撑，建设由国家知识服务平台、分领域知识服务平台构成的多层级知识服务体系，面向国民经济各领域、社会公众生活各方面，提供精准、便捷的知识服务。

国家"十三五"规划提出"实施国家大数据战略"；国务院 2015 年发布《促进大数据发展行动纲要》，明确部署开展"知识服务大数据应用"，提出"国家知识服务体系、国家知识服务平台"建设任务。

二　国家知识资源服务中心

国家知识资源服务中心是由中共中央宣传部主管、中国新闻出版研究院承办，面向社会提供知识服务的国家级公共服务机构。该中心是国家知识服务体系的枢纽，为

---

　　* 撰稿人：熊秀鑫，高级软件工程师，现任中国新闻出版研究院国家知识资源服务中心技术总监，目前主要参与数字出版、数字版权、知识服务等方面的课题研究、技术开发与管理等工作；曲俊霖，自然语言处理工程师，现任中国新闻出版研究院高级工程师，目前主要参与自然语言处理、算法设计等工作和数字出版、知识服务等方面的课题研究工作。

各行业开展知识生产与服务提供支撑，保障知识服务行业的健康有序发展。其主要业务内容包括规划服务、保障服务、技术服务、运营服务、标准支撑、版权保护等。该中心建立了国家知识服务平台，并将其作为国家知识服务体系的总出入口，为各领域、各层级用户提供专业的知识服务。同时，推动学习型社会、创新型国家建设。

2017 年至 2018 年，在主管部门指导下，该中心已完成共 110 家知识资源服务模式试点单位的遴选和组织工作、20 家技术支持单位的遴选工作。其中包括专业出版单位、大学、科研院所、广播电视及少量互联网内容企业。同时，该中心构建了知识资源服务标准体系，编写了相关标准，并完成了知识服务技术开发团队组建、知识服务平台 1.0 版本（包括移动版和网站版）的建设等工作。

第二节　国家知识服务平台介绍

一　国家知识服务平台定位

国家知识服务平台的最上层是管理部门中宣部，负责国家知识服务体系建设的整体规划，制定相关政策，提供项目资金、标准支撑等服务。

国家知识资源服务中心及其门户网站是由中宣部指导，中国新闻出版研究院具体实施建设的。该中心汇聚专业类和综合类知识资源服务模式试点单位的知识服务案例，同时为试点单位提供技术保障、宣传推广、评价监管、版权保护等服务。该中心也为管理部门提供智库报告、决策支持。

国家知识服务平台和各行业知识服务分平台通过网站、App、小程序等多种产品形式，对外提供行业深度分析报告、全品种出版物、知识检索、知识阅读、知识问答、在线教育等服务。可以为各行业的管理部门提供行业深度分析报告；可以为各试点单位知识服务分平台引流、导流；可以为个人用户的学习和生活提供各类知识服务；可以为学术科研机构提供期刊、文章等内容服务。同时，学术科研机构从知识创作的源头把科研成果汇聚到国家知识资源服务中心，这样从知识的创作到知识的汇聚，再到知识的呈现整个过程就形成了一个完整的知识服务闭环。国家知识服务平台对外服务架构如图 6-1 所示。

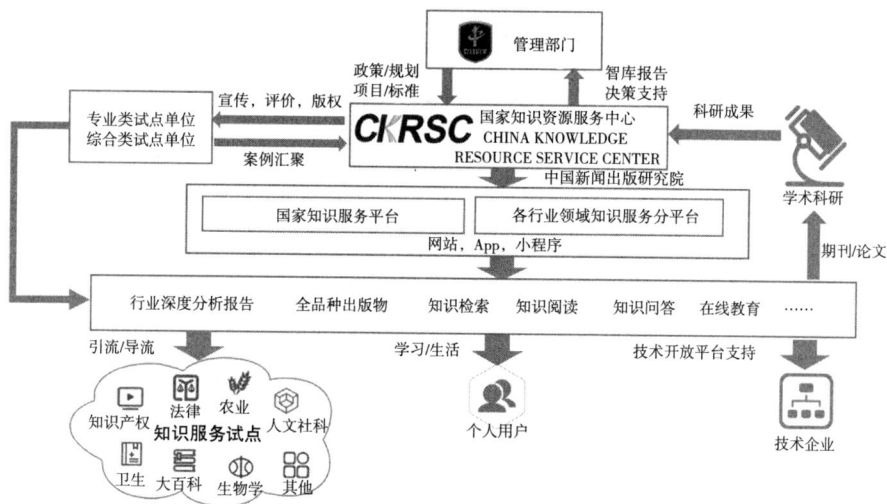

图 6-1　国家知识服务平台对外服务架构

二　国家知识服务平台各系统功能介绍

（一）国家知识资源服务中心门户网站

国家知识资源服务中心门户网站，是国家知识服务平台的总出入口，同时也是展示出版行业知识资源汇聚、知识服务平台建设情况的窗口，是服务于管理部门和各知识资源服务模式试点单位的窗口。该门户网站汇聚了各行业知识服务分平台，同时保证了各单位资源不离开单位本身。该门户网站主要为各知识资源服务模式试点单位提供技术、标准、版权保护等服务，同时与各行业的知识服务分平台相互引流、导流，并推动各试点单位进行知识服务转型升级建设，保障知识服务行业健康有序发展。国家知识服务平台系统功能模块架构如图 6-2 所示。

该门户网站已集成数字版权保护技术工程，并与多家出版社合作进行资源整合，实现一站式搜索。其提供的单点登录系统功能在为各出版单位引流的同时也实现了用户共享。同时，该门户网站为使广大用户更为便捷的使用，对网站兼容性不断进行调整，对全网主流和部分非主流浏览器做全面兼容，对 iOS、Android 主流版本、主流手机型号进行了全面兼容调优。用户可以通过电脑或移动端设备

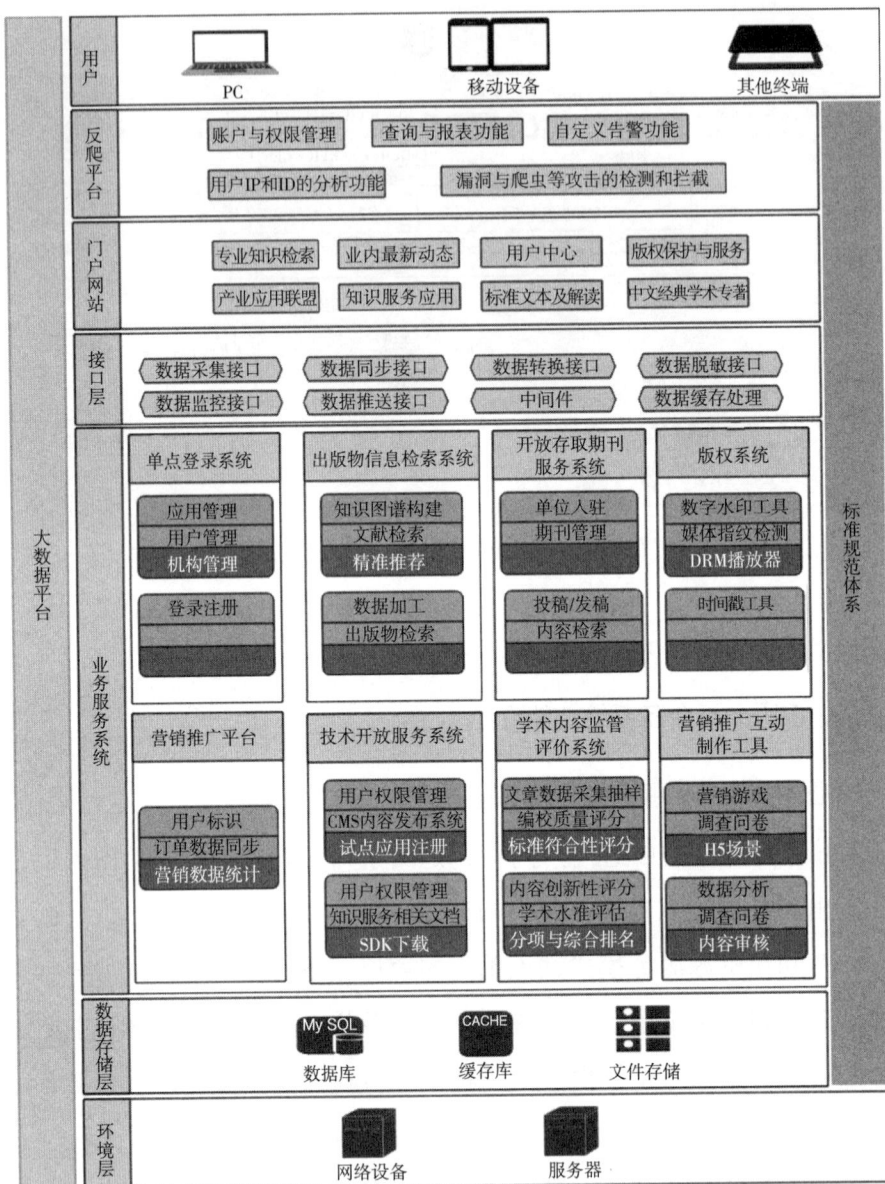

图 6-2　国家知识服务平台系统功能模块架构

直接访问国家知识资源服务中心门户网站，然后通过行业分类检索垂直到各专业知识服务平台中。

国家知识资源服务中心门户网站前端和后台主要功能模块如表 6-1 所示。

表 6-1　国家知识资源服务中心门户网站前端和后台主要功能模块

分类	主要功能模块
网站前端	注册登录
	专业知识检索
	行业最新动态
	中文经典学术专著
	版权保护服务
	标准及政策法规
	产业应用联盟
网站后台	我的面板
	资源管理
	系统设置

1. 国家知识资源服务中心门户网站前端功能

国家知识资源服务中心门户网站前端包括以下功能模块：注册登录、专业知识检索、行业最新动态、中文经典学术专著、版权保护服务、标准及政策法规、产业应用联盟（见图 6-3）。

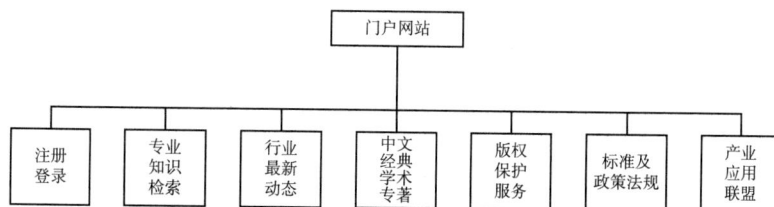

图 6-3　国家知识资源服务中心门户网站业务结构

具体功能如图 6-4 至图 6-7 所示。

图 6-4　PC 端首页页面

图 6-5 检索结果页面

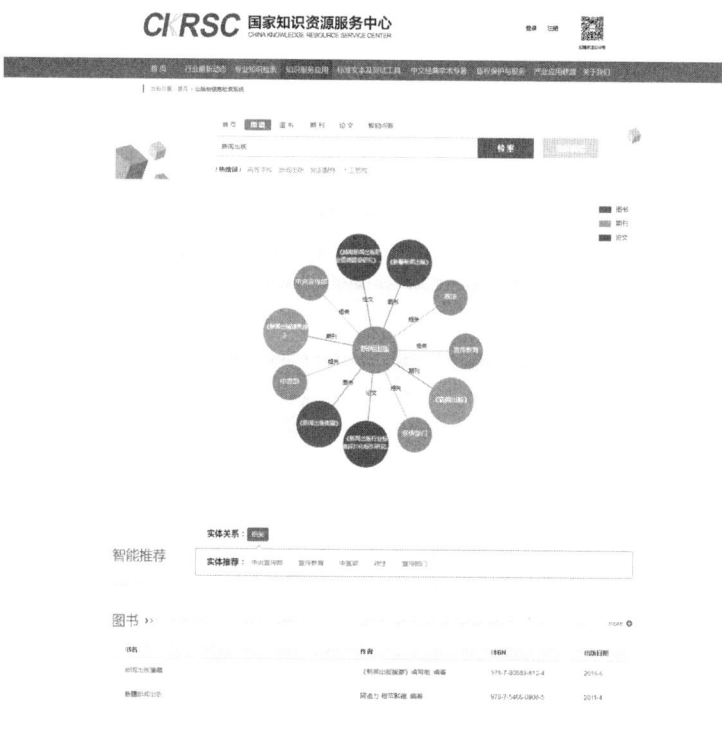

图 6-6　出版物信息检索系统页面

图 6-7　开放存取期刊服务系统页面

2. 国家知识资源服务中心门户网站后台功能

后台功能是为管理员提供的网站内容发布、管理工具，分为我的面板、资源管理、系统设置等模块，各模块下的子模块如表6-2所示。

表6-2　国家知识资源服务中心门户网站后台主要模块及子模块

模块	子模块
我的面板	个人信息
	修改密码
	文件管理
资源管理	内容发布
	试点单位
	技术管理
	热词管理
	分类管理
资源管理	信息量统计
	栏目管理
	站点设置
	检索记录
	检索详情
系统设置	用户管理
	机构管理
	区域管理
	菜单管理
	角色管理
	字典管理
	日志查询

3. 门户网站与知识资源服务模式试点单位知识服务平台对接及应用情况

（1）国家知识资源服务中心专业检索跳转功能

① 专业检索跳转对接流程

国家知识资源服务中心门户网站对接流程如图6-8所示。

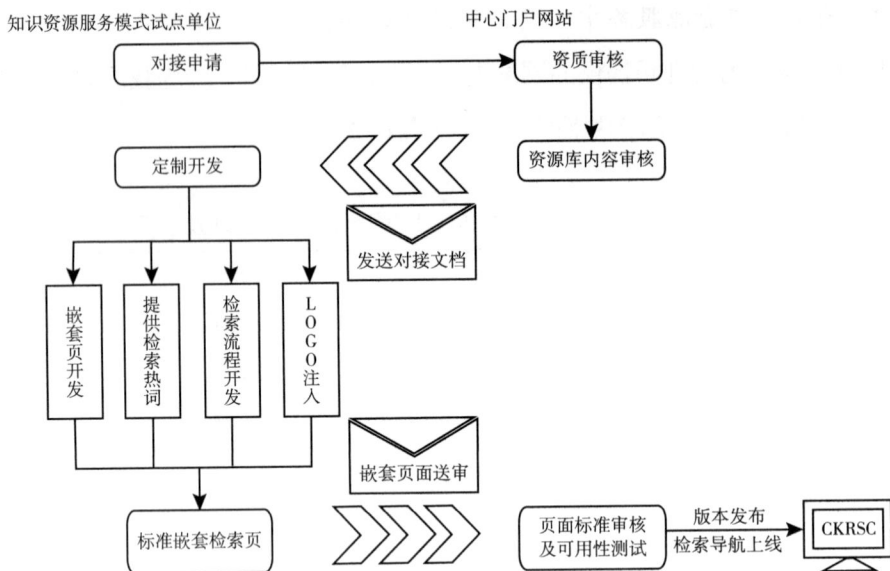

图 6-8　国家知识资源服务中心门户网站对接流程

A. 嵌套页开发

国家知识资源服务中心门户网站通过嵌套／跳转的方式外链试点单位知识服务检索结果页面，检索关键字通过参数方式传递。

B. 提供检索热词

试点单位案例需提供 8~10 个热词。

C. 检索流程开发

试点单位建设的案例在流程上应支持用户不登录检索，并提供检索结果列表，列表中展示标题、摘要等内容。

D.LOGO 注入

试点单位的知识服务案例首页需要加上国家知识资源服务中心 LOGO，建议统一加到页面 LOGO 的旁边，或 LOGO 的下面。

② 专业检索跳转应用情况

目前，已有多家试点单位完成了与国家知识资源服务中心门户网站的对接工作，包括人民法院出版社、中国建筑工业出版社、社会科学文献出版社、中国社会科学出版社、人民卫生出版社、中国农业出版社、知识产权出版社、北京语言大学出版社、中国科技出版传媒股份有限公司、福建科学技术出版社等。在国家知识资源服务中心门户网站通过对不同行业的关键词检索，即可检索出各出版单位知识服务案例中相应的内容，用户查看条目的详情则会跳转至各知识服务案例网站。专业检索嵌套跳转对接情况如表 6-3 所示。

表 6-3 专业检索嵌套跳转对接情况

序号	单位名称	案例名称
1	人民法院出版社	法信
2	社会科学文献出版社	皮书数据库
3	中国社会科学出版社	中国社会科学年鉴数据库
4	中国建筑工业出版社	i 施工
5	福建科学技术出版社	中药知识港服务系统
6	人民卫生出版社	人卫临床助手
7	中国农业出版社	智汇三农
8	知识产权出版社	DI InspiroR
9	北京语言大学出版社	国际汉语教学信息文献库
10	中国科技出版传媒股份有限公司	中国植物志库
11	中国纺织出版社	华服志

（2）国家知识资源服务中心单点登录系统

国家知识资源服务中心单点登录系统，实现了国家知识资源服务中心的多个系统以及数字版权保护技术研发工程网站的用户打通，用户通过一个账号即可登录国家知识服务平台的多个系统。同时，也可以用这个账号快捷登录与单点登录系统集成的各行业知识服务分平台，无须重复注册，提升了用户体验。

①单点登录系统对接流程

国家知识资源服务中心单点登录系统对接流程如图 6-9 所示。

A. 接入申请

系统运营维护人员需要向国家知识资源服务中心提出接入申请，并提供如下信

接入申请 → 资质审核

技术信息填写 ≪≪≪ 打包技术文档

接入系统名称
主体单位信息
系统开发语言
接入系统的URL
登录回调入口URL
系统LOGO图片
} 接入信息 ▷▷▷ 后台应用建立

Client–ID
Client–Secret
登录URL
接口URL

定制开发 ≪≪≪ 技术回执

页面嵌入登录链接　　登录回调入口开发

登录入口回调参数　获取Token　获取用户信息　设置用户登录状态

接入成功

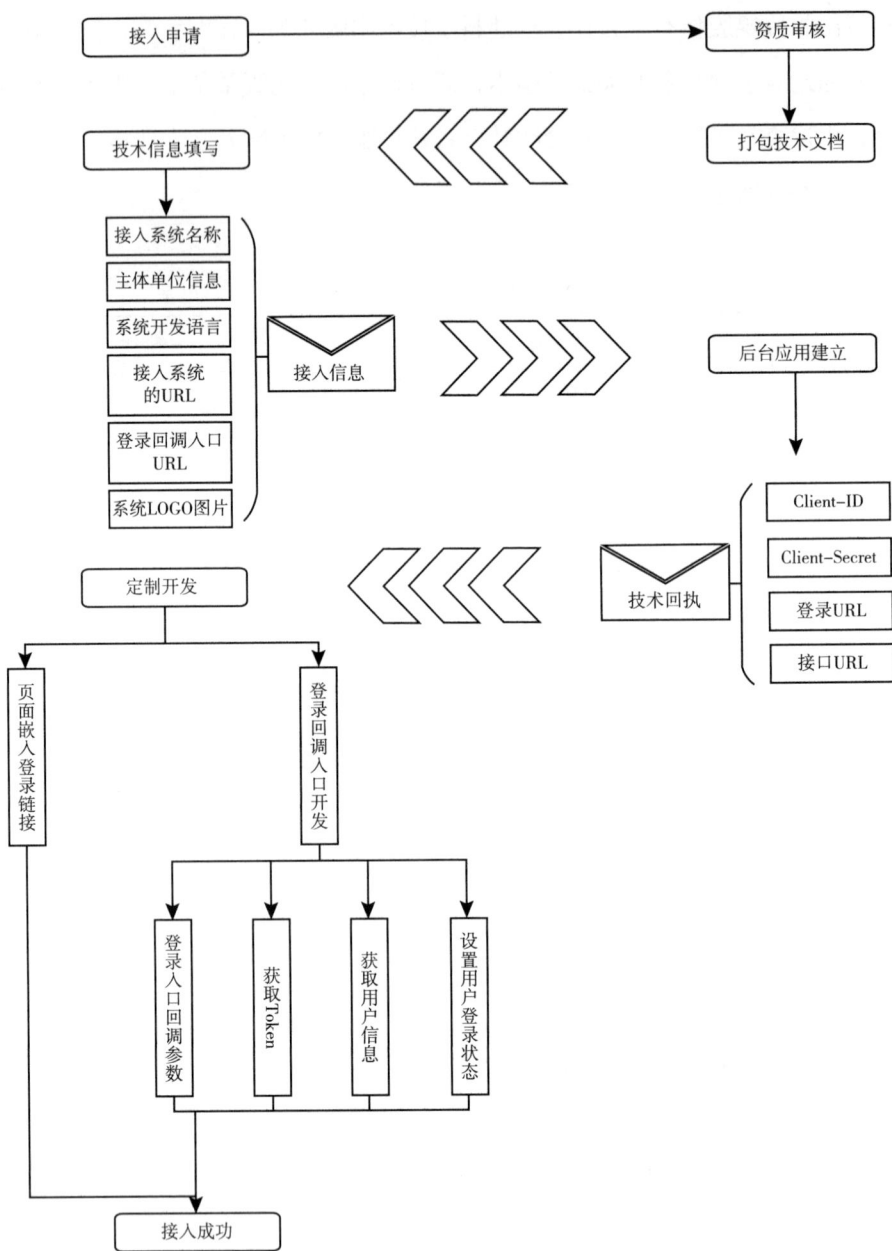

图6-9　国家知识资源服务中心单点登录系统对接流程

息：接入系统名称、主体单位信息、系统开发语言、接入系统的 URL、登录回调入口 URL、系统 LOGO 图片。接入申请通过后，国家知识资源服务中心负责系统对接的人员会反馈给申请人员如下信息：接入系统的标识代码、接入系统的标识

ID、接入系统的验证密钥、单点登录系统的登录 URL、单点登录系统的接口调用 URL。

B. 定制开发

获取接口认证信息后需要对现有系统进行集成登录开发。

a. 页面嵌入登录链接

开发人员需要在现有系统页面嵌入单点登录系统提供的登录 URL。

b. 登录回调入口开发

● 登录入口回调参数

用户访问单点登录链接后浏览器会跳回到该回调入口，并带有该链接的原有参数和相关参数。

● 获取 Token

获取登录入口回调参数后，调用令牌接口来换取 Token。

● 获取用户信息

换取 Token 之后，就可以使用 Token 来调用接口获取用户相关信息。

● 设置用户登录状态

通过调用接口获取用户信息后，可以将用户添加或更新到系统数据库，然后按照现有系统的登录状态判断逻辑设置用户会话的登录状态，设置登录状态后跳转到用户访问的原页面，整个登录流程开发完成。

②单点登录系统应用情况

目前，完成国家知识资源服务中心单点登录系统对接的有：人民卫生出版社的"人卫临床助手"、中国农业出版社的"智汇三农"、中国科技出版传媒股份有限公司的"中国植物志库"、社会科学文献出版社的"皮书数据库"、中国建筑工业出版社的"i 施工"、中国社会科学出版社的"中国社会科学年鉴数据库"及中国纺织出版社的"华服志"等 7 个系统。另外，人民法院出版社的"法信"系统也已经在集成开发对接。单点登录系统实现了国家知识资源服务中心各系统与各出版社知识服务案例之间的用户打通，即同一个用户只要注册了一个国家知识资源服务中心账号，就可以在该中心的各系统和已经集成接入的知识服务案例网站进行登录，无须重复注册账号。

（3）国家知识资源服务中心知识资源版权系统

①数字版权保护工具集介绍

数字版权保护工具集如图 6-10 所示。

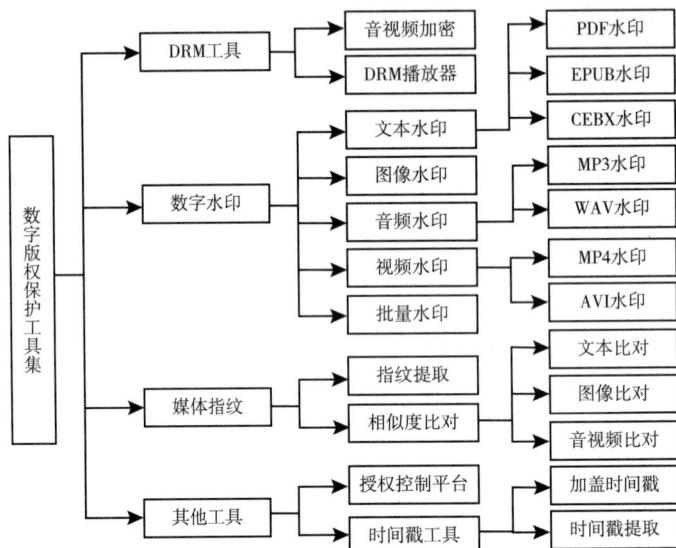

图 6-10　数字版权保护工具集

版权服务提供了 DRM 工具、数字水印、媒体指纹、授权控制平台、时间戳工具等数字版权保护工具。用户可下载安装版权保护工具，在本地运行，以保护作品版权，既保证了用户的作品不离开用户本身，也规避了双方的版权风险。

考虑到出版单位进行版权登记时多数情况为批量操作，因此我们开发了批量导入工具（见图 6-11），出版单位只要下载指定模板，然后按照字段格式进行数据填充，即可将版权数据快速上传到版权保护平台，完成版权的批量登记。

从技术保护手段上，版权保护平台将提供数字水印功能，将版权信息（如授权方与被授权方、授权时间、加密文件使用的机器信息以及接收机器的信息等）在不影响视听质量的情况下以加密的形式嵌入数字文件，并可使用该工具提取这些版权信息，从而起到证明数字文件权属并追踪散播渠道的作用。该工具支持主流的文件格式，例如视频文件格式 MP4 和 AVI，图片文件格式 JPG、BMP、PNG 和 GIF，音频文件格式 MP3 和

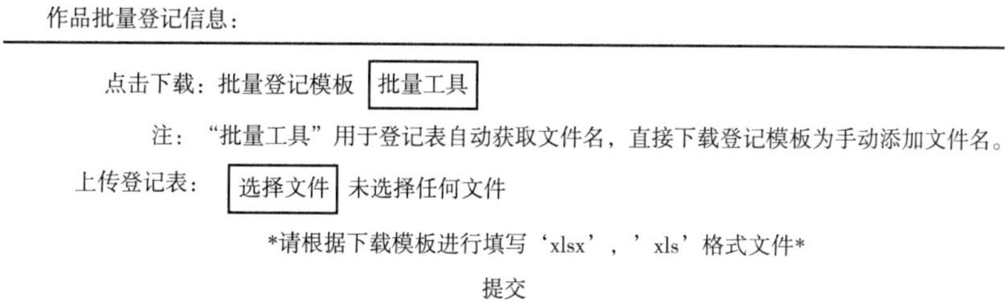

作品批量登记信息：

点击下载：批量登记模板 批量工具

注："批量工具"用于登记表自动获取文件名，直接下载登记模板为手动添加文件名。

上传登记表： 选择文件 未选择任何文件

请根据下载模板进行填写'xlsx'，'xls'格式文件

提交

图 6-11 版权批量登记

WAV，文本文件格式 PDF、EPUB 和 CEBX。作品销售传播后，可以通过相应的提取工具提取水印，从而达到对数字内容进行追踪及权属认定的版权保护目的。

为保护作品的完整性、提高对数字作品的侵权追踪能力，该平台开放媒体指纹工具。该工具可以对文本、图像、音频、视频等数字作品进行特征化指纹提取，建立指纹比对库。当发现疑似侵权的作品时，媒体指纹工具可以快速对该作品进行特征值提取，迅速与指纹库比对，定位疑似侵权内容，从而迅捷地判断侵权行为是否成立。

② 版权服务应用情况

已完成与数字版权保护技术研发工程网站对接的单位包括中国大地出版社、华东师范大学出版社、上海交通大学出版社、中文在线数字出版集团、中文集团数字出版传媒股份有限公司等 5 家单位。登记了总计 20 余万条内容作品版权信息。知识服务平台用户对作品信息进行登记是免费的，同时，作品信息登记无须用户把作品内容上传到网站，由此保证了用户的作品不离开用户本身，从而降低了版权风险。

数字水印技术已应用于中国地方历史文献数据库、中国司法档案数据库、东京审判文献数据库等出版单位数字化项目中，对样例文件的水印嵌入工作已完成。下一步将对系统中的房产地契、赋役文书、账本、归户册、戏曲手抄本、起诉书、判决书、训令、投状、证人证言、庭审实录等 150 万页文本、200 万张图片、50 多万段音视频文件提供水印技术支持。

媒体指纹技术已应用于数字出版相关业务中，通过特征值提取和相似度比对，实现了对 1 万个全媒体课件的创新性筛选。

已完成数字电影节目中心的影片著作权授权信息公示查询系统，华东师范大学出版社的单色背景视频水印工具等的版权定制开发。

（4）国家知识资源服务中心知识资源管理系统

① 知识资源管理系统介绍

知识资源管理系统是在国家知识服务平台框架下建设的包含资源汇集管理、图谱自动化加工、知识资源检索、基于图谱的智能化推荐、知识问答等功能的，满足用户知识获取需求的产品。该产品的核心是知识图谱的建设，系统底层工具利用 NLP 技术将海量标引数据作为训练集得到可持续学习优化的抽取模型，该模型工具通过计算近千万条期刊、会议、学术等论文数据生成庞大的基础知识图谱。系统底层工具可自动将资源列表中的论文、书目等资源与知识图谱中的实体相关联，为用户提供全新的、更准确且具有深度的知识检索体验。

② 知识资源管理系统应用流程

知识资源管理系统的后台具有一整套自动化的图谱工具，这套工具可以对资源的元数据信息进行知识点剥离、实体抽取、实体关系发现。当资源合作方想要接入 CKRSC 时，我们首先会对资源方的资源质量、各行业知识服务分平台的质量进行审核，审核通过后我们会出具基本字段表，资源提供方只需提供资源的元数据信息（其中必须包含基础字段表中所要求的数据），知识图谱工具会根据这些元数据信息自动将数据抽取成图谱三元组的形式，通过人工审核后这些三元组将以数据增量的方式汇入知识图谱，前台用户即可在检索中获得该部分资源，CKRSC 还将提供资源的详情链接，当用户需要获取资源的全部信息时，平台将为用户提供跳转链接服务，使其跳转到资源提供方的知识平台。知识图谱系统交互流程如图 6-12 所示。

以往的知识检索系统为了提高检索的准确度，经常提供多个字段属性间的"与""或"检索。这种检索方式需要用户有很好的信息理解度，这种操作方式对普通用户很不友好。基于知识图谱的检索系统可以对用户查询字段进行分词并进行自动属性标引，当进行相关资源检索时系统将提高属性匹配度高的资源的优先级。

以往的知识检索系统往往有一个高级检索功能，它可以帮助用户在不同的字

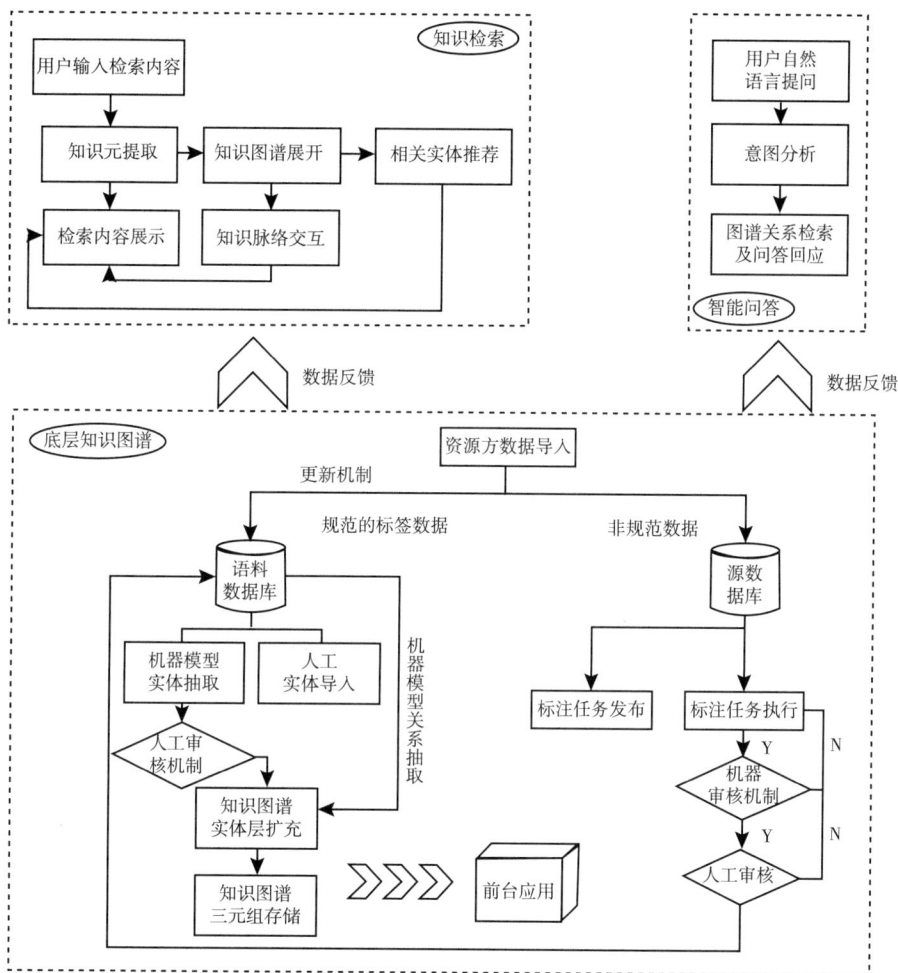

图 6-12 知识图谱系统交互流程

段间进行精准查找。知识资源管理系统底层基于知识图谱，简洁的输入框与检索按钮使用户操作更简单，检索内容将根据知识图谱自动标引属性，根据这些属性我们可以清楚地知道用户想找的究竟是作者、出版单位还是某一个知识点。基于知识图谱我们使搜索更有深度和广度。我们基于知识图谱的相关关系为用户推荐一系列的实体（知识点），并允许用户展开知识图谱、进行深度操作，让用户得到与搜索结果相关的完整知识体系，所以用户往往会获得意想不到的发现。在搜索中，用户可能会发现某个新的事实或新的联系，从而促使其进行一系列的全新搜索学习与查询。

（5）国家知识资源服务中心内容开放服务系统

内容开放服务系统的建设将分为两部分：OA 开放存取服务和内容评价监管服务。

OA 开放存取服务是指在维护作者权益的前提下，通过新的数字技术和网络化通信，任何人都可以及时、免费地通过网络获取各类文献（包括经过同行评议过的期刊文章、参考文献、学位论文等的全文信息）用于科研教育及其他活动。有助于促进科学信息的广泛传播、学术信息的交流与出版，提升科学研究的利用程度，保障科学信息的长期保存。其中，投稿流程如图 6-13 所示。

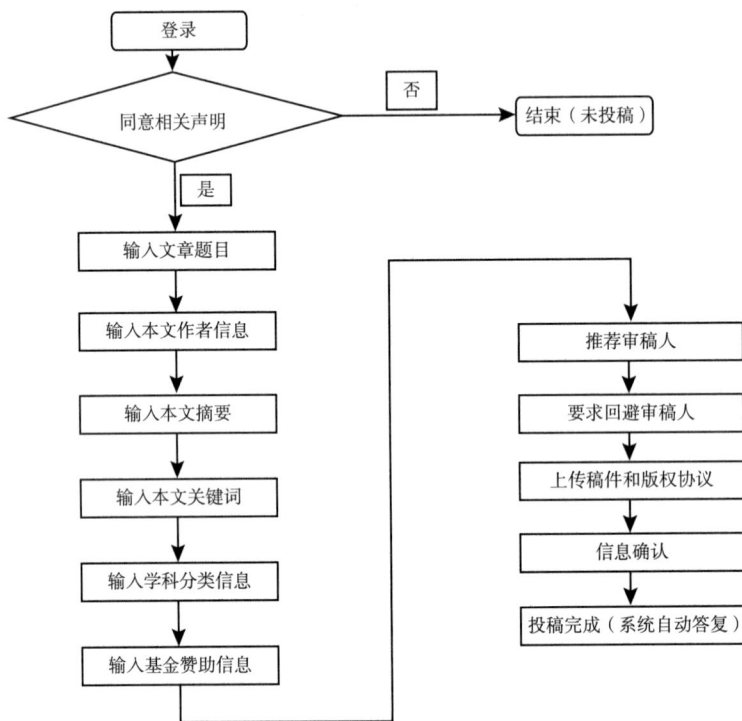

图 6-13　投稿流程

内容评价监管服务的建设从国家机构改革、新管理部门的角度出发，对各出版单位的内容传播力、内容质量等方面进行监管。通过研究形成一套关于学术出版的综合评价体系，利用量化指标开发系统进行自动评分并公布排行榜。评价服务拟从编校质量、学术出版规范、内容创新性、学术水平四个方面进行分数量化（见图 6-14）。完整的评价体系可以促使出版单位丰富出版物的内容，提高出版物的质量，提升整体学

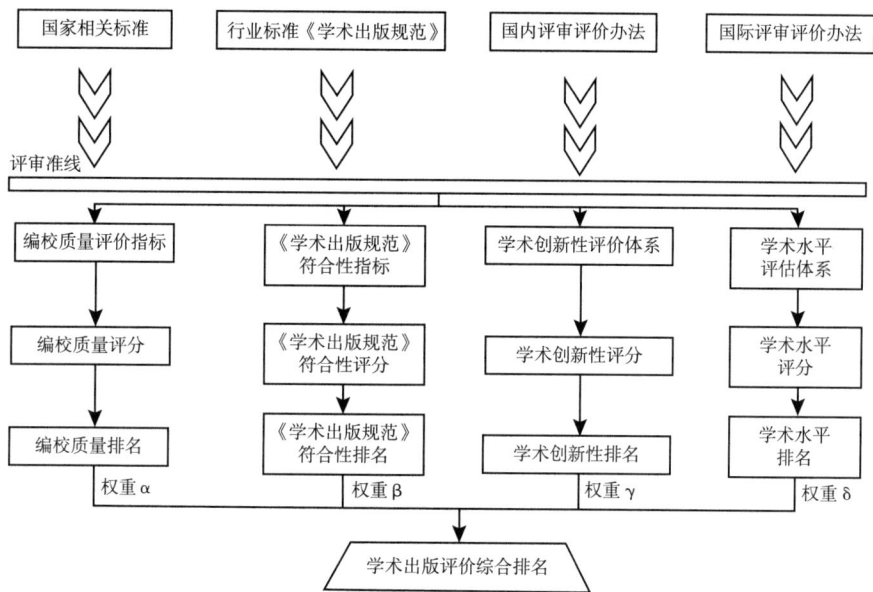

图 6-14　内容评价监管服务评价体系

术竞争力。

（6）国家知识资源服务中心营销智能推荐系统

对于通过国家知识资源服务中心门户网站跳转至各行业知识服务分平台的用户，国家知识资源服务中心门户网站会给予一个标识，这些标识将用于记录用户来源。现在各出版社知识服务分平台的流量较小，没有足够的数据支持对用户行为的发掘，没有较全面的用户画像，也没有数据支持它们去探寻优化方向，导致虽然众平台拥有大量的优质资源，但资源的利用率不高。

国家知识资源服务中心门户网站智能推荐服务设计，是当用户在各出版社知识服务分平台上完成订单时，将通过接口实时返回基本的订单数据到国家知识资源服务中心门户网站上来，国家知识资源服务中心门户网站将对数据进行汇总，然后通过数据汇聚、算法分析实现智能推荐（见图6-15）。系统将为用户推荐其可能感兴趣的知识，例如：可以为一位用户推荐与其具有高相似属性的其他用户浏览过的内容。本服务的主要目的是为各出版社进行用户引流，提高其分平台流量，提升出版单位资源利用率。

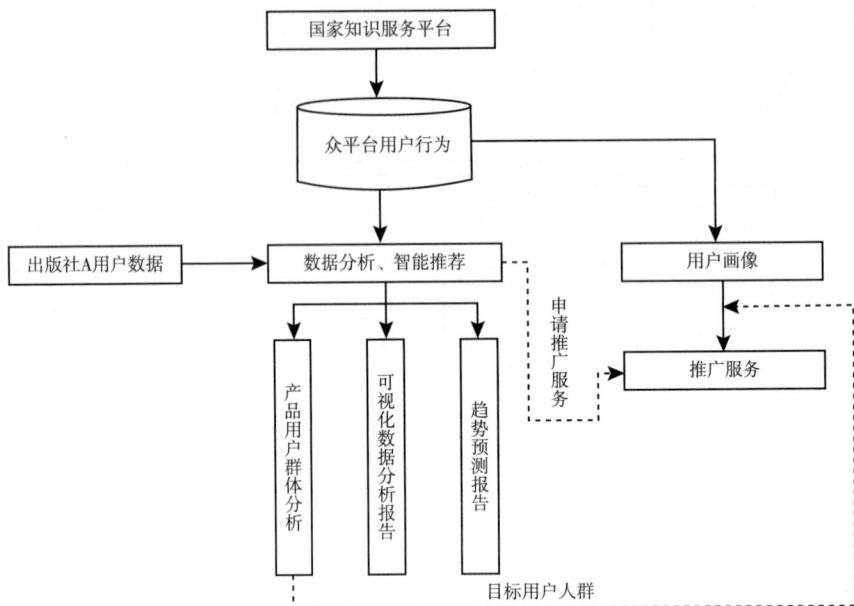

图 6-15　智能推荐系统逻辑流程

（7）国家知识资源服务中心大数据系统

随着后续业务的增多，各系统会产生越来越多的用户数据，这必将带来数据的爆发式增长。我们将基于底层大数据（如用户行为、内容资源、系统日志等）建立一个大数据系统，把各试点单位需要的数据信息返给各试点单位，以便于做统计分析、趋势预测、产品优化迭代，同时为各单位后续运营决策做好数据支撑准备。国家知识资源服务中心大数据平台的优势在于未来可汇聚百家试点单位的用户行为，其中作为基础的用户行为数据可为每个试点单位提供自己的相关数据分析，试点单位可根据相关用户画像进行知识服务推荐、资源推荐，并可以此为理论基础进行产品的设计、优化、迭代，提升出版行业的知识服务水平与能力。

第七章
专业类知识资源服务模式试点单位案例

第一节　人教数字出版有限公司 *

一　产品名称、简介、市场定位、服务对象

1. 产品名称

教师网络培训和服务平台（以下简称"培训平台"）

2. 产品简介

培训平台（https://px.pep.com.cn）是人民教育出版社根据教材培训工作的实际需要，为教师提供优质培训资源和全方位培训服务的专业网络平台。平台主要包括"教材培训、教学资源、在线课堂、在线活动"四个功能模块，围绕基础教育教材和教学，以一线教师的真实客观需求为核心，持续为全国教师和教研员提供以国家统编教材和人教版教材体系为核心的免费优质培训资源和线上线下一体化培训服务。

3. 市场定位

国家统编教材和人教版教材的教师培训、教学培训。

4. 服务对象

使用国家统编教材和人教版教材的一线教师和教研员。

---

* 撰稿人：人教数字出版有限公司沙沙。

二 知识服务技术架构

1. 技术架构图

培训平台技术架构见图 7-1。

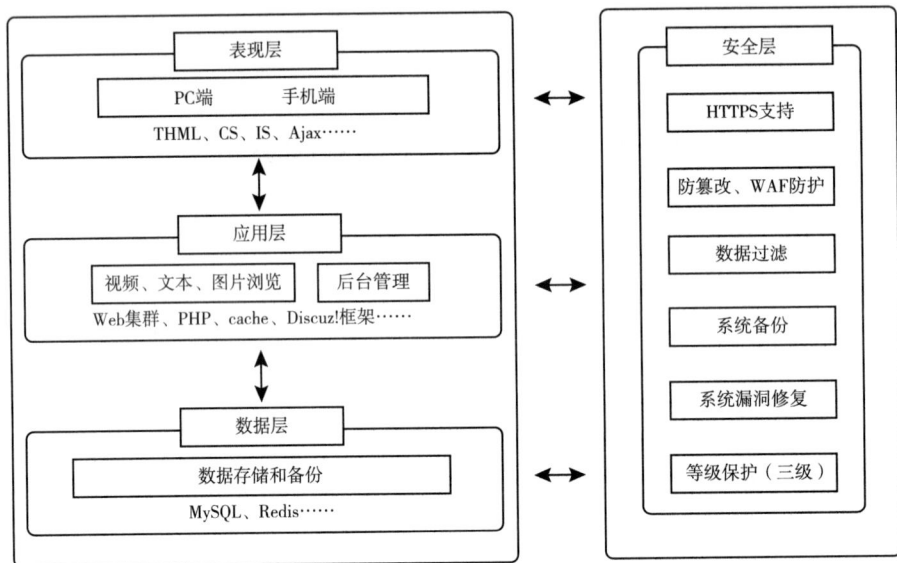

图 7-1 培训平台技术架构

技术架构说明如下。

（1）展现层主要用于前端页面的展现，为最终用户提供浏览网站的界面。

（2）应用层主要是系统对资源的逻辑组织和处理，为展现层提供所需的数据和功能。

（3）数据层主要对用户和后台管理者操作的数据进行存储和记录。

（4）安全层主要是系统在安全上的保障措施。

2. 部署方案

本系统采用公有云服务部署方式：前端使用 Web 防火墙作为互联网接入方式，通过防御 SQL 注入、跨站脚本、常见 Web 服务器插件漏洞、木马上传、非授权核心资源访问等常见攻击，过滤海量恶意 CC 攻击，避免网站资产数据泄露，保障网站的安全与可用性；Web 服务采用双负载架构减小服务宕机中断服务风险；后端数据库采用读写分离形式以提高数据安全性、稳定性。利用公有云的相关产品从物理安全、网络安全、设备安全、应用和数据安全等方面保障系统安全、稳定、持续运行。

三　产品架构、典型产品功能及特点

1. 产品架构

培训平台产品架构见图7-2。

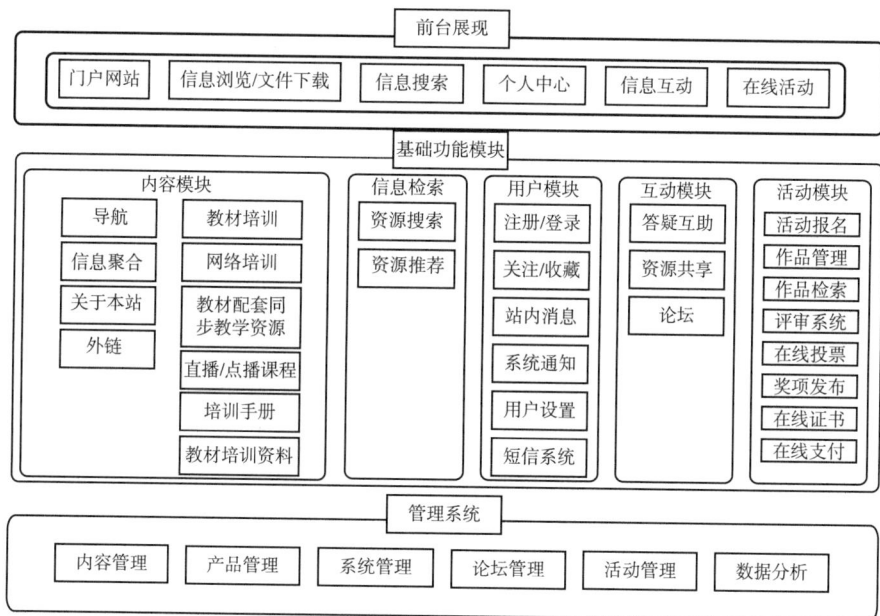

图7-2　培训平台产品架构

2. 典型产品功能及特点

（1）教材培训：线上线下互动，教材编者、教研专家分享经验智慧

培训平台为国家统编教材和人教版教材传统培训提供线上线下联动的网络配套支持服务，向全国所有教师免费公开同步发布的人教版教材培训会及其他相关重大培训教研会的培训视频及课件。培训平台还举办大规模教材和教学培训会的全国网络直播。除了教育教学专家的经验智慧分享，一线教师可以实时与培训专家在线互动，并可随时在平台观看直播回放（见图7-3、图7-4）。

（2）教学资源：配套最新版本，全面解读课程教材

教学资源包括培训类资源和同步教学类资源两部分（见图7-5）。培训类资源从

图 7-3　培训平台教材（人教版）培训功能

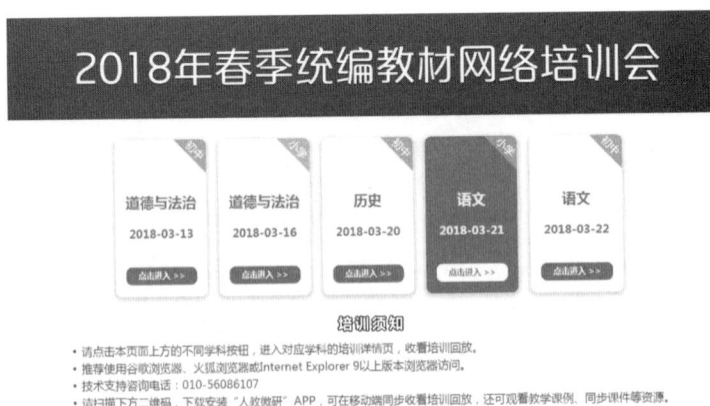

图 7-4　培训平台教材（统编版）培训功能

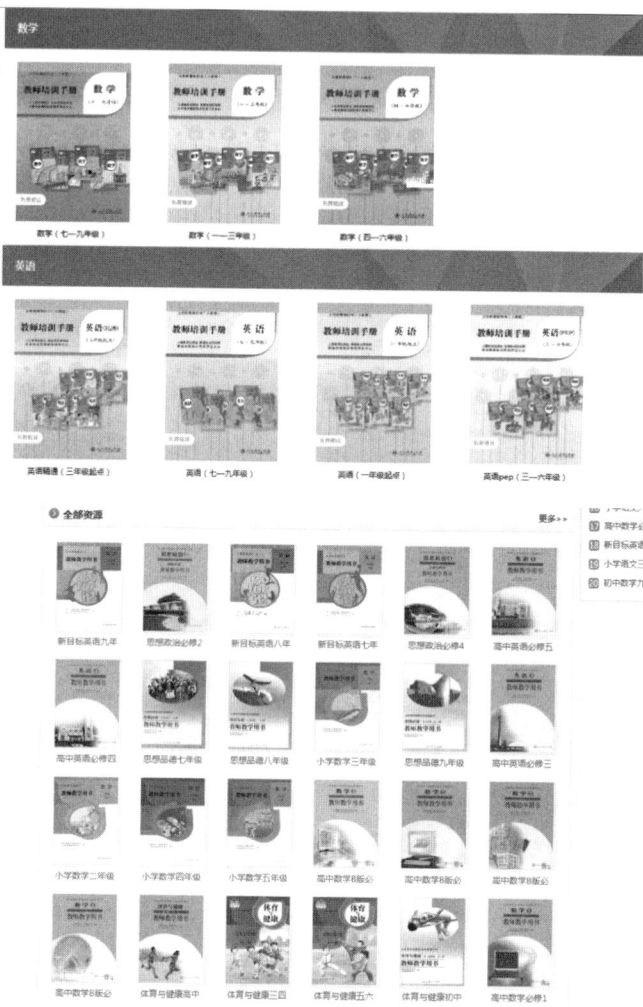

图7-5 培训平台教育资源

课标解读到专家视点，从教材解析到教学案例，从教学示范到教学答疑，通过多个维度帮助教师理解和把握教材。同步教学类资源从教学设计到配套试题，从教材插图、教学课件到参考资料等，通过多维度的优质资源帮助教师更轻松、更有效地教学，为一线教学实践提供指导和帮助。

（3）在线课堂：直播点播兼顾，专家同步分析教材课例

在线课堂主要包括在线点播、在线直播两种服务模式，现已形成"专题课程"和"名师工作室"两个系列的常态化培训课程，以在线翻转课堂的形式，分学科、学段组织用户与专家实时互动，全方位、多角度为教材用户提供在线培训服务（见图7-6）。

图7-6　培训平台在线课堂功能

（4）在线活动：在线教研活动，教育信息化手段实践应用

为了帮助教师提升业务水平和专业素养，构建教师与用户之间共建共享共同成长的交流平台，培训平台陆续举办了一系列大中型用户在线活动。目前，很多学科已经将单次活动品牌化为年度活动，逐年开展，并将历次活动的海量生成性资源进行梳理加工后，提供给更多有热情的教师用户进行学习（见图7-7）。

图 7-7　培训平台在线活动功能

四　运营模式、盈利模式

1. 运营模式

人民教育出版社建设本培训平台，是为了解决教材培训工作传统模式在培训成本、培训覆盖面、培训周期和培训效果等方面存在的问题，借助互联网技术，为国家统编教材和人教版教材的教师用户提供免费的线上网络培训与研修服务。受人民教育出版社委托，培训平台由人教数字出版有限公司运营。

为了实现培训平台的常态化运营、降低培训成本、扩大培训规模、提高培训频率、提升培训效果，人民教育出版社根据每年的教材更新情况和一线教师反馈的实际培训需求，建设教材配套教学资源，研发网络课程，并将每年定期举办的教材培训会议和观摩交流活动向线上线下联动的方式转化，使更多的培训资源和优秀教学成果通过培训平台覆盖了更多的一线教师。培训平台还每年不定期举办不同学科的在线活动，促进发达程度不同地区教师之间的互助交流和成果展示，有效助力一线教师的教学水平和专业能力不断提升。

2. 盈利模式

培训平台将为用户提供的线上培训服务与传统线下教材培训业务整合为人民教育出版社线上线下立体化教材培训体系。培训平台与人民教育出版社的纸质教师教学用书整合收费，盈利情况良好。

五　采用相关标准情况

资源格式和资源元数据规范采用人教数字出版有限公司平台建设内部标准。其中，资源格式标准如表 7-1 所示。

表 7-1　资源格式标准

序号	资源类型	格式标准
1	文本	TXT\PDF\PPT\PPTX\DOC\DOCX\XLS\XLSX
2	图片	PNG\JPG\BMP\GIF
3	视频	MP4
4	音频	MP3
……	……	……

资源元数据规范如表7-2所示。

表7-2 资源元数据规范

序号	元数据标签	标引示例
1	标题	《生活需要法律》教学设计
2	作者	陈姿璇
3	作者单位	北京66中
4	编辑推荐类型	首页列表推荐
5	资源属性分类	官方
6	学科分类	初中道德与法治
7	学段分类	初中
8	学科标签分类	教学设计，教学素材，教学辅助，教学课件
9	适用对象分类	教师
10	年级分类	七年级
11	册次分类	下册
12	目录分类	部编本初中道德与法治，七年级下册，第四单元 走进法治天地，生活需要法律
13	课程结构分类	教学辅助
14	资源用途分类	同步教学
15	资源格式分类	文本
16	年份分类	2018
……共70个标签		……

第二节 中国林业出版社 *

一 产品名称、简介、市场定位、服务对象

1. 产品名称

国家生态知识服务运营平台

2. 产品简介

本产品是中国林业出版社为响应国家知识资源数据库工程，借助新一代信息技术，基于新闻出版业信息内容资源生产、汇聚与传播能力的支持，对林业知识进行的

---

* 撰稿人：中国林业出版社温晋、刘冠群。

大规模的结构化整合；是按照垂直化服务，以字或词为元素，以元知识为基本单元，搭建起的结构科学、层次清晰、覆盖全面、高度关联、内容准确、服务响应度高、计算机可操作、分布式的知识资源库群；是以知识服务内容资源建设为核心的国家级文化数字化建设成果。

3. 市场定位

区别于百度百科的，具有专业性、权威性的知识服务平台。

4. 服务对象

林业专业的科研人员、专业院校师生、林业爱好者。

二 知识服务技术架构

系统的体系架构采用基于 J2EE 技术的 B/S 架构方式，J2EE 的当前应用平台符合开放性、流行的网络技术和标准（见图 7-8）。其架构是由 Web 服务器、应用服务器、数据库服务器组成服务器群，提供服务器端的服务，由浏览器（IE 或者

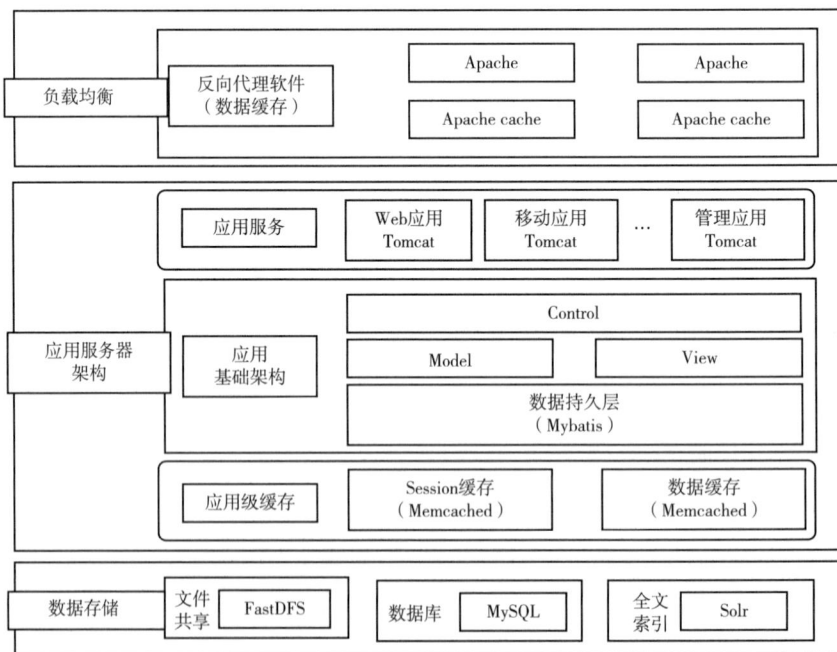

图 7-8 国家生态知识服务运营平台技术架构

其他浏览器）组成客户端的应用环境，提供客户端的服务，构造了一个完整的三层次（3-tier）或多层次（N-tier）应用。同时，由于 Web 应用服务器在可靠性、可扩充性、可用性等方面的优势，保证了整个应用系统的总体可用性。全系统采用 B/S 架构将有利于部署和实施，并且业务功能集中到服务器上，可以发挥易维护、易部署、应用开放的优势。

三　产品架构、典型产品功能及特点

1. 产品架构

国家生态知识服务运营平台产品架构见图 7-9。

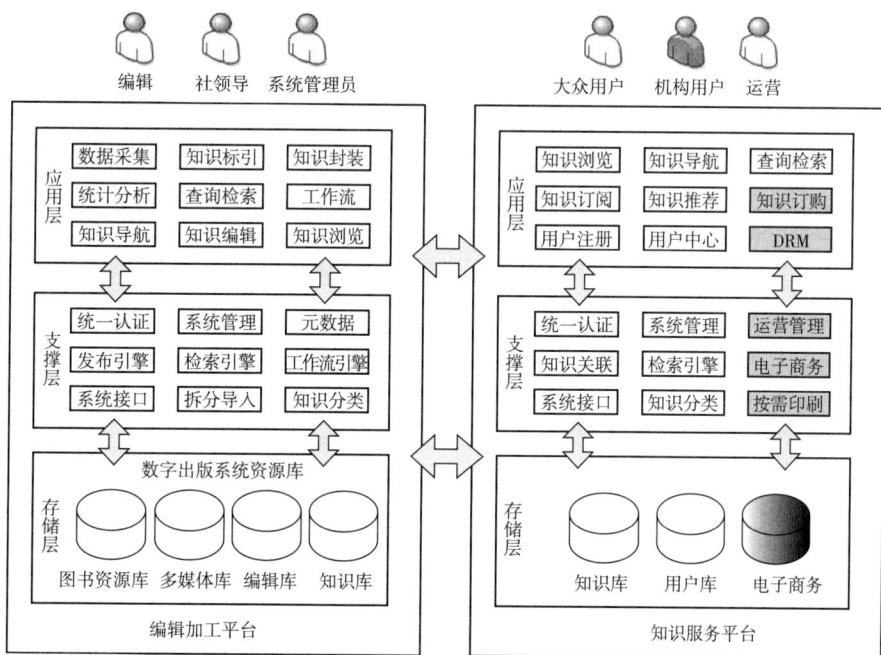

图 7-9　国家生态知识服务运营平台产品架构

2. 典型产品功能及特点

产品贯穿原始资源采集、数字化加工、知识化加工、知识管理、知识发布、知识服务的全流程，具备完整的知识服务应用功能（见图 7-10）。

◎ **原始资源获取与遴选**
资源的采集、资源筛选、资源加工状态管理

◎ **知识库建库与管理系统**
知识体系结构建立、知识自动归类、知识库管理、知识点在线编辑及审核

◎ **内容数字化和结构化加工**
图书元数据自动提取、元数据管理、XML结构化加工、格式转换

产品功能

◎ **产品和服务封装与发布**
知识抽取规则管理、知识封装与导出、知识导入、知识点发布及审批

◎ **内容资源知识化加工和标引**
知识化加工、知识标引

◎ **知识资源服务系统
（产品和服务投送）**
查询检索服务、知识导航、知识展现、知识推荐、知识关联、知识订阅

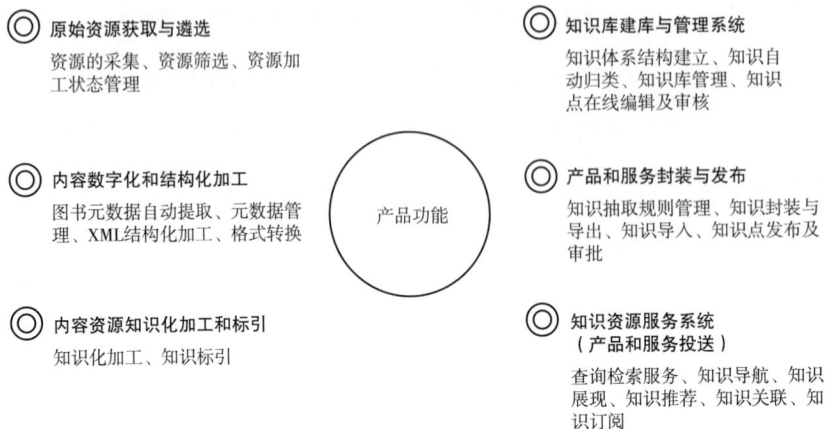

图 7-10　国家生态知识服务运营平台功能

四　运营模式、盈利模式

1. 运营模式

由国家生态知识服务中心负责该平台的运营，通过网络开展B2G、B2B、B2C服务，包括面向政府管理机构提供林业/生态文明建设管理的知识服务；面向林业生产经营企业提供产品、知识关联服务；面向教学机构提供在线教育产品服务；面向科研机构提供知识检索服务；面向大众提供与百姓生活息息相关的林产品服务及知识服务。

在国家生态知识服务运营平台上，以知识资源为核心，以统一数据交换为保障，以版权资产管理为手段，通过共享合作的方式进行运营推广。

2. 盈利模式

包括数据服务，按需印刷、出版，在线教育培训，执业考试，授权交易，电子书付费下载阅读，与电商、移动运营商合作，广告收费等几个模式。

五　采用相关标准情况

培训平台采用相关标准情况见表 7-3 至表 7-5。

表 7-3　数字化转型升级项目企业标准

序号	标准编号	标准名称	备注
1	Q/LY 01—2014	数字化项目标准体系表	
2	Q/LY 02—2014	项目管理指南	

续表

序号	标准编号	标准名称	备注
3	Q/LY 03—2014	企业标准编制指南	
4	Q/LY 04—2014	MPR 技术应用规范	
5	Q/LY 05—2014	图书产品基本信息规范	
6	Q/LY 06—2014	基于 CNONIX 标准的图书产品信息应用规范	
7	Q/LY 07—2014	数字出版产品（电子书和内容数据库）质量要求	
8	Q/LY 08.1—2014	出版社数字出版资源对象存储、复用与交换基本规范	第 1 部分：图书
9	Q/LY 09—2014	出版社数字出版资源对象存储、复用与交换基本验证规范	
10	Q/LY 10—2014	出版社数字出版资源对象存储、复用与交换基本应用指南	
11	Q/LY 11—2014	图书数字资源数据保存与流转要求	
12	Q/LY 12—2014	图书数字化加工模式应用规范	
13	Q/LY 13—2014	图书数字化加工规格应用规范	
14	Q/LY 14—2014	图书数字资源内容标引规则	
15	Q/LY 15—2014	图书数字化加工质量要求	
16	Q/LY 16—2014	图书数字化加工质量评价规范	
17	Q/LY 17—2014	出版社数字出版业务流程规范	
18	Q/LY 18.1—2014	项目软件系统接口规范	第 1 部分：数字化加工软件与内容资源管理系统接口
19	Q/LY 18.2—2014	项目软件系统接口规范	第 2 部分：编辑加工系统与内容资源管理系统接口
20	Q/LY 18.3—2014	项目软件系统接口规范	第 3 部分：内容资源管理系统与产品发布系统接口
21	Q/LY 18.4—2014	项目软件系统接口规范	第 4 部分：业务流程改造软件与关联编码嵌入软件接口
22	Q/LY 18.5—2014	项目软件系统接口规范	第 5 部分：关联编码嵌入软件与复合出版物生产投送系统接口
23	Q/LY 18.6—2014	项目软件系统接口规范	第 6 部分：项目软件系统与第三方平台接口

表7-4　知识服务通用标准

类型	序号	标准名称	研制方向	备注
知识服务基础标准	1	知识服务标准体系表	知识服务体系拟定研制的标准和相关标准	通用标准。在参与或跟踪通用标准研制工作的基础上，编制、修改、完善我社的企业标准
	2	知识资源建设与服务工作指南	提出企业开展内容资源知识服务模式建设的基本条件、基本流程和工作方法等要求	通用标准。在参与或跟踪通用标准研制工作的基础上，编制、修改、完善我社的企业标准
	3	知识资源基础术语	知识资源及相关术语、概念的定义	通用标准。在参与或跟踪通用标准研制工作的基础上，编制、修改、完善我社的企业标准
	4	知识资源通用类型	从不同维度划分知识资源类型，给出不同资源类型的定义和描述，如基于事实型、概念型、经验型划分或基于知识资源领域划分等	通用标准。在参与或跟踪通用标准研制工作的基础上，编制、修改、完善我社的企业标准
知识描述标准	5	知识单元模型	基于出版资源内容相关知识单元的特点和组织方式，提出用于描述知识单元结构、内容及知识单元之间关系的形式化模型	通用标准。在参与或跟踪通用标准研制工作的基础上，编制、修改、完善我社的企业标准
	6	知识元描述通用规范	基于概念、事件、人物、地理、公式、原理、技能等知识元的表达	通用标准。在参与或跟踪通用标准研制工作的基础上，编制、修改、完善我社的企业标准
	7	知识关联通用规范	知识组织与关联模式	通用标准。在参与或跟踪通用标准研制工作的基础上，编制、修改、完善我社的企业标准
	8	主题分类词表描述规则	主题分类词表描述规则	通用标准。在参与或跟踪通用标准研制工作的基础上，编制、修改、完善我社的企业标准（林业/生态文明）

表7-5　知识服务企业标准

类型	序号	标准名称	研制方向	备注
知识加工标准	1	专业（林业/生态文明）领域知识地图（建设规范）	构建林业/生态文明领域的知识地图	共6个：植物、动物、木材、园林、植保、生态文明
	2	专业（林业/生态文明）主题分类词表（建设规范）	构建林业/生态文明的主题分类词表	共6个：植物、动物、木材、园林、植保、生态文明
	3	专业（林业/生态文明）领域知识本体（建设规范）	构建林业/生态文明领域的知识本体	共6个：植物、动物、木材、园林、植保、生态文明
	4	知识加工规范	建立支持领域内容资源知识加工和标引规范的系列标准	
	5	知识加工流程	建立支持领域内容资源知识加工和标引流程的系列标准	

续表

类型	序号	标准名称	研制方向	备注
知识加工标准	6	知识标引规则	建立支持领域知识标引规则描述的系列标准	
	7	知识发现与知识资源更新规范	通过知识推理以及延伸至互联网的知识发现实现知识组织的更新	
知识服务基础标准	8	专业（林业／生态文明）领域知识资源术语	专业知识资源及与其密切相关的术语、概念的定义	共6个：植物、动物、木材、园林、植保、生态文明
知识描述标准	9	知识地图描述规范	面向概念、流程、能力、关系的知识地图表达	共6个：植物、动物、木材、园林、植保、生态文明
	10	知识本体描述规范	基于OWX描述出版业本体的表达	共6个：植物、动物、木材、园林、植保、生态文明
知识服务标准	11	专业（林业／生态文明）知识库建设规范	指导林业／生态文明知识资源数据库的应用	
	12	知识服务规范	描述知识服务类型、模式、交互、评价、定制规则、方法及知识投送等	
	13	知识图谱应用规范	描述基于知识组织的知识导航和知识图谱应用	
	14	知识互动规范	描述知识互动模式和类型的规范	

第三节　中国科技出版传媒股份有限公司 *

一　产品名称、简介、市场定位、服务对象

1. 产品名称

（1）中国生物志库

（2）科学智库

2. 产品简介

（1）中国生物志库

包括"中国植物志库"和"中国动物志库"，以正式出版的《中国植物志》（中、

---

* 撰稿人：中国科技出版传媒股份有限公司唐亮。

英文版）、《中国动物志》等为基础资源，并逐步加入其他物种志作为更新资源，着力打造在全球生物物种领域领先的大规模权威性知识服务平台。数据库兼容多个物种分类体系，通过对经过学界认定的物种信息进行碎片化、结构化、标准化处理，提供同义关联、多级筛选等智能检索功能；基于物种数据开发形象的可视化呈现方式，为生物、农林、医药等用户提供一站式知识和问题解决方案服务。

（2）科学智库

以科学出版社出版的大量国家高端智库和高校智库的研究报告和学术著作为基础，全面整合国内外政府、经济、科技、社会、企业、教育与文化等相关资料构建而成的数据库。下设经济发展智库、公共政策智库、社会发展智库、管理科学智库、学科战略智库，并在各个智库中推出了若干特色专题库。数据库内容具有科学性、权威性、专业性、前瞻性，具备友好的阅读界面、强大的全文检索功能、多元互链的分类栏目、良好的多终端适应功能。

3. **市场定位**

两个产品均以机构客户为主，采取 B2B 和 B2B2C 模式。

4. **服务对象**

（1）中国生物志库

用户类型：科研工作者、教师、学生、管理者等。

学科专业：生物学、生态学、农学、林学、药学等。

（2）科学智库

高校、政府机构、科研院所、公共服务机构等。

二 知识服务技术架构

（1）中国生物志库

平台采用 Java 语言开发，采用 Spring MVC、MyBatis 等业内成熟的开发框架，采用 ElasticSearch 框架来构建一个分布式的搜索与分析引擎。使用户在浏览数据时具备非常快的速度和优秀的可扩展性，可用于全文索引、结构化数据索引、数据分析。

（2）科学智库

平台采用 Java 语言开发，基于 NLM 标准的 XML 入库和 HTML5.0 资源展示技术，互动性更高，具有优质的多终端适应性；基于 ElasticSearch 的实时分布式搜索引擎，可提供高效、精准的检索；基于 J2EE 的技术架构和面向对象的 MVC 模式，不限于 Windows NT 的操作系统，客户可选择稳定性更好的其他操作系统，提供可高度伸缩的、极具稳定性的 B/S 方式的数据库服务。

三　产品架构、典型产品功能及特点

1. 产品架构

（1）中国生物志库

中国生物志库产品架构见图 7-11。

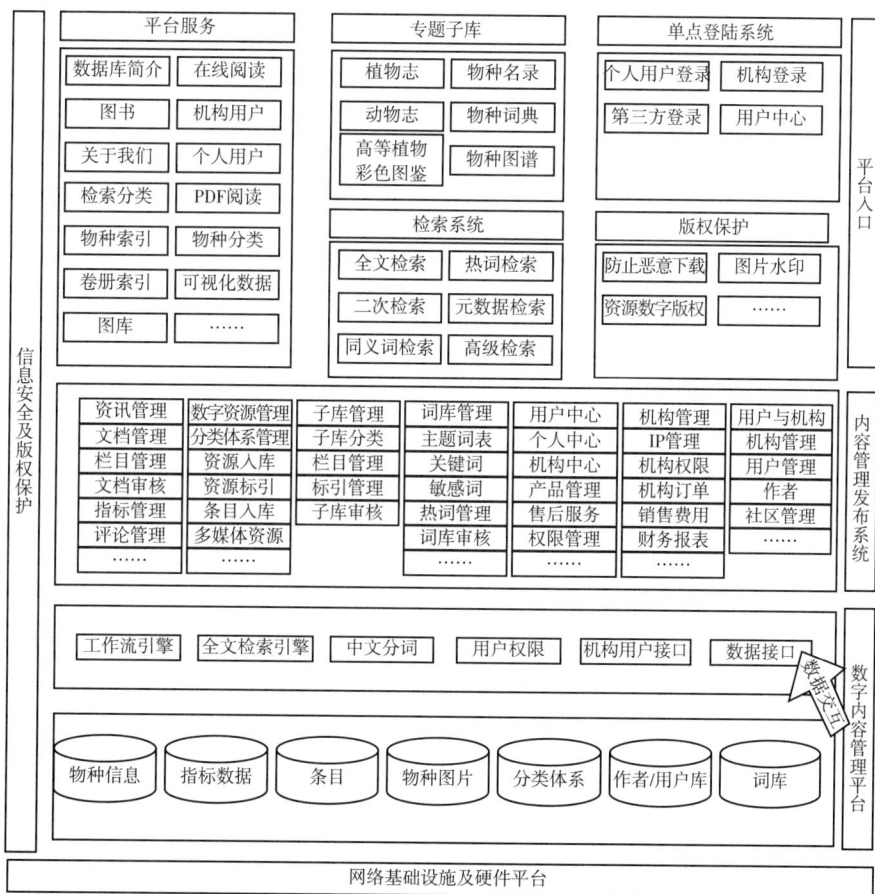

图 7-11　中国生物志库产品架构

（2）科学智库

科学智库产品架构见图 7-12。

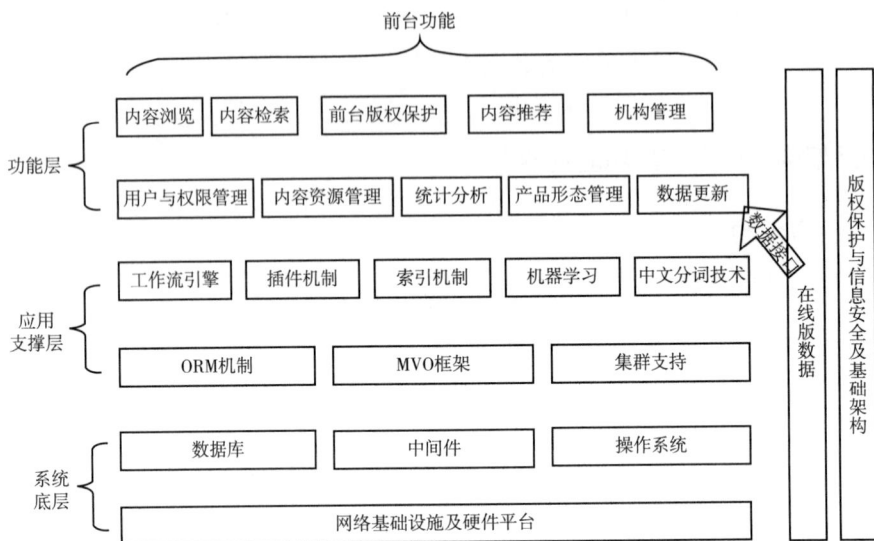

图 7-12　科学智库产品架构

2. 典型产品功能及特点

（1）中国生物志库

高效、精准、功能丰富的物种信息检索：用户可在不同系列志书全文内容中检索，检索时提示联想词，并关联物种别名一起检索，检索结果根据物种学名聚合展示，用户可根据不同来源、分类层级、分布地、海拔等条件对结果进行精准筛选。

全面而专业的物种信息展示页面：结构化流式页面配以原版志书，同时显示可定位该物种的分类位置、上下层关系以及同级相关类群的信息，促进一站式信息获取和研究应用，具有优良的多终端适应性，便于在移动环境使用。

先进的可视化互动呈现方式：提供可视化且具有互动性功能的展示界面，用户可以对物种数量、分布、海拔、分类树节点等进行选择、点击和拖动操作。

多元生物分类系统和索引模式：数据库包含了不同的物种分类系统，如中国植物志库包含了《中国植物志》的恩格勒系统和 *Flora of China*（《中国植物志》英文修订版）的 APG Ⅲ 系统，将来还会继续收录最新的植物分类系统（APG Ⅳ 系统），为用户提供一站式分类信息获取和比较服务。此外，提供中文名、学名（拉丁名）、卷册索引等查找方式，保留并忠实于经典志书原文编排。

定期的物种数据更新保障：科学出版社新出版的各类权威物种志书、图谱均被纳入数据库内容更新计划，成为生物物种研究领域唯一不断更新的资源库。

（2）科学智库

具有强大的全文检索功能，基于 Apache Lucene 实时分布式引擎提供分库检索、跨库检索服务，检索结果支持相关度排序和时间排序。

文章资源、动态、观点、人物等知识点充分互链和关联，全方位体现智库功能，助力高水平研究和决策过程。

提供流式阅读和版式阅读，具有优质的多终端适应性，流式阅读的多层级导航能辅助用户精准定位。

文字可复制、图片表格可下载，可自动导出规范引文，方便论文写作和引用。

设置用户推荐功能，提供详细的用户使用统计报告，真正实现用户需求驱动的资源配置。

个人用户可用多种方式登录（本站注册、QQ、微信）。可记录用户检索词、浏览历史、收藏文章、订单等信息。

可按客户需求提供网络版和镜像版。

四　运营模式、盈利模式

中国生物志库为专业领域的普通用户、会员用户和机构用户提供多层级服务，不断将新出版的各类物种志书资源进行条目结构化并入库更新。线上利用多种途径（官微、媒体、客户自媒体等）进行推广，线下主要靠自有推广渠道进行专业用户群精准推广。目前主要的盈利模式是机构客户收费订阅。

科学智库从经济、管理、政策研究、学科建设等领域用户的需求出发，通过子库和分类栏目聚合优质内容资源，结合持续出版的科研成果不断更新资源，为用户提供各类服务。线上利用多种途径（官微、媒体、客户自媒体等）进行推广，线下主要靠自有推广渠道进行专业用户群精准推广。目前主要的盈利模式是机构客户收费订阅。

五 采用相关标准情况

考虑到未来资源、平台融合的可能性，上述专业类产品的结构化采取了国际通用的 XML 标准，在产品建设过程中，出版社也基于国际标准制定了企业统一标准。

第四节 中国少年儿童新闻出版总社 *

一 产品名称、简介、市场定位、服务对象

1. 产品名称

中少快乐阅读平台

2. 产品简介

中少快乐阅读平台是中国少年儿童新闻出版总社（以下简称"中少总社"）为 0~18 岁少年儿童及其家长、老师和少儿阅读工作者倾力打造的阅读体验平台。

中少快乐阅读平台涵盖四大类数据库产品，分别是：中少数字报刊库、中少动画资源库、中少绘本资源库、中少科普资源库。

3. 市场定位

中少快乐阅读平台主要为机构用户定制，包括全国各大公共图书馆、少儿图书馆、幼儿园、中小学、阅读机构等。

2018 年，中少快乐阅读平台推出了移动版，精选 PC 版中适合手机和 Pad 屏幕阅读的内容，以电子书、视频、图片、H5 文章的形式展现。

4. 服务对象

0~18 岁少年儿童及其家长、教师和少儿阅读工作者。

　＊ 撰稿人：中国少年儿童新闻出版总社沙莹。

二　知识服务技术架构

（一）运行环境

1. 硬件环境

中少快乐阅读平台硬件环境见表7-6、表7-7。

表7-6　数据库硬件环境

硬件类型	功能描述	设备型号	资源配置（CPU/内存/内置硬盘）	操作系统
服务器	MySQL主从	5.6+	略	不限

表7-7　应用硬件环境

功能描述	软件名称	版本	备注
操作系统	Linux		
Web环境	Tomcat	7.0以上	
运行环境	JDK	JDK1.8	略
NoSQL	Redis	Redis2.8	读写分离

2. 网络架构

采用镜像分馆模式/大屏幕应用（外网访问模式提供配置维护）（见图7-13、图7-14）。

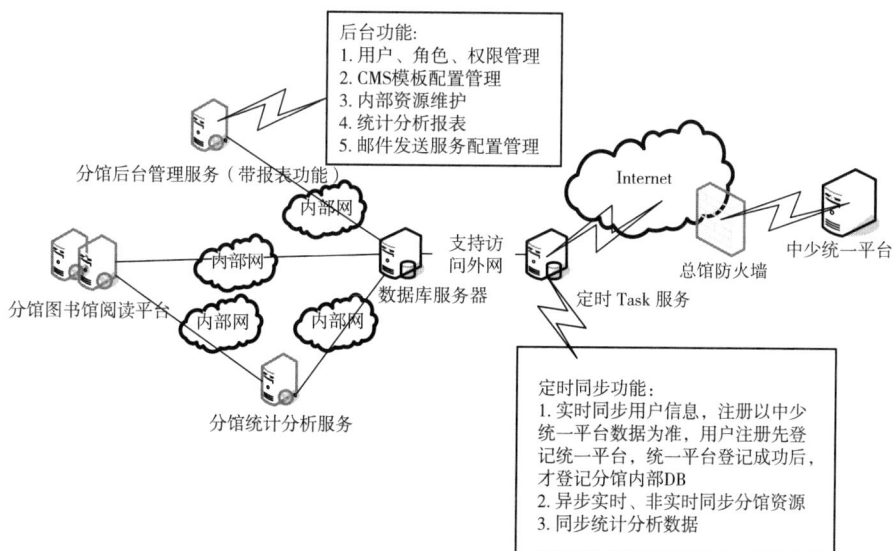

图7-13　镜像分馆模式网络拓扑结构

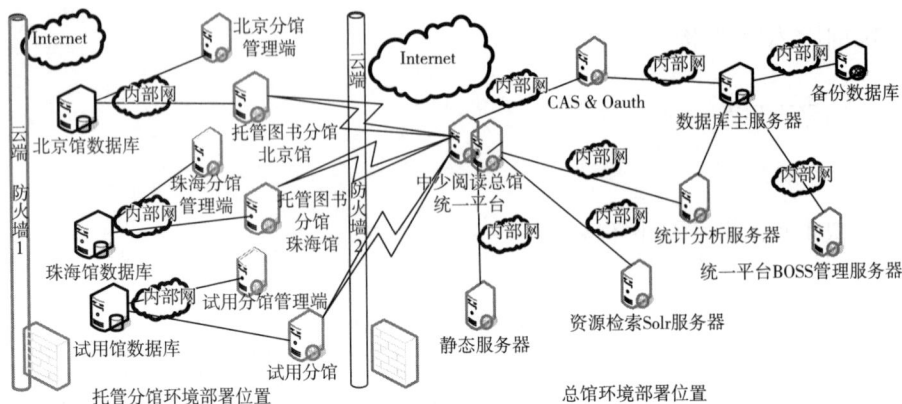

图 7-14　总馆 / 托管分馆 / 试用分馆模式网络拓扑结构

3. 软件环境

中少快乐阅读平台软件环境见表 7-8、表 7-9。

表 7-8　数据库软件配置

功能描述	软件名称	版本	备注
操作系统	Linux		
数据库	MySQL	5.6 以上	

表 7-9 应用服务器软件配置

功能描述	软件名称	版本	备注
操作系统	Linux		
WEB 环境	Tomcat	7.0 以上	

（二）逻辑架构

1. 整体架构

（1）机构门户系统

如图 7-15 所示，用于机构对外的门户展示系统。

（2）机构门户后台管理系统

如图 7-16、图 7-17、图 7-18 所示，用于机构管理自己门户的后台管理系统，主要内容有用户管理、角色管理、资源管理、系统管理、邮件配置管理、功能管理、功能模板管理、机构统计分析报表管理等相关功能。

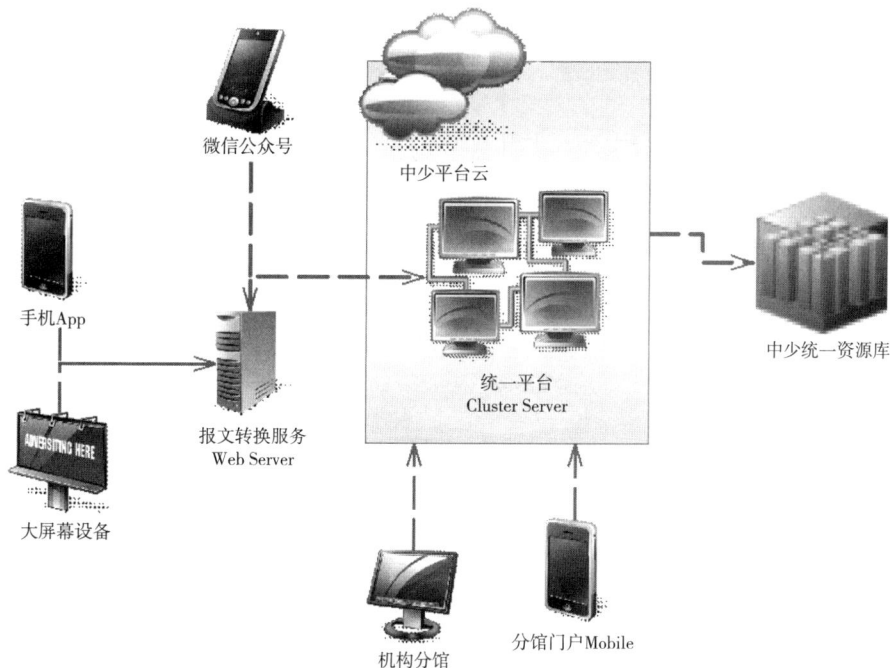

图7-15 中少快乐阅读平台逻辑架构一

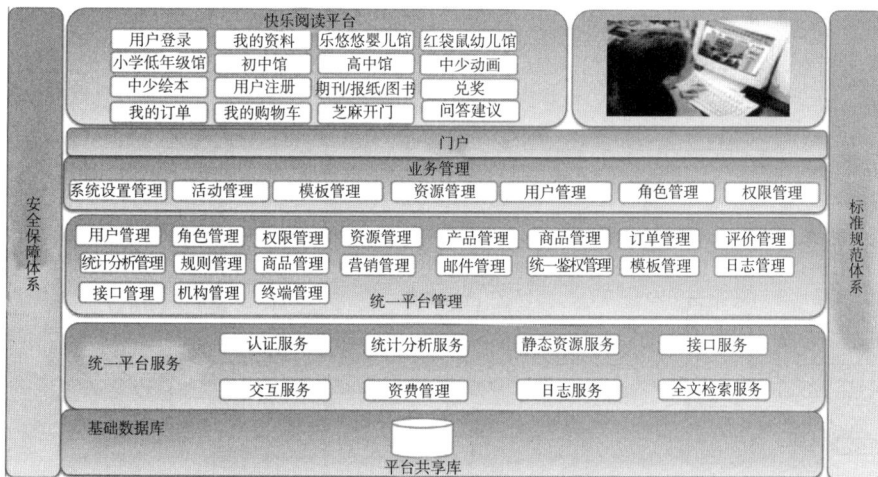

图7-16 中少快乐阅读平台逻辑架构二

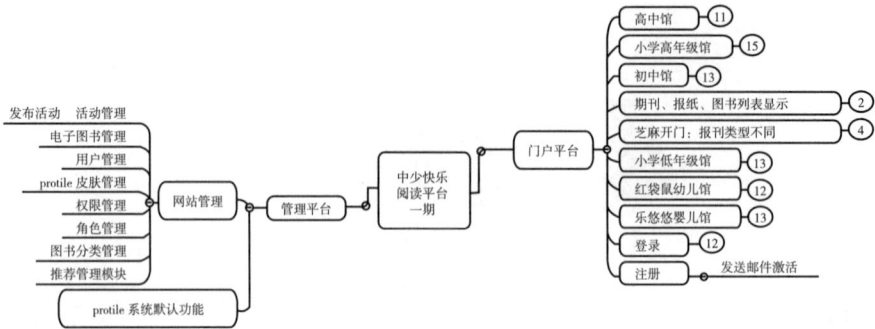

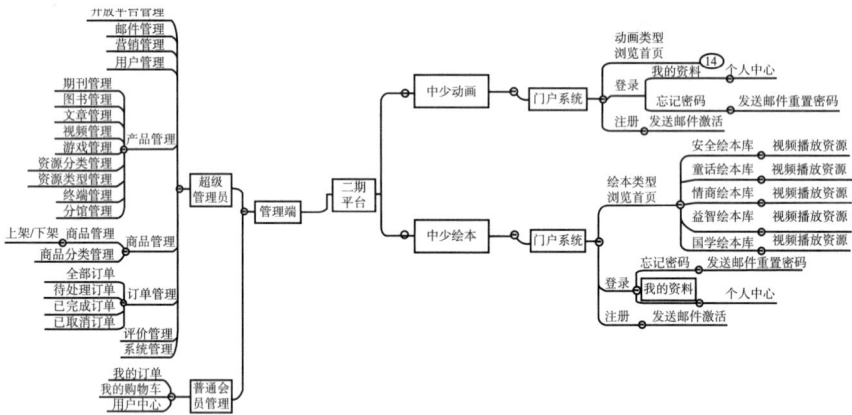

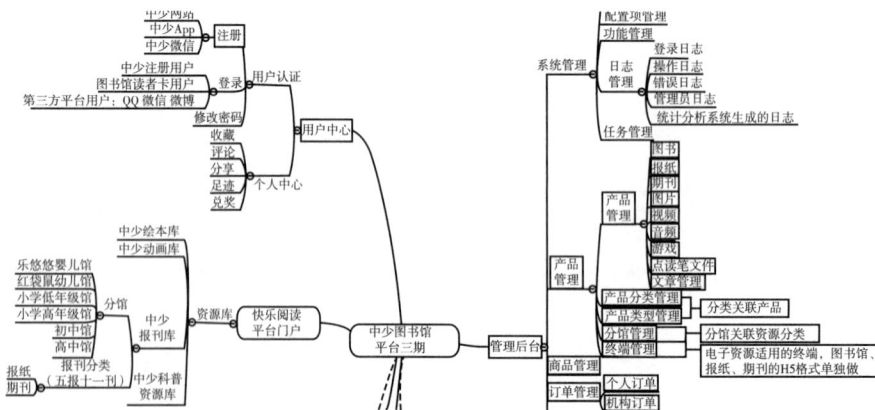

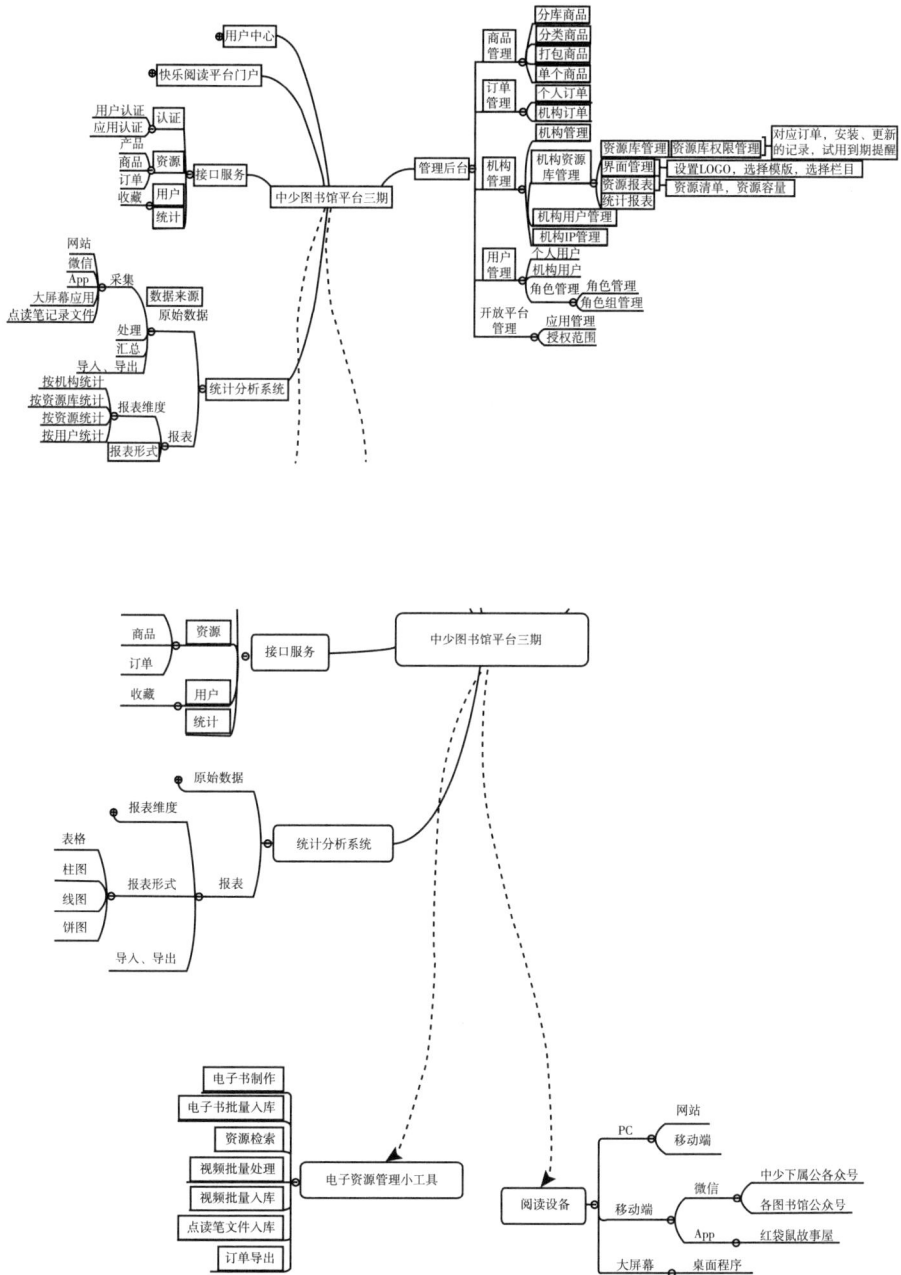

图 7-17 中少快乐阅读平台逻辑架构三

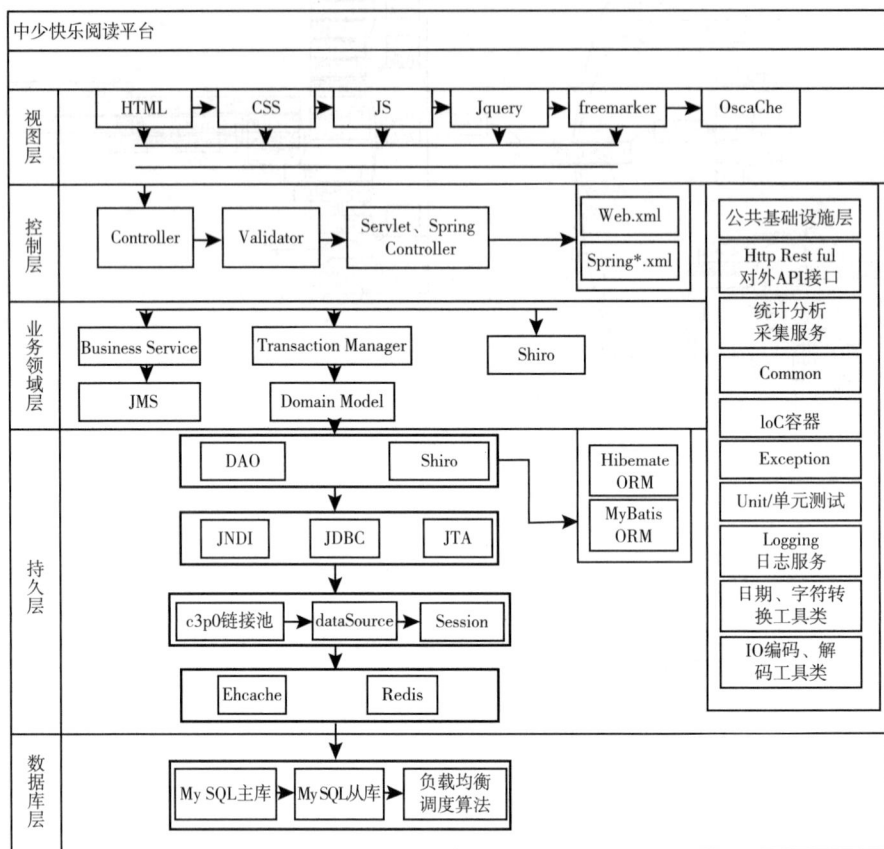

图7-18　中少快乐阅读平台逻辑架构四

（3）总馆统一平台门户系统

用于总馆对外的门户展示，也提供机构相关服务的 API 调用服务。

（4）统一平台统计分析系统

是统一平台系统采集机构的用户行为数据后，提供给统计分析系统进行统计分析计算的服务系统。提供分馆网站、大屏幕应用 HTTP RESTful、JSON API 接口。提供微信、App、点读笔记录文件采集 HTTP/XML API 采集接口。采集接口异步处理，支持网站、微信、App、大屏幕应用、点读笔记录文件等进行埋点采集。

（5）总馆统一平台 BOSS 后台管理系统

是总馆管理机构、平台所有相关资源的后台管理系统。为机构分馆提供分馆管理员账号，分馆管理员登陆成功后，维护所属分馆的用户信息、资源信息、统计分析报表、机构 LOGO、机构模板。

2. 集成架构

（1）CAS 单点登录服务

后续提供用户单点登录服务。

（2）资源检索服务

提供总馆及机构门户站内搜索资源的服务。

3. 开发架构

（1）技术选型

参考技术管理中心规范，中少快乐阅读平台的技术选型如表 7-10 所示。

表 7-10　技术选型

类型	可选技术
Web 服务器	Tomcat、Nginx
负载均衡	Nginx
数据库	MySQL5.6、SVN
组件管理	Maven、IDE、Eclipse All in One、MVC、Spring MVC
页面	FreeMarker、SiteMesh、JS jQuery、jQuery UI
容器	Spring
持久化	MyBatis、JdbcTemplate
服务	Thrift、HTTP RESTful
调度	Quartz、统一调度服务中心
缓存	Redis
日志	SLF4J、Logback
XML	Dom4j、Xstream
CMS	Jspxcms

（2）项目结构

中少快乐阅读平台项目结构见图7-19、图7-20。

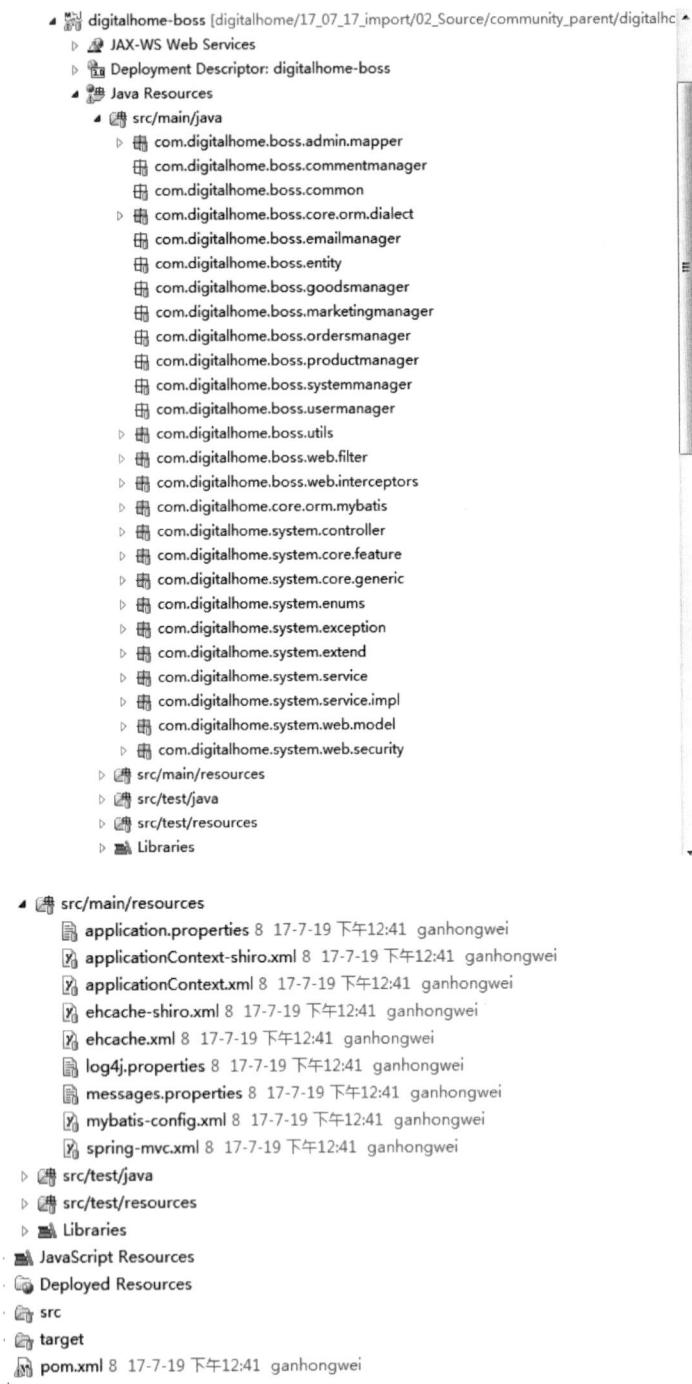

图 7-19　统一平台 BOSS 管理后台结构

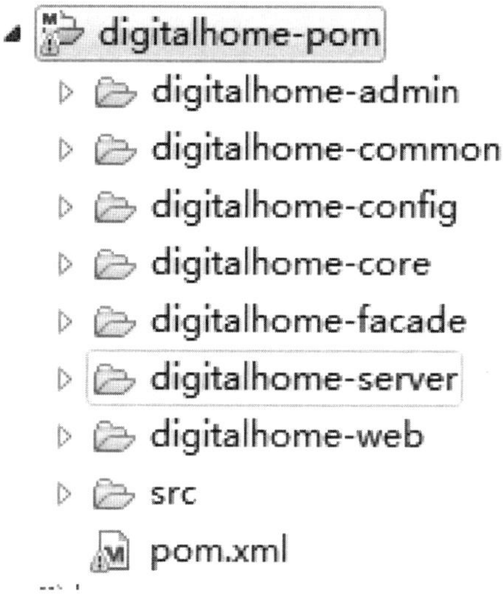

图 7-20　门户系统结构

4. 数据架构

中少快乐阅读平台数据模型如图 7-21 所示。

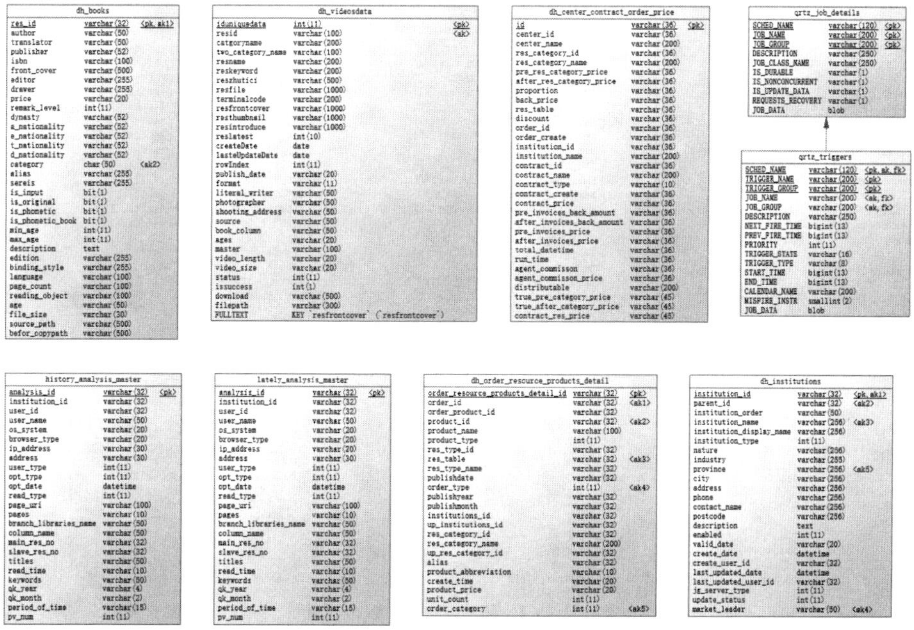

a. 中少快乐阅读平台数据模型一

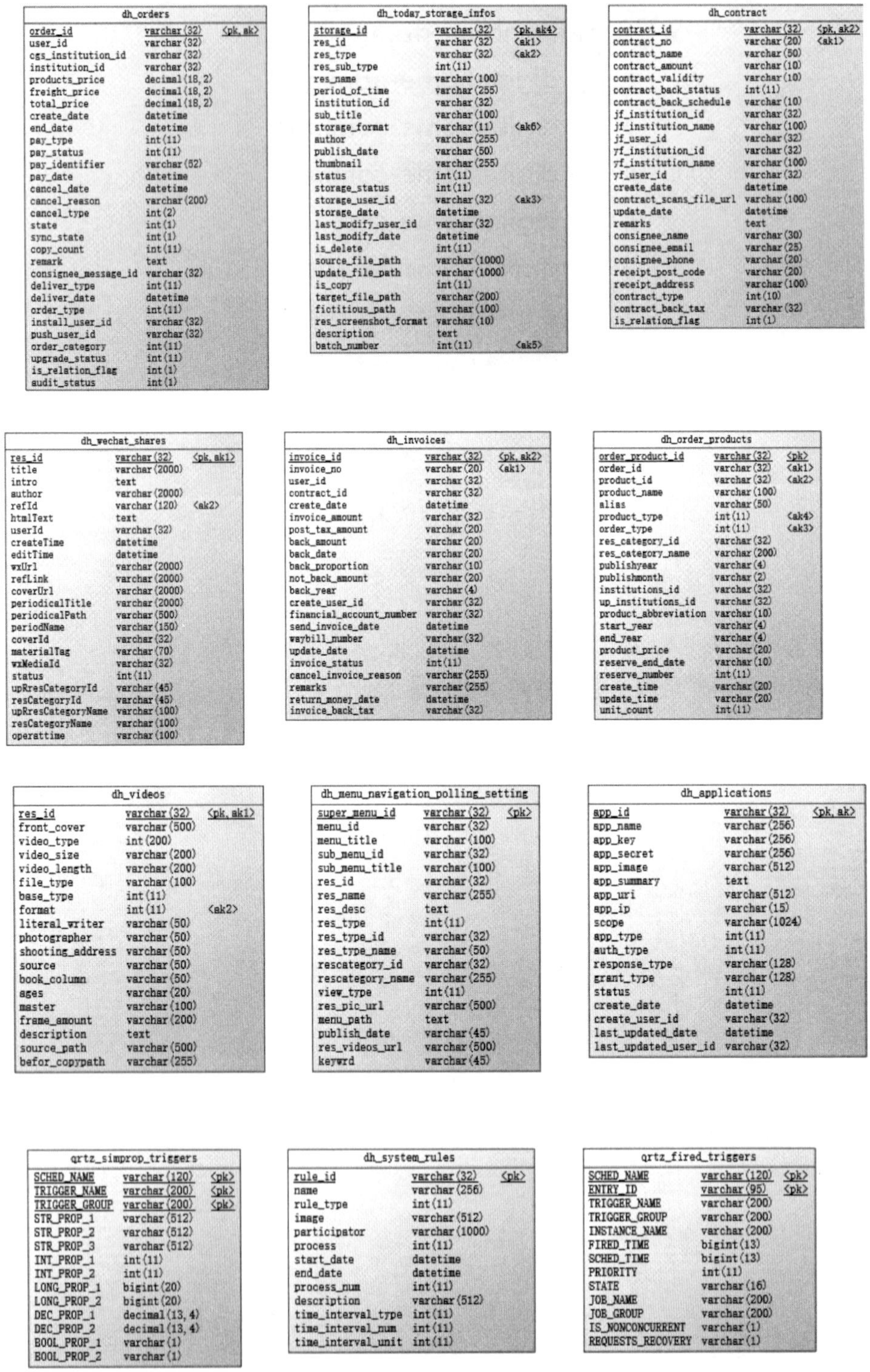

dh_orders

order_id	varchar(32)	<pk, ak>
user_id	varchar(32)	
cgs_institution_id	varchar(32)	
institution_id	varchar(32)	
products_price	decimal(18,2)	
freight_price	decimal(18,2)	
total_price	decimal(18,2)	
create_date	datetime	
end_date	datetime	
pay_type	int(11)	
pay_status	int(11)	
pay_identifier	varchar(52)	
pay_date	datetime	
cancel_date	datetime	
cancel_reason	varchar(200)	
cancel_type	int(2)	
state	int(1)	
sync_state	int(1)	
copy_count	int(11)	
remark	text	
consignee_message_id	varchar(32)	
deliver_type	int(11)	
deliver_date	datetime	
order_type	int(11)	
install_user_id	varchar(32)	
push_user_id	varchar(32)	
order_category	int(11)	
upgrade_status	int(11)	
is_relation_flag	int(1)	
audit_status	int(1)	

dh_today_storage_infos

storage_id	varchar(32)	<pk, ak4>
res_id	varchar(32)	<ak1>
res_type	varchar(32)	<ak2>
res_sub_type	int(11)	
res_name	varchar(100)	
period_of_time	varchar(255)	
institution_id	varchar(32)	
sub_title	varchar(100)	
storage_format	varchar(11)	<ak6>
author	varchar(255)	
publish_date	varchar(50)	
thumbnail	varchar(255)	
status	int(11)	
storage_status	int(11)	
storage_user_id	varchar(32)	<ak3>
storage_date	datetime	
last_modify_user_id	varchar(32)	
last_modify_date	datetime	
is_delete	int(11)	
source_file_path	varchar(1000)	
update_file_path	varchar(1000)	
is_copy	int(11)	
target_file_path	varchar(200)	
fictitious_path	varchar(100)	
res_screenshot_format	varchar(10)	
description	text	
batch_number	int(11)	<ak5>

dh_contract

contract_id	varchar(32)	<pk, ak2>
contract_no	varchar(20)	<ak1>
contract_name	varchar(50)	
contract_amount	varchar(10)	
contract_validity	varchar(10)	
contract_back_status	int(11)	
contract_back_schedule	varchar(100)	
jf_institution_id	varchar(32)	
jf_institution_name	varchar(100)	
jf_user_id	varchar(32)	
yf_institution_id	varchar(32)	
yf_institution_name	varchar(100)	
yf_user_id	varchar(32)	
create_date	datetime	
contract_scans_file_url	varchar(100)	
update_date	datetime	
remarks	text	
consignee_name	varchar(30)	
consignee_email	varchar(25)	
consignee_phone	varchar(20)	
receipt_post_code	varchar(20)	
receipt_address	varchar(100)	
contract_type	int(10)	
contract_back_tax	varchar(4)	
is_relation_flag	int(1)	

dh_wechat_shares

res_id	varchar(32)	<pk, ak1>
title	varchar(2000)	
intro	text	
author	varchar(2000)	
refId	varchar(120)	<ak2>
htmlText	text	
userId	varchar(32)	
createTime	datetime	
editTime	datetime	
wxUrl	varchar(2000)	
refLink	varchar(2000)	
coverUrl	varchar(2000)	
periodicalTitle	varchar(2000)	
periodicalPath	varchar(500)	
periodName	varchar(150)	
coverId	varchar(32)	
materialTag	varchar(70)	
wxMediaId	varchar(32)	
status	int(11)	
upRresCategoryId	varchar(45)	
resCategoryId	varchar(45)	
upRresCategoryName	varchar(100)	
resCategoryName	varchar(100)	
operattime	varchar(100)	

dh_invoices

invoice_id	varchar(32)	<pk, ak2>
invoice_no	varchar(20)	<ak1>
user_id	varchar(32)	
contract_id	varchar(32)	
create_date	datetime	
invoice_amount	varchar(32)	
post_tax_amount	varchar(20)	
back_amount	varchar(20)	
back_date	datetime	
back_proportion	varchar(10)	
not_back_amount	varchar(20)	
back_year	varchar(4)	
create_user_id	varchar(32)	
financial_account_number	varchar(32)	
send_invoice_date	datetime	
waybill_number	varchar(32)	
update_date	datetime	
invoice_status	int(1)	
cancel_invoice_reason	varchar(255)	
remarks	varchar(255)	
return_money_date	datetime	
invoice_back_tax	varchar(32)	

dh_order_products

order_product_id	varchar(32)	<pk>
order_id	varchar(32)	<ak1>
product_id	varchar(32)	<ak2>
product_name	varchar(100)	
alias	varchar(50)	
product_type	int(11)	<ak4>
order_type	int(11)	<ak3>
res_category_id	varchar(32)	
res_category_name	varchar(200)	
publishyear	varchar(2)	
publishmonth	varchar(2)	
institutions_id	varchar(32)	
up_institutions_id	varchar(32)	
product_abbreviation	varchar(10)	
start_year	varchar(4)	
end_year	varchar(4)	
product_price	varchar(20)	
reserve_end_date	varchar(10)	
reserve_number	int(11)	
create_time	varchar(20)	
updste_time	varchar(20)	
unit_count	int(11)	

dh_videos

res_id	varchar(32)	<pk, ak1>
front_cover	varchar(500)	
video_type	int(200)	
video_size	varchar(200)	
video_length	varchar(200)	
file_type	varchar(100)	
base_type	int(11)	
format	int(11)	<ak2>
literal_writer	varchar(50)	
photographer	varchar(50)	
shooting_address	varchar(200)	
source	varchar(50)	
book_column	varchar(50)	
ages	varchar(20)	
master	varchar(100)	
frame_amount	varchar(200)	
description	text	
source_path	varchar(500)	
befor_copypath	varchar(255)	

dh_menu_navigation_polling_setting

super_menu_id	varchar(32)	<pk>
menu_id	varchar(32)	
menu_title	varchar(100)	
sub_menu_id	varchar(32)	
sub_menu_title	varchar(100)	
res_id	varchar(32)	
res_name	varchar(255)	
res_desc	text	
res_type	int(11)	
res_type_id	varchar(32)	
res_type_name	varchar(50)	
rescategory_id	varchar(32)	
rescategory_name	varchar(255)	
view_type	int(11)	
res_pic_url	varchar(500)	
menu_path	text	
publish_date	varchar(45)	
res_videos_url	varchar(500)	
keywrd	varchar(45)	

dh_applications

app_id	varchar(32)	<pk, ak>
app_name	varchar(256)	
app_key	varchar(256)	
app_secret	varchar(256)	
app_image	varchar(512)	
app_summary	text	
app_uri	varchar(512)	
app_ip	varchar(15)	
scope	varchar(1024)	
app_type	int(11)	
auth_type	int(11)	
response_type	varchar(128)	
grant_type	varchar(128)	
status	int(11)	
create_date	datetime	
create_user_id	varchar(32)	
last_updated_date	datetime	
last_updated_user_id	varchar(32)	

qrtz_simprop_triggers

SCHED_NAME	varchar(120)	<pk>
TRIGGER_NAME	varchar(200)	<pk>
TRIGGER_GROUP	varchar(200)	<pk>
STR_PROP_1	varchar(512)	
STR_PROP_2	varchar(512)	
STR_PROP_3	varchar(512)	
INT_PROP_1	int(11)	
INT_PROP_2	int(11)	
LONG_PROP_1	bigint(20)	
LONG_PROP_2	bigint(20)	
DEC_PROP_1	decimal(13,4)	
DEC_PROP_2	decimal(13,4)	
BOOL_PROP_1	varchar(1)	
BOOL_PROP_2	varchar(1)	

dh_system_rules

rule_id	varchar(32)	<pk>
name	varchar(256)	
rule_type	int(11)	
image	varchar(512)	
participator	varchar(1000)	
process	varchar(512)	
start_date	datetime	
end_date	datetime	
process_num	int(11)	
description	varchar(512)	
time_interval_type	int(11)	
time_interval_num	int(11)	
time_interval_unit	int(11)	

qrtz_fired_triggers

SCHED_NAME	varchar(120)	<pk>
ENTRY_ID	varchar(95)	<pk>
TRIGGER_NAME	varchar(200)	
TRIGGER_GROUP	varchar(200)	
INSTANCE_NAME	varchar(200)	
FIRED_TIME	bigint(13)	
SCHED_TIME	bigint(13)	
PRIORITY	int(11)	
STATE	varchar(16)	
JOB_NAME	varchar(200)	
JOB_GROUP	varchar(200)	
IS_NONCONCURRENT	varchar(1)	
REQUESTS_RECOVERY	varchar(1)	

b. 中少快乐阅读平台数据模型二

图7-21 数据模型

三 产品架构、典型产品功能及特点

中少快乐阅读平台产品功能见表7-11。

表7-11 中少快乐阅读平台产品功能

功能名称				功能描述
用户注册				提供用户注册入口
用户登录				提供用户登录入口
忘记密码				提供用户忘记密码重置密码入口
中少快乐阅读平台门户平台功能	我的资料	个人中心	推荐阅读	1. 展示用户年龄、个性签名、活动时间、注册时间、上次登录时间、用户名、头像浏览信息、签到功能 2. 提供用户修改密码入口 3. 推荐给用户的阅读资源包含：期刊、报纸、图书等类型
			我的书架	1. 展示用户年龄、个性签名、活动时间、注册时间、上次登录时间、用户名、头像浏览信息、签到功能（未完成） 2. 提供用户修改密码入口 3. 用户自己购买的阅读资源
			我的订单	供普通用户查看跟自己有关的所有订单
			我的购物车	供普通用户查看自己购买的相关资源
		父母课堂		供用户浏览"阅读指导""推荐图书""家教指导""亲子课堂""关注与分享信息"等类型资源和进行"提交建议"操作
		形象专区		供用户浏览中少阅读平台推荐的少儿相关信息，包括：用户名、头像、年龄、生日、兴趣、最喜欢什么、优缺点有哪些、最讨厌什么、偶像、最爱的颜色、擅长的运动、口头禅等相关信息
		兑奖		供用户浏览中少阅读平台的相关活动信息及参与兑奖操作
		中奖信息		1. 提供用户参加中少阅读平台相关活动中奖的流水信息

续表

功能名称			功能描述
中少快乐阅读平台门户平台功能	乐悠悠婴儿馆	首页展示	1. 提供最新产品资源推荐 2. 提供妈妈推荐的相关资源 3. 提供专家推荐的相关资源 4. 提供最受欢迎的报刊资源 5. 提供报纸、期刊、图书链接入口 6. 提供正在阅读资源的提示信息
		小故事	1. 提供"好习惯故事""好品质故事""亲子安全故事""温馨故事"相关类型的资源，推荐给用户阅读 2. 提供最受欢迎的图书报刊，推荐给用户阅读
		儿歌童谣	1. 提供"好习惯儿歌""好品质儿歌""嘟嘟熊儿歌""亲子游戏儿歌"，按类型进行区分，提供用户相关类型的资源，供用户播放阅读 2. 提供最受欢迎的图书报刊，供用户阅读
		小百科	1. 提供"乐悠悠小百科""认知故事""认知儿歌"相关类型的资源，供用户阅读 2. 提供最受欢迎的图书报刊资源供用户阅读
		视听乐园	1. 提供"婴儿画报""嘟嘟熊画报""幼儿画报"相关资源给用户播放阅读 2. 提供最受欢迎的图书报刊资源给用户阅读
		小游戏	1. 按照"连连看""找影子""涂色""拼图""连线""找不同"相关游戏类型，提供给用户互动 2. 提供小游戏排行榜，推荐用户互动
		妈妈信箱	1. 按照"入园准备""养育指导"类型区分资源，供用户阅读 2. 提供该类型资源排行榜，推荐用户阅读
	红袋鼠幼儿馆	首页展示	1. 提供红袋鼠幼儿馆中最新产品资源 2. 提供红袋鼠幼儿馆中妈妈推荐的相关资源 3. 提供红袋鼠幼儿馆中专家推荐的相关资源 4. 提供红袋鼠幼儿馆中相关资源站内搜索功能
		故事天地	1. 提供"故事天地"排行榜，推荐用户阅读 2. 按照"益智故事""认知故事""科幻故事""教养故事"相关类型区分资源，分类提供给用户 3. 提供红袋鼠幼儿馆中相关资源站内搜索功能
		视听乐园	1. 根据"嘟嘟熊画报""幼儿画报"相关类型分类提供给用户 2. 提供红袋鼠幼儿馆中相关资源站内搜索功能
		认知启蒙	1. 根据"学前语文""儿歌童谣""学前数学""红袋鼠知识库""国学启蒙"相关类型分类提供给用户 2. 提供红袋鼠幼儿馆中相关资源站内搜索功能
		益智游戏	1. 根据"涂色""连连看""连线""找不同""找影子""拼图"相关类型分类，供用户互动阅读 2. 提供红袋鼠幼儿馆中相关资源站内搜索功能
		育儿信箱	1. 根据"专家育儿""经验分享"相关类型分类，供用户阅读 2. 提供红袋鼠幼儿馆中相关资源站内搜索功能

续表

功能名称			功能描述
中少快乐阅读平台门户平台功能	小学低年级馆	首页展示	1. 根据"最新报刊""专家推荐"类型分类，供用户阅读 2. 根据"酷玩街""益智翻斗乐"类型以专题形式推荐给用户 3. 提供"侦探故事""卡通动漫""幽默""奇幻""写作""语文"相关类型站内搜索功能，供用户搜索阅读 4. 提供报刊年、月排行榜，推荐用户阅读 5. 提供用户正在阅读的内容的相关资源跟用户互动
		故事城堡	1. 提供文章年、月排行榜，推荐用户阅读 2. 对"侦探故事""校园小剧场""童话故事""生活故事""经典阅读"资源进行分类区分，供用户阅读
		科普天地	1. 提供文章年、月排行榜，推荐用户阅读 2. 对"玩转科学""科学故事""科普漫画""百科知识"资源进行分类，供用户阅读
		轻松英语	1. 提供文章年、月排行榜，推荐用户阅读 2. 对"阅读时间""英语敲边鼓""英语练兵场""趣味语法"资源进行分类，供用户阅读 3. 将"小本历险记""英语随心唱""开口说英语"相关类型作为特殊栏目推荐给用户，根据分类分别提供给用户
		卡通漫画	1. 提供文章年、月排行榜，推荐用户阅读 2. 对"幽默爆笑""少男少女""卡通迷画廊""传奇英雄汇""敖幼祥漫画精品系列"资源进行分类，供用户阅读 3. 将"奇幻悬疑""经典故事""迪斯尼精品漫画"相关类型作为特殊栏目推荐给用户
		游戏玩家	1. 对"连连看""找不同""拼图""涂色""连线""找影子"资源进行分类，供用户阅读互动 2. 将热门游戏按年、月排行榜推荐用户
		成长加油站	1. 提供文章年、月排行榜，推荐用户阅读 2. 对"微资讯""聚光灯""小记者在行动""小虎子""知心调查""找影子"资源进行分类，供用户阅读互动 3. 根据"知心姐姐信箱""成长故事"分类推荐用户阅读相关资源 4. 提供根据"写作一点通""语文天天练""数学真好玩"进行分类的助学园地栏目类型资源，供用户阅读
	小学高年级馆	首页展示	1. 根据"最新报刊""专家推荐"资源分类，供用户阅读 2. 根据"酷玩街""益智翻斗乐"类型以专题形式推荐给用户 3. 提供"迪斯尼""幽默""奇幻""写作""知心姐姐""太空""英语""百科""名家""推理"相关类型站内搜索功能，供用户搜索阅读 4. 报刊按年、月进行排行，供用户阅读 5. 提供用户正在阅读的内容的相关资源跟用户互动

续表

功能名称			功能描述
中少快乐阅读平台门户平台功能	小学高年级馆	儿童文学	1. 提供文章年、月排行榜，推荐用户阅读 2. 对"小说""外国文学""童话""诗歌散文""纪实文学""幻想文学""故事""传记"资源进行分类区分，以精品文章栏目形式提供给用户
		科普天地	1. 提供文章年、月排行榜，推荐用户阅读 2. 对"玩转科学""科学故事""科普漫画""百科知识"资源进行分类区分，以精品文章栏目形式提供给用户
		轻松英语	1. 提供文章年、月排行榜，推荐用户阅读 2. 对"阅读时间""英语敲边鼓""英语练兵场""趣味语法"资源进行分类区分，以精品文章栏目形式提供给用户 3. 根据"小本历险记""英语随心唱""开口说英语"类型以特色栏目形式推荐给用户
		历史文化	1. 提供文章年、月排行榜，推荐用户阅读 2. 对"人物故事""历史故事""环游地球""国学故事"资源进行分类区分，以精品文章栏目形式提供给用户
		卡通漫画	1. 提供文章年、月排行榜，推荐用户阅读 2. 对"幽默爆笑""少男少女""卡通迷画廊""传奇英雄汇""敖幼祥漫画精品系列"资源进行分类区分，提供给用户 3. 根据"奇幻悬疑""经典故事""迪士尼精品漫画"类型推荐给用户
		游戏玩家	1. 提供热门游戏年、月排行榜，推荐用户阅读互动 2. 对"连连看""找不同""拼图""涂色""连线""找影子"资源进行分类区分，提供给用户
		成长加油站	1. 提供文章年、月排行榜，推荐用户阅读 2. 根据"知心姐姐信箱""成长故事"分类推荐用户阅读相关资源 3. 将根据"写作一点通""语文天天练""数学真好玩"进行分类的助学园地栏目类型资源提供给用户
	初中馆	首页展示	1. 根据"最新报刊""专家推荐"类型资源分类提供给用户 2. 将"酷玩街""益智翻斗乐""侦探事务所"类型资源以休闲区专栏形式推荐给用户 3. 提供"知心""成长""青春""科学""文学""酷玩""电影""音乐""星动""推理"相关类型站内搜索功能，供用户搜索阅读 4. 将报刊按年、月进行排行，推荐给用户 5. 提供用户正在阅读的内容的相关资源跟用户互动
		文学天地	1. 提供文章年、月排行榜，推荐用户阅读 2. 根据"外国小说""外国文学""童话""诗歌""散文""青春文学""纪实文学""幻想文学""传记"资源分类，以精品文章栏目形式提供给用户 3. 提供"幻想文学"专栏和"青春文学"专栏，分别提供给用户 4. 提供"知心""成长""青春""科学""文学""酷玩""电影""音乐""星动""推理"相关类型站内搜索功能，供用户搜索阅读

续表

功能名称			功能描述
中少快乐阅读平台门户平台功能	初中馆	科普天地	1. 提供文章年、月排行榜，推荐用户阅读 2. 根据"玩转科学""科学故事""科普漫画""百科知识"资源分类，以精品文章栏目形式提供给用户 3 提供"知心""成长""青春""科学""文学""酷玩""电影""音乐""星动""推理"相关类型站内搜索功能，供用户搜索阅读
		历史文化	1. 将历史文化资源按年、月排行，推荐用户阅读 2. 根据"人物故事""历史故事""环游地球""国学故事"对资源进行分类，以精品文章栏目形式提供给用户 3. 提供"知心""成长""青春""科学""文学""酷玩""电影""音乐""星动""推理"相关类型站内搜索功能，供用户搜索阅读
		卡通漫画	1. 将卡通漫画资源按年、月排行，推荐用户阅读 2. 根据"幽默爆笑""少男少女""卡通迷画廊""传奇英雄汇""敖幼祥漫画精品系列"资源分类，以精品文章栏目形式提供给用户 3. 提供"知心""成长""青春""科学""文学""酷玩""电影""音乐""星动""推理"相关类型站内搜索功能，供用户搜索阅读 4. 提供"奇幻悬疑""经典故事""迪士尼精品漫画"等专栏类型，供用户阅读
		游戏玩家	1. 提供热门游戏年、月排行榜，推荐用户阅读互动 2. 对"连连看""找不同""拼图""涂色""连线""找影子"资源进行分类，提供给用户
		成长加油站	1. 提供成长加油站资源文章年、月排行榜，推荐用户阅读 2. 根据"知心姐姐信箱""成长故事""助学园地"资源分类，推荐用户阅读相关资源 3. 提供"知心""成长""青春""科学""文学""酷玩""电影""音乐""星动""推理"相关类型站内搜索功能，供用户搜索阅读
	高中馆	首页展示	1. 根据"最新报刊""专家推荐"资源分类，供用户阅读 2. 根据"酷玩街""益智翻斗乐""侦探事务所"类型，以休闲区专栏形式推荐给用户 3. 提供"文学""推理""侦探""漫画""科幻""科普""动画""游戏""太空""知心姐姐"相关类型站内搜索功能，供用户搜索阅读 4. 将报刊按年、月进行排行，供用户阅读 5. 提供用户正在阅读的内容的相关资源跟用户互动
		文学天地	1. 提供文章年、月排行榜，推荐用户阅读 2. 根据"小说""外国小说""外国文学""诗歌""散文""青春文学""纪实文学""幻想文学""传记"为精品文章专栏进行分类，提供给用户 3. 提供"幻想文学"专栏和"青春文学"专栏，供用户阅读 4. 提供"文学""推理""侦探""漫画""科幻""科普""动画""游戏""太空""知心姐姐"相关类型站内搜索功能，供用户搜索阅读

续表

功能名称			功能描述
中少快乐阅读平台门户平台功能	高中馆	科普天地	1. 提供文章年、月排行榜，推荐用户阅读 2. 根据"玩转科学""科学故事""科普漫画""百科知识"资源分类，以精品文章栏目形式提供给用户 3. 提供"文学""推理""侦探""漫画""科幻""科普""动画""游戏""太空""知心姐姐"相关类型站内搜索功能，供用户搜索阅读
		历史文化	1. 将历史文化资源按年、月排行，推荐用户阅读 2. 根据"人物故事""历史故事""环游地球""国学故事"资源分类，以精品文章栏目形式提供给用户 3. 提供"文学""推理""侦探""漫画""科幻""科普""动画""游戏""太空""知心姐姐"相关类型站内搜索功能，供用户搜索阅读
		游戏玩家	1. 提供热门游戏年、月排行榜，推荐用户阅读互动 2. 将"连连看""找不同""拼图""涂色""连线""找影子"资源进行分类区分，提供给用户 3. 提供"文学""推理""侦探""漫画""科幻""科普""动画""游戏""太空""知心姐姐"相关类型站内搜索功能，供用户搜索阅读
		成长加油站	1. 根据成长加油站资源文章年、月排行榜推荐用户阅读 2. 根据"知心姐姐信箱""成长故事""助学园地"分类区分推荐用户阅读相关资源 3. 提供"文学""推理""侦探""漫画""科幻""科普""动画""游戏""太空""知心姐姐"相关类型站内搜索功能，供用户搜索阅读
	中少动画	首页展示	1. 根据"特色主题推荐""安全自护故事""好孩子故事""童话故事""益智故事""经典儿歌""快乐学知识"相关专栏分类推荐用户浏览动画资源 2. 根据中少动画资源类型提供站内搜索功能 3. 根据"安全自护故事""好孩子故事""认知故事""童话故事""益智故事""经典儿歌""快乐学知识"分类资源推荐用户在线播放浏览。
	中少绘本	首页展示	1. 根据"最新绘本""最热绘本""精彩推荐"分类进行统计展示，以推荐给用户；根据"安全绘本库""童话绘本库""情商绘本库""益智绘本库""国学绘本库"相关专栏分类推荐用户浏览动画资源 2. 根据中少绘本资源类型提供站内搜索功能 3. 根据"安全绘本库""童话绘本库""情商绘本库""益智绘本库""国学绘本库"分类资源推荐用户在线播放浏览
	移动端阅读平台	移动平台阅读的二维码支持	资源详情页提供二维码扫描功能，用户通过扫描资源信息，直接打开阅读器快速阅读
	阅读平台功能管理端	活动管理	支持机构或管理员发布阅读平台活动信息。活动管理包括发布新活动、查看已发布活动、取消活动及启用相关操作

续表

功能名称			功能描述
中少快乐阅读平台门户平台功能	阅读平台功能管理端	用户管理	统一维护：支持新增、修改、删除、浏览等用户操作
		角色管理	统一维护：支持新增、修改、删除、浏览等角色操作，角色包含平台管理员、机构管理员、普通用户、试用测试用户等，可配置化
		权限管理	统一维护：支持管理员及机构管理员分配指定功能访问权限操作
		产品管理：报纸管理	支持管理员、机构管理员对子平台报纸资源进行维护
		产品管理：期刊管理	支持管理员、机构管理员对子平台期刊资源进行维护
		产品管理：图书管理	支持管理员、机构管理员对子平台图书资源进行维护
		产品管理：文章管理	支持管理员、机构管理员对子平台文章资源进行维护
		产品管理：视频管理	支持管理员、机构管理员对子平台视频资源进行维护
		产品管理：游戏管理	支持管理员、机构管理员对子平台游戏资源进行维护
		产品管理：资源分类管理	支持管理员、机构管理员对资源分类进行管理，支持新增、修改、删除、浏览图书分类操作，资源分类包括：报纸、期刊、图书、文章、视频、游戏等。可以支持对具体相关分类中的子分类进行管理
		产品管理：资源类型管理	支持管理员、机构管理员对资源类型进行管理
		产品管理：终端管理	支持管理员对机构管理员的服务IP和端口及相关终端资源进行维护
		产品管理：分馆管理	支持管理员对机构管理员分馆进行管理
		商品管理：商品管理	支持管理员、机构管理员对子平台相关商品进行维护，提供新增商品、编辑商品、取消商品、预览商品、商品发布、审核发布的商品等功能，支持商品上架、下架相关操作
		商品管理：商品分类管理	支持管理员、机构管理员对商品分类进行管理
		订单管理：全部订单	1. 支持机构管理员对子平台的全部订单及订单详情的浏览操作 2. 支持普通用户查看跟自己有关的所有订单及订单详情信息

续表

功能名称			功能描述
中少快乐阅读平台门户平台功能	阅读平台功能管理端	订单管理：待处理订单	支持机构管理员对子平台的待处理订单及其详情的浏览操作
		订单管理：已完成订单	支持机构管理员对子平台的订单状态为已完成的订单及其详情的浏览操作
		订单管理：已取消订单	支持机构管理员对子平台的订单状态为已取消的订单及其详情的浏览操作
		评价管理	支持管理员、机构管理员对子平台中所有普通用户对各个资源的评价的相关信息的管理
		推荐管理	支持管理员、机构管理员对推荐分类进行管理，支持对指定推荐栏目进行资源推荐管理操作
		皮肤管理	支持管理员、机构管理员对与自己相关的子平台进行皮肤维护管理
		电子图书管理	支持管理员、机构管理员维护相关子平台的电子图书资源，包括：期刊、报纸、图书、音频文件、视频文件等
		邮件服务器配置管理	支持管理员、机构管理员维护子平台的邮件服务、接收服务等的相关配置
	中少阅读行为分析管理端	用户访问统计	支持管理员、机构管理员对用户行为汇总统计分析报表进行浏览，并根据分析情况对子平台的资源进行调整参考，具体访问类型包含：用户登录、用户阅读资源统计、用户登出相关信息统计 1. 支持平台访问统计分析，根据"今日""近一周""近一月""近一年"时间段查询分类报纸访问数据信息，基本信息包括：报刊名称、用户量、总页数、浏览页数、浏览时间、浏览次数 2. 对基本报表、图表进行展示 3. 提供报表导入、导出功能
		登陆	支持管理员、机构管理员登陆统计分析平台报表系统
		统计分析数据浏览	1. 浏览独立的用户阅读行为数据报表，提供报表导入、导出功能 2. 浏览独立的用户阅读行为统计报表，提供报表导入、导出功能
		分类报纸访问统计分析	1. 支持管理员、机构管理员对分类报纸访问汇总统计分析报表进行浏览 2. 支持平台访问统计分析，根据"今日""近一周"时间段查询用户行为信息，基本信息包括：用户量、登录次数、检索次数、浏览次数、浏览时间 3. 支持对基本报表、图表进行展示 4. 支持报表导入、导出功能

四 运营模式、盈利模式

1. 运营模式

中少快乐阅读平台运营模式见图 7-22。

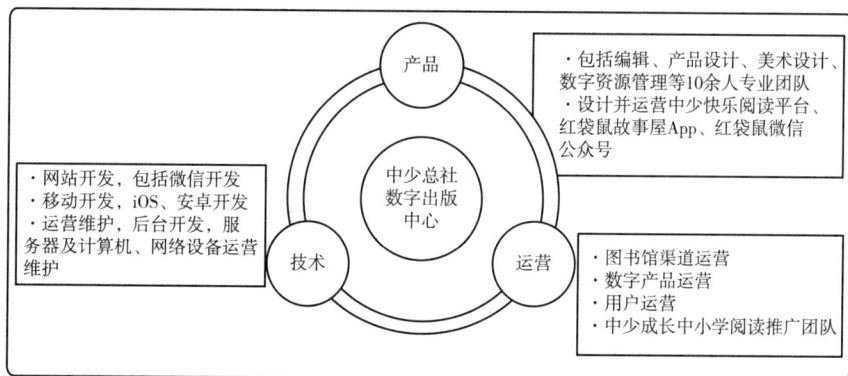

图 7-22 平台运营模式

2. 盈利模式

B2B 盈利模式。

五 采用相关标准情况

为推广使用 MPR 标准，促进数字产品与传统出版物的融合，中少总社特制定 MPR 技术方案实施规范，包括 MPR 标准使用总体规划、MPR 出版物编辑业务流程，以及 MPR 识读设备技术标准。

（一）中少总社MPR标准推广应用总体规划

促进 MPR 标准应用与传统出版业务、数字化转型升级的融合，制定中少总社 MPR 标准应用规范，将 MPR 标准的使用纳入中少总社数字化转型升级总体规划，将 MPR 出版物的编辑出版纳入全媒体出版平台的业务流程。

通过开发拥有自主品牌的 MPR 识读设备，将 MPR 标准与中少总社的品牌和具有自主知识产权的卡通形象结合起来，促进 MPR 标准的普及。

通过市场推广活动，提高 MPR 标准相关产品的市场占有率。

（二）MPR标准与中少总社全媒体出版平台的融合规范

中少总社将 MPR 标准的推广使用与前期建设的数字出版项目进行了整合，将 MPR 标准纳入中少总社全媒体出版平台业务流程管理（见图 7-23）。

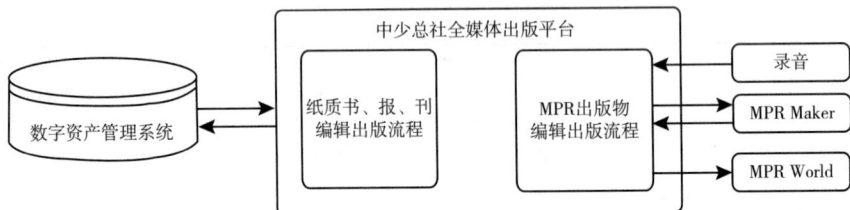

图 7-23　全媒体出版平台与 MPR 出版物编辑出版流程的整合

全媒体出版平台是中少总社数字化转型升级的核心项目，通过整合、梳理、优化传统图书、报纸、期刊出版流程，充分挖掘、有序共享、有效利用中少总社在出版过程中的各类资源，逐步实现选题的一次性策划、产品的多重制作发布，进而逐步实现全媒体复合出版。

为了促进 MPR 标准与全媒体出版平台的融合，中少总社将 MPR 码注册管理系统、MPR 出版物制作系统、MPR 出版物发布系统以及 MPR 出版物多媒体复合内容阅读系统与中少总社全媒体出版平台进行整合，形成完整的 MPR 出版运行体系。

全媒体出版平台已经率先在中少总社低幼出版中心全面使用，为加快 MPR 标准的推进速度，中少总社率先在低幼中心推广使用 MPR 标准。2015 年，低幼出版中心的《幼儿画报》《婴儿画报》《嘟嘟熊画报》《中国儿童画报》等报刊和所有的图书均遵循"MPR 出版物五项国家标准"，全部铺码；整个 MPR 出版物制作过程均遵循统一的全媒体出版平台线上流程；流程相关文件的命名也均遵循统一的命名规则。整个 MPR 出版物工作流程达到标准化、规范化、统一化的良好效果。

（三）基于全媒体出版平台的中少总社 MPR 出版物编辑流程规范

为了规范 MPR 出版物的编辑流程，中少总社制定了全媒体出版平台 MPR 出版物编辑流程规范，将 MPR 出版物的设计、三审三校、申请前置码、制作配音文件、铺码生成点读文件、发布归档等全部纳入了规范。

如图 7-24 所示，在编辑出版过程中，由 MPR 计划组负责人在全媒体出版平台制定计划，相关编辑在计划时间内在线上分别完成点读稿设计、配音文件起草、申请并上传前置码授权文件、录音及上传 MP3 文件、剪辑上传 OGG 文件、铺码并上传 Maker 文件、上传 MPR 点读文件以及标引等工作，最终直接从全媒体出版平台将

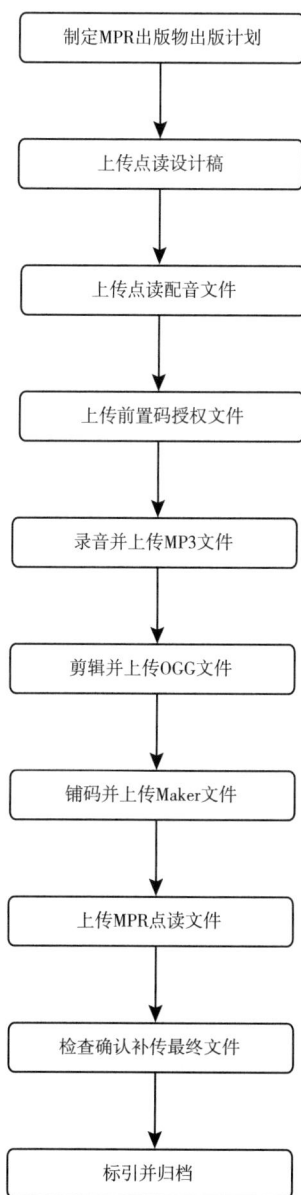

图 7-24 中少总社 MPR 出版物编辑业务流程

MPR 出版物编辑业务流程中产生的各类文件归入全媒体出版平台的"资料中心"，以便今后查阅及调用。

（四）中少总社MPR识读设备技术规范

中少总社 MPR 识读设备使用 MPR Maker、MPR Publisher、MPR Linker、MPR World、MPR Resource Manager 等 5 种应用软件。中少总社分别对这 5 种应用软件规定了技术规范。

1. MPR Maker

MPR Maker 作为 ISLI/MPR 关联编码嵌入软件，主要用于为 PDF 文档中的图、文等内容对象嵌入 ISLI/MPR 关联编码，并导出用于印刷的标准 PDF 文件、用于网络出版的 PDF 文件以及 MPR 数字媒体文件。MPR Maker 是基于 ISLI/MPR 关联编码嵌入的专业性与适用性并重的工具软件，适用于 ISLI/MPR 复合数字出版物制作，有助于简化 MPR 关联编码嵌入工序，推动 ISLI/MPR 复合数字出版的发展。

2. MPR Publisher

MPR Publisher 是泛媒网出版者中心门户的客户端，主要是为 MPR 销售者、其他（第三方出版社）用户提供 MPR 出版物、MPR 数字读物、普通图书、网络图书、电子音像、期刊、报纸、音频、视频、电影、MPR 书盘、MPR 识读器、MPR 接转器、MPR 音视频教学仪等商品。

3. MPR Linker

MPR Linker 是一个数字媒体文件关联制作工具，能发挥 MPR 网络平台的价值，实现已发布 MPR 图书的价值延伸；丰富泛媒网的内容来源，构建全民参与的内容生态圈，是泛媒网的推广与流量吸引工具；方便再版图书与存量数字内容的 MPR 化；解决 MPR 识读器个体用户DIY 的需求，提升 MPR 技术的品牌价值；实现 MPR 内容形态从单一音频向图文、视频、应用式交互媒体等的扩展；配合 MPR 版教参教辅以及 MPR 音视频教学仪，提供便捷的教学方法。

4. MPR World

MPR World 是 ISLI/MPR 内容阅读消费客户端软件。其主要功能是内容检索

（语义检索，使用 ISLI/MPR 关联编码检索）；内容购买；内容下载；内容管理、版权保护；身份鉴权认证；电子商务；实现多种类型数字出版产品的跨平台、跨载体交互式阅读体验，实现复合出版物关联呈现。

5. MPR Resource Manager

MPR Resource Manager 是对嵌入 ISLI/MPR 关联标识符编码之后的内容资源以及其他非 MPR 出版内容、素材进行生产和投送集中管理的系统。

其主要功能与作用如下。

（1）实现对多种格式的数字形态素材、产品的分类存储和管理，为多种出版产品的生产和运营提供支撑。

（2）对内容进行自定义归类，实现高效精准检索。

（3）支持出版物成品内容与素材内容关联关系的创建、修改和取消，实现资源复用统一的音、视、频转码功能。

（4）ISLI/MPR 资源信息标识、版权信息标识。

（5）资源入库、导出。

（6）资源分类管理。

（7）资源版权管理（版权描述、版权期限、版权归属等）。

（8）资源描述、资源检索。

第五节　中国农业出版社 *

一　产品名称、简介、市场定位、服务对象

1. 产品名称

"智汇三农"农业专业知识服务平台

---

* 撰稿人：中国农业出版社王芳芳。

2. 产品简介

"智汇三农"农业专业知识服务平台是由中国农业出版社精心打造的多媒体、多终端专业智能平台。其宗旨在于汇聚农业领域内的权威专业知识，构建农业领域产学研知识服务社区，以大数据、语义分析、云计算技术为支撑，建立内容、用户、企业、政府之间的互动和关联，促进各类型出版物、知识内容的多形态融合和多渠道传播。

3. 市场定位

机构用户是"智汇三农"农业专业知识服务平台销售的主要对象。机构用户包括我国农业专业高校及农业职业院校、开设涉农专业的综合类院校、公共图书馆、农科院系统、农业行政主管部门、涉农企业等。

4. 服务对象

各农业行业内的机构、农业科研专家、农业教育机构以及其他农业从业人员。

二 知识服务技术架构

1. 技术架构

"智汇三农"农业专业知识服务平台以条目式知识服务为核心功能，体系建设从架构上大致分为四层：知识收集层、知识管理层、知识加工层、知识发布层。

（1）知识收集层

将海量结构化或者非结构化的图文、音视频文件单个或批量上传入库，系统根据资源类型将资源存入指定文件夹。

通过高性能的多任务网页采集器，从其他指定网站上采集与本网站相关的文章和数据，以便实现自动转载和行业数据整合。采集完成后，提取文章的标题、内容等信息，并将其自动添加到指定的栏目，以便编辑人员进一步利用。

同时，在平台运营过程中会形成新的数据资源，收集这些数据将其加工成新的知识，形成闭环。

（2）知识管理层

将获得的原始海量数据（文本、图片、音视频等）根据知识模版匹配技术，进行知识的抽取、组织，形成相关知识资源库，为知识加工层提供支撑。

知识资源库包括图书库、专业知识条目库、年鉴数据库、工具书词条库、作者库、图片库、视频库、音频库、其他素材库等。

（3）知识加工层

利用中文分词技术和文本挖掘技术对海量资源进行语料处理，再通过机器学习和人工标引的方式对知识点之间的关联关系进行描述，构建专业领域的本体库。

（4）知识发布层

根据构建的知识体系将知识点封装成农艺学库、畜牧兽医库、农业经济库、农业标准库、农业教学素材库、农业工具书库、农业年度数据库、渔业渔政库、新农村生活文化资源库等，提供农业全行业专业知识的检索、阅读和学习服务。

2. 部署方案

购买全平台网络版的机构用户，拥有"智汇三农"农业专业知识服务平台的全部使用权限；购买镜像版的机构用户，在镜像版部署后即可永久访问，数据存储在本地服务器上，客户拥有加密后的数据和资源文件。

对机构用户采用 IP 认证登录，在授权 IP 范围内使用个人账号注册登录的用户享受同等使用权限，同时可使用资源收藏、资源管理、数据采集等各类辅助工具。关注"智汇三农"微信公众号后，在校园网 IP 范围内用微信登录也可使用。为用户提供PC 端、App 端、微信端三端同步阅读服务。

三　产品架构、典型产品功能及特点

1. 产品架构

"智汇三农"农业专业知识服务平台产品架构见图7-25。

2. 典型产品功能及特点

（1）产品功能及使用场景

"智汇三农"农业专业知识服务平台的页面设计采用门户和检索相结合的方式，既保证了网站内容的丰富性，又突出了检索特色。首页展示各功能模块的推荐信息是各功能模块的入口，同时导航栏也提供了入口，既能保证网站所有功能模块的曝光率，也能方便用户使用。主要功能模块包括六大块，分别是三农书城、主题数据库、资讯服务、专利库、智汇园地、个人中心。

知识服务体系建设结构

知识服务/知识产品

知识服务产品库
★知识产品
★知识服务
★……

知识资源服务

知识服务封装与发布系统
★知识体系和知识抽取
★知识产品和服务封装
★知识产品和服务发布

知识资源服务门户系统
★知识资源检索服务
★知识导航与可视化
★知识资源推荐服务
★知识资源订阅服务
★知识问答等服务

知识服务运营

知识服务分析系统
★多维统计
★评价分析
★用户行为分析
★其他

核心技术

数据分析技术

自然语言理解技术

知识搜索技术

知识挖掘技术

网络资源自动获取分析技术

本体检索技术

本体存储技术

词间关系自动构建技术

自动抽词技术

知识建库

知识化资源库
★通用领域知识资源
★专业领域知识资源
★网络获取知识资源

知识库
★主题分类词表
★知识属性词表
★知识元关联关系

知识管理

资源知识化加工及标引系统
★自动知识标引
★知识加工及标引成果维护
★知识化加工及标引管理

知识体系构建系统
★知识体系和框架构建
★知识库建设
★知识存储

知识库管理系统
★知识维护
★知识发现
★知识推理

资源建库

内容资源库/电子书产品库
★通用领域知识资源
★专业领域知识资源
★网络获取知识资源

资源管理

内容资源系统
★数字化与结构化加工工具
★内容资源数据库管理工具
★资源数据库发布管理工具
★电子书发布管理工具等

原始资源

图文　音/视频　网络数据　其他

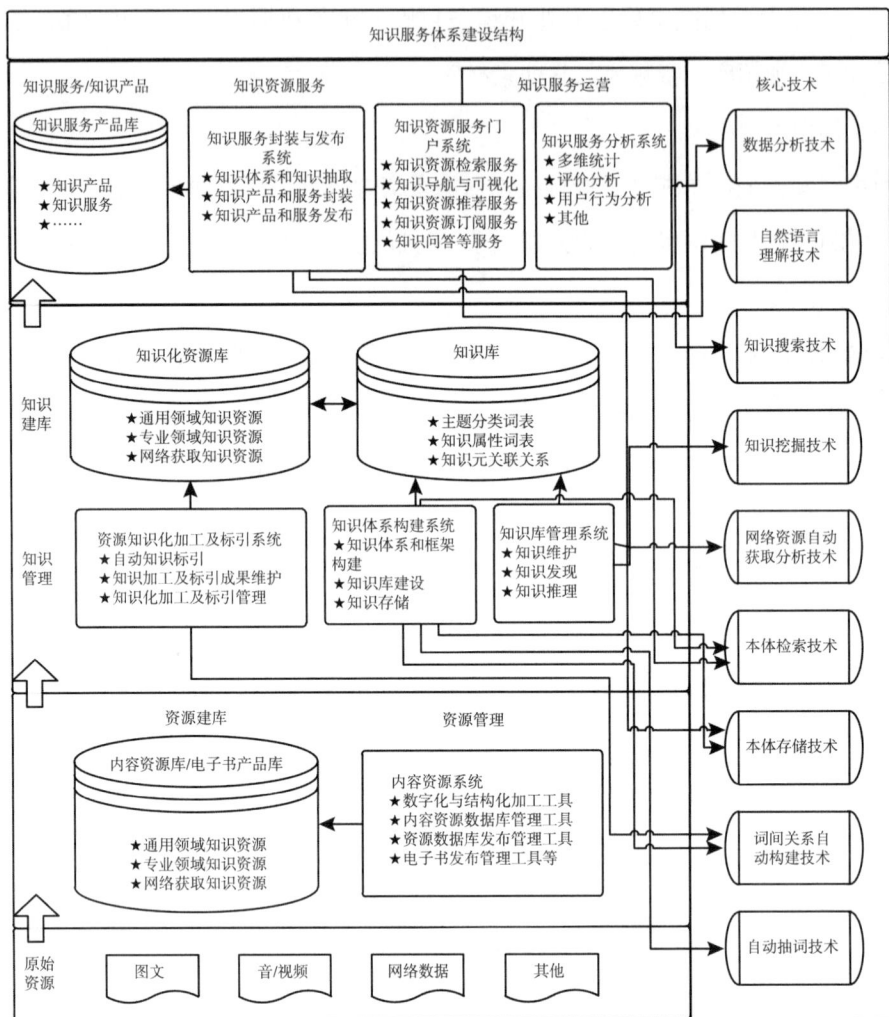

图 7-25　"智汇三农"农业专业知识服务平台产品架构

三农书城是电子书全文数据库，为用户提供电子书查询索引、在线流式阅读、在线版式阅读、复制等服务，开通个人账号的用户还可以进行分享、收藏、咨询等操作。

主题数据库是以图书资源为基础，采用条目式知识服务的数据库，包含条目、图片、音视频等各类型资源。条目式知识服务是把海量资源通过专业人员的编辑加工转换为知识，从而为用户提供服务。要达到条目式知识服务的功能需要碎片化加工、知识化标引、专业化审核等技术。碎片化加工时，将资源拆分成条目资源，之后由专业编辑对条目资源进行人工标引、审核，最终通过大数据分析整合，实现全文检索、智能排序等功能，确保用户能够快速检索到知识，预读图书，提高知识服务的效率。

资讯服务的栏目分为三农资讯、会议信息、项目信息等，汇总了国家、地方、企业等关于农业方面的科研及产业项目信息、会议信息、热点话题、最新资讯，可根据需要随时调整栏目分类，为用户提供浏览、评论等服务。

专利库吸收了国内外先进专利检索系统的优点，采用国内先进的全文检索引擎开发完成，为用户提供检索、浏览、PDF 全文下载等服务。

智汇园地属于社区功能，包括圈子组建、用户管理、在线互动、社交分享等。

个人中心为用户提供资源管理、收藏管理、数据采集、个人知识管理、文献综述撰写、论文发表推荐等工具及服务，为科研人员提供工作辅助。

其他特色功能包括共同申请出版基金、优先出版、推荐出版等。

"智汇三农"农业专业知识服务平台是面向农业从业者的专业数据库，用户在产生对农业知识的需求时，如学习专业知识、制作教学课件、撰写综述性文章、撰写教材或图书、撰写学科论文、撰写涉农项目书等，会登录"智汇三农"农业专业知识服务平台进行相关知识的查询和学习。用户一般通过图书馆文献资源的链接进入"智汇三农"农业专业知识服务平台。

（2）产品特点

经过前期大规模的市场调研、用户调研，我们了解到对于农业领域的科研工作者和院校师生来说，市场上其他平台或是专业内容覆盖不全面，或是内容形态不丰富，或是平台功能不适用，缺乏一个全面、专业、智能的平台供他们获取学习、工作上的知识。所以，在"智汇三农"农业专业知识服务平台建设过程中，我们更多关注了平台的全面性、多元性和适用性。

全面性。"智汇三农"农业专业知识服务平台集书城、主题数据库、资讯、科研工具、社区等一系列功能于一体，内容全面，涵盖了农业科研、教育、科普、数据支撑等方面。科研人员查阅资料、使用数据，老师使用教学素材，学生学习专业知识等这些功能都可以在平台上实现。平台数据的全面性，可为学校翻转课堂建设、重点学科数据库构建、专题数据库构建等提供数据支撑。平台中既有基础的内容供学生学习，也有专业深入的内容供科研人员交流。

多元性。"智汇三农"农业专业知识服务平台不仅包含电子书全文资源，还包含条目资源、数据资源、图片、音视频、专利等多媒体、多元化资源类型，能让用户全方位地对知识点进行学习。除了网页版、镜像版，还配套开发了微信版、App 版等移动服务模式。

适用性。"智汇三农"农业专业知识服务平台的检索系统设计合理、科学，页面设计简单、友好，方便查询。用户可结合标题、关键词、摘要、全文、作者、出版时间进行高级、专业检索。用户还可以按照学科、行业、动植物品种、种养殖技术等维度，对检索到的条目进行锁定。对于检索结果，平台已经完全实现了全文检索和精准定位。条目经过标引后，拥有关键词、标题、摘要以供快速预览，这些内容将条目正文的核心信息提炼出来，可以帮助用户非常精准地定位所需的知识点。

四　运营模式、盈利模式

1. 运营模式

为推广"智汇三农"农业专业知识服务平台，中国农业出版社首先制作了用于宣传推广的相关物料，线下物料包括三折页、产品手册、易拉宝、阅读卡、手提袋、书签等，并携带相应的物料参加线下推广活动，如数博会、书博会、各大高校读书节、学校的数字资源培训课等，配以小型的游戏进行地推活动。线上推广主要以微信公众号为内容传播出口。同时，出版社也为产品争取了相关奖项和展示的机会，"智汇三农"农业专业知识服务平台荣获了第七届数字出版博览会"优秀品牌"奖以及百道网2017 年度专业知识服务品牌奖，在 2017 年深圳文博会上也进行了产品亮相。

"智汇三农"农业专业知识服务平台的客户群体覆盖全国各地区，运营模式采用区域代理商＋直销方式。一方面，通过代理公司推广，在每个省份挑选一家代理公司作为合作伙伴，由代理公司的销售跑馆与客户直接洽谈。由出版社员工对代理公司进行管理，包括业务问询、试用开通、材料提交、产品培训等工作。另一方面，通过直销推广，参加各类行业会议，在会议中以 PPT 形式当面对客户进行宣讲，辅以易拉宝展示、宣传册分发等手段；对客户登门拜访，当面与客户进行沟通，向其介绍产品；加入 CALIS 涉农高校联盟联采协议等。

2. 盈利模式

平台用户包括个人用户和机构用户，对个人用户采用会员制收费，会员享有阅读内容的权限，非会员只有查看版权页的权限，无阅读内容的权限；对机构用户采取年费制，首次购买根据所购产品类型支付年费，可以购买全平台的网络版或镜像版，也可以购买单个子库的网络版或镜像版。面向所有机构提供 3~6 个月的免费试用期。

五　采用相关标准情况

中国农业出版社已建立一系列数字资源加工与存储、数字资源建设、知识服务类标准，平台采用的相关标准如表 7-12 所示。

表 7-12　平台采用的相关标准

标准名称	标准类型
数字资源加工存储规范	数字资源加工与存储类
科技类图书资源加工规范	数字资源加工与存储类
年鉴年报类图书资源加工规范	数字资源加工与存储类
农业标准类资源加工规范	数字资源加工与存储类
工具书资源加工规范	数字资源加工与存储类
微课存储规范	数字资源加工与存储类
微课制作规范	数字资源建设类
教育类数字资源建设规范	数字资源建设类
知识服务平台数据存储与交换规范	知识服务类
知识服务平台接口规范	知识服务类
知识服务平台运营技术保障规范	知识服务类
知识标引与关联规则	知识服务类
农业领域主题分类词表建设规范	知识服务类
专业领域知识资源建库规范	知识服务类

第六节　福建科学技术出版社 *

一　产品名称、简介、市场定位、服务对象

1.　产品名称

中国中药知识港服务系统

2.　产品简介

中国中药知识港服务系统依托海峡出版发行集团下属的福建科学技术出版社优质的中药内容资源，利用结构化加工、知识化加工、数据挖掘和知识关联、基于语义学

＊　撰稿人：福建科学技术出版社林烜。

习的人工智能匹配引擎等关键技术，充分发挥文字、图片、视频等多媒体表现手段，按照个性化、动态化、集成化原则，对中药专业知识进行科学重组，实现专业化海量数据库检索、多维度可视化分析、多元化的知识管理体系。涵盖了中药饮片 404 味、中草药 296 种、药方 606 个，可为用户提供知识导航、知识检索、知识挖掘和知识推送等服务。

3. 市场定位

全国领先的中药类数据库知识服务平台，为中药相关专业人员提供精准的中药知识；利用信息动态重组形成解决方案，从"内容提供商"向"知识服务提供商"转型。

4. 服务对象

中药相关专业人员。为中药相关专业人员提供中药及与中药相关的基源植物、药方等专业知识内容，帮助专业人员快速、系统、深入地学习中药知识，提供解决问题的思路与方案。

二 知识服务技术架构

1. 技术架构

开发语言：C#，强大的操作能力、优雅的语法风格、创新的语言特性和便捷的面向组件编程。

框架：.NET Framework 4.5，面向对象的开发环境、互操作性、不需要 COM、简化的部署、类型安全性、基类库。

大数据技术：大数据检索 Lucene、大数据挖掘技术、新词发现技术、聚类技术、分类技术等。

日记记录框架：log4net，方便地将日志信息记录到文件、控制台、Windows 事件日志和数据库。

2. 部署方案

（1）配置与部署过程

① 软件环境配置

A. SQL Server 数据库安装配置

B. IIS 服务器安装配置

②准备平台部署文件

③部署过程

A. 创建数据库

B. 站点部署

C. 修改配置文件

a. 前台配置文件 XMLConfig

b. 后台配置文件 XMLConfig

（2）平台部署

平台部署在福建科学技术出版社租赁的阿里云服务器上。

三 产品架构、典型产品功能及特点

1. 产品架构

中国中药知识港服务系统产品架构见图 7-26。

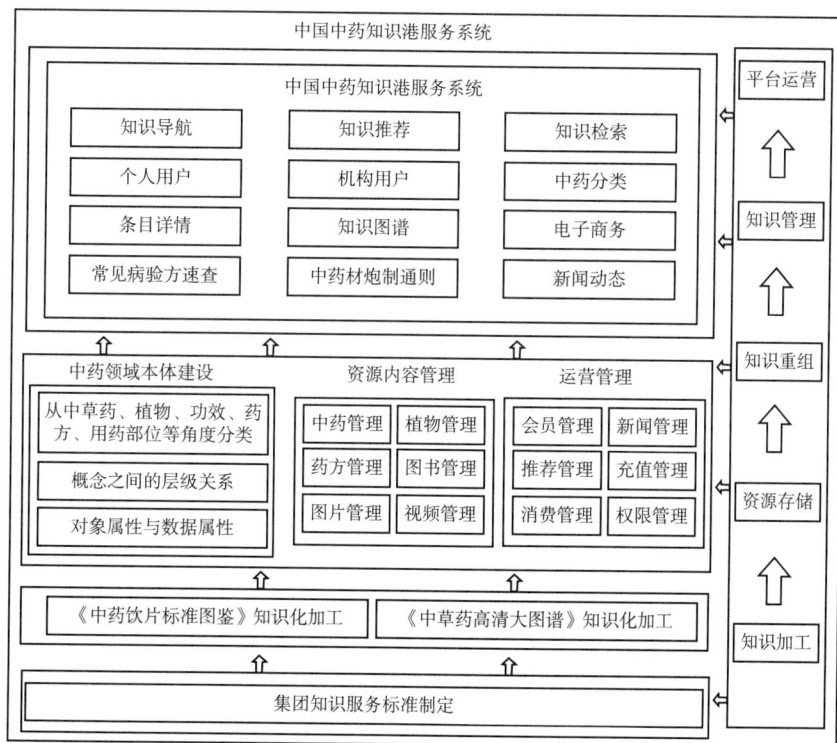

图 7-26 中国中药知识港服务系统产品架构

2. 典型产品功能及特点

（1）产品功能及使用场景

中药知识检索：提供一站式检索服务，包括简单检索、全文检索、二次检索、热词检索。

中药知识推荐：推荐中药相关植物、药方、图片、视频的查询、购买。

中药知识导航：提供功效、植物学、入药部位、药材产地等知识导航，打造多种产品形态和服务形态。

（2）产品特点

资源多样性：除了一般文字信息外，提供高清大图，供研究机构使用。同时提供视频及 GIF 动图，能更好地展示药材功效。

中药知识图谱：该系统并非传统条目式的数据结构方式。传统条目式的数据结构只能满足相似匹配，通过全文属性线性筛选来查阅信息，而中国中药知识港服务系统使用网状关联数据方式，形成中药知识图谱（见图 7-27）。

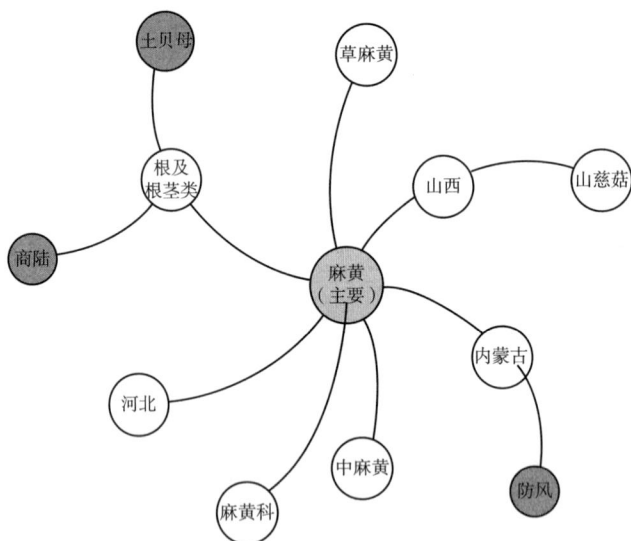

图 7-27　中药知识图谱示例

四　运营模式、盈利模式

1. 运营模式

通过线上线下相结合进行推广。

线上通过对关键词的优化吸引自然流量，线下基于自身特色资源对网站进行推广。

2. 盈利模式

采用内容付费的模式，内容资源需要付费购买。

对机构用户采用按年付费的模式。

五　采用相关标准情况

知识服务标准建设是知识化加工和产品策划设计的重要前提。为了提高数字内容资源的一致性和可复用性，根据资源分析情况，中国中药知识港服务系统对每一条数据采用详尽的字段进行标注，这些字段主要包括拼音、英文名、知识体系、主题词、来源、产地、采收加工、中药性状、炮制规范、饮片性状、用法用量等。同时该标注标准符合原国家新闻出版广电总局数字出版司关于批准发布《知识服务标准体系表》等8项项目标准的通知要求。

第七节　社会科学文献出版社 *

一　产品名称、简介、市场定位、服务对象

社会科学文献出版社（以下简称"社科文献"）在知识服务产品建设方面，以数据库产品建设为导向，打造了中国发展与中国经验、国际国别问题研究、中国乡村研究、古籍与大型历史文献4条数字产品线，共8个数据库产品，分别为皮书数据库、中国减贫数据库、京津冀协同发展数据库、一带一路数据库、列国志数据库、张乐天联民村数据库、台湾大陆同乡会文献数据库和集刊数据库。实现了提供定制库、学术科研服务平台建设服务以及全流程数字出版解决方案等个性化服务。在社科文献已推出的多个知识服务产品中，最为典型的是皮书数据库。

1. 产品名称

皮书数据库

2. 产品简介

皮书数据库是深度分析解读当今中国与世界经济社会发展现状与未来趋势的智

---

*　撰稿人：社会科学文献出版社刘姝。

库产品和知识服务平台。以哲学社会科学领域学者分析解读中国发展、中国经验、中国道路的重要智库成果——皮书系列为基础，整合发布国内外研究机构关于当下中国经济社会发展变迁研究的年度连续性学术成果。内容资源涉及中国社会、中国经济、中国行业、中国区域、中国文化传媒和世界经济与国际关系六大主题，对中国发展新问题、新情况高度关注，已陆续获得"中国出版政府奖·网络出版物奖"提名奖、"十三五"国家重点电子出版物出版规划骨干工程等荣誉。

长期以来，基于库内资源应用对策型研究特征，皮书数据库十分注重内容的"前沿性""时效性"，时刻聚焦中国哲学社会科学研究"最前线"。截至 2018 年 11 月，收录图书近 9000 本，报告 17 万余篇，图表 50 余万个，资讯近 3000 条，数据近 2 万条。收录内容覆盖全球 80 余个国家，30 个国际区域及国际组织，中国 28 个省级行政区，20 个区域经济体，200 个地级及以上城市，100 多个行业，41 个一级学科，179 个二级学科。基本囊括了社会、经济、政治、文化、教育、国际问题等各个领域和层面，能够满足中国及世界经济社会发展智库研究的资源需求。

与此同时，以用户需求为根本导向不断尝试应用新技术，助力前沿内容及时发布与多元呈现；针对研究者的特殊需求，还提供选题服务、数据搜寻服务和定制服务等。皮书数据库在内容与技术方面同时发力，探索出一套数字化时代支持高校哲学社会科学建设的"新方案"。

3. 市场定位

皮书数据库市场定位为海内外智库研究市场、图书馆市场以及研究中国发展与中国经验的个人用户市场，面向以上机构和个人，提供应用对策型知识服务。

4. 服务对象

皮书数据库已形成以高校师生为主要受众，覆盖政府机构、党校、行政学院系统政策研究人员的用户体系，并深受海外用户欢迎。覆盖用户的基本属性特征如下：第一，知识分子阶层，以硕博士为主，一般具有较强支付能力；第二，以研究为业，研究相关知识消费由所在单位买单；第三，专业性强，对专业知识，尤其是基数数据、基础文献资料具有较强需求；第四，既是内容提供者，又是内容接收者。截至 2018 年 11 月，海内外机构用户已突破 1300 家，个人用户已突破 10 万人。

二 知识服务技术架构

皮书数据库系统架构自下而上分 6 个层级：基础设施层、数据资源层、应用支撑层、应用服务层、平台展现层和终端层（见图 7-28）。产品系统开发语言是 Java，采用了 Zving Framework 技术框架。

终端层	多语言版本	多终端兼容	跨系统兼容	模块化设计
平台展现层	智慧科研平台	投资服务平台	互动交流平台
应用服务层	知识库 资源云服务 个性阅读 数据服务 分析报告 精准推送
应用支撑层	知识网络搜索引词表 数据应用接口 智能检索引擎 统一用户管理
数据资源层	学术成果 政策文件 法律法规 媒体资讯
基础设施层	服务器设备 本地存储设备 云存储 网络设备

图 7-28 皮书数据库系统整体架构

三 产品架构、典型产品功能及特点

（一）产品架构

皮书数据库产品架构如图 7-29 所示。下设中国社会发展数据库、中国经济发展数据库、中国行业发展数据库、中国区域发展数据库、中国文化传媒数据库、世界经济与国际关系数据库 6 大基本子库，并根据学术研究痛点深度策划特色专题，通过追踪政策前沿和社会热点实时推出热点聚焦专题，大力开发数据服务和定制服务。

（二）典型产品功能及特点

1. 产品功能及使用场景

（1）选题服务：追踪学术前沿、网罗主题文献、分析学术架构，提供研究方法服务

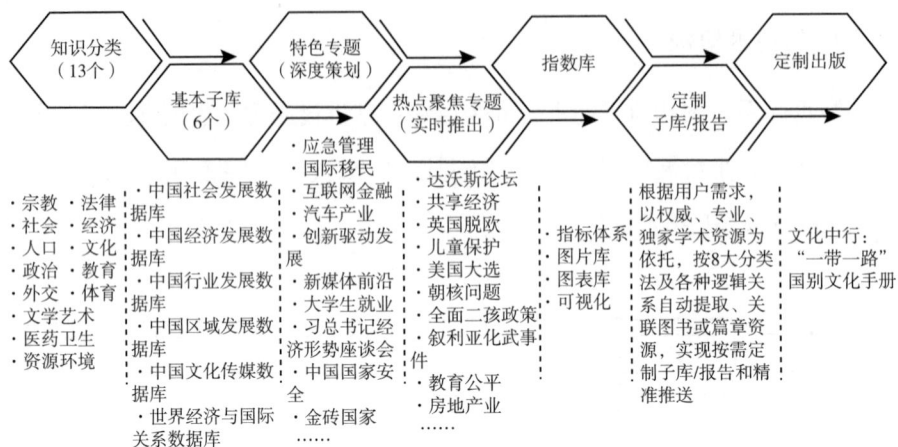

图7-29　皮书数据库产品架构

皮书数据库关注科研场景，能在学者确定研究选题的环节，提供科研支持服务。皮书数据库以研究主题为基本维度，紧跟社会热点、追踪学术前沿、网罗主题文献，提供资源关联推荐等功能，极大提高了寻找选题前期的资料收集效率；同时，通过对已有学术资源的分析，提炼研究框架、学术脉络、研究工具等信息，提供研究方法服务。

（2）数据服务：打造指数库，关注基于经济、行业发展数据的分析预测

智库研究很重要的一项工作是为国家经济社会发展决策提供智力支撑，在这一过程中，需要依托大量的经济社会发展数据。皮书数据库一方面，积极整合智库成果背后的原始资料和一手数据；另一方面，基于对研究成果中数据的分析，提取领域数据指标体系，打造指数库，原创评价评级指标体系，提供中国经济社会宏微观领域数据的管理、查询、对比分析及可视化服务。

（3）十维决策参考：助力政府决策、企业决策及个人决策

提供当代中国经济社会各领域国家战略规划、先进国际经验、区域发展案例、基础理论支撑、相关统计数据、相关政策法规、智库专家观点、宏观微观环境、行业发展现状、可持续发展十个维度的学术资源与基础资料，助力政府决策、企业决策及个人决策。

（4）学术交流服务：完善学术关系，建立学术社区

智库成果的完成是多学科、多领域综合作用的结果，需要智库调动各方力量，与其他机构展开合作来补齐短板。摩擦较小、交易成本较低的交流方式是搭建一个

统一的交流平台。智库交流平台，可以整合智库及其研究资源，获取智库产品供求信息和政策供求信息，节约智库运行成本、政府搜寻成本和社会磨合成本。通过交流，智库能够更准确地把握问题本质和各方需求，从而提升智库产品的品质和智库运行效率。

皮书数据库聚合了3.9万名专家学者。以"合作作者""同领域作者""被共同关注作者""合作机构""合作课题组""合作成果"为六大节点，构建学术关系网络。搭建学术社区，提供在线发布观点及研究成果、在线交流沟通等线上功能。

2. 产品特点

（1）完整权威的中国经济社会发展的"记录仪"

皮书数据库通过线上线下资源整合及合作，完整记录中国发展变迁，深度研究中国发展经验，资源具备权威性、连续性、实证性、前沿性、原创性特点，是研究当今中国与世界经济社会发展现状与未来趋势绕不开的基础知识库，具有极强的科研利用价值和资料馆藏价值。

（2）智库研创的科研支持工具

皮书数据库依托开放的数字技术平台和自主研发的专家系统，实现了内容及产品的快速动态重组，能及时针对国家重大战略和国内外时事热点，快速推出专题库产品，为智库研创提供主题资料快速获取服务。同时，从数据利用、学术脉络等方面，提供多维度的科研支持。

（3）智库成果的集成、分享、交流平台

截至2018年11月，皮书数据库已聚合了图书近9000本，报告17万余篇，图表50余万个，资讯近3000条，数据近2万条；聚集了3.9万名智库专家学者及近800个智库研究机构，而且目前仍在持续增长。在促进智库成果传播、智库研创单位及人员交流合作方面，发挥着重要作用。

四　运营模式、盈利模式

1.运营模式

社科文献数字产品的运营可分为内容运营、市场运营、用户运营和商务运营。

内容运营方面，由数字编辑负责。当前主要有三种模式：一是常规内容更新入库；二是编辑根据学科前沿和时事热点主动策划专题，向用户推送内容；三是整合用户产生的高质量内容，如未正式出版的一手调研数据等基础研究资料，经编辑加工后配合其他手段进行再传播。

市场运营方面，由营销编辑负责。目的是提高已有产品的曝光度和影响力，间接促进销售。主要采用的方式有发布会、路演、研讨会、读书月活动、展会、行业年会、宣传材料发放、新媒体营销等。新媒体营销方面，最成熟的是微信推广和 EDM 邮件推广，尤其是数字出版微信平台——社科数托邦，起到了较大的用户引流作用。

用户运营方面，由客服人员和营销编辑共同负责，主要面向个人用户。目的是通过用户关系维护、用户行为收集分析，提高用户忠诚度和消费额。主要采用的方式是通过面向个人用户的促销活动、售前售后服务、系统自动记录用户使用轨迹等收集用户基本信息及产品使用反馈，以更好的方式提供精准服务。

商务运营方面，由销售经理负责，主要面向机构用户。目的是开拓新用户、提高老用户的忠诚度。主要手段有通过找准用户需求点和产品特色的结合点吸引用户，以及通过良好的售前售后服务维系用户关系。

2.商业模式及盈利模式

作为社会科学领域专业学术出版机构，社会科学文献出版社以建社 30 余年来发展历程所形成的特色优势为基础，在"互联网＋"和大数据时代背景下，立足传统出版，发挥内容优势，运用网络技术，推动传统出版与数字出版的有机结合，提供集数据平台、纸质出版、学术传播、国际推广于一体的全产业链知识服务体系，通过多形态、高质量的学术产品和多维度、全方位的国内外传播渠道，提升科研机构和专家学者的学术话语权及学界影响力。提供的产品和服务有专业数据库、学术科研服务平台、电子书和定制服务等。盈利模式包括学术科研服务平台建设收入、定制数据库开发收入、数据库产品销售、数据库平台运营收入和电子书运营收入。

在对数字出版总收入贡献最大的数据库产品销售方面，制定了十分灵活的销售模式和策略。一是采取直销和代理结合的方式，开拓高校、公共图书馆、研究机构、政府机构、企业等多类型用户；二是提供多版本、多子库供用户任意选择或组合，同时提供定制库等增值服务；三是纸质书与数字数据库产品联动销售。

学术科研服务平台是社科文献向知识服务商转型的重要尝试。社科文献充分发挥出版社品牌、资源、专家、专业编辑等优势，组建了一支以博士后和博士为主体的研究团队，以科研用户为导向策划开发数字学术平台，提供知识深度揭示、知识个性集成、知识拓展学习及知识科研聚合等全流程科研支持服务，为科研机构的科研产出、学科建设、人才培养、国际推广等方面能力的提升提供强有力支持。

五　采用相关标准情况

在知识服务标准采用方面，社科文献参考了《知识资源通用类型》（GC/ZX 22—2015）、《知识元描述通用规范》（GC/ZX 23—2015）、《知识关联通用规则》（GC/ZX 25—2015）、《主题分类词表描述与建设规范》（GC/ZX 26—2015）等 4 项通用标准，完成了《社会科学文献出版社知识资源术语》《社会科学分类主题词表建设规范》《社会科学领域本体建设标准》《社会科学文献出版社知识服务规范》等 4 项企业标准的研制。

第八节　电子工业出版社 *

一　产品名称、简介、市场定位、服务对象

1.　产品名称

E 知元

2.　产品简介

"E 知元"是一款基于移动端的电子技术知识库产品，依托电子工业出版社（以下简称"电子社"）优质内容资源，精选电子技术类专业图书进行结构化及知识化加工，以探索知识服务新路径为目标，创造性地利用知识导航、知识地图、知识束等不同方式展现知识，并提供海量条目的深入阅读功能，以辅助用户快速、深入地学习相关知识与技能。该产品采用全新的"内容＋平台＋终端"形态，符合数字出版的创新需求，具有产品化和市场化优势。

＊　撰稿人：电子工业出版社田佳烨。

3. 服务对象

主要面向电子技术类企业和高等院校用户。

二　知识服务技术架构

E 知元产品的使用环境为，Android Pad 以及 Windows 系统。

主要采用 Java 、C#、JavaScript 语言进行混合式开发。E 知元后台使用 C#，Android Pad 端使用 Java，Windows PC 端使用 C#。

其中用到的主要框架如下。

GreenDAO：ORM 框架，是安卓系统性能高、执行效率最快的关系型数据库框架。

okhttp：网络框架，由移动支付 Square 公司开源的轻量级网络请求框架。

Glide：图片缓存框架，Glide 是一种非常成熟的图片加载库，具有高效缓存、集成生命周期、支持多图片格式等特点。

EventBus：事件总线框架，Google 发布的 Guava-EventBus 简洁、强大、使用方便，是耦合性极低的订阅发布者事件框架。

Vue：是一个轻巧、高性能、可组件化的 MVVM 库，是一个构建数据驱动的 Web 界面的渐进式框架。

iView：是一套基于 Vue.js 的开源 UI 组件库，主要服务于 PC 界面的中后台产品。

Tiefeiying：服务端基础组件，包括数据库访问方法、Dapper 扩展、常用工具类、常用模块等。

TinyMapper：对象映射组件，效率极高。

TopShelf：Windows 服务安装组件，可用于调试 Windows 服务。

Quartz.NET：任务调度组件，相当于定时任务。

三　产品架构、典型产品功能及特点

现阶段 E 知元产品由电子电路、物联网和"互联网＋"三个领域和个人中心组成。用户可以从首页了解 E 知元产品的定位、服务对象、基本功能、资源来源、资源类型、知识领域等信息。电子电路、物联网、"互联网＋"三个图标分别是各领域知识学习的总入口。

E知元已建设近 9300 个知识元，并利用 ISLI/KLS 关联描述框构建关联关系，形成大约 10265 对知识—知识的关联关系，通过知识化加工形成了 292041 对知识—资源的关联关系。

四　运营模式、盈利模式

E知元是电子工业领域和信息产业领域知识服务的一个入口，未来可以借助知识库系统的建设思路和经验，搭建电子工业行业、物联网行业、"互联网+"行业各专业领域的特色知识产品，形成该行业的知识产品体系。产品实现"内容+平台+终端"的完整技术支撑体系，提供行业级知识服务；探索以用户为核心的全渠道服务模式，打通传统渠道读者群和新兴渠道用户群；实现产品服务形态与运营模式创新，形成知识服务产品运营的商业模式。

目前，E知元产品已经完成 Android Pad 版 和 Windows PC 版，主要为机构用户服务，未来将开放个人用户服务。在专业出版领域，国外数字出版产品占据了国内大量市场份额，国内专业出版在面临巨大挑战的同时，尚未找到可行的商业模式。E知元产品有助于加快出版单位由单一的内容提供商向知识服务提供商的转型步伐（见图 7-30 至 7-33）。

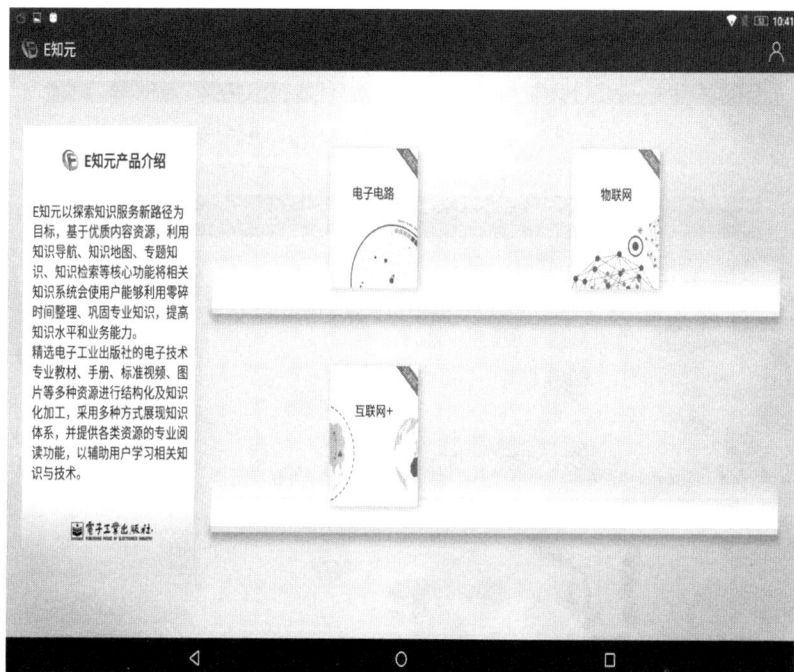

图 7-30　E知元产品界面（产品介绍）

图 7-31　E 知元产品界面（个人中心）

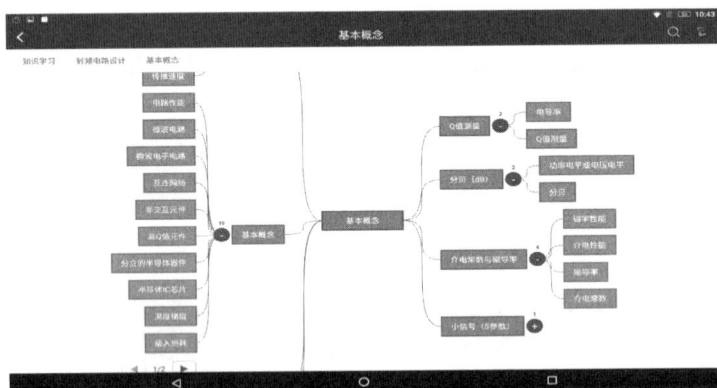

图 7-32　E 知元产品界面（射频电路材料）

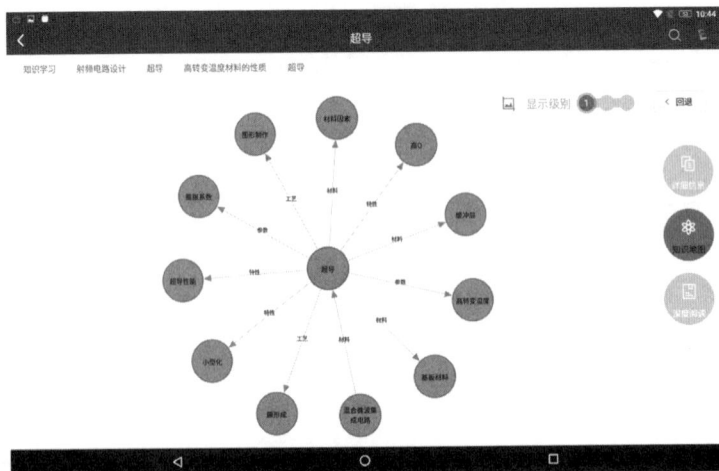

图 7-33　E 知元产品界面（超导）

五　采用相关标准情况

电子社是融合出版技术应用的先锋，具有很强的技术研发能力和应用示范能力。电子社实施了包括国家新闻出版重大科技工程、科技支撑计划项目在内的多项出版科研项目；积极开展了出版内容动态重组技术应用、领域主题词表应用、领域本体技术应用等融合出版技术的应用工作；对数字内容资源管理、数字化加工、协同编辑、跨终端发布、移动出版、数字版权保护等技术有深刻的理解和初步的应用实践；制定了数字出版相关管理制度和应用规范，建立了面向科教领域的信息技术分类体系；建立了数字内容管理、数字资源服务、电子书出版、条目数据库出版、在线 MOOC、微信系统服务等多种数字出版服务模式；自主研发完成了 10 多个出版信息化、数字化项目，并投入运营，研制标准规范 46 项。其中，《图书版权资产核心元数据规范》（GB/T 35427—2017）已经成为新的国家标准。电子社也牵头完成了 3 项行业标准的制定工作（见表 7-13）。

表 7-13　标准建设情况

序号	名称	说明
1	图书版权资产核心元数据规范	GB/T 35427—2017
2	转型升级项目管理指南	参与制定 GC/ZX2—2014
3	出版社数字出版业务流程规范	牵头制定 GC/ZX17—2014
4	转型升级项目软件接口规范	牵头制定 GC/ZX18—2014
5	主题分类词表描述与建设规范	牵头制定 GC/ZX26—2015
6	微内容核心元数据规范	XM/MCPS 1—2016
7	微内容组织管理主题图规范 第 1 部分：概要	XM/MCPS 2-1—2016
8	微内容组织管理主题图规范 第 2 部分：数据模型	XM/MCPS 2-2—2016
9	微内容组织管理主题图规范 第 3 部分：XML 语法	XM/MCPS 2-1—2017
10	微内容组织管理主题图规范 第 4 部分：规范化 XTM	XM/MCPS 2-2—2017
11	微内容组织管理主题图规范 第 5 部分：参考模型	XM/MCPS 2-1—2018
12	微内容组织管理主题图规范 第 6 部分：简明语法	XM/MCPS 2-2—2018
13	微内容组织管理主题图规范 第 7 部分：约束语言	XM/MCPS 2-1—2019

续表

序号	名称	说明
14	微内容组织管理主题图规范编制说明	XM/MCPS 2—2016
15	内容发现与服务可视化规范	XM/MCPS 3—2016
16	电子信息产业数据分类规范	Q/PHEI OA01—2014
17	OA 期刊论文元数据标引规范	
18	电子信息技术文献分类主题规范	
19	电子信息期刊论文元数据规范	XM/OAPB 1—2016
20	电子信息科技文献知识组织规范	XM/OAPB 2—2016
21	多媒体教学资源元数据标引规范	Q/HD DZS 001—2014
22	专业数字内容资源知识服务模式试点工作标准	Q/HD DZS 002—2014
23	教材结构化加工规范	Q/HD DZS 003—2014
24	题库核心元数据	XM/ZYK 1—2015
25	源代码库元数据和关联规范	XM/ZYK 2—2015
26	教材结构化加工规范	
27	数字资源标识代码编制规则	XM/NRYY 1—2016
28	数字资源储存规范化要求	XM/NRYY 2—2016
29	数字资源迁移规范化要求	XM/NRYY 3—2016
30	数字出版产品质量管理与评价流程	XM/NRYY 4—2016
31	电子书质量管理与评价规范	XM/NRYY 5—2016
32	数据库产品质量管理与评价规范	XM/NRYY 6—2016
33	数字内容知识资源标引规范	XM/NRYY 7—2016
34	知识资源互动服务规范	XM/NRYY 8—2016
35	数字内容知识单元模型标准	XM/NRYY 9—2016
36	物联网本体开发规范	XM/NRYY 10—2016
37	数字内容运营平台管理规范	XM/NRYY 11—2016
38	数字内容运营服务规范	XM/NRYY 12—2016
39	数字内容运营业务流程规范	XM/NRYY 13—2016
40	数字产品元数据规范	XM/NRYY 14—2016
41	数字产品运营元数据规范	XM/NRYY 15—2016
42	用户信息采集与行为分析规范	XM/NRYY 16—2016

续表

序号	名称	说明
43	系统安全规范	XM/NRYY 17—2016
44	数据库管理规范	XM/NRYY 18—2016
45	数字出版产品封装规范	XM/NRYY 19—2016
46	软件系统接口描述规范	XM/NRYY 20—2016
47	CNONIX 标准应用指南	XM/CNONIX 1—2017
48	CNONIX 标准术语及标签规范	XM/CNONIX 2—2017
49	政府公文及科技文献信息采集规范	XM/CNONIX 3—2017
50	图书出版信息采集规范	XM/CNONIX 4—2017
51	图书二维码技术规范	XM/CNONIX 5—2017
52	图书产品信息加工规范	XM/CNONIX 6—2017
53	图书发行信息采集规范	XM/CNONIX 7—2017
54	网站数据采集加工规范	XM/CNONIX 8—2017
55	系统接口规范	XM/CNONIX 9—2017
56	CNONIX 数据交换平台建设要求	XM/CNONIX 10—2017
57	CNONIX 数据质量要求	XM/CNONIX 11—2017
58	CNONIX 数据安全管理	XM/CNONIX 12—2017
59	出版发行机构分类代码	XM/CNONIX 13—2017
60	CNONIX 代码表动态维护规范	XM/CNONIX 14—2017
61	CNONIX 数据交换流程规范	XM/CNONIX 15—2017
62	CNONIX 数据评价规范	XM/CNONIX 16—2017

电子社在知识服务产品设计建设过程中，也参考了已发布的知识服务项目中的相关标准，参考标准包括以下五项。

——GC/ZX 20 知识资源建设与服务工作指南

——GC/ZX 23 知识元描述通用规范

——GC/ZX 24 知识应用单元描述通用规则

——GC/ZX 25 知识关联通用规则

——GC/ZX 26 主题分类词表描述与建设规范

第九节　中国社会科学出版社 *

一　产品名称、简介、市场定位、服务对象

1. 产品名称

中国社会科学年鉴数据库

2. 产品简介

"中国社会科学年鉴"图书项目是由中国社会科学院主持，中国社会科学出版社出版的哲学社会科学创新工程重大项目。

中国社会科学年鉴数据库在中国社会科学年鉴系列丛书基础上以学科为基点，建立年鉴深度加工标准，重新组织内容资源，旨在构建覆盖哲学社会科学全学科的学术文献检索和知识服务平台，系统而全面地反映学科发展的脉络，对繁荣哲学社会科学具有重大的历史意义。

3. 市场定位

几乎覆盖全部哲学社会科学一级学科和部分重要的二级学科，创建哲学社会科学领域数字馆藏优质内容。能够为未来图书馆建设大数据系统、智能图书馆提供标准的、可跨平台的内容基础。能够成为政府和研究机构、社科院系统的智库研究智能辅助资源和工具。

4. 服务对象

可实现在线端、镜像端两种服务模式，服务对象为高校、党校、社科院等哲学社会科学科研机构和专业科研人员。

二　知识服务技术架构

如图 7-34 所示，中国社会科学年鉴数据库在技术上选用了 J2EE 路线，采用 MVC 设计模式和分层的架构设计方法，可分为持久层、表现层、业务层。

---

*　撰稿人：中国社会科学出版社林平、张东。

采用自然语言处理技术对年鉴内容进行深度挖掘和知识标引，最终为用户提供基于知识化内容的在线阅读和多维分析服务。

采用全文检索技术实现对年鉴数据库内容的全文检索、智能检索。

利用元搜索技术进行部分互联网信息的采集，将社科学术词条信息补充至年鉴数据库。

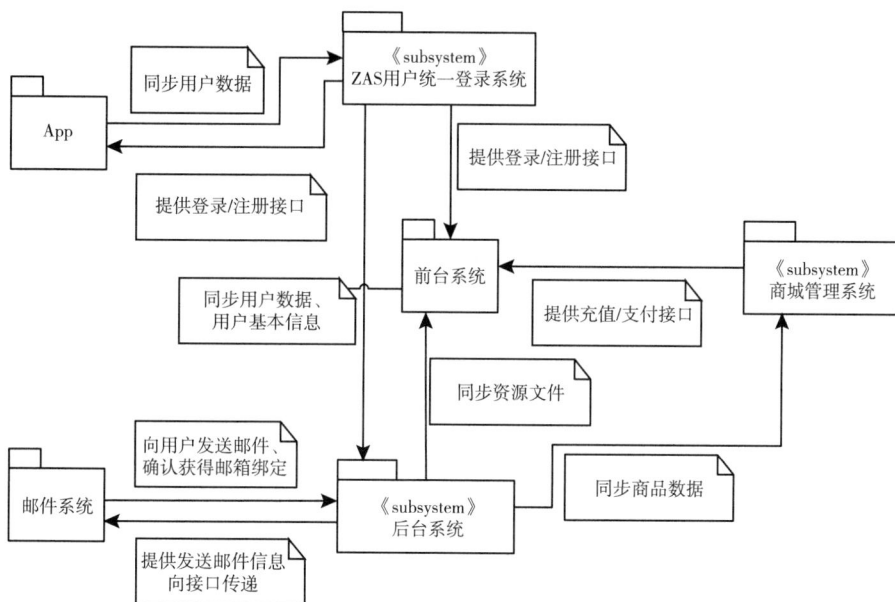

图 7-34 中国社会科学年鉴数据库知识服务技术架构

三 产品架构、典型产品功能及特点

（一）产品架构

中国社会科学年鉴数据库从下往上包括了数据源、数据整合层、存储层、数据分析支撑层、API 层、展现服务层（见图 7-35）。

数据源：主要包括年鉴数据、数据库数据、其他数据。

数据整合层：使用了数据网关服务、互联网数据采集工具，这两个工具可用于对数据进行处理与转换。

存储层：将整合的数据进行分类存储，包括基础数据、知识数据、资源数据。

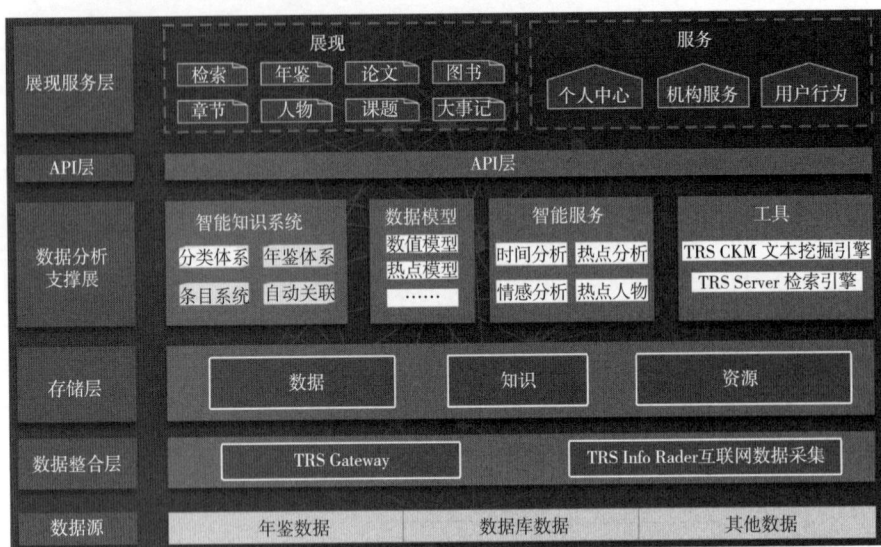

图 7-35　中国社会科学年鉴数据库产品架构

数据分析支撑层：包括智能知识系统、数据模型、智能服务、两个基础工具、文本挖掘工具、全文检索工具。

API 层：用来对外提供一些数据服务接口以及数据交换功能。

展现服务层：包括对平台中所有类型资源的整合展现，以及对个人和机构的一些服务功能。

（二）功能特点

1. 主题标签

从所有年鉴中提炼具有相似属性的实体，利用元数据管理技术构建具有统一标准的年鉴、文章、图书、课题、会议、人物、大事记等内容模型，将不同类别年鉴里的同类信息以排行榜单、活动地图、时间轴等可视化形式进行对比、排行、趋势展现，形成每本年鉴的特色栏目。

2. 内容提炼

利用文本挖掘技术提炼每本年鉴的热点、相关人物、相关机构等信息，帮助读者一目了然地了解年鉴特征。

3. 多维度检索服务

用户可通过关键词从多个维度快速检索，筛选定位相关内容，可从多个维度获得单本年鉴的综合画像，也可从一个或多个维度的纵向对比中了解学科发展情况。

4. 检索结果分析

具有检索结果分析功能，可为用户提供更深入的知识服务，如用户检索"马克思主义"后，可以对全部检索结果进行分析，看到与该关键词有关的年鉴及其分布、不同年份的热度、相关人物、机构及其分布等情况。

5. 年鉴对比分析

把不同年份的同一类年鉴放在一起进行纵向对比分析，从关注热词、热门人物、热点事件等多个维度展现学科发展变化的趋势。

6. 拼接阅读

用户可以将不同年份的年鉴章节拼接在一起进行对比阅读，将内容组合成学科类产品。

7. 评价功能

"热门文献 TOP10"等评价内容具有极高的参考价值。针对此部分内容，将不同年份、不同类别的年鉴按照学科汇聚，形成学科、主题的排行榜单。

四　运营模式、盈利模式

提供在线数据库、镜像数据库整库购买和子库打包购买服务。

五　采用相关标准情况

采用中国社会科学年鉴数据库资源加工标准。

第十节　中华书局 *

一　产品名称、简介、市场定位、服务对象

1. 产品名称

籍合网

2. 产品简介

籍合网是由中华书局及其旗下子公司古联（北京）数字传媒科技有限公司为"构建古籍出版生态，实现数字出版转型升级"，而全力打造的大型古籍在线整理出版与知识服务平台。它有效整合了传统文化领域的广大读者、作者和机构等用户资源，提供古籍数字化阅读、知识发现、在线整理与出版、学术资讯和社交等一体化服务。通过本平台，可以轻松完成对古籍史料数据和异构数据的加工整合，实现古籍资源内部数据和外部分散数据的融合，快速整合出大样本、多维度、长时段数据研究材料，进而精准发掘隐藏在史料背后的真实价值。

3. 市场定位

在传统纸质文本时代，因为史料种类繁多、保存分散，所以在学术和科研工作中搜集史料成为最耗时、耗力的工作，费尽心力可能只得到只言片语，很难将史料"一网打尽"。随着数字化和信息技术的发展，历史研究和史料挖掘相关领域迎来了重大变革。大数据和知识服务彻底改变了收集、整理与分析史料数据的方式，为史学研究提供了长时段视野研究工具和手段。通过大数据技术搭建的古籍出版与知识服务平台，不仅数据充盈、种类繁多（包括文字、图像等资料），而且通过人物、地名、纪年、事件、职官等多种路径建立了关联，极大地拓展了宏观到微观研究领域的多个层面，使学术和科研工作者具备了更强大的能力去挖掘完整的史料数据，发现更大的研究价值。例如，在全球气候变化与超新星研究中，历史文献中的气候信息与天文观测记录所起到的巨大作用表明，长期完整的史料数据对于知识和科学技术的发现具有至关重要的作用。因此，把古籍中的史料数据聚合为长数据，进而构建大数据集及知识服务平台，将为我国古籍知识服务奠

---

　　* 撰稿人：中华书局洪涛、干生洪。

定基础。

4. 服务对象

籍合网依靠中华书局及联合单位的古籍优势资源，以平台为载体，服务对象全面覆盖了古籍整理出版领域的相关机构和人群，既包括海内外高校图书馆、公共图书馆、研究机构和政府机关等机构，以及学生、学者和研究人员等人群，也包括出版社的编辑和作者队伍。

二　知识服务技术架构

籍合网关键技术包括以下四个方面。

1. 古籍XML标引技术

籍合网史料数据主要来源于以文献为载体的大量古籍资源，要把文献结构碎片化为不同颗粒度的史料数据，需要 XML 来标引和描述文献的整体框架，以保证切分出来的史料数据分而不散。为此，在参考多种国际国内标准的基础上，结合古籍的特征，研制了《图像采集规范》《文字采集规范》《资源表示规范》《文献用字认同规范》《文献元数据标准》《唯一标识符标准》《文献结构化标准》《知识组织标准》等多个古籍史料 XML 标引和数据加工标准。这些标准通过应用和示范，得到了多家出版单位和古籍数字化加工单位的认可。

2. 史料数据编辑标引技术

众所周知，由于古籍的文言文、繁体字等因素，大多数非专业用户对史料数据的使用望而却步。古籍出版与知识服务平台是在一辈又一辈文史领域专家和编辑的知识或成果基础上，总结出的一套先进的史料编辑标引技术。通过对古籍中人名、地名、官名、书名、篇名等专名的标引，以及字体演化、版本传承和历代史料校勘的应用，快速将古籍文献编辑标引为所需的史料数据。

3. 史料知识关联技术

与一般数据不同的是，古籍史料数据需要建立以人物、地名、事件、纪年等为线索的知识体系，以便将繁杂数据分类为人物数据、事件数据和空间数据等内容。古籍出版与知识服务平台就是在现有古籍知识体系的基础上，设计并实现了人物、地名、事件、纪年、职官、称谓等实体的关系网络，并通过知识关联和数据可视化技术来展示数据间的相互关系，以帮助用户更好地理解、梳理及挖掘史料数据的价值。

4. 古籍史料机器标点技术

在我国，大部分古籍原始史料数据，还未经整理加工。如果要快速构建史料长数据或大数据集，就需要提高原始古籍整理的工作效率，加快工作进度。如果采用传统古籍整理出版的方式，很难完成此任务。古籍史料大数据出版与服务平台在借助自然语言处理和语义网等技术的基础上，结合近百年来古籍整理的成果，抽取了大约100万组专名数据和书目数据，实现了部分句法和句义特征的机器标点功能，大大提高了古籍整理的效率。

三 产品架构、典型产品功能及特点

1. 古籍出版与知识服务的门户

籍合网可以实现一站式登录，跨库快捷查询、史料阅读、各种数据下载、在线整理等服务，这样能极大地方便查询和节省用户时间。

用户登录后，可以快速进入个人定制的数据资源库和任务流程，便于数据续传和整理。平台首页如图7-36所示。

图7-36 籍合网首页

2. 古籍在线整理出版与发布系统

古籍在线整理出版与发布系统，可以通过众包的方式，发布古籍整理任务，包括作者认证、授权协议、协同编辑、机器校验、编辑审核、数据质量专家评审、资源 ID 注册、元数据标引、文献内容 XML 标引、数据发布等流程。

必要的情况下，古籍史料数据可以实现纸电同步发布，即在线发布数据之后，采用传统出版方式排版印刷即可。古籍整理工作平台界面如图 7-37 所示。

图 7-37　古籍整理工作平台界面

3. 多种古籍数字产品服务

籍合网目前集聚了"中华经典古籍库""中华古籍书目数据库""中华中医古籍数据库""中华文史工具书数据库""中华石刻数据库"等多种优秀产品。古籍数据一旦发布后，即可通过 XML 文献结构、元数据、人物、地名、纪年、职官、事件等关系网络实现不同史料数据结构的发现和服务。此外，还可通过字际关系、分类、主题等多维度古籍知识体系排查史料数据流传过程中的"误"和"讹"，从而达到揭示史料真实性的目的。

四 运营模式、盈利模式

籍合网主要由古籍在线整理发布和古籍史料知识服务两大平台构成。目前，虽未推出全部功能，但在古籍出版业和文史学术界产生了很大的影响。具体效果体现在以下三个方面。

1. 古籍数字出版业有望做大做强

国内出版社一般有较为明显的出版细分领域或分工，其中古籍出版在整个出版业规模中占比明显偏小。随着我国传统文化和经济社会的发展，古籍出版必将实现爆发式增长。中华书局作为古籍出版的龙头企业和中国出版协会古籍出版工作委员会的理事单位及办事机构，利用本平台充分联合了凤凰出版社、齐鲁书社、巴蜀书社、天津古籍出版社等多家古籍出版社，以共同利益为基础，有效整合古籍整理出版物的数字版权资源，实现跨地域、跨集团的"古籍联合"宏大构想。

2. 古籍史料资源数据得到有效汇集

从 2016 年底开始，截至 2018 年底，籍合网已完成 2700 多种古籍资源上线，超过 12.5 亿字史料数据资源。更加重要的是，该平台不仅聚集了中华书局的核心资源，还汇集了凤凰出版社、齐鲁书社、巴蜀书社、天津古籍出版社、华东师范大学出版社、辽海出版社等多家知名古籍出版社的优秀古籍资源，而且与多家出版社正在进行资源合作。当前，籍合网已成为中国最权威、规模最大的经过整理的史料数据资源服务平台之一。

3. 国内外用户快速增长

籍合网目前集聚了"中华经典古籍库""中华古籍书目数据库""中华中医古籍数据库""中华文史工具书数据库""中华石刻数据库"等主题产品。问世以来，得到了社会广泛的认可。目前，已有包括北京大学、清华大学、中国人民大学、国家图书馆、国家博物馆、中国社会科学院、中科院自然科学史研究所、中宣部、中央政策研究室、哈佛大学、斯坦福大学、耶鲁大学、宾夕法尼亚大学、加州大学、普林斯顿大学、柏林国家图书馆等 200 余家大学或机构进行购买或试用，在学术界得到了一致好评。此外，针对个人的微信版在不到一年的时间内，就有逾 5 万用户关注并使用我们的古籍数据服务。

五 采用相关标准情况

中华书局多年来一直践行"产品研发，标准先行"的策略，在企业标准、行业标准及国家标准研制上有较大贡献。

《新闻出版用汉字大字符集》标准。该项目是原国家新闻出版广电总局牵头项目，由中华书局承担。根据多年汉字标注经验，构建了新闻出版用汉字大字符集的属性与参数，并按字头整理规范了上万个辞书和古籍用字。在此基础上，与 IRG 工作组共同制定汉字字符集 Super CJK 扩充 C、扩充 D、扩充 E 等字符集，保证与国际标准、国家标准的兼容性。

"中华基本史籍知识库"企业标准。通过"中华基本史籍知识库"项目的实践应用，形成了《图像采集规范》《文字采集规范》《资源表示规范》《文献用字认同规范》《文献元数据标准》《唯一标识符标准》《文献结构化标准》《知识组织标准》等 8 项企业标准。

参与了第一批专业数字内容资源知识服务模式试点单位国家标准和企业标准建设。中华书局安排员工，系统学习了第一批专业数字内容资源知识服务模式试点单位主题词编制、知识元应用、知识资源类型和知识关联等方面的多个国家标准和行业标准，对专业数字内容资源知识服务工作有一定的了解。

第十一节 哈尔滨工业大学出版社 *

一 产品名称、简介、市场定位、服务对象

1. 产品名称

数学数字出版综合应用一体化平台

2. 产品简介

哈尔滨工业大学出版社（以下简称"哈工大出版社"）以"立足高教，面向社会，教材优先，学术为本；打造精品，突出特色，多元发展，做大做强"为宗旨搭

---

* 撰稿人：哈尔滨工业大学出版社杨萌。

建了数学数字出版综合应用一体化平台，该平台涵盖了数据库、章节、定理、图书、教学视频等频道资源，为广大用户提供了方便。该平台设计了一站式检索入库，只要输入意向检索词就能搜索出平台内不同类型的资源。平台针对个人用户和机构用户提供不同的服务模式。平台为客户定制个性化数据库，进行线下销售。平台为用户提供了免费的教学视频，供用户学习浏览，用户还可以通过手机端进行在线浏览查看。

3. 市场定位

本项目的开发适应了当代教育体制改革的要求。目前，高等教育机构不满足于现行考试制度单向选拔人才的标准，因而设立多元化录取标准，积极展开自主招生测试，致使从教者与学生对数学资源的需求大幅增加，对数学资源的质量要求大幅提高，与此同时，高质量、多层次、立体化数学资源却供不应求。本项目旨在对优质数学资源进行建设，为从教者提供大量专业化、高标准数学题库，为学习者提供数学电子图书、教学参考书、精品课程教学视频、自测试题等服务，以适应互联网时代开放式数学教育发展。

4. 服务对象

服务对象包括高等院校及中学图书馆、科研院所等机构用户，具有数学专业背景的教师、学生以及数学爱好者等个人用户。

二 知识服务技术架构

本项目从内容资源的加工生产、内容资源的碎片化到内容资源的管理和挖掘，以及内容资源的动态重组和发布运营，提供了一系列的平台级应用，是基于 XML 的全流程数字出版平台（见图 7-38）。

本项目构建数学类特色资源库，人机结合，建设开放、动态的数学特色知识库，采用基于 SOA 的体系架构，支持统一的用户管理和权限管理，采用组织化、构件化开发技术，基于 XML 的数据支持和 Web Service 技术，采用计算机集群技术，实现动态自动负载均衡。

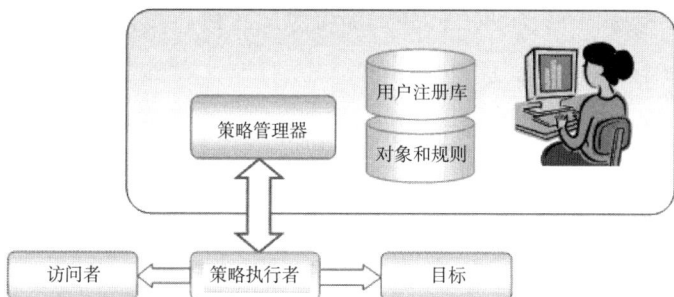

图 7-38　统一用户管理和访问控制系统框架

三　产品架构、典型产品功能及特点

1. 产品架构

数学数字出版综合应用一体化平台产品架构见图 7-39。

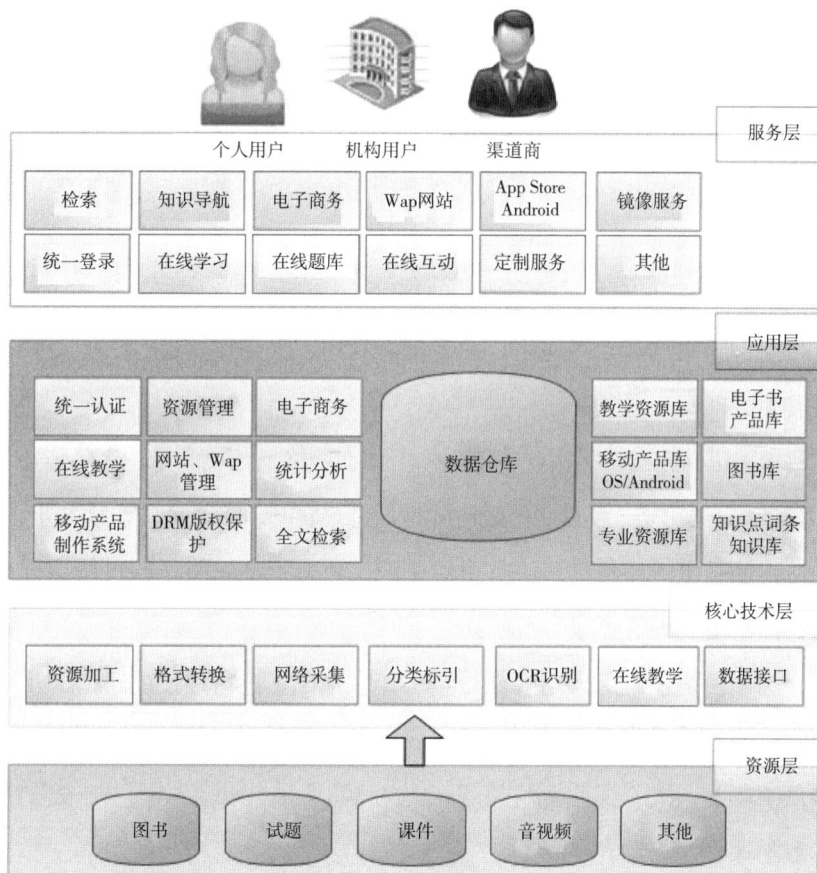

图 7-39　系统总体架构

从总体应用架构上分为四层，分别为资源层、核心技术层、应用层、服务层。

2. 典型产品功能及特点

具有数字化加工标引系统、内容资源管理系统、产品编辑生产系统、产品发布与版权保护系统、在线教育平台等功能，是基于 XML 的全流程数字出版平台。

四 运营模式、盈利模式

哈工大出版社数学数字出版综合应用一体化平台，既是对哈工大出版社内部数学类数字出版流程的改造，也是在线教学模式创收的新方式。根据服务对象的不同，可分为 B2B 服务模式和 B2C 服务模式。

该平台使哈工大出版社优质数学资源出版流程从传统出版模式向数字化出版模式转变，逐渐形成优质数学资源数字化产品应用服务模式，为哈工大出版社整体数字出版改造奠定坚实基础。

平台增加与公众互动、与专家互动环节，在提升哈工大出版社数学工作室综合实力的同时，也提高了使用者体验度，从而树立优良的品牌形象。

建成 B2B 服务模式，以镜像服务模式为学校、公共图书馆、科研机构等单位提供服务。

建成 B2C 数学类电子书服务模式，适应公众读者网络化阅读需要。

数学教学、题库等资源碎片化，便于增值利用，对知识点进行相似关联，提供专业的数学资源数据库应用服务。

建成数学类资源在线教学平台，使教学工作在网络上开展。将读者从传统的固定地点、固定模式中解放出来，使读者能随时随地通过互联网、移动终端等形式进行学习。

该平台可通过电子商务环节进行资源销售，可进行在线教学，可按课程或者科目进行收费，探索出一种资源服务新模式。

总之，本项目是在哈工大出版社数学工作室基础上进行建设的，借助了哈工大出版社数学工作室现有的条件和影响，在未来 3 年内，本平台门户将受到来自 80 个国家的 60 万~100 万人次的长期持续关注，将为 500 万人提供数学图书、数学知识、数学试题、数学课程等数学资源服务。

五 采用相关标准情况

本平台采用 DotNET 编码规范，符合《知识服务标准体系表》等 8 项项目标准，其标准编号和名称如下。

——GC/ZX 19—2015 知识服务标准体系表

——GC/ZX 20—2015 知识资源建设与服务工作指南

——GC/ZX 21—2015 知识资源建设与服务基础术语

——GC/ZX 22—2015 知识资源通用类型

——GC/ZX 23—2015 知识元描述通用规范

——GC/ZX 24—2015 知识应用单元描述通用规范

——GC/ZX 25—2015 知识关联通用规则

——GC/ZX 26—2015 主题分类词表描述与建设规范

第十二节 中国人民大学出版社 *

一 产品名称、简介、市场定位、服务对象

1. 产品名称

（1）中国思想与文化名家数据库

（2）中国审判案例数据库

2. 产品简介

（1）中国思想与文化名家数据库

该数据库是一个汇聚中国历代思想与文化名家生平、观点、经典著述和年谱的专业知识服务平台。数据库（近现代版）核心资源包括原新闻出版总署署长柳斌杰和中国历史学家戴逸教授领衔编纂的《中国近代思想家文库》和众多知名学者编纂的《康有为全集》、《梁启超全集》、《宋明理学研究》、"阳明学研究丛书"等经典著作，内容丰富翔实。数据库设置著作全文库、研究文献库、研究学者库、视频资源库、会议资讯库、研究机构库等子库，支持多样化的检索方式和便捷的阅读模式。

---

　* 撰稿人：中国人民大学出版社朱亮亮、李晓改。

（2）中国审判案例数据库

该数据库是集案例报送、整理、检索、应用、研究于一体的综合性法律应用案例平台，由国家法官学院、中国人民大学法学院、中国人民大学出版社共同打造。数据库以全国各级人民法院法官连续 20 余年精选的新颖、疑难、典型、重要案例为中心，多方面、多视角挖掘了案例内容价值，同时汇聚最高人民法院和最高人民检察院发布的指导案例、典型案例、公报案例，和全国各级人民法院发布的参阅案例等资源，以案例为中心，关联起案例、法律法规、图书、法院、法官、律所、律师等各类数据。

3．市场定位

（1）中国思想与文化名家数据库

市场上唯一一家汇聚中国历代思想与文化名家生平、观点、经典著述和年谱的专业知识服务平台，提供全面、丰富、专业的研究资料和知识服务。

（2）中国审判案例数据库

汇聚大量独家案例资源，提供由一线法官精选出的，具有高度典型性的案例资源，并由主审法官撰写解说文字，提供真实、丰富的案例资料和专业的知识服务。

4．服务对象

（1）中国思想与文化名家数据库

广大的思想史研究学者、高等学校、学术研究机构。

（2）中国审判案例数据库

广大的司法工作者、立法工作者和法律教学、科研人员、法律从业者。

二　知识服务技术架构

两个数据库产品的技术架构及部署方案一致。

1．技术架构

系统分为用户表现层、业务逻辑层、服务层、数据访问层（见图 7-40）。

用户表现层：主要是客户端的展示或对外接口，不同的用户界面（浏览器、移动客户端等）。

业务逻辑层：为业务逻辑提供服务或功能，将用户界面与实际业务隔离开来。

服务层：系统内的服务活动，系统内各种业务逻辑实现。

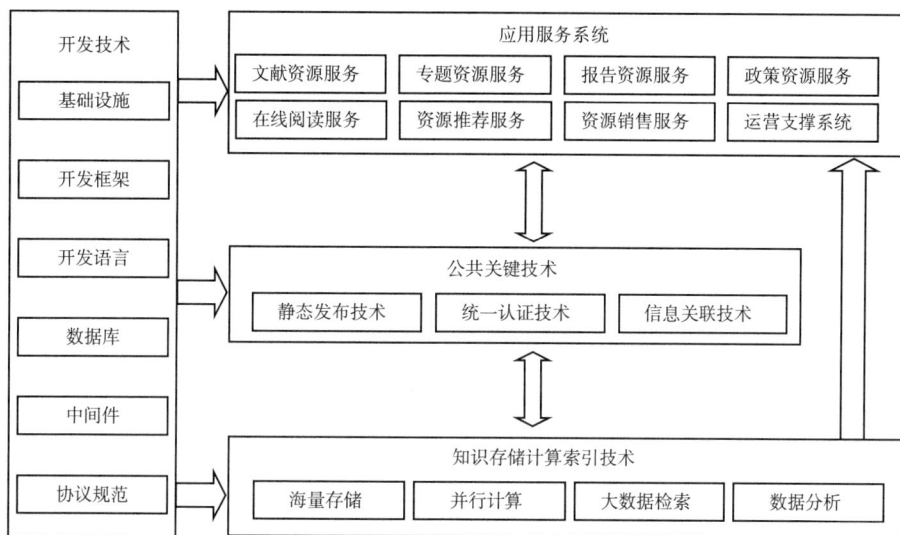

图 7-40 技术架构

数据访问层：数据访问对象，通过领域实体对象来操作数据库。

2. 部署方案

系统的拓扑结构可以根据各子系统的服务类型进行逻辑划分，大致分为四个服务域。

缓存服务域：部署为用户提供服务的负载均衡、静态文件缓存服务。静态文件的资源文件和封面，使用 Apache 作为 Web 服务器。可缓存的动态内容（例如门户内容、机构服务内容等资源）变化频率低，可缓存到 Apache 服务器。这类数据采用 Apache 反向代理到后台服务器。

Web 应用域：部署为用户提供服务的系统及子系统。

基础服务域：部署为门户系统提供基础服务的各系统及其相关子支撑系统。

数据服务域：部署为基础服务域提供底层数据服务的数据服务系统，包括数据库集群、全文检索集群等。

部署说明：每个应用子系统单独部署，通过接口互相访问。

三 产品架构、典型产品功能及特点

（一）产品架构

1. 中国思想与文化名家数据库

中国思想与文化名家数据库及其资源库产品架构见图7-41、图7-42。

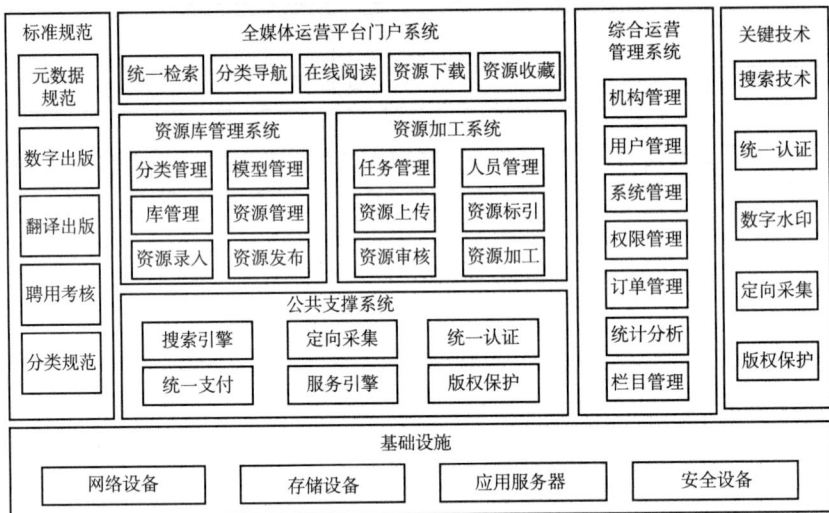

图7-41 中国思想家文献研究资源库及数据服务平台产品架构

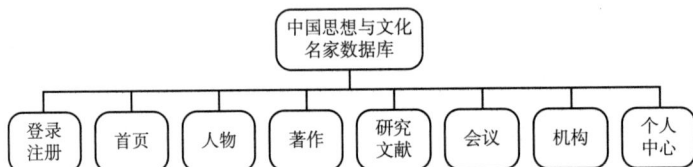

图7-42 中国思想与文化名家数据库产品架构

2. 中国审判案例数据库

中国审判案例数据库产品架构见图7-43。

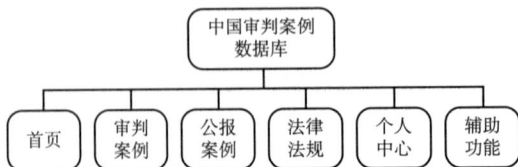

图7-43 中国审判案例数据库产品架构

（二）产品功能及特点

1. 中国思想与文化名家数据库

（1）产品功能

中国思想与文化名家数据库产品功能见表7-14。

表7-14　中国思想与文化名家数据库产品功能

系统	功能	功能特点
首页	人物	展示人物及其简介
	研究文献	以条目显示文献
	卷集	显示卷集的封面及名称
	民国文档	显示晚清民国时期的演说词、书信、公函、章程数量
	年谱	据时间线查看内容，该年份可以人物分类显示文章
	学术会议	实现鼠标覆盖选择会议关键人物，从而显示该人物会议
	研究机构	实现鼠标覆盖选择研究机构，从而显示该机构简介
人物	检索	实现分类条目检索，统计了符合条件的信息数量
	分组导航	实现根据导航条件对当前结果进行分类查看
	年谱	实现以时间线的方式展示人物的生平事迹
著作	检索	实现分类条目检索，统计了符合条件的信息数量
	分组导航	实现根据导航条件对当前结果进行分类查看
	充值购买	实现用户充值成为VIP或购买某篇文章/卷集
	文章查阅	支持查阅文章，分为试读/全文界面
研究文献	检索	实现分类条目检索，统计了符合条件的信息数量
	分组导航	实现根据导航条件对当前结果进行分类查看
	研究论文	支持对研究论文进行查看
	研究图书	支持对研究图书进行查看
会议	检索	实现分类条目检索，统计了符合条件的信息数量
	分组导航	实现根据导航条件对当前结果进行分类查看
	会议查阅	支持对所有的会议信息进行查看
机构	检索	实现分类条目检索，统计了符合条件的信息数量
	分组导航	实现根据导航条件对当前结果进行分类查看
个人中心	账户管理	支持通过微信、支付宝充值；个人资料编辑等
	我的订单	支持对订单的查询、支付、取消及删除
	账户设置	支持密码的修改与账号绑定
	我的足迹	支持对收藏、检索、浏览操作的记录

（2）产品特点

权威专家：百余位海内外学者倾力打造，精心挑选400余位中国思想与文化名家。

珍贵资料：包括1万余篇经典著作、14万篇研究文献，其中不乏晚清、民国时期的珍贵资料。

知识关联：建立人物、时间、地点、著作等诸多要素的关联，串联起了整个中国思想文化史。

2. 中国审判案例数据库

（1）产品功能

中国审判案例数据库产品功能见表7-15。

表7-15　中国审判案例数据库产品功能

系统	功能	功能特点
首页	检索	实现全文检索、高级检索
	分组导航	实现对案例不同维度的分组导航
	试读充值及全文查看	通过对当前用户是否为VIP的判断，确定进入的界面为试读还是全文查看，实现充值与购买
	审判案例	分类展示案例：刑事、民事、商事与行政
	图书	分类显示最新的案例图书：刑事、民事、商事与行政
	法官解说	展示法官对案例的解说以及案例的所属法院
	法官风采	按照个人收录审判的数量对法官排序，并介绍法官所属法院、收录审判案例的数量及分布
	案例统计分析	历年审判案例：显示全国法院受理案件与审结案件的比较，支持鼠标覆盖显示当前指向的具体内容 入选案例分析：对比分析全国法院历年报送的案例中最终入选并出版的案例，在时间、地域、法院类型3个维度上进行展示和查找
	法院入选案例排行	实现按照入选案例的数量对法院进行排行
	律所入选案例排行	实现按照入选案例的数量对律所进行排行
	律师入选案例排行	实现按照入选案例的数量对律师进行排行
个人中心	账户管理	支持通过微信、支付宝充值；个人资料编辑等
	我的订单	支持对订单的查询、支付、取消及删除
	账户设置	支持密码的修改与账号绑定
	我的足迹	实现对收藏、检索历史、浏览历史信息的查看

（2）产品特点

案例精选：全国各级人民法院法官精选出来的，当年审结的典型、新颖、疑难、重要案例，基本反映了当年审判全貌。

法官解说：案例由参与审判法官撰写解说文字，剖析争议焦点、阐述社会影响、补充审判背景等，诠释案例审判的来龙去脉。

体例完整：案例体例信息完整详尽，包括判决书字号、案由、诉讼双方、审级、审判机关与组织、审结时间、诉辩主张、事实和证据、判案理由、定案结论等内容。并经过了专业编审委员会审核，案例质量可靠。

四　运营模式、盈利模式

两个数据库产品的运营模式及盈利模式一致。

1. 运营模式

通过科学的项目组织框架建立高效的运行机制，制定标准的工作流程，运用先进的管理理念和管理手法，保障项目长期稳定运行。在资源建设方面，通过内部资源转化、外部合作机构引入和面向社会征集的方式来进行数据库建设；在市场推广方面，将直销和代理结合，建设一个覆盖全国乃至海外的知识服务产品销售体系，探索一个行之有效的市场推广模式。

2. 盈利模式

面向机构用户，提供会员制服务，按照购买时段和资源量的不同，收取不同的费用；面向个人用户，提供按数量收费和按时段收费两种服务模式。

五　采用相关标准情况

中国人民大学出版社知识服务平台建设坚持"统筹规划、统一标准"的方针和原则，围绕资源组织、资源加工、资源管理、平台开发与运营发布等知识服务平台建设流程，参照国内外DocBook、DITA、S1000D、CNONIX标准、知识服务项目标准等，制定了全媒体数字资源内容标准RMUP、全媒体数字资源标识标准、数据元标准、数据处理标准、分类标准、应用支撑标准等多项企业标准，并利用这些标准，指导了中国问题主题词表、法律案例多维知识体系、思想家大数据智能关联、数据结构化深度标引等的建设工作。

第十三节　成都音像出版社 *

一　产品名称、简介、市场定位、服务对象

1. 产品名称

天府微课堂

2. 产品简介

2017 年 10 月底，天府微课堂建设完成并上线实测。

天府微课堂围绕知识资源整合、专业知识可视化包装、视频接入推广服务等大众知识服务模式，通过图、文、音频、视频等多媒体平台，以直接收看学习、视频导入标签化学习、互动学习等多种方式为公众用户提供知识服务。目前，平台正在围绕知识资源智能化数字化标引、视频化包装、大众化知识传播和推广等需求进行新增功能升级开发。

3. 市场定位

以视频为知识服务入口，以全力服务大众为导向，以知识服务国家标准、行业标准为准则，建设和运营天府微课堂，打造正版化、大众化、专业化、精准化的知识服务品牌。

资源正版化：以优秀的资质打造核心竞争力。打造天府微课堂的成都音像出版社拥有互联网文化经营许可证、互联网出版许可证、电子出版物出版许可证、出版物经营许可证、广播电视节目制作经营许可证、音像制品出版许可证等互联网内容制作、出版领域多项核心资质。科学整合资源，对资源进行正版化建设以保证服务质量，避免盗版。

服务大众化：充分发挥"以视频为知识服务入口"模式的优势，将专业知识内容进行可视化、娱乐化包装，将其转变成通俗易懂、大众喜闻乐见的数字产品，寓教于乐，使大众更易于接受、乐于接受。

平台专业化：天府微课堂支持用户随时随地观看学习，在服务器端，实现了

---

* 撰稿人：成都音像出版社岑明聪。

防转载、防录屏等功能。直播培训支持老师与学生线上互动与资源共享，支持图、文、音频、视频内容格式；点播课程可随时回放，方便学员复习和未能到场的学员补习。

定位精准化：主要针对文化艺术类专业课程开设，为有文化艺术知识需求的学员量身定做学习方案。尤其是针对面临高考的艺术类考生基础薄弱、时间紧张的问题，提出了抓基础、助取舍、学纲要的指导思想，制定了有针对性的辅导方案。

4. 服务对象

有知识服务需求的公众用户，重点针对有文化艺术知识需求的用户。

二 知识服务技术架构

天府微课堂采用 Web+HTML5 技术进行开发，可同时满足 30000 名用户在线点播学习，直播并发量最大 5000 名用户。具备对内容资源进行标引、加工及审校的能力和条件。具备对语义分析及建模技术，规模化资源与组织技术，云计算技术，数据挖掘和知识管理技术，知识组织、管理与呈现技术，基于大数据全样本的用户行为分析技术等新技术的认识和应用能力。

三 产品架构、典型产品功能及特点

1. 产品架构

天府微课堂产品架构见表 7-16。

表 7-16 天府微课堂产品架构

模块		描述
课程模块配置	基本参数设置	模块开启开关，观看登录，订单短信，内容页生成 HTML
	课程分类	自定义点播 / 直播、面授课程分类。课程多分类启用开关
	自定义字段	新增数据表字段，如点播。直播，面授表字段
	直播道具	用户赠送礼物给直播讲师，教师可提现兑换
	云视频对接	直播采用云端对接视频

续表

模块		描述
点播课程	基本资料	课程分类，讲师，介绍，课程属性；课程 SEO 优化
	权限设置	指定用户组权限观看，设置课程观看时间，指定日期时效
	课时目录	开启课时目录管理，分章、节、课时
	课时添加	支持视频、音频、PPT、图文等课件，云视频对接上传，有课时观看次数限制
	课后辅助教材	添加课后试卷、课后资料
	学习互动工具	视频防挂机、防录制措施，设置课程时间段，推送问卷调查、公告、投票、试卷
	学员进度/评价	自动统计学员的学习进度条，管理学员课后评价内容
直播课程	基本资料	课程分类，讲师，介绍，课程属性；课程 SEO 优化
	权限设置	指定用户组权限观看，设置课程观看时间
	课时目录	开启课时目录管理，分章、节、课时
	课时添加	直接对接云直播服务器
	直播回访	自动录制直播授课，可添加观看回放
	课堂互动	师生在线互动讨论，直播道具使用
	课后辅助教材	添加课后资料
	直播通知	以微信、短信、邮箱、站内消息等方式通知上课
面授课程	基本资料	课程分类，讲师，介绍，课程属性，面授地点，开课时间；课程 SEO 优化
	课后辅助教材	添加课后试卷、课后资料
	报名统计	查看课程报名人数，付款情况
	课程评价	查看学员对课程的评价信息
组合课程	混合课程	一个课程下，可同时添加点播、直播、面授三种类型课时

2. 典型产品功能及特点

如表 7-17 所示，考核、考试及名师授课功能是天府微课堂的典型功能。

考核任务模块采用了考核项目分类管理方式以及用户参与方式，两个方式分工提高了模块运行效率。

考试模块相较于市面上普通的网课平台进行了更深层次的模块功能细化，除了课程练习试卷、题库试题、生成试卷、准考证生成、教师阅卷外，天府微课堂还集成了试卷属性、实时监控、试题纠错以及成绩统计分析功能，为用户提供了完善的与现实授课无差别的个性化功能设置。

天府微课堂整合各个领域的名师资源，提高授课服务质量，完善课后用户反馈机制，为用户提供名师授课、名师答疑、名师评价的一站式服务。

表 7-17　天府微课堂产品功能

功能模块			功能点描述（仅描述主功能节点）
考核任务模块	考核项目	权限设置	指定用户组、部门参与权限
		考核期限	规定时间期限内参与完成考核任务
		考核学分	通过分值要求
		考核课程	指定课程，可启用每个课程学习有效时间期限、必学时长，自动统计进度，完成积分奖励
		考核试卷	指定考核试卷，可启用每份试卷有效参与时间、答卷时间，参与积分要求，完成积分奖励
		考核进度	自动统计课程进度和试卷考核进度
	用户参与		个人中心，选择考核任务参与
考试模块	课程练习试卷	试卷分类	试卷分类，支持 n 级分类；章节分类添加；知识点管理
		章节练习	根据章节分类，随机从题库中抽取 n 道题组成章节练习试卷
		每日一练	随机生成每日练习试卷
		SEO 项设置	单独对考试频道设置 SEO 项，模板里调用标签，便于优化
	题库试题	支持试题格式	单选题，多选题，填空题，判断题，主观题，阅读理解题等
		Word 批量导入	按照 Word 格式编辑试题，批量导入某分类试题
		Excel 批量导入	按照 Excel 格式编辑试题，批量导入某分类试题
	生成试卷	整卷添加	后台逐题添加试卷，添加试卷试题
		Word 整卷导入	按照 Word 格式编辑试卷，试题和答案解析直接导入试卷
		手工组卷	题库筛选试题，手工选择试题，组合试卷
		智能抽题	设定试卷信息，从题库中随机抽出 n 道试题
	准考证生成		添加准考证，分配某个或某些正规试卷使用准考证号登录
	教师阅卷		正规试卷，分配阅卷老师，设定成绩公布时间

功能模块		功能点描述（仅描述主功能节点）
考试模块	试卷属性	允许发考试心得，提交马上看答案，试题顺序打乱，断线保护，防作弊
	实时监控	在线监控考试，作弊可警告或踢出考场
	试题纠错	试卷纠错管理
	成绩统计分析	按照部门、用户组、用户排名、卷面分析、知识点等分级统计考试成绩

续表

名师模块	名师管理（后台）	名师管理	添加名师信息，课程指定任课名师
		名师主页	名师主页下显示该名师的资料和课程信息、学员评价、点赞和收藏情况
		课程分成	开通教师端后，个体教师的课程可设定分成比例（教师与平台分成）
	教师端（前台）	注册认证	添加方式：后台添加名师，绑定会员账号；个体教师申请注册，提交资质认证
		添加课程	个体教师认证后，可添加/管理自己的课程（录播、面授、直播）
		课程订单	查看订单情况，已结算订单有提成，可申请提现
		添加试卷	允许教师添加试卷
		成绩管理	查看学员的成绩信息，统计分析考试结果
		学员提问/留言	查看学员的提问/留言，进行解答和回复
		个人成就	查看学员的点赞、收藏和评价情况
		个人信息	查看个人资料、学历/职业资格证书管理、账户明细、手机绑定等

四　运营模式、盈利模式

天府微课堂以用户为主题的差异化服务模块，将付费用户提升为平台会员并为其提供更加专业化的服务以及更高的用户权限，满足高级用户的差异化需求，其会员模块、营销模块见表7-18、表7-19。

表7-18　天府微课堂会员模块

功能模块		功能点描述（仅描述主要功能点）
用户组管理		自定义分组管理，将不同性质的会员分组管理。如定义个体用户、教师用户等
部门管理		在用户组的基础上，定义部门管理，如分销售部、研发部、市场部等
会员字段管理		支持自定义会员表单字段
会员注册	前台注册	支持用户名、手机号验证、邮箱、第三方登录等注册方式
	后台注册	后台管理员创建账号，分配给会员，可以批量导入
会员登录	账号登录	用注册的账号登录，输入用户名和密码
	第三方账号登录	注册账号捆绑账号通，如QQ、微信，捆绑后可直接用QQ或微信等账号登录
	手机验证码	用手机注册账号，获取短信验证码登录
会员权限	普通会员	直接注册账号，即为网站普通会员
	VIP会员特权	1.购买VIP等级包升级VIP，在一定时间内可享受VIP优惠
		2.针对课程收费，VIP会员可享受特定优惠
		3.针对收费的文章、图片、下载等模块，VIP会员可享受特定优惠
	收费套餐	针对收费的文章、图片、下载、考试等模块，设置一个收费包和免费时间长度

续表

功能模块	功能点描述（仅描述主要功能点）	
账户明细	余额充值	可向账号充值，用于购买网站的收费内容
	积分／科汛币	统计会员账号的积分。可兑换，可后台充值、前台获取
	消费明细	会员的积分／资金等消费明细

表 7-19 天府微课堂营销模块

功能模块	功能点描述（仅描述主要功能点）	
收费模块	点播课程、直播课程收费方式	1. 课程分收费、免费；普通会员和 VIP 会员收费标准不同 2. 针对用户组免费设置 3. 支持课时单独购买
	面授课程收费方式	价格收费，积分兑换，或"价格＋积分"组合收费
课程营销	捆绑套餐	多个课程、多个试卷、多个商品组合为一个新课程套餐
	限时抢购	某个时间段，可享受特定价格抢购课程
	课程团购	团购价格，限定团购人数
	积分兑换	一定积分兑换课程，或"积分＋资金"混合模式购买课程
	营销卡	创建学习卡，支持指定学习内容，支持线上卡和线下卡方式
	优惠券／红包	创建优惠券／红包，用于抵现
订单管理	课程订单	显示所有课程订单信息，可按课程类型筛选
	订单改价	未付款课程，允许后台改价
	订单检索	按订单付款方式，或订单来源、日期等检索
	订单导出	按照条件导出课程订单

同时，天府微课堂围绕知识资源整合、专业知识可视化包装、视频接入推广服务等大众知识服务模式，通过图、文、音频、视频等多媒体平台，以直接收看学习、视频导入标签化学习、互动学习等多种方式为公众用户提供知识服务。目前，平台正在围绕知识资源智能化数字化标引、视频化包装、大众化知识传播和推广等需求进行新增功能升级开发。

五 采用相关标准情况

天府微课堂严格按照原国家新闻出版广电总局数字出版司 2015 年 11 月 23 日发布实施的《专业数字内容资源知识服务模式试点工作项目标准》建设开发并实施。

对照已发布的《知识服务标准体系表》（GC/ZX 19—2015）、《知识资源建设与服务工作指南》（GC/ZX 20—2015）、《知识资源建设与服务术语》（GC/ZX 21—2015）、《知识资源通用类型》（GC/ZX 22—2015）、《知识关联应用规则》（GC/ZX 25—2015），天府微课堂标准化建设已达到 80%，目前正在完善相关标准并进行平台功能升级。

例如，在知识资源建设方面，天府微课堂建立了具有前瞻性且务实的知识服务战略规划、配套制度和保障机制，组建了知识服务推进工作领导小组，制定了《知识资源建设规划》和《知识服务战略规划》，建立了知识资源建设资金保障体系，形成了知识资源版权管理机制和知识服务实施团队。2017 年已具备知识资源建设基础软硬件设施，正逐步完善知识服务运营体系。

同时，天府微课堂仍存在研发能力不足的问题，随着用户的需求日益多样化、高端化，平台在大数据、云计算、数字化标引、移动互联网等技术的转化能力和应用能力上仍有待提升。

第十四节 《中华医学杂志》社 *

一 产品名称、简介、市场定位、服务对象

1. 产品名称

（1）中华医学期刊网

（2）中华医学会系列期刊发布平台

（3）中华医学系列 App

（4）中华医学会期刊数据库

2. 产品简介

（1）中华医学期刊网

是中华医学会优质期刊资源的集成平台，包括了全系列 180 余种期刊资源，以及与医学期刊出版相关的平台系统和工具。未来，将开放平台和标准，吸引更多的生物医学期刊加盟。

（2）中华医学会系列期刊发布平台

是《中华医学会杂志》社各期刊的官方网站，提供在线付费阅读和会员制服务模式。

（3）中华医学系列 App

＊ 撰稿人：《中华医学杂志》社沈锡宾。

是《中华医学会杂志》社推出的手机端服务，可支持论文阅读、指南检索、浏览视频、继续医学教育的功能。

（4）中华医学会期刊数据库

是主要面向机构用户的知识服务平台，预计收录200~300种国内优质医学期刊，构建中国顶级医学全文数据库，成为中国临床医学领域对外数据服务的窗口和交流平台。

3. 市场定位

四个数据库产品市场定位一致。

《中华医学会杂志》社旨在通过创建开放的标准生物医学数据库平台，打造中国的 MEDLINE/PubMed Central。公司致力于研发具有中国科技期刊特色的全流程出版解决方案，通过云服务方式将中国的科技期刊联系起来，打造国内最具影响力的医学期刊协同出版平台。以平台的技术创新带动期刊编辑出版能力的提升，增强发现优质内容的能力，提升期刊内容的传播力和影响力。共赢创新，专耕行业，构建医疗生态圈。

4. 服务对象

（1）中华医学期刊网

向医务工作者提供医学文献的获取服务，向医学出版工作者提供医学期刊一体化出版服务。

（2）中华医学会系列期刊发布平台

向医务工作者提供医学文献的获取服务。

（3）中华医学系列 App

向医务工作者提供医学文献的获取服务。

（4）中华医学会期刊数据库

向机构医务工作者提供医学文献检索和阅读服务。

二 知识服务技术架构

1. 技术架构

（1）中华医学期刊网

后台框架：Struts2，Spring，Hibernate。

前端框架：Bootstrap。

主要开发环境和语言：Eclipse，Java，JavaScript，jQuery。

关键技术：Solr，Redis，FreeMarker 等。

（2）中华医学会系列期刊发布平台

后台框架：Struts2，Spring，Hibernate。

前端框架：Bootstrap。

主要开发环境和语言：Eclipse，Java，JavaScript，jQuery。

关键技术：Solr，Redis，FreeMarker 等。

（3）中华医学系列 App

后台框架：Struts2，Spring，Hibernate。

前端框架：Bootstrap。

主要开发环境和语言：Eclipse，Java，JavaScript，jQuery。

关键技术：Solr，Redis，FreeMarker 等。

（4）中华医学会期刊数据库

后台框架：Struts2，Spring，Hibernate。

前端框架：Bootstrap。

主要开发环境和语言：Eclipse，Java，JavaScript，jQuery。

关键技术：Hadoop，Solr，Redis，FreeMarker 等。

2. 部署方案

中华医学期刊网、中华医学会系列期刊发布平台、中华医学系列 App、中华医学会期刊数据库均为云部署方案。

三 产品架构、典型产品功能及特点

1. 产品架构

《中华医学杂志》社四大产品产品架构见图 7-44。

2. 典型产品功能及特点

（1）产品功能及使用场景

中华医学期刊网在国家新闻出版署和中国科协关于科技期刊做优、做大、做强的指导下，进一步提高规模化、集约化、专业化水平。它是由《中华医学杂志》社

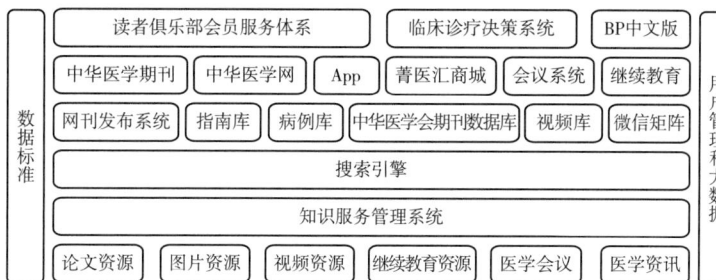

图 7-44 产品架构

主办的专业性期刊集约化出版平台，其宗旨是最大限度地团结国内优质医学期刊，提升中国医学期刊的生产力、传播力、公信力和影响力，为广大医务工作者提供医学论文发表和发现平台。通过提供一系列现代化出版工具，开创"科学策划、协同采编，多重标引，多元发布，互动服务"的新型出版业态，推动传统出版和数字出版在内容、渠道、平台、经营等方面的深度融合，形成"携手并进，有序发展"的期刊集群化新局面。

中华医学会系列期刊发布平台、中华医学系列 App、中华医学会期刊数据库实现了 B2C 和 B2B 的阅读服务。

（2）产品特点

中华医学期刊网作为行业聚合型平台，已经集合了超过行业内 15% 的医学期刊，探索出了医学行业的出版解决方案。

中华医学会系列期刊发布平台、中华医学系列 App 是国内最早实现会员制的科技期刊知识服务类工具，实现了多终端全文阅读。

中华医学会系列期刊发布平台与 PubMed、TrendMD、百度学术等学术发现平台互联。支持预出版模式、英文站点。价格更低廉，质量更优质。

四 运营模式、盈利模式

1. 运营模式

（1）中华医学期刊网

个人用户，付费阅读模式；企业用户，服务收费模式。

（2）中华医学会系列期刊发布平台

个人付费阅读，会员付费模式。

（3）中华医学系列 App

个人付费阅读，会员付费模式。

（4）中华医学会期刊数据库

机构付费。

2. 盈利模式

（1）中华医学期刊网

会员制，内容付费。

（2）中华医学会系列期刊发布平台

会员制，内容按量收费。

（3）中华医学系列 App

会员制，内容按量收费。

（4）中华医学会期刊数据库

B2C，付费阅读；B2B，镜像版，年费制。

五　采用相关标准情况

CMA JATS（自研全文结构化数据标准）、ICD-10、MeSH2016 版、《国际学科分类表》、OAI-PMH 协议。

第十五节　中国大百科全书出版社 *

一　产品名称、简介、市场定位、服务对象

1. 产品名称

中国大百科全书数据库

2. 产品简介

中国大百科全书数据库的主要内容源自《中国大百科全书》第一版和第二版。其

---

*　撰稿人：中国大百科全书出版社韩瑞彬。

中，第一版按学科和知识领域分成 74 卷，共收录 7.8 万个条目、5 万幅图片，计 1.26 亿字，第二版按字母顺序分成 32 卷，共收录条目约 6 万个，约 6000 万字，插图 3 万幅，地图约 1000 幅。本数据库作品还可以根据用户需求，增加其他专业百科全书、地区百科全书的内容。我们运用现代技术，将这些内容进行重组再现，并提供方便易用的检索手段。希望广大读者能共享国家重大文化工程的成果，并在生活、生产、学习等方面有所收获。

中国大百科全书数据库分为 PC 端专业版和微信版。PC 端专业版网址为"http://h.bkzx.cn"，产品页面见图 7-45，可通过电脑（包括平板）、手机等访问，并可以根据用户需求进行多语种翻译。微信版（见图 7-46）为微信用户提供电子书阅读相关服务，微信公众号为"中国大百科全书数据库"，用户关注后可通过微信直接访问，无须下载客户端，为移动端用户创造了更丰富的查询场景，随时随地，便利快捷。

2013 年，中国大百科全书数据库获得原国家新闻出版广电总局颁发的第三届"中国出版政府奖电子出版物奖"。

图 7-45 中国大百科全书数据库 PC 端专业版界面

图7-46 中国大百科全书数据库微信版界面

二 知识服务技术架构

1. 物理模型

用户通过移动端或是 PC 端访问时，访问静态资源将进入 CDN，以实现静态资源加速。访问应用内容时，首先通过 Nginx 反向代理。为了防止 Nginx 单点故障，对 Nginx 加入了 Keepalived 高可用服务。域名将指向 Nginx 生成的虚拟 IP，主 Nginx 如果不能访问将切换至备用 Nginx。

Nginx 下部署了两台或以上应用服务器进行负载均衡服务，同样能有效防止单点故障。

数据库服务和缓存服务单独部署，可以减轻应用服务器的压力。

项目的系统架构如图 7-47 所示。

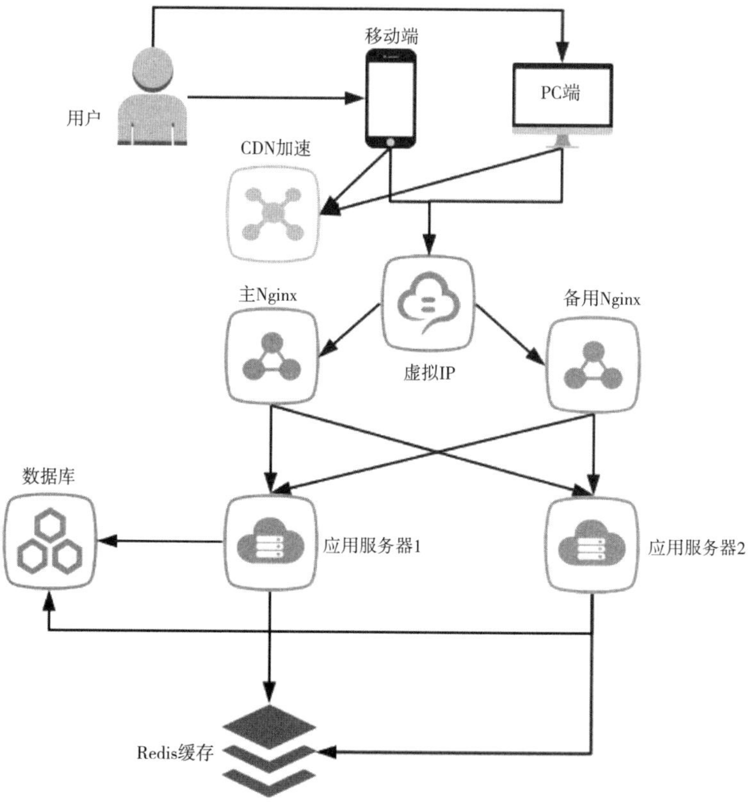

图 7-47 系统架构

2. 软件环境

中国大百科全书数据库软件环境见表 7-20。

表 7-20　软件环境

分类	名称	版本	语种
操作系统	CentOS	7	
数据库平台	MySQL	5.6	
应用平台	Tomcat	7.0	简体中文
应用平台环境	JDK	1.6+	
客户端			

3. 硬件环境

服务器应用和数据库的最低配置如下。

CPU：四核 2.0G。

MEM：8G。

HD：500G。

4. 硬件方案

中国大百科全书数据库硬件方案架构如图 7-48 所示。

图 7-48　硬件方案架构

（1）负载均衡

按流量计费，搭配云服务器后，将云服务器使用的流量计入负载均衡。

（2）CDN

按流量计费，每 GB 0.34 元。

（3）MySQL 服务器

实例类型：主实例。

计费模式：包年／包月。

配置类型：高 IO 版。

配置：2000MB 内存，50GB 存储空间，2400 次／秒，MySQL5.6。

地域：华北地区（北京）。

所属网络：基础网络。

数据复制方式：半同步复制。

（4）云服务器 1（主服务器）

计费模式：包年／包月。

地域：华北地区（北京）。

可用区：北京一区。

机型：系列 1、标准型 S1、四核 CPU、8G 内存。

镜像：CoreOS 717.3.0 64 位。

存储：系统盘（50G SSD 云硬盘）、无数据盘。

所属网络：基础网络。

带宽计费模式：按使用流量（带宽上限 5Mbps）。

（5）云服务器 2（负载服务器）

地域：华北地区（北京）。

机型：系列 1、标准型 S1、2 核 CPU、4G 内存。

镜像：CoreOS 717.3.0 64 位。

存储：系统盘（50G SSD 云硬盘）、无数据盘。

所属网络：基础网络。

带宽计费模式：按使用流量（带宽上限 5Mbps）。

文件存储（两台服务器共享）：1TB 以内 0.63 元 /（GB·月），预计占用 200GMemCache。

5. 数据库结构设计

中国大百科全书数据库以优质的阅读体验、便捷的购买渠道和一站式检索为主要功能点。具体结构设计如图 7-49 所示。

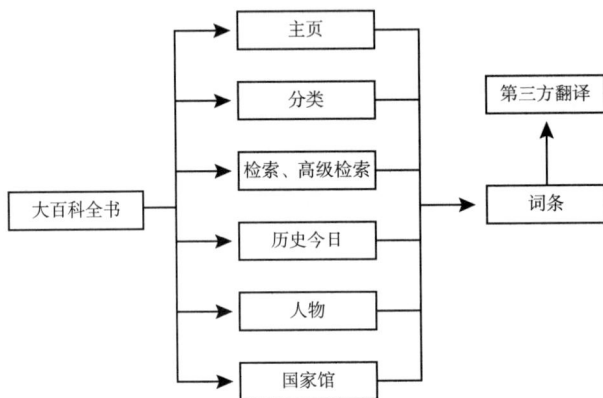

图 7-49　数据库结构设计

主页：网站门户。综合显示大百科各项功能，主页以检索、高级检索，词条精选，历史今日展示为主。

人物、国家馆：提取显示词条中的人物和国家。

分类：显示第一版和第二版的分类导航页面。

检索、高级检索：提供检索和高级检索功能。

历史今日：展示了词条中包含历史上的今天的词条。

词条：阅读单条词条，并包括数据库的调用第三方的翻译。

辅助：包括用户中心、数据中心等辅助页面。

三　产品架构、典型产品功能及特点

1. 资源入库

元数据包括：词条的 XML 文件，图片，附录。其中，附录包括：人物，国家馆，大事记和附录。

词条的元数据文件范围包括第一版和第二版。两者格式不同需要单独入库。

在第一版中，词条以卷名分组。每个卷名下有多个词条。每个词条对应一个 item 标签。解析词条需要分别解析词条的名称、标识符、作者、外文名称、拼音、内容等信息。第二版以首字母进行分组，添加了一些字段，大体结构与第一版相同。

图片资源包括图片的 Excel 信息以及图片本身，在词条的元数据中也存在图片的原始路径，用于图片的展示。图片本身需要用单独的数据库表来进行存储，包括图片的元数据、名称、备注、原始路径、网络路径等。在存储词条元数据时也需要解析图片路径，将图片本地路径转换为网络路径。

附录中的数据需要通过解析数据、加工锚点和 CSS 优化显示来存储并最终展示。

人物数据来源于部分附录数据。首先应解析人物对应的来源，如科学院院士或是工程院院士。然后处理人物的专业学科、名称、领域成果。解析完成后需要将人物关联词条，人物名称与词条不符的需要修改一致。

2. **资源展示**

词条部分的展示在分类页面中。第一版词条按照卷名分类；第二版按照首字母分类。在视图显示方面可以切换列表形式和瀑布流形式。瀑布流形式下拉将自动加载。词条页面带有检索功能，可以在读词条时进行检索（见图 7–50）。

图 7–50　分类界面

图片的展示按照图片的比例进行瀑布流形式的展示，按照首字母进行分组（见图 7-51）。

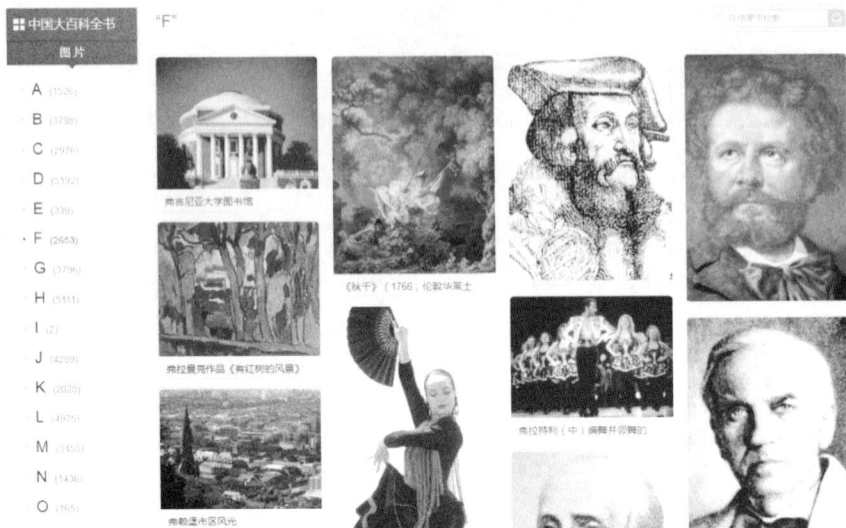

图 7-51　图片界面

3. 历史今日

历史今日在所有的词条中抽取模式"** 月 ** 日"，并且读取这句话和这句话前后的三句话以及前面的年份为一条记录。在后台管理时按天进行分组，显示当天的所有事件。对于这些事件可以进行推荐和置顶操作（见图 7-52）。

4. 检索

检索的方式分为普通检索和高级检索。

（1）普通检索

在首页和顶部的检索中，直接输入关键词即可检索，为普通检索。

为了保证检索的质量需要先约定好检索结果的顺序。排序的优先级从高到低依次是词条名称、词条作者、词条内热链接、拼音、外文名称、词条内图片的名称和介绍、词条的内容。

（2）高级检索

高级检索细化了检索的属性。用户可以指定检索内容，可以直接检索中文名称、正文、作者、图片以及任意词（见图 7-53）。

图 7-52　历史今日界面

图 7-53　历史今日界面

5. 大事记

大事记的数据一部分来源于附录，入库之后以时间轴的方式在前台展示。因为大事记的数据量较大，所以需要添加锚点。

在后台的大事记管理中，可以管理各个大事记的内部锚点。具体操作为：指定一条大事记，设置标引时间，点击修改。

在前台的界面上会显示对应的时间锚点（见图 7-54）。

图 7-54　大事记界面

6. 国家馆

大事记的数据另一部分来源于词条中对应国家的数据。解析之后获取国家的基本信息，包括名称、外文名称、货币、首都、洲别等。将这些信息按照洲别和首字母进行分类。

国旗国徽使用词条的第一张图片。当鼠标移上去时出现的图片选用的是词条中符合比例的图片（见图 7-55）。

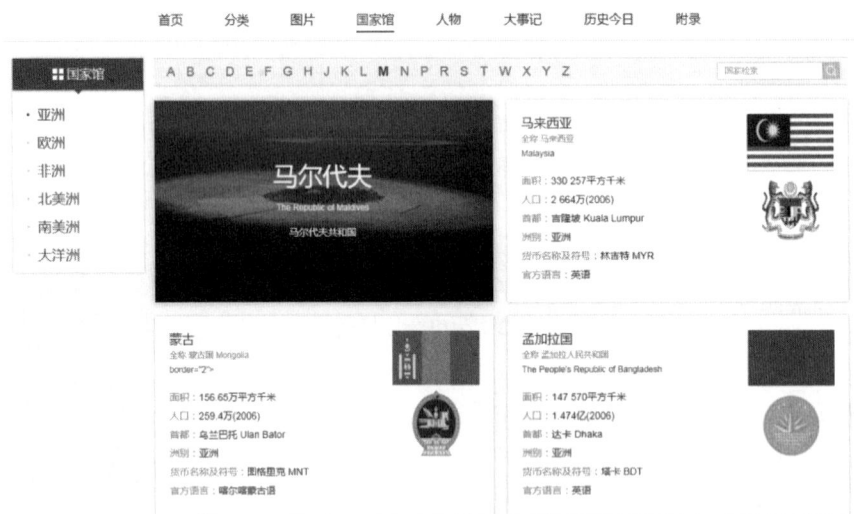

图 7-55　国家馆界面

7. 人物

左侧实现人物的目录索引，表示人物的来源或成就。提取词条中的人物展示出来，点击人物进入对应的词条。可以用选择时间轴的方式筛选人物（见图 7-56）。

图 7-56　人物界面

8.　知识图谱

在词条页面中显示了知识图谱。知识图谱本质上是词条热链接的展开树。一个词条可以有多个热链接，热链接对应的词条又有多个热链接，所以热链接就是以树的结构存在的。当点击当前词条的知识图谱时，展开深度为 2 的热链接树（见图 7-57）。每个树的节点都是可以点击的。当点击热链接树中的一个节点时，会以该节点为中

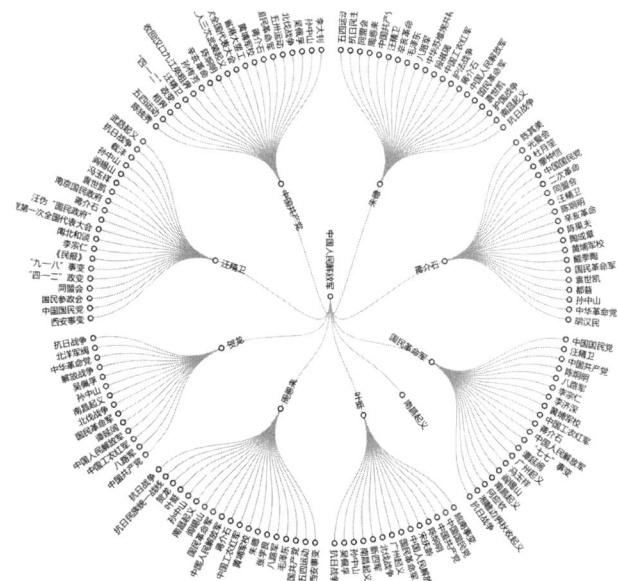

图 7-57　知识图谱界面

心，重新生成热链接树，同时页面内容也会切换到选中的节点上面。

9. 生僻字管理

文中有时会采用一些自定义的文字，通过对应字体来展示生僻字。一般的解决办法是直接把字体文件挂载到 HTML 页面上，但是字体比较大，页面访问时间和流量都不可接受。

因此，采用了字体分片方案。找到词条中的生僻字对应代码，将代码和原字体进行比对查找，完成之后将这几个字生成一个小字体，以及全部字体的子集，然后将这个小字体挂载到 HTML 上，从而使生僻字能够正常显示而且速度比较快（见图7-58）。

在后台管理中加入了生僻字字体管理功能，会在两个维度展示用到的生僻字，分别为每个词条用到的生僻字和全部生僻字的展示。

图 7-58　生僻字管理界面

四　运营模式、盈利模式

1. 运营模式

出版社在组织机构、机制体制和人才方面都建立了保障措施。社委会设专人负责数字出版工作。成立了数字出版中心现改名为"新媒体中心"（技术与运营中心）负责全社的技术设备、数字产品运营等相关工作，作为全社数字出版的牵头单位。加强体制机制方面的创新探索，鼓励内容创新、出版形式创新，保证数字出版能够与时俱进。采取有效措施加强编辑、技术、营销等数字出版人才队伍的建设。

2. 盈利模式

机构用户：主要面向高校图书馆，根据不同并发用户数制定不同的价格。

个人用户：微信版数据库主要面向个人用户，用户关注后可免费试用一段时间，再根据需要按照月、年付费形式进行购买。

五 采用相关标准情况

中国大百科全书出版社专家参与编写的国家标准主要有与辞书编纂条目相关的原则和方法，元数据、XML 格式等数字化建设方面的标准，其中参与的主要有如下标准。

——GY/T90.4—2013 出版元数据 第 4 部分：扩展及应用

——GB/T 10112—1999 术语工作 原则与方法

——GB/T 15238.1—1994 辞书编纂基本术语 第一部分

——GB/T 16785—1997 术语工作 概念与术语的协调

——GB/T 11617—2000 辞书编纂符号

——GB/T 19103—2008 辞书编纂的一般原则与方法

——GB/T 23829—2009 辞书条目 XML 格式

参与原新闻出版总署行业标准起草的主要有：

——CY/T 90.1—2013 出版元数据 第 1 部分：框架

——GY/T 90.1—2013 出版元数据 第 2 部分：核心数据元数据

——GY/T 90.1—2013 出版元数据 第 3 部分：通用数据元素集

同时，经《中国大百科全书》第三版工作领导小组批准，中国大百科全书出版社在前期大量调研和筹备工作的基础上，于 2017 年 3 月至 7 月，组织成立了三版项目标准社内工作组和社外专家组，共同编写完成了首批 7 项标准，并于 2017 年 7 月 20 日正式发布实施这 7 项标准。

《中国大百科全书》第三版的编纂工作采用传统工具书和知识库服务模式相结合

的出版模式，以提供国家级的权威规范并可扩展的全方位百科知识服务为总目标。百科全书7项标准为项目标准，旨在指导和规范《中国大百科全书》第三版编纂成果的科学性和适用性，支持编纂平台研发的可行性，规范编纂体例与程序，确保《中国大百科全书》第三版编纂工作的科学性和知识性等。

首批7项标准如下。

——ECPH/BK 1—2017 百科全书编纂体例

——ECPH/BK 2—2017 百科全书编纂流程

——ECPH/BK 3—2017 百科全书元数据规范

——ECPH/BK 4—2017 百科全书内容标引规范

——ECPH/BK 5—2017 百科全书 XML 规范

——ECPH/BK 6—2017 百科全书知识分类体系

——ECPH/BK 7—2017 百科全书知识描述体系

第十六节　天津大学出版社 *

一　产品名称、简介、市场定位、服务对象

1. 产品名称

中国建筑设计专业领域全媒体出版云服务平台

2. 产品简介

中国建筑设计专业领域全媒体出版云服务平台是提供建筑设计知识服务的全媒体出版平台，致力于通过互联网聚集知识资源产品，提供知识增值服务和信息。

3. 市场定位

实现精致阅读体验，深挖建筑产业上下游的价值。

4. 服务对象

建筑设计专业领域人群，包括设计师、地产商、院校师生等。

---

* 撰稿人：天津大学出版社李洪健。

二 知识服务技术架构

中国建筑设计专业领域全媒体出版云服务平台技术架构见图7-59。

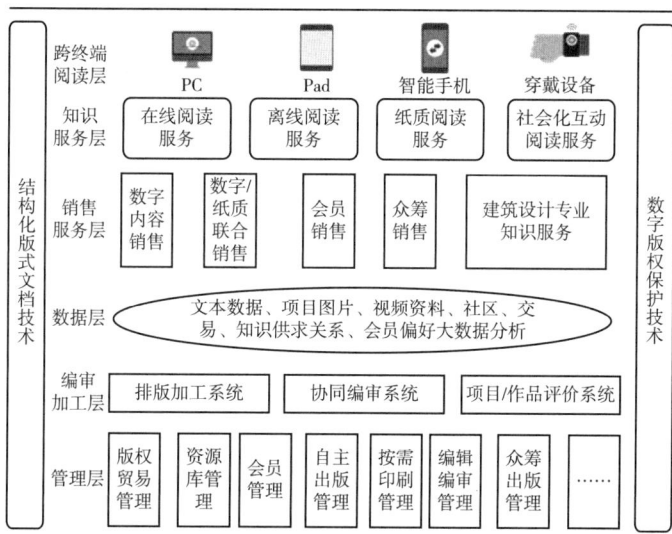

图7-59 中国建筑设计专业领域全媒体出版云服务平台技术架构

三 产品架构、典型产品功能及特点

1. 产品架构

中国建筑设计专业领域全媒体出版云服务平台产品架构如图7-60所示。

2. 典型产品功能及特点

（1）产品功能及使用场景

实现对建筑业内信息的发布和展示功能，为建筑设计上下游提供专业领域的知识服务性平台，并提供统一登录入口。

（2）产品特点

① 实现多终端处理，支持PC、手机、Pad等多终端跨平台同步出版

② 方便用户随时随地浏览查看中国建筑设计专业领域信息

四　运营模式、盈利模式

1. 运营模式

（1）社区

对社区增加建筑设计专家智库、地产商的展示、建材商的展示功能，形成建筑设计上下游的群体互动，互联网时代最关键的点在于建立"以人为入口"的平台。

（2）建筑设计专业资讯

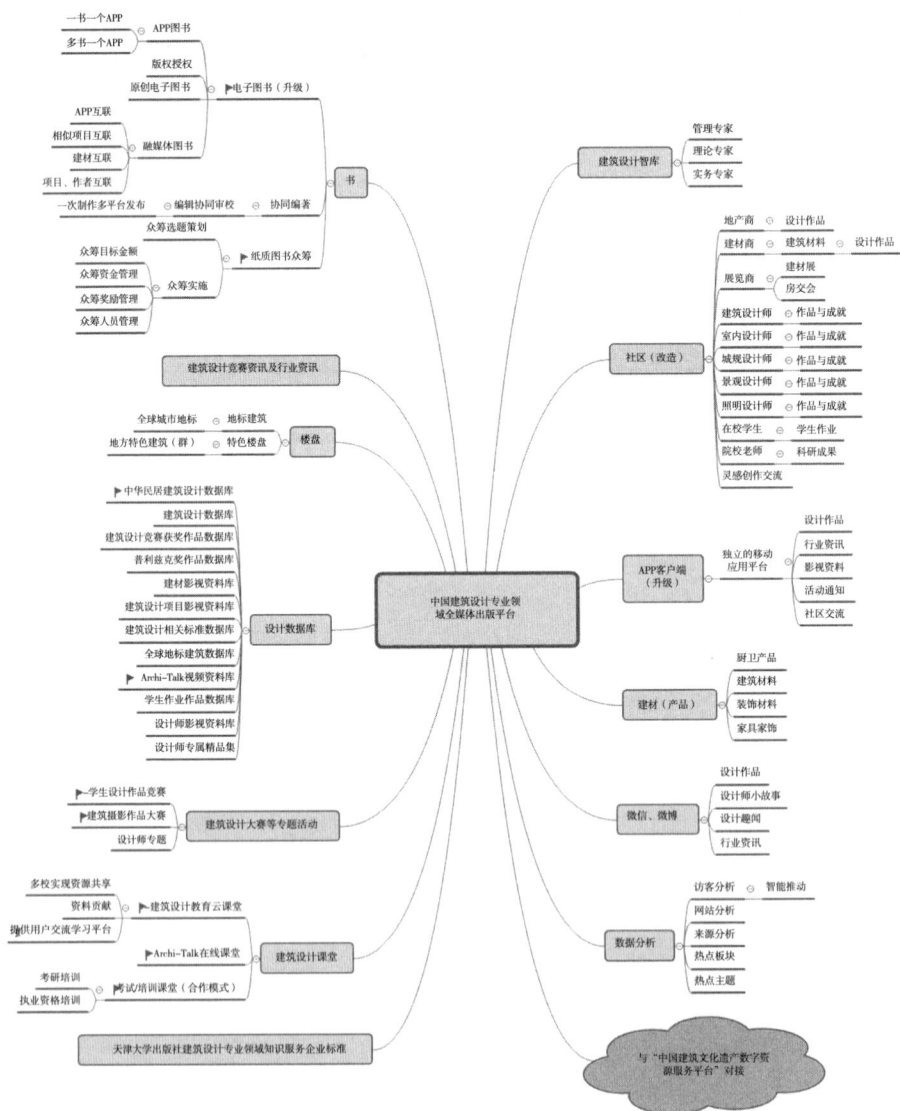

图 7-60　中国建筑设计专业领域全媒体出版云服务平台产品架构

地产商、设计师除了设计需求之外，对本行业内的实时资讯也有很大的兴趣。资讯产品是为地产商、设计师提供基础服务的，目的是增加平台的黏性。

（3）建筑设计摄影、建筑设计创作大赛及专题活动

根据设计师的偏好，开展摄影大赛、建筑设计创作大赛，对获奖的作品采用版权购买方式，将其出版为电子书和纸质图书。

（4）开发原创视频 Archit-Talk

视频栏目采用直播、录播的方式对建筑设计作品进行评论，目标群体由原来的建筑师扩展到地产商、建材商，同时吸引建筑学界、建筑设计业界的专家学者，通过对建筑设计的评述为年轻设计师传达设计思想，启迪设计灵感。

（5）纸质图书、电子图书的众筹与销售

通过线上的宣传，线下的摄影作品大赛、设计作品大赛、Archit-Talk 栏目等征集建筑设计作品，并开展前期的图书预售活动，让设计师、院校师生、地产商、建材商参与其中，更好地实现图书的销售。

（6）建设"楼盘"板块

重点突出商业用地的公共建筑板块楼盘，将世界各地知名的地标建筑与建筑设计解读相结合，然后由设计师对地标建筑进行评论。

（7）建材（产品）

建材（产品）与建筑设计作品对接，让建材（产品）呈现在建筑设计项目中。建筑设计作品既是地产商的广告，也是设计院的广告，同时还能兼顾建筑设计材料在建筑设计作品中的应用。

（8）建筑设计数据库

做数据库的目的首先是建立设计师圈子，建筑设计数据库虽然没有办法销售给设计企业和设计师，但是可以供一大批设计师查阅，使他们留在平台上。

2. **盈利模式**

中国建筑设计专业领域全媒体出版云服务平台盈利模式包括融媒体出版物销售（销售融媒体出版物的收入），广告收入（楼盘宣传广告，视频植入广告，项目作品植入地产、建材广告，展会广告），理事单位赞助（征集理事单位），音视频栏目收入（Archi-talk栏目冠名权收入、植入广告等），建筑设计、摄影大赛（大赛报名

费），教育云课堂（共享优秀师资，针对院校收费，即B2B），在线付费问答（建筑设计专业领域的"知乎"，即C2C），数据库销售（向图书馆、院校销售的数据库，即B2B），考试培训（针对学生的考试培训，以及针对青年设计师的考试培训、岗位培训，即B2C）。

五　采用相关标准情况

本平台以建筑设计专业领域知识服务为出发点，参与了知识服务标准的制定工作，积极尝试将知识服务的标准与本平台对接，并制定了与知识服务相关的企业标准，尝试将建筑设计作品用 ISLI 标准关联。

第十七节　中国人民公安大学出版社 *

一　产品名称、简介、市场定位、服务对象

1.　产品名称

中国警察智识数据库

2.　产品简介

中国警察智识数据库是集合公安智慧的专业知识数据库。该数据库以公安机关内部发行的图书为基础，全面收录公安知识数据与工作数据，依托方正、汉王等前沿技术力量，联手业内专家团队打造，可实现一站式检索图书、论文、案例、百科、法规等多种公安数据资源功能，集唯一性、智能性、权威性于一体，是公安知识理论与公安工作实践深度交融的大型专业数据平台。

该数据库优选中国人民公安出版社内发版权图书，集合专著3360册、图表16278张、论文19138篇、知识10158条、案例2519篇、章节21万余个、法规180余万篇、判例4800万个。该数据库内分"专业智识库"和"执法实务库"，两者交叉使用，旨在为全国公安系统提供权威、专业、便捷的知识服务。中国警察智识数据库是中国首个公安数字资源知识服务平台，也是公安系统办案和研学第一权威数据来源。

　＊　撰稿人：中国人民公安大学出版社阎新瑞、蒋华、昝玮实。

3. 市场定位

内容丰富、资源唯一、权威专业、知识系统、体系完整、引领市场；服务公安院校与研究部门，紧跟思想前沿、创新研判实践、促进战训合一；服务全国公安机关，助力执法规范、开拓办案视野、提升工作效率。

4. 服务对象

一是中国警察；二是全国公安院校师生和院所人员。

二　知识服务技术架构

中国警察智识数据库相关技术由北大方正电子有限公司开发。

1. 技术框架

该数据库技术框架见图 7-61。

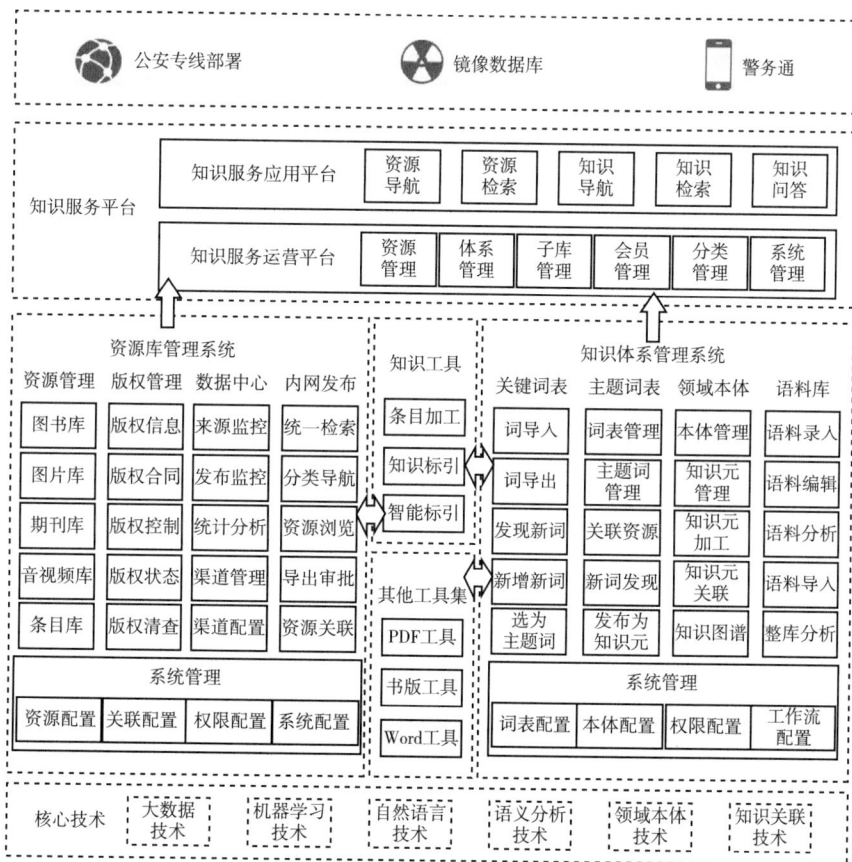

图 7-61　中国警察智识数据库技术框架

2. 部署方案

根据该数据库应用的实际情况，其拓扑结构见图7-62。

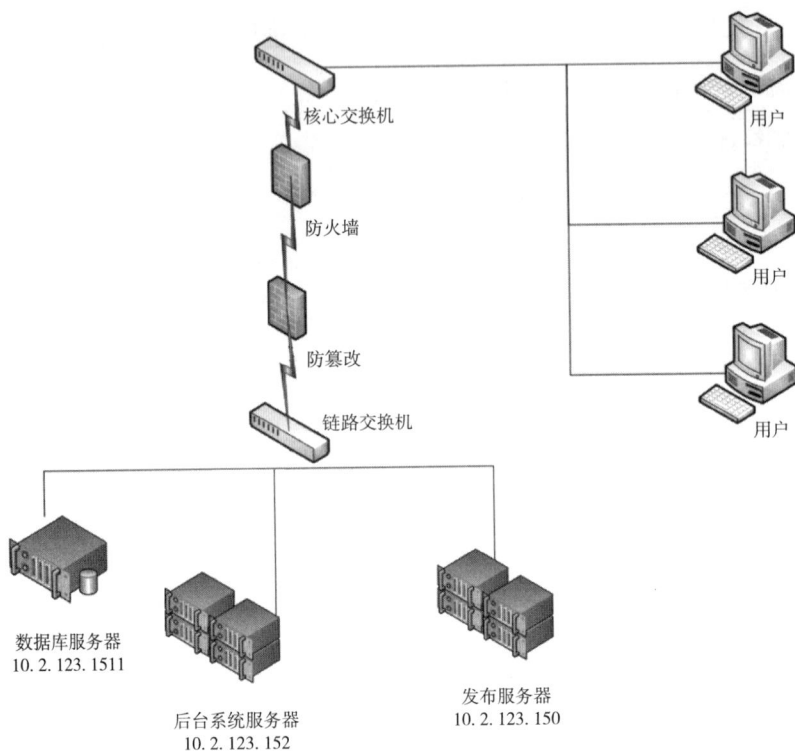

图7-62 中国警察智识数据库部署方案拓扑结构

中国警察智识数据库系统包含关系数据库集群、分布式文件系统，包括前台应用服务器集群、索引缓存服务器集群、微服务集群、图数据库及 MongoDB 集群。该数据库的网络架构设计整体采用分层设计方案，分为核心交换机、防火墙、防篡改等层次，从而保证系统有很高的防入侵和防病毒能力。

三 产品架构、典型产品功能及特点

1. 产品架构

中国警察智识数据库产品架构见图7-63。

2. 典型产品功能及特点

（1）产品功能及使用场景

知识图谱导航：是目前最有特色的一种数据库导航方式。该数据库基于公安知识

党建学习	知识检索	执法指南	业务交流	案例分享	决策参考

公安信息网实时在线	镜像数据	全警覆盖

知识数据库	**业务数据库**	**法律法规**
警察法学 治安学 侦查学 国内安保 公安管理学 公安情报学 犯罪学 涉外警务 安全防范工程 法医学 警务指挥与战术 森林消防 交通管理工程 网络安全与执法	刑事侦查 经济侦查 技术侦查 治安管理 交通管理 出入境管理 宣传 反邪教 禁毒 情报 科技信息化 监所管理 法制 国际合作 反恐怖 维稳 国内安全保卫 网络安全保卫 装备财务 警务保障	中央法规 地方法规 外国法规 合同范本 法律文书 **司法案例** 刑事 民事 知产 行政 执行 国家赔偿

数字资源管理系统	**资源加工**	**知识体系管理系统**
资源管理 体系管理 版权管理 会员管理 图书库 中图法分类 版权信息 注册登录 章节库 公安业务分类 版权合同 统一身份认证 论文库 百科知识分类 授权管理 会员信息 知识库 公安办案标准 自动加密 在线行为 图片库 痕迹鉴定分类 合作管理 权限管理	资源采集 数据清洗 数据加工 **加工工具** PDF XML 书版	组织方式 词表管理 图谱搭建 知识管理 关键词表 分类建设 模型分类 本体管理 主题词表 发现新词 模型分类 元数据提取 领域本体 增加新词 模型关系 分类标引 语料库 选为知识元 模型属性 关联资源 发布知识元 知识关联 知识图谱

数据	**内**	知识数据	**分**	外购数据	**资源**	党建 专著 论文 案例 法律法规 图表图谱 内部文件
来源	**发**	工作数据	**开**	开源数据	**类型**	问答 公安标准 知识 司法判例 政法期刊 年鉴 音视频

数据标准 资源描述标准 资源分类标准 资源加工标准 知识体系标准 资源接口标准 元数据标准

核心技术 大数据技术 机器学习技术 语义挖掘技术 领域本体技术 知识关联技术 B/S技术

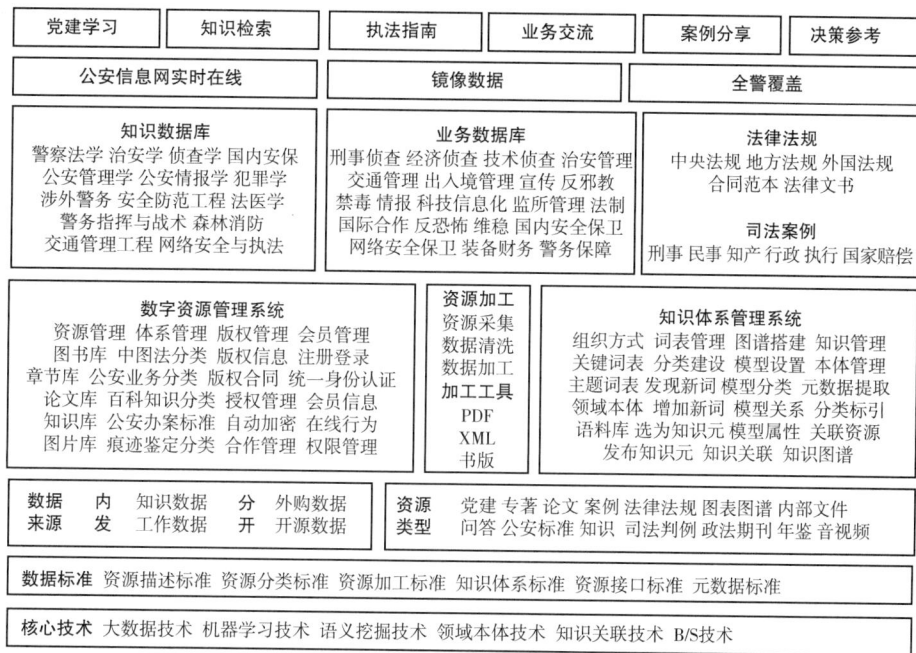

图 7-63 中国警察智识数据库产品架构

体系和知识模型,搭建了公安专业知识图谱,实现了公安知识脉络的可视化展示、公安知识的立体化检索和内容的连续性扩展。

知识碎片化搜索:数据资源以章节为代表,以百科知识镶嵌为形式,打破传统查书查资料方式,支持相同知识点不同资源类型的智能推荐,方便用户精准获取知识。

流式和版式双阅读模式:流式阅读(XML)沿用网络阅读习惯,获取更多关联性知识;版式阅读(PDF)对应传统纸书页面,保证学术著录规范。通过文本锚点定位,实现双阅读模式同步切换,用户体验更加多样化。

个性化笔记:用户可对文本资源进行标注、引用和收藏,为用户打造个性化学习空间。

(2)产品特点

该产品制作单位为全国唯一的公安书刊出版单位,数据内容以公安机关内发版权图书为基本资源,因此产品具有唯一性,无市场竞品。该产品优选近十年公安系统内发资源,解决了用户找内发书难、买内发书手续麻烦、翻内发工具书费时的问题,同时充分整合民警常用法律法规、执法规范、执法流程工具书等,在很大程度上为警务工作和警务学习提供了新平台。该数据库基于公安知识图谱，通过知识关联等技术，围绕一个知识点，能一键搜索到多种相关资源，大大突破了传统纸书的查阅模式，同时整合不断引入的公安工作数据，为用户提供更多实用且新颖的知识服务。

四　运营模式、盈利模式

1. 运营模式

服务形态：在线知识（公安信息网）、镜像数据（机构离线模式）、移动类（警务通）、其他形态（分库定制）。

账号权限：目前只针对公安系统开通单位账户。

服务形态：通过公安信息网访问。

2. 盈利模式

付费模式：按照年服务费形式收取。

资源更新：不同类型的资源更新频率不同。在2000~2017年公安内发图书资源完成基本部署后，持续加入2018年及之后的公安新书，逐年增加本版历史藏书，引入非本版公安图书，并不断收入公安工作数据。

五　采用相关标准情况

1. 图书资源数字化加工标准

根据系统搜索和呈现要求，我社与技术方和加工方共同讨论拟定了DocBook标准，确定了图书、论文、图片、法规等多种资源的字段标准，在图书参考文献、期刊参考引证上制定了符合我社需求的XML格式描述标准。

2. 公安知识体系分类标准

本数据库基于公安专业主题词、公安百科知识、公安标准术语等基本数据，按照行业标准建立了公安专业知识体系。在该体系内，搭建公安领域本体模型10个，挖掘模型之间关联关系132个，按照中图法、公安学科分类法、业务部门分类法以及数据类型等标准，将资源分为1~5级结构，并根据132种关联关系和分类关系对知识元进行标引，从而建立起基本的公安知识体系。

第十八节 中国发展出版社 *

一 产品名称、简介、市场定位、服务对象

1. 产品名称

互联网智库服务平台

2. 产品简介

中国发展出版社（以下简称"发展社"）及下属国研智库作为媒体和第三方机构，主要从事宏观经济政策解读、传播以及经济运行情况分析，是知识内容服务的重要支撑。依托智库资源优势，塑造权威服务平台。发展社发起的国研智库作为国家一流智库，扮演着解读国家经济政策、评估重大经济决策、提供经济政策建议的重要角色。发展社重点打造的蓝皮书系列已成为行业标杆之一，数字化出版物也颇具特色，其内容将作为智库平台的重要数据资源。国研智库论坛在智库与政府、社会各界之间架起沟通的桥梁，推动科学决策和经济健康发展，论坛稀缺性资源既是智库平台的重要数据资源也是重要特色之一。以智库平台为媒介建立的产业园区为企业提供了便利的经营环境，企业经营数据进入智库平台作为经济分析的基础性数据，数据的真实性、实时性为数据分析提供了坚实的保障。

3. 市场定位

发展社在国研中心及国家新闻出版署的领导下，初步形成面向经济数据服务运营的组织结构。在组织结构定位方面，国研中心作为服务中央决策的核心智库、重大决策重点科学评估机构、能够准确解读重大政策的新型组织、有效整合智库资源的高端平台，在政策研究、政策解读、政策第三方评估等方面发挥了越来越重要的作用。发展社依托国研中心及其他智库机构的政策咨询研究成果，能够及时反映中国改革开放及经济社会发展各领域的新状态、新思维。发展社依托我国"互联网+"的行动计划正在构建面向"内容+"的平台，着力一体化集成改造旗下杂志社、国研智库、中国发展观察网、国研智库网等机构及网站，进一步打造以"智库+媒体+互联网"为

---

* 撰稿人：中国发展出版社步超。

主要特色的大财经媒体群。

4. 服务对象

依据国研中心国家高端智库的优势，为地方政府和企业服务的政策研究与咨询业务，以"国研智库论坛"为主题的会议会展业务，以宏观分析为特色的大数据、云计算等数据服务业务，智库园区建设和运营业务，初步形成"传媒、智库、会展、数据、教育、园区"等多元化资源库体系。

二　知识服务技术架构

大数据技术，就是从各种类型的数据中快速获得有价值信息的技术。目前，在大数据领域已经涌现了大量新的技术，它们成为大数据采集、存储、处理和呈现的有力武器。大数据处理关键技术一般包括：大数据采集、大数据预处理、大数据存储及管理、大数据分析及挖掘、大数据展现和应用（大数据检索、大数据可视化、大数据应用、大数据安全等）。目前，对大数据全生命周期的处理和管理技术、工具、产品或平台非常多也非常成熟。比如，数据采集方面的互联网数据实时爬取、关系型数据实时采集；基于 HDFS 的分布式文件存储于 NoSQL 的半结构化数据存储；基于 Hadoop 架构的大数据分布式并行计算；基于 SPSS、SAS 等工具的可视化数据预处理与数据挖掘分析等。使用的开发语言为 Java。

三　产品架构、典型产品功能及特点

1. 产品架构

互联网智库服务平台产品架构见图 7-64。

2. 典型产品功能及特点

以基于宏观经济数据库的互联网智库服务平台为纽带，自上而下推动经济政策落地实施，自下而上实现经济数据汇总分析，构建起经济运行的智库服务闭环。积极推进新型智库产业化发展，更好地发挥智库前瞻"咨政"、以科学决策引领经济发展的核心价值作用。发展社基于宏观经济数据库的互联网智库服务平台，在国家实施区域协调发展战略，加强中国特色新型智库建设，推动互联网、大数据、人工智能和实体经济深度融合以及国家新闻出版署大数据应用工程建设，并承接前期建

设成果的背景下提出平台建设需求，具备前期资源库建设基础，申报项目高度符合
国家政策方向。

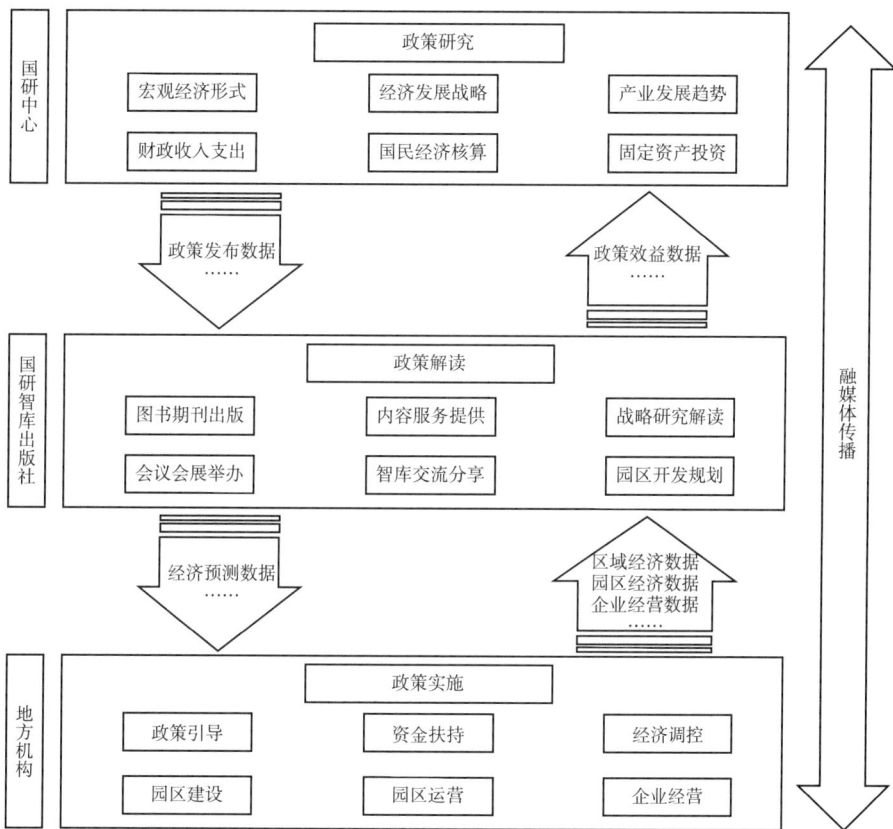

图 7-64　互联网智库服务平台产品架构

四　运营模式、盈利模式

1. 运营模式

平台融合传统出版优势，发挥新媒体优势，延伸出版产业链，形成对经济政策及
运行数据的闭环分析。服务对象主要包括智库团体、地方政府、企业和个人研究者。
从智库角度而言，需要通过智库平台对经济政策的研究成果进行传播、贯彻落地，同
时从智库平台获取经济运行数据以及对经济政策实施效果的第三方评估；从地方政府
角度而言，需要从智库平台获取经济政策的解读和实施方案，同时提供经济运行数据；
从企业角度而言，需要从智库平台获取产业园区政策信息从事企业经营，同时提供企

业运营数据；从个体角度而言，需要从智库平台获取经济数据服务产品，同时分享个人研究成果。

2. 盈利模式

发展社及下属国研智库作为媒体和第三方机构，主要从事宏观经济政策解读、传播以及经济运行情况分析，是知识内容服务的重要支撑。通过战略研究解读准确把握国家经济政策方向；通过图书期刊出版、内容服务提供等以融媒体方式宣贯国家经济政策；通过举办会议会展（课题研究、峰会论坛等）、智库交流分享、园区开发规划等方式为地方政府和企业提供高层次的智库资讯和一流的政策研究与咨询服务，以及以智库为特色的数据服务。同时，作为第三方机构对经济运行数据进行分析、调查和研究，评估国家经济政策是否被贯彻执行，其研究成果将作为国研中心政策研究和决策咨询的重要依据，为国家经济的协调发展提供保障。

五 采用相关标准情况

1. 知识标准

本产品将采用多项新闻出版国家标准，如 20171232-T-421、20171233-T-421 等。

2. 对标准化工作的建议

建议组织一些交互性比较强的活动，如参访做得比较好的单位，交流经验；组织线上分享会等。

第十九节　华东师范大学出版社 *

一 产品名称、简介、市场定位、服务对象

1. 产品名称

"智慧树"融出版平台

---

* 撰稿人：华东师范大学出版社钱渊欣、严佳琪。

2. 产品简介

本产品依托华东师范大学出版社强大的教育出版实力，将海量教育视频资源融入纸质图书，利用二维码等相关技术精准地对某个试题、某个知识点进行解析，使学生不出家门即可享受名师的辅导。同时，对学习中收集的数据进行大数据分析，通过数字化手段指导传统出版的发展，带动纸质书销量增长。最终打造前后端全面"书网合一"的教育出版新业态。

实现纸质图书与网络资源的有效融合，克服纸质学习材料资源更新慢、成本高、信息量不足等缺陷，给用户带来立体式的学习体验，实现教育出版资源的跨平台无缝服务，为广大中小学生构建一个全新的数字化学习生态系统。通过媒体融合，实现新的数字出版与数字教育业态模式，有效推进教育出版由传统纸质出版向数字出版的转型升级。

3. 市场定位

通过实践数字出版转型升级，提升传统教育出版的生产力。以 ERP（企业资源计划系统）和 CMS（内容管理系统）为基础，尝试打造全新数字产品生产流程——内容生产数字化、管理过程数字化、产品形态数字化、传播渠道网络化。并在此过程中构建出版业信息数据体系，探索统一行业内各具体环节的应用标准与应用规范，解决信息数据流通不畅等问题；更新升级数据体系的应用系统和实施环境；积累建设教育数字出版产业链、多运营模式的理论依据和实践经验。

建立"书网合一"的 O2O 学习生态系统，探索传统教育出版社的"互联网教育"新模式。通过二维码技术将教育视频资源融入纸质图书，基于国家标准完成资源体系建设，再利用相关技术精准地与试题、知识点进行关联。对用户的各类资源使用数据进行全面的统计分析，通过数字化手段指导传统出版的方向，从而提升纸质书销量。

从"精品"内容到"精准"服务，提高优质教育出版内容的传播力和影响力。O2O 模式并非简单地通过线上积累用户，再转化为线下消费，而是凭借在线下教育多年积累的优势，基于人工智能和教育大数据及学习分析技术，通过收集用户的分布区域、年龄结构、使用习惯、学习记录等信息，对数据进行整合挖掘，更精准地为用户带来个性化体验，对整个学习过程进行再造。

4. 服务对象

本产品的设计理念是以用户和教育出版资源为核心内容，在遵循相关国家标准的基础上，采用大数据分析、云计算、HTML5 等技术为教师和学生提供教育出版资源的无缝服务，并基于资源标准规范接口为资源供应商提供接入服务，允许其向平台提供免费或者付费的关联内容，并为其提供支付服务。

二　知识服务技术架构

（一）技术架构

1. 硬件架构

"智慧树"融出版平台硬件架构见图 7-65。

（1）Nginx，提供负载均衡和静态文件缓存。

（2）Tomcat，使用 gzip 压缩响应体，缩小数据传输量。

（3）MySQL，使用主从复制实现读写分离。

（4）Redis，同步用户 Session。

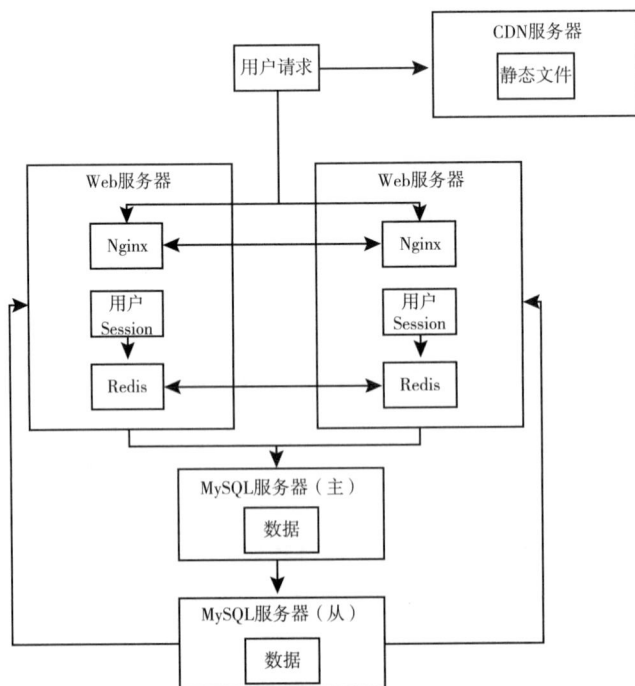

图 7-65　"智慧树"融出版平台硬件架构

（5）CDN，实现静态文件缓存。

2. 软件架构

本项目的设计理念是以用户和教育出版资源为核心内容，在遵循相关国家标准的基础上，采用云计算、大数据、HTML5 等技术为教师、学生提供教育出版资源的无缝服务。二维码将会成为这种服务的核心纽带。本项目软件架构见图 7-66。

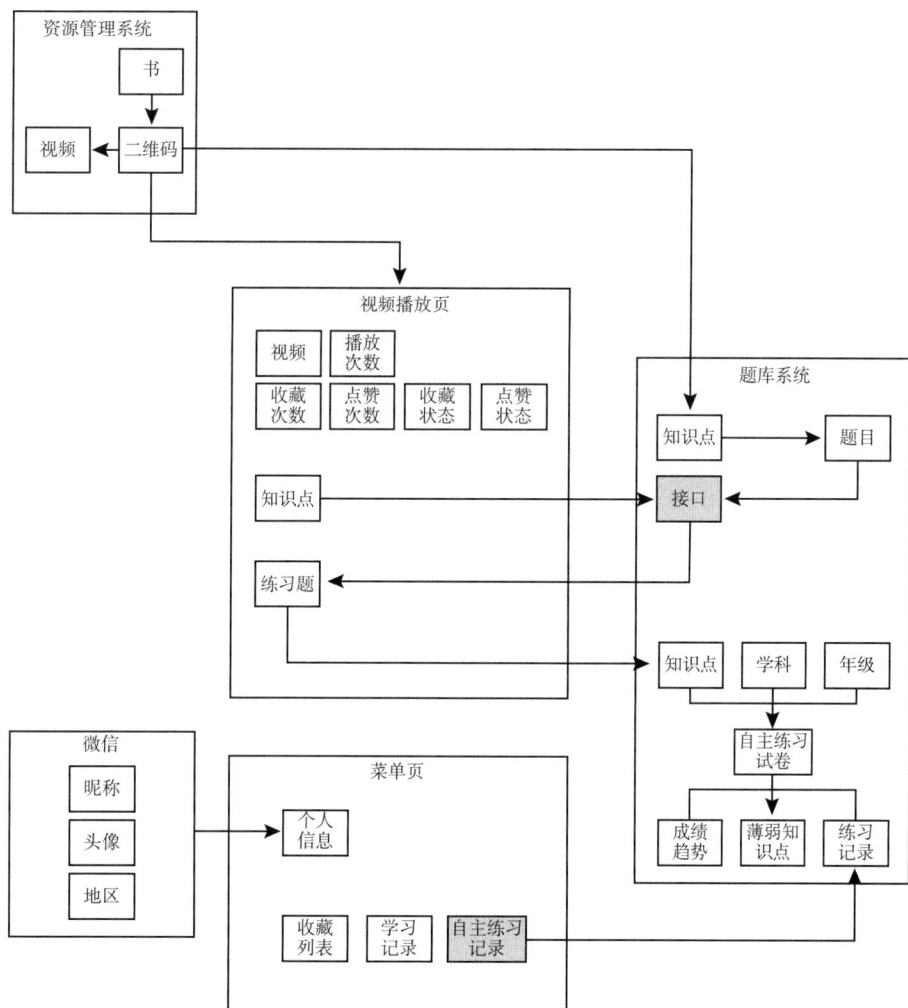

图 7-66　"智慧树"融出版平台软件架构

视频播放页主要包括视频播放、点赞收藏分享、配套习题测试、评分等功能，依据视频标引的知识点链接自适应题库系统为完成视频学习的用户提供学业能力测试、诊断服务，并收集用户的学习行为和答题情况为大数据分析提供基础。

题库系统和资源管理系统负责图书、视频、二维码资源的整体管理，包括图书的新建、编辑，二维码的批量导入、修改，视频上传与二维码的绑定，定制唯一编码。通过题目编码自动生成对应二维码，再以同样编码对应视频资源，形成精确的资源体系。通过知识点标引链接课程资源与试题资源，使学与练合二为一。

（二）部署方案

"智慧树"融出版平台服务器框架见图7-67。

1. 服务器操作系统

使用 CentOS 系统。CentOS 是一个基于 Red Hat Linux 的可自由使用源代码的企业级 Linux 发行版本。

2. 数据库软件

使用 MySQL 数据库。MySQL 是最流行的关系型数据库管理系统。在 Web 应用方面，MySQL 是最好的 RDBMS（Relational Database Management System，关系数据库管理系统）应用软件之一。

3. 服务框架

Spring MVC 属于 Spring Framework 的后续产品，已经融合在 Spring Web Flow 里面。Spring 框架提供了构建 Web 应用程序的全功能 MVC 模块。通过策略接口，Spring 框架是高度可配置的，而且包含多种视图技术，Spring MVC 分离了控制器、模型对象、过滤器以及处理程序对象的角色，这种分离让它们更容易进行定制。

4. 应用服务器框架

使用 Tomcat 服务器。Tomcat 服务器是一个免费的开放源代码的 Web 应用服务器，属于轻量级应用服务器，在中小型系统被普遍使用，是开发和调试 JSP 程序的首选。

互联网产品具有大流量、高并发的特性，本方案针对这些特性，使用了以下四种技术。

（1）负载均衡

系统前端使用 Nginx 作为 Web 负载均衡服务器。

性能指标：能够支持高达 50000 个并发连接数的响应。

（2）高速缓存

系统使用 Redis 作为数据缓存。

性能指标：读速达 110000 次 / 秒，写速达 81000 次 / 秒 。

（3）动静分离

对页面上的静态资源和动态变化的资源分开部署，对静态资源进行 CDN 加速，可以保证在中国大部分地区，页面加载时间在 5 秒以内。

（4）读写分离

数据库资源无法水平扩展，这往往是网站的性能瓶颈。针对这种情况，本方案使用 MySQL 的主从分离架构，应用程序把对数据的读和写的操作分开，对数据的查询只访问从库，只有对数据的增、删、改才会访问主库，从而减轻对数据库系统的访问压力。

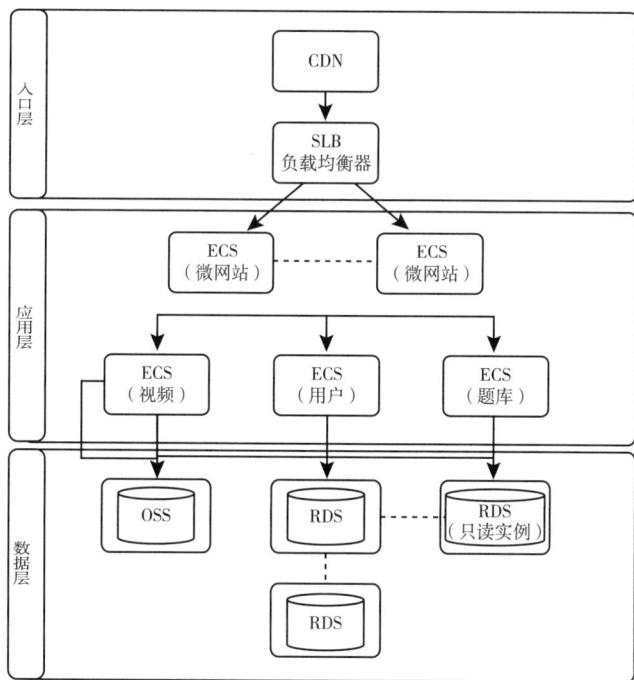

图 7-67　"智慧树"融出版平台应用服务器框架

三　产品架构、典型产品功能及特点

（一）产品架构

平台产品架构见图 7-68，整个产品由 5 个层级构成，分别为入口层、应用层、管理层、资源层和数据分析层。根据实际的应用需求，产品的各个子系统被划分到 5 个不同的层级中，层级在此起限制子系统职责范围的作用。

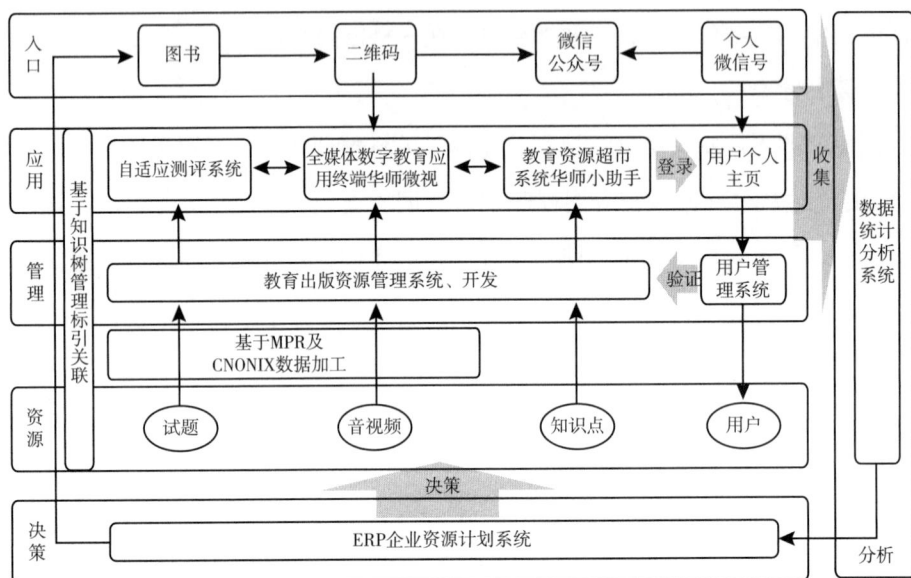

图 7-68 "智慧树"融出版平台产品架构

1. 入口层

通过图书构成与使用者之间的联系，记录使用者信息与行为的窗口，面向智能手机的视频播放页面，拥有流畅的播放体验，建设于微信平台的拥有 SNS 性质的视频网站。

2. 应用层

提供微网站视频服务的系统，用户可以观看视频资源、进行试题检测、下载图书相关资源、查看了解学习记录与测试成绩。

3. 管理层

对于前台用户观看的教学资源进行管理的管理后台，并管理微信及其他相关平台的用户。通过知识点标引将各类数字资源联系在一起，同时也将各子系统紧密结合在一起。

4. 资源层

对制作完成的内容资源进行统一管理，并通过标准加工使资源符合数字信息发行标准。依靠唯一识别码，管理层将所需对应资源提供给用户。

5. 数据分析系统

用以对前台发生的用户信息、用户行为、资源信息、资源播放行为等一系列数据进行统计并出具报表。

（二）典型产品功能特点

1. 模块一：教育出版资源管理系统

该系统分别从学科—年级—图书—题目以及学科—知识点—年级—题目等多维度，对华东师范大学出版社现有的海量优秀教育出版资源进行管理。视频与视频之间、视频与知识点之间、知识点与题目之间各自形成复杂的网状关联，平台根据学生的学习情况进行智能匹配（见图7-69）。

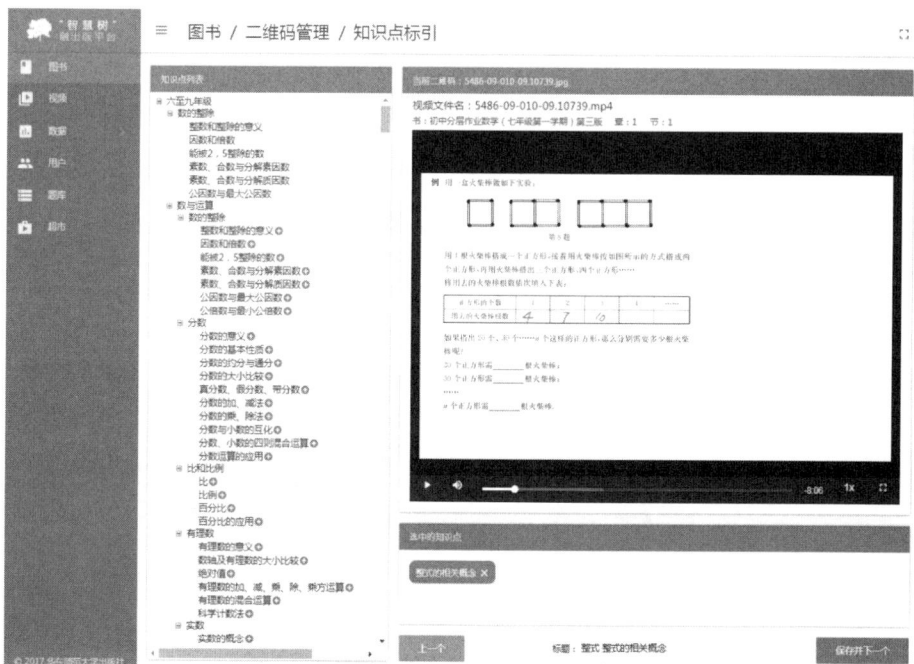

图 7-69　教育出版资源管理系统界面

2. 模块二：自适应测评系统

自适应测评系统是在海量资源的基础上，按照不同的学科门类及其内在联系，将不同的试题分门别类地汇集起来，为特定学科知识和技能测试提供备选试题的一种系统资源。试题库除了具有录入存储试题的功能外，还具备查询、自适应组卷、分析反馈等功能（见图 7-70）。

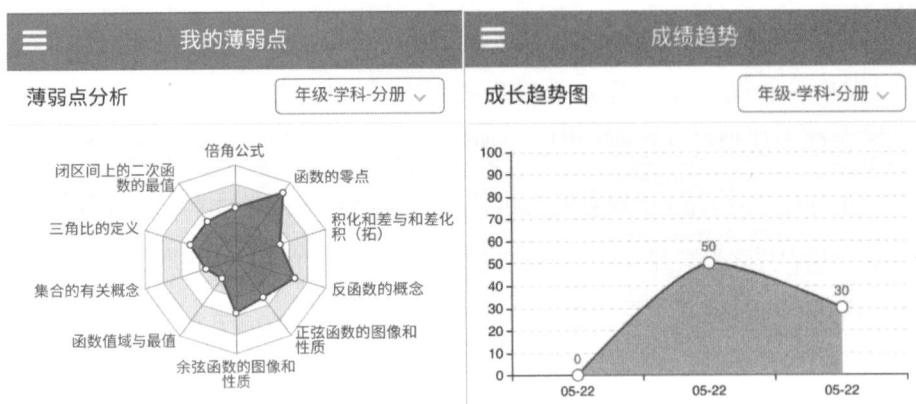

图 7-70　自适应测评系统界面

3．模块三：资源超市

如图 7-71 所示，本产品针对 UGC 内容提供了两种模式，一种是免费模式，一种是收费模式。对于收费教育资源，用户必须在资源超市进行购买，所购买的资源可在线 / 离线使用。

图 7-71　资源超市界面

4. 模块四：用户管理系统

如图 7-22 所示，该系统主要负责管理访问用户的信息。主要包括用户使用的终端、系统等设备信息；学校、年级等学习信息；学习视频、学习时长等系统使用信息；收藏、评论、积分等参与活动信息等。对于收集的信息，可以在统计系统中给予相应的大数据分析。

已关注用户列表

序号	昵称	openid	性别	省/市	创建时间	用户管理		
1	VOSTAR	o-7EYwyna9TCIFSwOAwKMe9LM...	女		2017-06-01 07:30:46	学习记录	收藏记录	删除
2	刘倍倍	o-7EYw5LE9YFjrXXrGXbm2goQsN0	女		2017-06-01 07:54:26	学习记录	收藏记录	删除
3	香香	o-7EYwzeSorEd7bXLgThy8zFWSKc		上海	2017-06-01 08:24:47	学习记录	收藏记录	删除
4	指间的阳光	o-7EYw_zvZ4L8DYDPJ6dnp9Mvc_A	男	上海	2017-06-01 08:56:07	学习记录	收藏记录	删除
5	翠竹	o-7EYwxCp_kqGUhU5AZ5SCEmJF...		福建	2017-06-01 09:41:56	学习记录	收藏记录	删除
6	小鱼儿	o-7EYw84F6_GiSulNod6AjHPvyrg		安徽	2017-06-01 09:56:32	学习记录	收藏记录	删除
7	Dhzhang	o-7EYw50gdfJWF5iYVTHXpej2pZw	男	河北	2017-06-01 10:14:26	学习记录	收藏记录	删除
8	大眼睛长睫毛！	o-7EYw_zh6vVykfYliJTvHKacj_U		上海	2017-06-01 10:16:01	学习记录	收藏记录	删除
9	浩	o-7EYw_EUkdMeaKr9K-ZNFZQckSY	女		2017-06-01 10:35:39	学习记录	收藏记录	删除
10	蓝霄	o-7EYw5aO3s29Z3FcjFquoybIkis		浙江	2017-06-01 10:39:57	学习记录	收藏记录	删除
11	胡J＾蕾(湖横叉车出租)	o-7EYw1wlWANsp5Y9Ulsxx_CnZoU	男		2017-06-01 10:43:13	学习记录	收藏记录	删除
12	江花(欣怡的妈妈)	o-7EYw2lo2wHtHdVplhEclY002wM		湖南	2017-06-01 11:06:26	学习记录	收藏记录	删除
13	蓉	o-7EYw-uwayXZkViK-wvJGp8JQes		广东	2017-06-01 12:39:56	学习记录	收藏记录	删除
14	快乐就是好	o-7EYw1COQazDoPrtBszVZcRRtNc	男	四川	2017-06-01 12:55:54	学习记录	收藏记录	删除
15	项雨晴	o-7EYw6Dmped4QETsFtQWMwB...			2017-06-01 14:04:11	学习记录	收藏记录	删除

图 7-72　用户管理系统界面

5. 模块五：数据分析系统

对资源、用户信息给予大数据分析，给出分时段、分学科、分年级的各类统计分析数据。根据数据，可以更有针对性地对纸质图书进行改版；可以对用户学习的薄弱点进行精确定位，有效提高学习效率；可以对作者提供的视频的质量进行严格把控。系统采用多维度数据构建模型及多算法协同方法，可以对资源的播放、点击、分享等进行多维度的统计分析（见图 7-73、图 7-74）。

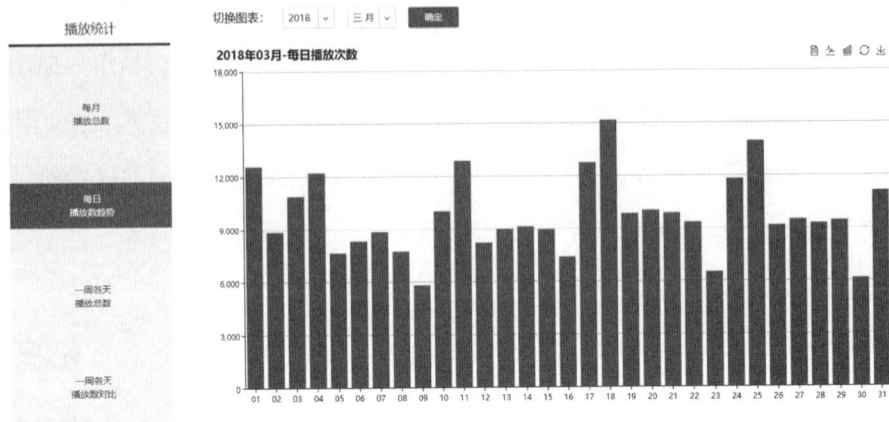

图 7-73　数据分析系统界面

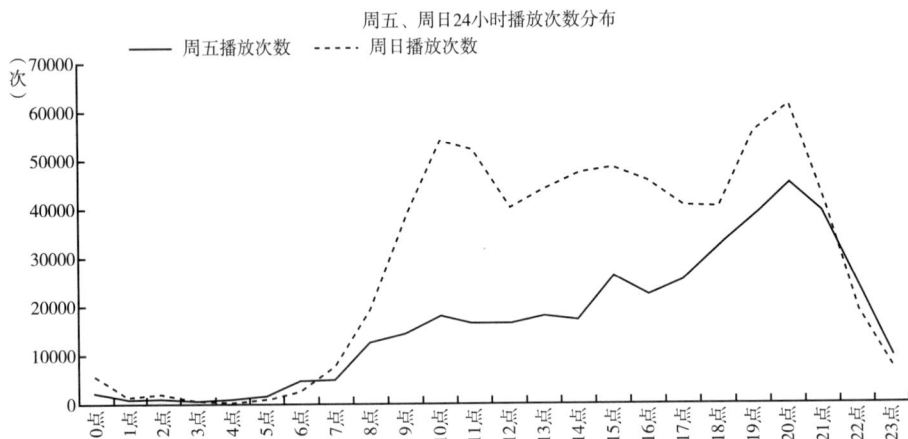

图 7-74　数据分析结果示例

四　运营模式、盈利模式

1. 运营模式

凭借在线下教育多年积累的优势，对数据进行整合挖掘，对整个学习过程进行再造。它的核心是利用技术实现学习数据的追踪和沉淀，打造教育生态圈，通过线上教育来改变线下教育。学生通过线上学习，得到反馈，然后回馈会再一次进入线上的数据库，如此反复循环。随着这种数据越来越多，对学生的把握、定位和检测也越来越精确。

对学习中收集的数据进行大数据分析，通过数字化手段指导传统出版的发展，带动纸质书销量增长。最终打造前后端全面"书网合一"的教育出版新业态。本产品，既可以针对广大学生搭建在线教育学习平台，又可以面向小范围（某个定点区县）组建教学平台，还能搭建全国教育出版资源交流平台，为在校学生课外学习带来变革，探索创建传统纸质图书与移动互联网结合的全新商业模式。

2. 盈利模式

通过本产品，建立可持续的基于现代信息技术的教育出版方案与商业模式，整合行业资源，建立上下游产业链，改善教育服务生态环境，将推动数字化教育服务产业的发展和壮大，具有重要的经济效益。

本产品以纸质书为载体吸引用户并完成平台内容及增值服务的收费，一方面为平台聚集了大量用户，另一方面成功规避了目前在线付费模式的不足。同时，平台增值服务的提供也能推动纸质书的销售。在资源及用户达到一定的体量之后，出版社还可以利用平台为消费者提供内容资源增值服务及衍生品开发；平台集聚足够的用户群后，通过广告、付费下载等多种途径获取收益。加快本社等传统教育出版社向数字出版转型的步伐，成为我社新的利润增长点。通过直接销售数据库资源，提供多层次、多形态的数字教育产品，通过资源授权等多种方式，为企业带来经济效益。

五　采用相关标准情况

以 ERP（企业资源计划系统）和 CMS（内容管理系统）为基础，打造全新数字产品生产流程——内容生产数字化、管理过程数字化、产品形态数字化、传播渠道网络化。

以 MPR 国家标准对音视频进行统一编码。

基于 CNONIX 标准对 ERP 系统进行改造并对接平台。

通过数字化手段将纸质图书内容转化为音视频等各类数字内容。对制作完成的内容资源进行统一管理，并通过标准加工使资源符合数字信息发行标准。依靠唯一识别码，管理层将所需对应资源提供给用户。

建立数字出版资源管理系统，将基础的数据存储与后期的发布连通，为数字出版平台"一次制作，多次发布"的理念奠定了坚实基础。

第二十节　外语教学与研究出版社 *

一　产品名称、简介、市场定位、服务对象

1. 产品名称

U 校园智慧教学云平台

2. 产品简介

信息技术日新月异，为中国高等教育带来深刻变革。云计算、移动互联、人工智能等新兴技术走入课堂，混合式教学模式、机器智能评阅、教育大数据挖掘、个体资源识别与推荐等层见叠出。依托信息技术，开创多种模式，实现新形势下的人才成长，已成为中国高等教育未来发展的大趋势。

《教育信息化 2.0 行动计划》要求变革传统教育模式，推进新技术与教育教学的深度融合，构建网络化、数字化、智能化、个性化、终身化的教育体系，建成"互联网＋教育"大平台。"互联网＋"不断推进、"数字中国"扬帆启航，信息技术的发展对中国高等教育变革产生了深刻而深远的影响，教育理念、教学环境、教学模式、管理体制等各方面迎来新的机遇与挑战，高等教育"新方略"呼之欲出。

外语教学与研究出版社旗下外研在线 Unipus 紧随时代和教育发展趋势，致力于构建中国高等外语教育智慧新生态，针对国内教育现状和教学瓶颈，深度融合最新的信息技术，自主开发了 U 校园智慧教学云平台（以下简称"U 校园"），通过赋能施教者、驱动学习者、提效管理者，创建智慧学习环境，促进智慧学习，培养智慧人才。

U 校园已经被全国很多高校用户广泛使用，而且随着影响力的扩大，用户数量也在不断地快速增长。截至目前，已经有 700 多所高校使用 U 校园进行学情和教学管理，8200 多名教师在 U 校园认证后进行教学、科研工作，1060000 多名学生登陆 U 校园完成课业学习和自我提升，8908000 多小时学生学习记录。

---

* 撰稿人：外语教学与研究出版社王禹。

3. 市场定位

为高等教育阶段及职业教育阶段提供线上外语教学数字解决方案。

4. 服务对象

高校学生。

二　知识服务技术架构

U 校园包括多个 Web 应用、移动客户端应用和后台系统，使用了多种编程语言：JavaScript/CoffeeScript，Java，Python 和 Objective-C 等。在不同的系统中使用了多种技术框架和库，具体如下。

前端：jQuery/Bootstrap/ECharts/Handlebars.js/backbone.js/react/react-router/react-redux/redux-saga/Material-UI 等。

服务器端：JFinal/JFinal-ext/Spring/MyBatis/Django/Celery/Socket.io 等。

移动客户端：Cordova 等。

此外，U 校园还使用了 MySQL、MongoDB、Redis、RabbitMQ、ELB、CDN 等关系型数据库，NoSQL、缓存和消息队列等系统组件和云服务。

三　产品架构、典型产品功能及特点

（一）产品架构

U 校园采用基于数据的设计，应用数据科学和机器学习技术，建立学习模型，持续不断地分析教学活动和内容数据，提供高效率的教学管理、立体化的教学资源、互动式的教学环境、多维度的评价支撑，为高等院校外语教学提供教、学、评、测、研一站式混合教学解决方案，从而全方位提升教学效果和学习体验，促进教育信息化的深入发展（见图 7-75）。

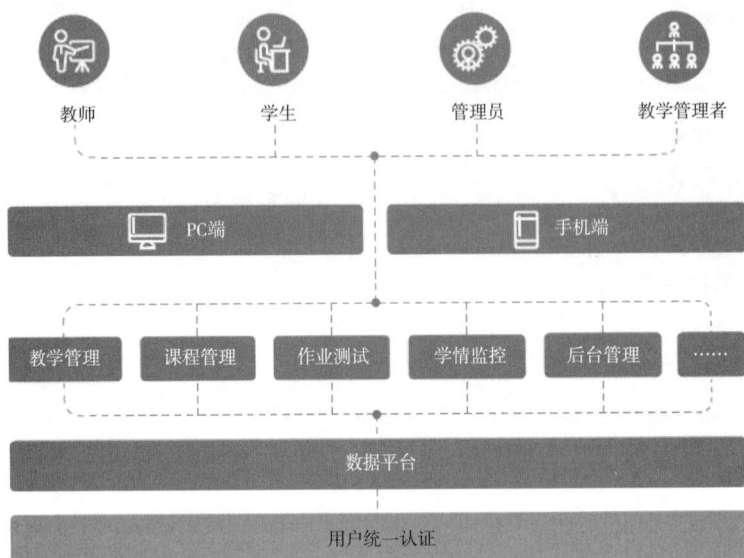

图 7-75　U 校园智慧教学云平台产品架构

（二）典型产品功能及特点

1. 典型产品功能

（1）资源整合、管理高效

整合教、学、测、评、研多平台，实现用户统一入口，数据同步互通（见图 7-76）。

图 7-76　U 校园智慧教学云平台登录界面

（2）智能分析、精细管理

提供教育数据分析报表，动态反映教学整体状态与变化趋势，帮助学校管理者精准管理与综合评价教学效果（见图7-77）。

图7-77　U校园智慧教学云平台教育数据分析报表界面

（3）校本题库、灵活测评

如图7-78所示，U校园支持校本题库、试卷库建设，一键共享试题、试卷，轻松实现校内复用。支持纸质试卷、移动端、PC端多种方式答题，允许未达标的学

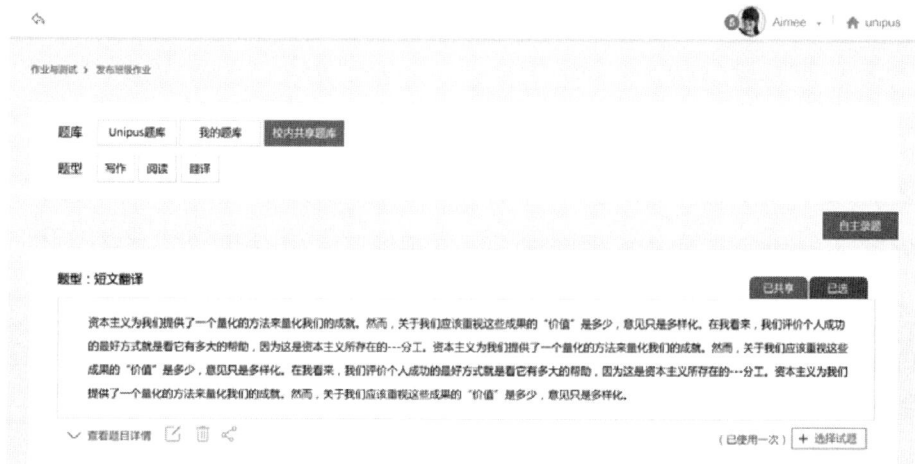

图7-78　U校园智慧教学云平台题库界面

生重做。支持打乱选项顺序，防止作弊。支持一键导出成绩，帮助学校管理者及时掌握学生在线学习效果。

（4）翻转课堂、混合教学

通过设置线上必修内容与学习模式，有效翻转课堂；合理安排教学进度，多终端实时监控，一键发布进度提醒。指导学生学习路径，精准进行线下教学，发挥混合式教学优势（见图7-79）。

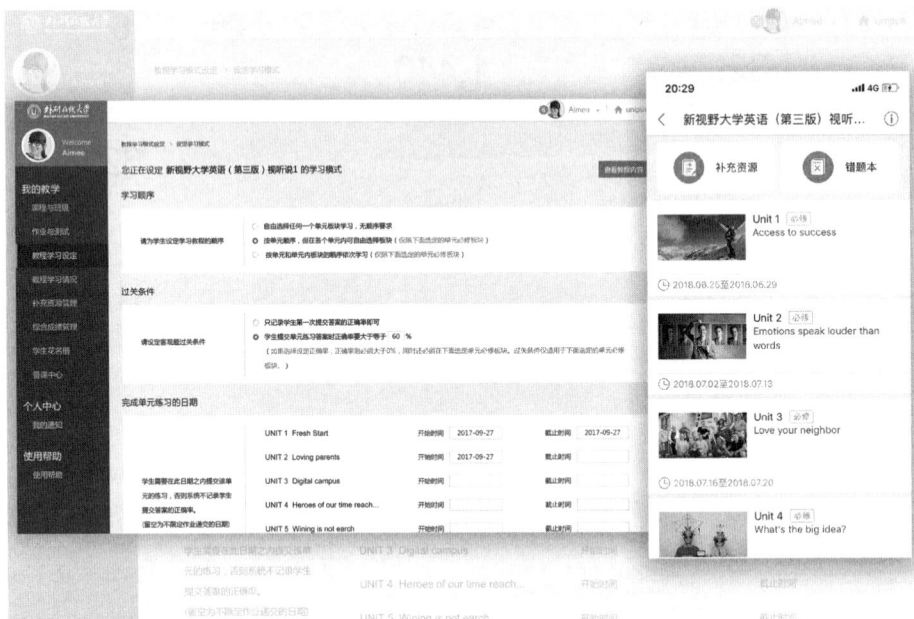

图7-79　U校园智慧教学云平台翻转课堂界面

（5）多元题型、自动批阅

题型涵盖了听、说、读、写、译各方面，答题方式支持手机录音、上传图片、上传视频等。试题批阅支持主观题智能批阅，实现机评与人评相结合，减轻作业批阅压力（见图7-80）。

（6）自建课程、个性教学

支持教师自建课程。教师可根据需要，整合各类多媒体学习资料，创建个性化的数字教程，并依托平台教学管理功能，开展校本课程的混合式教学（见图7-81）。

图 7-80 U 校园智慧教学云平台自动批阅界面

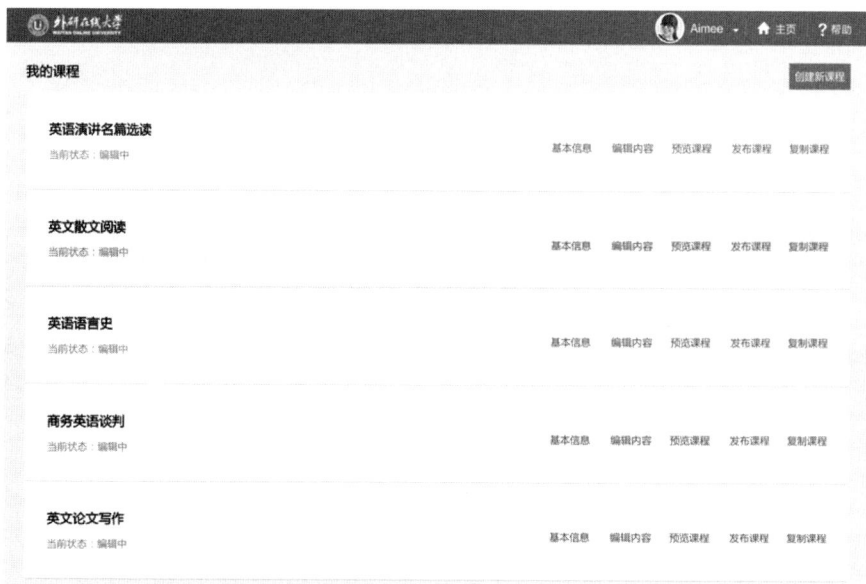

图 7-81 U 校园智慧教学云平台自建课程界面

（7）自主加班、便捷管理

班级成员除了由管理员批量导入外，还可以通过教师分享的班课邀请码自主加
入。教师可对班级成员进行管理，更加灵活、便捷（见图 7-82）。

图 7-82　U 校园智慧教学云平台自主加班界面

（8）学情分析、反拨教学

教师可实时查看学生学习情况、作业和测试答题情况，及时发现学生共性问题与个性问题，调整教学策略，让教学做到有的放矢（见图 7-83）。

图 7-83　U 校园智慧教学云平台学情分析界面

（9）轻松互动、活跃课堂

手机签到 1 分钟完成，省时省力；随机点名增加学生课堂参与机会；投票功能让学生选出感兴趣的话题和知识点，有助于激活课堂。学习主动权归属学生，教学内容精准，有助于提升学习效果（见图 7-84）。

图 7-84　U 校园智慧教学云平台互动界面

（10）多维数据、全面评价

教师可个性化设定成绩簿，评价维度涵盖线上、线下教学全流程，有助于全面评价学生的学习情况（见图 7-85）。

图 7-85　U 校园智慧教学云平台学习评价界面

（11）丰富资源、高效备课

平台与纸质教材紧密融合，提供多样的线上教学活动。备课中心提供丰富优质的备课资源，让备课变得更加轻松高效（见图7-86）。

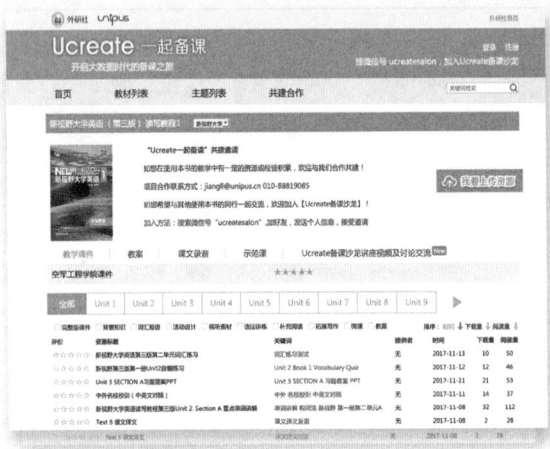

图7-86　U校园智慧教学云平台备课资源界面

（12）多元课程、个性学习

丰富多元的课程体系兼顾共性教育与个性教育，同步提供大学英语通用类课程，以及语言技能、文化素养、求职就业等方面的拓展课程，能全方位满足个性化学习需求（见图7-87）。

图7-87　U校园智慧教学云平台课程体系界面

（13）泛在自主、以测促学

基于移动端，随时随地进行学习训练、参与师生互动，有效利用碎片时间进行泛在学习；通过智能语音评测、智能写作评阅技术，在课堂外进行多样、个性的自主训练，使学生得到即时反馈，实现有效提升（见图7-88）。

图7-88　U校园智慧教学云平台自主训练界面

（14）游戏闯关、小组协作

如图7-89所示，U校园融入"游戏化"元素，教师预设"通关标准"，任务驱动、因材施教，使学习更加自由、自主；按组评分、小组互评，培养团队协作能力，践行"产出导

图7-89　U校园智慧教学云平台小组互评界面

向"及"项目式教学"。

（15）学习数据、自查反思

系统自动记录学习数据，支持多终端数据同步。学生通过查看过程性学习分析报告，可及时总结与反思学习效果，了解下一步应努力的方向（见图7-90）。

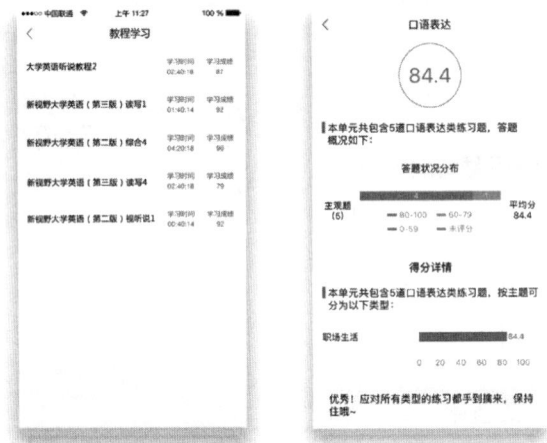

图 7-90　U 校园智慧教学云平台学习数据界面

2. 特色功能

（1）自建课工具

如图 7-91、图 7-92 所示，U 校园自建课工具是 U 校园的一个重要功能，为教

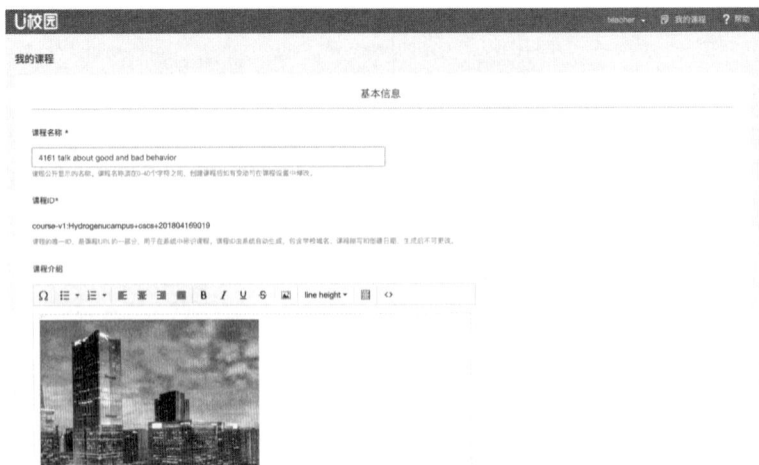

图 7-91　U 校园智慧教学云平台自建课工具（基本信息）界面

师提供数字课程制作开发工具，为院校提供打造精品课程的平台。同时，自建课模块与 U 校园课堂互动、教学管理、综合测评等功能实现无缝对接，便于院校建设校本课程和其他拓展课程，为推动高校教育信息化建设和应用提供保障。

将 U 校园强大的数字课程制作开发工具开放给广大教师使用，让教师无须学习复杂代码，便能轻松上手编纂出丰富的交互式数字课程。

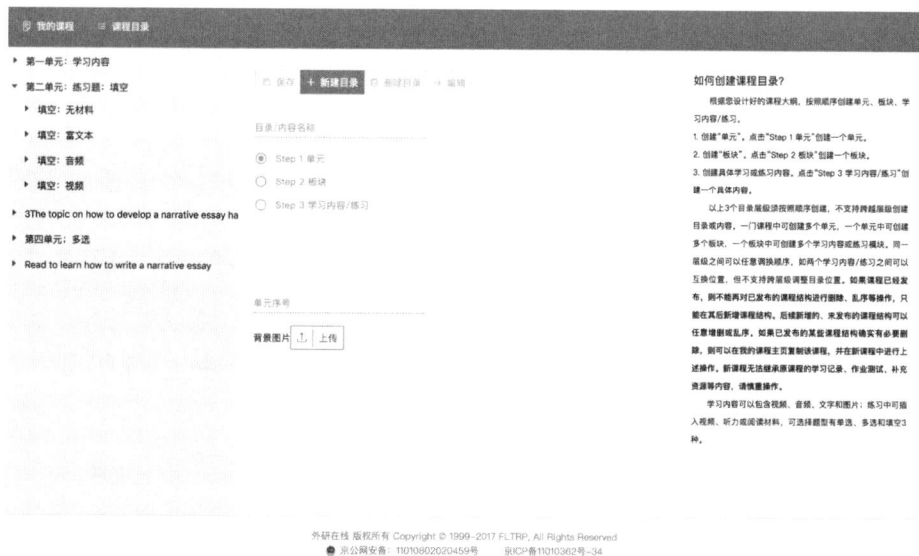

图 7-92 U 校园智慧教学云平台自建课工具（新建目录）界面

数字课程制作开发工具可以帮助教师完成如下工作。

创建专属课程：编纂属于自己的交互式教科书，开设自主制作的精品课程。

自由制作内容：可制作拥有文字、图片、音视频等丰富资源的学习内容，更可为其搭配相应的小练习，让有趣的知识和扎实的运用相结合，为学生提升能力打下坚实的基础。

实时在线预览：数字课程即编即看，在直观地了解课程制作成果的同时，达到校对课程的目的；使用 U 校园教师端 App 扫码，还可预览课程的移动端版本。

一键发布课程：完成课程制作后一键发布，免去复杂的审核和课程配置流程，直接前往 U 校园教师端开课。

轻松复制课程：结构相同的系列课程无须重复创建，只需一键复制，即可复刻出新课程供编辑和使用。

（2）学情监测平台

U 校园学情监测平台旨在为院系管理者提供教师教学和学生学习等在线活动的数据支持服务，帮助管理者及时掌握师生在 U 校园的情况（见图 7-93）。

图 7-93　U 校园智慧教学云平台学情监测平台界面

学情监测平台具有以下特点。

① 多维数据统计，支撑科学管理

记录教师在线活动，细粒度统计各项教学任务，为院系管理提供可靠的数据支持；PC 端与移动端数据统一，精确统计在线活动；国内院校各类教学活动排名，实时了解本校在线教学进展情况。

② 师生在线监测，分析行为路径

按学期、统计时段、月份查询教师教学活动和学生在线学习人数、在线时长，为管理者提供基于数据的行为路径分析，实现智慧管理。

③ 原始数据导出，助力教育科研

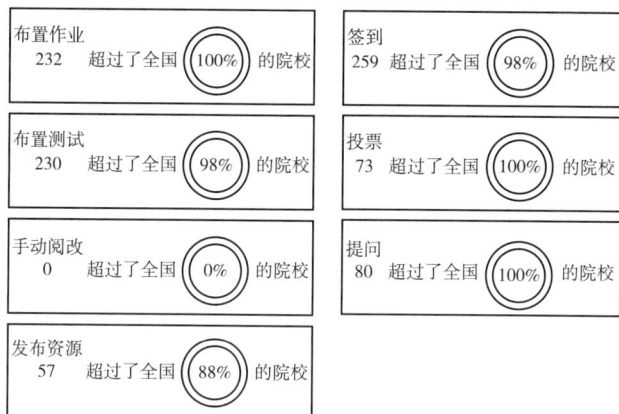

a.全院教师在线教学活动总数统计示例

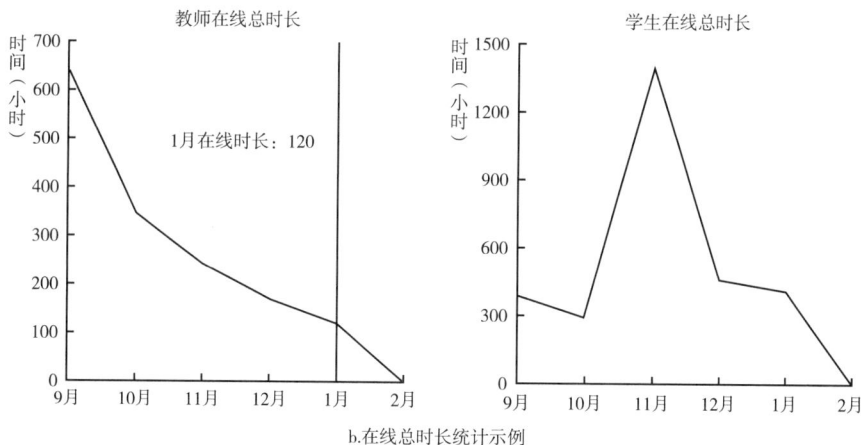

b.在线总时长统计示例

图 7-94　U 校园智慧教学云平台学情监测平台统计示例

院系班课详情、教师在线教学活动详情，可分时段一键导出 Excel 文档原始数据，支持数据二次分析，助力院系教育科研。

四　运营模式、盈利模式

1. 运营模式

对于院校来说，U 校园建立智能学习模型，无缝衔接 PC 端和移动端，帮助院校通过大数据挖掘和教学全流程监控提升管理效率和决策水平，进行全流程的教育管理；对于教师来说，U 校园帮助教师拓展教学手段、创新教学设计，构建主体互动的课堂生态，并运用面授数据分析成果有效进行科研，实现教学相长、教研一体；对于学生来说，U校园利用丰富多元的拓展资源，让学生在完成学习任务之余进行个性化的自我提升，培养自主学习习惯。

2. 盈利模式

与教材配套销售，同时通过自主建课、开发院校校本课程或特色课程、智能评阅等收费模块实现盈利。

五 采用相关标准情况

1. 完善知识服务标准化工作体系，深入推广相关内容

目前，知识服务标准化工作已经取得了阶段性成果。初步建立了标准化工作体系。但在具体推广上，还需要进一步加强，需要对各个相关单位进行培训。

2. 加强与各试点单位的联系，促进知识服务标准的应用

促进第一批和第二批知识服务试点单位之间的相互交流和相互合作。目前，各个试点单位都在知识服务领域取得了一定的工作成效，通过相互交流，可以互相促进，取长补短，共同进步。

3. 建立科学的标准化工作体制

知识服务标准化本身是一项系统化工程，需要各个工作环节相互配合，共同完成。建立标准化的工作体制也是其中一个重要的环节。通过工作体制，形成工作流，促进发展。

第二十一节　人民邮电出版社[*]

一 产品名称、简介、市场定位、服务对象

1. 产品名称

RYMOOC 人邮学院（http://www.rymooc.com）

＊ 撰稿人：人民邮电出版社李海涛。

2. 产品简介

RYMOOC 人邮学院（以下简称"人邮学院"）通过信息化手段整合院校各类教学资源，形成顶层课程设计指导之下的分布式课程协同建设与管理体系，以院校精品资源共享课程和 SPOC 建设为基石，以学校学习为主体，以院校现有网络基础设施为基础，以支持多种教学模式的平台为依托，推动基于现代信息技术，尤其是慕课技术的教学理念、教学方式与教学管理模式的创新。

人邮学院是人民邮电出版社与多家高校和企业合作，经详细市场调研后自主研发的新一代智能在线教育整体解决方案，它以教育资源建设的可持续发展为目标，以专业/课程为主线整合各类数字化教学资源，以高效灵活的在线学习为技术基础，以优越的教学质量、严谨的教学风格、便捷的线上测试、细致的管理评价为服务核心，致力于为全国师生教学提供自主在线学习，实现优质教学资源的共建、共享、共用。

它的应用不仅能为教师提供多种教学模式、为学生提供更多课程内容和多种学习途径，还能为学校提供高效和灵活的数字资源在线管理方式，是真正意义上的集教、学、测、管、评为一体的智能平台。

3. 市场定位

人邮学院作为教育类学习平台，是高校在校生学习慕课的专业平台网站，属于知识服务产品。人邮学院是为全国各院校师生提供在线教育的领先型国家企业。通过对知识服务产品所处的竞争环境进行分析，可以发现目前政策环境、经济环境、社会环境都非常有利于知识服务产品的发展。

人民邮电出版社对知识服务行业进行了考察分析，结果表明目前该行业竞争激烈，已经加入竞争的同类企业数量较多，但还没有发展出具有一定市场地位和核心竞争力的市场领跑者。

若分别从宏观与微观环境对相关市场进行科学分析，则得到如下结论：虽然知识服务行业竞争压力较大，但知识服务是一个高机会、低风险的理想业务。

另外，对市场相似产品的评价显示人邮学院在利用外部机会和规避外部风险方面高于平均水平，人邮学院的平台网站在制作、专利技术介绍和专利价值评估等方面，与同行业竞争者相比都有明显优势。因此，具有较大的外部竞争优势。

4. 服务对象

（1）高校师生

人邮学院作为教育类慕课平台，以在线教育教学为依托，与全国各大院校、企业、个人建立起密切的联系。人邮学院可为各院校开设独立的教学平台，并设立课程，利用平台管理学生学习，支持发布试卷和批改作业，帮助教师解决教学问题，通过录制专家讲师精彩课程，为日后学生学习和教师积累教学经验奠定了良好的基础，节省了教师教学时间，帮助教师为研究新的教育方式保留可分配时间。学生利用该平台完成课时学业，重复播放和随时回看的功能解决了传统教学中"没听清、听后忘"带来的不便，保证了学生的学习效果，引导学生自主学习。

（2）政府单位

人邮学院是人民邮电出版社推出的在线教育产品，人民邮电出版社始终贯彻落实为政府服务思想。因此，人邮学院作为知识服务产品，谨遵"发展公平而有质量的教育"理念，大力发展网络教育，努力改进在线教育技术，更新教育形式。人邮学院此举正是对政府意见的下达做出的较为准确的执行，由此可见，人邮学院始终致力于为政府教育事业发展服务。

（3）企业、个人

人邮学院推出众多图书进行线上线下销售，企业或个人在注册登录人邮学院后，根据自行购买的图书背后的刮刮卡卡号，输入相应刮开的激活码，即可实现课程的观看学习。图书销售方式主要包括企业批量购买、学校统一订购以及个人购买。

二 知识服务技术架构

1. 技术架构

人邮学院分为六个子系统，包括在线建课子系统、门户子系统、在线学习互动子系统、资源库管理子系统、个人学习空间子系统、平台应用综合评估子系统。人邮学院六大子系统为账号登录、独立网址设置及与其相关的各项功能打下了牢固的基础。

（1）三类账号登录

系统管理员账号登录：系统管理员账号登录后，可统一管理所有注册备案的院校地址，系统管理员拥有编辑发布人邮学院课程的权限，可为各院校设置独立网址并推送相关课程，可主导从课程编辑发布到成绩考核评估的全过程。

教师账号登录：教师账号是为各院校版人邮学院设置的，可管理相应院校版人邮学院的第二大账号，教师账号拥有管理自己编辑的课程的权限。院校版人邮学院第一大账号则为学院管理员账号，学院管理员账号可在管理本校所有教师、课程的基础上，享有与本校其他教师账号相同的功能。

学生账号登录：学生账号登录后，即可观看学生信息导入后显示的相应课程，参与学习和考试，留存视频播放记录，以方便下次打开。

（2）独立网址的设置和管理

院校版：人邮学院可根据全国各高校二级域名，为各个院校设立院校版人邮学院网址，各个高校可在其对应的院校版人邮学院上自行管理课程发布、监控、评估等功能。各院校管理员和教师可在院校版管理后台进行一系列编辑管理工作。

个人版：个人用户通过注册账号，登录界面后，可选择相应的课程，点击学习卡，输入刮刮卡激活码，开始进行学习。

管理版：管理员登录后，进入管理后台，即可进行后台编辑管理工作。

2. 部署方案

全面支持院校 SPOC ／ MOOC 探索与部署，从传统的资源共享课快速转化为SPOC。

第一步：根据原有素材设置课程信息，根据原课程章节设置 SPOC 课程结构。

第二步：导入原课程 PPT，完成课时基本内容架构，设置"知识点"，完成SPOC 基本架构。

第三步：在相应位置导入课程原有视频、图片等素材，导入课程原有题库，设置相应测试。

第四步：在课时上挂接对应资源，完成课时发布设置。

三　产品架构、典型产品功能及特点

（一）产品架构

人邮学院产品架构见图 7-95。

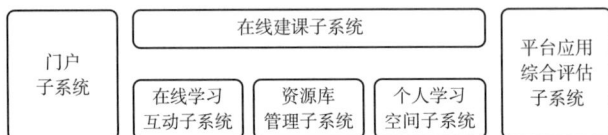

图 7-95　人邮学院产品架构

（二）典型产品功能及特点

1.　产品功能及使用场景

（1）产品功能

①门户子系统

具有统一的用户登录界面，为师生提供管理员账号登录、教师账号登录、学生账号登录等服务。

教师用户功能：自助创建课程功能，既可从"零"创建，也可根据出版社提供的模板创建；管理课程信息功能，包括基本信息、详细信息、课程图片、课程片花等；课时管理功能，支持六种内容元素课程，包括知识点（知识点以单行文本内容为一个课时内多个知识点间的跳转标志）、图文（以混排内容，支持 SWF 动画和各种格式类型的附件，用来作为阅读材料、详细说明）、图片（通过插入一张图片来进行图片演示，支持多种格式类型的图片）、视频（视频微课，支持 H.264 格式 MP4 文件、SWF 格式视频文件、网络视频内容，支持在线编辑、直接上传和从视频库中选择）、PPT（支持 PPT 和 PPTX 两种格式，自动将一个 PPT 文件转化为一系列图片格式的内容元素，来完成 PPT 文件自动转化）、测试（设置课时内测试，与课程题库相配合，来实时评价教学效果）。

管理员用户功能：可在管理师生账号的基础上，完成所有操作，与教师用户相同。

学生用户功能：学生账号可登录学习相应的课程，亦可通过多次观看视频，巩固专业知识，在规定时间内，完成对应的考试。

②在线学习互动子系统

平台可支持网络辅助教学、翻转课堂和纯网络教学等教学模式。网络辅助教学包括布置作业、考试测验、通知、答疑、讨论、分发资料、评价等互动教学活动，充分发挥平台在教与学活动中的作用；翻转课堂将课程学习的过程由线下实体课堂转移到线上网络教学，能有效提高学生的自主学习能力，是未来教育改革的方向；纯网络学习是指所有的教学活动都在网络上进行，使学生可以跨时间、地域灵活自主地进行学习。

③资源库管理子系统

支持以专业为基础进行数字化教学资源的建设和组织，实现院校级各专业的资源共建、共享、共用，实现学校软资产的不断积累。

课程资源库：以课程为中心，整合与课程相关的各种精品资源。

本校资源库：以院校为单位，整合院校已有的各类数字资源库资源。

④在线建课子系统

根据《国家级精品资源共享课建设技术要求》，灵活设置课程信息，支持丰富的内容格式，设置结构化的课时内容，管理与复用便捷的资源库，支持管理强大的测试与题库管理，完善教学管理，支持师生交流。

在线建课子系统囊括多种精品资源，主要包括以下内容。

基本资源：课程介绍、课程标准、教学日历（或授课计划）、教学或演示文稿、重点难点指导、作业、参考资料目录等反映教学活动必需的资源；

扩展资源：反映课程特点，应用于各教学与学习环节，支持课程教学和学习过程，较为成熟的多样性、交互性辅助资源。

在线建课子系统可利用课程编辑器，以拖拽教学资源方式进行编辑，包括处理常用文字、在线自动转换 PPT、根据课程内容添加教学资源、虚拟在线剪辑本地视频。支持链接其他教学资源库、助教功能、实时预览和定时发布以及多位教师共建一门课程的管理学习进程。

⑤个人学习空间子系统

个人学习空间可以为每个用户打造个性化的主页，记录学习历程。同时为了创造一种良好的学习氛围，个人学习空间融入了 SNS 的概念，可以满足学生与学生之间、学生与老师之间的互动交流。

⑥平台应用综合评估子系统

对教学过程中影响质量的各环节进行系统的监督、控制与评估，包括教师教学工作评估、专业评估、课程评估、学生评估、学院评估。通过这些评估收集教学运行过程中的各类信息，为学校的教学管理与决策服务。

（2）使用场景

教师：管理员发布课程后，教师可登录进行课程管理、设置成绩占比、查看学生成绩，还可以上传精品教学课程，将其发布到人邮学院慕课平台，进行管理和评估，通过此举提高教学效率，使教师高效便捷地完成授课。

学生：学生可在规定时间内完成学习并参加考试，亦可通过多次观看来学习，以提高课程资源的利用效率，降低教师讲课成本，摆脱传统书面教学弊端，得到众多用户的青睐。教师与学生对慕课过程中产生的疑问、经验等，可以随时登录网站，进行分享与交流。

2. 产品特点

解决了传统教育模式的弊端。传统教育模式存在以教师和教材为中心，重规范、轻创新，以板书讲授为主，费时、费力、信息容量小，信息显示形式比较单调、呆板的问题。具体表现为：传统教学的手段单一，很少涉及现代化的教学设备，对教师的素质要求相对较低，对全面提高教师的综合素质不利，传统教学接触不到最先进的教学手段，如网络教育、各种音响设备等，使教师和学生只看得到眼前的事物，对外面不断变化的大千世界以及日益更新的知识缺乏了解；教学形式单一，以知识传递为主，教学过于程式化和模式化，不利于培养学生的自主学习能力；教学效率低下，那些需要现场演示或试验的教学内容的完整性得不到保证，教师与学生之间缺乏双向信息交流。

人邮学院产品的应用，使得各门课程有声有色、图文并茂，一些抽象的知识内容，可重点突破，轻松解决，为学生营造了一个生动逼真的学习环境，线上与线下教学相结合，丰富了课程内容，充分激发学生兴趣，调动了学生积极性，达到极好的教学效果。

促进教育资源借助互联网的高速发展，实现教育信息共享。人邮学院使众多教学成果和经验成为共享资源，并且通过互联网的传播，为广大教师的知识体系注入新鲜成分，使许多成形的课件、电子文档、图片、框架可供教师备课参考，既节省了人力、物力，也节省了教师备课时间。同时，由于所有教学信息以文件的形式存放，可随时回放和重播，有利于帮助学生回忆教师授课过程，加深对知识点的理解。

四 运营模式、盈利模式

1. 运营模式

（1）线上推广

在已有的人民邮电出版社媒体矩阵上，以原创图文、视频、广告等形式对人邮学院慕课平台进行全面的内容宣传，增加人邮学院信息传播方式。

利用搜索平台 SEO，提高在百度等搜索平台的排行，提高人邮学院知名度，树立人邮学院权威。

通过主流媒体，包括但不限于微博、微信、头条、百家号、知乎等，进行信息流传播。人邮学院相关内容出现在各大平台信息流、广告位中，大大提高了在受众中的辨识度，为日后宣传奠定了良好基础。

策划线上活动，包括在各电商平台进行促销活动，在已有的网媒基础上设置小游戏、策划海报裂变、积分活动等，完成用户拉新，增强用户黏性，与用户互动，增进交流，促进宣传。

人邮学院与知名媒体、企业等达成合作，使其冠名参与线上线下活动，并通过大V转发，提高人邮学院曝光率。

（2）线下推广

人邮学院合作院校的学生是该平台的天然用户。此外，人邮学院通过举办图书展、促销大赛等线下活动，与用户交流，同时增强宣传力度。

建立学生分享体系。通过建立一套系统的校园代理体系，发展院校学生作为人邮学院地区／院校代表，该项目打破了销售渠道单一的形式，为人邮学院和在校大学生提供了一个专利销售的平台，为下一步大学生创业打下技术和资本的基础。该项目是一种具有独占性和排他性的竞争资源，高校和大学生进行课程销售，也将会是人邮学院创新经济的另一个重要渠道。因此，该项目的提出是一种细分市场的扩展，通过高校大学生的创造发明来开拓这片领域，激发大学生勇于去创造服务，在实践和探索中将这个行业变得成熟壮大。同时促进图书达成线下销售转化率，以点带面，带动人邮学院在各地区、院校之间的影响力。

2. 盈利模式

在线教育平台与传统图书进行绑定，以在线课程提供增值服务的模式，为院校市场提供服务，通过学校购买教材实现盈利。

学生在线注册成为平台用户，初步完成种子用户积累，为出版社后续运营提供了可能和想象空间。

设置会员制服务。网站注册会员分为两类，一类是普通会员，一类是高级会员。普通会员可以完全免费享受我们的基本服务和创新服务，但是不能享受商业服务；高级会员则没有限制，可以享受所有服务，平台为高级会员提供了很多增值服务，如提供独特的学习模式、大量的资源下载、全新的用户体验，开放高级会员特权，完成从普通会员到高级会员之间的转化，实现会员充值盈利。

政府采购。依托人民邮电出版社平台优势，为各地区政府服务，满足政府要求，实现政府订单转化。

设置内容按量收费制。把最新专家课程、重点课程和热门课程产品放在网站首页，按照客户点击量进行收费，这样不仅能改善专利转化市场对接效果，为企业提供方便快捷的服务，也能让更多的用户在学习过程中更多关注转化率和产品实用性，让网站快速产生点击效果，大幅度提升流量和网站排名。

利用镜像版进行课程压缩销售。将课程内容制作成镜像版文件，进行在线销售，当热门课程销售量较大时，可以通过技术将课程制作成压缩文档在线销售。

第二十二节　人民法院出版社 *

一　产品名称、简介、市场定位、服务对象

1. 产品名称

法信——中国法律应用数字网络服务平台

2. 产品简介

法信——中国法律应用数字网络服务平台（以下简称"法信平台"）是人民法院出版社组织由上百人组成的法律专业团队历时三年建设而成的中国首家法律知识和案例大数据融合服务平台，也是目前国内最大的法律知识和案例应用平台。法信平台通过目前国内规模最大的法律知识分类导航体系法信大纲（中国钥匙码系统）和国内首家司法裁判大数据剖析双引擎（裁判剖析＋同案智推），对海量法律条文、案例要旨、法律观点、裁判文书进行深度加工、分类聚合，为法律工作者和社会公众提供一站式专业知识解决方案。

3. 市场定位

法信平台作为中国版的 Westlaw，在知识资源容量、知识体系与服务模式、大数据智推等方面全面超越国内同类法律平台，达到国内领先水平并具有一定的国际竞争力。

4. 服务对象

服务对象包括法官群体、律师群体、其他法律工作者群体以及社会公众群体。

二　知识服务技术架构

1. 技术架构

法信平台技术架构见图 7-96。

---

*　撰稿人：人民法院出版社范俊。

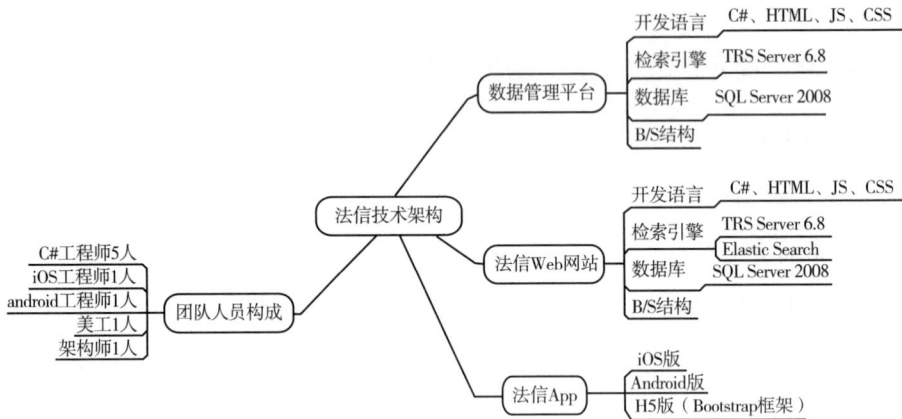

图 7-96　法信平台技术架构

2. 部署方案

法信平台部署方案见图 7-97。

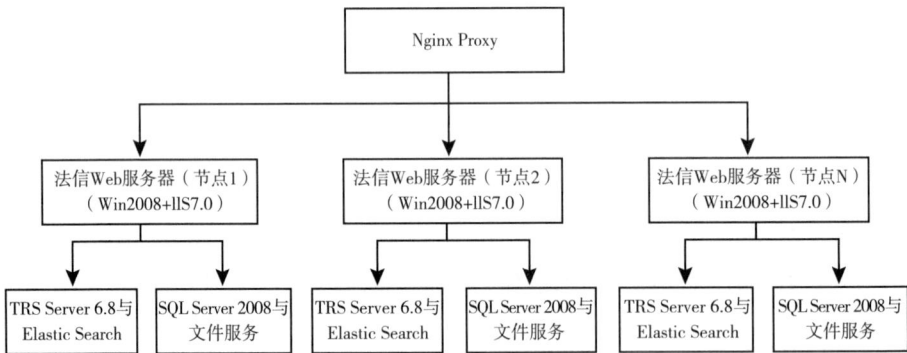

a. 法信平台部署方案一

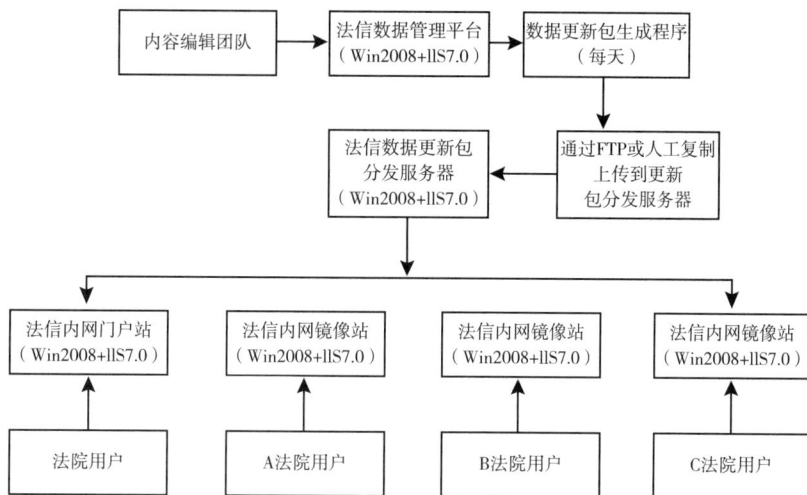

b. 法信平台部署方案二

图 7-97　法信平台部署方案

三　产品架构、典型产品功能及特点

（一）产品架构

法信平台产品架构见表 7-21、表 7-22、图 7-98。

表 7-21　法信平台互联网版产品架构

板块	简介
法信大纲	法信大纲，中国最大的法律知识与案例导航体系，法律分类条目达到 15 万条，涵盖我国七大部门 242 部法律，1364 个民事刑事案由罪名细分，分类层级最深达到 20 层，串联法律知识元 23 万个
法律文件库	1. 收录 130 万份中央、地方法律文件，收录新中国成立以来 25.7 万份中央法律法规章司法解释，97.3 万份地方法规章司法文件，2.2 万份全国地方立法资料、司法资料，3.2 万份港澳台法规，6900 份国际条约、惯例、协定 2. 对法律司法解释进行 15 项深度编辑和大数据统计，包括属性标记、法条衍生释义和引用法条大数据统计超链
案例要旨库	1. 收录 10 万篇案例要旨，收录最高法院八大权威来源案例、各级法院公布的指导参阅案例、全国法院出版的汇编参考类案、各级法院公开的新型典型案例 2. 对案例及裁判规则进行 15 项深度编辑，包括属性标记、要旨梗概提炼和延伸推荐
司法裁判库	同步中国裁判文书网文书：4000 多万篇
法律观点库	收录立法机关的立法初衷和立场、最高法院的司法态度和意见、法学大家辨法析理的洞见、实务行家适用法律的要点等 14 万多个法律观点
法律图书库	收录最高立法司法机关权威指导著述，全国人大常委会法工委会法律释义系列，最高法院审判指导、理解与适用丛书系列，各学科权威法学专家经典教程代表著作，各级法院出版的 6000 多种审判实务图书
法律期刊库	收录 172 种法学、期刊、集刊学报，65 万篇创刊以来法学论文
法律文书库	收录公检法超 4300 种法律文书范本，附录撰写说明，在线撰写、在线另存
类案检索	法信平台类案检索系统，不仅可以使用传统案件属性标签进行关键词定位检索，而且设置了智能检索系统，针对不同案由设置的检索维度达 8000 余个，依据案由进行多维度组合检索，匹配高频检索关键词体系，采用自然语义和分词技术，为用户智能推送类案，以及与类案相关的一站式法信码体系（法律、案例、观点、图书、期刊），同时可对检索结果进行个性化排序和显示

表 7-22　法信平台法院内网版产品架构

功能板块	简介
法信大纲	法信大纲，中国最大的法律知识与案例导航体系，法律分类条目达到 15 万条，涵盖我国七大部门 242 部法律，1364 个民事刑事案由罪名细分，分类层级最深达到 20 层，串联法律知识元 23 万个
法律文件库	1. 收录 130 万份中央、地方法律文件，收录新中国成立以来 25.7 万份中央法律法规章司法解释，97.3 万份地方法规规章司法文件，2.2 万份全国地方立法资料、司法资料，3.2 万份港澳台法规，6900 份国际条约、惯例、协定 2. 对法律司法解释进行 15 项深度编辑和大数据统计，包括属性标记、法条衍生释义和引用法条大数据统计超链
案例要旨库	1. 收录 10 万篇案例要旨，收录最高法院八大权威来源案例、各级法院公布的指导参阅案例、全国法院出版的汇编参考类案、各级法院公开的新型典型案例 2. 对案例及裁判规则进行 15 项深度编辑，包括属性标记、要旨梗概提炼和延伸推荐
裁判剖析大数据引擎	首度将信息抽取、数据挖掘、分布式计算创造性地应用于司法领域，在国内首先实现对海量裁判文书进行无限维度剖析、聚类分析和智能排序
法律观点库	收录立法机关的立法初衷和立场、最高法院的司法态度和意见、法学大家辨法析理的洞见、实务行家适用法律的要点等 14 万多篇法律观点
法律图书库	收录最高立法司法机关权威指导著述，全国人大常委会法工委法律释义系列，最高法院审判指导、理解与适用丛书系列，各学科权威法学专家经典教程代表著作，各级法院出版的 6000 多种审判实务图书
法律期刊库	收录 172 种法学期刊、集刊、学报，65 万篇创刊以来法学论文
法律文书库	收录公检法 4300 多种法律文书范本，支持附录撰写说明、在线撰写另存
同案智推引擎	首度将自然语言处理、机器学习等人工智能方法应用于裁判同案匹配领域。自然语义同案智推服务是依托于同案智推大数据引擎实现的，利用自然语言和机器学习这种人工智能办法来帮助法官和当事人匹配高度近似的案件。采用了自然语义分析和分词技术后，同案智推目前支持非专业人士用自然语言找寻和自己所遇纠纷高度近似的案件，有利于比对案情预判结果

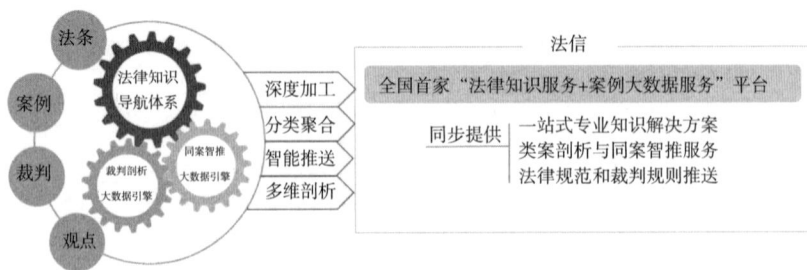

图 7-98　法信平台产品架构

（二）典型产品功能及特点

1. 法信平台的三大功能

（1）法信大纲与一站式法律解决方案功能

法信平台拥有中国最大的法律知识分类导航体系——法信大纲，以及由该大纲所支持的一站式法律解决方案功能。

法信大纲是法信平台借鉴 Westlaw 钥匙码系统，完全按照我国成文法律体系和司法实务需要进行创新研发而搭建完成的具有自主知识产权的中国法律知识分类导航体系。该大纲已经是目前国内规模最大（法律分类条目达到 15 万条）、体系最全（涵盖我国七大部门基本法）、覆盖最广（1364 个案由罪名细分）、分层最深（分类层级最深达 20 层）和串联最多（串联法律知识元达 23 万个）的法律知识体系。

与 Westlaw 钥匙码系统相比，法信大纲既是目前唯一深度融合中国成文法律体系和法院指导参考案例的法律知识分类地图，也是目前唯一同时串联法条、案例、观点、论著的法律知识元检索系统，在体系架构和规模容量上全面超越同类法律数据库产品，并已经完成了著作权保护登记。

法信平台针对法官办案所面临的找法、释法、裁判说理这三个痛点，利用法信大纲在后台对各类法律实务知识元的分类聚合与串联推送功能，向法律人提供围绕某一个法律争点（或关系点）一站式推送法律条文、法条释义、相关立法司法和学术观点以及最高法院和各级法院指导参阅案例中对应的案例要旨，确保法官在法信平台得到其在办案过程中所需要的一切知识资源支持（见图 7-99）。

法信平台的一站式法律解决方案不但能极大减少法官找法的检索环节，排除冗余信息，成倍提高法律知识匹配支持精准度，而且通过优先推送全国人大和最高法院权威立法司法观点与案例要旨，能够促进不同地方和级别的法官在审理法律争议相同的案件时优先选用更为权威统一的法律依据和司法观点，努力实现让每一个法官都能依据统一的法律进行裁决，让每一个法官都能参考类案的在先判决办案，对法律职业群体建立职业共识，在裁判文书公开大背景下提升裁判文书质量，促进法律统一适用有实实在在的推进作用。

（2）法信资源库与囊括式资源供应功能

法信平台以囊括原则把目前通过公开和版权采购渠道所能获得的所有法律实

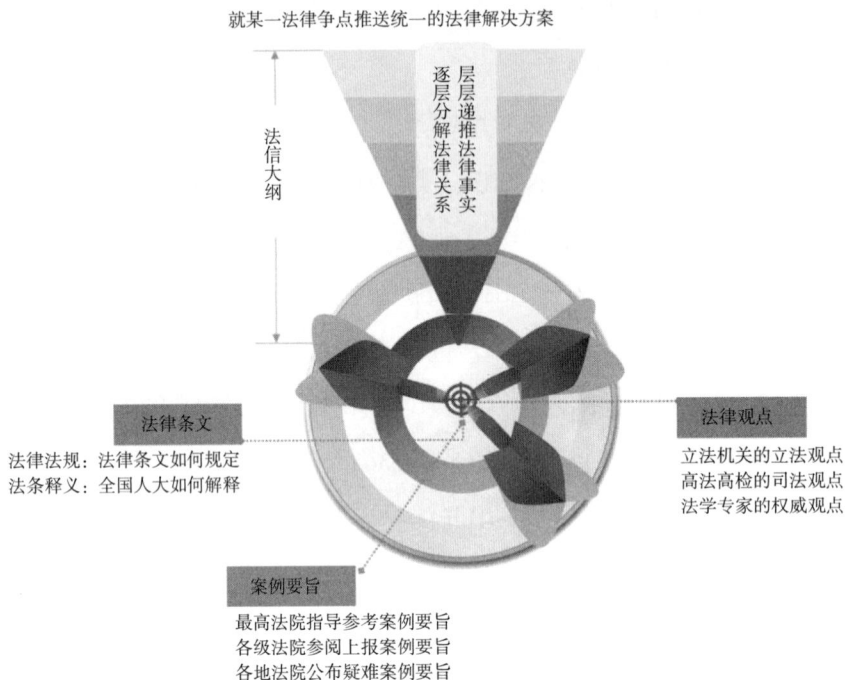

图 7-99　法信平台产品功能一

务文献（包括法律文件、裁判案例、图书论著、学术论文）一网打尽，包括国内唯一的立法司法实务法律观点库、国内最大的案例要旨裁判规则全库、国内最大的在线法律实务数字图书库等七大资源库和 55 个子库，总文献数达 4200 万篇，总字数达 450 亿字，每天实时更新最新法律、案例、图书、论文，是目前中国容量最大的法律应用知识资源库，也是法律人终身执业必需的海量智力知识资源库（见图 7-100）。

（3）类案同判大数据引擎与国内领先的类案智推功能

人民法院出版社和国内领先的大数据服务商国双科技公司合作，在国内首度将数据挖掘、分布式计算、自然语言分析等人工智能方法融合应用于裁判文书大数据剖析领域，开发出目前国内唯一达到应用级水平的裁判剖析（LD）和同案智推（SP）两个大数据引擎，首次实现了针对法律人的多维度层层剖析和针对社会普通公众的一键同案智推功能，其中面向社会公众的自然语言找同案功能，在项目验收会上被业界专家认为"达到国内领先水平"。

全国最大的法律应用知识资源库
7个一级库，34个二级子库，21个三级子库

案例要旨库
国内最大的汇聚法院类案裁判规则和标准的案例库
汇聚最高法院八大来源权威案例
囊括法院10万案例要旨裁判规则

法律观点库
国内规模最大的法律实务知识单元的观点库
逻辑节选提炼聚类14万多个法律观点
立法司法学术观点悉数追溯，可查出处

法律图书库
囊括最高法所有审判指导理解适用图书
约5000种人民法院出版社独家版权法律实务图书
约1000种授权版权法律实务图书

法律文件库
中央文件库/地方文件库
立法资料库/司法资料库（独家）/国际条约库
收录130万份中央和地方法律文件

法律期刊库
收录172种法学期刊、集刊、学报
65万篇法学论文

司法裁判库
全面收录4000多万份法院判决书
全面的类案检索维度与案由剖析功能

法律文书库
法公检法4300多种标准法律文书范本
支持附录撰写说明、在线撰写另存

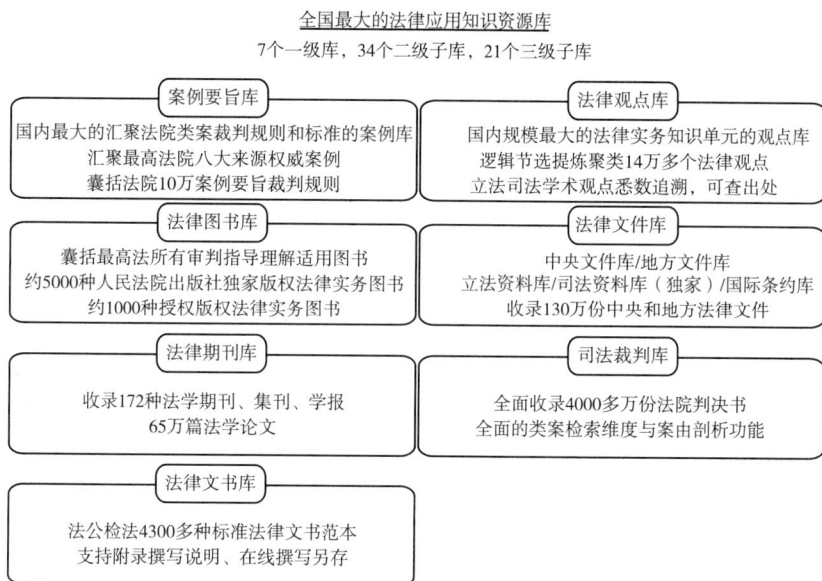

图7-100 法信平台产品功能二

法信平台的裁判剖析大数据引擎通过对裁判文书特定段落进行无限维度、多条件的自由组合和层层剖析，利用大数据的聚类分析和智能排序功能，帮助法律人借助专业术语和要素在办理同类案件时同步实现法律事实的比对、法律关系的匹配、法律依据的核校和裁判量刑的参照。裁判剖析大数据引擎能够最大限度地消除或减少"同案不同判"现象，利用大数据技术手段帮助法官参考在先判决裁判尺度，减少主观因素，控制自由裁量权，统一法律适用（见图7-101）。

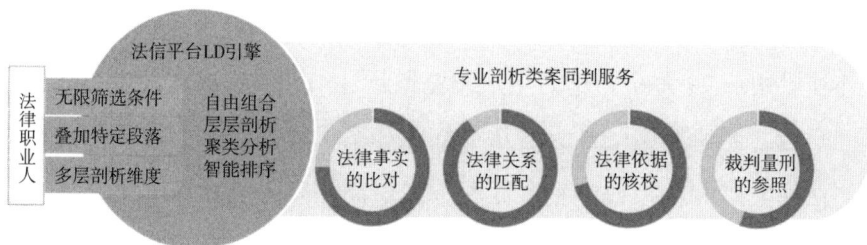

法律职业人

法信平台LD引擎
无限筛选条件　自由组合
叠加特定段落　层层剖析
多层剖析维度　聚类分析
　　　　　　　智能排序

专业剖析类案同判服务
法律事实的比对　法律关系的匹配　法律依据的核校　裁判量刑的参照

图7-101 法信平台产品功能三

法信平台的同案智推大数据引擎通过采用自然语义分析和分词技术对裁判文书的法律专业术语进行匹配转化，实现智能化支持非法律专业的普通公众用自然语言（非法言法语）一键式查找与自己所遇纠纷案情高度相似的既往判决，匹配同案，比对案情，预测纠纷在未来诉讼中的结果和裁判走向。同案智推大数据引擎的自然语义同案智推服务能够充分发挥以案释法、以案普法作用，对于面向公众的诉讼服务智能化有极大的应用价值。

2. 法信平台的三项服务

首先，法信平台基于全国法院四级联网的建设成果，服务器同时部署在互联网、最高法院内网、各省法院内网，是全国唯一同时支持法院内网、互联网和移动端三网互通的法律知识服务平台，可以独家为法官提跨法院内网、互联网、移动端三网合一的知识管理与分享服务。

其次，法信平台的内容建设团队是目前国内最大的专业法律知识加工服务团队，可以为有更深度开发需求的法院提供高度个性化的定制法律知识加工推送服务、裁判案例提炼匹配加工服务和审判流程管理系统智能推送对接服务。目前，法信团队可为平台用户提供法院内网、外网和移动端适时在线客服服务，随时解答用户在使用中的各类问题咨询。

最后，法信平台在互联网、内网和移动端同时提供法官基于个人执业知识管理所需要的收藏、下载、编辑、评论、分享、批注、投稿等服务，既提供法律人个人的知识管理服务，也提供个人知识案例共享服务。

四 运营模式、盈利模式

1. 运营模式

截至 2018 年 10 月，法信平台已在全国 27 个省份 2600 多家法院配置应用，共开通内外注册用户 79 万个，单月用户浏览量超过 100 万人次，在内容容量和用户数量上已是当之无愧的中国最大的法律知识和案例应用平台。法信平台利用海量碎片化的法律文献和法信码的精准匹配，在最高法院办案系统、最高法院保密内网、最高法院审委会平台、北京高院微信移动端、苏州中院庭审系统、陕西法院诉讼服务平台、杭州西湖法院多元纠纷解决平台等法院各类系统中为全国各地法院提供精准的参数对接和数据知识匹配服务。

2. 盈利模式

政府采购（B2G），收取年服务费。

个人用户购买（B2C），收取月、半年、年服务费。

五 采用相关标准情况

（一）《法律专业知识加工流程》（三稿）

节选主要内容如下。

7 法律文件加工流程

7.1 数据网络爬取及预处理

7.2 数据筛选及录入

7.3 数据属性字段编辑

7.4 数据正文格式编辑

8 法律案例加工流程

8.1 数据资源采集及预处理

8.2 数据筛选及录入

8.3 数据属性字段编辑

8.4 数据标引

9 裁判文书加工流程

9.1 数据网络爬取及预处理

9.2 数据筛选及录入

9.3 数据属性字段编辑

9.4 数据正文格式编辑

10 法律图书加工流程

10.1 图书基础信息采集

10.2 图书筛选及取得版权

10.3　图书数字化加工

11　法律期刊加工流程

11.1　期刊基础信息采集

11.2　数据筛选及取得版权

11.3　期刊数字化加工

11.4　期刊数据标引

13　法律知识体系建设流程

13.1　法律知识体系搭建准备

13.2　法律知识体系搭建环节

14　知识元与法律知识体系串联

（二）《法律专业知识加工规范》（三稿）

节选主要内容如下。

6　法律文件加工规范

6.1　法律文件加工原则

6.2　法律文件抓取及预处理

6.3　法律文件的选择编辑

6.4　法律文件的属性标签编辑

6.5　法律文件的正文编辑

7　法律案例加工规范

7.1　案例加工原则

7.2　案例获取

7.3　案例录入

7.4　案例深度加工（标题／要旨／梗概编写）

7.5　案例审查（格式／内容）

8　法律图书加工规范

8.1　图书碎片化加工

8.1.1　碎片化加工目标

8.1.2 碎片化加工原则

8.1.3 碎片化加工基本方法

8.1.4 碎片化加工具体操作规范

8.2 图书数字化加工

9 法律知识体系加工规范

9.1 知识体系建设基本思路

9.2 知识体系建设基本阶段

9.3 知识体系建设基本架构设计

9.4 知识体系建设具体步骤

9.5 知识体系审查

（三）《法律专业知识标引规则》（二稿）

节选主要内容如下。

4 基本原则和要求

4.1 标引准确

4.2 标引规范

4.3 标引全面

5 知识标引数据类型

5.1 法律文件

5.2 法律案例

5.3 法律图书（碎片化图书）

5.4 法学期刊

6 标引方法

6.1 属性标引

6.2 关联关系标引

6.3 知识体系标引

7 知识元抽取

7.1 知识元类型

7.2　知识元抽取方法

8　标引过程

8.1　定位知识元方向

8.2　标引方式的选择

8.3　抽取特征内容，获取知识元具体内容

9　形成标引记录

10　标引审查

11　具体数据类型标引

11.1　法律文件标引

11.2　法律案例标引

11.3　法律图书标引

11.4　法学期刊标引

11.5　其他法律文献标引

（四）《法律专业主题分类词表建设规范》（三稿）

节选主要内容如下。

一、法律分类词大纲定义

二、法律分类词大纲的建设阶段

三、法律分类词大纲的基本框架

四、搭建法律分类词大纲的基本思路

五、搭建法律分类词大纲的具体步骤

　　（一）搭建法律分类词大纲的统一思路

　　（二）搭建法律分类词大纲的准备工作

　　（三）搭建法律分类词大纲的基本框架

　　（四）丰富、细化、完善法律分类词大纲

　　（五）修改法律分类词大纲

六、存量知识元与法律分类词大纲的关联

（一）数据元与法律分类词大纲的关联原则

（二）关联法律文件

（三）关联案例要旨、案例

（四）关联论著碎片

（五）关联期刊报纸、网络文献

七、审查法律分类词大纲

（一）内部审查

（二）外部审定

八、增量知识元与法律分类词大纲的关联

（一）分类词与新增法条实现关联的方式

（二）分类词与增量案例实现关联的方式

九、关联知识元的深加工

十、法律分类词大纲二审规范与标准

第二十三节　英大传媒投资集团*

一　产品名称、简介、市场定位、服务对象

1. 产品名称

中国电力百科网——电力科技知识资源服务平台

2. 产品简介

中国电力百科网电力科技知识资源服务平台（以下简称"电百网"），是英大传媒投资集团（以下简称"集团"）在国家电网的支持下顺应知识服务发展趋势，面向能源电力领域互联网用户倾力打造的一体化知识服务平台。电百网旨在依托集团资源整合的独特优势，建设权威的电力科技知识资源数据库，并通过先进的信息处理技术为能源电力相关企业、科研院所、高校及个人提供智

---

* 撰稿人：英大传媒投资集团张涛、聂庆、常秀。

能检索、科技查新、实验室共享、融合出版等知识服务，支持电力科技知识普及、电力科技创新和成果传播。

按照资源—检索—分析的大数据一体化知识服务平台建设思路，电百网制定了"三步走"发展规划。

第一步，以电力科研人员查新检索的现实需求为平台建设的切入点，参照百度学术的服务模式，打造能源电力这个垂直领域有影响力的搜索引擎，实现电力科技知识内容的深度检索。

第二步，从生产一线工作人员、科研一线研究人员的现实问题和他们所关心的热点话题入手，参照知乎、分答等的服务模式，打造能源电力领域专家分析支持系统，实现领域专家与基层一线的互动交流。

第三步，从科研管理、科研立项、成果鉴定和奖项评定等现实需求入手，参照启信宝、普华永道等的服务模式，研发大数据辅助决策工具，打造能源电力领域权威的咨询服务平台，帮助用户研判电力科技发展趋势，支撑科研决策和科技创新。

3. 市场定位

电百网作为能源电力领域专业知识服务平台，一是与百度、谷歌等互联网搜索引擎相比，内容以知识产权清晰的标准、专利、图书文献等学术资源为主，具有较高的置信度；二是与知网、万方等传统资源型服务平台相比，内容更聚焦，具有鲜明的专业特色；三是与传统数字图书馆相比，资源来源更广泛，检索技术更先进，表达方式更多元。

基于差异化市场定位的考虑，电百网以专业领域权威内容资源为基础，构建垂直行业搜索引擎，为用户提供以碎片化数据为基础、以场景化服务为特征、以个性化需求为重点的知识服务。

4. 服务对象

能源电力行业查新机构查新员、科研机构科研人员、科研管理人员、高校专业师生以及生产一线工作者。

二 知识服务技术架构

1. 技术架构

电百网主要基于国家电网自主开发平台 SG–UAP 开发，涉及论文、标准、专利、科技成果、图书文献等业务对象，系统采用 J2EE 技术路线，遵循 SOA 面向设计服务架构，分为数据层、服务层、应用层等多层服务体系。总体技术架构如图 7-102 所示。

2. 部署方案

电百网按照互联网架构设计，整体分为三部分：Web 服务区、应用服务区、数据库服务区。各服务区统一部署在国网云平台上。

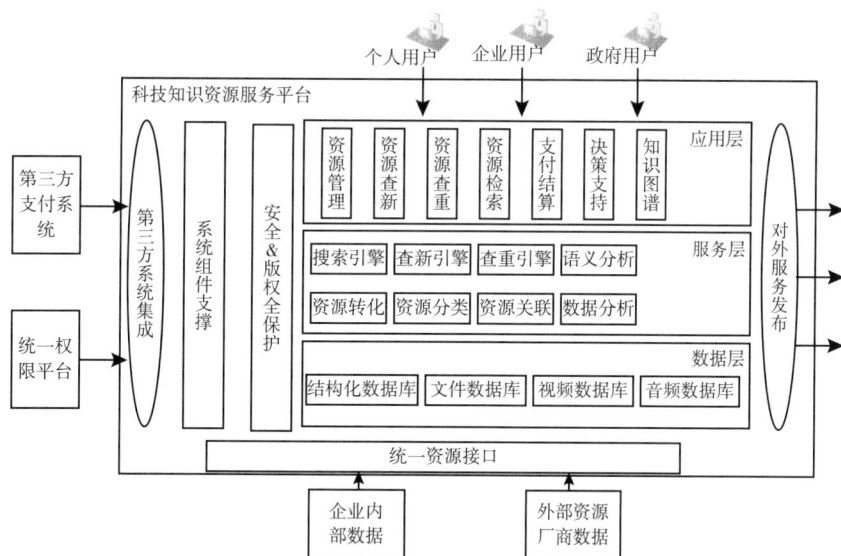

图 7-102 电百网技术架构

三 产品架构、典型产品功能及特点

1. 产品架构

电百网一期以整合自有资源为主初步形成知识库，以知识图谱技术为主开展跨库数据深度融合并形成电力科技知识图谱，以数据挖掘、数据分析以及数据可视化技术为支撑实现初步的专家、知识点、机构等实体画像，产品架构如图 7-103 所示。

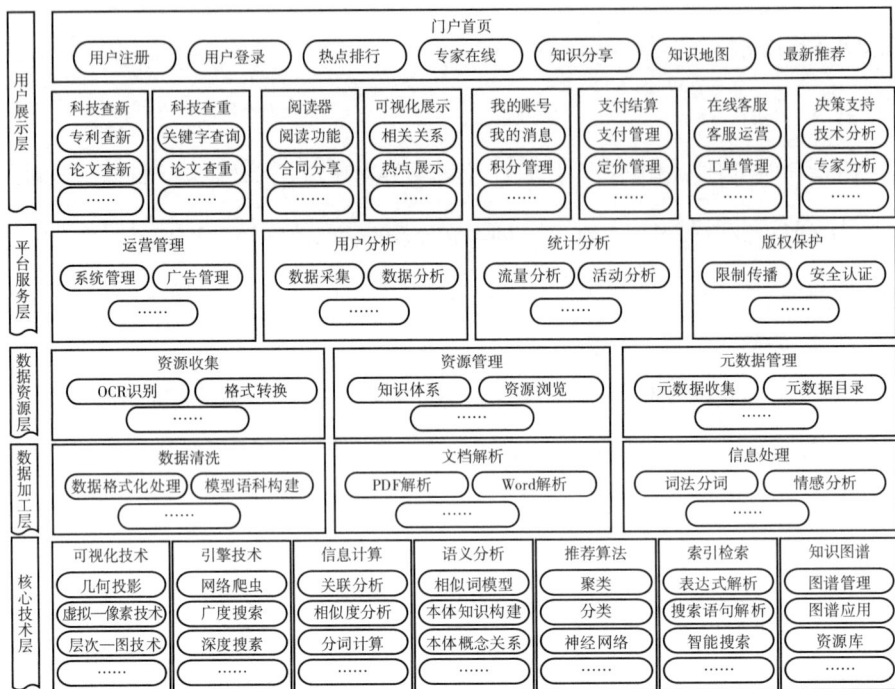

图 7-103　电百网产品架构

2. 典型产品功能及特点

（1）搜索引擎

基于 ES 和知识图谱技术开发垂直领域搜索引擎，按照用户需求自主确定搜索逻辑和结果排序，搜索内容全部聚焦在能源电力相关领域，具有鲜明的行业特色，为用户最大限度地做到了数据"降噪"处理，提高了搜索效率，节省了用户时间。

（2）查新查重

基于用户需求按照国家相关标准开发科技查新业务流程功能模块，并参照学术不端检测系统开发资源查重功能模块。查新功能重点支持查新机构开展线上查新服务，查重功能以自有资源为准，为用户提供免费的查重比对结果。

（3）共享实验室

国家电网积极贯彻中央精神，按照 2014 年国发 70 号文《国务院关于国家重大科研基础设施和大型科研仪器向社会开放的意见》，依托电百网，建设国家电网仪器设备共享平台，面向全社会开放自由仪器设备，推动共享理念落地。

（4）融合出版

二维码作为传统出版的一个互联网入口，大大推动了传统出版、纸质媒介向数字出版、富媒体形态的转型升级。电百网抓住数据融合和多元立体呈现的出版大势，为用户提供数据上传的通道，并以在线生成二维码的方式实现数据连接，一方面丰富了出版的载体和形式，另一方面也为平台沉淀了用户资源。

四　运营模式、盈利模式

在运营阶段初期，电百网不以短期盈利为目的，而是以宣传推广、聚集流量为目标，旨在沉淀资源、验证技术、培养用户使用习惯、提高平台知名度。在产品定价策略方面，无论是数据产品还是功能服务，都以免费服务为主，同时向用户提供外文数据库的有偿服务。

1. 产品策略——"数据+服务"

电百网主要为用户提供两类产品。一是资源类产品，二是功能类产品。资源类产品主要以专业数据库的方式为用户提供检索查询、全文浏览、资源下载等服务。功能类产品重点基于平台已有功能和上层应用，为用户提供几种与业务流程相关联的服务场景，帮助用户完成查新查重、仪器设备共享预约、资源存储调用以及数据分析可视化展示等工作。电百网以能源电力领域数据库产品突出的专业特色、场景服务与用户的业务职能、流程相融合。

电百网产品运营遵循"边试用推广，边完善现有产品，边开发新产品"的思路。从用户需求出发，逐步完善科技成果、技术标准、科技图书等现有数据库的资源规模，并在已有资源的基础上，进行数据产品的二次开发，从专业数据库逐步转变为专题数据库，满足不同专业用户和细分市场的需求。

2. 定价策略——"免费+有偿"

（1）面向互联网用户提供的免费服务

电百网上线后，面向 C 端的互联网用户，以免费提供搜索服务为主。在数据产品方面，提供文献库、专利库、成果库、标准库等资源库的摘要数据信息，提供图书库的摘要信息和样章试读，提供图片库、视频库的在线浏览，同时提供外部商用数据库的官网链接。在功能方面，提供知识图谱探索、实验室信息查询以及决策支持等服务，为用户提供全文链接、国家电网重点实验室基础信息以及数据分析等服务内容。

（2）面向机构用户提供的免费服务

数据产品方面，免费为注册（或签署试用协议）的机构用户提供的数据库产品包括成果库、标准库、专利库、图书库、文献库等自有资源数据的全文检索、在线浏览。

功能服务方面，免费为用户提供一站式搜索、知识图谱、决策支持等全部功能；配合查新机构完善科技查新功能，配合国家电网实验室完善仪器设备共享预约功能；按照用户需求开展数据挖掘，完善决策支持功能。

（3）面向机构用户提供的有偿服务

针对外部商用数据库产品，电百网拟采用众筹的模式集中采购，邀请外部数据库商对用户进行培训、试用，发现和培养潜在用户，以点聚面，形成规模效益，逐步实现电力能源领域资源在电百网的集中全面汇聚，以满足电力能源领域系统内外查新业务人员、科研人员乃至大众的电力知识服务需求。

3. 渠道策略——"自建+协议"

电百网营销渠道以自建为主，代理外委为辅，重点抓好三个依托。

（1）依托总部工作机制

国家电网科技部各个业务处室归口管理的职能不同，对应管理的单位和人员也不同，在职能范围内形成了各自的"朋友圈"。如，查新机构建立了查新协作组工作群，标准机构也按照专业拥有自己的标委会等。电百网在宣传自身产品和服务时，应主动与总部工作相结合，特别是为科技部各处室业务管理提供支撑，从总部角度出发发展基层单位联络点和联络人，形成自上而下的推广模式，建立平台自己的"用户圈"。

（2）依托营销发行站店

集团在各地的发行站与当地网省公司建立了稳固的合作关系，在经营传统图书业务的基础上，可以通过宣贯走访等方式，将发行站店培养为电百网在当地的宣传窗口，电百网为站店用户提供数据查询业务，站店为电百网发展内外部用户，做到纸质出版物与专业电子资源渠道互通。

（3）依托外部代理机构

图书电子资源渠道代理有方正、知网、三鑫等，以高校和机构数字图书馆为主要目标客户开展资源服务，这些机构与集团电子资源存在一定的合作基础，可以站在集团利益最大化的角度，进一步与外部代理机构探讨共赢的合作模式。

4. 推广策略——"试点+全面"

从信息化项目建设的角度出发，在明确首批试点用户的情况下，电百网上线后应首先满足试点用户的需求，重点在试点单位科研院所、期刊等用户当中宣传电百网的资源和服务。

从电百网外网部署的属性出发，上线直接面对互联网用户的访问。除机构固定用户外，面对互联网兴趣用户，应采取互联网平台推广的方法展开宣传。

五　采用相关标准情况

1. 采用相关标准情况

集团 2015 年参与了国家新闻出版广电总局知识服务项目标准的制定工作。此次在电百网的建设过程中，参照此项目标准并充分考虑能源电力行业特色制定集团专业知识服务体系标准，包括《电力行业知识资源基础术语》在内共 8 项。同时，积极参与新闻出版行业知识服务系列标准的建设工作，参与《新闻出版 知识服务 知识资源建设与服务工作指南》等 7 项国家标准和《知识对象标识符标准（KOI）》等 2 项行业标准的制定工作。

2. 知识服务标准化工作意见

加大知识服务标准化工作的推广力度，扩大推广范围。尽快落实知识服务标准的试用和推行工作。将现行知识服务相关标准汇编成册结集出版。

第二十四节　中国海关出版社 *

一　旧海关刊载中国近代史料数据库

（一）知识服务产品基本情况

1. 产品名称

旧海关刊载中国近代史料数据库

---

* 撰稿人：中国海关出版社刘冬。

2. 产品简介

全球第一个针对旧海关史料数字化、商业化开发的数据库产品，其功能设计理念及其展现形态具有史料价值的创新性，对于近代史文献资源的数字化开发工作具有示范和指导意义，全库总量约 2.2 亿字。

3. 市场定位

运用数字技术重新设计开发的、针对旧海关史料的专题数据库。

4. 服务对象

近代史、海关史、近代经济史的研究学者和海关历史档案整理人员。

（二）知识服务技术架构情况

1. 技术架构

主要开发工具有 Visual Studio 2013、SQL Server 2008；服务器端技术为 ASP.NET，前端运用了 Ajax 的开发技术，在历史趋势图功能上运用了第三方插件 ECharts 图表库。

2. 部署方案

本系统采用前后端分离的架构设计，前后台分开部署于阿里云服务器的 IIS 下，并通过后端连接数据库服务器的 SQL Server 获取网站数据以及用户权限数据。其中，系统运行环境软硬件配置要求如下。

（1）服务器配置

处理器：Intel Xeon E3-1230 v3 以上 CPU。

内存：8GB 及以上。

硬盘：500GB 及以上。

操作系统：Windows Server 2008 r2 及以上。

数据库：SQL Server 2008 及以上。

（2）客户端配置

处理器：Intel Pentium（R）CPU G620 2.6GHz。

内存：2GB 及以上。

硬盘：250GB 及以上。

IE 浏览器：Internet 8 及以上。

办公软件：Office 2007 及以上 。

（三）产品架构、典型产品功能及特点

1. 产品架构

旧海关刊载中国近代史料数据库产品架构如图 7-104 所示。

2. 典型产品功能及特点

（1）产品功能及使用场景

①全文识别：全部内容识别成可检索、可统计的文字。

②对照浏览：包括识别对照、繁简对照、中英对照等。

③历史趋势：可视化展示检索内容的文献历史轨迹。

④词汇释义：内嵌基础语料库，提供重点词汇中文释义。

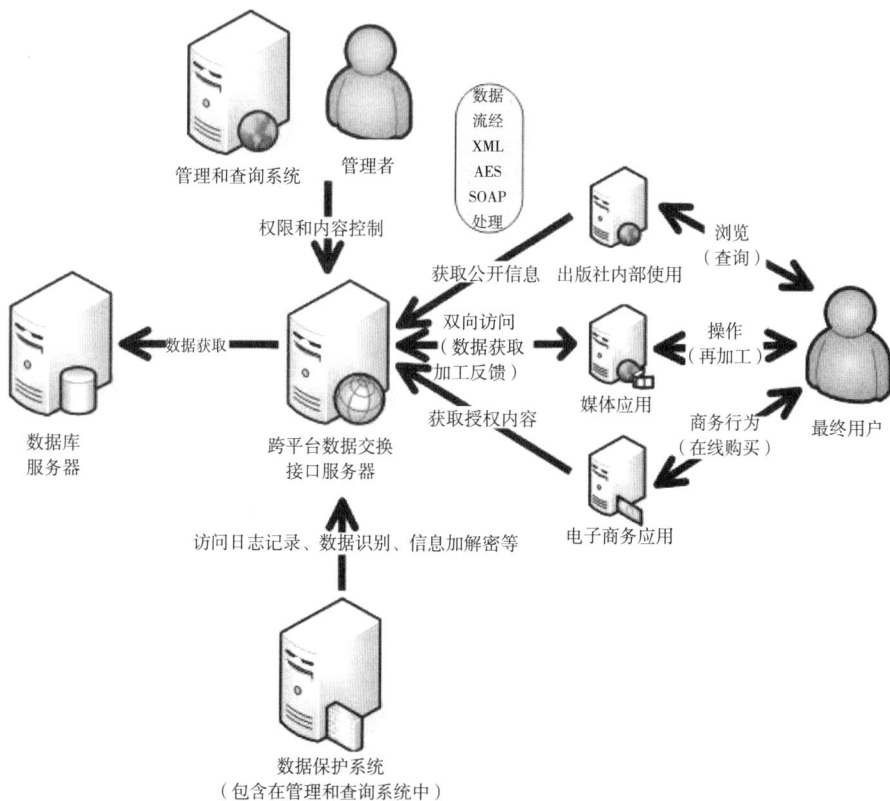

图 7-104　旧海关刊载中国近代史料数据库产品架构

⑤元数据下载：以 Excel 形式提供文献元数据批量一键式下载。

（2）产品特点

旧海关史料体量大，纸质翻阅查找耗时耗力，全文检索可以帮助用户轻松检索。史料内容大部分是英文，近代英文有其特定释义，通过内嵌基础语料库，实现不用翻找工具书即可获知专业精准释义，通过历史趋势、元数据下载等功能，实现史料的多维度数据分析功能。

（四）运营模式、盈利模式

1. 运营模式

一是通过定期举办"旧海关史料数字化应用研讨会"邀请学者和用户参加，扩大产品宣传。

二是通过和高校、科研机构合作针对该批史料的课题，增加数据库使用人数，提高项目科研成果产出率。

三是积极参加近代史、数字人文等各类会议，以项目介绍的方式参与交流讨论。

四是向有意向的研究学者免费提供限期使用等科研支持，鼓励他们使用本产品做研究。

五是经过摸索实践，从全国总代理转为区域代理的模式，根据各地实际情况，有针对性地发展特色区域代理，收到了良好的宣传和销售效果，用户数量实现翻倍增长。

2. 盈利模式

产品分为在线版和镜像版两种，在线的个人版免费向部分用户提供科研支持以及展示使用，在线的包库版（以 IP 段控制）和镜像版为目前的盈利产品。

二 海关辞库（海关专业主题词表）

（一）知识服务产品基本情况

1. 产品名称

海关辞库（海关专业主题词表）

2. 产品简介

中国海关出版社整合海关历史已出版的工具书，整合出约 10 万个词条，建成海关专业词语查询工具，并在 2018 年原国家质量监督检验检疫总局的出入境检验检疫管理职责和队伍划给海关总署之际，立刻于当年将检验检疫专业业务词汇约 5 万个词条通过版权购买的方式融入海关辞库，实现与关检业务英语的融合，目前共收录词条约 15 万个。在此基础上，在出版行业内首创基于机器学习的人机交互方式建设主题词表，为便于使用，将专业主题词表的前端在海关辞库中展现。

3. 市场定位

海关专业英语查询工具，海关业务英语学习助手。

4. 服务对象

从事海关业务的工作人员、海关业务的研究人员、海关专业学习人员等。

（二）知识服务技术架构情况

1. 技术架构

PHP+Python 双语言结合模式；架构采用 LNMP，即 Linux 系统下 Nginx+MySQL+PHP 网站服务器架构。

2. 部署方案

采用 Docker 虚拟化技术进行部署，在一个宿主机上搭建多个应用和存储服务。安装上都是基于官方镜像的配置个性化。

业务代码部署方面，本系统采用 ciku 作为代码目录，即 /ju/www/ciku 为代码目录。在代码部署前需要建立对应的目录结构。

（三）产品架构、典型产品功能及特点

1. 产品架构

海关辞库（海关专业主题词表）产品架构见图 7-105。

2. 典型产品功能及特点

（1）产品功能及使用场景

①提供 PC 端、移动端等多终端应用版本。

②内嵌海关专业主题词表，构建海关专业词间关联关系，形成知识体系。

③可无缝衔接嵌入其他数据库及相关系统，提供词汇释义及关联检索支持。

④用户可对释义进行顶、踩、收藏、添加等交互操作，形成辞库资源良性循环的

```
                                        每日一词

                                        查询
                                                推荐提示
                                                词汇详情

                                        主题词
                                                词汇列表
                        客户端                   词汇详情

                                        收藏
                                                收藏列表
                                                词汇详情

                                        我的
                                                个人信息
                                                产品升级
                                                活动中心
                                                我的贡献
                                                联系我们
                                                意见反馈
```

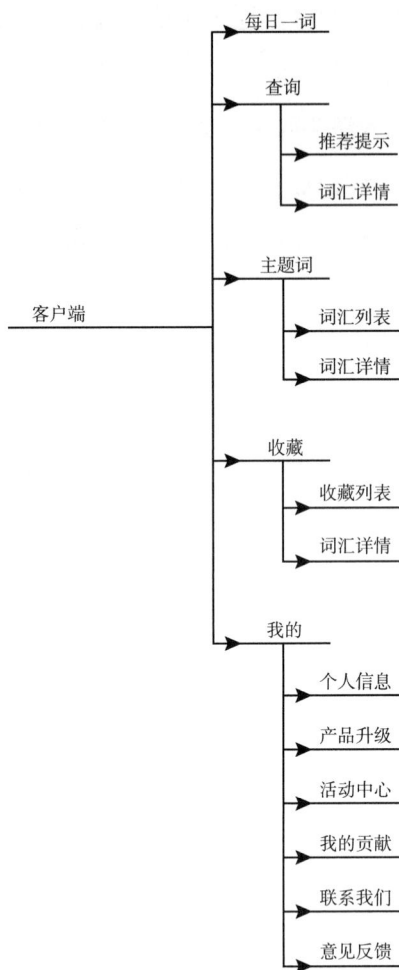

图 7-105　海关辞库（海关专业主题词表）产品架构

机制。

⑤用户可自行添加新词，汇总到后台接入专家审核机制，通过专家审核后的词即时发布，形成词汇资源的动态更新。

⑥每个词可关联社内图书产品，为其他产品提供营销服务。

（2）产品特点

①内嵌其他产品，为其他产品提供基础语料服务和增值服务。

②结合专家审核机制，动态更新词汇资源。

③关联社内图书产品，开展产品之间的关联营销服务。

（四）运营模式、盈利模式

1. 运营模式

一是通过"知识点亮海关"活动，向全国海关从业人员征集新增词汇，扩大产品影响力，并将此功能在活动后固定下来，长期吸收最新专业词汇。

二是以"专家招募令"的方式在行业内征集专家，增加用户黏度，提高产品精准度和更新率。

三是与其他产品紧密结合，以内嵌或者关联的方式间接向用户提供服务。

四是通过后台使用数据，搜集专业词汇的使用频率，向编辑部提供高频使用词汇，提供纸质工具书选题依据。

2. 盈利模式

本产品目前以免费模式向用户提供服务，内设广告位，后续可在用户积累到一定程度后收取广告费。

三 中国海关数字图书馆

（一）知识服务产品基本情况

1. 产品名称

中国海关数字图书馆

2. 产品简介

海关目前有几十种期刊，大部分为内刊，从未进行数字化。本项目是历史上第一次海关刊物数字化整合，是海关内部研究、交流的学术平台。整合万方数据库中与海关业务相关的期刊资源和海关业务所需的党政资源等，为海关内部工作人员提供学习、研究的数字期刊资源。

目前，已整合完毕海关历史最悠久、体量最大的三种期刊，其他期刊也在陆续上线。

3. 市场定位

海关内部期刊资源库，海关内部学习研究资料库。

4. 服务对象

海关系统工作人员。

（二）知识服务技术架构情况

1. 技术架构

使用 .NET 语言；采用 MVC 框架、KBase 数据库。

2. 部署方案

本系统采用前后端分离的架构设计，前后端分开部署于阿里云服务器的 IIS 下，使用同方自主研发的数据库 KBase 获取网站数据，并通过 MySQL 获取后端用户权限数据。其中，系统运行环境软硬件配置要求如下。

（1）服务器配置

处理器：Intel Xeon E3-1230 v3 以上 CPU。

内存：8GB 及以上。

硬盘：500GB 及以上。

操作系统：Windows Server 2008 r2 及以上。

数据库：MySQL 5.5 及以上。

（2）客户端配置

处理器：Intel Pentium（R）CPU G620 2.6GHz。

内存：2GB 及以上。

硬盘：250GB 及以上。

IE 浏览器：Internet 8 及以上。

办公软件：Office 2007 及以上。

（三）产品架构、典型产品功能及特点

1. 产品架构

中国海关数字图书馆产品架构见图 7-106。

2. 典型产品功能及特点

（1）产品功能及使用场景

①全文检索：支持全文检索和高级检索。

②原文浏览：可浏览期刊原貌。

③繁简对照：提供 20 世纪 50 年代繁体竖版文章的简体横版，以便于阅读。

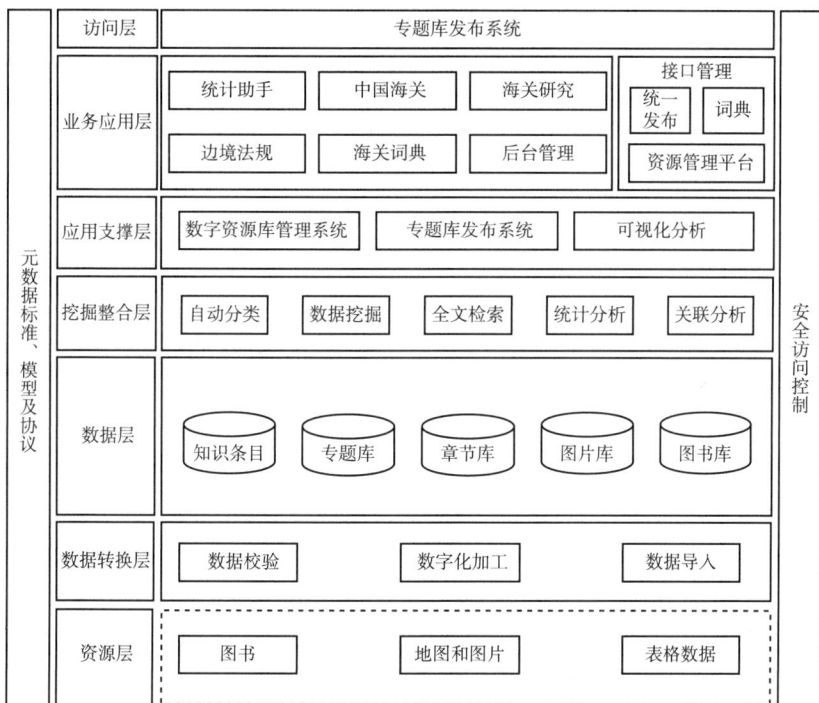

图 7-106　中国海关数字图书馆产品架构

④数据分析：针对某一主题提供其在期刊中的作者、年份、单位等数据分布情况。

⑤对接海关专业主题词表项目，一方面实现标引应用，另一方面每年的新资料也是海关新词发现的基础。

⑥通过元数据下载等功能提供数据分析，辅助研究。

（2）产品特点

①整合与海关业务相关的内外部期刊资源，实现期刊资源的一站式查询。

②海关系统垂直领域使用，用户群体鲜明。

③采用多种功能辅助，提供便捷学习研究功能。

（四）运营模式、盈利模式

1. 运营模式

一是通过举办线下会议对产品进行宣传推广。

二是数字出版部与市场部等其他部门合作，借助社内已经拥有的海关内部营销渠道线下推广产品。

三是与广州海关等建立数字阅览室的海关深度合作，树立产品口碑。

2. 盈利模式

本产品以收费模式供海关系统在线使用，按年收费，为购买机构提供局域网内使用和个人账号登录使用两种方式。产品上线一年时间，已经覆盖全国约三分之一的海关。

四 通关大神修炼记

（一）产品名称、简介、市场定位、服务对象

1. 产品名称

通关大神修炼记（基于实际工作场景的一体化通关情景式交互课程）

2. 产品简介

通关大神修炼记是中国海关出版社研发的一款具有强烈代入感的游戏化互动课程。课程以实际工作场景和人物形象为蓝本，以通关菜鸟为起点，为每一位学员带来真实的通关工作体验。在课程学习过程中，让学员通过闯关、解锁、升级等游戏化体验，将学与玩结合起来，将被动学习转化为主动学习，让学员在"修炼"过程中掌握通关全作业流程及所涉及的技能知识。

此外，课程紧跟海关"关检合一""单一窗口""深度融合"的改革步伐，为学员提供最新的通关系统演示和单证填制规范，让学员真正做到学以致用。

3. 市场定位

通关大神修炼记的市场，一方面定位为服务于开设报关、关务、国际贸易、国际货运等与通关相关专业的高职院校，另一方面定位为服务于涉及报关报检、货代、国际物流和国际贸易等业务的企业。

4. 服务对象

针对高校市场，通关大神修炼记的主要服务对象是教师和学生：帮助教师丰富教学素材，增加教学手段，提升教学乐趣；提高学生学习乐趣，激励学习热情，充实学习知识的路径。针对企业，通关大神修炼记的主要服务对象是新入职员工及一线工作人员：行业新人通过置身情景化课程，能够较快熟悉通关作业全流程，掌握工作要点；

一线工作人员通过课程可强化通关技能，在海关业务改革后，也可在第一时间获取最新的通关知识。

（二）知识服务技术架构

1. 技术架构

（1）数据存放位置

应用程序下 resource/json 目录的存放位置如图 7-107 所示。

各个目录及文件说明如下。

① resource/json/data.json 游戏（海运出口、海运进口、空运出口、空运进口）内基本数据

② resource/json/checkpoints/ 游戏流程目录

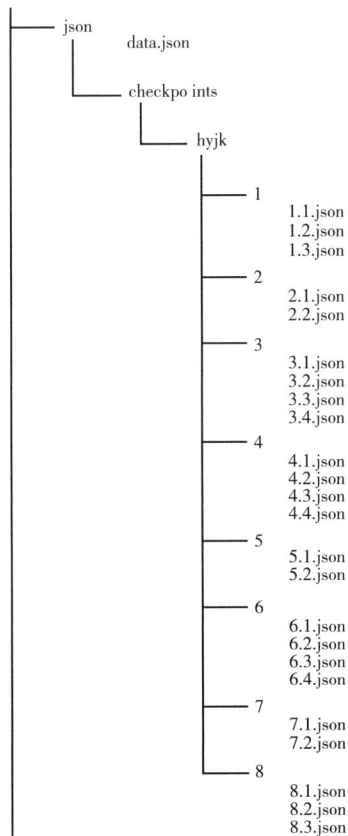

```
json
    data.json
    checkpo ints
        hyjk
            1
                1.1.json
                1.2.json
                1.3.json
            2
                2.1.json
                2.2.json
            3
                3.1.json
                3.2.json
                3.3.json
                3.4.json
            4
                4.1.json
                4.2.json
                4.3.json
                4.4.json
            5
                5.1.json
                5.2.json
            6
                6.1.json
                6.2.json
                6.3.json
                6.4.json
            7
                7.1.json
                7.2.json
            8
                8.1.json
                8.2.json
                8.3.json
```

图 7-107 通关大神修炼记数据存放目录

A. resource/json/checkpoints/ 游戏名称

某个游戏（例：resource/json/checkpoints/hyjk 指"海运进口"游戏）。

B. resource/json/checkpoints/ 游戏名称 / 章节

某个章节（例：resource/json/checkpoints/hyjk/1 指"海运进口"游戏的"业务接单"）。

C. resource/json/checkpoints/ 游戏名称 / 章节 / 关卡

某个关卡（例：resource/json/checkpoints/hyjk/1/1.1.json 指"海运进口"游戏中"业务接单"的"单证接收"）。

（2）系统设计

通关大神修炼记系统设计结构如表 7-23 所示。

表 7-23　通关大神修炼记系统设计结构

程序结构	描述
配置层	系统部分分局配置项，一般不需要修改
资源层	
样式库	所有的前端样式都会放在这里
素材库	
框架所需 UI 图片	
声音素材库	
游戏关卡素材库	
脚本库	
核心脚本库	
页面脚本库	
JSON 数据库	所有的游戏数据都在这里，具体说明请参考相关数据维护文档
LIB 库	

（3）系统开发

游戏核心程序开发，主要是整体游戏代码框架结构搭建，游戏框架结构请参考系统设计。

游戏框架程序开发，主要是体现在代码框架中的"页面脚本库"，所有框架页面的代码都在这个脚本库中。

游戏数据程序开发，主要是体现在 JSON 数据库的结构设计、开发、配置、所有的游戏数据都在这里。如果想要修改游戏中的任意（不包括框架 UI）图片元素、声音元素、对白等都要通过对 JSON 数据库进行对应编辑。

游戏数据修改小工具开发，由于游戏场景中有许多流程场景（不包括非流程场景），所以专门开发一个小工具，用于管理并配置流程场景的基础数据。

2. 部署方案

服务安装，此处以使用 CentOS7.0+ 作为部署服务器为例，首先使用管理员账户和密码登录服务器，并进入终端命令行。

①安装 Nginx

②将游戏程序通过 SFTP 使用上传至服务器的 /usr/share/nginx/html 目录

③重启 Nginx 服务

④输入服务器 IP 地址即可访问游戏程序

如果是 Windows 服务器可以搭建 IIS 类型的 Web 服务器，具体可以参考 Windows 的相关 IIS 安装教程。

（三）产品架构、典型产品功能及特点

1. 产品架构

通关大神修炼记整套课程根据运输方式和贸易来往，分为一般进出口贸易的海运进口、海运出口、空运进口和空运出口四个主题。根据实训需求，将四个主题设计成 28 个章节、77 个关卡、167 项任务、超过 4000 个剧情页面、111 个视频、61 篇图文知识点讲解、475 次考核，涵盖接单、申报、查验、纳税等全部通关作业工作。其产品架构如图 7-108 所示。

2. 典型产品功能及特点

（1）产品功能及使用场景

①产品功能

通关大神修炼记根据运输方式和贸易来往，利用场景体验的 H5 资源形态，为报关专业教师和学生提供标准化、趣味性的学习资源。课程分为四个主题：海运进口、海运出口、空运进口和空运出口。根据教学需求，每个主题又分别设计了教师版和学生版。教师版可直接进入各个子任务，不受关卡限制，并可提取知识点和单证用于教学、制作课件等。课程起始页如图 7-109 所示。

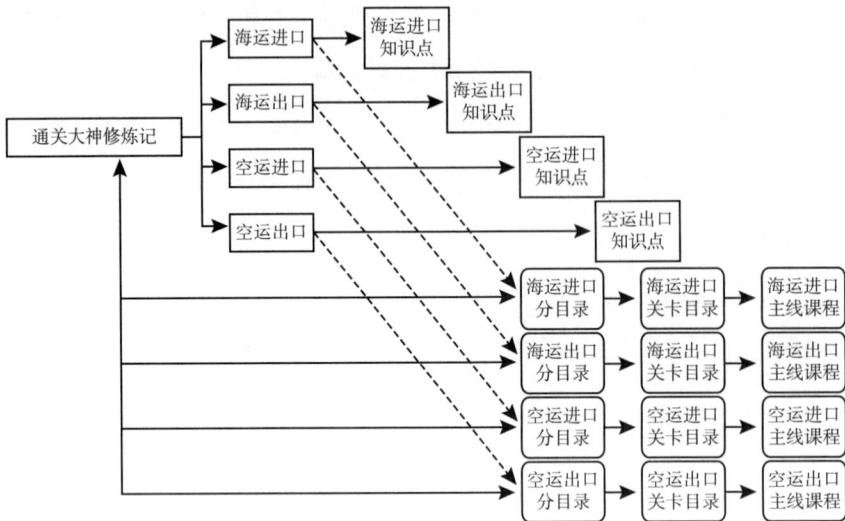

图 7-108　通关大神修炼记产品架构

图 7-109　通关大神修炼记课程起始页

　　课程中涉及的地点位置、工作环境、人物等均参照实际工作场景，示例如图 7-110、图 7-111、图 7-112 所示。

　　课程为游戏化设置，每一关限定完成时间，任务成功后给予积分、升级等奖励，失败后配合音效和人物表情，并扣分，最大限度达到激励效果。每一关任务完成后，都给予总结。效果如图 7-113、图 7-114、图 7-115 所示。

图 7-110　通关大神修炼记课程地图示例

图 7-111　通关大神修炼记海关查验大厅示例

图 7-112　通关大神修炼记查验现场和工作人员示例

图 7-113　通关大神修炼记关卡开始前预览页面

图 7-114　通关大神修炼记任务失败页面

图 7-115　通关大神修炼记关卡完成后阶段总结页面

课程中的操作内容均为实际还原，如图 7-116 所示。

图 7-116　通关大神修炼记操作内容页面

重要或较难的知识点，课程中会通过视频或图文的形式进行详细讲解，并且可随时调看，如图 7-117 所示。

图 7-117　通关大神修炼记知识点视频讲解页面

在学习完成之后，马上进行技能考核，即学即考，达到检验和复习的效果，如图 7-118 所示。

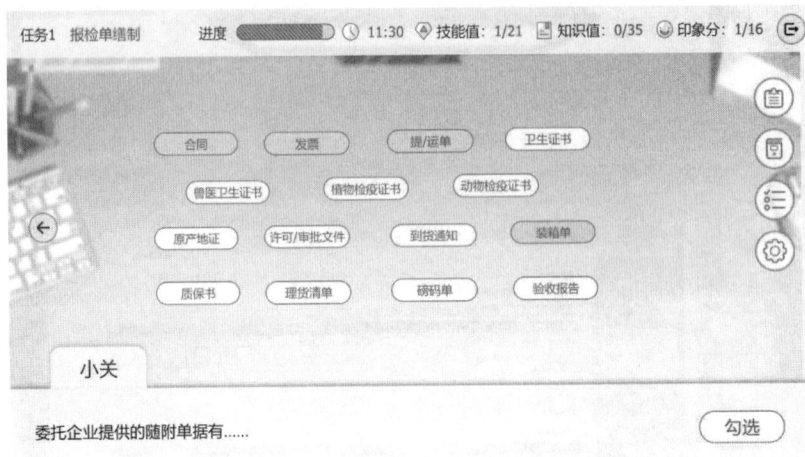

图7-118 通关大神修炼记考核题页面

②使用场景

通关大神修炼记，分为学生版与教师版，两个版本都采用云平台开发技术，打破限定设备、限定地点的制约，允许教师随时按需组建课程班，给班内学生分配任务。学生在收到学习任务后，通过手机、Pad、PC等各种设备，接入互联网，即可在线完成，并且支持断点操练，各种设备云同步。教师通过管理端可实时查阅每个学生的最新操练情况和全班的数据统计，为教学备课和学生考评提供重要参考。同时，课程支持社交平台分享学习（链接分享），教师版还支持课程视频生成链接，插入PPT直接调用课堂使用（素材级别）。

（2）产品特点

①解决职业院校理论教学和实践工作相脱离的问题

职业院校注重培养学生的技能，然而课堂的理论教学更加侧重教给学生方法和知识，对实际操作技能的指导很有限。线上情景式交互课程通关大神修炼记游戏化操练，通过画面系统地看到报关的全流程，应用角色代入，仿佛真实地在进行报关工作，一套课程学习下来，"通关菜鸟"修炼成"通关大神"，已可掌握通关技能和知识。再与课堂理论教学相结合，最大限度提升教学效果。

②解决职业教育教学中教、学、考、评不同步的问题

传统教学中，通常是教师上课—学生课后复习—期末统一考试—教师评分这一套

流程，这一流程各个环节之间都有延迟性，不能及时反映学生水平和教学问题。通过通关大神修炼记实现即训即考，教师可实时查看每个学生的完成情况和考核成绩，实时统计每个环节的正误率，查找难易点，在课堂上及时讲解。

③解决职场新人动手能力差、一线人员知识更新不及时的问题

近几年，海关业务改革较多，无论是职场新人还是一线工作人员，都需要及时了解最新的政策变化，第一时间应用到实际工作中，通关大神修炼记紧跟改革步伐，讲解最前沿的通关业务，为学员演示最新的申报系统操作流程和填制规范，是相关业务公司的知识学习平台。

（四）运营模式、盈利模式

1. 运营模式

通关大神修炼记以线下推广为主，因本产品主要的客户群是机构用户，特别是高校用户和企业用户，因此针对目标用户重点推广，如参加相关会议、发放宣传册、关注机构采购信息、定点探访、开放免费试用等。在具体推广和销售上，目前由有相关渠道的第三方机构代理为主。

线上推广部分，则建立在中国海关出版社在线教育学习平台"海关学库"上，该平台有 PC 版和微信服务号版，通过微信推广、在线学习推广及与传统图书的增值服务建立关联等方式，为线上个人用户提供入口。

2. 盈利模式

通关大神修炼记目前盈利模式采用会员制。机构用户购买后，可同时开通线上账号和安装本地镜像版，有使用时限和最大用户数限制；个人用户在线上购买后，即可使用，有使用时限和登录设备数限制。

五　海关数库（进出口商品信息库）

（一）产品名称、简介、市场定位、服务对象

1. 产品名称
海关数库（进出口商品信息库）

2. 产品简介
海关数库（进出口商品信息库，以下简称"海关数库"）为中国海关出版社通关

工具书数字化配套查询服务平台，以微信服务号嵌套定制移动网页的形态提供服务，用户在微信服务号中可以完成查询、认证等所有服务功能。满足了图书读者用户移动办公及掌握实时更新的信息的需求，为用户提供进出口商品税费、监管条件、申报要素、通关参数等图书内容的数字化检索查询服务。

3. 市场定位

为中国海关出版社出版的《中国海关报关实用手册》《中华人民共和国进出口税则》《中华人民共和国海关进出口商品规范申报目录》《中华人民共和国海关统计商品目录》等多本工具书提供配套的查询服务。用户购买上述工具书，并通过微信扫描图书封面二维码开通查询权限，就能查询服务号上相应的商品信息数据。服务号还将根据不同用户类型提供相应的定制服务。

4. 服务对象

上述工具书读者。

（二）知识服务技术架构

1. 技术架构

系统采用前后台分离的技术架构设计，采用 SQL Server 为基础数据库，系统包含前端和后端。

系统前端采用 Node.js + Vue 构建，实现前端快速展示响应数据，并提高并发数量较高情况下系统的稳定性。

系统后端采用系统后端采用了微软 Web API 2.0、MVC 5、Entity Framework 6 等主流 ASP.NET 框架开发，系统可以高效响应前台请求，并保证系统功能的完整性。

2. 部署方案

系统采用前后端分离的架构设计，前后台分开部署于阿里云服务器的 IIS 下，并通过后端连接数据库服务器的 SQL Server 获取数据。

其中，系统运行环境软硬件要求配置如下。

（1）服务器配置

处理器：Intel Xeon E3-1230 v3 以上 CPU。

内存：8GB 及以上。

硬盘：500GB 及以上。

操作系统：Windows Server 2008 及以上。

（2）客户端配置

处理器：Intel Pentium（R）CPU G620 2.6GHz。

内存：2GB 及以上。

硬盘：250GB 及以上。

IE 浏览器：Internet 8 及以上。

办公软件：Office 2007 及以上。

（三）产品架构、典型产品功能及特点

1. 产品架构

海关数库产品架构如图 7-119 所示。

2. 典型产品功能及特点

（1）产品功能及使用场景

①移动便捷，手机微信便捷查询

②实时更新，与海关监管数据同步更新

③内容权威，基础数据来源于海关总署

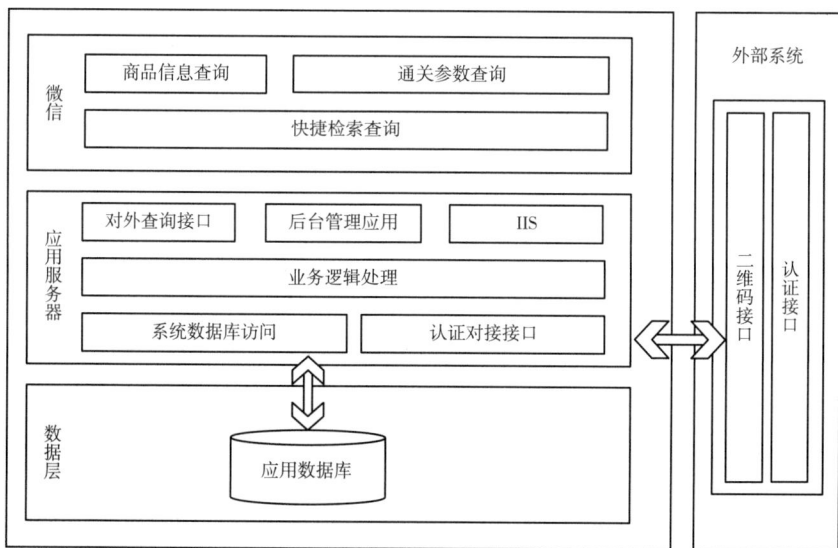

图 7-119 海关数库产品架构

④定制服务，根据用户类型推送不同内容

（2）产品特点

海关数库是海关关员、进出口企业工作人员查询进出口商品信息的权威工具类微信公众号。商品编码涉及商品归类、税费、海关监管条件等问题，熟练地对商品进行正确归类及申报是进出口环节相关人员必须要掌握的技能。通过海关数库，仅输入关键字就可以迅速地对进出口商品进行归类，并查询到进出口商品所需的相关信息。

（四）运营模式、盈利模式

1. 运营模式

购买图书即赠服务。在相应图书封面上粘贴二维码，引导用户进行扫描认证，开通对应的增值服务权限。不定期推送更新日志和最新商品进出口信息。

2. 盈利模式

通过为大工具书提供增值服务，一方面有助于提高图书销量，另一方面有助于识别、防控盗版，从而提高出版社整体收益。

第二十五节　法律出版社 *

一　产品名称、简介、市场定位、服务对象

1. 产品名称

有章阅读平台

2. 产品简介

有章阅读平台是响应国家"互联网＋"行动计划，依托法律出版社丰富的内容资源优势，整合出版社内外部数据资源，打造的法律行业"全媒体"平台，旨在以传统图书为基础，充分发挥互联网和移动互联网的作用，将内容相关的不同资源整合在一起，建立移动互联网、大数据与人工智能相结合的法律专业知识服务新模式，以及法律专业的移动阅读新方式。

有章阅读平台将人工智能和法律大数据紧密结合起来，积极利用数据挖掘技术、人工智能、信息检索的最新研究成果，探索法律专业知识服务的新模式。运用当下先

＊ 撰稿人：法律出版社张雪纯、周洋。

进的自然语言处理（NLP）和深度学习的语义检索技术，对传统资源内容进行语义分析和统计，通过智能处理手段对中文以及其他语种信息进行结构化处理、数据挖掘、深度分析、可视化展示，形成以热词、内容摘要、语义标签、分类等为基础的领域建模，从而为用户提供直观的分析结果和更为精准、专业的使用体验，力争在未来逐步形成产品的自运营知识服务能力。

本项目包括 100 多万条法律、3500 多万个案例、1 万多部电子书、2 万多篇论文等不同类型的法律专业内容资源。

3. 市场定位

有章阅读平台力争打造国内首家法律专业大数据检索平台及阅读平台，率先在法律知识服务行业制定大众法律知识分类标准的规则，助力出版社进行数字化转型升级。

4. 服务对象

律师、法务；法官、检察官；法律学者；高校法学师生；社区公众。

二　知识服务技术架构

1. 硬件拓扑图

有章阅读平台硬件拓扑结构见图 7-120。

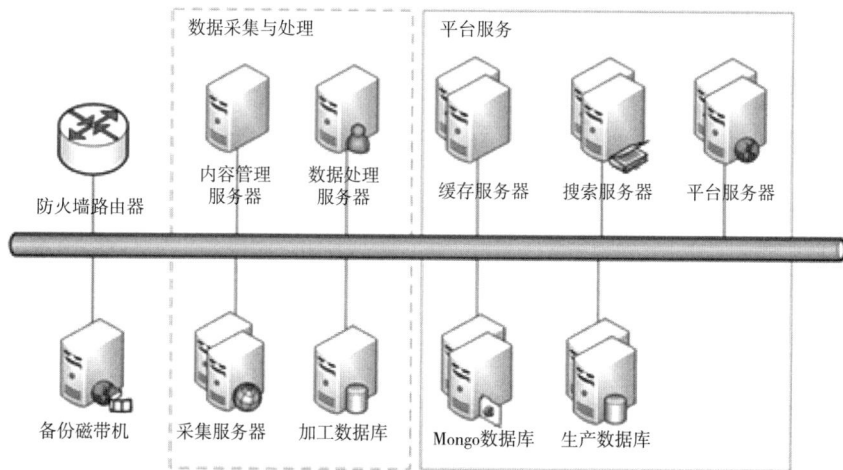

图 7-120　有章阅读平台硬件拓扑结构

2. 软件架构

本系统中的所有子系统均采用 B/S 技术架构。由于该项目需要对接第三方系统，内部业务系统非常多，实施也非常复杂，因此采用 B/S 架构对项目的后续实施将非常有益。从使用角度：B/S 结构大大简化和降低了对客户端计算机的要求，只要客户端机器能上网就可以。从开发角度：B/S 架构开发、维护等几乎所有工作也集中在服务器端，当系统应用进行升级时，只需更新服务器端的软件就可以，这降低了系统维护与升级的成本。

B/S 架构完全可以满足用户对功能的使用要求，在 JS 前端技术的配合下 B/S 可满足大部分客户的使用要求，如：检索出版物信息，下载检索到的文档，在线预览（已购买提供全文服务的），网页提交表单，自定义查询参数、维度，从系统中获得所需报表和分析报告，在线浏览，配置和管理云端提供的服务。

本系统开发语言以 Java 为主。Java 具有简单性、面向对象、分布式、健壮性、安全性、平台独立与可移植性、多线程、动态性等特点，是当前应用最广泛的开发语言。

系统使用的技术框架主要有以下几种：J2EE 架构、SOA 架构、Spring、Spring MVC、MyBatis、Hibernate、Log4j、Lucene/Solr。

相关软件架构如下。

Windows 服务器：Windows Server 2012。

Linux 服务器：CentOS 6.3。

数据库软件：MySQL 5.6.13 及 Microsoft SQL Server 2012。

中间件软件：Tomcat 7.0。

三 产品架构、典型产品功能及特点

1. 产品架构

有章阅读平台产品架构见图 7-121。

2. 典型产品功能及特点

有章阅读平台以移动支付、大数据和人工智能等核心技术为基础，以法规、案例、观点文章为主要产品，以电子书、论文、专题／专栏、律师服务等为核心产品，为用户提供高效、全面的一站式法律知识服务解决方案。有章阅读平

个人信息
搜索历史
浏览历史
我的收藏 — 个人中心
我的订阅
我的订单
我的已购

搜索
分类筛选
排序
收藏 — 法规/案例
分享
下载
引用

订单提交
删除商品 — 购物车

搜索
分类筛选 — 系列
排序

有章

搜索
分类筛选
排序
收藏 — 图书/论文
分享
购买
在线阅读
引用

搜索
分类筛选
排序
收藏 — 观点
分享

搜索
分类筛选
排序
收藏 — 专题
分享
购买
在线阅读

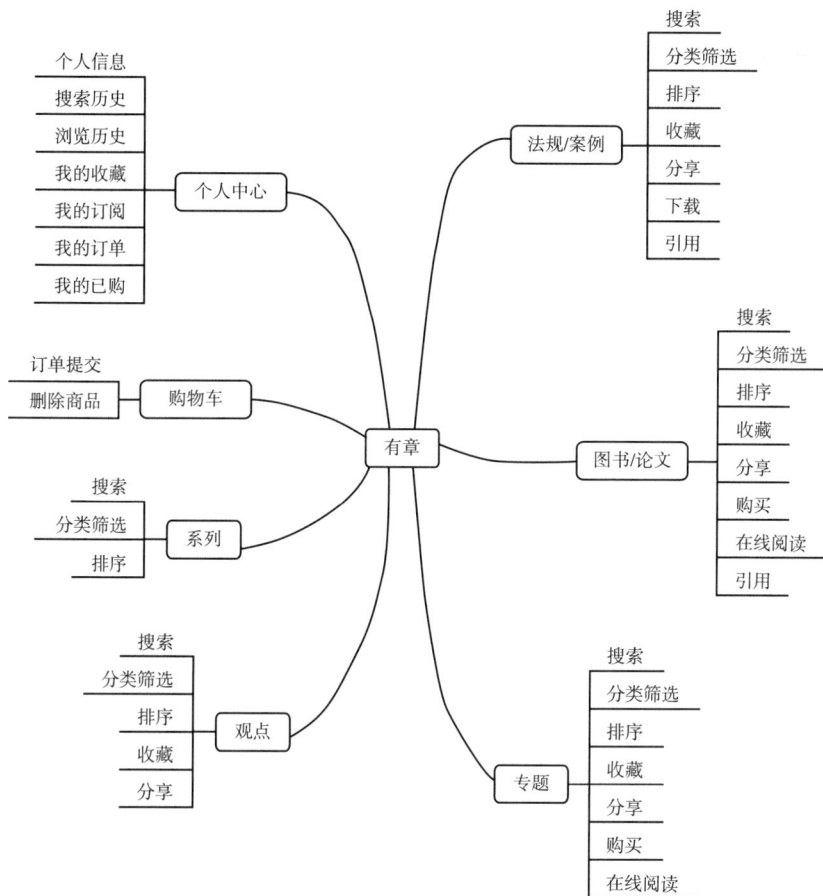

图 7-121　有章阅读平台产品架构

台致力于提供移动阅读、大数据分析、知识付费和场景化定制服务产品，建设面向司法行政系统的专业法律知识服务平台和面向公共服务的公共法律知识服务平台。

　　有章阅读平台是一个涵盖范围广泛且具有海量资源库的综合性法律知识服务平台，以提供免费法规、案例为主要服务。产品有广泛的受众群体，能为法律从业者、法律以及社科类学者、法学院在读学生、对法律感兴趣的用户以及有法律业务需求的机构和企业等提供全面、权威的法律专业服务。该平台将数据及资源充分整合、利用，形成了以专业化海量数据库检索、多维度可视化分析、多元知识管理体系和触手可及的法律移动阅读为中心的法律服务体系。

四　运营模式、盈利模式

1. 运营模式

运营包括用户运营、内容运营及活动运营三大类，通过线上内容运营、活动运营、用户运营和社区运营，利用出版社微信、微博等新媒体资源，实现用户的引流、拉新、留存、促活和营收。

积极探索在百度百科、维基百科、互动百科、360百科、搜狗百科、MBA智库等百科类网站进行运营。

借助图书博览会、数字出版博览会、图书订货会、学术/实务研讨会等平台，开展产品发布会、产品体验活动等，并主动组织产品发布会、行业交流会、产品培训会等活动。

2. 盈利模式

本项目提供 IP 地址授权账户访问及本地镜像两种服务式，并可提供产品定制化服务。

五　采用相关标准情况

在项目开发中，充分参考了知识服务相关行业标准，包括《知识服务标准体系表》《知识资源建设与服务基础术语》《主题分类词表描述与建设规范》等。

第二十六节　黑龙江东北数字出版传媒有限公司 *

一　产品名称、简介、市场定位、服务对象

1. 产品名称

边疆学多维服务库

2. 产品简介

边疆学多维服务库（以下简称"多维边疆"）是黑龙江东北数字出版传媒有限公司（以下简称"数媒公司"）利用黑龙江出版集团在边疆出版领域积攒的内容资

---

　　*　撰稿人：黑龙江东北数字出版传媒有限公司郭翀。

源优势，结合数媒公司的技术实力，以及合作机构在边疆研究方面的知识积累，共同研发的一个多终端的知识服务型产品。本产品融合边疆研究论著，借助中国不同历史时期的地图，将内容鲜活地展现在用户眼前，以区别于常见的内容资源库产品。

3. 市场定位

以灵活的多维度阅读体系，面向边疆研究用户，辅助其进行研究、专业阅读和学习。

4. 服务对象

边疆领域的专业研究人员和学生。

二　知识服务技术架构

1. 技术架构

如图 7-122、图 7-123 所示，多维边疆总体架构具有前瞻性，且模块与模块之间界限明确，包括平台自有模块以及第三方服务接入和服务接口。通过打包资源，发布到各个产品系统中，可灵活满足各类用户的不同需求。

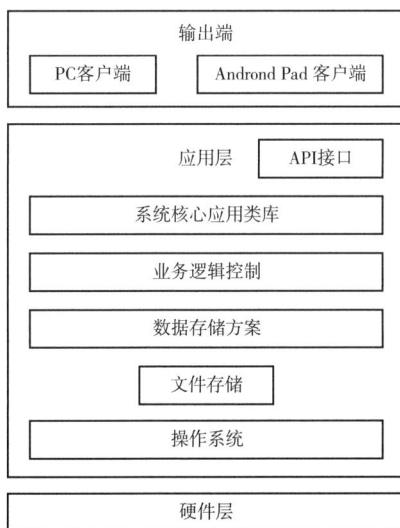

图 7-122　多维边疆总体技术架构

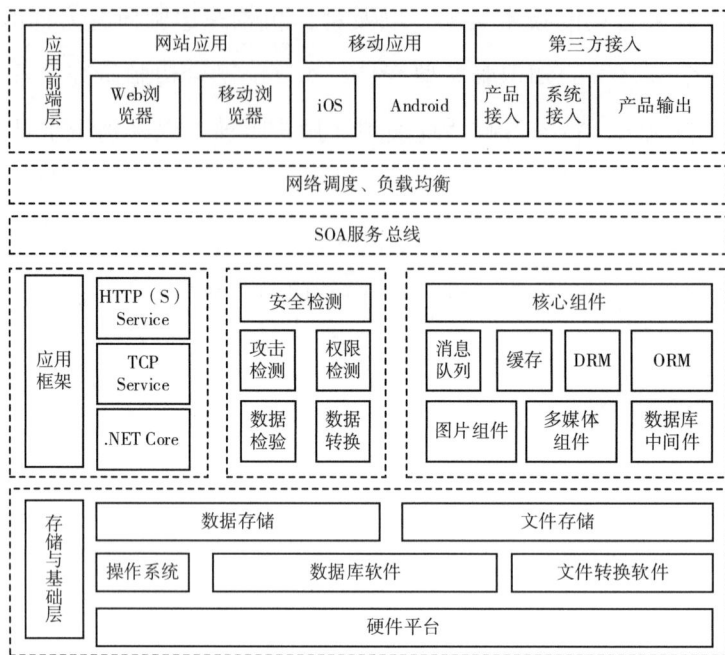

图 7-123　多维边疆技术架构

实现资源打包、组合销售需求，需要以下技术支持，包括知识化加工工具、基于 XML 的资源打包格式、分布式文件存储。

2.　部署方案

多维边疆部署物理架构见图 7-124。

（1）部署条件

①至少一台服务器，并提供服务器公网 IP、管理员账号和密码，独立带宽 20M 以上，硬盘空间预留 50G 以上，内存 4G 以上。

②准备两个域名（可以是二级域名或顶级域名），一个用于后台，例如 http.//www.bianjiang.com，另外一个用于接口，例如 http.//api.bianjiang.com，并且域名都需要解析到服务器 IP。

③和服务器提供商确认，域名信息是否需要备案，如果需要备案，须保证备案信息通过。

④如果服务器处于防火墙内，须保证服务器以下端口可公开使用，如 1433、80、21 这三个端口。

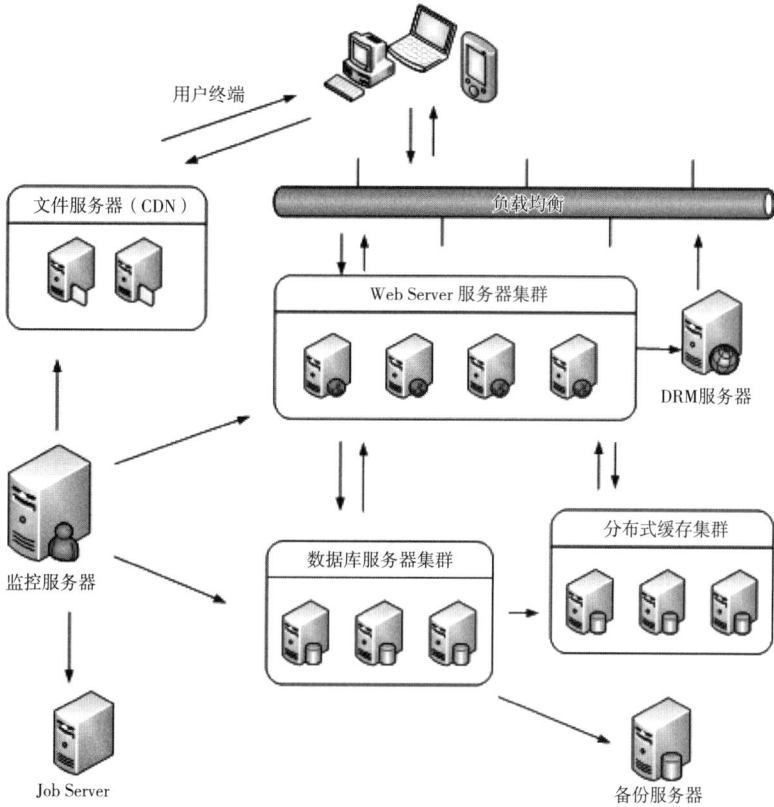

图 7-124 多维边疆物理架构

（2）部署方案

由用户选择部署方式，可以使用镜像服务端在用户要求的服务器上部署，也可以使用客户端直接登录公司服务器上部署的服务端。

三 产品架构、典型产品功能及特点

1. 产品架构

多维边疆产品架构见图 7-125。

边疆知识服务产品

| 支撑标准 | 客户端 | Pad端（Android） | | PC端 | 核心支撑技术 |

客户端功能：专业阅读、专业研究、热门、地图对比、点赞、纪年换算、检索、左文右图

国际标准关联标识符（ISU） — 语义理解技术

发布与运营管理系统：用户及用户行为管理、DRM管理与论证、注册和登录管理、信息管理与发布模块、版本管理模块、资源管理、热度评价支撑模块、知识元管理

新闻出版内容资源加工系列标准 — 深度学习技术

专业内容数字阅读标准 — DRM核心技术

DRM管理（全程保护内容资源安全）

资源层：档案、用户产生资源、期刊、学位论文、音频、视频、学者机构资源、实地调研报告、第三方统计资料、一般文献、研究成果、口述资料、图片

专业数字内容资源知识服务工程标准 — 内容动态重组技术

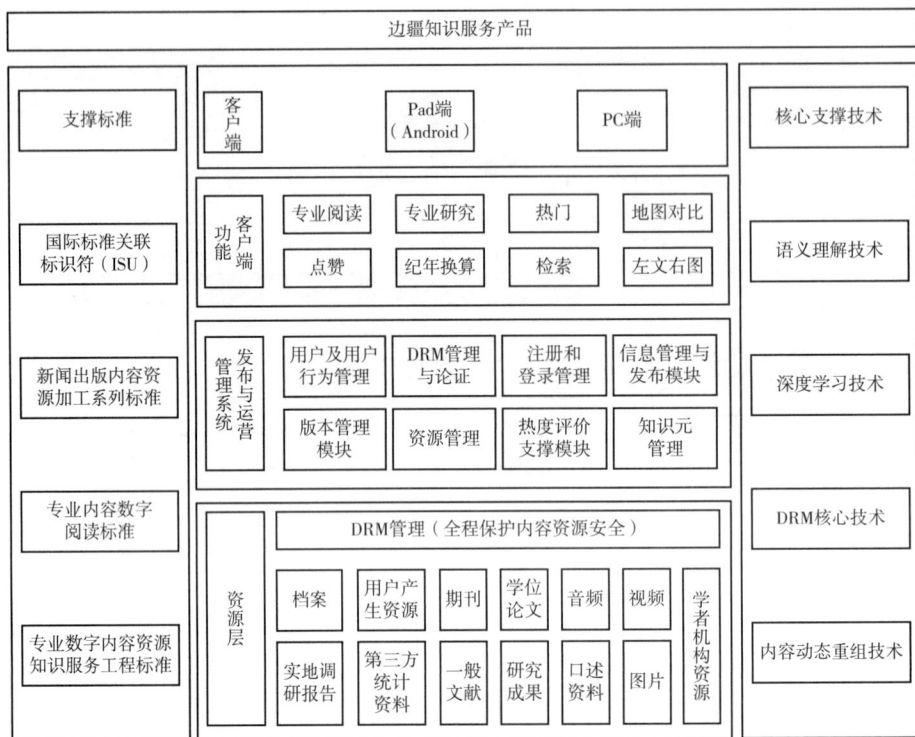

图 7-125　多维边疆产品架构

2. 典型产品功能及特点

（1）产品功能及使用场景

总的来说，多维边疆在设计上有以下特色。

①左史右图：在研究边疆问题图书资料时，可以通过多窗口打开相关时期地图，为用户提供左史右图的参照阅读体验。

②关联阅读：基于知识关联整合不同资源，在阅读图书时可以阅读其他图书，也可以打开同时期地图，扩展研究纵深，同时降低用户发现关联的成本。

③地图对比：用户可以将一张地图追加至另一张地图上进行单窗口覆盖对比显示，通过右侧的调节杆控制两张图的透明度，同时还可以进行放大、缩小操作，方便对比同一地区的历史变迁。

④纪年换算：专为历史研究精心设计的纪年换算功能，帮助用户轻松在公元纪年和年号纪年间实现转换，确定研究内容的时间坐标（见图 7-126）。

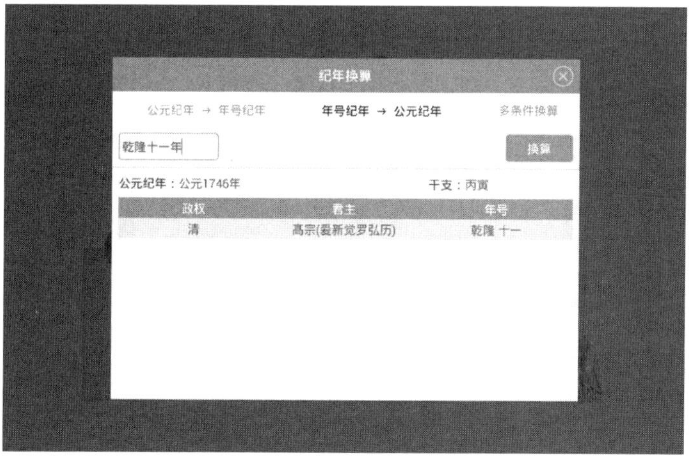

图7-126　纪年换算

⑤多媒体笔记：使用文字、照片或音视频记录研究心得，通过建立笔记与图书的双向关联，追随笔记来源（见图7-127）。

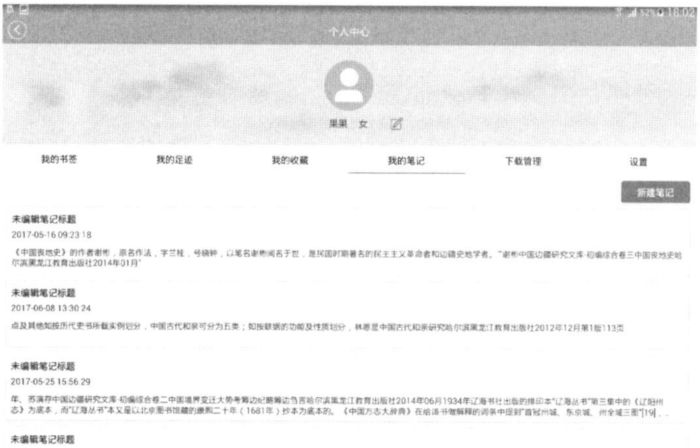

图7-127　多媒体笔记

⑥跨屏互动：在电脑未看完的内容可一键切换到Pad屏幕，反之亦然，用户可以用当下最恰当的工具进行阅读。

多维边疆的使用场景包括个人电脑客户端与平板电脑客户端，可供用户研究、阅读使用。

（2）产品特点

将图书拆分、重组为信息相对独立的内容单元，并从事件、人物、时期、地区等维度进行标引，同时构建地图与图书的关联，方便用户进行对比和建立直接印象，形成灵活的多维度阅读体系，辅助边疆研究用户进行研究、专业阅读和学习。

四 运营模式、盈利模式

1. 运营模式

对边疆相关科研院所和高等院校进行定点推广，联系地方的代理商，授权其向该地区高校、院所进行销售推广。

2. 盈利模式

依照客户需求，部署镜像版，后期更新内容采取订阅制，按年收取订阅费用。

第二十七节 人民交通出版社 *

一 产品名称、简介、市场定位、服务对象

1. 产品名称

中国航海知识服务平台

2. 产品简介

中国航海知识服务平台（以下简称"航海平台"）不同于传统意义上的信息发布平台，它是集数据、创意、专家系统为一体的，专注数据采集、产品孵化、专家评估，将数据转化为信息或产品，借力专业权威平台推送知识服务或将产品应用于终端的信息服务系统（见图7-128）。

（1）数据（知识树）

人民交通出版社将传统出版模式的编辑加工转型为数字出版模式的数据采集和管理，借力财政资金，将散落的经验、案例、资料等加以归集、整理，最终形成了知识

---

* 撰稿人：人民交通出版社张敬源。

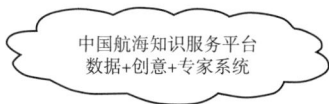

图 7-128　航海平台

树。这一过程，可被定义为"知识众筹"。

（2）创意（应用图）

人民交通出版社将传统出版模式的选题策划转型为数字出版模式基于数据的应用创意，选题策划专注于出版社与作者双方就一本书的市场利益分享，数据应用创意则是借力合作多方的长板，补齐各自的短板，实现共赢。这一过程，可被定义为"价值分享"。

如出版社水运出版中心、齐家塞弗公司和上海海图中心，就是财政资金与创意、技术和数据的合作。

创意的另外一个重要目标，就是通过市场化行为，实现对数据的实时更新。

（3）专家系统（沙龙）

水运出版中心专家沙龙已有 16 年的历史，聚集了一批志同道合、技术精湛、敢为人先、老中青相结合的专家团队，他们将成为水运出版中心实现数字出版转型的智力保障。

本产品创新使用知识树形式。以一棵知识树呈现整个项目的建设内容，知识树的"干"表示不同的内容资源，知识树的"枝"表示数据库所属的专业属性，知识树的"叶"表示每一个数据库。

本产品集大数据、云服务与移动互联网最新技术于一体。航海专业门类繁多，涉及金融、保险、贸易、制造等各行各业，航海从业人员广泛分布于陆地和海洋，需要进行基于云服务的网络架构模式，提供基于海事卫星、北斗卫星与移动互联网的移动知识服务。

本产品内容建设将大量使用微信朋友圈、百度云盘等互联网手段进行协同编撰。实现国内外、即时、标准化和规范化的知识采编与集成，大大提高知识聚合速度和内容质量，为文化产业创新内容编写方式提供示范效应。

3. 市场定位

本产品以满足数百万从业者的数字化学习和快速知识更新需求为出发点，通过收集、整合碎片化和分散化的航海知识资源，最终构建一个以大数据、移动互联网和云服务技术为支撑，包含航海技术、航运经济、航运管理等应用子系统，具有中国特色的全面、权威的综合性航海知识数字服务平台，以此促进传统出版与数字出版的融合，实现从专业出版向产业信息服务的转型，为建设海洋强国提供必要的知识和智力保障。

航海平台依托"价值分享"的理念，与行业内诸多企业进行合作，共同构建了8个应用子系统：航海技术数据维护与发布系统、海事法律法规数据维护与发布系统、渔检技术法规数据维护与发布系统、水运工程建设标准规范数据维护与发布系统、航海安全法律法规标准规范数据维护与发布系统、全球航海信息智能服务系统、水运图书网、E问E答全文检索系统。

应用图所开发的软件以6种形式呈现给终端用户：Wed、Pad、手机App、U阅通、镜像数据库、船载终端。

平台最终服务于4类用户：政府（农业部渔业船舶检验局、交通运输部东海航海保障中心、船员考试中心等）、相关企业（中远网络有限公司、中国港湾工程有限责任公司）、科研院所（中国船级社武汉分社、上海规范所，大连天维理工信息研究所）、从业人员（海员、内河船员、危险品管理人员、验船师）。

航海平台将持续进行数据维护和发布系统的新产品研发，旨在积累大数据，通过维护与发布，对数据进行有效维护，既构建发布系统，又保持数据的新鲜度。

4. 服务对象

本产品是人民交通出版社数字出版规划整体战略中的一部分，主要服务于以下四类人群，包括政府及相关机构，企业，科研院所、协会、学会，公众个人用户。

二 产品架构、典型产品功能及特点

（一）产品架构

如图7-129所示，航海平台的知识库建设一直遵循"先建体系，后建内容"的原则，从航海技术、海运及辅助业、规则与案例3个方向出发，构建轮机工程E问E答、

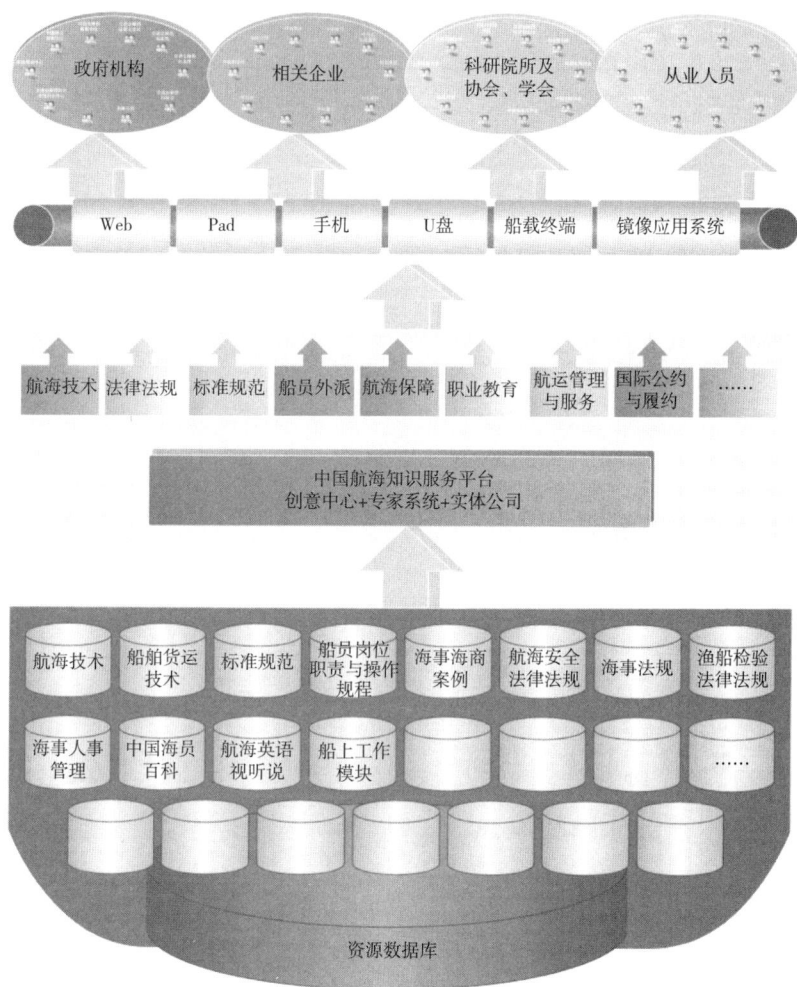

图 7-129　航海平台应用结构

船舶驾驶 E 问 E 答、船上工作模块、船员岗位职责与操作规程、船上设备关键性操作、船舶货运技术、航海保障、法律法规、标准规范、海事海商案例等 10 个大类的知识体系，建设了 41 个知识库（见表 7-24）。

表 7-24　航海平台知识库目录

序号	知识库名称
1	主推进动力装置知识库
2	船舶动力装置知识库

续表

序号	知识库名称
3	船舶电气与自动化知识库
4	船舶辅机知识库
5	船舶管理（轮机）知识库
6	船舶操纵与避碰知识库
7	航海学知识库
8	船舶结构与货运知识库
9	船舶管理（驾驶）知识库
10	船上工作模块知识库（船舶篇）
11	船上工作模块知识库（货物篇）
12	船上工作模块知识库（人员篇）
13	船上工作模块知识库（机械设备与仪器篇）
14	船员岗位职责与操作规程知识库（船长篇）
15	船员岗位职责与操作规程知识库（大副篇）
16	船员岗位职责与操作规程知识库（二副篇）
17	船员岗位职责与操作规程知识库（三副篇）
18	船员岗位职责与操作规程知识库（轮机长篇）
19	船员岗位职责与操作规程知识库（大管轮篇）
20	船员岗位职责与操作规程知识库（二管轮篇）
21	船员岗位职责与操作规程知识库（三管轮篇）
22	船员岗位职责与操作规程知识库（值班机工篇）
23	船员岗位职责与操作规程知识库（普通船员篇）
24	甲板关键性操作知识库
25	轮机关键性操作知识库
26	电气关键性操作知识库
27	海运货物学知识库
28	船舶货运技术基础知识库
29	世界海运地图知识库

续表

序号	知识库名称
30	气象与水文知识库
31	航行指南知识库
32	海图数据知识库
33	海事法规知识库
34	航海安全法律法规标准规范知识库
35	直属海事系统人事工作手册知识库
36	渔检技术法规知识库
37	水运工程建设标准规范知识库
38	水运工程标准规范常用数据速查知识库
39	海事海商诉讼与仲裁典型案例知识库
40	航运保险、理赔典型案例知识库
41	搜救与打捞典型案例知识库

(二)典型产品功能及特点

1. 全球航海信息服务系统

(1)系统基础操作

①系统主界面

通过快捷方式或直接输入网址,进入后台服务端的主界面(见图7-130)。

后台服务端系统界面由五大区域构成,分别是:标题栏、菜单栏、工具栏、查询检索区、业务操作区。

②系统标题栏

系统标题栏显示系统名称、公司LOGO、当前用户等,并可进行用户注销和重新登录。

在系统标题栏最右侧,可以进行系统语言版本的切换。系统默认语言为中文,其他语言直接通过下拉框进行选择,如图7-131所示。

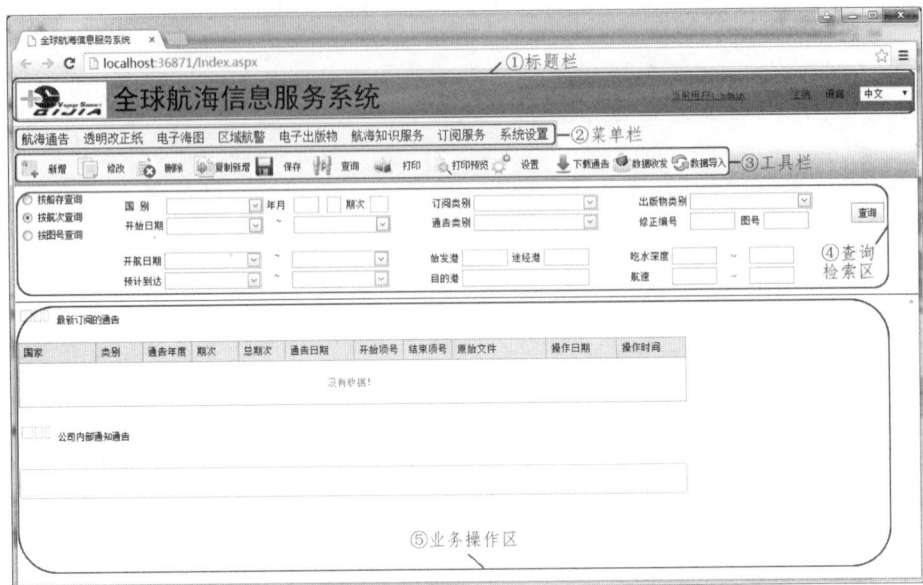

图 7-130　系统主界面

图 7-131　系统标题栏

③系统菜单栏

在系统界面的菜单栏，依次显示系统的各个功能，分别是航海通告、透明改正纸、电子海图、区域航警、电子出版物、航海知识服务、订阅服务、系统设置（见图7-132）。其中，航海知识服务为预留功能，当前版本尚未提供。

图 7-132　系统标题栏

（2）航海通告子菜单

航海通告子菜单分为两组，如图7-133所示。第一组为航海通告所涉及的9个国家或单位。针对航海通告的9个国家或单位，查看该国家或单位下最新航海通告、通告状态及通告内容。第二组为航海通告的订阅，包括按船存订阅、按航次订阅和按图号订阅。

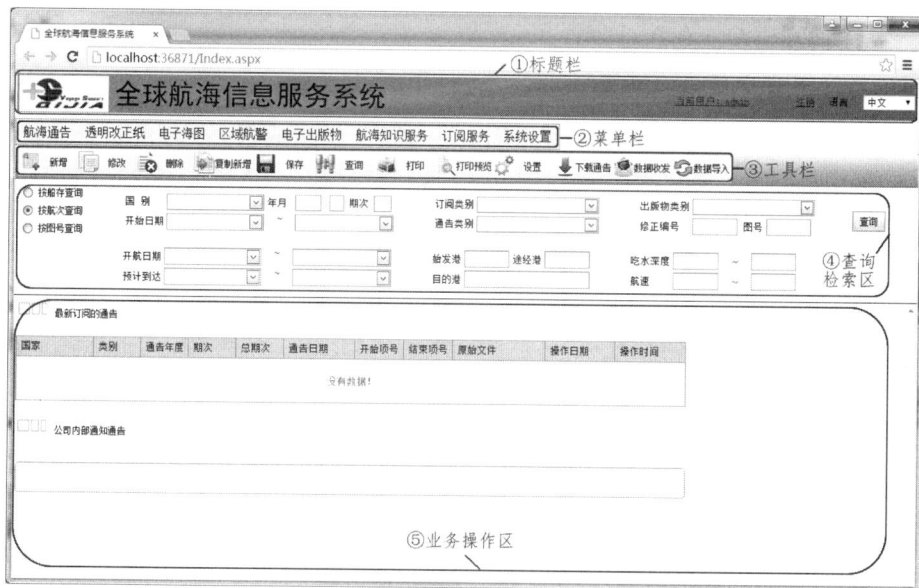

图 7-133 航海通告子菜单

航海通告子菜单各菜单功能如表 7-25 所示。

表 7-25 航海通告子菜单各菜单功能

菜单组	菜单	功能说明
I 组	中国海事局航保中心	查看"中国海事局航保中心"下最近的航海通告信息，包括下载日期，是否已经解析入库。如果该航海通告对应 PDF 文件，则可以查看 PDF 文件的原始内容
	中国海军航保部	同中国海事局航保中心的功能描述一样，查看"中国海军航保部"下最近的航海通告信息，查看对应的 PDF 文件
	英国	查看"英国"下最近的航海通告信息，查看对应的 PDF 文件
	美国	查看"美国"下最近的航海通告信息，查看对应的 PDF 文件
	日本	查看"日本"下最近的航海通告信息，查看对应的 PDF 文件
	澳大利亚	查看"澳大利亚"下最近的航海通告信息，查看对应的 PDF 文件
	新西兰	查看"新西兰"下最近的航海通告信息，查看对应的 PDF 文件
	印度	查看"印度"下最近的航海通告信息，查看对应的 PDF 文件
	加拿大	查看"加拿大"下最近的航海通告信息，查看对应的 PDF 文件
II 组	按船存订阅	对各国航海通告的图号进行订阅。订阅到期后，系统自动提示船终端是否继续订阅
	按航次订阅	针对船终端的某个航次进行航海通告图号的订阅
	按图号订阅	针对个别图号进行订阅，订阅到期后，该订阅即告完成

（3）透明改正纸子菜单

透明改正纸子菜单分为两组，如图7-134所示。

第一组为透明改正纸所涉及的5个国家或单位。针对透明改正纸的5个国家或单位，查看该国家或单位下最新透明改正纸、透明改正纸的状态及内容。

第二组为透明改正纸的订阅，包括按船存订阅、按航次订阅和按图号订阅。

图7-134　透明改正纸子菜单

透明改正纸子菜单各菜单功能如表7-26所示。

表7-26　透明改正纸子菜单各菜单功能

菜单组	菜单	功能说明
Ⅰ组	中国海事局航保中心	查看"中国海事局航保中心"下最近的透明改正纸修正信息，包括下载日期，是否已经解析入库。如果该透明改正纸对应PDF文件，则可以查看PDF文件的原始内容
	英国	同"中国海事局航保中心"一样，查看"英国"下最近的透明改正纸信息，查看对应的PDF文件
	日本	查看"日本"下最近的透明改正纸信息，查看对应的PDF文件
	澳大利亚	查看"澳大利亚"下最近的透明改正纸信息，查看对应的PDF文件
	印度	查看"印度"下最近的透明改正纸信息，查看对应的PDF文件
Ⅱ组	按船存订阅	对各国透明改正纸的图号进行订阅。订阅到期后，系统自动提示船终端是否继续订阅
	按航次订阅	针对船终端的某个航次进行透明改正纸图号的订阅
	按图号订阅	针对个别图号进行订阅，订阅到期后，该订阅即告完成

（4）电子海图子菜单

电子海图子菜单分为两组，如图7-135所示。

图7-135 电子海图子菜单

第一组为电子海图所涉及的5个国家或单位。针对电子海图的5个国家或单位，查看该国家或单位下最新电子海图及其状态。

第二组为电子海图的订阅，包括按船存订阅、按航次订阅和按图号订阅。

电子海图子菜单各菜单功能如表7-27所示。

表7-27 电子海图子菜单各菜单功能

菜单组	菜单	功能说明
I 组	中国海事局航保中心	查看"中国海事局航保中心"下最近的电子海图信息，包括下载日期，是否已经解析入库
	英国	查看"英国"下最近的电子海图信息
	美国	查看"美国"下最近的电子海图信息
	日本	查看"日本"下最近的电子海图信息
	澳大利亚	查看"澳大利亚"下最近的电子海图信息
II 组	按船存订阅	对各国电子海图的图号进行订阅。订阅到期后，系统自动提示船终端是否继续订阅
	按航次订阅	针对船终端的某个航次进行电子海图图号的订阅
	按图号订阅	针对个别图号进行订阅，订阅到期后，该订阅即告完成

（5）区域航警子菜单

区域航警子菜单分为两组，如图 7-136 所示。

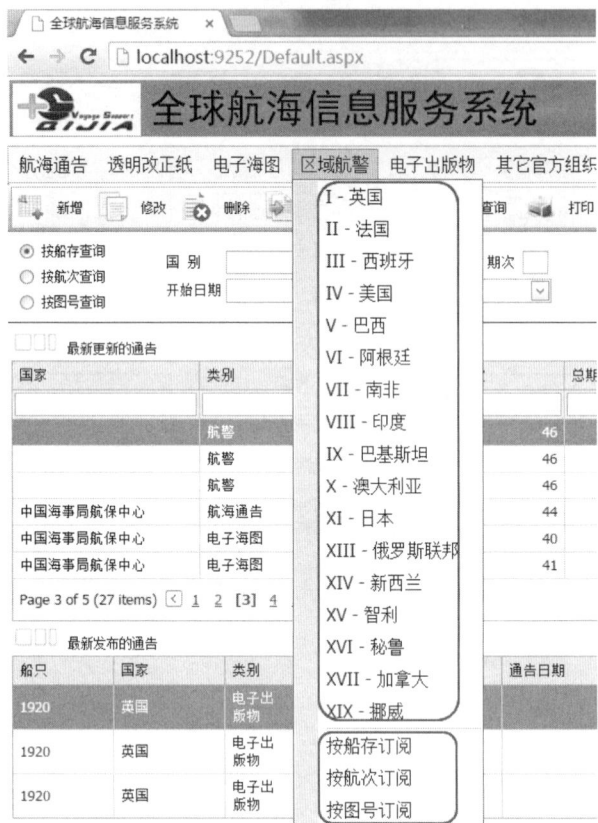

图 7-136　区域航警子菜单

第一组为区域航警所涉及的 17 个国家。针对这 17 个国家，查看其最新区域航警数据，及其区域航警的状态。

第二组为区域航警的订阅，包括按船存订阅、按航次订阅和按图号订阅。

区域航警子菜单各菜单功能如表 7-28 所示。

（6）电子出版物子菜单

电子出版物子菜单分为两组，如图 7-137 所示。

表 7-28 区域航警子菜单各菜单功能

菜单组	菜单	功能说明
I 组	I– 英国	查看航警区域 "I– 英国" 下最近的航警信息，包括下载日期，是否已经解析入库。同时可以查看该航警的原始内容，即 HTML 文件
	II– 法国	同 "I– 英国" 一样，查看 "II– 法国" 下最近的区域航警信息，并查看对应的 HTML 文件
	III– 西班牙	查看 "III– 西班牙" 下最近的区域航警信息，并查看对应的 HTML 文件
	IV– 美国	查看 "IV– 美国" 下最近的区域航警信息，并查看对应的 HTML 文件
	V– 巴西	查看 "V– 巴西" 下最近的区域航警信息，并查看对应的 HTML 文件
	VI– 阿根廷	查看 "VI– 阿根廷" 下最近的区域航警信息，并查看对应的 HTML 文件
	VII– 南非	查看 "VII– 南非" 下最近的区域航警信息，并查看对应的 HTML 文件
	VIII– 印度	查看 "VIII– 印度" 下最近的区域航警信息，并查看对应的 PDF 文件
	IX– 巴基斯坦	查看 "IX– 巴基斯坦" 下最近的区域航警信息，并查看对应的 HTML 文件
	X– 澳大利亚	查看 "X– 澳大利亚" 下最近的区域航警信息，并查看对应的 HTML 文件
	XI– 日本	查看 "XI– 日本" 下最近的区域航警信息，并查看对应的 HTML 文件
	XIII– 俄罗斯联邦	查看 "XIII– 俄罗斯" 下最近的区域航警信息，并查看对应的 PDF 文件
	XIV– 新西兰	查看 "XIV– 新西兰" 下最近的区域航警信息，并查看对应的 HTML 文件
	XV– 智利	查看 "XV– 智利" 下最近的区域航警信息，并查看对应的 HTML 文件
	XVI– 秘鲁	查看 "XVI– 秘鲁" 下最近的区域航警信息，并查看对应的 HTML 文件
	XVII– 加拿大	查看 "XVII– 加拿大" 下最近的区域航警信息，并查看对应的 HTML 文件
	XIX– 挪威	查看 "XIX– 挪威" 下最近的区域航警信息，并查看对应的 HTML 文件
II 组	按船存订阅	对各国区域航警的图号进行订阅。订阅到期后，系统自动提示船终端是否继续订阅
	按航次订阅	针对船终端的某个航次进行区域航警图号的订阅
	按图号订阅	针对个别图号进行订阅，订阅到期后，该订阅即告完成

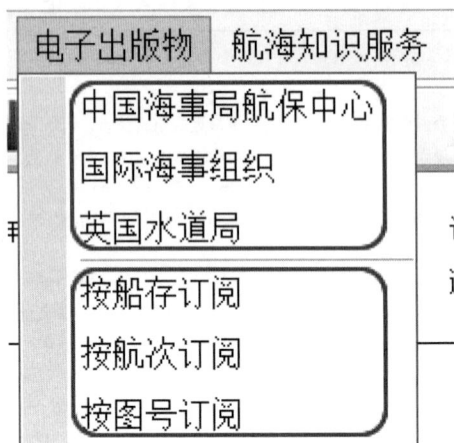

图 7-137　电子出版物子菜单

第一组为电子出版物所涉及的三个单位或组织。针对电子出版物的三个单位或组织，查看该单位或组织下最新电子出版物及其状态。

第二组为电子出版物的订阅，包括按船存订阅、按航次订阅和按图号订阅。

电子出版物子菜单各菜单功能如表 7-29 所示。

表 7-29　电子出版物子菜单各菜单功能

菜单组	菜单	功能说明
Ⅰ组	中国海事局航保中心	查看"中国海事局航保中心"下最近的电子出版物信息，包括下载日期，是否已经解析入库
	国际海事组织	查看"国际海事组织"下最近的电子出版物信息
	英国水道局	查看"英国水道局"下最近的电子出版物信息
Ⅱ组	按船存订阅	对各国电子出版物的书号进行订阅。订阅到期后，系统自动提示船终端是否继续订阅
	按航次订阅	针对船终端的某个航次进行电子出版物的书号的订阅
	按图号订阅	针对个别书号进行订阅，订阅到期后，该订阅即告完成

（7）订阅服务子菜单

后台服务系统完成通告的解析，接受船终端对图号或书号的订阅。

订阅服务子菜单分为三个菜单，分别为按船存订阅、按航次订阅、按图号订阅（见图7–138）。此处订阅服务的三个子菜单，其功能为通用订阅，可以完成所有类别通告的订阅。

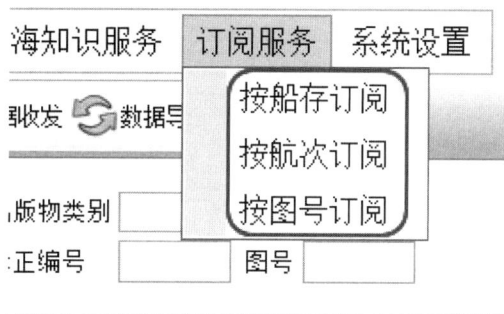

图7–138　订阅服务子菜单

（8）系统设置子菜单

系统设置子菜单完成对系统基础档案等的设定，是进行航海通告日常业务操作的基础。在船终端，只有一项功能，即"船航线管理"（见图7–139）。

图7–139　系统设置子菜单

（9）系统工具栏

系统工具栏提供一系列工具按钮，可以通过这些工具按钮对"业务操作区"进行业务操作。尽管也能通过其他方式完成这些操作，但是工具栏按钮提供的是一种快捷操作的模式（见图7–140）。

图7–140　系统工具栏

从图7-140中可以看出，系统工具栏按钮分为四组，各按钮的功能说明如表7-30所示。

表7-30　系统工具栏按钮功能说明

菜单组	菜单	功能说明
I组	新增	当操作区为二维表格时，新增一条记录
	修改	修改二维表格中的选中记录
	删除	删除二维表格中的选中记录
	复制新增	新增一条记录，但新增记录的内容默认从现有记录中复制而来
II组	保存	保存二维表格的新增和修改操作
	查询	显示/隐藏航海通告更新数据的查询条件
III组	打印	对当前页面业务操作区的内容进行打印，即对二维表格操作，打印二维表格的内容；对航海通告的PDF操作，打印PDF的内容
	打印预览	对当前页面业务操作区的内容进行打印预览
	设置	进行打印设置
IV组	下载通告	从网站下载最新的航海通告数据，包括航海通告、透明改正纸、区域航警等
	数据收发	与船终端进行数据通信，接收船终端订阅数据，发送服务端设置的基础数据，以及发送终端订阅图号的最新更新数据
	数据导入	当邮件收发与系统运行不在同一台机器（同一个局域网络）时，通过本按钮将邮件接收到的文件导入系统

（10）查询检索区

在查询检索区，显示查询检索条件，用于对完成解析的航海通告更新数据的查询。系统只能通过此处的"查询检索"才能查看某一图号或书号的详细更新信息（见图7-141）。

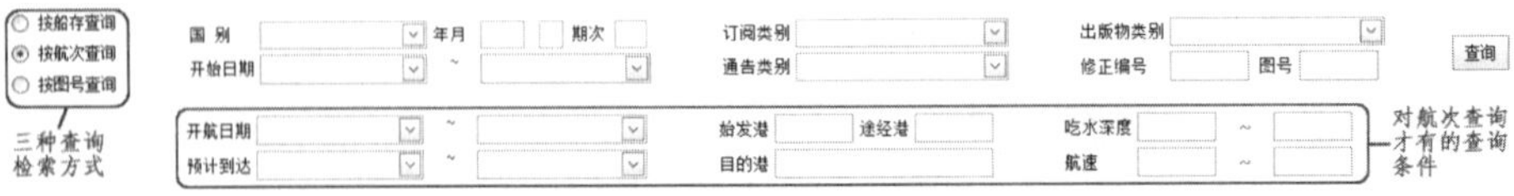

图7-141　查询检索区

由图 7-141 可见，系统提供三种查询方式，分别是：按船存查询、按航次查询、按图号查询。这分别对应"订阅服务"的三种订阅模式。

其中，图 7-141 下方的查询条件均只对"按航次查询"有效。即对"按船存查询"和"按图号查询"，显示查询条件如图 7-142 所示（此种情况下并不包括与航次相关的查询条件）。

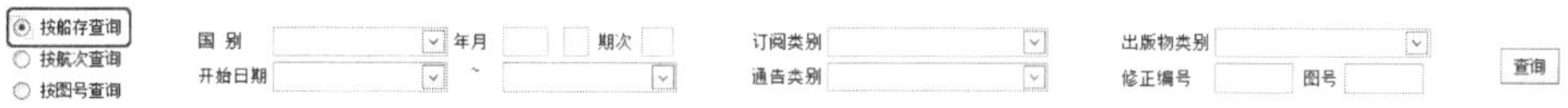

图 7-142　按船存查询功能

可以通过工具栏的"查询"按钮，隐藏（或显示）本区域的查询检索条件。在一定的情况下，可以为"业务操作区"提供更大的操作空间（屏幕空间）。

（11）业务操作区

业务操作区是进行日常业务操作的区域，包括针对航海通告的相关操作和系统设置操作。

用户成功登录系统，在进行任何菜单和工具栏的操作前，首先显示在业务操作区的是与航海通告相关的操作日志。此时的操作区称为"桌面"，在操作区默认显示的内容称为"桌面内容"（见图 7-143）。

图 7-143　业务操作区

可见，系统桌面显示两大块内容，分别是"最新更新的通告"和"公司内部通知通告"。其中，最新更新的通告显示最新从总部获得的通告的更新信息，以及该更新信息是否已经成功导入数据库。公司内部通知通告显示公司内部贴出的电子公告，方便所有用户知悉。本项功能与业务无直接关联。

（12）二维表格通用操作

对业务操作区的二维表格，系统提供一系列的通用操作（见图7-144）。

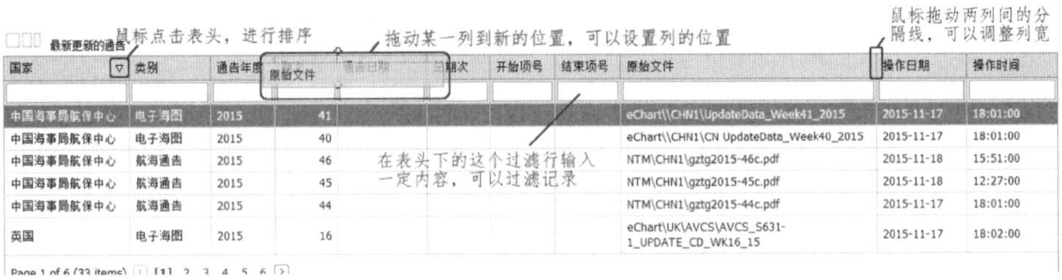

图7-144　二维表格通用操作

由图7-144可见，这些通用操作包括过滤、排序、列宽调整、列位置调整等。

（13）数据通信通用操作

后台服务系统与船终端有定期通信操作，接收船终端的图号/书号订阅，以及发布通告更新数据给船终端等。

由于后台服务系统与船终端没有直接的网络连线方式，两者的通信均通过电子邮件来实现。

系统定期自动在后台服务系统与船终端系统间进行数据通信，每次进入后台服务系统时会通信一次，然后在特定的时间周期后再重复执行。每两次执行的间隔由系统参数"下载航海通告自动解析侦测周期（分钟）"决定。

如果在下一个执行周期尚未到来时需要进行数据通信，则可以通过点击工具栏的"数据收发"按钮进行临时性的数据通信。

后台服务系统与船终端数据通信的内容如下。

第一，接收船终端发送（邮件）过来的订阅数据，以及船航次档案数据，同时将接收的数据导入后台服务系统的数据库。当接收邮件的计算机与系统不在一个网络，不能直接将接收到的数据导入数据库时，则需要将接收到的邮件附件（OrderData*.zip）拷贝到后台服务系统服务器的指定目录（通常为"orderPathReceive"，该目录在系统参数中的"航海通告订阅数据接收路径"参数进行设定），然后通过工具栏的"数据导入"按钮将接收文件中的数据导入数据库。

第二，打包要发送给船终端的终端订阅的图号／书号更新信息，并将其发送给船终端。同样，当发送邮件的计算机与系统不在一个网络，不能直接将系统打包的文件（NTMData*.zip、TracingData*.zip、EChartData.zip、NavAreaData.zip、EPubData.zip 等，分别对应要发布的航海通告、透明改正纸、电子海图、区域航警、电子出版物的更新信息）发送给船终端时，则需要将该打包文件拷贝到后台服务系统服务器的指定目录（通常为"intermPdfSend"，该目录在系统参数中的"发布航海通告临时压缩路径"参数进行设定），然后通过工具栏的"数据收发"按钮将打包文件以附件的形式发送给船终端。

第三，打包在后台服务系统输入的基础档案信息，并将其发送给船终端。这些基础档案包括：各种类别航海通告的图号／书号档案，船只数据（船东、船舶管理人、船只终端、船行线档案等），以及在后台服务系统中帮助船终端输入的图号／书号订阅信息等。同样，当发送邮件的计算机与系统不在一个网络，不能直接将基础档案的打包文件（BaseData*.zip）发送给船终端时，则需要将该打包文件拷贝到后台服务系统服务器的指定目录（通常为"intermPdfSend"，该目录在系统参数中的"发布航海通告临时压缩路径"参数进行设定），然后通过工具栏的"数据收发"按钮将打包文件以附件的形式发送给船终端。

（14）日常业务操作

系统将航海通告分成以下几类：航海通告、透明改正纸、电子海图、电子出版物。其中，"航海通告"即对应现有的纸质通告，该分类同时对应"查询检索"区域中的"订阅类别"设置（见图7-145）。

"航海通告"可进一步分为以下几类，包括海图、航警、出版物，对应"查询检索"区域中的"通告类别"设置（见图7-146）。

其中，"海图"和"出版物"是纸质海图和纸质出版物。

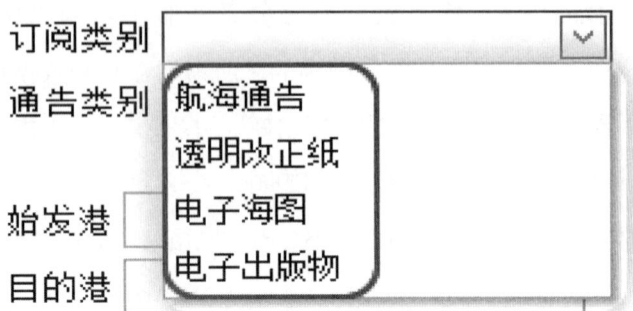

图 7-145　订阅类别

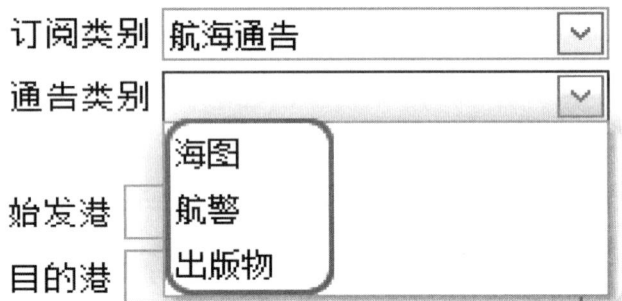

图 7-146　通告类别

纸质出版物又可以进一步分为以下四类，包括航路指南、灯标雾号表、无线信号表、其他出版物，对应"查询检索"区域中的"出版物类别"设置（见图 7-147）。

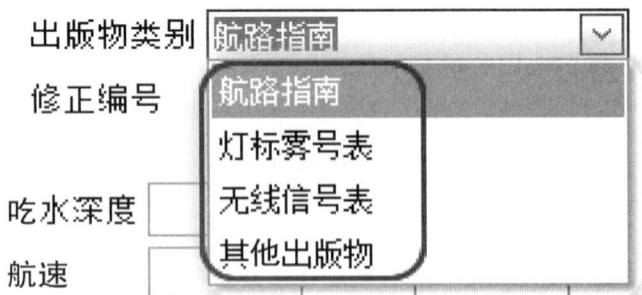

图 7-147　出版物类别

电子出版物又可以进一步分为以下三类，包括 ADC、ADP、ENP。对应"查询检索"区域中的"出版物类别"设置。

从菜单功能上看，上述针对航海通告的分类包括航海通告、透明改正纸、电子海图、电子出版物，分别对应系统菜单的航海通告、透明改正纸、电子海图、电子出版物。对于航警，系统将其独立成一个功能菜单"区域航警"，范围扩大为包含 17 个航警区域的内容。

无论航海通告、透明改正纸、电子海图、区域航警、电子出版物中哪种通告类别，日常作业都包含以下流程：通告订阅—订阅发送（给总部）—接收更新数据—查询检索（图号或书号）。

（15）航海通告订阅服务

订阅服务通常由船终端操作，操作完成的订阅内容（图号／书号）再传送到后台服务系统。

对通告（图号／书号）的订阅分三种方式：按船存订阅、按航次订阅、按图号订阅。分别对应"订阅服务"菜单下的三个子菜单（见图 7-148）。

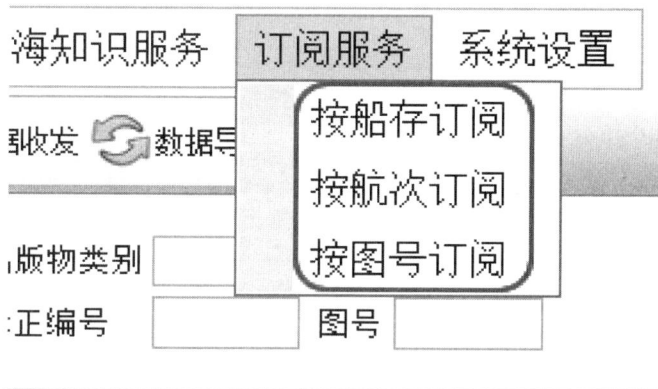

图 7-148　订阅服务

三种订阅方式的说明如表 7-31 所示。

表 7-31　订阅方式说明

菜单	功能说明
按船存订阅	对通告的图号／书号进行订阅。一个订阅周期结束后，系统自动提示船终端是否继续订阅
按航次订阅	针对船终端的某个航次进行通告的图号／书号的订阅
按图号订阅	针对个别图号／书号进行订阅，订阅到期后，该订阅即告完成

（16）按船存订阅

点击菜单"按船存订阅"，显示已经完成输入的订阅清单（见图7-149）。

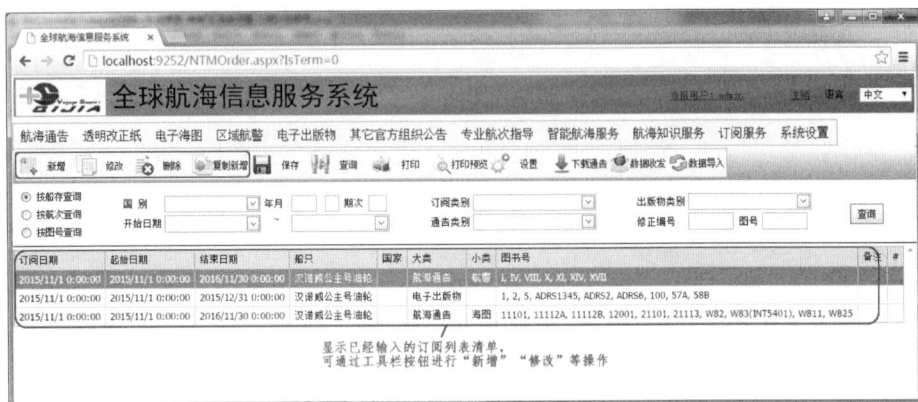

图7-149　按船存订阅

对上述列表清单，可以通过工具栏上的工具按钮进行订阅的"新增""修改""删除"等操作，图7-150为新增按船存订阅操作界面。

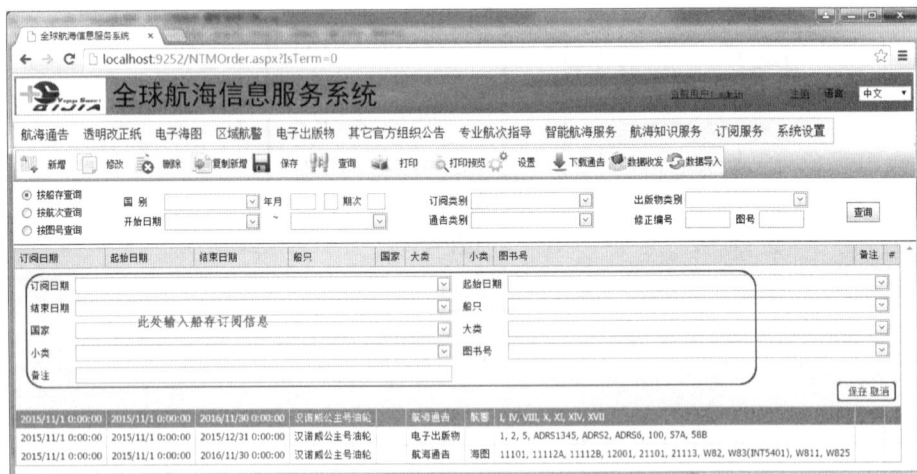

图7-150　新增按船存订阅操作界面

此处订阅服务的三个菜单，其功能与菜单"航海通告""透明改正纸""电子海图""区域航警""电子出版物"下的三个订阅子菜单实现相同的功能，唯一的区别是后者的订阅分别只能进行一个类别的订阅，即分别对应"航海通

告""透明改正纸""电子海图""区域航警""电子出版物"的订阅。而此处为
通用订阅，可以完成所有类别通告的订阅，图 7-151 为"航海通告"菜单下的
"船存订阅"。

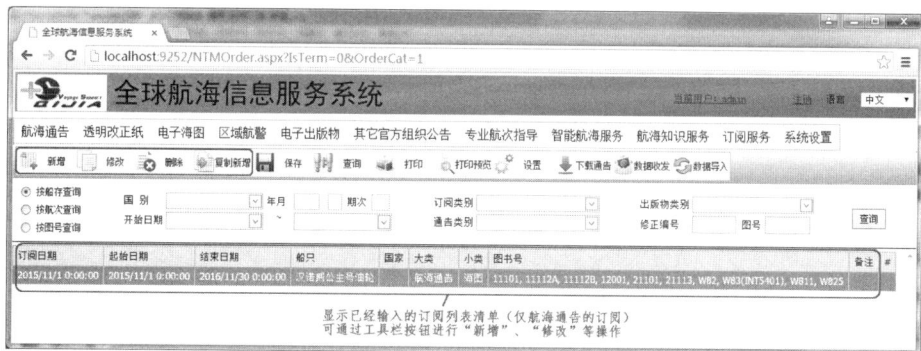

图 7-151　"航海通告"菜单下的"船存订阅"

可见，"航海通告"菜单下的"船存订阅"只能看到航海通告的订阅内容。同样，
当新增时，也只能进行"航海通告"类的图号订阅。此时订阅的大类别和小类别都已
经进行了默认的输入（见图 7-152）。

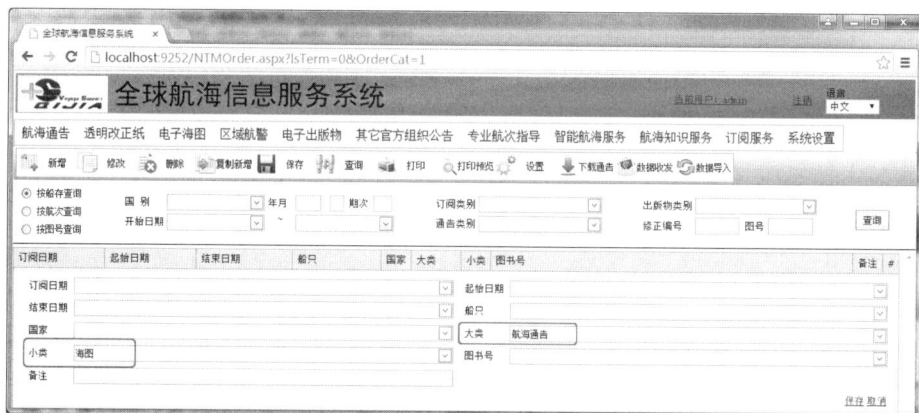

图 7-152　航海通告操作界面

同样，"透明改正纸""电子海图""区域航警""电子出版物"菜单下的"船存订
阅"，也只能分别订阅"透明改正纸"的图号、"电子海图"的图号、"区域航警"的

区域号、"电子出版物"的书号。图7-153为"透明改正纸"菜单下的"船存订阅"，其中大类一栏已经做了默认的输入（即"透明改正纸"）。

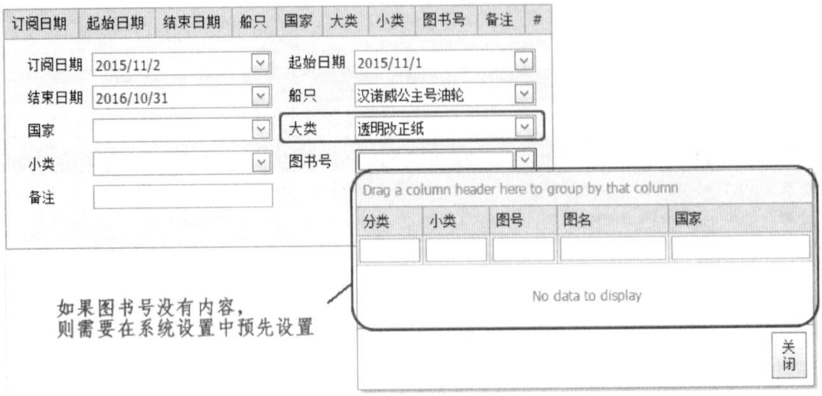

图7-153 "透明改正纸"菜单下的"船存订阅"

执行上述操作时应注意两个问题。一是在订阅服务的订阅操作过程中，图书号只能通过下拉框进行选择，不能直接用键盘输入。图7-153中，图书号的下拉框内容为空，表示"透明改正纸"的图号档案还没有建立，必须先到"系统设置"菜单的"基础资料管理"子菜单中进行设定。二是如果有通告，其更新日期不在订阅的"起始日期"和"结束日期"范围之内，则该通告对应的图号或书号修正内容是不会发布给船终端的，因此船终端也无法查询检索到相应的更新内容。

（17）按航次订阅

点击菜单"按航次订阅"，显示已经完成输入的航次订阅清单（见图7-154）。

可见，"按航次订阅"与"按船存订阅"的区别在于前者包含"航次"信息（航次编号）。

同样，对上述航次订阅的列表清单，可以通过工具栏上的工具按钮进行订阅的"新增""修改""删除"等操作。图7-155为新增按航次订阅操作界面。

航次相关信息在"系统设置"菜单下的"船公司管理"子菜单下进行设置。

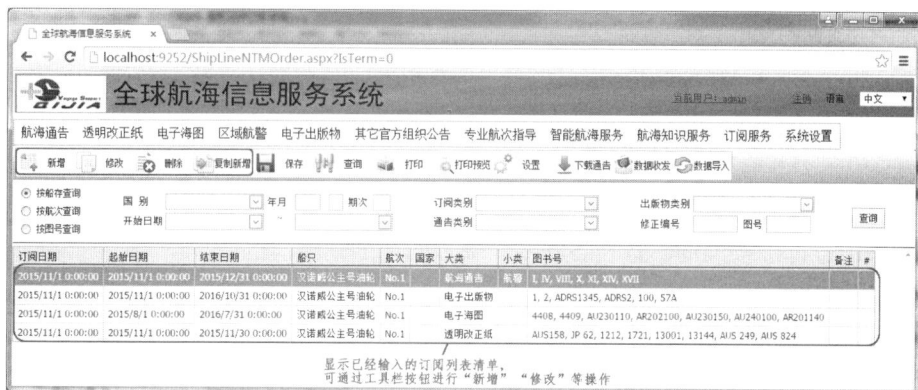

图 7-154　按航次订阅

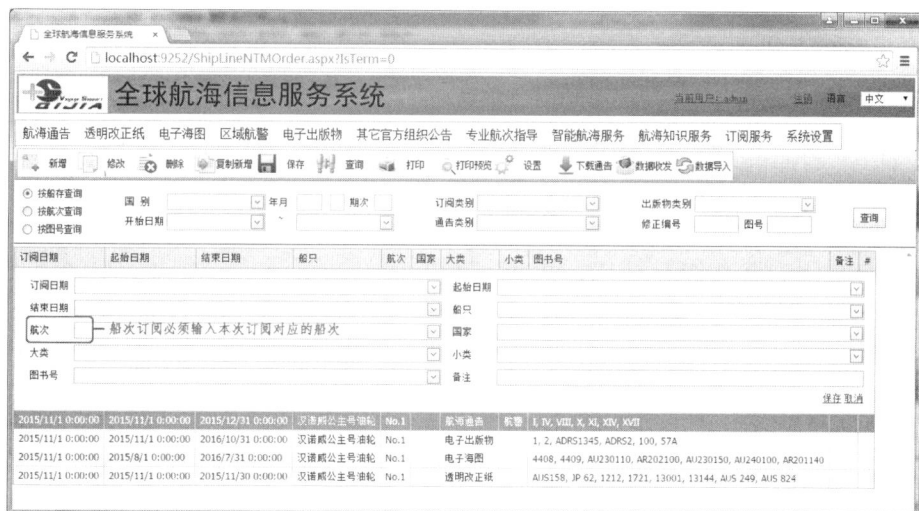

图 7-155　新增按航次订阅操作界面

（18）按图号订阅

"按图号订阅"与"按船存订阅"的界面内容和操作方式均相同，唯一的区别是后者对应的日期区间结束后，不存在续订的情况。

（19）订阅数据的通信

船终端输入的订阅内容，必须传送到后台服务系统才能生效。同样，后台服务系统（代船终端）输入的订阅内容也要回传给船终端。这就涉及后台与船终端两者的订阅数据传送。

后台服务系统在后台会周期性地向船终端发送数据，其执行频次与航海通告的下载、解析是同步的。

点击工具栏的"数据收发"按钮，可以手动将订阅数据传送到船终端。

（20）航海通告更新内容的查询

船终端通过邮件接收订阅图号或书号的最新更新数据，并将其导入系统。用户即可在系统中进行检索查询，查看各图号 / 书号的详细更新情况。

（21）终端接收订阅数据

同样，在船终端系统，点击工具栏的"数据收发"按钮，系统将自动接收由总部后台服务系统发送过来的订阅图号或书号的更新数据。

数据收发完毕后，用户可以进入相应的邮箱查看邮件收发情况，进行系统的验证。接收到的基础数据，则存放在终端本地路径的"intermPDFReceive"目录下（该目录在系统参数中设定）。

（22）查看通告的更新内容

在"查询检索区"，点击"按船存查询"，系统出现船存查询的查询条件。继续点击右侧的"查询"按钮，查询订阅的图号或书号的详细更新内容（见图7-156）。

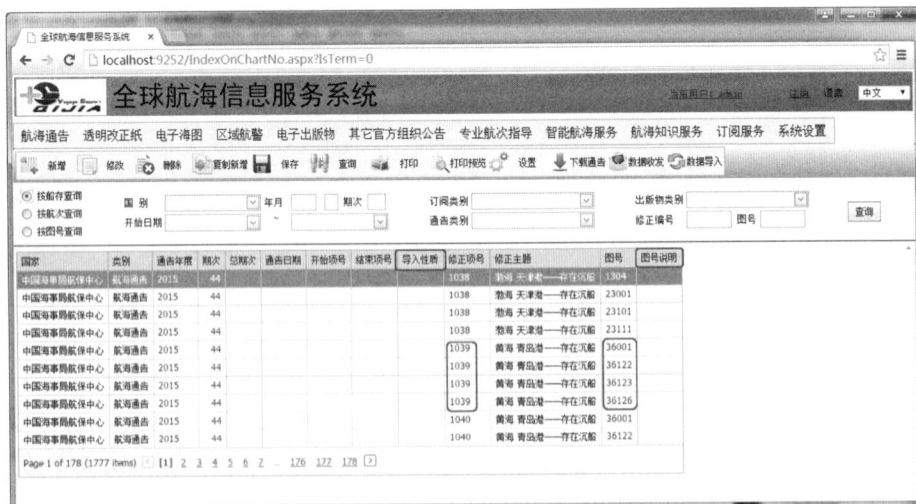

图7-156　查看通告的更新内容示例

如果要看某一图号通告修正的详细内容，在查询结果中用鼠标双击相应的记录，则系统通过弹出窗口显示对应的 PDF 文件（或 HTML）文件，并且定位到双击记录的图号和修正编号对应的页。

图 7-157 是在查询检索结果中，对修正编号为"1039"、图号为"36001"的记录双击的结果，PDF 文件中显示了该修正编号的详细修正内容。

图 7-157 修正内容示例

对图 7-157 的 PDF 浏览窗口，可以进一步进行页面的"缩放"和翻页（"上一页""下一页"）操作。

（23）系统设置操作

对船终端，"系统设置"菜单下只有一项功能，即"船航次管理"。船航次管理建立船只终端的航次信息，这是"按船次订阅"和"按船次查询"的基础。

点击菜单"船航次管理"，系统显示已经完成输入的航次清单（见图 7-158）。

对上述列表清单，可以通过工具栏上的工具按钮进行航次的"新增""修改""删除"等操作，图 7-159 为新增船航次操作界面。

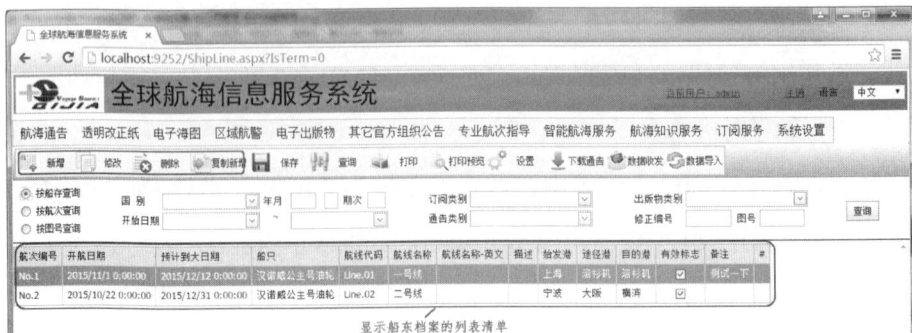

图 7-158　船航次管理

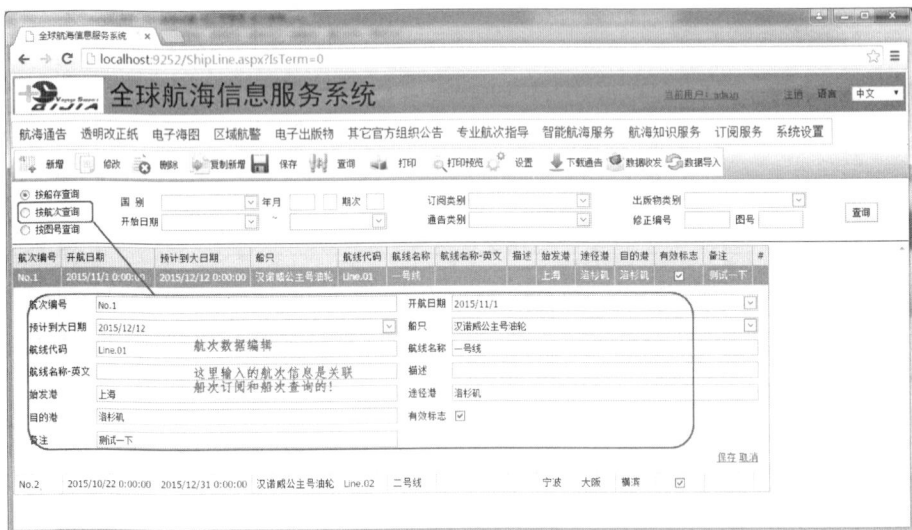

图 7-159　新增船航次操作界面

同样，这里输入的船航次信息多数会作为航海通告的查询检索条件出现在系统界面的"查询检索区"。因此，这些信息也是"按航次订阅"的基础。

船航次信息即可以由船终端输入，也可以由后台服务系统输入。任何一方输入后，都会通过"数据收发"同步到对方的系统。

2. 产品特点

"全球航海信息服务系统"将逐步实现三个目标：第一，通过软件技术的应用，实现船上工作模块的智能化，旨在减轻岗位人员的工作负担；第二，通过物联网概念的应用，实现相关工作模块及设备的融合与关联，旨在提升船上工作的智能化水平，为船员创造友好的工作环境，塑造船员职业归属感；第三，通过互联网概念的应用，实现船岸数据的同步，旨在保障船舶的航行安全。"海图资料及航警更新／改正"工具软件便是该系统第一个目标、第一个工作模块的第一个产品。随着其他模块工具软件的测试与应用，船上工作会变得更加便捷，船运人工成本会大幅降低，航运也会更加安全。

三 运营模式、盈利模式

（一）运营模式

1. 知识众筹，价值分享

平台建设以"知识众筹，价值分享"为理念，多方协作共同进行项目建设，历时三年时间，参与项目建设的合作单位共计20余家（见表7-32）。

表7-32 航海平台合作单位

序号	单位名称
1	交通运输部海事局
2	交通运输部水运局
3	东海航海保障中心
4	上海海图中心
5	中国海事服务中心考试中心
6	上海齐家赛弗船舶技术有限公司
7	北京博云易讯科技有限公司
8	北京思佳信达技术有限公司
9	中远网络（北京）科技有限公司
10	大连天维理工信息研究所
11	中国海员建设工会
12	北京华洋峻峰信息工程股份公司
13	北京帕特瑞曦科技有限公司
14	北京诚达誉高文化发展有限公司
15	北京欣博友数据科技有限公司
16	北京市中天龙昌文化传播有限公司
17	北京艺豪轩科技有限公司
18	佛山市雪人计算机有限公司
19	阿里云计算有限公司
20	上海海事大学研究生院
21	青岛远洋船员职业学院

这些合作单位分为两大类：一是项目共同建设方；二是项目成果应用方。项目共同建设方包括技术公司、行业专家团队、数据加工公司、数据校对公司等。项目成果应用方包括政府机构、事业单位、国内企业等。

通过多方合作，整个平台项目在行业内受到了高度的认可。同时，平台也得到了迅速地推广应用，获得了良好的经济效益。

2. 借助专家团队

水运出版中心自2001年开始，连续16年举办专家沙龙，通过设定主题，激发专家的创意，汲取专家的行业经验，经过专家的评测与分析，去粗取精，使得水运出版中心的图书策划、数字产品策划水平达到一个新的高度。专家系统之所以非常重要，是因为每个专家背后都有一个行业团队在做支撑，只有经过行业专家以及背后团队的评测与分析，才能策划出既与国际形势接轨，又不脱离企业实践的图书或者数字产品。

（二）盈利模式

截至项目验收前，平台的知识库和应用系统已实现合同额500余万元。

1. 知识树建设取得的经济效益情况

平台知识树建设取得的经济效益情况见表7-33。

表7-33　知识树建设取得的经济效益情况

单位：万元

名称	合同金额
航海技术知识库	48
海船船员岗位职责与操作规程知识库	30
航海英语视听说视频知识库	3
"海上丝路"走出去——港口工程建设标准知识库（中译英）	102
"海上丝路"引进来——中国沿海航行指南知识库（英译中）	39
海员百科知识库	12
海事海商案例知识库	46
全球航海气象数据资源库	20
全球潮流潮汐数据资源库	20
全球航警信息数据资源库	10
合计	330

2. 应用图建设取得的经济效益情况

平台应用图建设取得的经济效益情况见表7-34。

表7-34　应用图建设取得的经济效益情况

单位：万元

名称	合同金额
航海安全法律法规标准数据维护与发布系统	20
海事法规汇编数据维护与发布系统	20
渔船检验法律法规标准数据维护与发布系统	15
水运工程建设标准数据维护与发布系统	140
直属海事系统人事管理法律法规数据维护与发布系统	15
合计	210

四　采用相关标准情况

平台采用相关标准情况见表7-35。

表7-35　平台采用相关标准情况

序号	名称	功能
1	交通科技电子图书分类标准规范	
2	交通科技电子图书结构标准规范	
3	交通科技电子图书元数据标准规范	
4	媒体素材资源技术规范	
5	素材资源应用类型词汇表	对各类内容资源及产品的生产、加工、购置、验收提出规范及准则，确保产品、过程和服务能够符合需要
6	微课技术要求	
7	电子教材技术要求	
8	元数据规范	
9	资源购置及委托制作价格标准	
10	资源验收文档	

第二十八节　海峡出版发行集团[*]

一　产品名称、简介、市场定位、服务对象

1. 产品名称

孕婴童知识服务平台

2. 产品简介

打造"互联网＋孕婴童专业"知识服务工程，基于解决新手父母从怀孕到孩子3岁这段时间的养育、教育、护理、心理、家庭等方面的困惑和疑虑，通过标准化内容、结构化分析、数据化处理，最终实现基于海量专业内容的智能化服务平台，完成从传统出版服务到数字内容资源智能知识服务的高效转变。工程分三个阶段完成：第一阶段是人工智能咨询服务平台，第二阶段是知识资源整合营销服务平台，第三阶段是数字内容社交大数据平台。

3. 市场定位

新手父母及幼儿年龄在0~3岁的父母。

4. 服务对象

孕妇：给怀孕妈妈以贴心的内容服务，智能匹配专业内容单元，提供给用户视频、音频以及图文类型的解决方案。

新手父母：致力于为父母提供最需要的各类资讯与服务，并与时俱进，推出更多方便父母养育具有竞争力的下一代的工具，成为新时代父母贴心的朋友与顾问，全方位、多角度地呵护新手妈妈的孕产全过程，方便快捷地指导年轻父母养育健康宝宝。

科研机构：通过内容的积累并结合智能化处理用户自然语言，精确分析用户的咨询需求，以产生母婴年龄段的数据分析。

母婴市场周边产品：通过热门检索和用户行为对突发事件进行舆情分析，进而推测出市场预期。

---

[*] 撰稿人：海峡出版发行集团王枢昊。

二 知识服务技术架构

1. 技术架构

孕婴童知识服务平台对集团旗下自出版的《好孕妈妈》杂志及台湾《孕生活》提供的文章或资料进行分类、标签、索引等操作。同时借助精准搜索引擎和自然语言分析模块、分词组件、文本分类组件及文本摘要组件之间的相互作用，对内容进行处理，为客户端及社交媒体平台提供丰富的内容资源（见图7-160）。

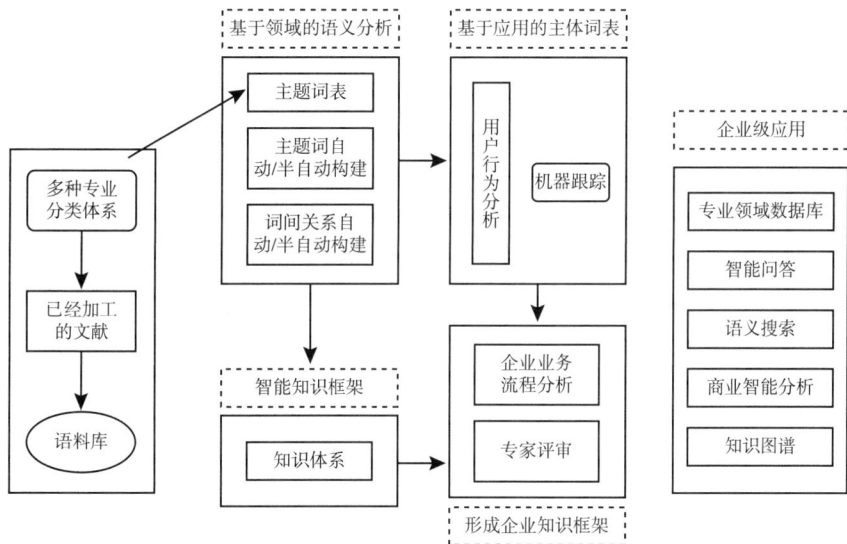

图7-160 孕婴童知识服务平台技术架构

2. 部署方案

如图7-161所示，为提高网站性能，提高计算效率、响应速度及运营效率，主要按如下思路进行系统架构规划设计。

（1）四层交换负载均衡：采用LVS来实现软件的负载均衡。

（2）通过第三方软件来实现负载均衡，同时实现页面请求的缓存。

（3）数据存储的设计思路：数据库拆分，把生产数据库和查询数据库分离。

（4）在不同运营商机房部署服务器，通过镜像技术来解决不同网络服务商的接入速度问题。

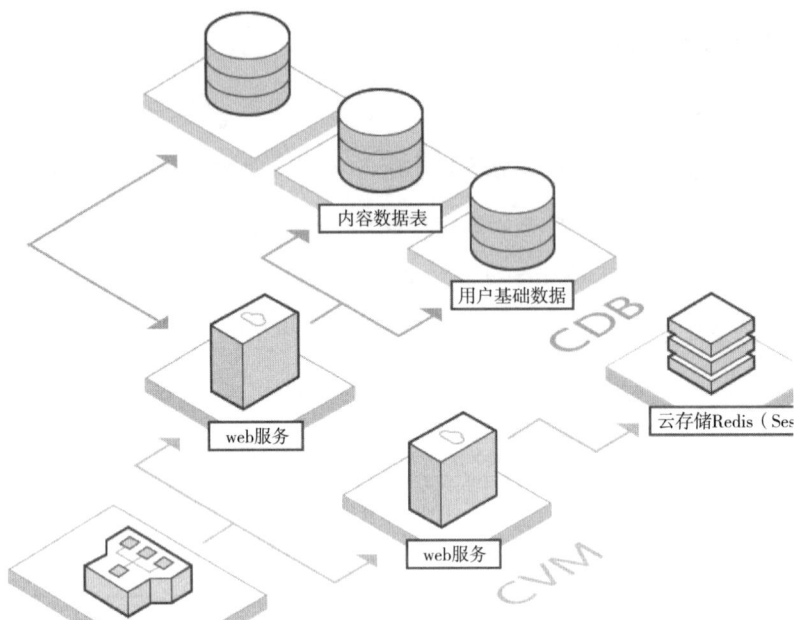

图 7-161　孕婴童知识服务平台部署方案

三　产品架构、典型产品功能及特点

1.　产品架构

孕婴童知识服务平台产品架构如图 7-162 所示。

知识资源建设模块是平台最核心的部分。知识资源建设以数字化结构加工为起点，先把纸本和现有的数字化内容整合到内容资源库中，再依据某一个具体领域进行知识体系构建，随后根据知识库里面的条目对内容资源库进行结构化知识加工，最终形成知识化资源库，供其他模块使用。

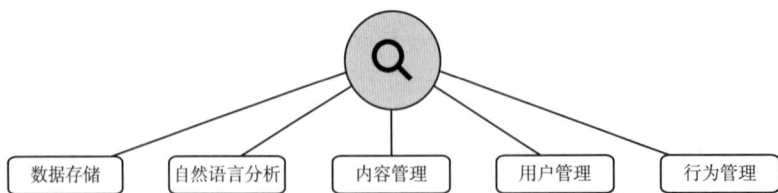

图 7-162　孕婴童知识服务平台产品架构

2.　典型产品功能及特点

（1）产品功能及使用场景

孕婴童教育、数据库查询服务单向需求、咨询服务双向交互、智能问答智能交互。

（2）产品特点

盘活存量内容资源与互联网资源的再利用；用新的技术代替人工行为；传统搜索基本依赖于人工标引及全文关键字匹配，但是随着技术的不断更新，某一个领域的分词算法及自然语言分析日渐成为主流；编辑只需要花少量的时间对机器标引进行调整及校对，减轻了工作量。

四　运营模式、盈利模式

1. 运营模式

借助《好孕妈妈》杂志及线上媒体把内容服务推送给上亿的用户，打造更具影响力的品牌形象，构建与读者之间更好的沟通方式，提升粉丝数。

2. 盈利模式

在好孕妈妈公众号运营时期，据海峡出版发行集团编辑团队反馈，每天有许多妈妈通过公众号咨询孕、产、育这三类问题。当时，由于没有专业团队及支撑系统的介入，编辑只能靠搜索引擎回答这些问题。随着知识服务概念的建立、内容资源的更新、知识体系的完善，平台支持以优质的知识付费问答为切入点、围绕问题本身所关联的内容查阅进行收费，最大限度地利用纸质内容资源，同时利用好孕妈妈现有的社交圈，联合其他品牌，形成具有强品牌和优质内容的推广平台。

第二十九节　海洋出版社 *

一　产品名称、简介、市场定位、服务对象

1. 产品名称

海洋数字出版网（http://www.codp.cn）

2. 产品简介

海洋数字出版网（见图 7-163）是海洋出版社开展海洋知识服务的载体，是传播海洋科技与文化知识的在线互动交流平台。平台专注于海洋，服务于海洋，以打造中

---

* 撰稿人：海洋出版社孙巍。

文海洋知识资源中心和海洋学术社交平台为目标，以更好地服务海洋管理者、科研人员、基层员工和院校师生，形成海洋人自己的互联网数字生态圈。平台以海洋出版社自有图书资源为基础，以基于中图分类法和资源特色研制的海洋学科知识体系为分类原则，对数字资源进行碎片化加工、专业性标引后统一入库管理，数字资源具有很强的权威性、系统性和专业性，涵盖海洋领域的图书、期刊、图片、音频、视频以及海洋知识库与海洋专题数据库，为海洋领域的学术研究与交流、知识学习与共享、机构信息了解与更新、学术成果转化与分析等提供全面数字化解决方案。

图 7-163　海洋数字出版网首页

3. 市场定位

中文海洋知识资源中心与海洋学术社交平台。

4. 服务对象

政府海洋管理部门、涉海工作者以及高等院校师生。

二　知识服务技术架构

平台采用 B/S 架构，基于 PHP 语言开发，应用 Drupal 框架搭建平台，将页面与 Fedora 数字资源库分离，采用可以减少数据传输量、提高响应速度的 Ajax 技术，减少用户实际和心理等待时间。此外，基于 Drupal 开发 Islandora 的模块体系能够满足管理员对数字内容进行安全管理的需要。系统按照面向用户的原则进行设计，以达到用户与数字内容灵活交互的目的。Web 端服务采用 Drupal 架构，可靠性、安全性、可扩展性都得到了保证，表示层、数据层分离。同时，系统也集成了多种工具，数字内容有更多类型和更方便的表现形式。海洋数字出版网技术架构如图 7-164 所示。

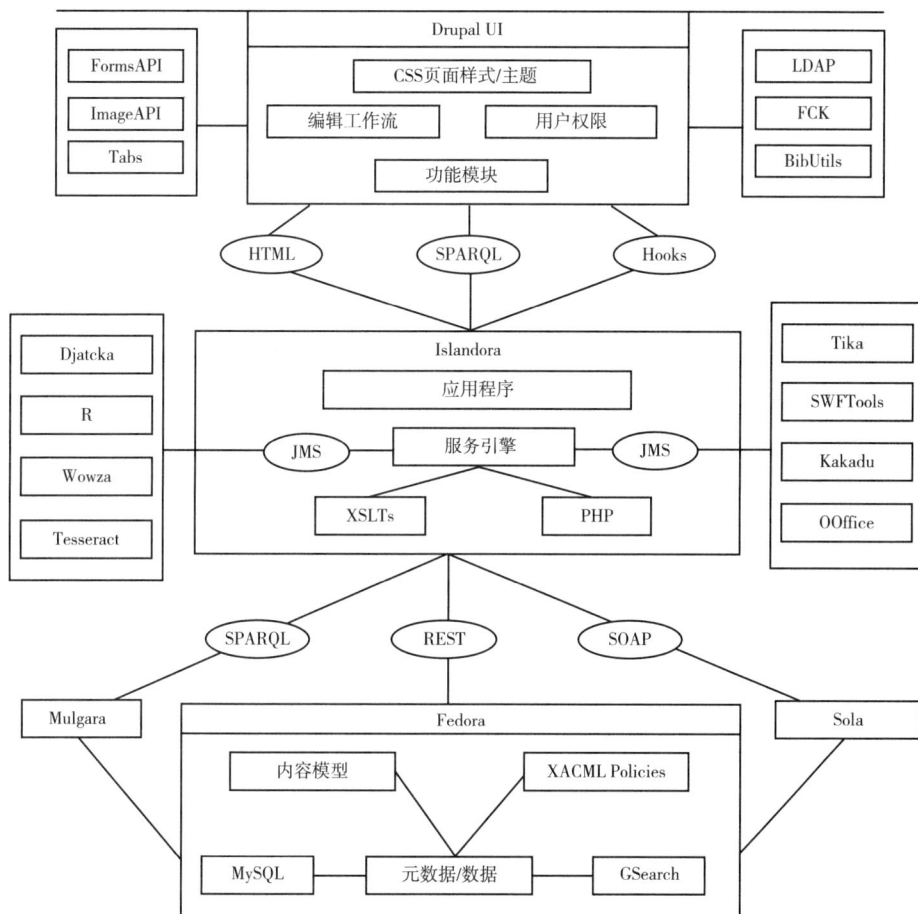

图 7-164　海洋数字出版网技术架构

三　产品架构、典型产品功能及特点

1. 典型功能

关注作者：自动获取作者动态、作者分组管理、给作者发私信。

个人荣誉墙：贡献排名（根据个人学术贡献多少）、收藏排名（根据用户收藏量的多少）、粉丝排名（根据用户关注数量多少）。

好友管理：添加好友（添加合作作者、添加系统用户）、邀请好友加入平台、好友分组管理。

积分管理：积分任务（每日积分、累计积分）、积分兑换（兑换服务时长、兑换资源、兑换实物）。

内容订阅：内容订阅与推送。

知识资源：图书、期刊、图片、音频、知识库。

机构库：机构新闻、学术成果、机构消息、成员管理。

期刊库：最新出版物、新闻、征稿、编委会成员、推荐作者、分析报表内容推荐；本区研究作者推荐、研究结果推荐。

2. 平台特点

一是创新服务理念。由传统的知识信息搜索模式转变为个性化知识信息订制与推送服务模式，为用户营造人性化的服务环境。二是提升用户价值。帮助用户建立海洋领域人脉圈，树立个人学术声誉，并通过关注、讨论与分享促进海洋知识的传播与流动，激发学术灵感。三是提高工作效率。健全的海洋学科知识分类体系和结构化的海洋知识碎片能够帮助用户实现快速查找与精准定位。

四　运营模式、盈利模式

1. 运营模式

本平台为垂直平台，专注于细分用户群，为用户提供知识服务产品（内容＋社区）。内容需要付费阅读，且均是平台本身提供的。

2. 盈利模式

机构用户：内容资源购买年费＋更新费。

个人用户：在线充值＋会员卡充值。

五　采用相关标准情况

平台开发采用的相关内部标准如下。

——扩展都柏林核心元数据标准

——数字资源加工数据存储和备份标准

——数字资源提交规格技术规范

——期刊数字资源提交规格技术规范

——图片数字资源提交规格技术规范

——图书信息标引加工工作要求和验收标准

——图片信息处理流程及验收标准

——期刊信息标引加工验收标准

——图书知识库整理与资源上传规范

——数字出版一体化工作平台用户操作规范

平台开发采用的相关国家标准包括。

——GB/T 8566—2007 信息技术 软件生存周期过程

——GB 9385—88 计算机软件需求说明编制指南

——GB 9386—88 计算机软件测试文件编制指南

——GB/T 12504—90 计算机软件质量保证计划规范

——GB/T 16680—1996 软件文档管理指南

——GB/T 14079—93 软件维护指南

——GB/T 17965—2000 信息技术 开放系统互连 高层安全模型

——GB/T 23703.1—2009 知识管理国家标准

——GB/T 23703 知识管理良好实践指南

——GB/T29490—2013 企业知识产权管理规范

第三十节 北京卓众出版有限公司 *

一 产品名称、简介、市场定位、服务对象

1. 产品名称

基于移动端的汽车专业媒体 OTO 应用服务平台

---

* 撰稿人：北京卓众出版有限公司陈丽霞、孙明、周鲲鹏。

2. 产品简介

基于移动端的汽车专业媒体 OTO 应用服务平台（以下简称"修车帮"）是基于北京卓众出版有限公司旗下的《汽车与驾驶维修》杂志创办而成。该杂志于 1992 年创刊，二十多年来，在汽车后市场积累了大量的专业技术文章和相关专业的汽车维修技师群体。修车帮是连接汽车维修技师和汽车专业媒体的专业技术平台，旨在提升广大汽车维修技师的专业技术水平，同时建立普通车主和专业人员之间的"线上轻咨询"，让养车修车全过程公正透明。该项目于 2016 年立项并进入开发阶段，在 2017 年底上线运营，2018 年继续完善平台建设。

3. 市场定位

连接汽车维修技师和汽车专业媒体的专业技术平台。

4. 服务对象

广大汽车维修技师及广大车主。

二 知识服务技术架构

1. 基础指标

开发语言：PHP、PY、Java、OC。

开发环境：Liunx、Android、iOS。

服务器：阿里云 ECS。

2. 负载均衡服务器

基于 Linux 之 CentOS 平台搭建 Nginx 服务，作为 Load Balance。

3. Web 服务器

基于 liunx 平台下 Nginx 服务器，部署基于 YI MVC、Web API 技术实现的程序。

4. 应用服务器

部署基于 PHP 平台通信框架之 YI 技术实现的服务接口供展示层调用，其中部分公用组件（如 MQ）则根据组件的要求部署。

5. 数据服务器

本系统数据存储选用 MSSQL 数据库、Redis 缓存和文件存储。根据项目情况数据库可做读写分离，同时结合 Redis 做缓存策略提高系统性能。

6. 客户端

基于 Android 和 iOS 平台深度开发的技师应用 App，采用最新的混合开发技术，极大地减少发布次数和纠错次数。

三 产品架构图、典型产品功能及特点

1. 产品架构

核心需求确定：B2C 业务模式，平台汇聚《汽车与驾驶维修》杂志自创刊以来的维修技能知识资源，重点提升维修技师修车技能，同时经平台认证过的技师还可以在线回答车主用车时产生的疑问和困扰，提升平台资源使用率。

用户场景：核心需求基本的产品形态、用户使用的路径是技师注册—平台认证—认证通过—学习技能知识。同时，也可在线回答用户提问，问答的最快方式是 im 聊天。

2. 产品特点

可靠性：采用手机号为实名认证方式，保证用户合法权益。

专业性：技师 App 用户需要提供技师资格证，平台认证通过后才能使用平台知识资源，也才能对车主提供服务，以保证回答问题的专业性和准确性。

互利性：为保证技师回答问题的积极性，采用鼓励性措施加强技师回答用户问题的意愿，采用评价机制反馈用户对技师解答的意见，考核技师提供的服务质量。

实时性：为保证技师快速收到用户问题，采用 push 形式将用户问题推送到技师手机，采用即时聊天 im 的形式快速解决车主问题。

安全性：为防止用户数据被篡改，采用 sign 加密方式保证用户内容不被篡改。

四 运营模式、盈利模式

修车帮目前已上线2.0版，运营和盈利模式还处于探索期，计划依托《汽车与驾驶维修》期刊积累的受众群体，引导其积极分享，增加用户互动，提升使用广度及频率。未来计划针对特定场所进行地推。盈利模式包括：广告模式、技师星级排名模式、会员模式等。

五 采用相关标准情况

修车帮采用了程序源代码资源建设规范等标准。

第三十一节　中国水利水电出版社 *

一　产品名称、简介、市场定位、服务对象

1. 产品名称

数字水利出版平台

2. 产品简介

数字水利出版平台是集版权保护、产品管理、资源运营为一体的水利水电行业级数字资源管理、发布、在线运营平台。平台前端主要包括电子图书、期刊、图片和音视频、知识库、行业资讯等内容，通过统一检索和分类导航实现内容组织串联；平台的后台管理系统主要包括资源管理、产品管理、版权保护策略配置等功能。

3. 市场定位

数字水利出版平台依托中国水利水电出版社在水利水电出版领域所具有的雄厚实力和领先地位，多年来积累的丰富内容资源、作者资源以及与行业内相关企事业单位间形成的良好合作关系，利用信息技术、（移动）互联网、数据库等技术，聚集水利水电行业诸多企业、高校、机构的优质内容资源和产品，打破行业间、单位间传统思维的束缚和管理等壁垒，实现涉水专业内容资源的共建共享。

4. 服务对象

数字水利出版平台的主要服务对象为水利水电行业企事业单位、科研院所、高等院校、管理机构及其他相关机构和水利水电行业个人从业者。

二　知识服务技术架构

1. 开发语言

本项目基于 J2EE 平台实现，提供了对 EJB（Enterprise JavaBeans）、Java Servlets API、JSP（Java Server Pages）、XML、JDBC、JMS、JNDI、JCA 和 Web Service 的全面支持，是一个适合大型企业应用系统的体系结构，拥有跨平台、高速度、高性能、

---

* 撰稿人：中国水利水电出版社张保生、彭天赦、周游。

高安全性、高可靠性以及易扩充和拓展等特性，能确保企业大规模应用情况下的健壮性、稳定性、可靠性和安全性。

本项目在采用了基于J2EE标准的技术和架构的同时，又采用了Web Service技术，有利于降低技术风险和对特定供应商的依赖性；采用的开放式系统架构，有利于保持系统的向后兼容性、可集成性和可扩展性。

2. 总体技术架构

依照总体逻辑架构，在J2EE技术框架规范下，平台的总体技术架构如图7-165所示。

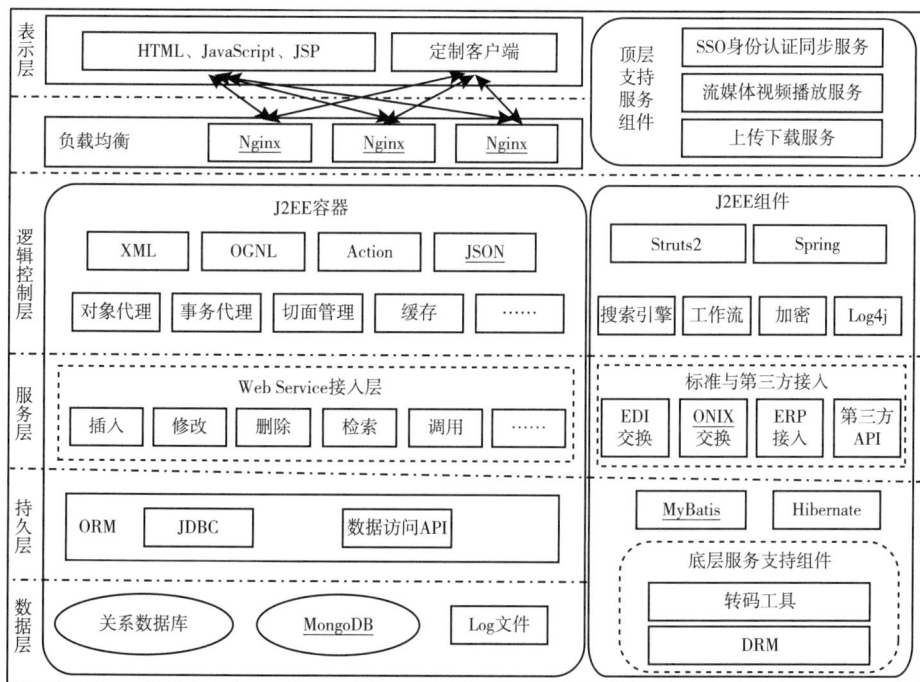

图7-165　数字水利出版平台总体技术架构

3. 总体数据架构

总体数据架构是从纯数据的视角，描述构建数字内容运营平台所设计的各种类型数据，本平台涉及大量的文字、图片以及音视频产品，还可能夹杂着咨询用的各种类型的素材，采用一般的数据架构设计难以满足要求，故将整个数据架构设计为混合型，分为结构化数据和非结构化数据两大部分（见图7-166）。

在结构化数据区域与非结构化数据区域，系统在数据结构设计上采用了独立存储模式，两部分都分为系统区、生产区和支撑区三大区域。

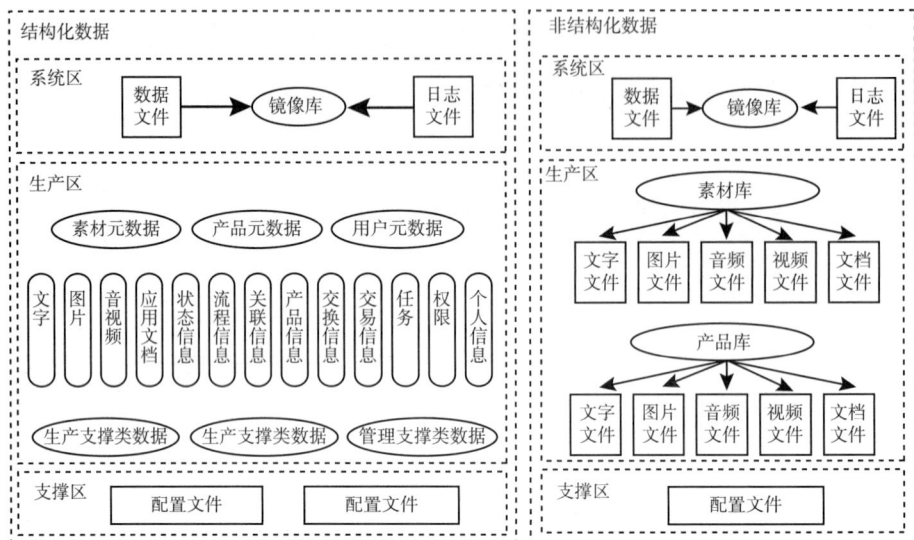

图 7-166　数字水利出版平台总体数据架构

系统区主要是为镜像系统预备的数据库文件以及数据和日志文件，从主系统中导出。

生产区主要是负责数字内容运营平台主要核心业务的数据存储，包括各类素材、图书信息、音视频信息，也包括用户信息的存储、交易信息的存储。除此以外，产品还包括以下数据：发布管理、认证授权按计费、用户行为数据（为系统针对性的数据推送提供支撑）、系统日志数据（对系统运行状态进行记录）、产品描述数据、产品组成内容说明数据、互动数据以及可以实现 POD 的资产数据。

支撑区主要负责增加系统灵活性，以及存储一些可配置功能的系统的原始配置文件。

4. 分布式系统架构

平台采用如图 7-167 所示的分布式系统架构。

5. 技术点清单（主要技术）

（1）Spring、Spring MVC、MyBatis

（2）BootStrap、JSTL、jQuery、jQuery plugin、EasyUI、UKEditor（富文本编辑器）、CSS+DIV

（3）Redis（缓存服务器）

（4）MongoDB（内存服务器）

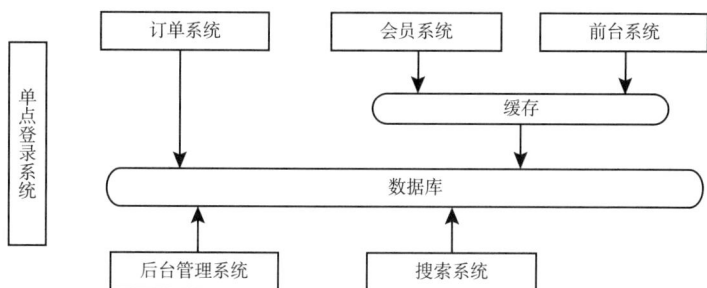

图7-167　数字水利出版平台分布式系统架构

（5）Solr（分布式全文搜索）

（6）MySQL，MyCat（主从复制，读写分离，集群）

（7）Nginx（Web服务器，流媒体服务器，动静分离）

（8）FastDFS（分布式文件系统）

（9）DRM（版权保护—线下播放器）

（10）基于DocBook图书解析，HTML+PDF图书的转换（XLST，XSL）

（11）FFmepg（视频处理）

（12）RESTful架构

（13）单点登录集成

（14）微信公众号、Android、iOS

（15）短信通知、支付（微信、支付宝、QRCode）

6. 开发工具和环境

（1）Eclipse 4.5.0（Mars，自带Maven插件，需要手工安装SVN插件）

（2）Maven 3.3.3（开发工具自带）

（3）Tomcat 7.0.53（Maven Tomcat Plugin）

（4）JDK 1.7

（5）MySQL 5.6

（6）Nginx 1.8.0

（7）Redis 3.0.0

（8）CentOS 7+

（9）SVN（版本管理）

三　产品架构、典型产品功能及特点

1. 产品架构

数字水利出版平台产品架构见图 7-168。

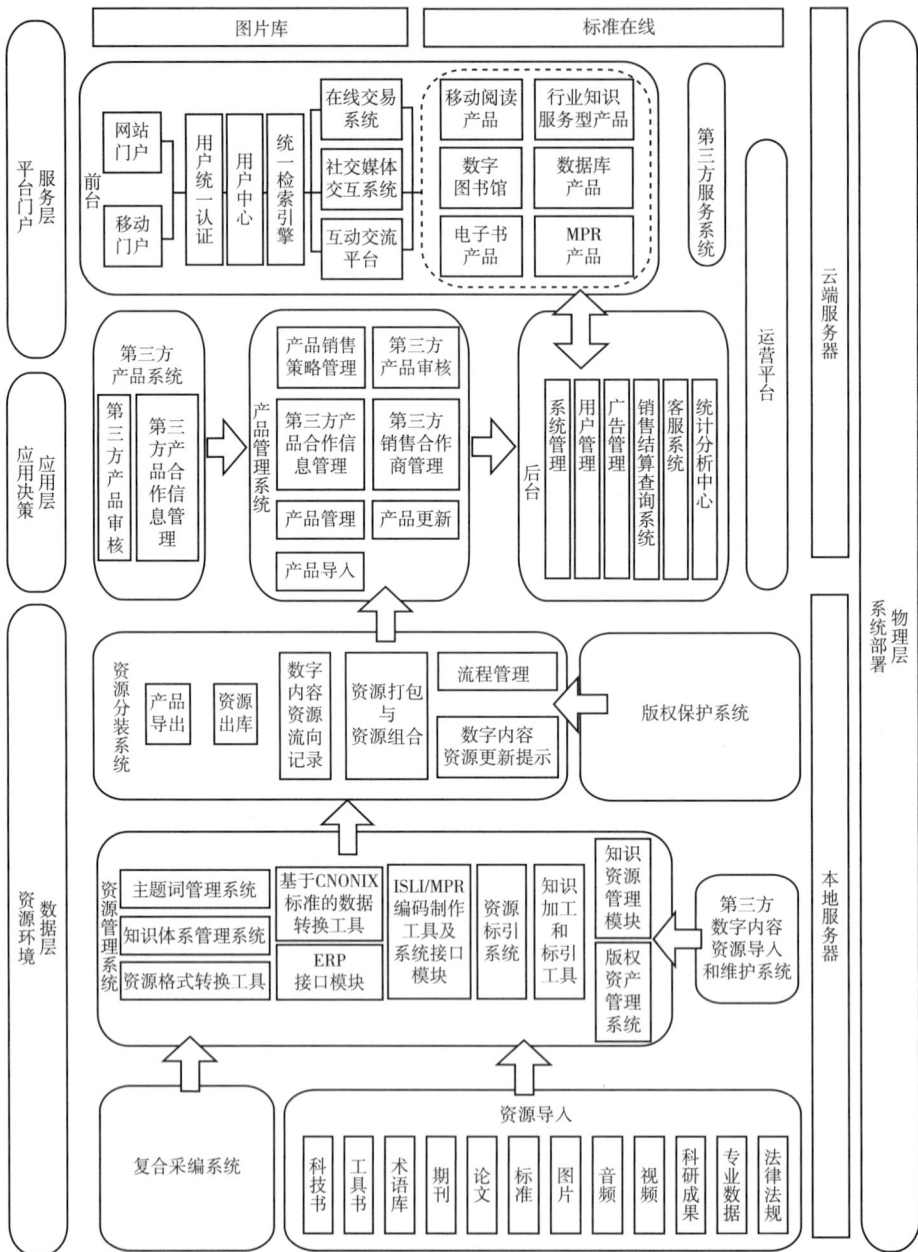

图 7-168　数字水利出版平台产品架构

2. 产品功能及特点

（1）产品功能

平台面向前端用户的产品功能分布于以下三个部分：第一，运营平台网站为用户提供水利水电相关内容资源购买、阅读服务，多个水利主题及细分领域的知识库，行业专家库，以及汇聚了专家问答和水利热点讨论的知识社区、行业资讯等，向下连通了出版社现有的所有数据库产品，实现集中授权，一次登录全局访问，同时为图书附属的增值电子资源生成并管理二维码，实现一书一码，绑定电子资源；第二，美丽中国水是包含了水利专题图片库、水利专题微电影微视频库、水利影像人在线活动、水利风景区的图片主题运营网站，主要提供水利图片的版权在线交易服务；第三，标准在线是集专业全面的标准检索、在线阅读购买、专家在线问答研讨于一体的水利标准综合服务门户。

（2）产品特点

通过先进的检索技术，帮助用户迅速定位数字内容，是集专业性和易用性于一体的数字化内容运营平台。

以数字内容为基础，通过咨询服务与专家库的建设实现相关条文说明、指南、视频培训关联学习，以提高用户使用掌握规范的便捷性，最大限度辅助客户提高规范使用能力。

以社区为支撑，实现用户、出版社及专家的互动，引导用户通过社区交流来提高用户的学习效率及学习兴趣。

四　运营模式、盈利模式

1. 运营模式

本平台是一个供水利水电行业相关内容资源提供商、数字产品提供商和销售合作商等共同使用的行业级数字内容运营平台。中国水利水电出版社将广泛与其他同领域的数字内容资源提供商、产品提供商和销售合作商等展开合作。对于这些同领域的数字内容资源提供商、产品提供商和销售合作商，本平台将通过提供多种手段推动跨企业的数字内容资源或产品的整合、生产合作、销售合作，并确保数字内容资源或产品的安全。

除了上述平台功能外，还将通过线下战略合作协议、资源或产品合作协议、资源或产品互换协议等多种形式来推动与其他同领域内容提供商的合作。

2. 盈利模式

水利水电内容资源加工标准规范建设、水利水电主题词表的研制和水利水电知识体系的完善为项目建设构建了必要的环境，其与深度加工后的数字内容资源共同构成了整个项目的盈利基础，是平台的核心竞争力所在。在数字内容资源按内容标引的基础上，应用大数据分析等信息技术手段，按照专业化的水利水电知识体系结构，将各类不同数据资源构造成一个有机的整体，以合理、高效、充分地利用数据资源。

本项目以同领域的数字内容资源提供商、产品提供商、相关各级政府部门、高等院校、研究机构、决策咨询机构、大中型企业单位、图书馆等为主要服务对象，通过互联网、移动互联网等途径，以计算机、移动终端、阅读器等为载体，向客户提供服务，为行业内外用户提供水利水电专业信息资源服务等多种服务。随着项目全面实施与运营，资源会越来越全面、系统、权威，产品会越来越多。产品无论从内容还是形态都将能够更好地满足水利水电行业管理、科研、设计、施工、教育等各个方面的需求。同时，水利水电知识体系的构建与知识服务型产品的建设开发，将能够大大丰富产品层次和结构，为水利水电行业提供内容资源、知识服务乃至问题解决方案。

本项目主要以产品销售收入、增值服务收入、其他收入等为收入来源，未来还可以通过信息资源使用、技术咨询、平台使用等多种方式获取收益。平台以数字内容资源和标准为基础、以产品为手段、以平台为纽带，提供各类信息服务，并开展咨询决策服务，促使出版社从内容提供商转变为服务提供商，实现从产品提供到服务提供的转变。

五 采用相关标准情况

中国水利水电出版社在数字产品和服务建设过程中，积极应用知识服务相关标准，并根据行业标准制定了相应企业标准。主要建立了《水利水电专业数字产品存储与备份规范》《水利水电专业知识服务标准体系》《水利水电专业知识元描述规范》《水利水电专业知识单元模型规范》《水利水电专业知识关联规则》《水利水电专业知识资源术语规范》《水利水电专业知识加工规范》《水利水电专业知识标引规则等规范》等标准规范。同时，大力建设水利水电知识体系，为知识服务与产品建设的开展奠定了良好的基础。

第三十二节　石油工业出版社 *

一　产品名称、简介、市场定位、服务对象

1. 产品名称

油气田开发知识服务平台

2. 产品简介

油气田开发知识服务平台是石油工业出版社为油气田开发用户量身打造的一款专业化知识库产品（见图7-169）。油气田开发知识服务平台将一站式解决油气田开发用户的日常知识需求，同时打破国内外油气开发技术壁垒，为用户提供最为快捷的国内外油气田开发知识获取渠道。

图7-169　油气田开发知识服务平台首页

---

* 撰稿人：石油工业出版社刘玮、宋洪川、王飞。

3. 市场定位与服务对象

油气田开发知识服务平台主要面向国内从事油气田开发业务的油气田生产企业、研究院所学校、相关油服公司以及油气田设备研究开发单位。

二 知识服务技术架构

1. 技术架构

项目采用 SOA（Services-Oriented Architecture）模式，其"面向服务的架构"使得该项目着眼于应用程序提供的服务，而不是着眼于提供服务所需的组件。SOA 使得应用系统的设计清晰化而且能够促进组件的重用。应用系统中所有接口的定义与信息模型——包括数据及其语义、对象与过程模型——都高度一致。

SOA 的中心思想是模块化与封装这两大原则，模块化将复杂的大任务分解成相对简单的小步骤，封装则将其内部的复杂性屏蔽代之以清晰的接口。在这两项原则的指导下，开发人员只需关注应用中与其相关的部分而无须知道其他部分的细节，只要保证各个组件都遵守接口"契约"（contract）。这些组件的开发、测试和修改都相对独立，无须太多的协调，使得基于 SOA 的应用易于开发和维护。

采用 SOA 架构主要具有以下优势。

（1）为用户或其他应用系统访问本系统的业务逻辑提供的访问形式服务（service）

（2）独立于用户接口（user interfaces）定义服务接口（service interfaces）

（3）采用标准的形式发布，以便于其他用户或应用系统发现和调用这些服务

（4）服务接口可以从目录中查获，并能动态捆绑不同的实现

（5）允许采用不同类型的编码/数据模型

（6）应用服务都可以从目录中查获并能动态捆绑

（7）应用服务都自我管理并且模块化

（8）应用服务都可互操作

（9）应用服务都可松耦合

（10）应用服务都支持分布式的接口

（11）应用服务应定义业务逻辑相对独立的相对粗颗粒的接口

（12）应用服务都对物理机器位置透明

（13）应用服务可以复合构造

（14）应用服务可以提高代码重用性

（15）应用服务应最大可能地支持多份部署，提高可用性

2. 部署方案

油气田开发知识服务平台使用Docker进行程序的虚拟化部署，在编排上采用Docker-Swarm进行服务的编排，在储存上采用OSS进行文件的持久化储存。

分布式全文检索系统作为资源整合检索系统搜索引擎的重要组成部分，为用户提供各种核心资源的检索服务。将ZooKeeper作为集群的配置信息中心，做到集中式配置信息、自动容错、近实时搜索、查询时自动负载均衡（见图7-170）。

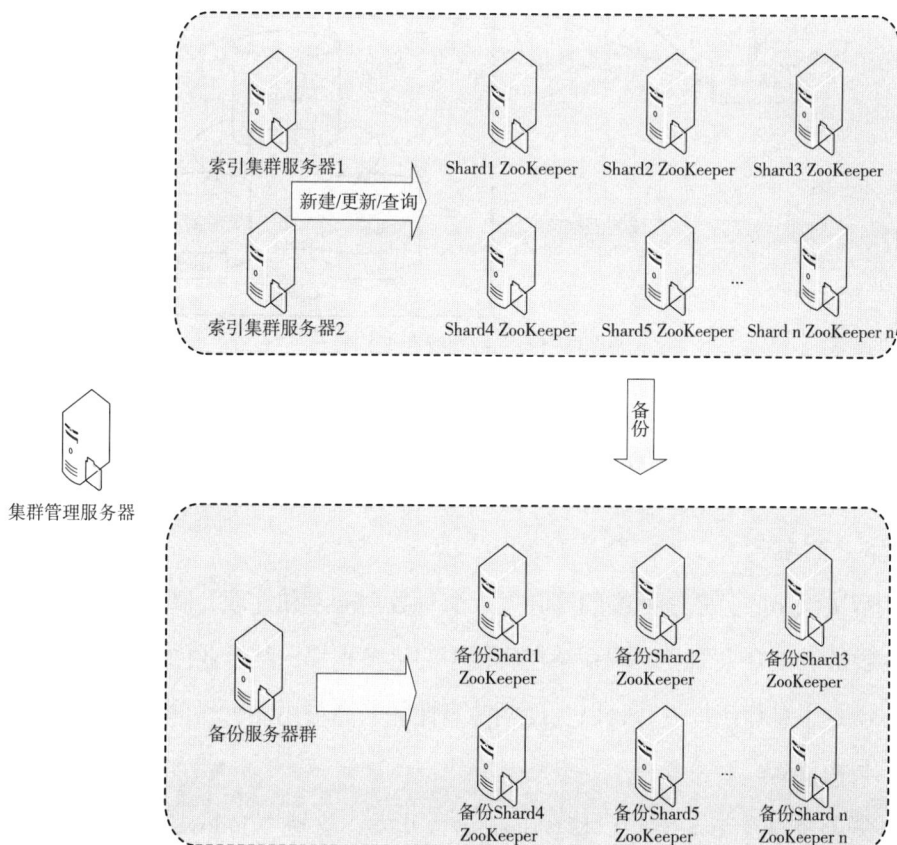

图7-170　分布式全文检索系统部署设计

为保障平台高并发访问效率，利用分布式缓存数据库（Redis）进行存储，保证访问响应时间控制在毫秒级别，在最短的时间内加载完毕页面。数据缓存架构设计如图 7-171 所示。

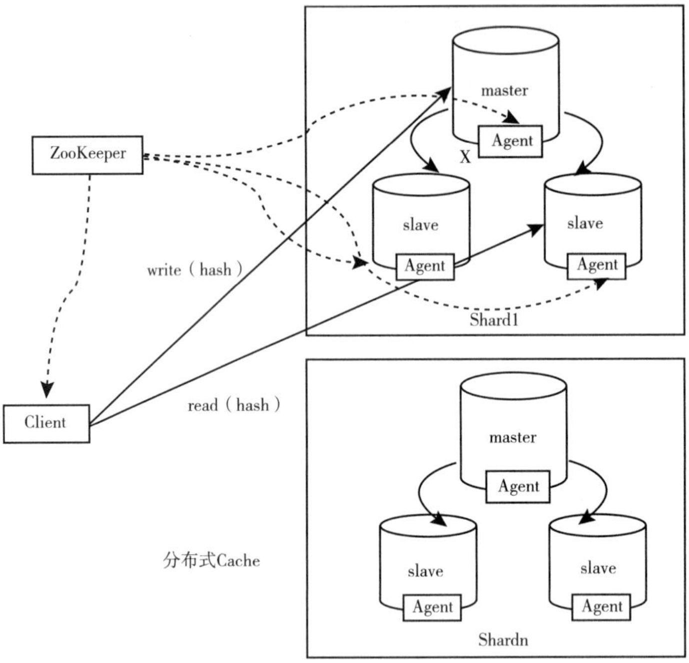

图 7-171　数据缓存架构设计

三　产品架构、典型产品功能及特点

1. 产品架构

为解决网络服务系统面临的高并发、海量数据检索和处理、高可靠运行等一系列问题与挑战，结合大型互联网系统在实践中的诸多积累，结合业内流行的大数据分布式技术制定了总体架构设计，以实现网站高性能、高可用性、易伸缩、可扩展、安全等各种架构目标。

系统整体基于 B/S 架构，使用 Java 语言开发，支持 Windows/Linux 和衍生的国产操作系统，客户端程序兼容 IE8 以上版本及火狐、谷歌等主流浏览器。移动端支持 iOS、Android 版本。

应用软件系统包含数据来源层、管理层、应用层和服务层等，支撑环境由数据采集同步、网络传输、系统软硬件组成，并且由基于业务、技术、管理等方面的数据标准规范体系、系统安全备份保障体系和系统长期运维管理体系作为整体架构上的支撑和保障。

其总体架构如图7-172所示。

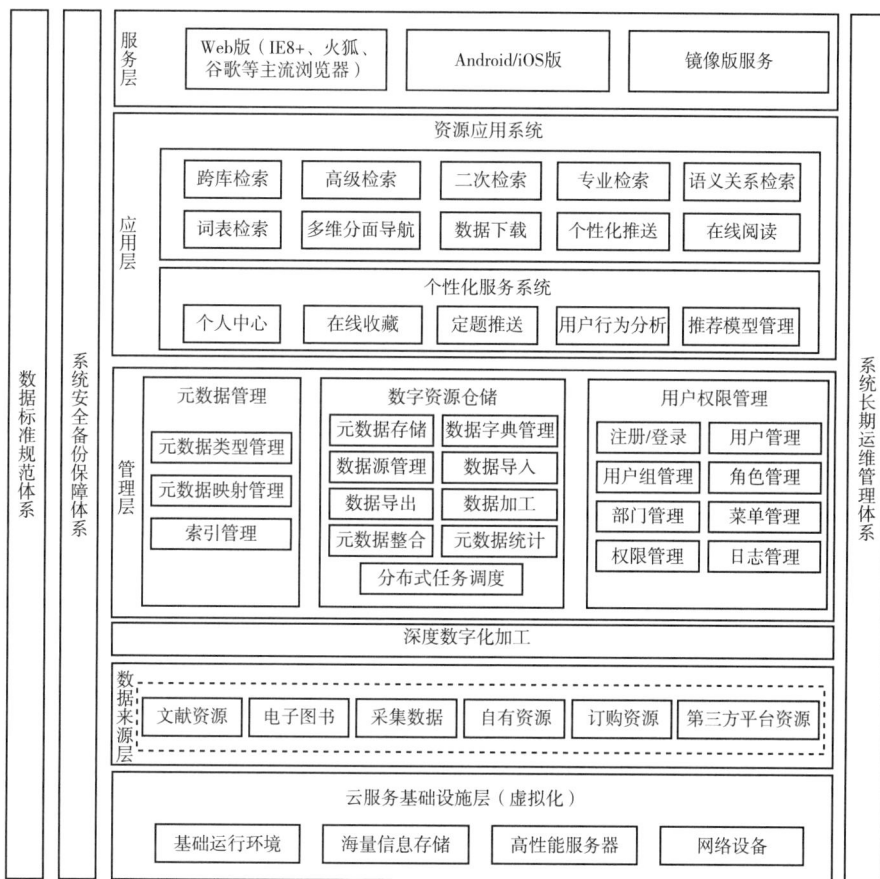

图7-172　油气开发知识服务平台总体架构

2. 典型产品功能及特点

（1）产品功能及使用场景

①产品功能

油气田开发知识服务平台为油气田开发用户提供一站式的知识查询功能，平台包含油气田开发用户日常所能用到的绝大多数资源类目。

②使用场景

油气田开发知识服务平台主要适用于油气田开发领域的生产一线单位和科研院所。

油气田开发知识服务平台为油气田生产一线单位提供了丰富的基础技术信息，详细的工艺流程步骤，真实的技术应用案例以及全部油气田开发领域的行业标准，满足了一线员工对于技术知识获取、标准查询、技术使用效果了解以及工艺流程培训等的一系列需求。

油气田开发知识服务平台为油气田生产研究单位提供国外最新技术监测信息内容、海量油气论文文章、丰富的油气行业科技图书以及油气相关标准规范，同时为各个研究单位提供真实的案例及数据，更好地佐证了学术研究的实践成果与意义。

（2）产品特点

油气田开发知识服务平台为用户提供一站式知识查询服务，以应用型学术资源分类体系及分类映射关系表为基础，提取内容资源元数据，依托石油工业出版社建社 60 余年来出版的 15000 多种图书出版资源，以及石油行业 14 万篇油气期刊资源，建立了知识关系网络。知识服务平台内的资源由行业专家进行了二次编辑与标引，对图书资源与期刊资源进行深度挖掘，通过多维度、多种逻辑关系的梳理，对资源进行精准提取，并按照特定格式形成新的知识条目类型，每一种知识条目类型都对应着油气田生产与科研企业不同的知识需求。

① 应用型石油知识体系

为了更好地服务于油气田生产与科研院所，平台根据油气田单位日常生产与科研的实际情况组织专家梳理出一套适用于油气田生产与科研的全新知识体系，基于原有石油行业的九大技术分类，又对每一个分类进行了更加细化的分类，使得分类总数达到 60 个，这些分类对应油气田生产单位在日常工作中的某一具体技术方向，在用户使用知识服务平台过程中，可以直接根据需要查询问题的方向进行定向查找，即可获取大量相关的技术资料，让用户的知识获取更加便捷。

② 准确便捷的石油知识搜索方式

油气开发知识服务平台提供多维检索方式，支持一键检索和高级检索，方便用户快速精准定位所需资源。同时，为了保证资源搜索的匹配更加精准，在全文检索技术的基础上，石油工业出版社又对每个资源进行了人工标引，确保用户能够高效地获取所需资料信息。

③ 创新的资源模式

油气开发知识服务平台在图书、期刊、标准等传统出版物的资源基础上，根据用户信息反馈，创新生产出常规技术、新技术、案例、工艺流程和课件等资源形式，以此满足用户的多样化知识需求。

常规技术模块对油气田生产中的常用技术进行具象化描述，对这些技术从原理到设备进行了详细的介绍，数据以出版资源为基础，按照用户使用场景进行知识提取，以满足用户对日常技术资料使用的需求。

新技术模块基于对国外油气田开发技术进行的长期监测，对国外油气田开发领域的最新技术信息资源进行深度挖掘，通过专业学者的翻译与编辑形成全新的知识条目供用户查询，以满足用户对国外技术资料的需求。

案例模块对油气田生产常用技术在各个油气田的使用情况进行了汇总聚集，使用户在使用前可以对所需技术应用情况有更加清晰的认识。

工艺流程模块对油气田生产中常见的技术环节进行了逐步的描述，为用户对新员工开展技术培训提供了便利。

四 运营模式、盈利模式

1. 运营模式

结合石油工业出版社已建立的线下运营销售团队及网络平台的线上运营能力，通过 B2B（Business to Business）和 B2B2C（Business to Business to Customer）两种模式进行平台的运营及推广。

B2B 模式：出版社利用传统营销渠道与各油气田开发公司等机构进行线下推广销售。合同签署后，系统管理员新建机构，完成机构用户的平台使用授权及资源授权。

B2B2C 模式：出版社完成对机构的资源及平台使用授权后，企业员工即可登录系统进行使用。该模式同时支持学员浏览其他数字资源并进行个人在线购买，自主学习。

具体推广实施方案如下。

线下活动：通过首发仪式、"石油知识进企业"、"石油企业培训研讨会"等线下活动，扩大平台的影响力，提高平台的知名度，为经济效益的实现奠定扎实的基础。

广告运营推广：综合运用报纸广告、杂志广告、图书同步广告、网络广告、数字新媒体广告等多种广告宣传方式，充分向石油行业内专业人士宣传产品信息及服务内容，起到扩大营销和宣传的效果。

2. 盈利模式

出版社将以在线服务、镜像版服务、资源包整合销售和专家增值服务等多元化服务模式盈利。

（1）在线服务

油气田开发知识服务平台将以在线服务的方式来为单位用户服务，单位用户可一次性购买该平台上所有资源并长期在线使用，之后单位用户以包年的形式支付资料更新费用，预计目标单位在 500 家左右。

（2）专家增值服务

利用油气田开发知识服务平台专家库为油气田企业提供技术专家，帮助解决油气田企业技术难题，以此来增加经济效益。

（3）资源包整合销售

油气田开发知识服务平台将根据用户需求开发各类数据资源包产品，根据用户需求将某一技术方向资源单独抽出，形成一个独立的资源体系。将该类资源打包销售，满足用户单一资源使用需求。

（4）镜像版服务

为部分无法联网的用户单位提供专业镜像版服务，一次性购买平台全部资源，之后定期为其进行更新并收取相应更新费用。

五 采用相关标准情况

油气田开发知识服务平台是在调研石油行业领域油气田开发企业的资料查询现状基础上，结合相关业务从业人员知识查询的特点与习惯，充分利用石油工业出版社石油专业科技内容资源和服务能力，综合考虑基于"ISLI 标准"化标引、标识、加工数据资源内容，形成知识条目资源与知识资源关联关系，达到资料查询与知识服务相结合的项目要求。

第三十三节 商务印书馆 *

一 产品名称、简介、市场定位、服务对象

1. 产品名称

基于工具书的语言文字知识服务平台

2. 产品简介

基于工具书的语言文字知识服务平台（以下简称"知识服务平台"）收录100余种精品汉语和英语工具书，涵盖语言学习、汉字文化、汉字书法、语文阅读、学生作文、国学诗词等内容模块，面向中小学生及语言学习用户市场，提供以互联网及移动互联网为介质的精准、优质、高效的数字化知识学习服务。

知识服务平台将B2C、B2B等多种用户市场和营销模式相结合，以平台化服务为核心，为用户提供定制化、个性化知识服务，提供包括知识平台、移动应用、API数据包等产品服务形式。

知识服务平台建设的理念是，实现工具书从查检工具到学习工具的转变，实现从图书出版到内容出版的转变，实现从数字产品到知识服务的转变。

3. 市场定位

知识服务平台充分利用商务印书馆在工具书内容和品牌方面的优势，在内容高度结构化和深度标引的基础上，以用户需求为驱动，以精品工具书为核心，整合相关语言文字图书资源、语言文字专家资源、行业优质资源，以中小学生为主要服务对象，兼顾语言文字工作者，以知识服务为产品方向，整合内容资源，聚合作者资源，引导读者资源，开发基于工具书的语言知识搜索、语言文化知识音视频资源、语言应用精品课程、专家知识问答等融媒体内容与功能，创建权威、规范、实用、开放的语言知识学习平台，以互联网平台方式为用户提供深度、高效、系统、便捷的专门化、个性化语言知识服务。

---

* 撰稿人：商务印书馆孙述学。

4. 服务对象

以中小学生为主要服务对象，兼顾语言文字工作者。

二 产品架构、典型产品功能及特点

1. 主体结构（首页）

首页（汉语），呈现汉语知识服务的内容（见图 7-173）。

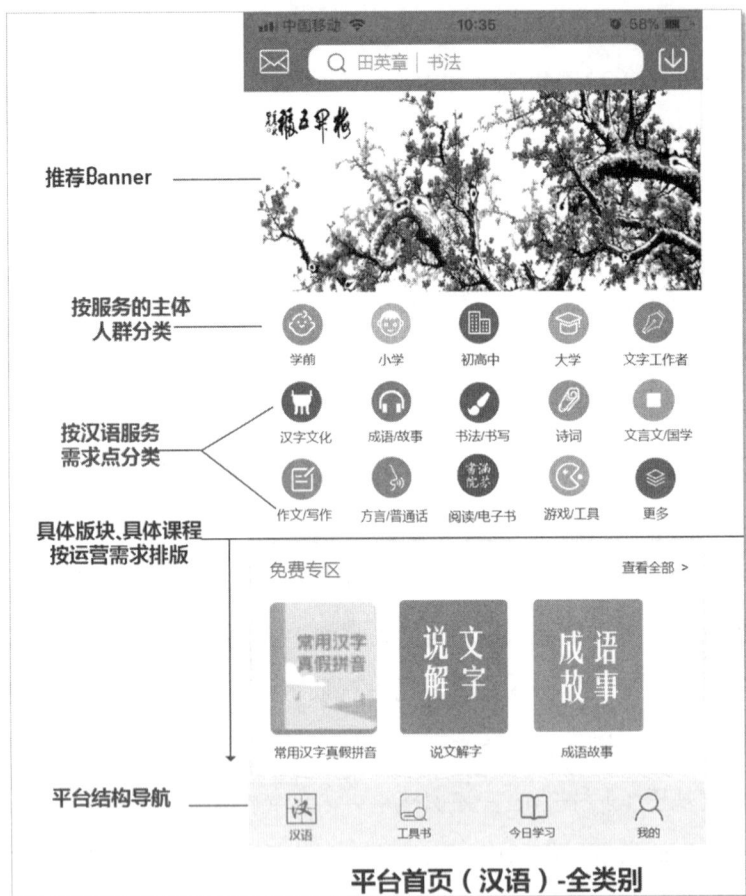

图 7-173　知识服务平台首页（汉语）

首页内容样例如图 7-174 所示。

2. 主体结构（工具书）

工具书，提供汉语百种精品工具书一框式查询服务（见图 7-175）。

图 7-174　首页内容样例

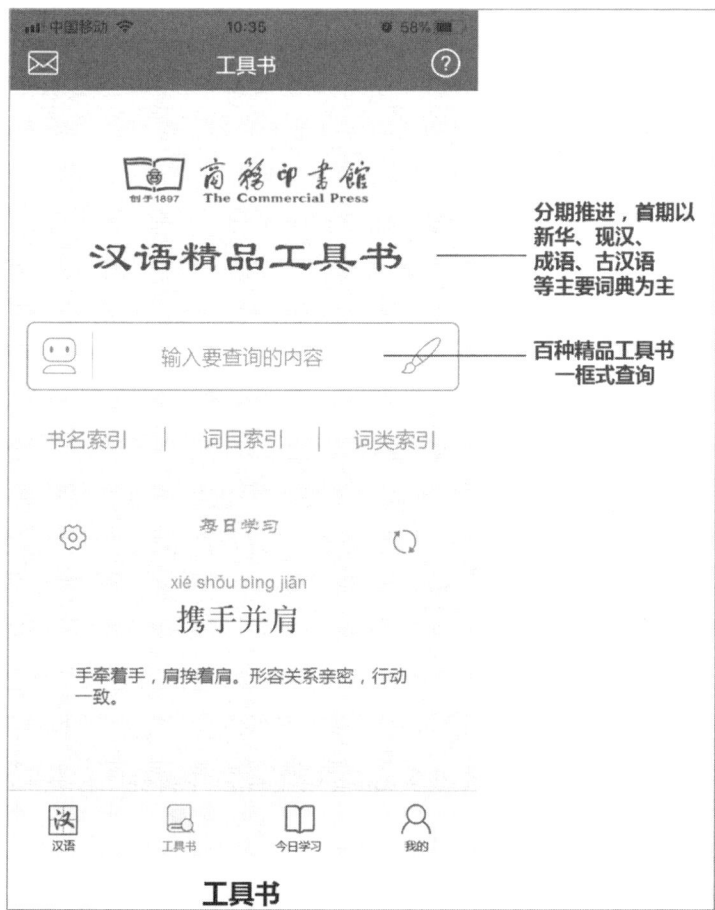

图 7-175　知识服务平台工具书页面

工具书查询样例如图 7-176 所示。

图 7-176　工具书查询样例

三　运营模式、盈利模式

（一）运营模式

知识服务平台选择三个着力点，即做内容、做用户、做互联互通。内容是根本，是基础。有不断更新的满足用户需求的资源，才能吸引用户。有了用户，资源的价值才得以实现。网络的本质是互联，信息的本质是沟通。互联互通的含义既包括需求与生产方式的互动，也包括销售这一重要环节。

切实实践平台思维。以工具书知识服务平台建设为核心，利用各种专家资源，对一些优质的资源进行重组，将其开发为适于新媒体传播的内容，利用新媒体的渠道和方式进行传播和营销，实现由图书向内容、由产品向服务的转化，从而达到融合出版的目标。

具体而言，知识服务平台项目的运营方式包括混合营销、大数据分析、人工智能。这些运营方式已经在《新华字典》App 的销售实践中得到比较充分的运用，针对 B2C 市场取得了良好的成效。我们将把这些方式和经验更加充分地运用到知识服务平台项目的 B2C 市场开拓之中，不断创新运营手段，争取产品效益最大化，实现项目投资目标。

1. 混合营销

《新华字典》App：媒体高度聚焦，集中轰炸。传统媒体、新媒体等都对产品进行了深度报道，产品话题性、传播渗透性达到非常高的高度。

（1）广播电视媒体宣传

广播：中国之声，央广财经，北京人民广播电台，上海人民广播电台，东广新闻台，广东人民广播电台等。

电视：中央电视台，东方卫视，上海电视台，北京电视台，江苏电视台，凤凰卫视等。

（2）平面媒体宣传

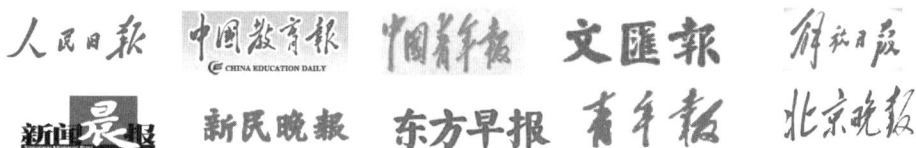

图 7-177　合作平面媒体

（3）网络媒体宣传

图 7-178　合作网络媒体

（4）新华书店宣传

（5）书展宣传

（6）会议宣传

（7）深入教学一线，引导教师在教学环境中使用

（8）社区互动电子屏宣传

（9）电商渠道

在首页及图书频道、教育频道进行专题大 Banner 宣传；作为重点单品展示宣传。

（10）应用市场联运

下发优惠券到 2000 多万用户手机端；推出"平台专题 + 重点单品"推荐。

（11）社交媒体宣传

产品功能引导，推动品牌建设，占领消费者心智。

2. 大数据分析

（1）流量运营

知识服务平台流量运营情况见图 7-179。

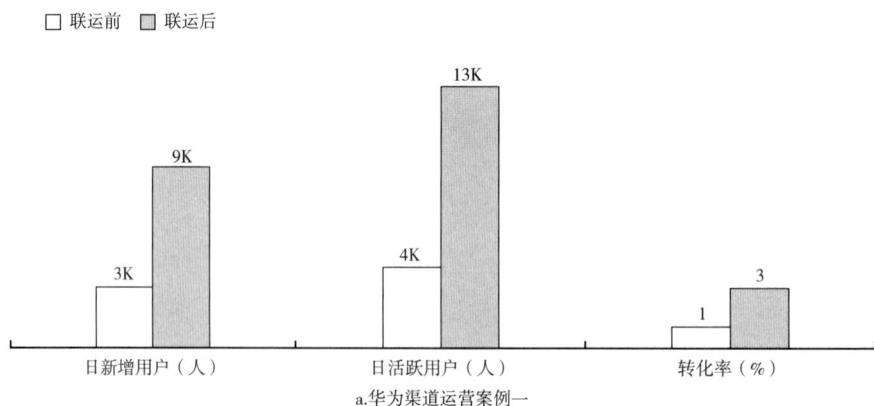

a.华为渠道运营案例一

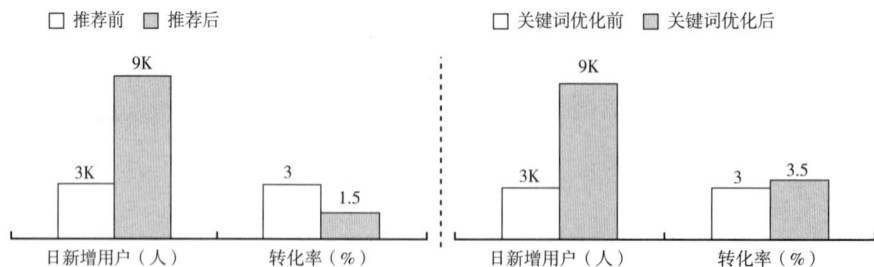

注：1.左图：当获得一个推荐位时，新增用户大幅增加，但转化率却降低了。
　　2.右图：当进行关键词优化后，新增用户大幅增加，同时转化率也提高了。
　　3.结论：广告带来的是非精准用户，有流量但付费少；关键词优化带来的是精准用户，流量和付费率都得到提升。

b.华为渠道运营案例二

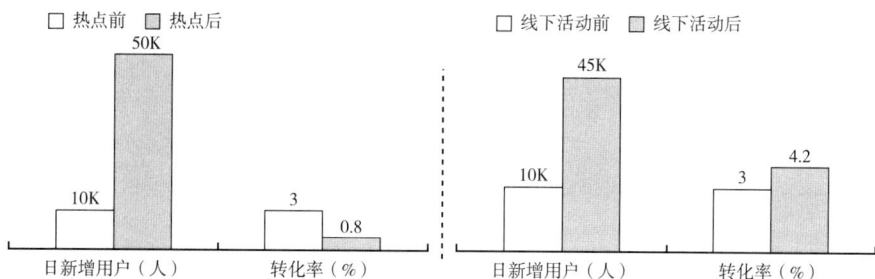

注：1.左图：新闻热点报道前后的比较。
　　2.右图：联合李瑞英老师举办线下活动前后的比较。
　　3.结论：新闻热点会带来关注度，但多为"吃瓜群众"用户，对付费的贡献不大。举办有影响力的线下活动，增加落地的体验感，会有效提高转化率。

c.新闻热点与线下活动对流量的影响

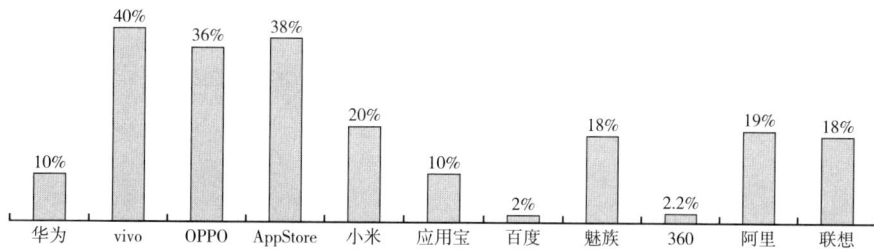

注：开学季，vivo、OPPO、AppStore等渠道流量增长迅速，以此判断该渠道用户中学生家长及老师的占比偏重。以后可择开学季重点在这些渠道进行联合推广。

d.开学季各渠道流量增长率分析

图7-179 流量运营分析

（2）用户画像

知识服务平台用户画像分析情况见图7-180。

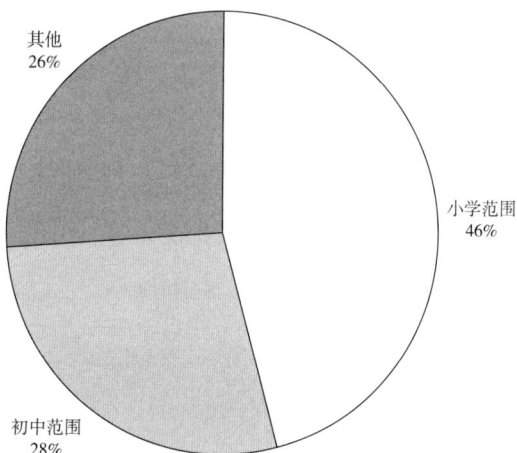

注：分析用户查询行为，关键字中的46%属于小学教材的生字表，以此判断使用《新华字典》App的用户大部分为学生或家长群体。

a.用户的年龄分析

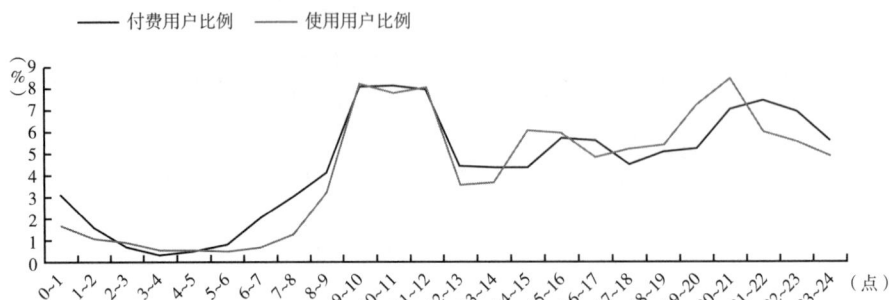

注：从用户购买时间及使用时间分析，两个峰值出现在下午4点~6点，以及下午8点到10点。
分析：两个峰值时间段分别为学生放学后及成人下班后。以此推断我们的用户由小学生、家长及部分非家长成人组成。

b.用户的身份分析

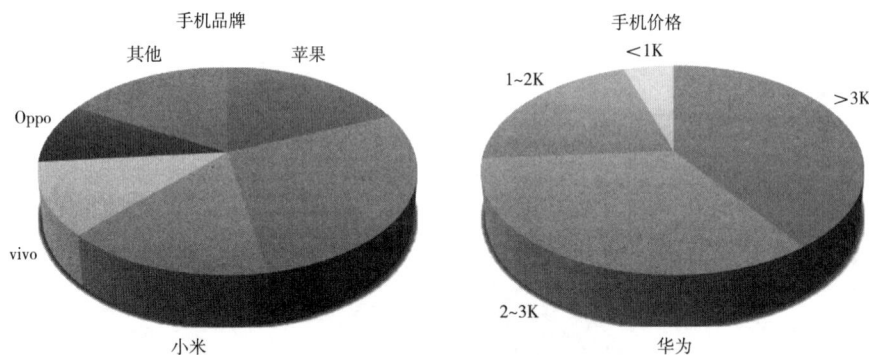

注：1.左图：使用华为及苹果的用户占多数，经济水平中上的人群为我们的用户。
2.右图：佐证以上观点联合李瑞英老师举办线下活动前后的比较。
3.结论：这部分用户对价格不敏感，重视品质。我们推出的产品和服务必须有匠心品质，不以低价吸引用户。

c.用户的经济水平分析

图7-180 用户画像分析

3. 人工智能

知识服务平台人工智能分析情况见图7-181。

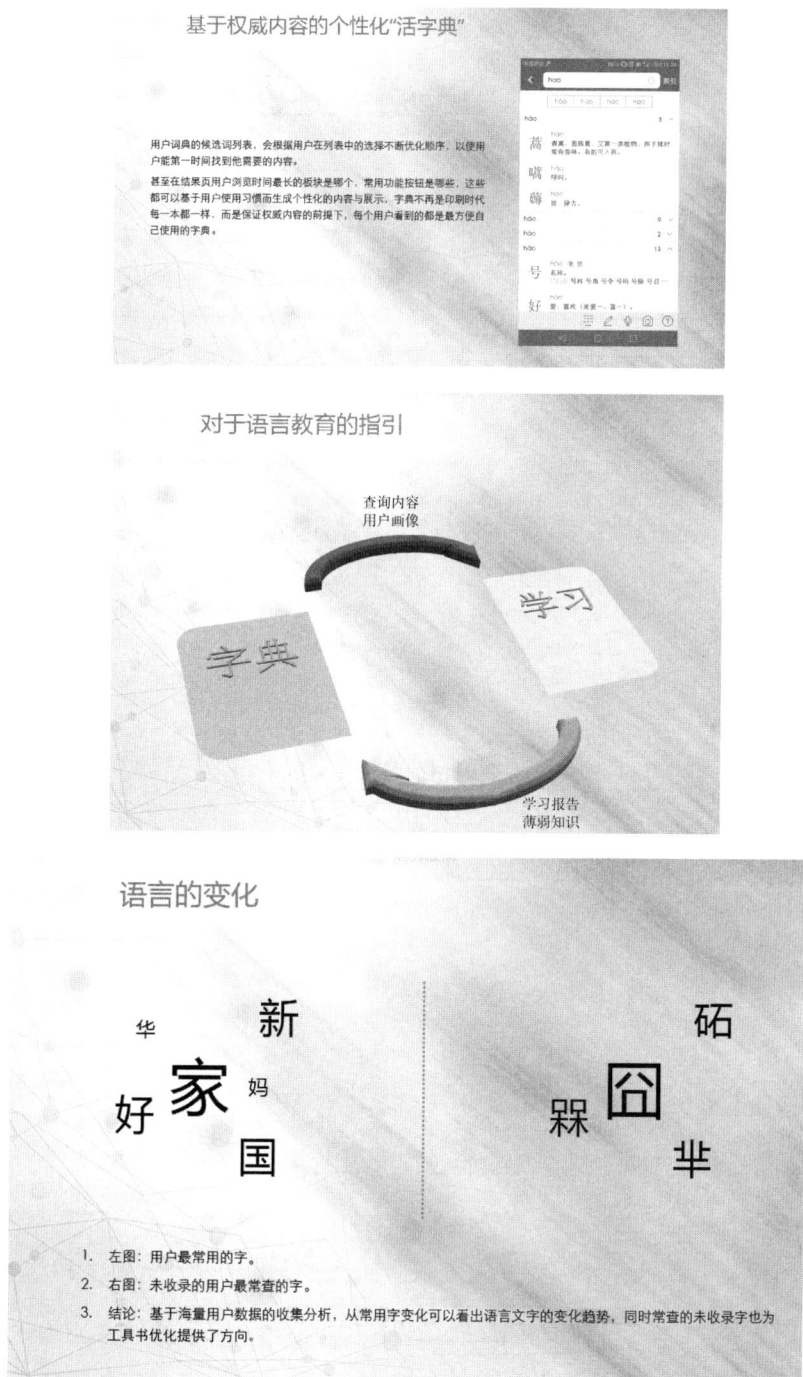

图7-181 人工智能分析

（二）盈利模式

支持会员制（分级）和工具书购买（灵活多选）（见图7-182）两种模式。

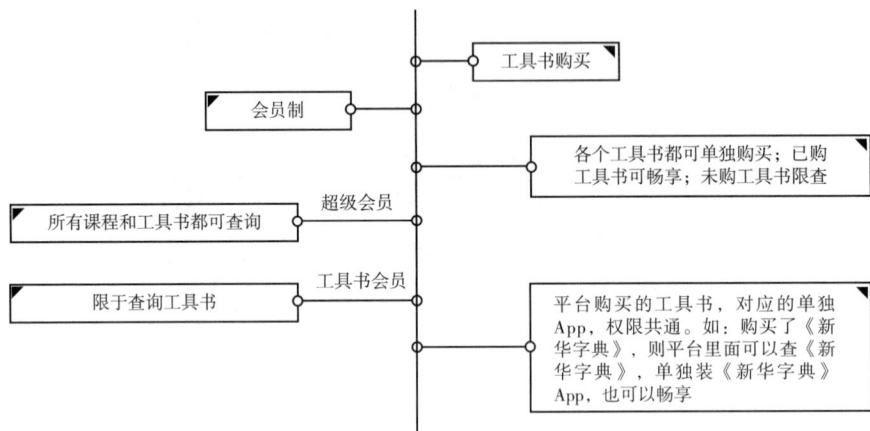

图7-182　知识服务平台盈利模式

第三十四节　中国建筑工业出版社 *

一　产品名称、简介、市场定位、服务对象

1. 产品名称

建筑施工专业知识资源库与信息服务平台

2. 产品简介

平台包括建筑施工工艺工法资源库、建筑施工管理与技术文件资源库、建筑材料与施工机具设备产品选型库、建筑施工全过程可视化资源库。

3. 市场定位

基于中国建筑工业出版社优质施工资源，针对建筑施工管理、技术和施工人员，提供查阅知识资源、在线学习、经验交流、知识记录多终端交互式知识服务，解决工

---

* 撰稿人：中国建筑工业出版社魏枫、汪智。

作中的问题、提高技能、促进个人职业发展。

4. 服务对象

建筑企业、建筑从业人员。

二 知识服务技术架构

1. 技术架构

平台技术架构包括支撑该平台建设的核心标准规范、支撑该平台建设的核心技术、平台的功能支撑模块、系统服务接口和客户端应用（见图7-183)。

2. 部署方案

在设计系统时，平台已经充分考虑了分布式部署方案，基于应用和存储分开的思路，应用程序的代码可在应用服务器上，数据库可在专门的数据库服务器上，文件存储则在另外的文件服务器上。

根据业务的变化、系统数据量的增加以及其他实际情况，平台有针对性地扩容系统，从软件层面、硬件层面、网络层面三方面进行。

（1）软件层面

①编码方面

由资深软件工程师把关，对每次提交的代码进行 Code Review，以保证代码逻辑严谨、高效。

②数据库方面

采用 SQL Server 2008 及以上这类高效稳定的关系数据库存储数据。同时建立优质索引，最大化提高数据库访问效率。

③缓存方面

在缓存方面，采用部分页面缓存和数据源缓存技术；通过把 Cache 层与 Web 架构集成，应用程序在提高了性能的同时，还大大降低了数据库的负载，以应对大数据、高并发、高访问的应用场景。

（2）硬件及网络层面

在研发初期制定平台框架策略时，充分考虑平台将在多个服务器上运行以及存储数据，并且能够平滑横向扩展。当需要增加更多服务器时，可直接将服务器加入服务

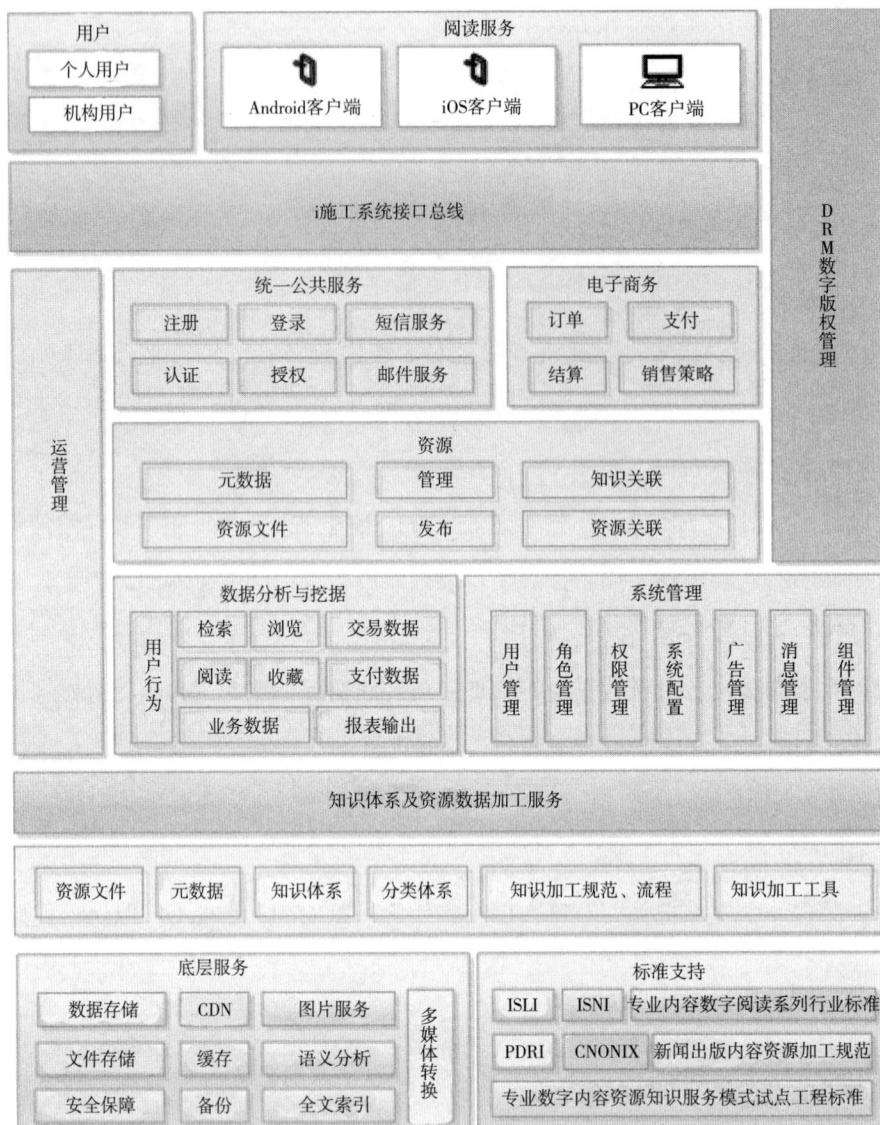

图7-183　建筑施工专业知识资源库与信息服务平台技术结构

器集群，简单配置后即可工作。

网络层采用分布式存储文件，同时采用CDN分发文件，充分利用云服务，使不同网络节点的用户均可获得优质体验。

服务器分布式集群如图7-184所示。

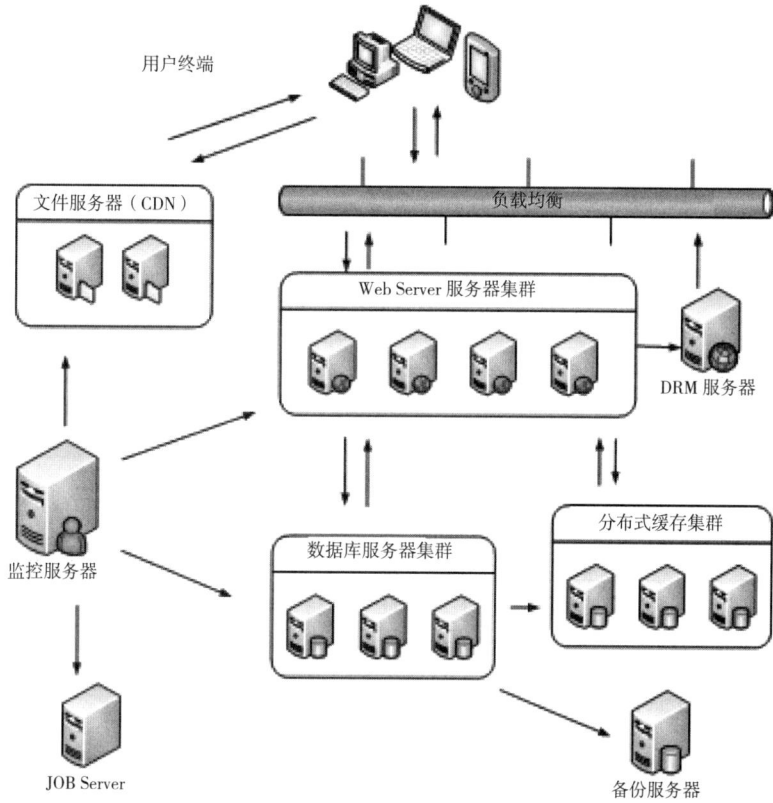

图 7-184 建筑施工专业知识资源库与信息服务平台服务器分布式集群

三 产品架构、典型产品功能及特点

1. 产品架构

建筑施工专业知识资源库与信息服务平台产品架构如图 7-185 所示。

2. 典型产品功能及特点

（1）产品功能及使用场景

实现打通"内容＋平台＋终端"的完整技术支撑体系。

个人服务：习惯、体验，碎片化时间进度、笔记，导航推荐、成长跟踪。

机构服务：特定项目知识服务、机构内部知识管理、机构成员知识结构培训、评估设备／机具／材料、咨询广告。

建筑施工专业知识资源库与信息服务平台

移动端Andorid版／iOS版、PC端客户端

建筑施工工艺工法资源库	建筑施工管理与技术文件资源库	建筑材料与施工机具设备产品选型库	建筑施工全过程可视化资源库	建筑施工专业人员在线学习互动平台
施工工艺	施工管理	建筑材料	全过程视频	课程学习
施工工法	技术文件	机具设备	三维仿真模型	测验考试

能力评价

多窗口阅读　图文阅读　视频阅读　基础阅读功能　多设备切换　智能导学

知识体系应用　综合检索　纸屏互动　多媒体笔记　专业问答　个人中心　学习过程管理

建筑施工专业知识资源库与信息服务运营管理平台

基础数据编审	在线学习管理	电子商务管理	统计分析
基础数据编辑	课程/习题管理	产品包管理	智书阅读分析
基础数据审核及发布	技能点管理	机构管理	知识元阅读分析
分类管理	课程分类管理	订单管理	课程阅读分析
			问答参与分析

用户管理	管理员管理	App更新	消息管理
知识元管理	权限管理	DRM管理	接口管理

图 7-185　建筑施工专业知识资源库与信息服务平台产品架构

（2）产品特点

有效地解决专业内容资源知识化、场景化、个性化、移动化、社交化等问题。

四　运营模式、盈利模式

1. 运营模式

构造"知识＋服务＋社区"的产品生态链，打造以内容为入口，通过社区聚拢用户，通过服务实现产品价值的运营模式。

2. 盈利模式

B2B：向建筑施工单位、建筑工程学院及数字图书馆等提供施工工艺工法、施工

管理与技术文件、施工全过程可视化等资源库以及建筑施工专业人员在线学习互动平台的服务。基于建筑材料与施工机具设备产品选型库，为用户提供相关厂家、租赁企业信息等服务，成熟后转而向产品厂家提供广告服务。

B2C：面向单个消费者，提供用户认证、授权、计费、收费、结算及账务管理等服务，用户可按需下载资源库中的内容。

五　采用相关标准情况

在知识服务产品的设计建设过程中遵循和参考了资源加工、知识加工和描述以及数据交换等多方面的标准，这些标准对系统的建设起到了关键支撑作用。

相关标准清单如下。

——CYT 101.3—2014 新闻出版内容资源加工规范 第 3 部分：数据加工规格

——CYT 101.4—2014 新闻出版内容资源加工规范 第 4 部分：数据加工质量

——CYT 101.8—2014 新闻出版内容资源加工规范 第 8 部分：图书加工

——GC/FH 10—2017 数据交换规则

——GC/FH 5—2017 资源标识应用规范

——GC/ZX 20 知识资源建设与服务工作指南

——GC/ZX 23 知识元描述通用规范

——GC/ZX 24 知识应用单元描述通用规范

——GC/ZX 25 知识关联通用规则

——GC/ZX 26 主题分类词表描述与建设规范

第三十五节　知识产权出版社 *

一　产品名称、简介、市场定位、服务对象

1. 产品名称

DI Inspiro® 知识产权大数据与智慧服务系统

---

* 撰稿人：知识产权出版社刘化冰。

2. 产品简介

DI Inspiro® 知识产权大数据与智慧服务系统（以下简称"DI Inspiro®"）是由知识产权出版社开发建设的知识产权大数据应用服务系统。DI Inspiro® 旨在利用知识产权大数据资源，为全球科技创新和知识产权保护提供最优质、高效的知识产权信息服务。目前，DI Inspiro® 已经整合了国内外专利、商标、裁判文书、标准和科技期刊等九大类知识产权数据资源，实现了数据检索、分析、关联、预警和自建库等多种功能。

3. 市场定位

目标是通过 DI Inspiro®，让用户从数以亿计的全球知识产权数据资源中方便、准确地获取最有用和最有价值的情报信息，从而帮助用户及时把握技术发展最前沿、提高创新起点和有效防范知识产权风险。

4. 服务对象

企业、科研机构、知识产权咨询／代理机构、律师事务所、高校、政府管理部门等。

二 知识服务技术架构

1. 技术架构

DI Inspiro® 技术架构见图 7-186。

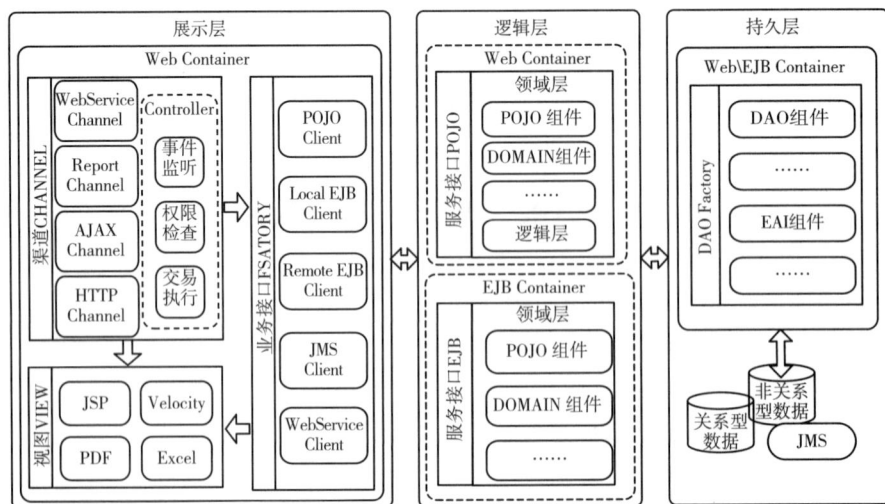

图 7-186 DI Inspiro® 技术架构

2. 部署方案

DI Inspiro® 部署方案见图 7-187、表 7-36。

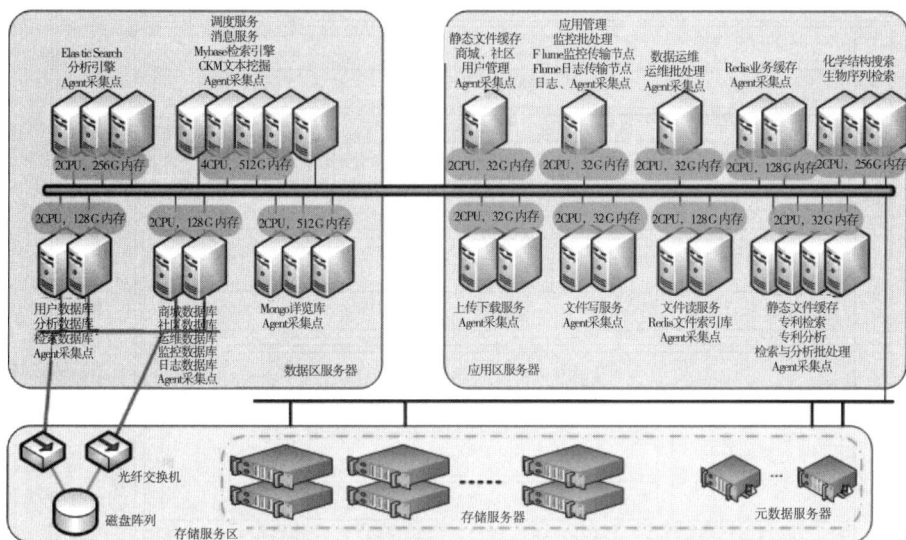

图 7-187 DI Inspiro® 服务器硬件部署架构

表 7-36 硬件环境

序号	名称	部署区域	数量	备注
1	分析引擎服务器	数据区	3	实现对业务数据的整理、分析
2	检索及文本挖掘服务器	数据区	5	部署 HBase 数据库，实现数据检索服务
3	详览库服务器	数据区	3	提供 Mongo 详览库服务
4	数据库服务器	数据区	4	部署用户库、分析库、检索库、商城库、社区库、运维库、监控库、日志库等。两两一组，互为备份
5	应用服务器	应用区	9	部署项目所需的各类应用
6	缓存服务器	应用区	2	部署 Redis 业务缓存
7	静态文件缓存服务器	应用区	4	部署静态文件缓存、专利检索、专利分析等业务
8	化学、生物检索服务器	应用区	3	实现对化学式和生物序列的检索

三 产品架构、典型产品功能及特点

1. 产品架构

DI Inspiro® 产品架构见图 7-188。

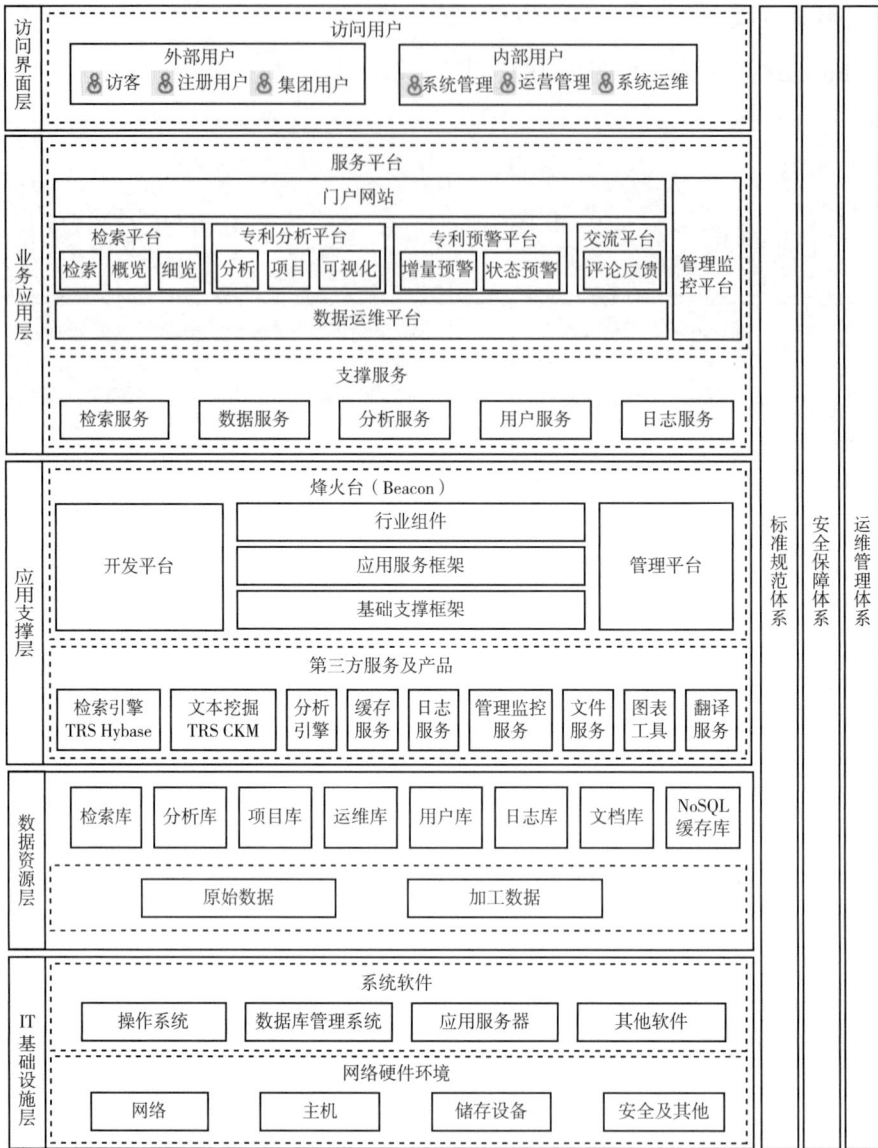

图 7-188　DI Inspiro® 产品架构

2. 典型产品功能及特点

（1）产品功能及使用场景

DI Inspiro® 产品功能及使用场景见图 7-189。

（2）产品特点

① 大数据关联

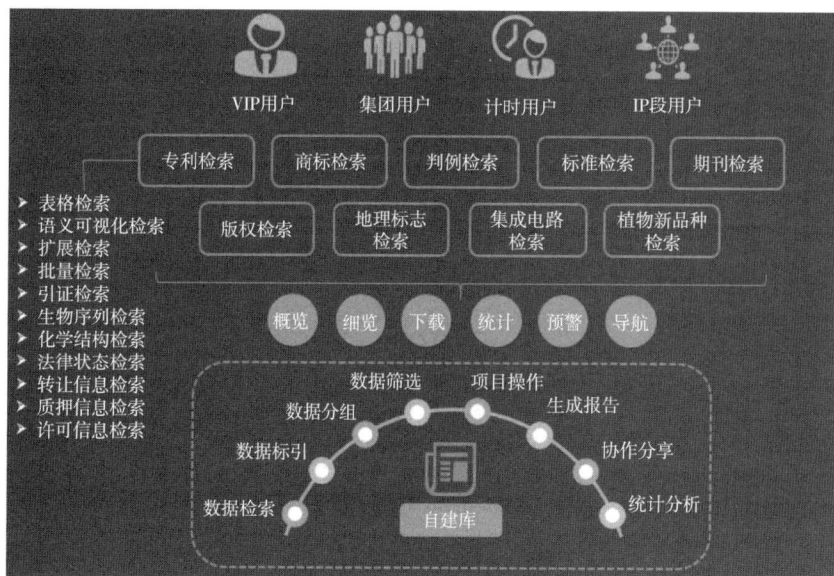

图 7-189 DI Inspiro® 产品功能及使用场景

用户在检索一种知识产权数据（如专利）时关联商标、裁判文书、期刊、标准等其他知识产权数据，为知识产权管理提供一站式服务。

② 24 种检索模式

系统提供超过 600 个检索字段，其中专利检索字段超过 200 个。提供语义可视化检索、扩展检索、化学结构检索、生物序列检索等特色检索功能，同义词表查询、跨语言词表查询、公司代码查询、区域代码查询、IPC 查询等检索辅助工具。多样的检索模式和丰富的检索工具使用户的检索工作更加便捷，可实现深度数据挖掘。

③ 高效的分析功能

系统提供专利、商标、版权、期刊、标准多种统计字段和预设统计模板，一维、二维、三维分析，多种可视化分析图表展示，支持千万级数据即时统计分析。

④ 用户自建库

系统提供灵活的用户数据管理模式，多种数据标引方式、丰富的标引字段，让用户可以对数据进行深度加工，自定义分析、聚类分析、关联分析、生命周期分析。

四 运营模式、盈利模式

1. 运营模式

线上、线下结合推广，线上通过其他线上产品、公众号引流试用用户，线下通过参加论坛、展会、研讨会等方式推广。

2. 盈利模式

提供账号服务、数据接口服务、个性化服务等模式。

第三十六节　地质出版社 *

一 产品名称、简介、市场定位、服务对象

1. 产品名称

中国自然资源智阅读平台

2. 产品简介

中国自然资源智阅读平台是中国大地出版社、地质出版社依托其既有的海量国土、地质专业图书资源，借助新兴的数字化拆分、知识化标引和知识关联等数字出版技术，全力打造的面向自然资源行业的知识服务平台。

中国自然资源智阅读平台包含图书、图片、条目及音视频四大类资源素材，囊括了土地管理、地质调查、基础地质、矿产地质、水工环地质、海洋地质、地质百科和国土法规宣传8个子库，共计收录国土、地质专业图书5000余本，图片100余万张，条目数据150余万条，知识关联关系3000余万个。

3. 市场定位

中国自然资源智阅读平台依托出版社专业图书资源，向自然资源行业用户提供专业图书的在线阅读服务。

4. 服务对象

中国自然资源智阅读平台主要服务对象包括：自然资源各级行政管理部门、地质调查勘查行业单位、地质矿产类高校研究单位、采掘行业单位、博物馆等科普单位等。

---

* 撰稿人：地质出版社何波。

二　知识服务技术架构

中国自然资源智阅读平台采用了主流的 Java 开发语言，在分布式环境下实现平台技术开发，其技术架构如图 7-190 所示。

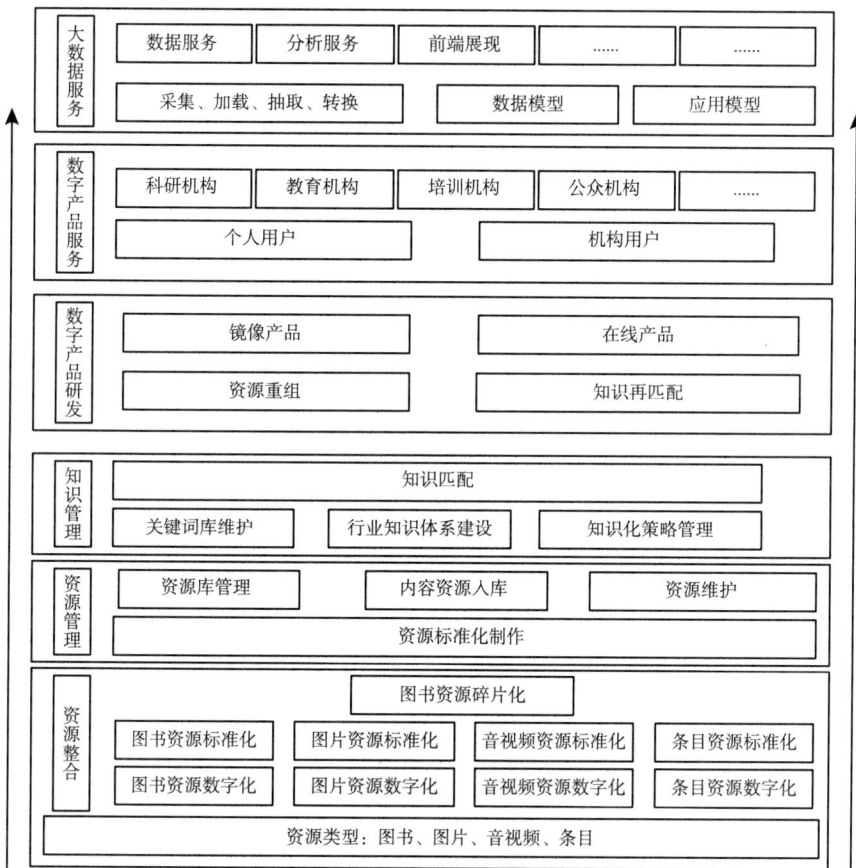

图 7-190　中国自然资源智阅读平台技术架构

中国自然资源智阅读平台业务架构分为资源整合、资源管理、知识管理、数字产品研发和服务以及大数据服务五大部分。

资源整合是内容管理和知识管理的基础，依照各类资源的数据标准由资源加工单位进行数字化和标准化加工。

资源管理、知识管理是数字产品研发的基础。首先，基于资源库和资源库分类，通过系统批量处理实现资源入库格式转换和资源分类入库。其次，基于知识化策略对内容资源进行批量知识化处理，形成知识化碎片。最后，基于行业知识体系和相关配置对知识进行自动标引，形成可供知识产品研发使用的半结构化（XML）知识数据。

数字产品研发和服务直接为个人用户和机构用户提供前台检索服务和阅读服务。

大数据服务通过数据建模和数据再抽取，对操作数据和内容数据进行分析和展现，为其他系统提供数据服务和业务支撑。

三　产品架构、典型产品功能及特点

1. 产品首页设计及内容模块设计

中国自然资源智阅读平台产品首页如图 7-191 所示，产品各模块介绍如表 7-37 所示。

表 7-37　产品各模块介绍

序号	产品模块	产品内容
1	基础地质	涵盖地球的特征、地球的物质成分和物理性质，矿物、岩石和地层古生物，大陆漂移、海底扩张和板块构造等地球的演化历史，地球资源与环境等学科知识
2	地质调查	以岩石、地层、构造、矿产、水文地质、地貌等地质现象为调查对象，进行物探、化探、钻探、坑探和取样分析
3	矿产地质	涵盖各种能源矿产（煤、石油、天然气等）及非能源矿产资源及与之相关的地质知识
4	水工环地质	涵盖水文地质、工程地质、环境地质及地质灾害等专业知识
5	海洋地质	专门研究海洋构造特征、海洋地质环境、海洋生态环境及海底矿产资源
6	地质百科	地质专业领域最权威的百科知识，分为基础学科卷和应用学科卷
7	土地管理	是国家为维护土地制度，调整土地关系，合理组织土地利用所采取的行政、经济、法律和技术的综合措施
8	国土法规宣传	立足于自然资源系统，发布与国家土地资源管理相关的法律法规、政策文件和规定

2. 产品功能及特点

中国自然资源智阅读平台在产品形态上包含了图书、图片、条目、音视频四种素材。

图书：在线免费试读，章节层次分明，付费下载阅读。

图片：在线免费浏览，支持图书链接，付费下载保存。

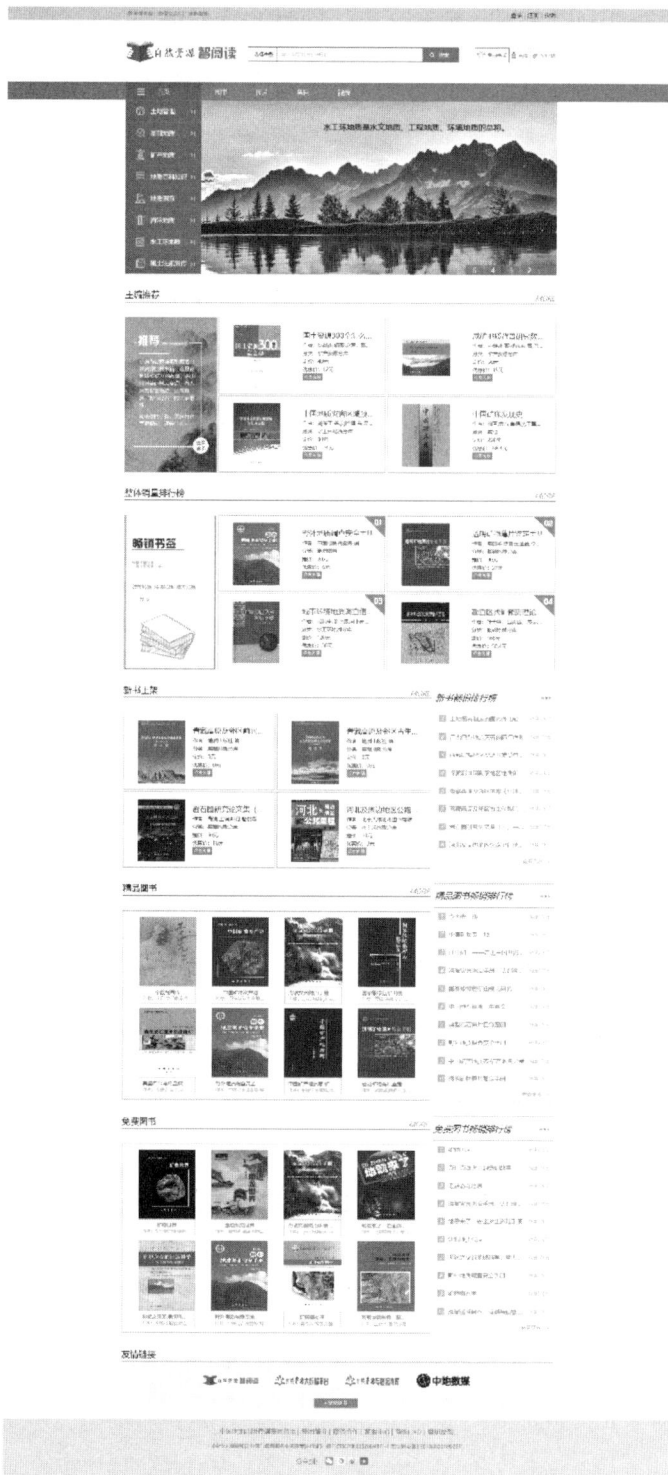

图 7-191　中国自然资源智阅读平台产品首页

条目：在线免费浏览，支持图书链接，付费浏览图书。

音视频：在线免费试看，支持本地缓存，付费下载保存。

四　运营模式、盈利模式

1．运营模式

中国自然资源智阅读平台的内容主要来源于出版社出版的专业书籍，内容形式涵盖图书、图片、条目和音视频。平台内容每年最少更新两次。同时，平台与出版社其他知识服务平台形成关联，共同促进自然资源专业化知识服务工作。

2．盈利模式

中国自然资源智阅读平台面向机构用户（B2B）和个人用户（B2C）开展知识服务营销。机构用户可以购买在线版和镜像版产品。

五　采用相关标准情况

中国自然资源智阅读平台在建设和运营过程中采用的标准包括以下六项。

——《数字资源加工标准规范》

——《知识资源建设与服务工作指南》

——《知识资源通用类型》

——《知识应用单元描述通用规范》

——《知识元描述通用规范》

——《主题分类词表描述与建设规范》

第三十七节　上海音乐出版社 *

一　产品名称、简介、市场定位、服务对象

1．产品名称

音乐全媒体专业检索平台

---

* 撰稿人：上海音乐出版社费维耀。

2. 简介及市场定位

音乐全媒体专业检索平台项目是依托于上海音乐出版社历年积累的海量优质专业资源，利用互联网创新理念，构建的一个集文字、图片、音频、视频、乐谱于一体的立体化、专业化音乐服务云平台，是"互联网＋音乐出版"的应用创新。项目建成后，将为不同类型的受众群体提供"三层定制"检索服务。

专业音乐数字图书馆：面向专业音乐院校、科研机构和开设音乐艺术类专业的高等学校的师生，以及音乐专业人士，收取年费，提供数字内容服务。

音乐考试平台：面向全国艺术类考生、音乐考级生，提供包月或包量服务，提供种类丰富的考题库和实操练习试题。

音乐百科多终端搜索：面向所有音乐爱好者，提供日常免费服务，在 PC 端和手机端都能够及时、准确地获取音乐方面的知识。

3. 服务对象

实现"三层定制"服务。

（1）专业音乐人士

全国 10 所专业音乐院校，全国 1000 余家开设音乐类专业的高师、高职、高专学校，专业音乐师生。

（2）准音乐人士

全国每年新增的千万人次艺术类考生，各乐器表演考级生。

（3）音乐爱好者

全国上亿普通音乐爱好者。

二 产品架构、典型产品功能及特点

1. 整体架构

项目整体框架从逻辑上可分为四层（见图 7-192）。

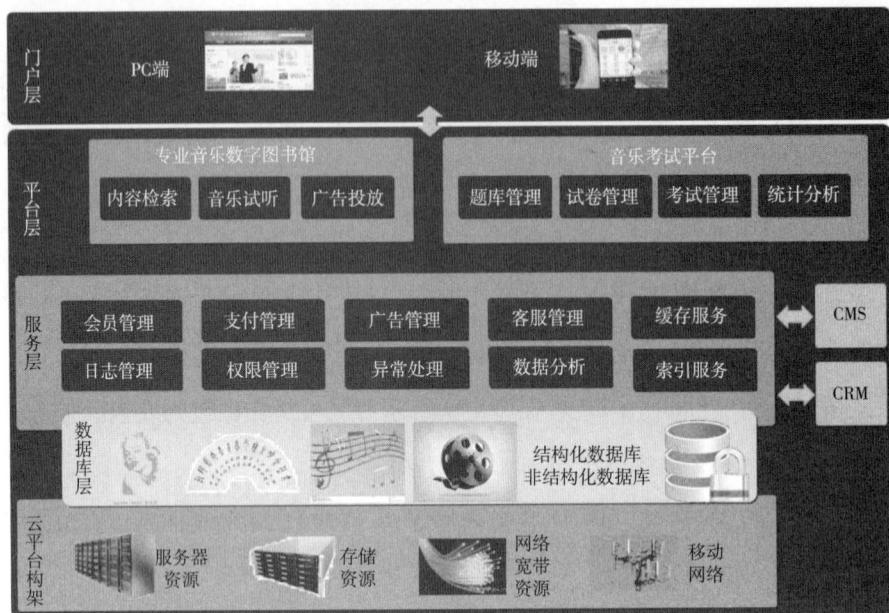

图 7-192　音乐全媒体专业检索平台整体框架

（1）云平台架构

目标平台将采用云平台架构，应用程序服务器、数据库服务器、Web服务器、数据存储等硬件资源一并采用云方式（公有云或混合云）部署。项目所有的资源，包括各类结构化和非结构化数据均以云存储方式保存在云端。

（2）服务层

将平台所需的会员管理、支付管理、客服管理、权限管理、日志管理等各种共性化服务提炼出来，形成平台服务层。服务层还负责与上海音乐出版社的CRM系统和未来将要实施的CRM系统进行数据对接，实现数据同步。

（3）平台层

目标系统由两大平台组成："专业音乐数字图书馆"和"音乐考试平台"。分别面向专业音乐人士和准音乐人士提供专业音乐资源的全媒体检索、历年音乐专业知识的考题库练习和分析。

（4）门户层

提供基于PC端的用户访问门户和基于移动设备（iOS和Android）的App应用。

2. 典型产品功能及特点和呈现方式

（1）功能模块及特点

平台由"专业音乐数字图书馆"和"音乐考试平台"组成。构成两个平台的主要功能模块如图 7-193 所示。

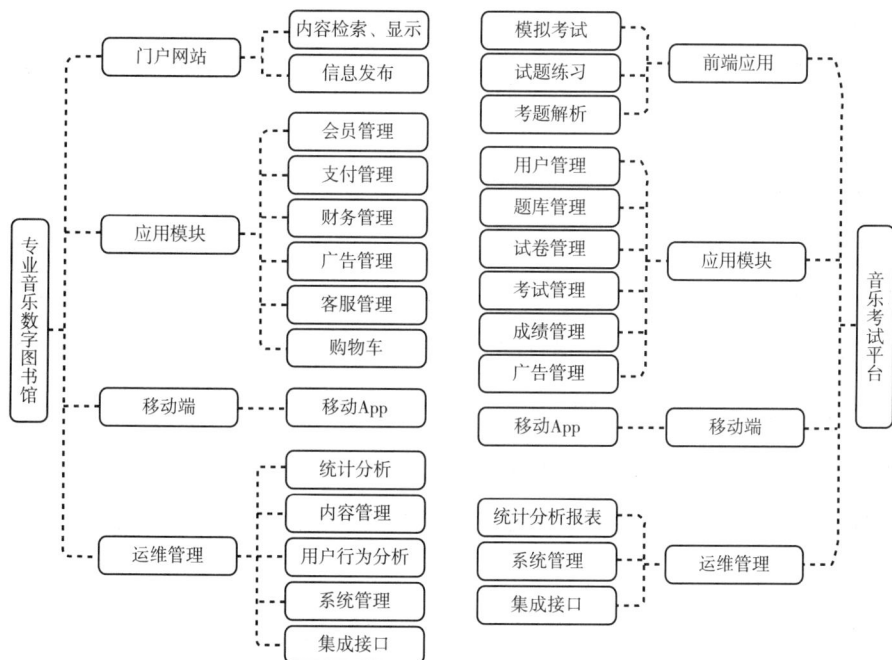

图 7-193　音乐全媒体专业检索平台功能模块

①专业音乐数字图书馆主要功能

提供会员的注册管理，平台中涉及收费资源，用户需要充值支付。

提供各类资源的检索，将检索结果显示给最终用户。

提供资源的试听、试看功能，付费资源的下载、离线观看功能。

提供 PC 端页面的广告投放，精准推送广告。

提供用户在线提问，客服回答、自动回答用户问题。

提供用户个性化资源信息推送。

提供移动端 App，满足移动用户的信息检索功能。

②音乐考试平台主要功能

音乐考试平台主要业务需求，满足相关用户通过此平台练习音乐方面的考题库题目测试，模拟艺考中相关考试的测试，平台提供乐理考试、音乐视唱、练耳、节奏等类型的考试和练习，用户答题后给出正确答案及试题解析，模拟考试后，系统能自动给出相应成绩，并给出错误分析。主要题型及功能如下。

乐理题：以客观题型为主，包括单选、多选、判断、填空。

视唱：用户观看题目中的一段简谱或者五线谱，自己录音并和标准答案进行比较。

练耳：通过听题目中的一段音频，然后将乐谱写下来，系统能够自动打分。

③其他配套功能

资源接口功能：平台与CMS系统资源交互的功能。

第三方资源接口功能：平台与其他第三方专业音乐平台的资源交互功能。

支付接口功能：平台与微信登录、QQ登录、支付宝充值、银联充值接口。

跨平台统一账户：两个应用平台间用户账号跨平台登录。

统计分析功能：各类数据的统计分析功能。

浏览器兼容：兼容各类主流浏览器。

音视频格式兼容：兼容各种主流格式的音视频播放器，及主流格式图片。

（2）呈现方式

文字、图片、音频、视频、乐谱五维资源素材，以大数据检索实现智能化关联，以多维度立体化同步呈现，包括：先进的搜索与浏览功能，让用户能够自行关联资源；定期"保鲜"内容，每年更新两次；多终端应用实现随时随地浏览检索。

三　运营模式、盈利模式

目前尚未正式上线，拟定为：向机构或个人收取年费；向考生收取包月或包量费；广告、赞助等。

四　采用相关标准情况

通过国际标准关联标识符（ISLI）在上海音乐出版社海量专业音乐资源库上的应用，建立专业音乐富媒体资源之间的关联关系，形成新的知识服务模式和行业应用标准。

第三十八节　中国铁道出版社 *

一　产品名称、简介、市场定位、服务对象

1. 产品名称

轨道交通专业知识资源库与应用系统

2. 产品简介

轨道交通专业知识资源库与应用系统包含两部分内容：轨道交通专业知识资源库与轨道交通专业知识资源应用系统。涵盖了知识资源的生产与应用。

轨道交通专业知识资源库包含了知识资源数据的生产全流程，包括专业内容资源标准化处理子系统、知识体系构建子系统、专业资源数据知识化标引子系统、分中心与北京中心数据库以及对应的生产管理系统和统一管理系统。为提高生产效率，本系统使用了多组织和大数据量的多人多组织同步处理的机制，运用创新性的架构实现多组织多人分工协作的高效性与可控性。

轨道交通专业知识资源应用系统包含两方面的主要功能。

第一，专业内容知识服务。采用了大数据技术对数字知识资源进行多层级、多维度的整合，使单一的知识资源发生耦合，将所有的知识资源单点连接成一个知识资源网。知识资源数据之间具备知识关联属性，用户在查看单一资源时可以通过关联信息，查看资源内的内容，也可以进一步查看关联内容。通过提炼、整合与再组织使原有的单一知识产生连接关系进而形成数据网络，产生知识服务价值。

第二，专业教育服务。通过该产品为轨道交通专业从业人员提供一个优秀个人资源、专业文献资源、教育课件资源共享交流的平台，让他们有一个可以相互学习、相互交流、共同进步的平台，以满足专业教育工作者在实际工作中的需求，提高教育资源的利用效率，同时发挥专业人员的主观能动性，建设全面的轨道交通专业知识资源内容数据库。

---

* 撰稿人：中国铁道出版社李军。

3. 市场定位

轨道交通专业知识资源库具有知识资源生产的功能，能产出优质、可靠、易用的基于知识体系结构的知识资源数据库，为专业人士提供知识查询、知识资源检索等功能。同时，本系统是轨道交通专业知识资源应用系统的基础。

轨道交通专业知识资源应用系统是基于轨道交通专业知识资源库以及最新发展的互联网大数据、云计算、人工智能等相关技术而衍生出的以轨道交通专业知识资源为主的高品质专业服务，以知识服务和专业教育服务为主，通过知识资源搜索应用、知识资源关联关系图示、教育资源共享（师资、个人资源）等产品与知识服务，为轨道交通的专业用户和大众用户提供轨道交通专业知识服务。

4. 服务对象

专业从业人员：满足专业工作者在实际工作中的知识服务需求，帮助专业工作人员更好地解决工作中的问题，提高工作效率。

科研机构类用户：为广大本专业科研机构从业人员提供精准有效的知识服务。

轨道交通专业教师和学生：通过专业教育服务产品使教学内容和师资进行组织内的横向流动，弥补各教学机构在轨道交通专业知识领域教学资源的不足，高效利用专业教育资源，减少课件的重复建设，最终实现整个轨道交通专业体系内学习效率的提升。

大众用户：轨道交通的相关知识，特别是高铁的相关知识与内容都深受大众用户的欢迎，轨道交通专业知识资源应用系统能够满足大众用户对相关知识的获知需求。

二 知识服务技术架构

1. 技术架构

系统后台模块采用成熟的 Spring MVC+MyBatis 框架，使用 ECharts、Redis，后台计算部分采用 Java。

轨道交通专业知识资源库运用了先进的人工智能技术，包括基于深度学习的新词发现、词间关系发现、XML 自动标引、资源自动标引和用户行为挖掘与分析，提高了知识资源数据生产效率及知识服务的准确性和及时性。

2. 部署方案

轨道交通专业知识资源库与应用系统部署方案如图 7-194 所示。

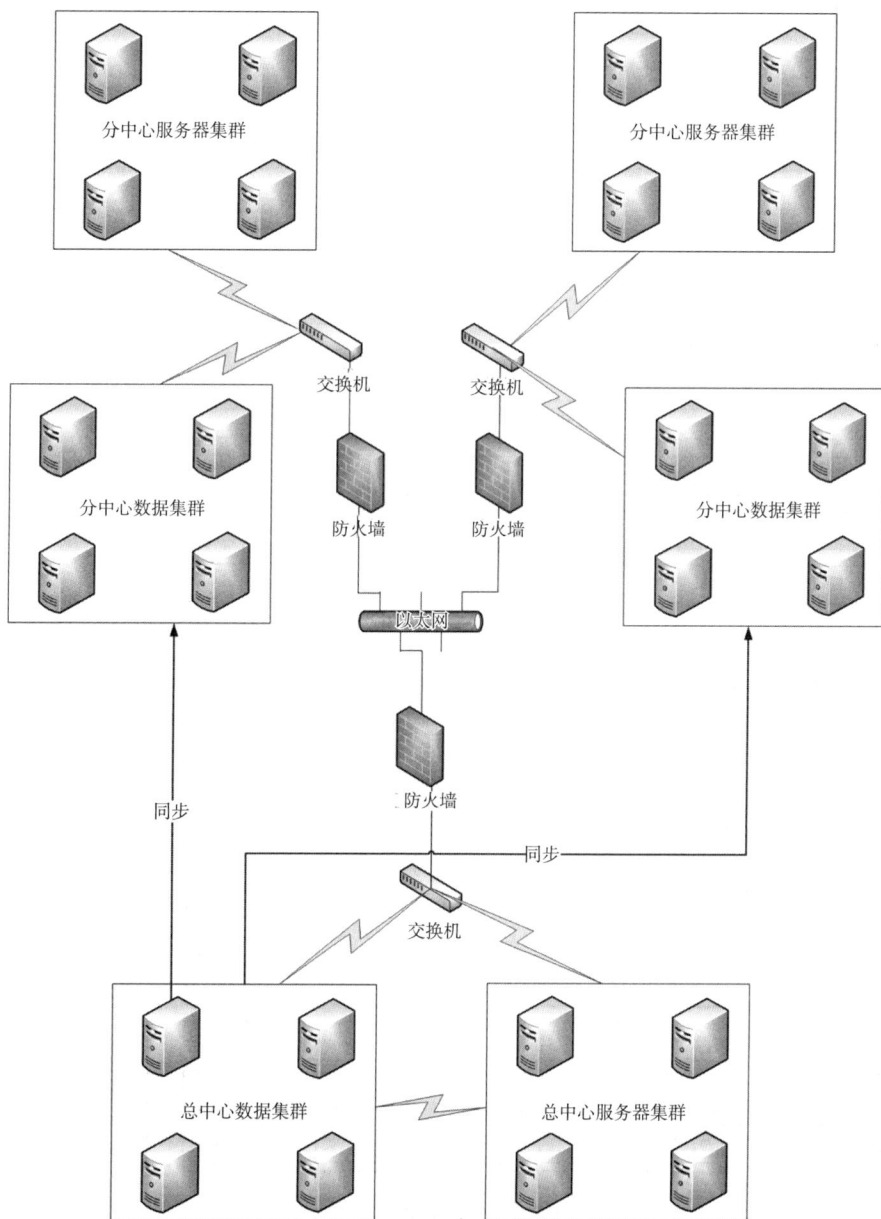

图 7-194 轨道交通专业知识资源库与应用系统部署方案

三 产品架构、典型产品功能及特点

1. 产品架构

轨道交通专业知识资源库与应用系统产品架构如图 7-195 所示。

2. 典型产品功能及特点

（1）产品功能及使用场景

①轨道交通专业知识资源库产品功能与使用场景

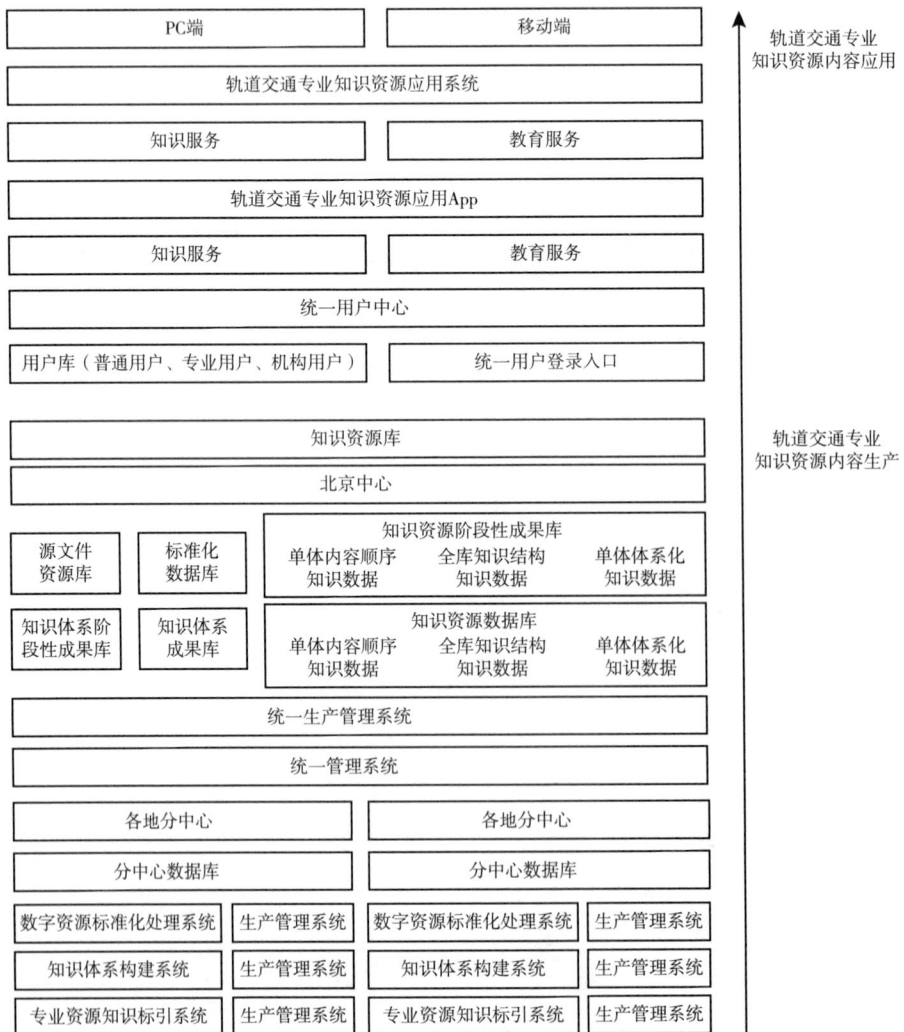

图 7-195 轨道交通专业知识资源库与应用系统产品架构

轨道交通专业知识资源库主要用于知识资源数据的生产和对外提供知识资源查询与检索的接口，并直接服务于轨道交通专业知识资源应用系统。

通过轨道交通专业知识资源库的建设和实施，形成轨道交通产业化技术研发应用平台，开展关键技术集成及其产业化应用，实现轨道交通专业知识资源精准匹配、知识体系关联以及知识资源的个性化匹配，满足轨道交通相关从业人员对提升专业技能和业务素质的需求，切实解决轨道交通数字资源的标准化处理、知识发现和知识关联等难题，能够应用于通过内容得到内容的各种场景。

② 轨道交通专业知识资源应用系统产品功能与使用场景

系统产品功能见图 7-196。

A. 轨道交通专业知识资源应用系统产品功能

轨道交通专业知识资源应用系统包括知识服务、专业教育服务、用户中心、后台管理、移动端 App 应用等功能。全面满足知识资源应用系统使用者的各种需求。

B. 轨道交通专业知识资源应用系统产品使用场景

轨道交通专业知识资源应用系统有两类应用场景，包括知识服务产品的应用和专业教育服务产品的应用。

a. 知识服务产品的应用场景

专业从业人员使用场景：在实际工作中遇到相关专业问题，专业从业人员可通过手机或电脑随时访问知识服务产品，查找相关知识点，获得相关规章规范内容和解决问题的操作办法。

科研工作者使用场景：在研究中需要查找相关的资料以及某一参考文献，通过知识服务产品搜索要查找的关键词即可根据分类、内容、图书、知识点等多种维度查找相关资源，为自身的研究工作提供支撑。

大众用户的使用场景：大众用户可登录知识服务产品查看最新的轨道交通专业知识资源，了解轨道交通专业最新发展。

b. 专业教育服务产品的使用场景

轨道交通专业教师的使用场景：轨道交通专业的教职工可以将自己的空闲时间通过教育服务产品这一形式进行分享，供其他轨道交通专业学校使用，既提高了教师的个人收入，又合理配置了各方的教学师资力量。教职工也可以把多年积累下来的课件

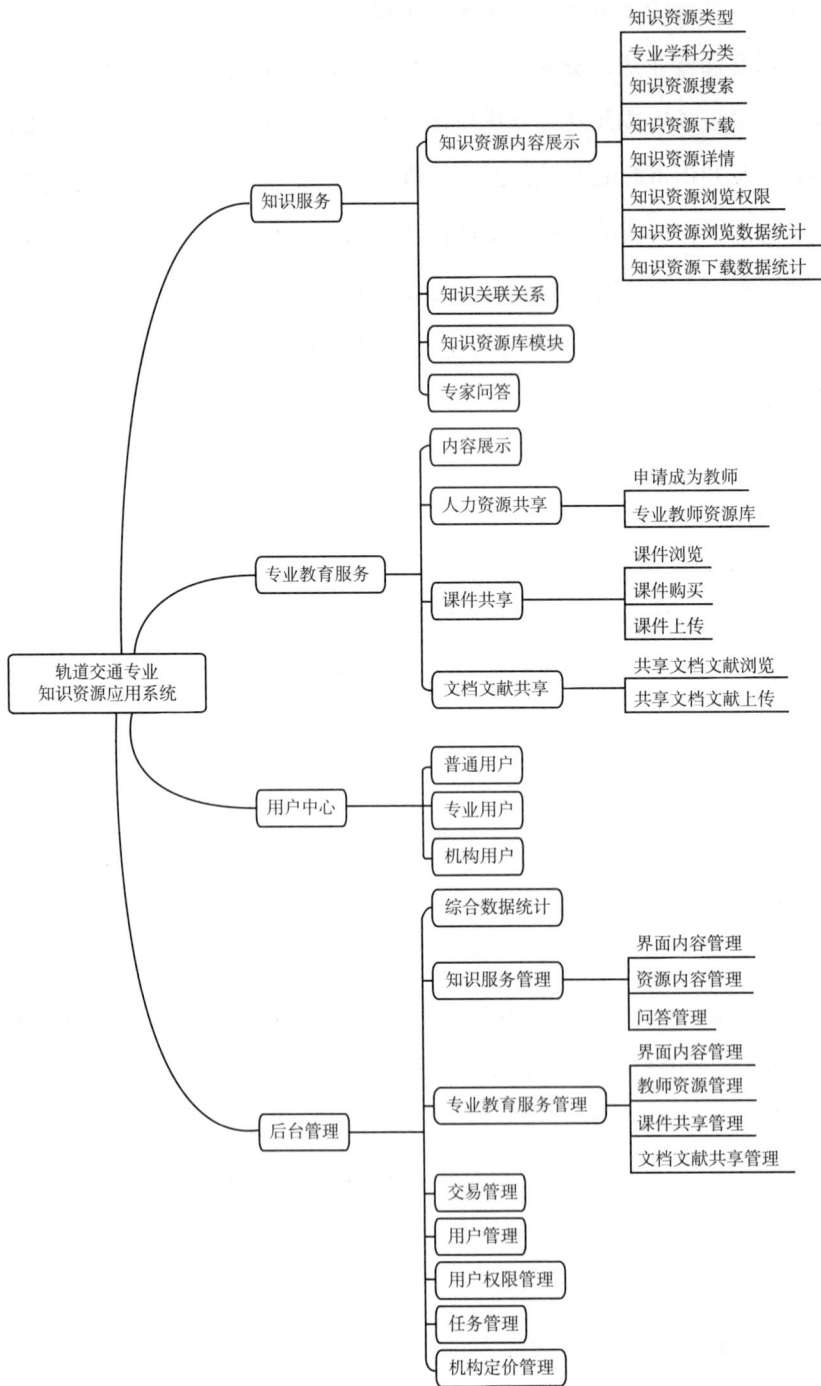

图 7-196　轨道交通专业知识资源库与应用系统产品功能

内容或文献进行资源共享（收费或免费），同时也可以查看、使用其他教师共享的课件内容（收费或免费），共同提高教学效率和水平。

轨道交通专业教学机构的使用场景：各专业教育机构通过专业教育服务产品查看共享的课件或者与教师协商聘用教师的时间，分享他们多年积累的教学经验，快速提高机构的教学质量和教学效率。

（2）产品特点

轨道交通专业知识资源库：主要满足了系统化高效构建知识体系与知识资源的需求，并能够为专业机构、个人提供准确、便捷的专业知识关联数据服务。

轨道交通专业知识资源应用系统：知识服务产品主要满足了专业从业人员在实际工作中遇到问题时，即时、准确查阅资源的需求，有助于科研人员快速、系统地应用专业知识资源，同时还通过大数据技术为科研人员提供在更深层次具有关联关系的知识应用支持。专业教育服务产品，逐步解决了学校师资力量不足、课件利用率低、重复建设的问题，提高了教职工的教学效率和个人的专业价值。

四 运营模式、盈利模式

1. 运营模式

轨道交通专业知识资源库对外提供基础的知识体系与知识资源的查询、检索服务，主要通过和专业系统对接，为其提供高质量的后台知识服务数据，同时也对高校、机构和个人开放知识体系与知识资源的查询、检索服务。

轨道交通专业知识资源应用系统，主要面向轨道交通专业从业人员以及相关机构提供服务。采用线下推广和线上推广相结合的方式，线下推广以发布产品通知和新闻消息、举办产品发布会、与相关机构洽谈等为主，线上推广主要以在轨道交通专业相关网站及移动端 App 发布产品广告，借用微信、QQ 等社交工具和自媒体通过朋友圈分享，朋友之间转发等手段进行快速分裂式传播。

2. 盈利模式

机构用户模式：主要为专业高校、科研机构和系统内各级单位提供知识资源库应用产品。该模式一般采用的销售方式是机构支付服务费、成员免费使用，并采用 IP 限制、并发数限制等控制手段。

个人用户模式：个人用户模式是针对个人销售一段时间内全部或部分知识资源库应用产品使用权的经营模式。个人用户的使用可以设定不同的服务模式，根据用户选择的内容，收取不同的费用。

用户可通过订阅的模式访问系统，获取相应的知识服务解决方案并付费。系统根据用户行为数据，实现内容资源的精准推荐，不断更新轨道交通专业内容知识资源，收取相应的服务增值费用，形成多次营销。

五　采用相关标准情况

根据原国家新闻出版广电总局相关工作标准先行的指导思想，本系统中知识资源数据的生产和应用都遵循了专业数字内容资源知识服务模式试点工作项目标准，以及相关国家标准，并且取得了一定的效果。

出版业知识服务转型之路

——国家知识资源服务模式试点研究

（III）

THE TRANSFORMATION OF
KNOWLEDGE SERVICE
IN PUBLISHING INDUSTRY
PILOT STUDY ON NATIONAL KNOWLEDGE
RESOURCE SERVICE MODEL

主　编　张　立
副主编　刘颖丽　介　晶

社会科学文献出版社
SOCIAL SCIENCES ACADEMIC PRESS (CHINA)

编辑委员会

主　任：魏玉山　　王志成

副主任：尚春明　顾晓华　谢寿光　张　立

委　员：武远明　张凤杰　刘颖丽　张晓斌　李晓晔　李建红

课题组成员

张　立　刘颖丽　介　晶　陆希宇　孔　娜　熊秀鑫　谢　冰　曲俊霖

周　丹　杨春兰

目　录

寄　语 ／1

序　知识服务是出版服务的重要方式之一　／1

（Ⅰ）

第一章　国家知识资源服务模式试点工作综述　／1

　　第一节　国家知识资源服务背景　／2

　　第二节　国家知识资源服务发展历程　／5

　　第三节　国家知识资源服务模式试点工作开展情况　／7

　　第四节　国家知识资源服务模式试点工作取得的成绩　／10

　　第五节　当前知识资源服务模式试点单位存在的问题　／12

　　第六节　关于知识服务应用推广的几点建议　／14

第二章　国家知识资源服务模式试点单位调查问卷分析 ／ 17

　　第一节　知识资源总体情况 ／ 17

　　第二节　知识资源服务模式试点单位运营情况 ／ 19

　　第三节　知识资源服务模式试点单位产品情况 ／ 24

　　第四节　知识资源服务模式试点单位用户情况 ／ 27

　　第五节　当前存在的困难和未来预期 ／ 30

第三章　国家知识资源服务模式试点单位应用案例分析 ／ 33

　　第一节　知识资源服务模式试点单位总体情况 ／ 33

　　第二节　知识资源服务模式试点单位服务产品情况 ／ 34

　　第三节　知识资源服务模式试点单位产品定位情况 ／ 35

　　第四节　知识资源服务模式试点单位服务对象情况 ／ 37

　　第五节　知识资源服务模式试点单位技术架构情况 ／ 38

　　第六节　知识资源服务模式试点单位典型产品功能及特点情况 ／ 41

　　第七节　知识资源服务模式试点单位运营模式情况 ／ 42

　　第八节　知识资源服务模式试点单位盈利模式情况 ／ 43

　　第九节　知识资源服务模式试点单位采用相关标准情况 ／ 44

第四章　知识服务标准研制情况 ／ 57

　　第一节　专业数字内容资源知识服务模式试点通用标准研制情况介绍 ／ 57

　　第二节　知识服务标准体系表 ／ 59

　　第三节　知识资源建设与服务工作指南 ／ 72

第四节　知识资源建设与服务基础术语 ／80

第五节　知识资源通用类型 ／89

第六节　知识元描述通用规范 ／94

第七节　知识应用单元描述通用规范 ／121

第八节　知识关联通用规则 ／174

第九节　主题分类词表描述与建设规范 ／185

第五章　知识服务相关观点荟萃 ／203

第一节　知识服务的起源与概念 ／203

第二节　知识付费的创新与实践 ／205

第三节　出版业怎么做知识服务 ／208

第四节　知识服务未来发展趋势 ／213

参考文献 ／217

附　录 ／219

（Ⅱ）

第六章　国家知识资源服务中心门户网站建设情况 ／225

第一节　国家知识资源服务中心建设背景 ／225

第二节　国家知识服务平台介绍 ／226

第七章 专业类知识资源服务模式试点单位案例 ／245

第一节 人教数字出版有限公司 ／245

第二节 中国林业出版社 ／253

第三节 中国科技出版传媒股份有限公司 ／259

第四节 中国少年儿童新闻出版总社 ／264

第五节 中国农业出版社 ／287

第六节 福建科学技术出版社 ／293

第七节 社会科学文献出版社 ／297

第八节 电子工业出版社 ／303

第九节 中国社会科学出版社 ／310

第十节 中华书局 ／314

第十一节 哈尔滨工业大学出版社 ／319

第十二节 中国人民大学出版社 ／323

第十三节 成都音像出版社 ／330

第十四节 《中华医学杂志》社 ／336

第十五节 中国大百科全书出版社 ／340

第十六节 天津大学出版社 ／354

第十七节 中国人民公安大学出版社 ／358

第十八节 中国发展出版社 ／363

第十九节 华东师范大学出版社 ／366

第二十节 外语教学与研究出版社 ／378

第二十一节　人民邮电出版社 ／ 392

第二十二节　人民法院出版社 ／ 401

第二十三节　英大传媒投资集团 ／ 413

第二十四节　中国海关出版社 ／ 419

第二十五节　法律出版社 ／ 440

第二十六节　黑龙江东北数字出版传媒有限公司 ／ 444

第二十七节　人民交通出版社 ／ 450

第二十八节　海峡出版发行集团 ／ 480

第二十九节　海洋出版社 ／ 483

第三十节　北京卓众出版有限公司 ／ 487

第三十一节　中国水利水电出版社 ／ 490

第三十二节　石油工业出版社 ／ 497

第三十三节　商务印书馆 ／ 505

第三十四节　中国建筑工业出版社 ／ 514

第三十五节　知识产权出版社 ／ 519

第三十六节　地质出版社 ／ 524

第三十七节　上海音乐出版社 ／ 528

第三十八节　中国铁道出版社 ／ 533

（Ⅲ）

第八章　综合类知识资源服务模式试点单位案例 ／541

　　第一节　读者出版传媒股份有限公司 ／541

　　第二节　人民出版社 ／557

　　第三节　中国财富出版社 ／568

　　第四节　上海辞书出版社 ／575

　　第五节　清华大学出版社 ／577

　　第六节　罗辑思维"得到" ／585

　　第七节　浙江出版集团数字传媒有限公司 ／595

　　第八节　陕西师范大学出版社 ／601

　　第九节　三联生活传媒有限公司 ／610

　　第十节　中文集团数字出版传媒股份有限公司 ／616

　　第十一节　北京合纵医信网络科技有限公司 ／624

　　第十二节　山东科学技术出版社 ／636

　　第十三节　重庆课堂内外杂志有限责任公司 ／649

　　第十四节　人大数媒科技（北京）有限公司 ／660

　　第十五节　化学工业出版社 ／668

　　第十六节　中国出版集团东方出版中心 ／672

　　第十七节　上海交通大学出版社 ／684

　　第十八节　《中国出版传媒商报》社 ／693

　　第十九节　北京师范大学出版社 ／702

第二十节　大象出版社 ／ 707

第二十一节　北京广播公司 ／ 711

第二十二节　时代新媒体出版社 ／ 716

第二十三节　中国农业科学技术出版社 ／ 726

第二十四节　河北冠林数字出版有限公司 ／ 729

第二十五节　中国图书进出口（集团）总公司 ／ 733

第二十六节　湖北科学技术出版社 ／ 740

第二十七节　北京畅想数字音像科技股份有限公司 ／ 746

第二十八节　接力出版社 ／ 756

第二十九节　广西师范大学出版社 ／ 760

第三十节　中国时代经济出版社 ／ 764

第三十一节　中信出版社 ／ 768

第三十二节　北京交通大学出版社 ／ 773

第三十三节　江苏凤凰教育出版社 ／ 782

第三十四节　重庆出版集团 ／ 785

第三十五节　中财数据网络有限公司 ／ 792

第三十六节　湖北长江传媒数字出版有限公司 ／ 797

第九章　知识服务技术企业单位案例 ／ 803

后　记　在我脑子里，知识服务不只是营销概念 ／ 863

第八章

综合类知识资源服务模式试点单位案例

第一节　读者出版传媒股份有限公司 *

一　产品名称、简介、市场定位、服务对象

1. 产品名称

（1）读者读书会阅读服务平台：读者读书会微信公众号＋微信小程序

（2）"读者·新语文"中小学阅读与写作教育平台

2. 产品简介

（1）读者读书会阅读服务平台

读者读书会的发展方向，是建立起内容完备、在行业内具有竞争力的阅读服务平台。主要运营模式如下。

线上：微信公众号＋微信小程序；提供图书推荐服务（秉持"24本书主义"，向广大读者每两周推介一本精选优秀读物，即"读者荐书"）、定制"读者荐书"购买、推行会员制（提供会员积分、读书打卡、有声图书馆、精品课程、会员专享折扣等服务）。

线下：成立读者读书会分会，举办形式多样的线下推广活动。

（2）"读者·新语文"中小学阅读与写作教育平台

项目的主要内容是对公司拥有的优质语文阅读写作资源进行数字化转换，同时对"读者"IP进行深度开发和延伸，主要包括内容资源集聚与加工、技术平台建设两个子项目。内容资源集聚与加工子项目以公司《读者》、《读者》（校园版）、《读者》（原

＊　撰稿人：读者出版传媒股份有限公司温彬。

创版）、《故事作文》、《读者·高考作文素材增刊》等系列期刊和子公司相关图书内容（如甘肃教育出版社《阅读》《语文读本》《晨读时间》《创新作文》，甘肃少年儿童出版社《阅读小力士》、"小学生新课标必读名著系列"、"世界儿童文学经典系列"等）为基础，集合全国中小学语文阅读与写作领域的优秀期刊、图书、音视频资料等资源，并联合语文教育领域专家、名师，结合自有资源自主研发阅读写作学习系统课程，开发相关的学习辅导数字教材，打造中国具有一定影响力的中小学语文阅读与写作内容资源与教育服务平台。技术平台建设子项目是指建立独具特色的复合型教育出版和服务体系，实现数字出版与纸质出版的多层次互动，线上网络教育服务与线下实体教育服务的综合运营，以及按需出版的出版业务与个性化教育服务的深层融合。

"读者·新语文"中小学阅读与写作教育平台项目旨在构建集教育资源、资源平台、学习终端、在线服务为一体的现代信息化教育技术模块，积极推动公司在教材、教辅研发，语文读物数字化、网络化方面的探索，有利于公司实现传统出版资源的数字化转型，打造完整的"读者"品牌产业链。形成一个覆盖中小学 12 个年级，以全国中小学学生、教师、家长为主要服务对象，以优质语文教育资源为核心，以互联网为传播介质，以技术平台为支撑，以数字化教育资源为发力点，以线上个性服务为基础、线下课程体验为辅助的语文阅读与写作数字化在线教育服务平台。

3. **市场定位**

（1）读者读书会阅读服务平台

通过"读者荐书 + 书友共读 + 语音听书 + 群组讨论 + 线上付费课程 + 线下阅读沙龙 + 直播分享"，成为知识付费领域领先的阅读服务平台。

（2）"读者·新语文"中小学阅读与写作教育平台

提供优质的语文阅读与写作资源，从大众的阅读需求出发，以人性、人道、善良、美好为标尺，以人为中心，从人文视角思考中国民众的生存、生活与发展，呈现清新高雅，文字隽永，熔文化、知识与趣味于一体的内容。

4. **服务对象**

（1）读者读书会阅读服务平台服务对象

初期是 20~50 岁渴望获得进步、对阅读有一定需求的青壮年群体，后期将对不同栏目的用户群体进行细分。

（2）"读者·新语文"中小学阅读与写作教育平台服务对象

项目覆盖中小学 12 个年级，以全国中小学学生、教师、家长为主要服务对象，市场目标主要锁定个人用户和机构用户。

（3）预期"读者·新语文"中小学阅读与写作教育平台用户数量

"读者·新语文"中小学阅读与写作教育平台预期用户分为三部分：一是基础教育阶段的公立教育机构用户；二是日趋活跃的教育培训市场中的民办教育培训机构用户；三是互联网普及环境下的网络个人用户。

项目将以公立教育机构用户、民办教育培训机构用户和网络个人用户为核心，逐年增加用户数量（见表 8-1、表 8-2）。基于审慎原则，计划到第 6 年累计发展普通高中学校用户 192 个，仅为 2016 年普通高中学校数量的 1.43%；累计发展普通初中学校用户 752 个，仅为 2016 年普通初中学校数量的 1.44%；累计发展普通小学学校用户 1056 个，仅为 2016 年普通小学学校数量的 0.59%。

表 8-1　公立教育机构用户市场潜在容量及预期各年用户数

数量：个

用户类别	2016 年*	第 1 年	第 2 年	第 3 年	第 4 年	第 5 年	第 6 年
普通高中学校	13400	0	10	24	37	49	72
普通初中学校	52100	0	39	89	139	189	296
普通小学学校	177600	0	100	150	200	250	356
合计	243100	0	149	263	376	488	724

* 2016 年数据来源为教育部 2016 年《全国教育事业发展统计公报》。

表 8-2　民办教育培训机构市场潜在容量及预期各年用户数

数量：个

用户类别	2016 年*	第 1 年	第 2 年	第 3 年	第 4 年	第 5 年	第 6 年
民办教育培训机构	19500	0	30	50	80	120	170

* 2016 年数据来源为教育部 2016 年《全国教育事业发展统计公报》。

项目平台除开发公立教育机构和民办教育培训机构用户之外，将建设平台自有微信公众号，同时联合公司拥有的其他微信公众号平台，通过对微信公众号平台的开发、推广，吸引个人用户的关注并进行互动、营销、推广，借助互动、个性化服务等手段，增强用户黏性，产生一批黏性较强的个人用户。根据公司在阅读、写作类相关微信公众号运营方面的经验，借助"读者"品牌的影响力和公司内部刊物、微信公众号之间的联动和宣传，参照公司内部类似微信公众号不同阶段粉丝增长发展经验，预期项目自有微信公众号发展趋势为第1年粉丝人数达到10万人、第2年20万人、第3年40万人、第4年60万人、第5年80万人、第6年100万人。依照公司相关微信公众号粉丝用户转化率，依据审慎原则，采用低于公司微信公众号粉丝用户转化率标准的数值1%计算，第1~6年本项目借助微信公众号从网络个人用户群体中将分别获得付费用户0.1万人、0.2万人、0.4万人、0.6万人、0.8万人、1万人。

二 知识服务技术架构

1.技术架构

以打造"读者读书会微信公众号＋微信小程序"的读者读书会阅读服务平台为核心，集技术团队、运营团队、内容团队、服务团队为一体，线上线下同步推进（见图8-1）。

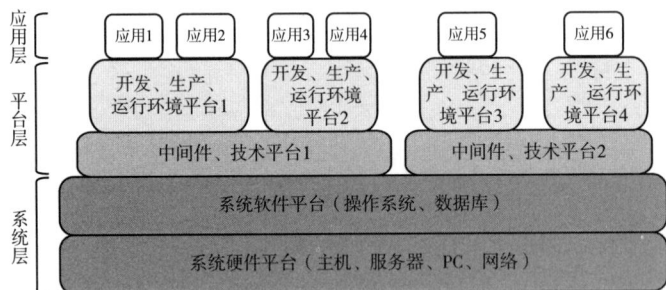

图 8-1 技术架构

2.部署方案

前期采用"自建团队＋外包团队"协同运作的模式，尽快让平台成形、运作，同时加快促进现有团队从业人员的转型，加快以专业外包团队培训自建团队的步伐，后期在自建团队的主导下，根据运营团队、内容团队、服务团队的实时反馈，对平台进行维护、升级，具体实践步骤如下。

一是在专业技术人员的指导下购置服务器，完备系统硬件平台，建立操作系统和数据库。

二是专业外包团队与自建团队共同参与技术研发，协同建成应用平台，并由专业技术人员对自建团队成员进行培训指导。

三是运营团队、内容团队、服务团队协同推进平台上市，并对用户体验和市场反馈进行实时统计分析，及时提出意见，调整阅读平台发展战略及应用功能。

四是在自建团队的主导下，不间断更新、升级阅读平台。平台以数字资源集聚发布与多层次互动为主要功能，以在线教育为主要表现形式，对优质语文阅读与作文资源进行内容集聚、动态发布、互动分享。

"读者·新语文"中小学阅读与写作教育平台由基础服务、数据服务、业务服务、展现服务四层逻辑结构组成。基础服务包括网络、服务器、操作系统、存储以及其他计算资源。数据服务主要为编辑策划新产品、对外运营服务提供内容支持，包括作文库、微视频库、音频库、作文素材库、其他库。业务服务主要实现安全发布与统计分析，功能包括多渠道发布、会员管理、电子商务、流量统计分析、广告管理等。展现服务为用户提供交互界面，包括教学资源包、作文评测、课程直播、社交互动、线上读书会等。

三　产品架构、典型产品功能及特点

（一）产品架构

1. 读者读书会阅读服务平台：读者读书会微信公众号+微信小程序

读者读书会阅读服务平台产品架构见表8-3、表8-4。

表8-3　读者读书会微信公众号产品架构

栏目	功能
读者阅读	每日更新"读者荐书"解读文章
线上听书	部分文章、内容音频展出
线上活动	根据荐书内容，不定期推出活动
线上商城	售卖"读者荐书"及读者读书会文创产品

表8-4　读者读书会微信小程序产品架构

区域类型	用户类型	功能
产品区	会员付费专区	集中展示"读者美文""中国传统文化""读者文学""高考作文素材"四大板块课程
	体验专区	根据课程售卖情况及课程推广需要，推出免费内容及免费课程供非付费读者体验
服务区	针对注册用户	阅读计划发布、每日打卡、会员积分、充值缴费、其他阅读服务

2. "读者·新语文"中小学阅读与写作教育平台

"读者·新语文"中小学阅读与写作教育平台产品架构见图8-2。

图8-2　"读者·新语文"中小学阅读与写作教育平台产品架构

（二）典型产品功能及特点

1. 读者读书会阅读服务平台：读者读书会微信公众号+微信小程序

（1）产品功能

读者读书会阅读服务功能主要搭载于微信小程序，包括好书推荐、语音听书、线上课程、阅读计划发布、每日打卡、会员积分等内容。

"读者荐书"展示：在页面醒目位置对当期荐书进行展示与介绍，让读者及时了解读者读书会的荐书理念与荐书内容（见图8-3）。

知识付费内容展示：划分为收费专区和体验专区，集中展示"读者美文""中国传统文化""读者文学""高考作文素材"四大板块课程，着重推荐最新课程与热点课程，并根据系统反馈的大数据测算结果，为每一位客户推荐其感兴趣的课程，形成为客户量身打造的专属区域。

客户个人信息页面：包括客户的昵称、头像、付费情况等个人信息，同时囊括阅读计划、每日打卡、会员积分、其他客户服务等功能（见图8-4）。

图8-3 "读者荐书"页面　　　图8-4 客户个人信息页面

（2）使用场景

根据读者读书会微信公众平台＋微信小程序设置内容，预期使用场景如下。

小A，20岁左右，在校大学生，愿意拓展知识面，对认知提升有需求，每天在上面浏览最新荐书，作为自己的阅读参考。

小B，21~29岁，一线城市参加工作2年的白领，喜欢接触新事物，想更全面认识自己和现实，工作比较忙，在每天上下班的地铁上会使用读者读书会微信小程序听音频课程。

小C，30~35岁，职场"白骨精"，职业有了一定的发展，需要进一步提高自我认知及人文素养，每天通过"经典文学"系列课程为自己充电，不定期参加读者读书会线下活动以扩展自己的交友圈。

小 D，36~45 岁，在职场中有一定地位，需要与更多高层人士交流，喜欢购买读者读书会"读者荐书"礼盒作为常备礼品，送给工作上有往来的朋友。

（3）产品特点

一是专业团队选书，极大地节省了用户阅读选择的时间成本。

二是多形式荐书，为不同场景下的用户提供了多途径阅读的可能。

三是支持读者线上发布阅读计划，每日打卡，避免了读者无目的、无计划的散漫式阅读。

四是倡导"阅读即生活"，将阅读这一活动放置于日常生活，让更多人有了捧起书本的可能。

五是线上线下协同推进，既扩大了品牌影响力，又拓宽了读者阅读的渠道。

2. "读者·新语文"中小学阅读与写作教育平台

（1）产品功能及使用场景

平台主要包括内容资源加工、内容资源管理、内容资源整合发布、知识付费、教学资源包、在线课堂、融合出版、社交互动、个性化服务、课程直播功能等模块（见图 8-5）。

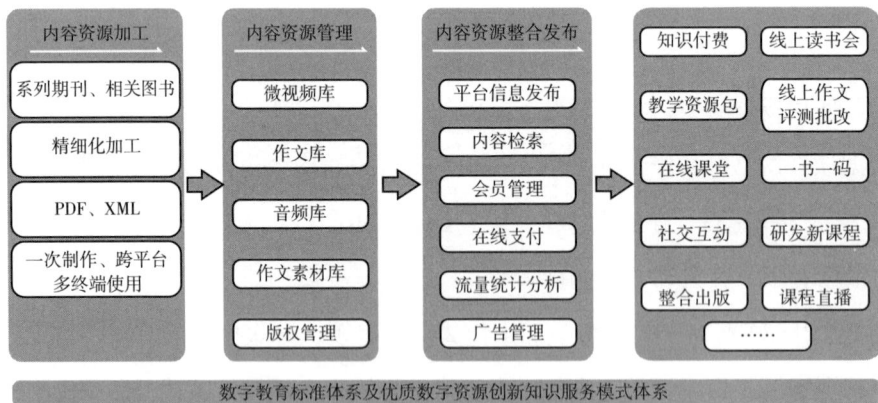

图 8-5　技术平台功能结构

①内容资源加工

结合当前教育行业各个方面的资源现状及《基础教育教学资源元数据应用规范》

《中国现代远程教育技术标准规范》《图书数字化加工规格应用规范》《图书数字资源内容标引规则》等标准，按照公司内容资源的特点，制定一套公司数字教育标准体系及优质数字资源创新知识服务模式体系。

根据公司标准，基于建设语文教育知识体系的目的，将集聚的语文阅读与写作资源进行数字化，对《读者》、《读者》（校园版）、《读者》（原创版）、《故事作文》、《读者·高考作文素材增刊》等系列期刊和子公司相关图书内容进行精细化加工，生成PDF、XML等格式内容，共约4万篇。

只有用严格的数据格式和技术标准进行数字化加工处理，直接和间接地带来价值，这些资源才能真正成为资产。可以利用多媒体、互联网等载体进行大范围、深层次的传播，实现一次制作、跨平台多终端使用的效果，为数字内容产品多元化发布提供数据基础。

②内容资源管理

按照一系列标准和规范，将经过处理和整合的内容资源，包括图书、期刊、音视频，进行快速上传、分类，形成读者作文库、微视频库、音频库、作文素材库等，同时建立数字资源深度关联机制，实现对海量的语文阅读、作文资源进行系统、科学、统一的管理，实现内容资源的汇聚与可控，形成公司语文阅读和作文素材的存储中心、版权中心、运营支持中心。

内容资源管理将实现对语文阅读作文资源分类化、精细化的阅读检索，支持按照年级、主题等分类展示，支持数字化资源的公司内部共享和二次集成，为编辑策划新产品、对外运营服务提供内容支持。同时，实现对著作权、第三方授权等的系统化管理。根据合同内容，对资源的版权授权详细信息进行登记，并与对应的内容资源建立关联，以方便掌握和管理相关资源的版权情况。

③内容资源整合发布

内容资源整合发布可实现多种类型数字阅读产品的跨平台、跨终端阅读，满足数字版权管理与保护的需要，实现安全发布与服务，并可与第三方系统对接。

本模块包括平台信息发布、内容检索、会员管理、在线支付、广告管理和流量统计分析六大子系统。平台信息发布子系统是支撑平台内容动态发布的基础系统，控制平台内容信息的录入、审核、发布，控制平台模板与板块调用情况，控制UI

表现形式；内容检索子系统主要完成对平台资源的检索，支持关键词检索、模糊检索、全功能检索等多种检索模式；会员管理子系统主要完成对平台会员信息的管理，包括会员的支付信息、购买信息、浏览记录，并根据这些记录计算会员需求，进行资源推送；在线支付子系统将接入主流网银和第三方支付平台，满足整个平台的交易需求；广告管理子系统负责全平台的广告投放、广告信息的统计和费用统计；流量统计分析子系统提供直观、可视化的流量统计分析，供平台决策者掌握平台访问信息，了解平台运行情况。

④知识付费

语文课程涉及面广、涉及内容丰富，语文课程的开发既可满足在校师生的教学、学习需要，也能在更大范围内为广大群众提供满足其精神需求和知识需求的知识内容和服务。"读者·新语文"中小学阅读与写作教育平台主导研发的音视频微课程，以市场为导向，坚持精品意识和社会效益第一的准则，通过提供大量精美的音视频微课程，打通"读者·新语文"中小学阅读与写作教育平台、读者读书会微信公众号、读者读书会微信小程序，实现音视频微课程的多平台同步发售，平台之间共享资源、利润分成，促进"读者"品牌进入知识付费领域，强力搭建知识付费新生态，进一步开发"读者"品牌的新媒体产品，丰富"读者"品牌的产品形态，延伸、拓展"读者"品牌的生态链。

⑤教学资源包

将数字化、碎片化的各类优质语文阅读写作资源，包括电子书、课件、微视频、试题等，根据年级、主题等打包成教学资源包，以教学资源库为载体为全国中小学提供资源，并不断更新。

教学资源包围绕语文教学目标和教学重点，为教师、学生提供语文阅读的电子书、课件、微视频、试题库等丰富的媒体资源，提供精细、高效、高质量的阅读、写作内容检索服务，也能根据学生阅读行为提供专属阅读分析报告和个性化推荐资源。从而帮助教师提高语文教学质量，帮助学生提升阅读能力，培养阅读兴趣，形成阅读习惯。并且支持适配多终端平台，方便随时随地学习。

⑥在线课堂

以"平台＋内容＋服务"模式，构建优质教育教学资源在线学习和服务平台，为用户提供在线互动的一站式全方位教育服务，包括学生信息管理、教师信息管理、班级信息管理、课程信息管理、成绩信息管理、在线授课、在线互动、在线考试等。

⑦融合出版

优化出版流程，提高出版效率，结合线上资源，策划研发出版新教材，实现线上线下紧密结合。

随着品牌影响力的扩大与平台内容建设的成熟，借助平台宣传和品牌影响力，以平台自有资源为核心，结合线上课程资源，研发出符合教育规律的新课程，策划、出版一系列教材。利用研讨会、讲故事、作文竞赛等形式，在培训市场中强势推广该套教材，争取获取教师、家长和学生的多方面、多层次认同，将该套教材打造成语文线下培训市场中的新品牌，实现线上与线下紧密结合。

通过多格式数字内容制作系统、知识编辑系统、协同出版系统、多渠道发布系统等平台的搭建，优化集团原有出版流程，在保证纸质出版的前提下，实现平台所需电子资源的同步输出，进而提高出版效率，降低出版成本，实现"一种内容、多种媒体、同步出版"，实现纸质资源和数字资源的融合出版。

⑧社交互动

利用各类社交媒体及自建平台，创新用户沟通、交流、互动方式，根据用户兴趣爱好，设立阅读圈、作文圈、论坛，并积极与用户互动交流。以用户交流为基础，及时发现用户兴趣及关注点，把品牌和服务融入社交互动，形成"口碑营销"。

通过平台丰富的内容素材资源，基于不同主题，并配合相关音视频资源的推广发售，策划一系列阅读与写作活动，让用户以多样化的活动形式，在分享优秀资源的同时，也能充分参与到平台内容的建设和推广中来，增加用户黏性。

⑨个性化服务

个性化辅导功能。利用大数据计算功能，对在平台内浏览、选择、购买不同课程的用户进行跟踪分析，结合对其浏览、购买趋势的分析，强化平台与客户的互动，分析不同客户的特殊要求，再根据他们的潜在需求，邀请名师在平台开设线上个性辅导课程，结合不同客户的学习需求提供多种线上课程辅导内容。

线上作文评测批改功能。语文教学中作文分数占比大，但由于师资原因，作文提升困难大，而作文提升的核心问题在于作文的个性化批改。平台建成使用后，将设置专门的作文批改服务板块供学生上传习作，同时邀请一线名师对习作进行精细化批改，按照不同年级和不同批改要求进行收费。

提供专属阅读分析报告和个性化推荐读物等服务。利用大数据分析用户阅读行为和阅读习惯，提供个性化、专业化、智能化的知识增值服务，提供专属阅读分析报告和个性化推荐读物等服务。

⑩课程直播

提供课程直播服务，实现网络公开课程、视频课程和一对一辅导等多种网络学习应用。

"读者·新语文"中小学阅读写作教育平台在寻找名师、录制名师课程的同时，建立多个风格化直播间，让名师不仅仅是在录制的视频中教学，更可以通过直播的方式与学生进行更直接的互动，通过线上互动的方式了解听课人群的需要，让原本格式化的教学方式变得更人性化。

同时，通过平台线上的多渠道分享功能，用户可以将自己喜欢的课程内容分享出去，从而实现消费者的口碑传播，继而由企业与消费者之间的沟通转化为消费者之间的沟通，形成"一传十，十传百"的裂变式效果。学生也可根据个性化需求选择自己感兴趣的教师和课程，选择符合自己习惯的学习方式和学习进度。

（2）产品特点

①市场特点

文化产业是国民经济的重要组成部分，文化消费存在巨大总量性、结构性缺口，整个文化消费正处于边际递增期，即将迎来爆发式增长，文化产业领域具有广阔的市场前景和发展潜力。2016 年教材中心共代理以人教版教材为主的教材品种 309 种，其中义务教育阶段教材 163 种，高中阶段教材 146 种，总印数 3130 万册，造货码洋 2.6 亿元，公司代理的人教版教材在甘肃省的市场占有率继续保持较高水平。公司 2016 年共出版图书 3185 种、印数 3809 万册，同 2015 年相比，印数增长 16%。

②内容特点

公司依托甘肃与西北地区厚重的历史文化积淀，以弘扬敦煌文化、传播地方民族特色文化为使命，以特色出版、专业出版、精品出版为重点，围绕敦煌文化、黄河文化、丝绸之路文化等西部史地题材，先后出版了一批具有示范效应的特色图书，取得了良好的社会和经济效益，形成了以敦煌文化等内容为核心的西部史地内容特色优势，在全国图书出版中具有相当大的影响力。

③介质特点

公司经营业务涵盖期刊、图书、电子、动漫、音像、网络、手机媒体、户外媒体等多种媒介；公司期刊产品采用"分印"与"分发"相结合的经营模式，与印厂及各地省级邮局建立了稳定的三方合作关系，拥有遍布全国的 18 个分印点及 25 个省级邮政主发渠道。这一方面使得公司产品得以就近迅速投放市场，从而降低发行成本；另一方面也为公司新业务渗透该区域市场提供了有力的支撑，为未来市场拓展奠定了坚实的基础。

四　运营模式、盈利模式

（一）运营模式

1. 读者读书会阅读服务平台：读者读书会微信公众号+微信小程序

（1）读者读书会微信公众号的运营策略

一是依靠"头部 IP"策略，整合各领域 IP 作者，发挥其 IP 号召力。

二是推出各种 IP 理念，潜移默化进入用户"心智"。

三是举行各种 IP 活动，不断扩大其影响力。

四是将知识产品打包成礼品，引入新用户。

（2）读者读书会微信小程序推广策略

①会员制

精品课程、音频为会员付费专享 VIP 内容板块。

②免费会员体验

注册 VIP 会员后拥有 VIP 体验券，可将体验券分享给 8 位身边的朋友。

③与其他 IP 产品合作

通过与其他 IP 产品合作，借助其流量，实现推广目的。

2. "读者·新语文"中小学阅读与写作教育平台

运营推广主要采取线上线下相结合的方式。

（1）平台线下推广活动

平台用户群体相对集中，主要客户群为公立学校机构、民办教育培训机构和大量对孩子教育投资关注度高的中小学家长。用户需求层次和目的相对明确，在运营推广中需要针对不同用户的需求层次和消费目的策划不同层面的活动，引导用户关注平台，了解平台产品，促进平台产品的进一步销售。

①进校园推广活动

借助《读者》、《读者》（校园版）、《读者》（原创版）、《故事作文》等系列期刊和子公司相关图书内容，以及公司阅读服务与数字运营中心协调公司其他经营部分推动的"读者·中国阅读行动"在各类学校、机构的阅读推广活动，平台积极进入各类中小学学校、培训机构，传播"读者·新语文"教育服务理念和学习方法，配合国家对语文和国学的重视与推广，促进平台与中小学学校的阅读、写作活动充分融合，促进平台产品在广大中小学的推广和销售。该项目将与公司各部门校园活动协调开展，采取主动展示、主动策划的形式，每年开展进校园活动 14 次。

②学习方法研讨会

与各级语文教学研究机构合作，在全国各地组织举办语文学习方法研讨会，聚合全国各地中小学语文教学骨干的智慧，不断推广"读者·新语文"教育服务理念和服务方式，不断提升"读者·新语文"教育服务理念和服务方式的科学性和合理性，取得语文阅读写作教育一线名师的认同，提高他们的参与度，促进平台内容产品的销售，吸引更多一线名师加盟，开展线上个性化阅读写作教育服务。研讨会在全国范围内召开，每年一次。

③产品推介会

针对关注语文阅读写作教育风口变化的民办教育培训机构，结合公司各部门的各类阅读写作推广活动，每年召开针对培训机构的产品推介会。促进机构用户对平台内容产品的深入了解，产生授权使用的消费意愿，平台每年将结合产品的研发进度开展线下产品推介会。第 1 年 0 次，第 2 年至第 6 年 3 次 / 年。

（2）平台线上推广活动

为了拓展平台的影响力，提高全国各地潜在用户对平台宗旨、理念、服务内容、产品内容的认知度，准备在期刊、报纸和微信平台上对平台内容和平台自有微信公众号进行广告推广。

其中，期刊、报纸媒体推广每年 1 至 2 次，线上微信公众号大号推广每年 2 至 3

次，以期结合宣传文案推广和线上推广，迅速提高微信公众号和平台的关注度，增加用户数量，提高用户转化率，达到预期的销售目标。

（二）盈利模式

1. 读者读书会阅读服务平台：读者读书会微信公众号+微信小程序

（1）会员型收费

会员型收费往往与产品型收费相结合，为高消费量客户提供"更优性价比"。就读者读书会阅读服务平台而言，后期会设置各个层级的会员制，按照要求付费的客户可以享有相应层级的权益。具体包括：会员身份认证；会员折扣，线上所有产品都有面向会员的特殊折扣；会员待遇，在新媒体平台上设置会员专区，针对会员不定时推送一些高质量内容。

（2）产品型收费

①流量变现

利用读者读书会微信小程序，为其他商家、平台导流，实现流量变现。

②增值服务

对平台上的所有内容进行分类，对于质量高且客户认可度高的音频、视频进行收费。

③收费服务

电子文件售卖，纸质图书售卖，文创产品售卖。

2. "读者·新语文"中小学阅读与写作教育平台

根据国内外数字出版产品市场销售情况，参考国内其他数字出版商的做法，以及项目本身的内容特点，针对不同类型用户的需求与支付能力，制定月付费、年付费和项目制付费等多种销售方案（见表8-5至表8-8）。

表8-5　项目销售方案

产品名称	定价方案	用户类型
"读者·新语文"中小学阅读与写作教育平台（项目将民办教育培训机构和公立教育机构销售收入的40%转入营销团队，作为渠道分成）	0.1099万元/年	个人用户
	15万元/家	民办教育培训机构
	高中、初中2万元/年，小学1万元/年	普通中小学

表 8-6　个人用户销售收入

收费标准	数量预测	第 1 年	第 2 年	第 3 年	第 4 年	第 5 年	第 6 年	合计	说明
0.1099 万元 / 年	转化人数（约等于 1%，单位：万人）	0	0.2	0.4	0.6	0.8	1	3	线上课程定价为 0.1099 万元 / 年，共包含 3 类内容，分别为：1. 四种课程：课本内容课程，应试提分课程，阅读与写作指导课程，人文素养提升课程；2. 音频学习课程；3. 个性化语文服务
	收入（万元）	0	219.8	439.6	659.4	879.2	1099	3297	

个人购买线上课程的收入总计：3297 万元

表 8-7　民办教育培训机构用户销售收入

收费标准	数量预测	第 1 年	第 2 年	第 3 年	第 4 年	第 5 年	第 6 年	合计	说明
15 万元 / 家	19500（家）	0	30	50	80	120	170	450	—
	收入（万元）	0	450	750	1200	1800	2550	6750	

民办教育培训机构课程授权收入总计：6750 万元

表 8-8　公立教育机构用户销售收入

收费标准	类别	第 1 年	第 2 年	第 3 年	第 4 年	第 5 年	第 6 年	合计	说明
2 万元 / 年	普通高中学校（所）	0	10	24	37	49	72	192	—
	收入（万元）	0	20	48	74	98	144	384	
2 万元 / 年	普通初中学校（所）	0	39	89	139	189	296	752	
	收入（万元）	0	78	178	278	378	592	1504	
1 万元 / 年	普通小学学校（所）	0	100	150	200	250	356	1056	
	收入（万元）	0	100	150	200	250	356	1056	

公立教育机构购买课程资源包收入总计：2944 万元

五　采用相关标准情况

第一，知识服务是面向知识内容的服务，要非常重视用户需求分析，根据问题和问题环境确定用户需求，通过信息的析取和重组来形成符合需要的知识产品，并能够对知识产品的质量进行评价。

第二，知识服务是面向增值服务的服务，要标准化就要关注和强调利用自己独特的知识和能力，对现成文献进行加工以形成新的具有独特价值的信息产品，为用户解决其他的知识和能力所不能解决的问题。使自己的产品或服务成为用户认为的核心部分之一，通过知识和专业能力为用户创造价值，通过显著提高用户知识应用和知识创新效率来实现价值，通过直接为用户提供最关键部分来提高价值，而不仅仅是基于资源占有、规模生产等来体现价值。

第三，知识服务标准化还要着眼于整体的服务，采用系统的方法改善服务体系内的分工和合作方式，优化整个服务流程，从而提高服务效率，提升服务质量。

第二节　人民出版社 *

一　产品名称、简介、市场定位、服务对象

1. 产品名称

党员小书包

2. 产品简介

随着科学技术的不断发展，新兴的互联网技术、互联网产品、互联网思维改变了人们的生活。其中，移动互联技术的应用领域不断拓宽，以即时通信、搜索引擎、网络新闻和社交为基础的互联网应用用户规模不断扩大，用户体验持续改进。图书读者的阅读习惯、获取知识的途径在此环境下有了较大的改变，传统出版业感受到了来自互联网应用的冲击。对传统出版单位来说，用创新手段提供内容知识服务是新时代下的新要求和新使命。人民出版社是党和国家政治读物出版社，也是哲学社会科

---

*　撰稿人：人民出版社赵悦。

学综合性出版社，肩负传播党的理论知识的重要责任。在这样的背景下，人民出版社及时意识到了转型的必要性、紧迫性，逐步探索发展数字出版，并在知识服务方面加大投入，成功打造了知识服务产品"党员小书包"，该产品目前已投向市场运营。

在党的十九大报告中，习近平总书记创造性地提出了新时代党的建设总要求，其中"坚持和加强党的全面领导，坚持党要管党、全面从严治党"，强调了从严治党的重要性，从严治党更要紧抓党员学习教育。"党员小书包"是以人民出版社出版的权威党建图书为数据资源，以移动互联网手机客户端为主要载体，以强化党员正面教育、加强理论学习、坚定理想信念为导向设计开发的手机软件产品。该产品充分结合了人民出版社的出版特色，在党的思想理论知识方面、基层实际党建工作方面打造多元化的知识服务业态。产品运用了大数据与云计算技术，可通过创新功能、数据分析、用户画像推动党员自主学习、传播主流价值观念、开展舆论宣传工作，是新时代下人民出版社践行责任担当的新方式。

3. 市场定位

研发新产品离不开市场调研和需求探测。在分析自身优势后，我社将新产品的重点放在解决党建工作、党员学习的实际问题上。党中央高度重视全体党员的思想理论学习和党建工作的开展与落实情况，通过调研发现实际的党建工作存在以下问题。

学习形式不灵活。大部分基层党员学习以纸质材料为主，内容更新慢，材料成本高，不能满足碎片化阅读和移动阅读需求；传统的学习方式操作难度高，时间周期长。

考核难度大。党员学习规范性差、个性化弱，缺少客观的、量化的考核依据，学习结果分析难以数字化，对党员真正的学习情况不能及时掌握。

管理难度大。基层党组织规模庞大，党员流动性大，导致管理难；组织活动开展困难，缺乏吸引力，而日常党建工作繁杂，使得党务工作从业者工作压力大。

目前，党中央、各级党组织十分重视思想理论学习，不断有新的专题学习任务，针对这种情况，人民出版社设计了"党员小书包"这一产品，通过其功能和技术为广大党员提供一个信息时代多功能复合型党员学习与党建服务的新平台。

4. 服务对象

适用于新时代党员理论学习工作。

二　知识服务技术架构

1. 技术架构

根据"党员小书包"产品需求搭建产品技术架构，共分为 5 层：展示层、应用层、服务支撑平台层、数据层、基础层（见图 8-6）。

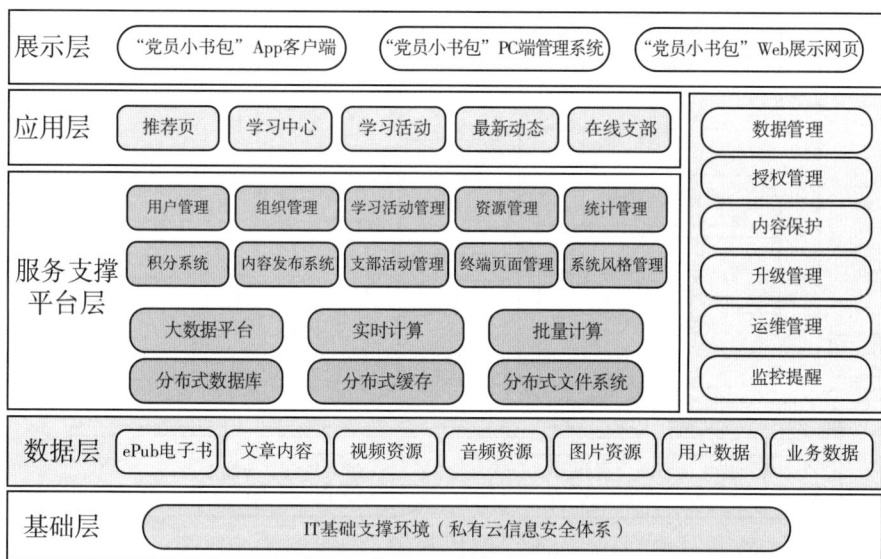

图 8-6　"党员小书包"技术架构

因涉及党的重要理论内容，基础层的信息安全体系采用三级等保和具有物理隔绝作用的私有云。数据层将"党员小书包"支持的多种内容数据进行分布式存储，在功能方面平台已经包含图书库、文章库、音频库、视频库、试题库。服务支撑平台层包含资源管理、用户管理、学习活动管理、组织管理、积分系统等服务模块。最终确定平台的展示层包括三项：App 客户端、PC 端管理后台、Web 展示网页。其中 Web 展示网页仅用于宣传展示，不提供给用户使用。

App 客户端：使用者是所有党员。党员能够接收精准推送的图书、理论文章、文件文献、音视频等学习内容；接收上级党组织发布的新闻动态；随时参与各项线上学习活动；支部可随时开展线上三会一课、党内表决等。

PC 端管理系统：使用者是各级党委管理员，可实时管理党员、推送内部学习资料、记录党员的阅读学习行为，为党员考核、党组织建设提供准确权威的统计数据。

App 客户端与 PC 端管理系统联动，其数据交互结构如图 8-7 所示。

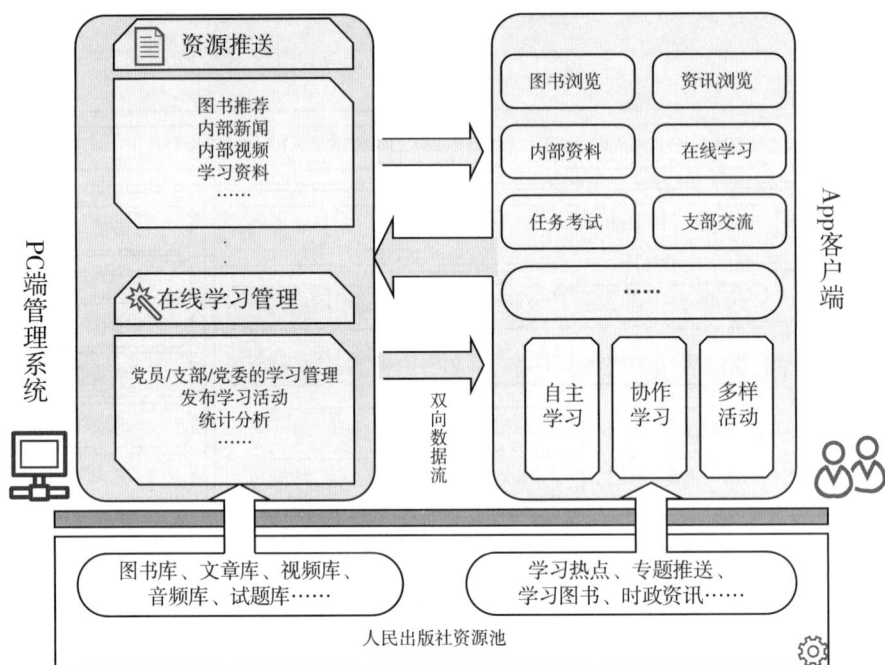

图 8-7 "党员小书包"数据交互结构

2. 部署方案

在系统部署上，"党员小书包"系统部署在私有云内，App 客户端、PC 端管理系统均通过网络获取数据。客户单位开通账号后可直接使用，无须准备服务器、存储器等硬件。

在用户使用部署上，"党员小书包"目前采用"试用＋培训＋全面铺开"的部署形式，分为"党员个人试用—单位／党委内铺开"和"试点单位试用—全区域内各单位／党委铺开"两种形式。这种机制可以保证平台系统短时上线，各级党委能够快速体验到平台使用效果。

三 典型产品功能及特点、产品特色

1. 典型产品功能及特点

（1）"党员小书包" App 客户端的功能

推荐页：为 App 首页。展示平台推送的热点新闻，同时用户也可将其重要的新闻公告等动态推送至首页，直观地呈现给党组织内每一位党员。

学习中心：包含学习栏目、定制栏目。我们将小书包内的学习资源划分成不同的栏目，方便党员浏览学习。同时，有个性化定制需求的客户，可定制栏目。

学习活动：各级党组织管理员可使用 PC 端管理系统为党员开展学习任务、学习测试、学习竞赛、问卷调查、学习心得征集、积分兑换等活动，活动任务下发之后，党员可通过该页面方便快捷地完成党组织布置的各项活动任务（见图 8-8）。

图 8-8 学习活动

最新动态：实际为单位、党委内的新闻客户端。各级党组织管理员使用 PC 端管理系统上传公告、新闻等资讯动态，系统实时推送到每位党员的 App 客户端上，党员还可在每条动态下面签到（见图 8-9）。

在线支部：开展支部内活动的重要模块。单位内各支部可以将支部内开展的各项党内活动展示在此，包括三会一课、党日活动、党内表决、党费缴纳等操作。各个党支部、党小组还可在此进行沟通交流，召开线上支部党员大会和党小组会（见图 8-10）。

图 8-9　最新动态

图 8-10　在线支部

（2）"党员小书包" PC 端管理系统的功能

用户单位、党委可设定一名或多名管理员，管理员通过 PC 端管理系统进行组织管理、任务管理、统计管理等工作（见图 8-11）。

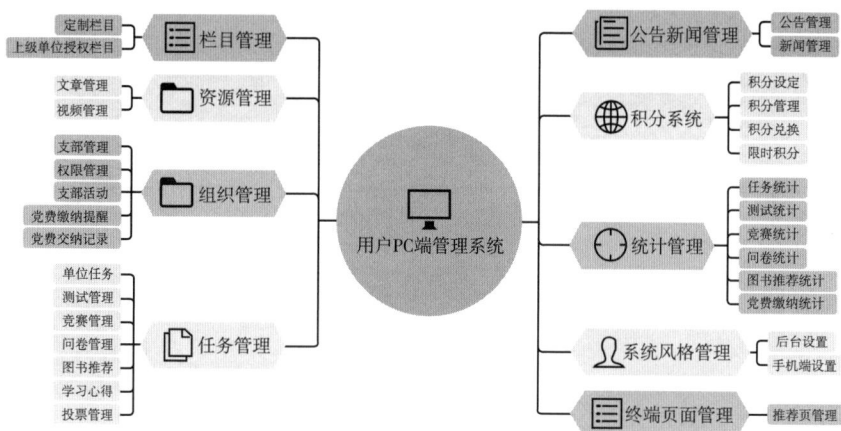

图 8-11 "党员小书包" PC 端管理系统功能结构

组织管理：管理和查看本单位、下级单位支部及支部内党员的信息；管理本单位及下级单位支部活动开展情况及党费收缴工作。

任务管理：挑选图书，将其作为任务下达给党员学习；从题库选择试题，创建测试考卷或竞赛考卷；下发问卷调查、学习心得、投票等活动任务。

公告新闻管理：给党员发布相关通知及公告，并查看党员签到情况。

统计管理：统计各党委、支部及支部党员各项学习活动参与情况。

积分系统：制定本单位及下级单位积分规则，管理单位内党员积分排名并下发有关积分的各项活动任务。

栏目管理：为其定制的栏目挑选图书及发布文章。

系统风格管理：设置手机客户端启动界面、首页图片等个性化元素。

2. 产品特色

（1）资源权威、内容丰富，主题紧跟中央部署

截至 2018 年 11 月，平台图书库包含 4050 本图书、文章库收录 16600 篇新闻、试题库包含 5100 条试题，为广大党员提供了丰富、权威的学习资源。平台内的学习主题紧跟中央部署，同时结合各级党组织自身学习需求，精心挑选个性化学习资源进行推送。党员可进入 App 随时了解中央热点、学习要求，第一时间学习中央部署的学习内容。"庆祝改革开放 40 周年"栏目详情如图 8-12 所示。

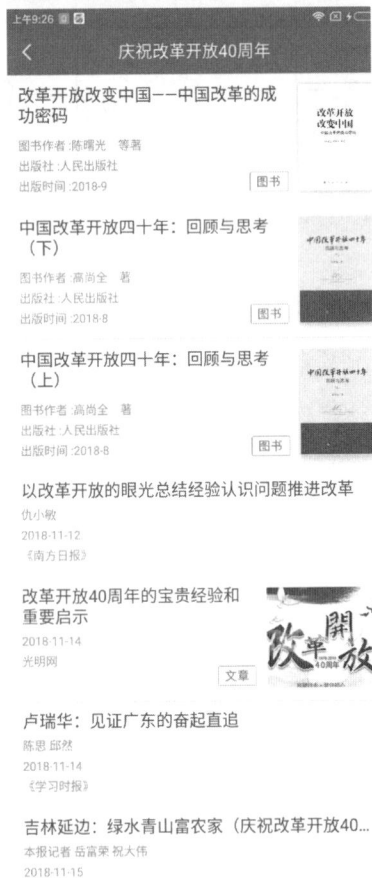

图 8-12 "庆祝改革开放 40 周年"栏目详情

（2）灵活学习、形式多样，可实时交互

用户单位可根据党建活动的需要开展形式丰富的学习活动，党员可通过 App 客户端灵活安排个人学习、实时在线互动、交流学习心得。以"学习测试"为例，单位可通过"以考带学"方式推动党员对相关图书、专题、规章的学习，同时可了解党员对学习内容的掌握情况。由人民出版社提供相关题库资源，考题包括判断题、单选题、多选题三种类型，各单位根据实际需求选择试题。党员完成测试后，如对测试结果不满意，可重新进行测试，直至取得满意的成绩后提交结果并查阅答案（见图8-13、8-14）。

图8-13　学习活动——学习测试栏目

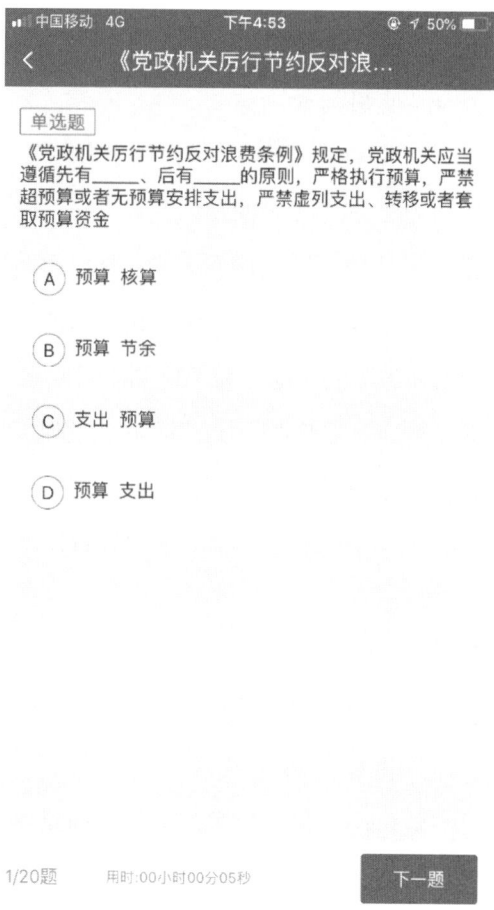

图8-14　学习测试答示例

丰富的活动形式能够有效调动党员的学习积极性、参与性，移动学习的形式可以使党员利用碎片化时间加强自我教育。目前，"党员小书包"已经打造了9个活动形式，后续还将不断根据实际工作需求进行研发。

（3）分级管理，精准考评

"党员小书包"PC端管理系统能清晰展现党组织结构，可实现由上至下分层管理，党员档案清晰明了，党务资料实现信息化，方便各级党组织使用、管理与查找，最大限度地满足用户单位的党建管理需求。

管理系统可分级发布形式丰富的诸项学习活动，并实时记录每个单位、每个支部、每位党员的学习情况，党组织可全方位、全天候掌握党员学习动态。活动线上开展，活动数据线上统计展示，既能节省单位党建工作的人力物力成本，也能为党组织进行党员学习考评提供精准的参考数据。

4. 使用场景

在实际党建工作中，"党员小书包"不仅是党员学习教育的平台，更是"智慧党建"平台，能够多方面贴合党建工作。例如，某客户部署使用"党员小书包"可在人民出版社运维团队的协作下建立党组织结构，之后使用"最新动态"模块打造其新闻客户端；从书库、音频库中挑选合适的内容作为学习任务下发给党员，开展一个有关"学习任务"的活动；为了检测学习成果，在"学习任务"结束后可有针对性地开展"学习测试"或者"学习竞赛"；为奖励学习，可发布"积分兑换"活动，奖励学习优秀的党员；各个支部可将其日常支部活动发布出来，展示支部风采；党员可在 App 客户端进行党费缴纳，各级党委可在管理系统查看详情，高效省时。

四 运营模式

用户运维主要包含两个方面，一是内容定制运维，二是知识服务定制运维。

1. 内容定制运维

"党员小书包"各类内容的更新维护由人民出版社专业的编辑团队进行。同时，有党建方面的专家团队作为内容顾问，为筛选、组合、原创等深度内容开发提供专业指导意见。

目前，内容运维的提供机制仍在不断优化，由传统的内容陈列、用户被动选择变为根据大数据分析明确用户使用需求、主动向用户推送合适的内容。在内容形式方面，由单一的图书内容推送转变为推送图书、文章、试题、多媒体相融合的全类别内容。在内容来源方面，由推送纸质图书的电子版内容转向推送原创内容。在编辑工作方式方面，由编辑根据热点内容集中统一采编转向编辑与用户沟通后调节内容取向并进行个性化供给。

"党员小书包"的定位是智慧党建知识服务平台。目前，数字出版行业开展的

"知识服务"，大多依然把重点放在"知识"上，也就是"内容提供"上，较少与用户互动，也较少根据用户喜好对知识内容做进一步筛选提炼和深加工。"党员小书包"通过与用户的及时交流、有效互动，为用户提供多样化、高附加值的内容"服务"。

2. 知识服务定制运维

专属服务人员。人民出版社"党员小书包"团队为每一家用户单位指定专属的内容编辑、实施人员和技术人员，提供 7×24 小时贴身服务。内容编辑负责定期推送各种轮播图、闪屏页供用户单位使用；同时，根据用户单位的学习要求与行业特色为其量身打造学习方案，协助用户开展多种形式的线上学习活动。实施人员负责用户单位后台账号的创建，录入党员信息，拟定培训方案，赴用户单位进行操作培训以及日常使用支持等服务。技术人员主要负责产品升级开发，用户定制功能开发等服务。

打造个性化党建平台。用户可将本单位个性化内容推送至推荐页进行展示，将栏目、图片、内容等多种要素组合为个性化定制界面。

用户使用报告。报告将对用户单位内党员线上活动参与情况、学习痕迹与趋势进行分析，并根据统计数据形成报表。报告在系统分析党员参与学习活动的成绩和不足的基础上，有针对性地对用户单位下一阶段党建工作提出建议。

大数据平台提供精准用户数据分析。大数据平台全面分析用户的各项数据，"党员小书包"运营团队则据此精准、省时地向有相同学习习惯和学习需求的用户集中提供服务，并持续关注特定用户的使用数据，预判其未来使用需要，提前、主动向其提供优质的服务。

五　采用相关标准情况

知识服务是建立在现代网络信息传播技术基础之上的，而网络技术的发展和运用从一开始就离不开标准化建设，从这个意义上讲，标准化是知识服务的基础。没有完备的标准化，知识服务就缺乏可信性和有效性。知识服务更多的是强调服务的结果或产品，同时标准化不仅隐含在结果中，也在整个服务过程中。及时对知识服务开展标准化工作是十分必要的。希望可以将知识服务多个方面进行标准化，例如在数据流程、数据接口、内容质量等多个方面给出明确规范。建议建立标准化服务体系、参考模型标准和客户模型标准，定义客户语法和语义，标注用户及其知识或能力特征。及时将相关资料公布，促进行业建设和探索。

第三节　中国财富出版社 *

一　产品名称、简介、市场定位、服务对象

1. 产品名称

开放式物流知识资源发现平台

2. 产品简介

本平台以中国物流学会相关行业专业学术资源为中心，整合中国财富出版社的各类物流专业出版资源以及中国物流专业知识内容，并对各类资源进行碎片化加工标引和深度挖掘。借助智能提取技术对各类资源的知识元进行提取，并实现各类资源之间的关联，按照物流行业的知识分类体系进行重组，建设一系列的专题知识库，建设中国物流知识资源总库，为物流行业相关用户提供个性化的行业知识服务。

3. 市场定位

本平台的建设以中国物流学会、中国财富出版社的数字化转型为契机，使数字出版应用和服务于物流行业，探索和实践以知识服务为核心的数字出版新模式。平台以中国物流学会、中国财富出版社特有的出版资源为基础，依托于物流行业，打造物流行业全新的数字出版和知识服务门户。服务于物流行业各层次的从业人员、研究人员和高校、高职学生。将各类物流行业专业技术人才汇聚到此平台上，实现专业人才和学术人才的汇集，建设互动的物流学术圈。

4. 服务对象

开放式物流知识资源发现平台服务对象见图8-15。

---

* 撰稿人：中国财富出版社田超。

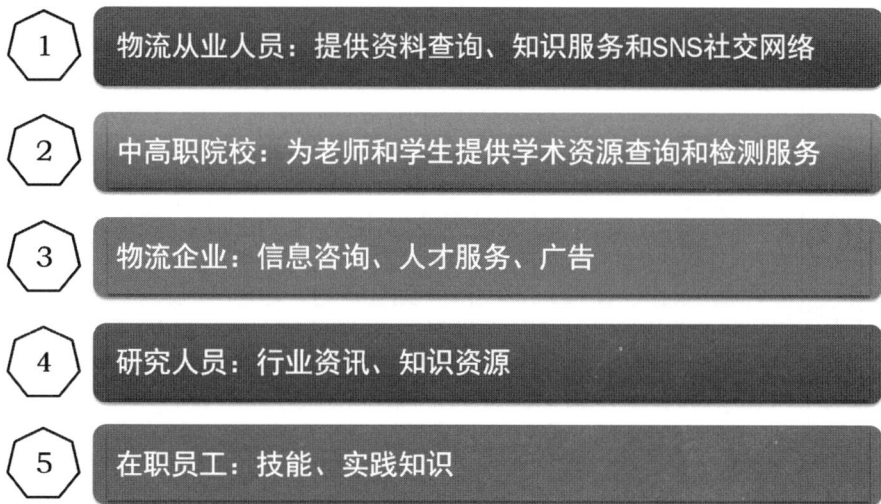

图 8-15 开放式物流知识资源发现平台服务群体

二 知识服务技术架构

1. 技术架构

整个系统按层设计，每层之间通过松散耦合的方式相互通信，自下而上分别由数字加工层、数字化资源层、数据挖掘层、业务应用层以及资源发布服务层组成，同时为了系统的安全需要设置了安全访问控制层（见图 8-16）。

数字加工层：此部分主要功能是完成各类图书资源的整理和加工，实现纸质图书、排版文件、电子文件等的加工扫描、格式转换等，并对图书资源按元数据标准进行碎片化加工。系统所支持的资源类型以出版社最为核心的图书资源为主，同时包括期刊、报纸、论文、研究报告、标准等出版物，另外可将图片、音频、视频等资源进行收集加工，形成基础素材库。

数字化资源层：这一层是整个系统的核心基础层，它为上层的应用系统提供数据服务。数字加工系统加工完成的数据最终存储在这一层上，建成几个核心的数字资产数据库，包括原始数据库、基础数据库、标准数据库、应用数据库（成品库和样书库）以及素材库等。

数据挖掘层：这一层主要是对加工入库的各类资源元数据进行挖掘分析，包括自动分类、自动聚类、自动摘要、关键词提取、相似索引、指纹索引、热点分析、关联

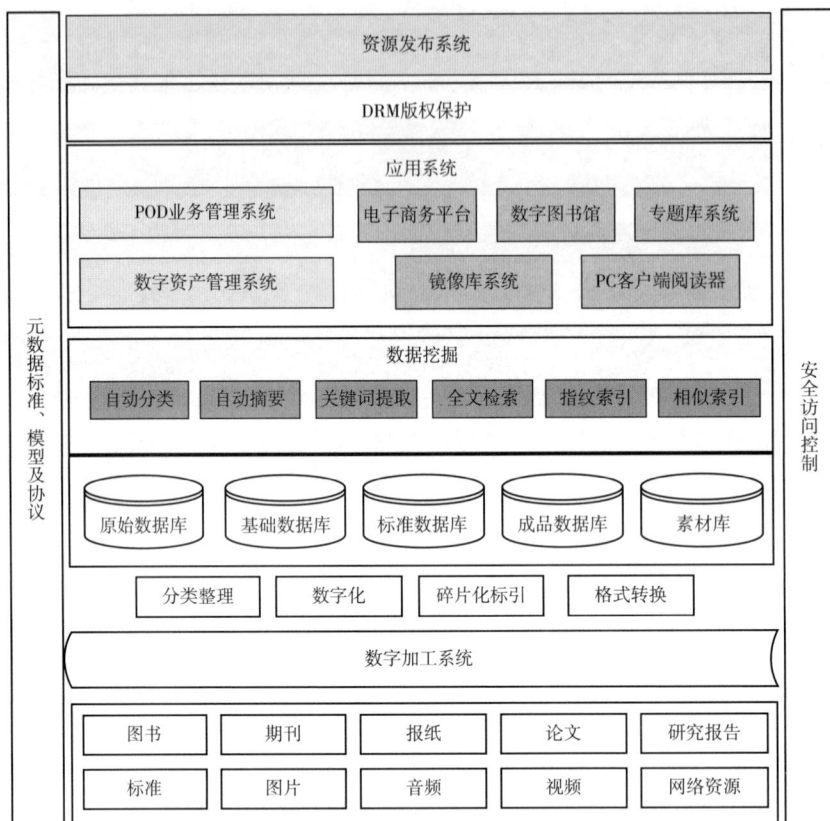

图 8-16　开放式物流知识资源发现平台技术架构

分析、用户行为分析等各类智能挖掘功能，从而更好地为上层应用服务。

业务应用层：这一层主要是在数字资产数据库的基础上所开发的一系列业务应用系统，包括 POD 业务管理系统（本期不包含）、数字资产管理系统、电子商务平台（接口）、数字图书馆、专题库系统、镜像库系统、PC 客户端阅读器等应用系统。

资源发布服务层：这一层主要是实现各类资源的统一发布服务，为用户提供统一的访问入口，同时为其他业务系统提供程序访问接口，以便进行数据交换。

对于终端用户，提供多形态的个性化资源发布门户，以门户的形式为各类用户提供一个统一的访问入口，在为用户提供丰富的信息服务的同时提供业务操作界面。

安全访问控制层：这一层是系统的安全模块，主要实现对用户的身份认证、权限控制以及资源的访问和显示控制，以确保数据的安全性。

2. 部署方案

开放式物流知识资源发现平台部署方案见图 8-17。

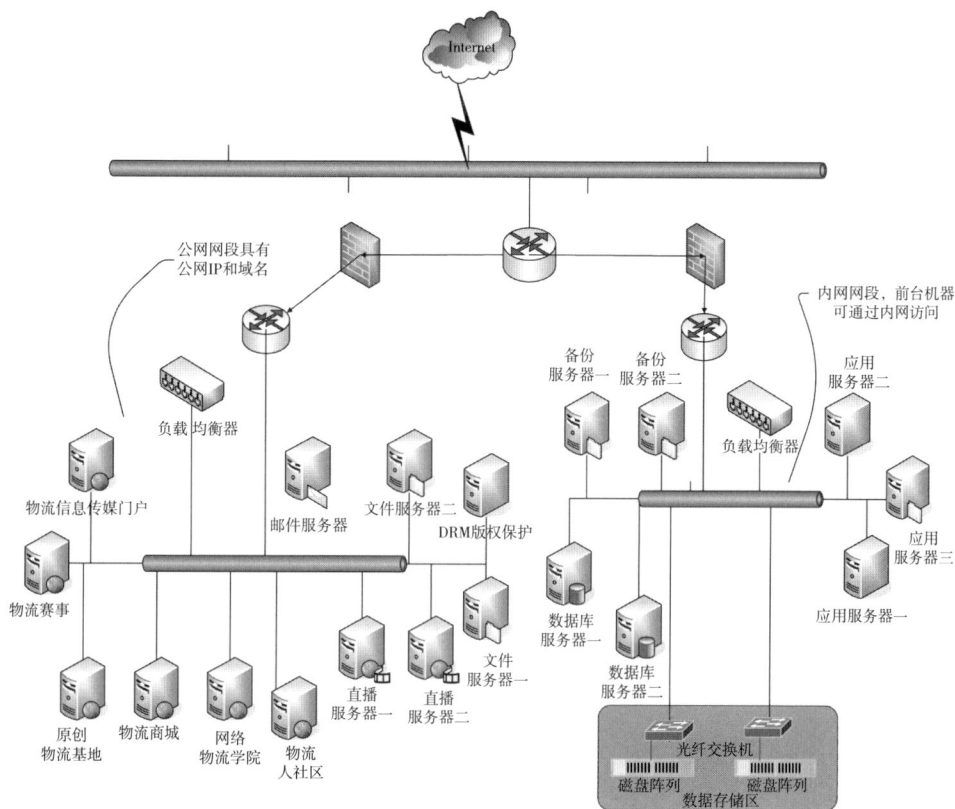

图 8-17 开放式物流知识资源发现平台部署方案

（1）系统运维目标

日均 PV 数：一期目标为 10 万，5 年内目标为 100 万。

日均 IP 数：一期目标为 2 万，长期目标为 20 万。

注册用户数量：一期目标为 10 万，长期目标为 100 万。

日活跃用户数：一期目标为 2 万，长期目标为 10 万。

同时在线用户数：一期目标为 1 万，长期目标为 5 万。

高峰期访问并发数每秒：一期目标为 100，长期目标为 300。

同时在线播放视频（按 1M 码率计算）人数：一期目标为 5 万，长期目标为 30 万。

（2）部署策略

为了系统的安全性考虑，整个系统将部分子系统和数据库部署在内网上，同时将电子商务平台、发布系统等部署在外网上，方便用户进行访问。部署在外网上的机器需要有独立的公网 IP 地址，在可能的情况下还需要配置域名，外网机器在授权的情况下需要访问内网的数据库服务器，其网络结构如图 8-18 所示。

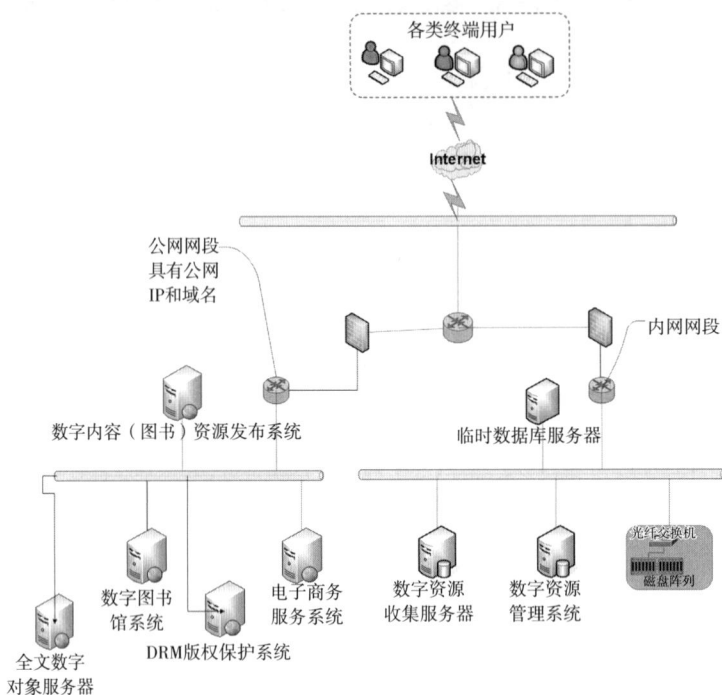

图 8-18　开放式物流知识资源发现平台网络结构

图书发布服务器：主要部署图书资源发布系统，包括外网的发布门户和移动终端上的发布系统。

数字图书馆服务器：主要部署数字图书馆平台，也就是主要为机构用户服务。本平台的主要用户群是机构用户，需要独立的服务器来部署和服务。

电子商务服务器：主要部署电子商务平台，包括电子书城和 POD 业务管理系统。

DRM 版权保护服务器：主要部署 DRM 版权保护系统，由于图书资源都需要进行 DRM 版权保护，所以需要在公网上部署 DRM 认证系统，这样用户下载和在线阅读的图书才能得到 DRM 保护和认证。

全文数字对象服务器：图书、图片、视频及其他资源数字对象的文件下载服务器。

数字加工处理服务器：部署数字加工和处理的服务器端程序，与加工客户端通信完成数据资源的加工。

临时数据库服务器：存储用户整理的原始数据和基础数据，以及加工过程中保存的中间文件。

正式数据库服务器：临时数据库中的数据经过审核以后进入正式数据库，正式数据库服务器用来存放应用数据，是真正提供在线服务的成品数据库和素材库。

备份服务器：用来备份的服务器，包括备份程序、配置文件和数据资源。

三 产品架构、典型产品功能及特点

1. 产品架构

开放式物流知识资源发现平台产品架构见图 8-19。

图 8-19 开放式物流知识资源发现平台产品架构

2. 典型产品功能及特点

（1）产品功能及使用场景

研究人员：可以根据工作需求查询行业内容资源，查找最新学术内容，以辅助科研论文写作及相关知识的一站式补充。

学生：体系化获取基础知识。可以邀请专家、优秀老师进行在线指导、答疑等。

从业人员：参加在线培训，学习物流操作规范，对相关知识进行体系化补充。

（2）产品特点

第一，依托中国物流学会平台资源、中国财富出版社出版的行业资源优势，整合和挖掘优质资源，向物流科研、物流教学和物流产业提供权威、全面的知识库，推动物流行业的研究及发展。

第二，汇聚物流行业人才资源，加强学术研究人员之间的交流互动，紧密衔接产、学、研三大环节，从而更好地推动物流行业的技术创新。

第三，探索和实践知识服务型数字出版新模式，推动出版社的数字出版业务升级转型，实现出版社内容资源的增值。

四 运营模式、盈利模式

1. 运营模式

线上：通过专家入驻，提升平台权威和影响力；开发部分便捷服务供用户免费使用，增强用户黏合度。

线下：依托中国物流学会，针对物流行业院校、企业、政府进行会议营销及推广。

2. 盈利模式

主要采用面向机构和个人的盈利模式。

面向机构：采用镜像服务模式，为企业用户提供物流行业专业服务（包括培训、会议等）。

面向个人：提供会员账号服务，按照流量收费。

五 采用相关标准情况

暂未使用。希望标准能尽量符合业务使用习惯，减少工作人员的工作量。

第四节 上海辞书出版社 *

一 产品名称、简介、市场定位、服务对象

1. 产品名称

《辞海》数字出版云平台

2. 产品简介

《辞海》以字带词，集字典、语文词典和百科词典的功能于一体，是中国规模最大的综合性辞典。该项目的实施，有助于实现《辞海》编纂方式的变革、传播方式的升级和产品形态的革新，完成《辞海》从编纂、管理到发布、运营等全流程的网络化和数字化，并建立起全产业链的工具书数字出版服务平台，建成权威的汉语基础知识服务平台，以适应用户在互联网和移动互联网上方便、快捷、准确地获取科学、权威知识的客观需求。

3. 市场定位

《辞海》数字出版云平台的愿景是打造《辞海》品牌在网络空间的影响力，建成一个使用便捷、及时更新的立体百科应用系统。

4. 服务对象

科研机构、图书馆行业、学校、百科爱好者、学生。

二 知识服务技术架构

1. 技术架构

《辞海》数字出版云平台技术架构见图8-20。

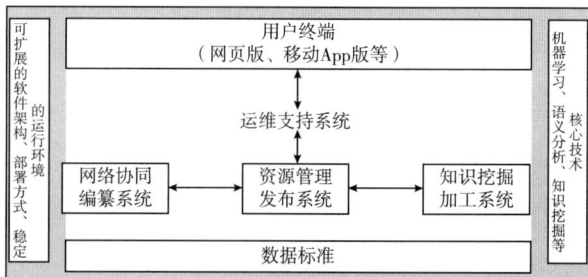

图8-20 《辞海》数字出版云平台技术架构

---

* 撰稿人：上海辞书出版社童力军。

2. 部署方案

《辞海》数字出版云平台部署方案见图 8-21。

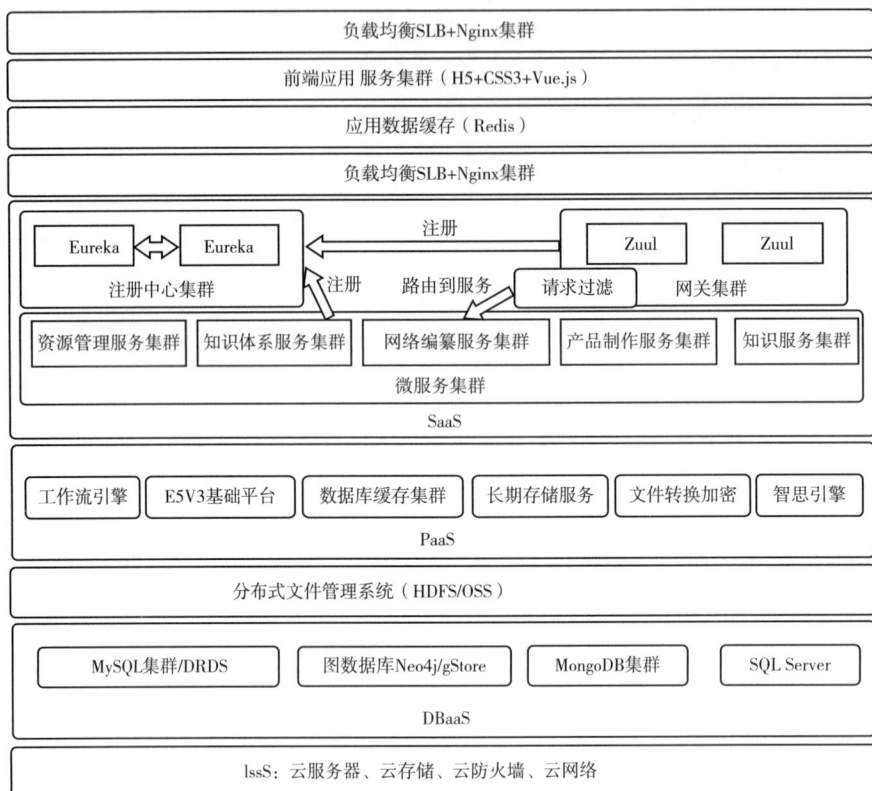

图 8-21 《辞海》数字出版云平台部署方案

三 产品架构、典型产品功能及特点

1. 产品架构

《辞海》数字出版云平台产品架构见图 8-22。

2. 典型产品功能及特点

以《辞海》（第七版）纸质版的内容为基础，内部封闭，充实必要的多媒体资源，为读者呈现一个结构化的系统、权威的知识体系。

（1）以技术手段保障搜索功能高效和便捷

（2）以多媒体资源补充和丰富《辞海》，改善读者阅读体验

（3）以知识图谱为主要形式，呈现系统、权威的知识体系

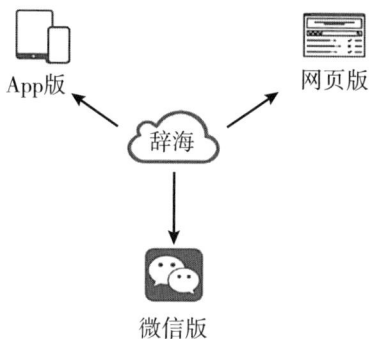

图 8-22　《辞海》数字出版云平台产品架构

四　运营模式、盈利模式

面向知识服务的《辞海》数字出版云平台将以各级政府部门、高等院校、科研院所、决策咨询机构、公共图书馆和中小学校等机构用户，以及个人用户为主要服务对象。通过互联网和移动互联网等途径，以电脑、手机、电子阅读器等为载体，向用户提供知识服务。通过前期的市场调研，可知该项目具有良好的经济前景。其主要业务模式是 B2B、B2C 以及广告。

五　采用相关标准情况

暂未使用。

第五节　清华大学出版社 *

一　产品名称、简介、市场定位、服务对象

1. 产品名称
文泉学堂

2. 产品简介
以清华大学出版社的特色内容为基础，聚合高等教育专业知识性内容，突出理

---

* 撰稿人：清华大学出版社张晋冬。

工、计算机、经管等专业学科领域。引入知识图谱体系，按知识点关联内容资源，为用户提供个性化的专业知识服务，包括知识内容的个性化搜索、订阅、推荐、阅读、学习，方便用户之间的交流和分享。

3. 市场定位

高等教育教学知识服务云平台。

4. 服务对象

高校师生及其所在的院系和图书馆机构。

二 知识服务技术架构

1. 技术架构

基于文泉学堂业务功能模块，综合考虑了伸缩性、扩展性和安全性，制定了如图 8-23 所示的技术架构。

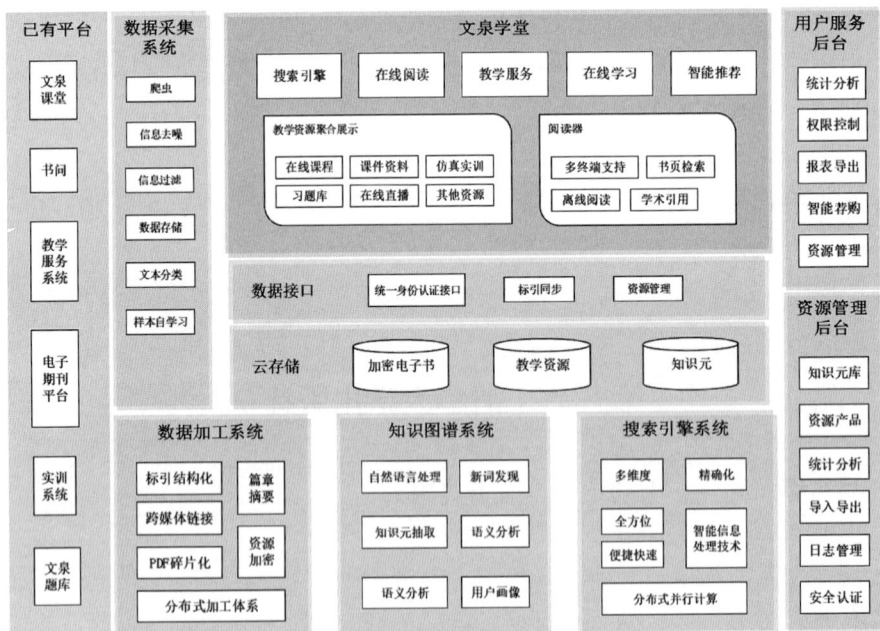

图 8-23　文泉学堂技术架构

（1）资源采集

定向结构化采集：根据采集策略定时对设定网站的发布数据增量抓取，包括网页、图片、文档等资源，并对信息进行过滤、去噪和结构化提取。

自动分类：采用自然语言处理技术对采集到的信息进行智能分类和深度挖掘。

大数据分析：对采集的数据进行多维度分析，实现传播效果评估和热点推荐。

（2）自动化加工系统

实现了出版资源的数字化、结构化、知识化全生命周期，并结合用户需求针对不同类型资源，进行内容的定制加工、组合复用、多元化发布运营、电子商务服务等深度项目建设，逐步探索和拓展全媒体出版的市场化运营模式（见图8-24）。

出版资源数字化、内容碎片化：对出版资源进行 PDF 自动化加工与知识点提取，并根据自身业务需求进行不同程度的碎片化处理与知识挖掘，形成知识内在逻辑和语义关系的碎片化内容网络。

资源存储结构化：对上述碎片化内容及其结构、属性、关联信息等进行标准化描

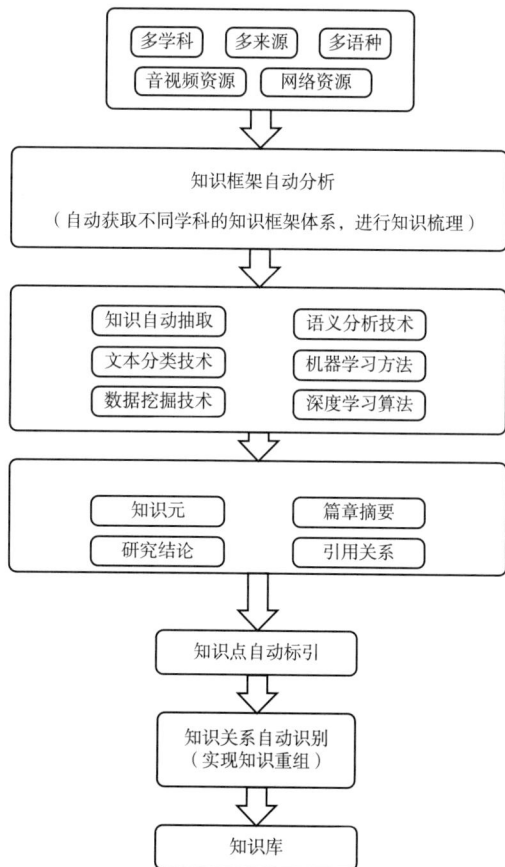

图 8-24 文泉学堂自动化加工系统

述与存储，将其动态重组成各类出版物，满足按需出版的个性化需求。

内容管理的流程化、自动化：采用标准化的"工作流"，简化和改善加工过程，降低加工成本并提高加工效率。

形式多样化：可与课程、资源进行多重组合，满足"一次加工，多元组合"的需求。

（3）智能检索

在海量的数字资源中，给用户提供完整、快速、精准的检索技术和体验，对知识点做语义上的合并分析，大幅提高知识点精度。结合专业词表和各学科知识树，为用户提供精确化、多角度、全方位、便捷快速的智能检索服务。

2. 部署方案

文泉学堂部署方案见图 8-25。

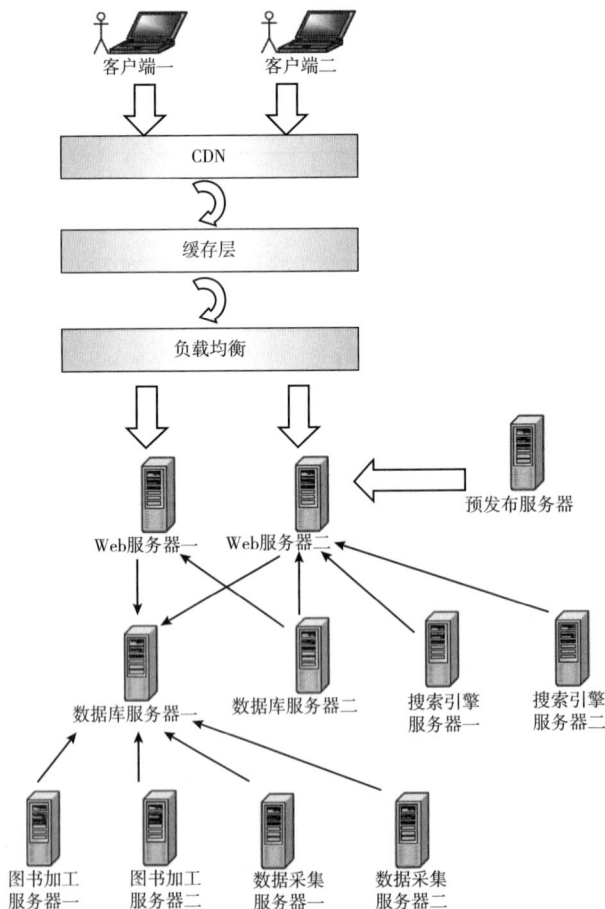

图 8-25 文泉学堂部署方案

三 产品架构、典型产品功能及特点

1. 产品架构

本项目是高等教育知识服务云平台，聚合了清华大学出版社多个教学服务平台的多元化（电子图书、数字课程、音视频课件和微课、习题库、虚拟仿真实验等）优质内容资源，以高等教育知识性内容为主体特色，以大数据、云计算为技术核心，将内容资源按知识点关联，引入知识图谱体系，结合海量元数据动态链接信息库，为个人用户和院校图书馆机构提供个性化的知识服务，包括知识内容的个性化搜索、发现、阅读、学习等。

本项目以出版社自有智学云为资源存储依托，集成自有产品"智学苑"、"书问阅读"、"益阅读"、"智学堂"和"文泉书局"等多元化的知识性内容资源，借助"智学苑"和"书问阅读"的技术成果，并在此基础上进一步开发和升级。

清华大学出版社重视在数字出版、数字教育方面的投入，在资源的存储、加工、安全和分享上有了自己的解决方案和技术积累。本项目整体架构分资源存储、资源加工、资源分发等三个方面，业务流程如图 8-26 所示。

数字出版资源的存储体系以智学云为依托，由 6 个主要功能实体组成（见图 8-27）。

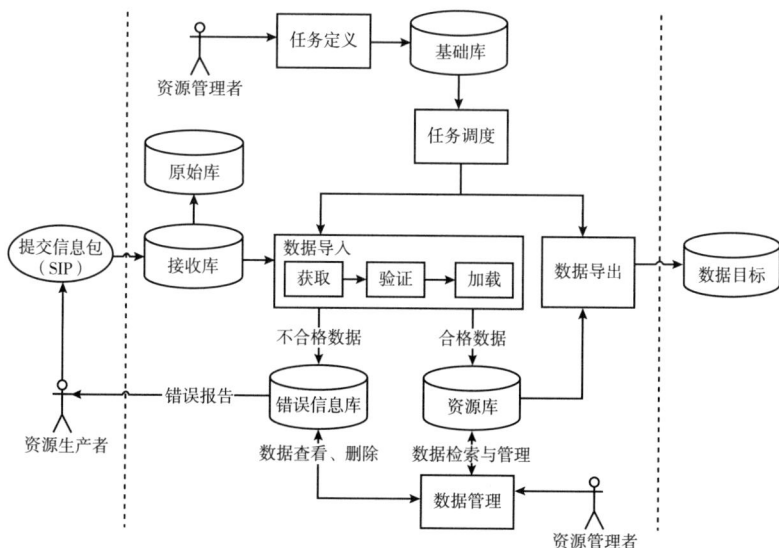

图 8-26 文泉学堂项目流程

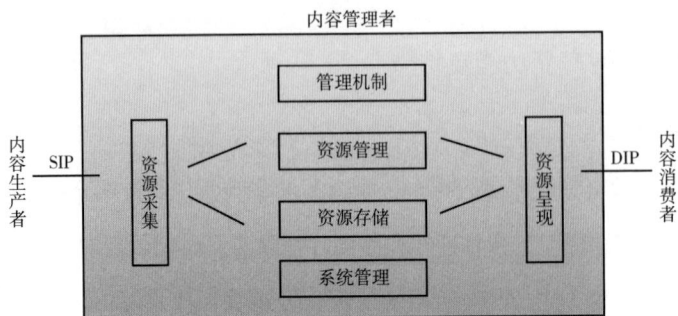

图 8-27　文泉学堂主要功能模块

资源采集：文泉学堂支持手工导入、自动导入和接口提交等方式。从内容生产者接收资源（包括但不限于 TXT/ZIP/PDF/XLSX/PPTX/DOCX/PNG/JPEG/MP3/MP4 等资源类型），然后将资源上传到系统"接收库"中。

资源存储：文泉学堂对用户上传的资源以内容为核心节点，围绕此节点加工多种类型文件或媒体适配资源，作为静态文件存储，方便应用系统的访问和调用。

资源管理：存取和维护元数据信息，包括管理数据库，执行数据库更新，提供数据库检索接口并返回结果集。

资源呈现：通过相关服务接口为文泉学堂提供内容存储和展示服务。

系统管理：负责系统环境的配置管理，监控系统运行、资源流转、资源分发的情况并记录系统日志。

管理机制：包括内容的群组访问控制，角色策略，资源分发的有效时长管理。

2. **典型产品功能及特点**

（1）产品功能及使用场景

①产品功能

前端页面以用户设定知识点和应用习惯为主要导航入口，以云存储中心和搜索引擎为核心，引入知识图谱体系，按照知识点关联内容资源，对知识性内容进行精准搜索和智能推荐。多维度的分类和筛选功能，方便读者快速查找信息，高效阅读和学习。

②使用场景

充分体现知识应用过程中的实用性和高效率，满足高等院校师生的专业知识需求，场景化的知识服务应用有助于实现图书馆的知识中心、学习和交流中心定位。

A. 研究课题或撰写论文需要查找与知识点相关的主题内容

B. 深入挖掘知识点内容体系，跨学科应用或创造性发明

C. 根据个人工作内容需求，查看、学习相关样例

D. 准备和整理个人教学课件、习题和案例，应用素材

E. 订阅个人关注的知识点领域，阅读和学习系统自动推送的新知识内容

F. 查找和引用参考文献内容，生成标准表述文字

G. 考前复习专业课程内容，练习习题

H. 课外自主学习专业课程内容

（2）产品特点

①高等教育特色

清华大学出版社自有内容资源重点覆盖理工、计算机、经管等专业学科领域，在此基础上引入第三方内容资源，加强高等教育特色优势。

②智能搜索引擎

基于语义分析的智能搜索引擎是文泉学堂的核心动力，为内容资源提供全文搜索、语义标注和语义推理功能，结合用户的浏览记录关键词分析用户特征，实现个性化知识内容搜索和推送。

③有机结合教学资源和知识性阅读内容

整合清华大学出版社已有的教学服务和数字阅读内容，建设多维度知识内容资源，如电子书、课程、课件、数字教材、习题库等，服务于院校师生用户群体。

④云服务

采用阿里云服务器提供云计算和存储服务。使用阿里公共 DNS 和动态缓存技术，加速解析响应，为读者提供稳定、快速的访问服务。云存储用户的个人信息和学习记录可实时同步，不受使用设备影响。

⑤碎片化、系统化的知识内容

建设以知识点为锚点的专业知识性内容，按照专业知识图谱建设完整知识体系，对内容资源的标题、简介、目录短句、全文进行智能搜索和个性化推荐。

出版社通过向高校图书馆机构与个人用户提供个性化的搜索、发现、阅读、学习

服务，进行知识内容精准服务，可以把握需求，缩短工作流程，达到合理配置资源、提高效率、缓解供需矛盾的效果。

四　运营模式、盈利模式

1. 运营模式

清华大学出版社在融合出版业务过程中，不仅将传统出版发行业务的社店合作关系从线下延伸到了线上，而且在数字版权销售、互联网信息服务和线上教学服务等多个新兴业务的发展过程中，与众多公司广泛合作，逐渐形成了互利、稳定的合作关系。

①线下渠道销售合作

近年来，随着院校和图书馆对数字产品采购需求的增加，清华大学出版社一方面与已有纸质书销售渠道合作，展开新的数字业务合作，另一方面积极联系新的线下推广渠道，共同挖掘当地院校的数字产品销售市场。同时，与各地教育主管政府部门介绍出版社的数字产品，回应数字产品和教学项目招标信息。

②线上渠道销售合作

清华大学出版社积极与不同的线上内容运营商合作，经过三年的线上渠道开拓和发展，已经拥有比较稳定的合作伙伴，并取得了良好的经济收益。三年来的线上渠道收入达数千万元。

③线上运营

清华大学出版社的多个线上平台在运营过程中，也与一大批互联网公司建立起广泛的合作关系。在为合作伙伴提供内容服务或特定功能服务的同时，扩大了作品和自有平台的影响力，实现了为自有平台引流。

④本项目采用线下、线上结合的营销模式

以清华大学出版社成熟的销售团队（30 余位市场代表）和 50 余家当地核心经销商为线下推广和销售的主体，结合线上运营推广方式，包括搜索引擎收录、友情链接增加入口和权重、媒体信息流推广、广告联盟 CPS 推广等。

2. 盈利模式

①成熟的机构用户应用模式

本项目为高等院校的院系和图书馆机构提供知识库服务，为其开通 IP 地址范围和并发用户数量，使其按年付费使用。

②成熟的个人用户应用模式

本项目可为个人用户提供计时（按日／月）的付费学习和阅读应用，也可支持院校教师用户快速精准查找教学资源。

五 采用相关标准情况

暂未使用。

第六节 罗辑思维"得到"*

一 产品名称、简介、市场定位、服务对象

1. 产品名称

"得到"知识服务平台

2. 产品简介

"得到"App 于 2016 年 5 月正式上线，是一款互联网知识服务产品，针对当前人们高效学习、跨界学习等新型学习需求，致力于打磨知识内容精品，为用户提供省时优质的终身学习解决方案。

"得到"App 的前身是知识脱口秀视频节目《罗辑思维》，2012 年 12 月由知名媒体人罗振宇创办，线上点击量超过 10 亿，在科技创新、社会学、历史等领域创造过大量现象级话题，获得了受众的高度评价和市场普遍认可。

目前，"得到"知识服务平台（以下简称"得到"）已经是一个包括学院化音频课程、每天听本书、电子书、纸质图书、实物商城、"时间的朋友"跨年演讲、《罗辑思维》、知识发布会、《知识就是力量》视频节目、"少年得到"App、得到大学等多种产品形式、线上线下融合的互联网知识服务平台。以"得到"App 为核心，融合传统出版、电视、视频网站、微信公众号、线下课堂等诸多渠道资源，"得到"构建起了一个全产业链的知识服务生态系统。

---

* 撰稿人：罗辑思维"得到"柴颖娟、王瑜。

运营两年多来，"得到"吸引了众多职场精英及各行业主流人士，也受到了政府部门及媒体、商业领域的关注。"得到"被评选为 2017 年度"两微一端"百佳之 App 创新力十佳公司，2017 中国版权年度最具影响力企业及第三届文化产业学院奖数字创意产品金奖。

3. 市场定位

"得到"的核心定位是"互联网时代的知识服务提供者"。以"做最好的知识服务商"为愿景，紧密结合互联网时代人们高效学习、碎片化学习、跨界学习等新型学习需求，精心打磨优质的终身学习解决方案。

内容上，专注于生产供用户在碎片化时间进行系统学习、高效学习的知识内容精品，坚持宣介内容导向正确、知识观点领先、充满正能量的优秀图书，以及各领域权威学者、专业人士、知识精英精心策划的知识产品。

在用户定位上，瞄准受教育程度高、渴望知识、热爱读书的"终身学习者"，以"相信中国的未来，相信中国经济的未来"为基本价值观，凝聚了众多城市职场精英、创业者和各领域专业人士、主流人群的智慧，也吸引了各年龄段、各阶层用户的广泛关注，展现了以载体创新、机制创新推动终身学习的巨大潜力。

在价值定位上，我们始终认为，"知识付费"并非"得到"的核心属性；"得到"的核心价值和使命是利用互联网这个新工具，把人类历史上最有价值的知识创造性地再生产一遍，使之更适应当前人们碎片化、跨界化、终身化的新型学习需求。这不仅是"得到"自己设定的目标，也是当今时代赋予的机会和可能，知识服务在中国的快速发展有强大的内驱力。

4. 服务对象

"得到"的服务对象定位于个人用户，具体来说集中于"具有终身学力的高级外行"，用户画像如下。

（1）受过良好教育，具备较高的逻辑思维能力和认知水平。

（2）有强烈的好奇心，希望探究这个世界的运行规律，获得人类顶级的思考和智慧。

（3）可能是某领域的专业人士，同时也对其他不熟悉的学科领域感兴趣，愿意不为参加专业考试而学习。

（4）对跨界的学科领域认知有限，或者有一些俗知俗见，希望获取这个学科领域的思维模式、认知方法，从而对自己所从事的行业有所启发。

（5）希望获取高级的社交谈资、看待事物的新视角和领先的洞察力。

截至 2018 年 10 月底，"得到"App 总用户突破 2450 万人，其中付费用户高达 30%，且用户人群呈现高学历、高消费等特点。"得到"用户群体以男性居多，26~30 岁人群比例最高（见图 8-28、图 8-29）。

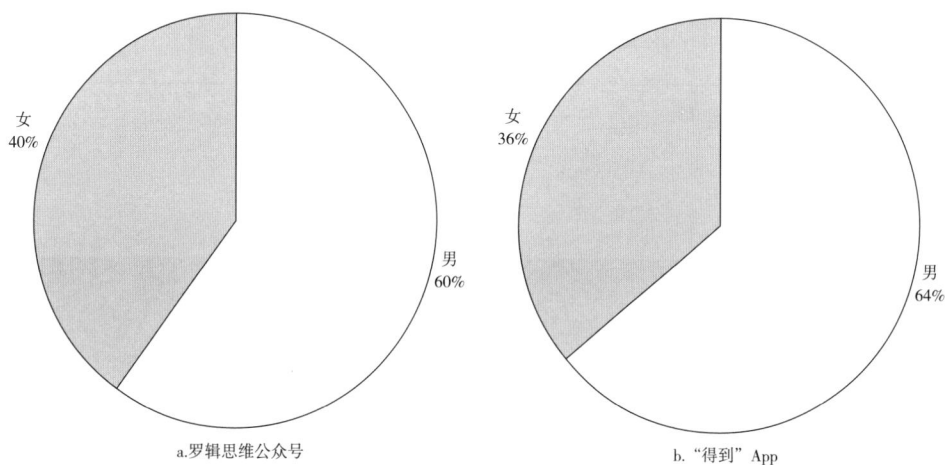

a.罗辑思维公众号   b."得到"App

图 8-28　用户性别分布

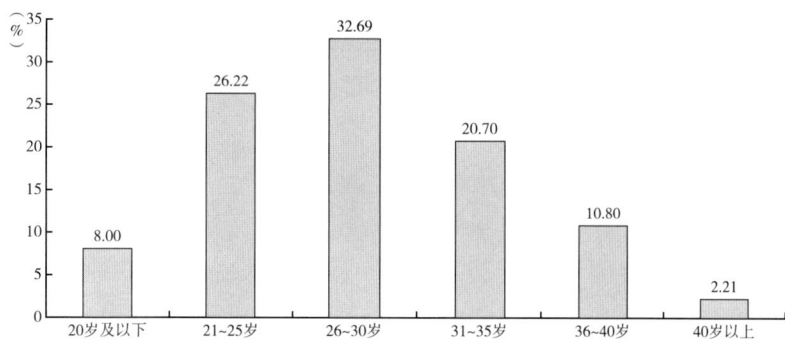

图 8-29　用户年龄分布

"得到"用户学历水平高，近 70% 的用户学历为本科及以上，用户多集中在大中城市及沿海发达地区（见图 8-30、图 8-31）。

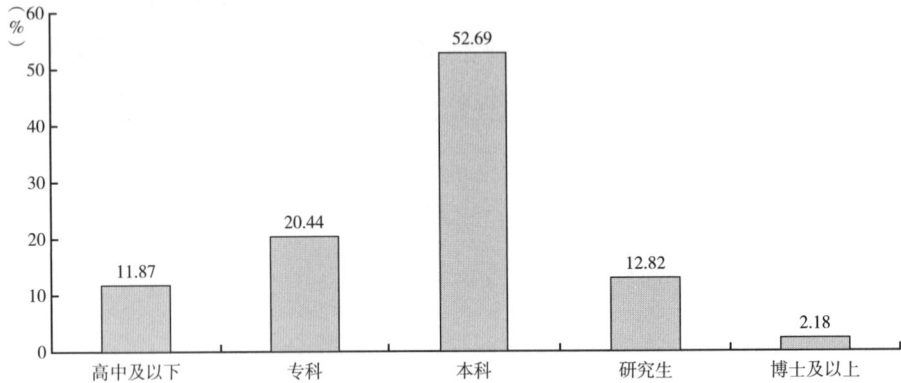

图 8-30　用户学历分布

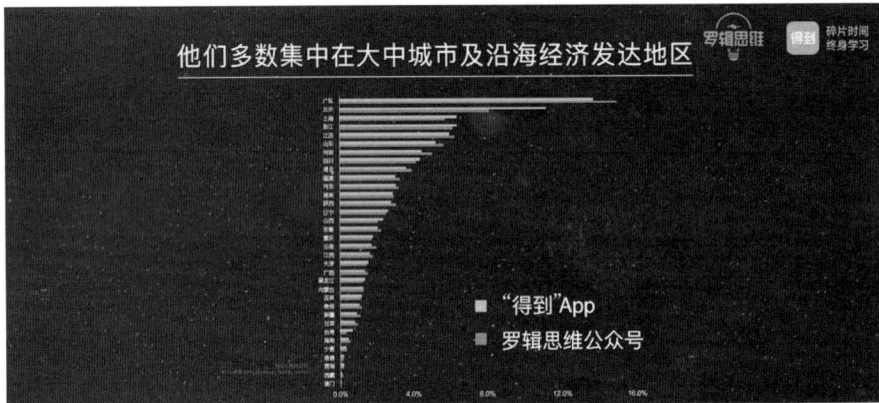

图 8-31　用户地域分布

第四，用户多集中在大中城市及沿海发达地区。

二　知识服务技术架构

围绕"满足互联网信息爆炸时代求知者的学习需求"这个核心命题，"得到"打造了自主研发的知识服务平台，支撑"得到"用户随时随地进行学习。

整个技术平台分五层架构：首先是用户直接触达的前端有安卓、iOS 和 H5 页面；然后是网络接入层，包括防火墙、负载均衡、CDN 加速和 API 网关；再往下是具体的后端服务层，采用基于 Go 语言的微服务架构，这里是"得到"的主要业务技术实现层；在后端服务层之下是基础服务层，"得到"将账号、支付、订单中心、短信、节操币等会直接影响用户在"得到"上购买内容主路径的服务剥离出来放在这一层；最下面是平台运维层，包括运维平台、发版系统、Docker 等。

"得到"模块架构如图 8-32 所示。

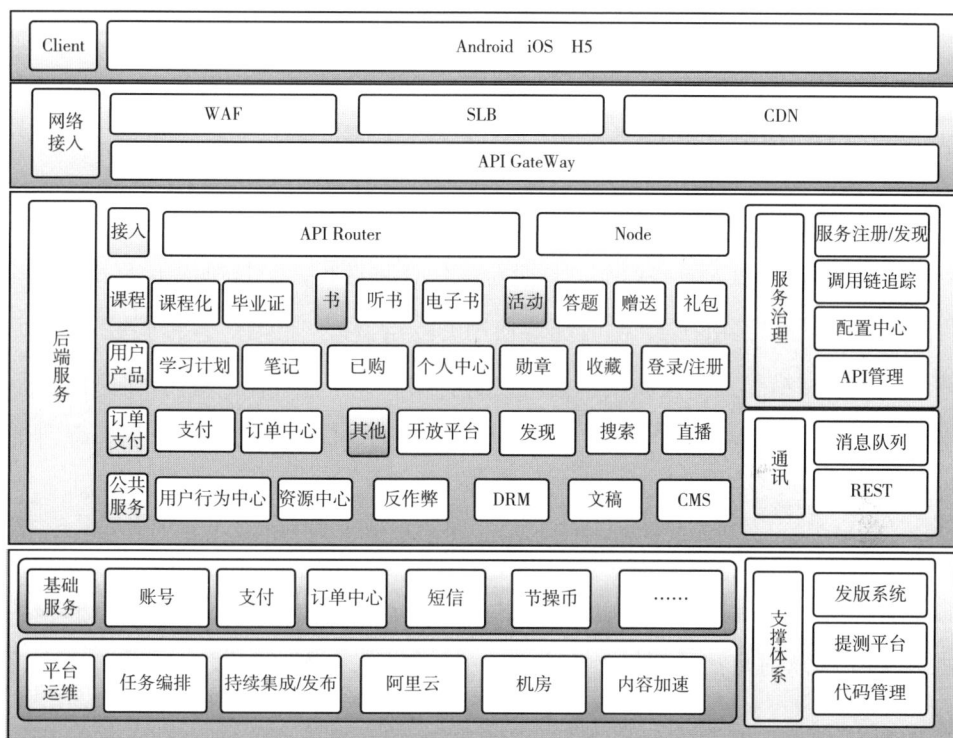

图 8-32　"得到"模块架构

三　产品架构、典型产品功能及特点

1. 产品架构

"得到"产品架构如图 8-33 所示。

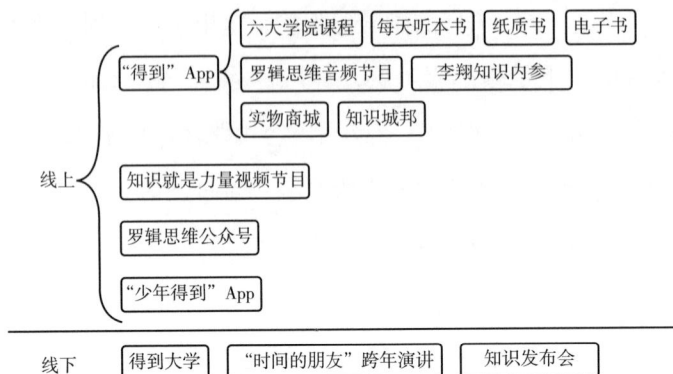

图 8-33 "得到"产品架构

2. 典型产品功能及特点

（1）"得到"App

"得到"App 的两大核心产品，一是学院化音频课程，二是每天听本书。二者均为音频形式，具有伴随性强、随时随地使用的场景特征。同时，"得到"还将体量庞大的学科知识和精品图书重新提炼梳理，所有的课程音频控制在 15 分钟之内，所有的听书音频控制在 30 分钟之内，可以最大限度地节约时间成本，满足当今学习者们"碎片化时间、系统化学习"的需求。

①学院化音频课程

学院化音频课程是整个"得到"的核心产品，于 2018 年 7 月底开始上线，包括六大学院，分别是社科学院、商学院、科学学院、人文学院、视野学院、能力学院。

其中，前 4 个学院聚焦通识类学科知识，如经济学、管理学、社会学、心理学、史学、生物学、物理学、天文学等，以及《孙子兵法》《论语》《聊斋》等中国文化经典的精读精讲，坚持"头部"标准，构建通识类学科课程框架。

视野学院聚焦当下最前沿的增量知识。例如"王煜全·前哨""万维纲·精英日课"等，向用户汇报全世界最新的、顶级的新知。

能力学院侧重于向用户交付一项具体的能力，从职场社交到演讲写作，从思维培养到家居亲子等，邀请业内高手，将相关知识与技能交付给用户。

截至 2018 年 11 月中旬，"得到"开设 100 门 12000 余节课程，总课时超过 1840

小时。

②每天听本书

这是"得到"App全力打造的一个知识工程，也是国内乃至国际知识付费领域的一个创举。

它既不是电子书，也不是有声书，而是着眼于帮用户节省时间，将人类知识海洋中最精华的书筛选出来，把每一本书精炼成半个小时的"干货"，进行解读和转述。2018年，"得到"App约上线4000本听书产品。未来三年，计划做到1万本书，打造"国内最大的知识转述的版权库"。

与此同时，"每天听本书"还会依照不同话题、主题、节日等，精心策划各类书单，从使用场景出发，满足用户多样化的阅读需求和知识需求。

代表书单：《我们请来了朱伟为你解读莫言》《4本书帮你掌握人际关系主导权》《来，一起重走文艺复兴之路》《5本书解读霍金留下的思想财富》《春节书单：带父母看看更大的世界》《送给你一份情人节礼物》等。

比如，《罗辑思维》和《李翔知识内参》是"得到"App的免费知识服务栏目，每日更新，仍然采用"得到"App一贯的音频模式，用高密度的知识信息含量，为用户带来新知。

《罗辑思维》1~4季为周播视频节目，从第5季开始转为音频节目，并且只在"得到"App独家免费播出，节目由周播改为日播，每期10~20分钟不等，罗振宇和用户一起终身学习。

《李翔知识内参》由"得到"总编辑李翔负责，每天生产5~10条高浓度知识音频资讯，每条3~5分钟，做用户的私家知识秘书。

（2）《知识就是力量》

国内首档硬派知识脱口秀节目《知识就是力量》，是"得到"基于电视媒体打造的一个全新的知识服务产品。节目首季共12期，每期40分钟，围绕日常生活中的难题，如"怎样让孩子爱学习""怎样找到一份合适的工作""怎样处理和别人的冲突""怎样重新获得别人的信任"等，从经济学、心理学、社会学乃至互联网产品界汲取专业的硬知识，来提供系统的解决方案。与此同时，节目在制作上启用了顶级舞美和特效团队，将知识通过电视媒体直观地表现出来，兼顾有深度、有趣和有用，打通日常生活和学界研究的边界，向百姓传递大智慧，被业内评价为"开创了电视界的新物种"。

该节目于 2018 年 7 月在江苏卫视黄金档首播，深圳卫视和爱奇艺重播，收视率稳居 35 城同时段全网第三，实现了口碑与收视率的双丰收。有评论称，该档节目没有明星，没有八卦，甚至没有娱乐元素，将所有力量集中在打造炫酷的知识课堂，可谓国内综艺节目中的一股"清流"。

相对于 App 来说，《知识就是力量》通过电视媒体播出，不仅可以抵达更广泛的人群，进一步扩大"得到"的覆盖面与影响力，更重要的是，还通过全新的运作模式，实现了对电视产业价值网络的重构创新。

首先，延续"得到"App 的"头部"标准来生产制作优质内容，并依托"得到"一直以来的高品质知识服务品牌形象，吸引有同样追求的高品质品牌，使其成为"得到"的合作伙伴。因为这样的品牌通常未必愿意追求高收视率，他们愿意和"得到"这样的品牌在一起，服务更精准的用户。

其次，有了这样的赞助收入，节目从收益上摆脱了对收视率的依赖，电视台更愿意敦促"得到"做出更高品质的节目。

这样就形成一个更为良性的协作循环，赞助方、制作方和播出方三者携手，共同寻求电视产业价值网络重构的新机遇。

（3）罗辑思维公众号

罗辑思维公众号可以说是整个"得到"的第一个产品，早于"得到"App 诞生。该公众号是"得到"老用户获取新知的便捷平台，也是新用户的流量入口。

截至 2018 年底，该公众号用户超过 1200 万人，每天早上 6 点半，用一段罗振宇60 秒语音唤醒用户。同时，每天奉上一篇精选书单，每周上新一件知识产品。

（4）"少年得到"App

"少年得到"是一款专为 7~15 岁青少年提供定制化学习服务的 App。邀请北京四中、人大附中等名校特级教师，在各学科考纲范围内，提供能开阔视野、指导方法、激发兴趣的课程，帮助学生构建完整的知识体系，满足升学需求。

与"得到"App 一样，"少年得到"App 课程也以音频形式为主，学生可以在上学路上、课业之余收听。除"学科""视野"及分年级课程外，还开辟了"名著精讲""有声书"等版块。可以说，在竞争激烈的课内培训市场上，"少年得到"App 以独特的内容和形式切入，开辟出一片蓝海，填补了市场空白。

（5）得到大学

得到大学是"得到"在 2018 年 10 月推出的线上线下结合的全新知识服务产品，旨在建设国内首个线上线下相结合的互联网通识型大学。

线上，提炼各行业的顶级心法，为用户提供多元思维模型；线下，打造城市学习中心，鼓励不同背景学员之间的分享，完成社交与学习成果转化。这种开创性的模式，解决了传统商学院无法规模化的痛点，为职场人士提供省时间、有效果、聚资源的知识服务。

目前，得到大学首期已在北、上、深同时开班。首期得到大学招生受关注程度超乎预期，最终从 7000 份申请中，经过简历筛选和面试，遴选出了各行业精英学员 278人，共同展开面向未来的学习之旅。

（6）"时间的朋友"跨年演讲

从 2015 年开始，每年的最后一天，"得到"创始人罗振宇用包含高密度信息的知识盛宴，奉上"时间的朋友"跨年演讲，陪用户一起敲响新年钟声，此举可谓开启了中国"知识跨年"新模式。

"时间的朋友"发愿举办 20 年，最近几届分别在北京水立方、深圳春茧体育馆、上海梅赛德斯奔驰文化中心等地举行，并通过深圳卫视和优酷视频全程直播。每年演讲一票难求，深圳卫视直播收视率曾在 23 点时段达到全国第一。

"时间的朋友"的用户场景有两个：一是跨年之夜亲赴现场听演讲，二是通过电视或视频网络观看直播。前者更集中地满足了"得到"用户多样化的知识渴求，后者则面向更广泛的终身学习者人群，用知识大餐的方式为广大观众带来跨年新风尚。

四　运营模式、盈利模式

1. 运营模式

"得到"的运营模式不同于以"流量思维"为核心的互联网公司的运营模式，拉新并不是"得到"的运营重心，相反，服务好自己的超级用户，才是"得到"的运营重点。

因此，"得到"除与江苏卫视《最强大脑》等品牌合作外，几乎很少有大额投入用于市场推广，而是将这部分投入放到如何更好地服务用户上——不断打磨产品、关注用户需求、根据用户需求运营产品等。通过对"得到"用户的用心服务来产生好的口碑，从而吸引更多具有相同特征的高净值人群到"得到"平台上来，起到品牌传播和推广的效果。

2. 盈利模式

"得到"以内容提供为主要业务。目前，其营业收入基本来自知识内容产品的直接销售。不做商业广告，不做内容的软性植入，内容不受商业利益左右，这在各类互联网内容平台上并不多见。

这样的盈利模式，必须以高质量的知识内容为依托。我们选择这样的盈利模式，一方面是因为相信当今社会中国用户有巨大的终身学习需求，另一方面也是源于对自身知识内容生产能力的自信。

目前，"得到"依靠对严肃内容、精品内容的打磨和坚持，付费用户率达到30%（见图8-34）。

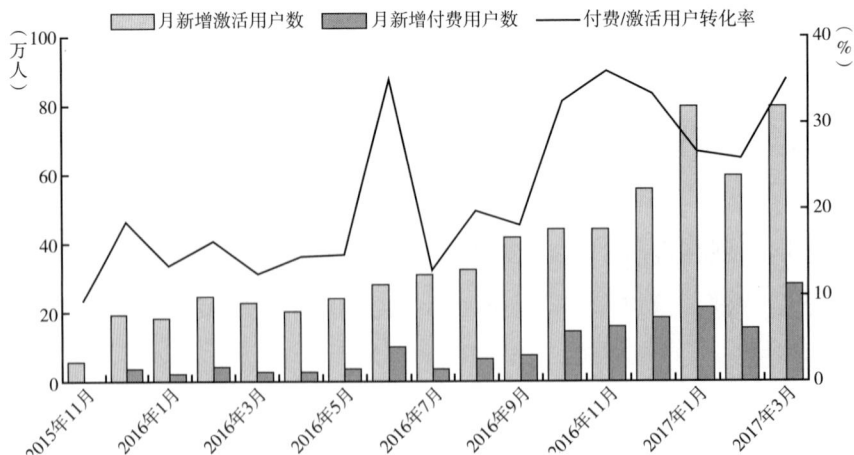

图8-34 "得到"月新增用户数及转化率

这样的盈利模式具有以下三个优势：第一，坚持内容的"严选"和"高质量"，有利于"得到"的知识服务品牌价值和信用的积累；第二，以"得到"品牌信用为保证，一旦课程突破一定销量，课程的边际成本极低；第三，"零广告"的模式也使"得到"吸引到的用户高净值属性明显，客单量价齐高，保证了"得到"的可持续发展。

五　采用相关标准情况

由于互联网知识服务尚属全新的业务形态，目前国家和行业还未出台匹配适用的标准，因此，尚未采用相关正式标准文件，所有知识服务产品的生产、发布等均采用公司内部标准（《得到品控手册》）。

下一步，作为民营企业，希望积极参与到国家知识服务标准化建设中来，为互联网知识服务行业的健康发展贡献力量。

第七节　浙江出版集团数字传媒有限公司 *

一　产品名称、简介、市场定位、服务对象

1.　产品名称

西湖文化资源库

2.　产品简介

西湖被列入世界遗产名录已有多年，产品将西湖文化资源重新整合与开发，形成覆盖西湖人文、艺术、历史、自然等多个方面的集成性文化资源数字服务平台。产品围绕世界遗产的六大价值要素——西湖自然山水、城湖空间特征、西湖景观格局、西湖文化史迹、"西湖十景"题名景观、西湖特色植物，利用数字化存储、加工、应用技术记录西湖及其周边地区独具魅力的精神文化遗产，旨在打造一个全方位、立体化、多层次的内容传播中心和公共服务门户，以实现社会效益的最大化。

---

* 撰稿人：浙江出版集团数字传媒有限公司邵凯。

3. 市场定位

面向一般互联网用户，亦向机构用户开放。在 B2C 市场，西湖文化资源库是一个基于互联网的在线资源检索与下载平台；在 B2B 市场，除为机构用户提供检索与下载服务外，还可为其进行技术定制，根据机构自身需求与应用场景为其开发类似的文化资源库产品。

4. 服务对象

服务对象包括两类：第一，互联网用户，即通过网络访问该资源库的普通用户；第二，机构用户，包括学校、图书馆、博物馆等具有资源订阅需求或相关资源库平台开发需求的用户。

二 知识服务技术架构

1. 技术架构

采用 PHP7 + MySQL 5.7 + IIS 10 的模式进行构建，使用 B/S 架构模式，用户采用终端浏览器直接访问系统。

2. 部署方案

西湖文化资源库目前部署在云服务器中，系统安装、组件更新、数据备份、CDN 配置等常规操作均在云端直接完成。

三 产品架构、典型产品功能及特点

1. 产品架构

以地点库、事件库、人物库等基础数据库为底层核心，以可高度自定义的主题库模板为框架，并在此基础上引入具备"三审三校"的数字采、编、审体系，最终形成具有特定主题的资源库系统（见图 8-35）。

2. 典型产品功能及特点

（1）产品功能及使用场景

主要为用户提供资源的在线检索与下载功能，包括基于关键词的模糊检索、基于多字段的组合检索、主题化分类检索、个性化条目推荐、知识点关联检索、在线预览、免费或付费下载等。

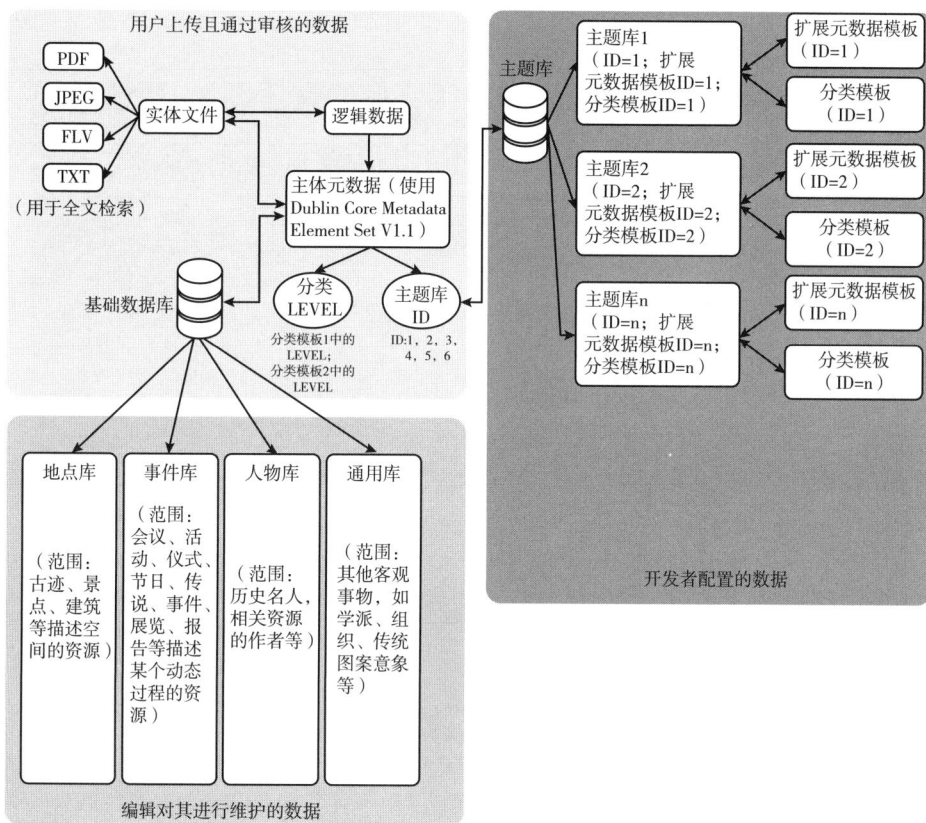

图 8-35　西湖文化资源库产品架构

用户根据自身需求，通过检索获取相关资源，包括知识条目、图书、图片、音视频等各类数字资源，并以免费或付费的方式获取（见图 8-36 至 8-39）。

（2）产品特点

本产品作为西湖文化资源的综合性集成平台，为用户提供了一体化的资源访问与获取途径，切实解决了西湖文化资源在互联网中分布散、获取难、权威资源少等一系列问题。

本产品在设计时还最大限度考虑普通大众的使用体验，在技术上对平台进行了移动端适配，通过 HTML5 响应式布局的应用，简化了产品的使用方式。用户无须安装 App、微信小程序，即可在手机、平板电脑等移动终端获得良好的使用体验。

图 8-36　PC 端或大屏幕终端资源检索界面

图 8-37　PC 端或大屏幕终端资源呈现界面

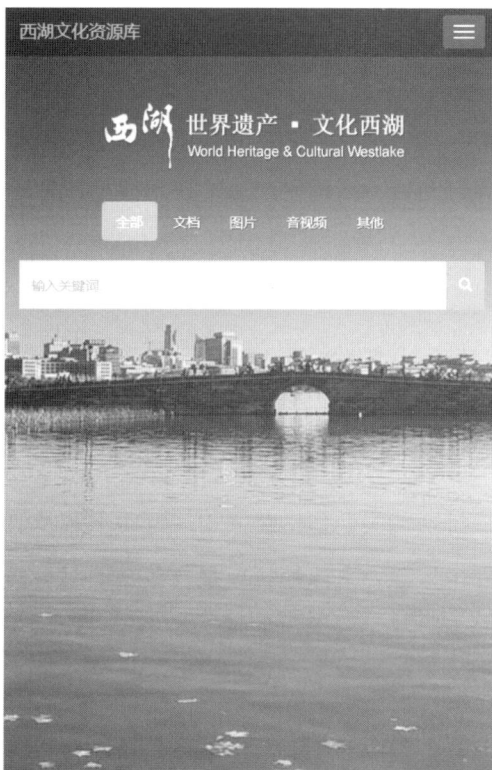

图 8-38　移动端资源检索界面

图 8-39　移动端资源呈现界面

此外，由于本产品并非针对特定主题而开发，因而可通过元数据字段配置、平台界面配置等高度定制化方式，快速创建其他主题的数据库产品，如浙江文丛数据库、浙江非物质文化遗产数据库等。

四　运营模式、盈利模式

1. 运营模式

本产品目前处于正式运行阶段，以资源建设、技术优化、业务推广为三个主要运营方向。

（1）资源建设

资源品种与数量的更新是知识服务产品长期运营的基础。我们组建了资源建设团队，通过不断开展西湖文化资源的数字化加工与入库工作，定期扩充数据库资源的品种数。

（2）技术优化

移动互联时代，任何技术产品都必须紧跟时代的发展步伐，满足用户不断变更的使用需求。为此，我们根据数字技术最新发展方向，不断优化产品的技术模型，并定期推出更新版本。

（3）业务推广

根据产品上线后的市场反馈，制定不同的推广方案。目前，主要以机构用户为重点推广对象，并以产品化定制的方式为其提供技术服务。

2. 盈利模式

本产品在设计初期，主要盈利模式是用户付费购买，包括普通用户付费下载及机构用户付费订阅。然而，我们在产品运营过程中发现，上述模式只是众多知识服务模式中最基本的一种，且以西湖文化为主题的资源内容在本质上不具备刚性购买需求，付费购买模式所产生的收益短期内无法达到一定的规模。

为此，浙江出版集团数字传媒有限公司转变思路，从提供专业技术服务的角度出发，来解决非专业类知识服务产品的盈利难题。西湖文化资源库所使用的技术框架非常灵活，研发人员通过个性化配置即可快速创建为其他主题服务的资源库系统。公司为出版社、博物馆、图书馆等机构定制开发了基于该技术框架的相关产品，以解决这些机构对数字资源的存储与运营需求。因此，目前营收的最大来源是为上述文化机构提供产品开发服务，为其单独定制基于本产品技术框架的其他主题库产品。

实践证明，这样的业务切入点较好地解决了非专业类知识服务产品运营初期营收规模小的问题，通过提供技术服务产生的收益可为西湖文化资源库的长期运营提供有力的资金保障。成功案例包括：为浙江古籍出版社开发的浙江文丛数据库、为杭州西湖博物馆开发的西湖博物馆馆藏文献数据库及为广西民族出版社开发的广西少数民族非物质文化资源库等。

五 采用相关标准情况

本产品研发较早，主要采用了都柏林核心元数据标准来对碎片化文化资源进行描述。现在，公司也了解到中国新闻出版研究院花费了大量的精力制定了面向知识服务领域的相关标准。未来公司会在仔细研读这些标准的基础上，根据自身的业务实际，对现有产品进行优化与升级。

第八节　陕西师范大学出版社 *

一　产品名称、简介、市场定位、服务对象

1. 产品名称

丝绸之路历史地理信息开放平台

2. 产品简介

丝绸之路历史地理信息开放平台（见图8-40）以丝绸之路两千年来的历史地理变迁为对象，依托国家社科重大招标项目"丝绸之路历史地理信息系统建设"，对

图8-40　丝绸之路历史地理信息开放平台首页

---

* 撰稿人：陕西师范大学出版社牛晓明。

两千年来陆上丝绸之路沿线的土地利用、生态环境、交通商贸、民族宗教、聚落与城市、文化传播、考古遗存等专题要素进行空间定位和深入研究，利用 GIS 技术描述其变迁过程、分析其变迁原因、揭示其演进规律，开发可供用户通过 Web 访问的丝绸之路历史地理信息系统。平台支持按时段、区域、兴趣点、关键词等检索，检索结果通过数据表、分析图表、地图、卫星图等显示；平台提供专题地图绘制、空间分析与动态模拟功能，为专业学者、研习者、政府及企事业单位提供知识服务。

项目自 2015 年 10 月开始建设，预计 2019 年 10 月完成，建设周期共 4 年。2016 年 6 月，项目建成技术平台 1.0 版本，对部分数据进行了导入；2017 年 6 月，项目测试版上线运行，发布了基础数据和分析工具。截至 2018 年 7 月，项目已完成技术平台开发任务。平台基础数据及专题数据入库数量约 500 类，超过 100 万条。

3. 市场定位

丝绸之路历史地理信息开放平台是对国家"一带一路"倡议的直接呼应，是丝绸之路研究的集大成者、探索者和引领者。该平台阶段性成果包括丝绸之路沿线土地利用专题数据库、丝绸之路沿线生态环境专题数据库、丝绸之路沿线考古发现与遗址专题数据库、丝绸之路沿线交通与商贸专题数据库、丝绸之路沿线聚落与城市专题数据库、丝绸之路文化传播专题数据库、丝绸之路沿线民族与宗教专题数据库 7 个专题数据库，最终成果包括丝绸之路历史地理信息开放平台和历史地理通用科研平台。其市场定位，在内容层面是为用户提供专业内容资源知识服务；在服务对象层面是最终应用于政府机构、科研院所、企事业单位及社会公众的决策、科研、经营；在社会价值层面是为"一带一路"倡议的决策落地提供支持，发挥其现实意义和科研价值。

4. 服务对象

基于以上市场定位，最终建成的丝绸之路历史地理信息开放平台定位于向政府机关、科研机构及研究者、社会公众提供专业知识服务，发挥辅助政府决策、促进丝路研究、传播丝路文化、促进经贸发展的现实作用。

二　知识服务技术架构

1.　技术架构

本开放平台采用基于 B/S 的分布式、松耦合的多层体系结构，分为数据库层、数据操作层、业务逻辑层、应用层等。数据库层采用 Oracle 关系数据库，按照空间、时间、民族、宗教、语言、资料类型等分类来组织文献数据，数据结构采用多库关联方式，用不同的数据表容纳不同层级或组合的数据。数据操作层采用 Java 组件技术开发，封装各种不同的数据类型和数据入库查询操作方法。业务逻辑层采用 Java 组件技术开发，封装各种业务数据提取工具，为应用层提供技术支撑。应用层采用 Java Web 技术、分布式技术，应用 Ajax、多级缓存、Web 服务等技术；通过基于服务器端文件缓存，以实现良好的性能、扩展性和开放性，支持多用户、高并发、大访问量的需求。

为适应今后软硬件环境的变化，使之可以长期使用，在技术方面力争全部符合国际标准。数据库采用目前最为成熟的关系数据库。代码系统符合 UCS/Unicode 国际标准，可支持各种文字代码体系。采用繁简字转换系统，支持繁简两体汉字通检，从而适应海内外各种汉字环境。图片及视频数据均转换为国际标准认可的格式。

2.　部署方案

本系统将以丝路历史地名数据库为基础，构建一系列专题子系统（见图 8-41）。各子系统将具有强大的信息种类容纳能力，不仅能够支持数值型和文本型数据，也能支持视频、音频、动画、图片、图形等格式。基本部署方案如下。

第一，针对不同的历史地理要素设计历史地理信息数据库样式，并设计合理的各子系统间的对接方案。比如，聚落与城市子系统，就需要考虑城市的等级、规模、归属政权等方面的变化，而生态环境数据库则需要管理大量不同来源的历史气候和历史水文重建数据，其空间指代范围和时间分辨率的差异需要在子系统数据库样式设计和前台图形设计中得到充分的考虑。

第二，汇编大量的多种类专题数据，对提取的历史地理信息进行数字化处理、3D 建模和空间模拟。

第三，离散型空间数据向格网化空间数据集的转换。编订丝绸之路历史地理的空间格网化数据集有助于更好地表现丝绸之路地带的空间格局，在各专题数据库及空间模拟工作的基础上，编订格网化空间数据集，使其具有四维属性（经度、纬度、高度和时间），成为系统空间分析功能所依托的主要数据。

第四，制定数据库网络共享协议，完成数据库搭建工作。

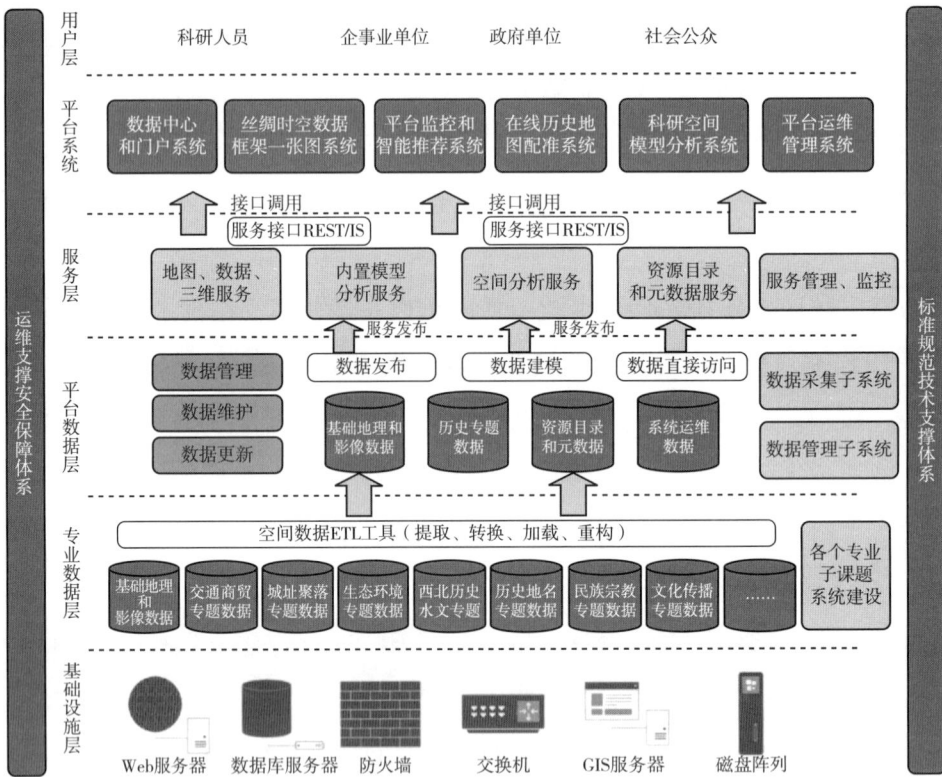

图 8-41　丝绸之路历史地理信息开放平台系统部署

三　产品架构、典型产品功能及特点

1. 产品架构

平台建设内容由 7 个科研子项目及 2 个平台开发子项目构成（见图 8-42）。7 个科研子项目主要开发专题数据集，进行专题研究，包括丝绸之路沿线土地利用专题数据库、丝绸之路沿线生态环境专题数据库、丝绸之路沿线考古发现与遗址专题数据库、丝绸之路沿线交通与商贸专题数据库、丝绸之路沿线聚落与城市专题数据库、丝绸之路文化传播专题数据库、丝绸之路沿线民族与宗教专题数据库。2 个平台开发子项目包括丝绸之路历史地理信息开放平台及以此为基础开发的历史地理通用科研平台。

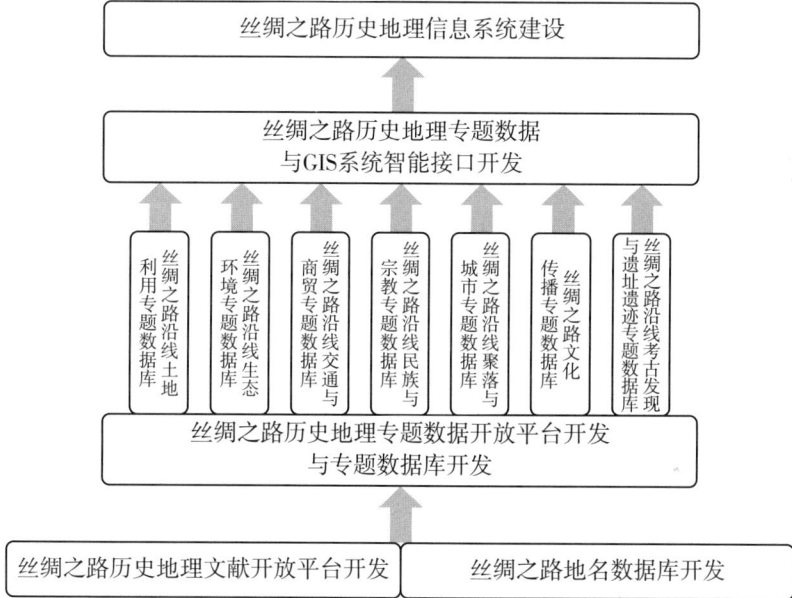

图 8-42 丝绸之路历史地理信息开放平台产品架构

2. 典型产品功能及特点

（1）产品功能及使用场景

本系统将提供查询、分析和自动绘图功能，满足或支持不同阶层用户的使用习惯和需求。查询功能将支持时间、地名和数据类型等多种要素查询，分析功能则主要依靠多种空间分析函数，对重建的地理现象进行空间抽象和模拟，支持科研工作者和政府部门的决策功能。自动绘图功能主要指用户使用系统自带数据或者自身专题数据进行的个性化专题地图绘制。

本系统将采用 Web-GIS 方案进行发布和维护，依托互联网将本系统进行发布，并制作专门的用户交流模块，使全世界用户都能参与系统的内容更新与维护。Web-

GIS 理论上将系统的维护和更新置于全球互联网用户之上，以这样开放的方式进行数据库内容的更新和维护不仅能降低数据维护成本，也可以扩大本系统在国际上的影响力。通过搭建用户更新数据界面，只要是对丝绸之路问题感兴趣的用户，既可以对数据库内容提出自己的修改意见，也可以上传自己的专题数据，扩大本数据库的数据种类。

多种地理数据分析模块和多种空间模型的嵌入。地理数据分析方法能够使复杂的空间格局在计算机环境下得到有效的呈现，进而辅助决策的执行。本系统包含了大量的多种类空间数据，如果仅仅是在系统中呈现出来，是难以支持认识较为复杂的地理关系的。在本系统中，我们拟将时空谱分析、Markov 链条分析、R/S 分析、层次分析法、"度—簇"结构分析和 GM 预测功能等主要的空间分析方法嵌套进本系统，使用户可以根据自己的需要，实现个性化的空间分析功能。

多种空间建模方法（如工程建模、水文建模、土地利用建模等）与地理信息系统的融合。本系统拟设计专门的空间建模模块，一方面以空间模型的方式展现较为复杂的时空关系，另一方面则支持用户以自己的专题数据建模，或者将自己的专题数据和系统数据结合，生成自身需要的工程模型、水文模型或者格网化空间数据集等。

（2）产品特点

①技术平台产品特点

数据量大，资料齐全，分类科学。代码系统符合 UCS/Unicode 国际标准，可支持多语种文字代码体系。其中汉字采用 4 字节包括 7.5 万字的超大字符集，可以容纳所有汉字文献。采用繁简字转换系统，支持繁简两体汉字通检，从而适应海内外各种汉字环境及应用需求。

平台将原版原貌、条目检索、全文检索相结合，形式灵活。界面友好美观，操作简单，查询功能完善，方便研究者使用。提供强大的数理统计、分析，数据挖掘工具。

本平台为开放平台，支持一般用户在线上传共享文献资料、发布研究成果、修订资料数据，支持多种分析、统计、挖掘工具。管理平台预留端口，可供多方面开发应用功能。

②专题数据库产品特点

以历史时期划分，与 GIS 信息数据耦合，清晰展现地名的历史传承脉络。与文献数据库、专题数据库关联，可相互印证，并借助文献数据库与专题数据库不断扩充。用户可以共享研究成果，下载开放数据。用户可借助智能接口，从各专题数据库中综合调用各类数据。界面美观友好，查询简单方便。

③专题数据与 GIS 系统智能接口特点

接口具有数据清洗、筛选功能，可有效减轻专题数据库采集数据精确性的压力。接口模块可跨专题数据库进行数据调用，实现数据之间的相互印证和支持。接口模块可提高数据挖掘利用的灵活性、开放性，在本项目之外，可开发更多的研究应用。

专题数据库与 GIS SDE 标准公开，可以授权研究团队根据接口标准进行新的 GIS 应用开发。

④整体产品特点

专业性：针对丝绸之路沿线的民族宗教、文化传播、生态环境等要素构建多要素数据库，在此基础上形成一系列模型，揭示和分析不同要素之间复杂的时空变化关系，具有极强的专业性。

创新性：采用 Web-GIS 方案进行发布和维护，依托互联网将本系统进行发布，并制作专门的用户交流模块，使全世界用户都能参与到系统的内容更新与维护中，具有极强的创新性。

应用性：本项目最终建成的丝绸之路历史地理信息开放平台将向政府机关、科研机构及研究者、社会公众开放，发挥辅助政府决策、促进丝路研究、传播丝路文化、促进经贸发展的现实作用，具有极广泛的应用性。

四　运营模式、盈利模式

1. 运营模式

面向政府机构、科研机构、图书馆等进行线下推广，提供 Web 服务器或局域网服务器产品。

通过参加学术会议、培训展会和案例分享会进行产品推介，提升平台专业用户访问量和付费下载量。

启动针对学生及青年学者的应用推广。设立科研扶持基金，鼓励研究者使用本平台进行丝绸之路历史地理专题研究，培养用户习惯，力争成为丝绸之路历史地理研习者的首选知识服务科研平台。

通过多媒体发布、软文推介方式进行线上运营，并与中国知网等开展合作，实现数据互通和用户引流。

以本项目积累的地图资源、数据资源、平台体系及专家资源，整合陕西师范大学出版社汉籍数字图书馆项目、中华茶文化数据库项目、传统手工艺文化项目、丝绸之路大遗址项目等项目资源及《丝绸之路通鉴》《丝绸之路大辞典》等出版资源，构建基于时空框架的丝绸之路知识服务体系，提升产品内核价值。

2. 盈利模式

（1）机构用户

针对图书馆、高校、科研院所、企事业单位和政府机构，主要通过产品封装的形式打包销售。

（2）接口授权

丝绸之路历史地理信息开放平台各专题数据库将提供第三方应用接口授权服务，第三方应用获得授权后可直接引用专题数据库中七大数据库内容资源，为第三方用户提供知识服务。此外，和中国知网平台对接，实现各平台内容资源互通，用户资源共享。

（3）会员机制

针对平台上的科研工作者、高校师生等专业个人用户建立平台会员机制，按年收费。

（4）用户下载

针对普通用户，提供核心资源付费下载功能。

五 采用相关标准情况

——GB-8566-88 计算机软件开发规范

——GB-9385-88 计算机软件需求说明编制指南

——BS 7799 信息安全管理体系标准

——ISO/IEC 11577—1995 信息技术 – 开放系统互连 – 网络层安全协议

——GB/T 13923—2006 基础地理信息要素分类与代码

——GB/T 18317—2001 专题地图信息分类与代码

——ISO/TR 19120—2001 地理信息现行实用标准

——GB/T 17798—1999 地球空间数据交换格式

——CH_Z_9001—2007 数字城市地理空间信息公共平台技术规范

——GB/T 13923—2006 基础地理信息要素分类与代码

——GB17798-200X 空间数据交换格式

——GB/T 18317—2009 专题地理信息分类与代码

——GB/T 18578—2001 城市地理信息系统设计规范

——GB/T 23705—2009 数字城市地理信息公共平台 地名 / 地址编码规则

——GB/T 20258.2—2006 基础地理信息要素数据字典第 2 部分 1∶5000 1∶10000 基础地理信息要素数据字典

——中华人民共和国国家标准地球空间数据交换格式

——GB2312-80 信息交换用汉字编码字符集、基本集

——GB/Z 25598—2010 地理信息 目录服务规范

——GB/T 23707—2009 地理信息 空间模式

——GB/T 24354—2009 公共地理信息通用地图符号

——GB/T 28585—2012 地理信息 要素编目方法

——GB/T 22022—2008 地理信息 时间模式

——GB/T 25529—2010 地理信息 分类与编码规则

——GB/T 25530—2010 地理信息服务

——GB/T 30318—2013 地理信息 公共平台基本规定

——GB/T 21336—2008 地理信息 质量评价过程

——GB/T 30171—2013 地理信息 专用标准

——CH/T 9005—2009 基础地理信息数据库基本规定

——WW/T 0030—2010 古代建筑彩画病害与图示

——WW/T 0029—2010 长城资源要素分类、代码与图式

——WW/T 0002—2007 石质文物病害分类与图示

——GB/T 30237—2013 古代壁画病害与图示

——YD/T 2405—2015 互联网数据中心和互联网接入服务信息安全管理系统接口规范

——GB 51195—2016 互联网数据中心工程技术规范

第九节　三联生活传媒有限公司 *

一　产品名称、简介、市场定位、服务对象

1. 产品名称

（1）中读

（2）松果生活

2. 产品简介

（1）中读

"中读"是一个知识服务和阅读社交平台，立足于《三联生活周刊》强大的品牌影响力和内容生产与聚合能力，通过汇集周刊及其他优质内容资源，应用大数据等互联网新技术，对内容资源进行深度挖掘与融合，打造包括音频、视频与 AR 等多种形态在内的个性化知识产品，通过对内容选择、阅读与交流方式、消费模式进行大数据深度分析，不断对互联网时代的内容生产、产品服务与传播方式进行创新。我们的愿景是构建知识产品、社区与电商的复合平台，完成知识服务生态建设，成为新闻、文化与生活领域具有领先地位的高效知识服务商。中读产品界面如图 8-43 所示。

（2）松果生活

"松果生活"旨在打造一个由生活家引领的品质生活方式共享平台，聚合生活方式领域内的佼佼者，通过在线课程、线下活动等方式，建立起他们与用户之间连接的

---

　　* 撰稿人：三联生活传媒有限公司钦峥。

桥梁，是一款集合了阅读、活动、课程、交易等功能的多元化复合型平台产品。松果生活产品界面如图 8-44 所示。

图 8-43　中读产品界面

图 8-44　松果生活产品界面

3. 市场定位

（1）中读

兼顾付费知识课程与阅读社交的综合性知识服务平台。

（2）松果生活

生活方式垂直领域的共享平台。

4. 服务对象

（1）中读

阅读与写作爱好者以及渴求知识升级的人群。

（2）松果生活

热爱生活、追求生活品质的人群。

二　知识服务技术架构

因中读与松果生活技术架构类似，所以此部分以中读为例。

1. 技术架构

中读业务系统结构见图 8-45。

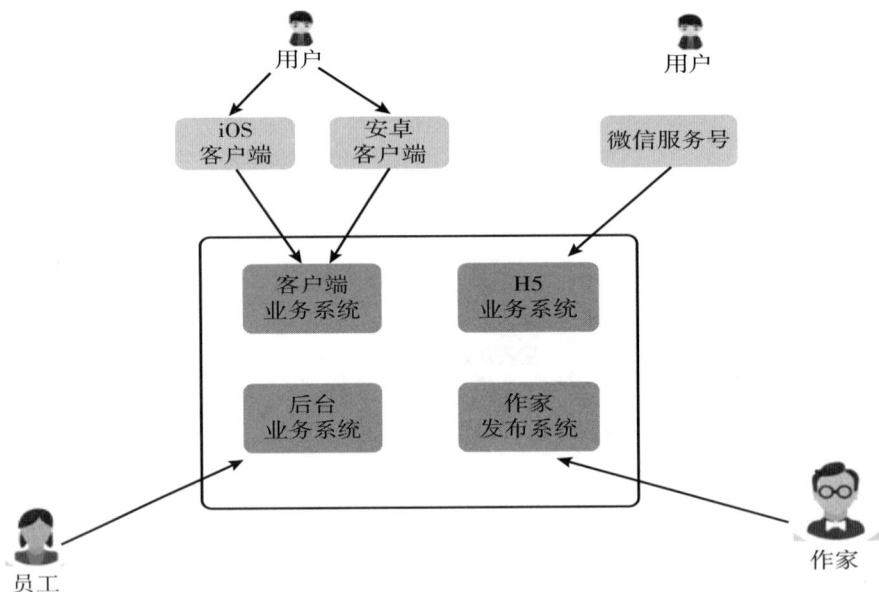

图 8-45　中读业务系统结构

2. 部署方案

中读部署方案如图 8-46 所示。

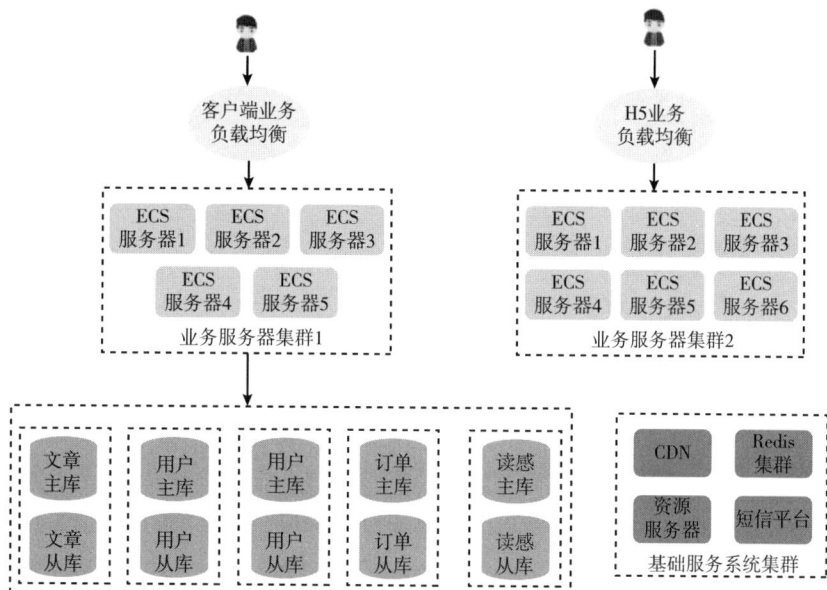

图 8-46　中读部署方案

三　产品架构、典型产品功能及特点

因中读与松果生活产品架构及功能特点类似，此部分以中读为例。

1.　产品架构

中读 App 产品架构如图 8-47 所示。

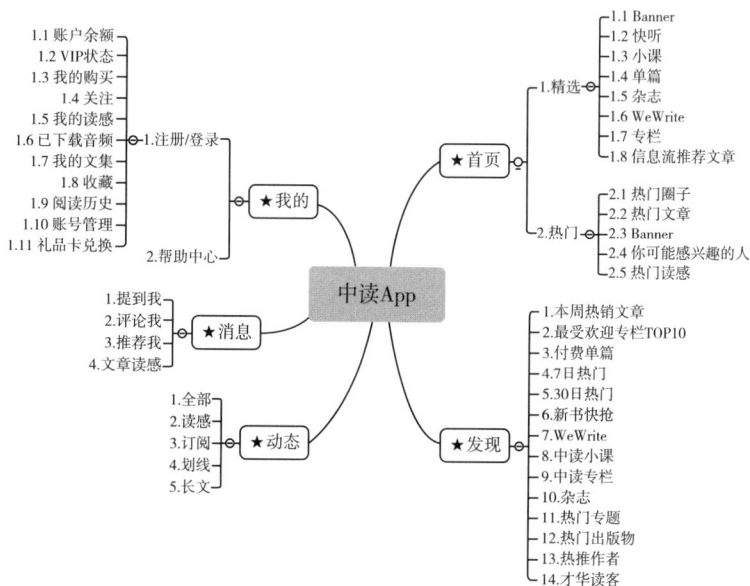

图 8-47　中读 App 产品架构

2. 典型产品功能及特点

（1）产品功能及使用场景

①中读产品功能

收听与阅读。

②中读使用场景

触发用户产生知识付费动机的因素有兴趣、工作、学习、考试、交际、价值观等。可将知识按使用者有无明确目标划分，使用者有明确目标的又可分为功利型（技能、资源、经验等）和理念型（思维方法、自我管理等），使用者无明确目标的又可分为情感型（放松减压、情绪调整等）和修养型（艺术、文学等），中读平台上情感型和修养型的知识内容是主流。用户使用场景一般在上下班路上、临睡前、运动中、开车路上等。

（2）产品特点

①中读为何选择知识付费

当移动互联网将时间碎片化后，整块时间的成本变得越来越大，人们很难也不太愿意挤出一段完整的时间去专门学习某一方面的内容。而传统出版业周期长，从作者开始写，到读者拿到书一般需要一年。买了书，真正能够看得进去、看得懂的人比例不高。

网上浏览信息资讯，海量的信息容易淹没自己，不同知识内容间难以形成联系，在相关知识方面难有深入的结构化认知，并且阅读过后的知识留存量低，转化率低。知识付费更加符合移动生产和消费的模式，内容更多样化，时间更灵活，展现形式更自由，大大降低了学习和选择的成本。

②中读产品的典型特点

以著名纸媒《三联生活周刊》的转型为起点，高位接入互联网最新潮的知识产品生产与销售方式。中读的目标是构建产品、社区与电商的互联网平台，并最终建立完整的知识服务生态。

中读的知识产品在消费过程中，利用大数据分析手段，对用户阅读行为中的内容兴趣、知识需求、互动模式进行解析，对用户的知识需求进行画像，为用户提供精准的个性化知识产品。

为用户提供广泛的个性化知识产品，并由此积累足够多的数据后，生成知识产品的分析与评价系统，为用户提供个性化的知识学习方案。

在生产基础性知识产品的同时引进出版、教育机构的新媒体产品，尤其是数据库，为专业人士建立检索平台，也为各知识生产机构建立销售平台。

平台为知识产品的用户、生产者、评级机构建立垂直或混合型交互社区，使知识产品的生产、消费、反馈以及再生产循环系统充分运转起来，良性地进行知识生产。

与上述知识生产与流转相匹配，中读建立了更加精准高效的电商平台。同时接入人工智能等先进科技手段，建立开放的知识服务生态，尝试并探索出一条传统知识在新介质背景下的生产与传播的创新之道。

四　运营模式、盈利模式

1. 中读运营模式

中读的运营以"中读知识年卡"以及付费精品课和专栏为核心，建立全渠道分销体系和流量广告投放计划，具体包括以下几点。

线上代理渠道建设。建立全国知识推广员体系。通过在全国招募有一定流量基础的中小微信公众号经营者，建立中小自媒体联盟。到 2018 年底共有 1000 个自媒体成为中读知识推广员。同时，在中读 App 内部增加推广员功能，培养和激励中读活跃用户成为分销推广的传播点，并通过榜单、分层激励等手段，建立 1 万人的个人用户推广员队伍。

线下代理渠道建设。开拓 300 家实体书店作为中读知识年卡的发行代理商，促进中读知识年卡发行业务。

自营渠道建设。配合中读"阅读圈子"产品，进行中读读书会社群建设，通过运营手段将中读渠道下沉到地方城市，快速获取地方用户，为付费用户转化蓄水。截至 2018 年底，创建 300 个 500 人规模的精品读书微信群，同步在中读上创建 300 个 500 人规模的书友"阅读圈子"。

品牌推广和广告投放。在微信广点通、今日头条、微博等平台进行中读知识年卡的广告投放。2018 下半年度联合《三联生活周刊》杂志举行了一次中读知识盛典，邀请中读知识明星、知识专栏讲师、知识推广员、加盟商以及用户，进行年度知识盘点和中读下一年度新产品发布。

2. 中读盈利模式

知识付费：用户对中读平台上的内容进行付费收听或阅读，内容形态包含音频产品（精品课、年专栏、小课、快听、听周刊等）和文字产品（单篇文章、电子杂志等）。

会员制：用户付费成为中读 VIP 会员，会员期间可以免费阅读和收听电子杂志、小课、快听等知识产品。

音频课程的再开发：中读精品课来自《三联生活周刊》的畅销封面选题，在形成完整的音频课程后，其内容可以由出版社集结出书，进而生产为视频产品，这样就形成了从文章、音频课到图书、视频产品完整的知识产品升级链条，也拓展了纯音频课程的收益模式。

3. 松果生活盈利模式

在商业模式上，松果生活分为 B2C 和 B2B 两部分。B2C 方面，所有线下活动和线上活动的收入，大部分归于生活家，松果生活平台从中赚取交易佣金；B2B 方面，作为优质生活家的聚集地，松果生活与瞄准消费升级的商业品牌会具备很高的契合度，除了通过正常的交易活动产生现金流之外，松果生活的收益主要来自对商业品牌的整合营销。

五 采用相关标准情况

对于定位于知识服务商的中读来说，知识产品的标准化具有重要的意义。从产品生产环节开始，中读就制定了一整套标准化的流程体系，规范了产品策划、创意、生产、执行乃至后期的维护和客户服务等一系列流程规范，并努力从实践中不断总结经验教训，进一步形成一套完整的知识产品生产体系。此外，对于产品本身，中读也制定了标准化的详细规范，诸如产品的标签，产品的说明格式，音频标准，图像、视频的格式规范，各种接口的规范等，使得中读的知识产品不仅适用于自有平台，也可以兼容市场上大多数第三方平台。

第十节　中文集团数字出版传媒股份有限公司[*]

一 产品名称、简介、市场定位、服务对象

1. 产品名称

期刊数字化及融合出版解决方案

　＊ 撰稿人：中文集团数字出版传媒股份有限公司赵喜红。

2. 产品简介

期刊数字化及融合出版解决方案是公司为提升传统期刊数字化及融合出版水平而研发的一套技术服务方案，包括期刊站、移动微网站、微信公众号、自有数据库、智慧出版服务系统以及拓展出版服务系统。

（1）期刊站

建立期刊社自有期刊站及管理后台，将其作为数字出版入口，实现用户管理、期刊投稿、期刊信息展示、新闻资讯导读、往期期刊展示及订阅、在线投稿付费、网站模板管理等功能。

（2）移动微网站

通过 H5 移动界面展示，满足用户在不同移动场景下查看期刊社最新动态、行业最新资讯，体验各项服务和产品，实现电脑手机同步传播。

（3）微信公众号

承担微信服务号的运营管理服务，提供个性化菜单定制，配备稿件查询、期刊订阅、文献检索、软文推送等一系列服务。另外，提供 7×24 小时用户行为捕捉及个性化拓展服务应用。

通过微信服务号实现：实时发布稿件进度，作者及时追踪投稿进程；通过用户行为分析，确认用户的精准定位和标签，运用后台计算分析用户行为并进行精准推送；根据刊社需求组合个性化菜单，实现稿件查询、往期回顾、活动发布等功能；根据期刊社特色、微信用户关注度、行业活动等开发线上签到、投票服务等特色小程序；集群化运营，消息互推、信息共享，发挥微信公众号传播功能，增强微信用户黏性；提供期刊纸版、电子版、"纸版＋电子版"的订阅形式，用户可按需订阅，方便快捷。

（4）自有数据库

以期刊站、移动微网站、微信公众号为入口，汇聚内容数据、用户数据、业务数据和财务数据，建立期刊社自有数据库，运用云技术实时更新，解决期刊社"有数据无数据库"的问题，实现期刊社对自有期刊数据资源的存储、管理和使用，发挥数据资源的价值，在融合出版和大数据的时代背景下，研发基于数据资源的知识产品，进行知识服务和知识创新。

（5）智慧出版服务系统

智慧出版服务系统是专为期刊社实现数字化转型研发的基础性服务项目，是出版服务的核心。该系统旨在实现期刊投审稿业务线上化，精简投审稿业务流程，完善标准化工作机制，是为传统出版行业数字化转型量身打造的一个系统。通过搭建私有化投审稿系统，支持多用户、多角色权限管理，使投稿流程更加规范化、系统化、流程化。提高后台审稿人员工作效率，实现用户数据、文献数据积累。

（6）拓展出版服务系统

拓展出版服务是指通过二维码技术，将音频、视频、图片、直播、专题、问答等一系列增值内容（产品）与文章进行关联，丰富文章学术表现形式，提高学者创作积极性，以完备的后台服务系统，满足期刊编辑与作者的深入交流需求，增强学者操控感；通过学术分享功能，经过学者之手，实现自媒体营销，让用户享受最新的知识服务体验。

拓展内容形式包括视频、音频、图片、直播、问答、专题、投票、衍生知识产品等。

3. 市场定位

主要面向国内期刊出版机构，解决其"有数据无数据库"的问题，通过技术服务实现数据资源的积累，开发知识产品，发挥期刊出版机构知识服务的功能和价值。

4. 服务对象

国内期刊出版机构。

二 知识服务技术架构

1. 技术架构

如图 8-48 所示，项目以 LNMP（Linux+Nginx+MySQL+PHP）技术架构为主，以适应集团项目快速迭代开发要求。工具包类服务（比如 PDF 解析、消息推送）和爬虫系统分布采用 Java 和 Python 语言开发。

整个项目服务器目前购买自国内知名的 UCloud 云计算服务商，为整个平台提供了安全稳定、高可用的服务，能做到实时备份，实时灾难恢复。

基于 UCloud 云技术，搭建内部私有化集群服务，在用户访问中文集团各个服务入口时，通过反向代理，把请求动态分发到各个独立的 Web 服务器上，实现高并发情况下的分流效果。

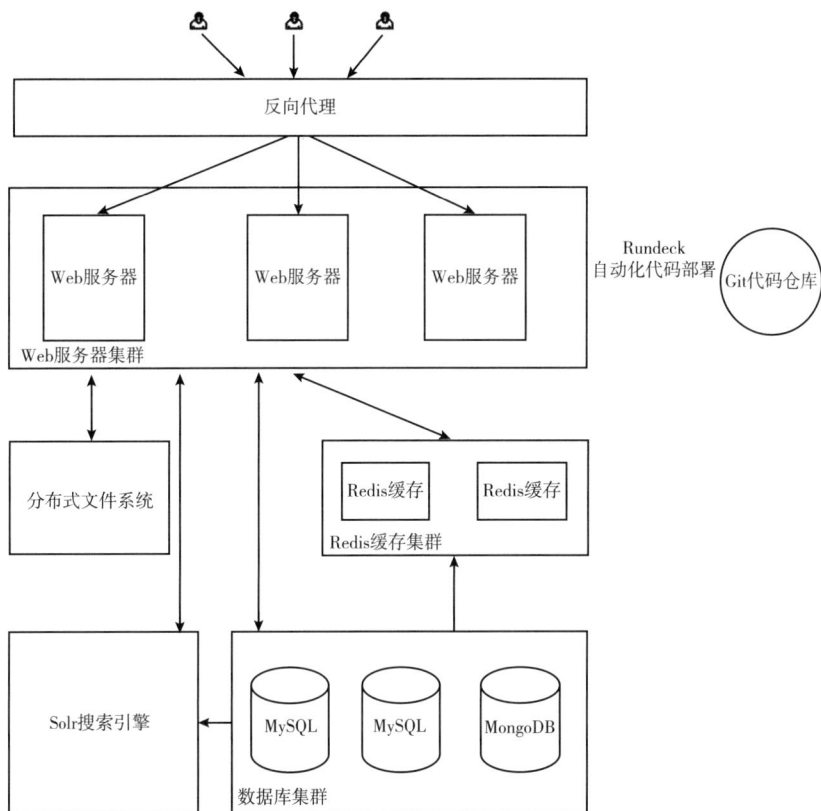

图 8-48 期刊数字化及融合出版解决方案技术架构

Web 服务器获取访问请求后，进入 Laravel（PHP 目前最流行框架）控制器进行逻辑操作，比如判断是否获取分布式文件系统上的静态文件，是否存取 DB 数据，以及是否进行 Solr 搜索引擎查询。

针对操作查询数据的并发情况，在 PHP 逻辑操作和数据库中间，加入 Redis 数据缓存集群，降低服务器 CPU、内存压力，减少 MySQL 查询次数，提高快速响应结果。

同时，针对期刊文献检索的特殊性（模糊检索、分组查询等），搭建私有化 Solr 搜索引擎系统，保障用户更精准地检索到自己需要的文献内容。

中文集团各个子项目比较多，各个项目之间静态资源调用非常频繁，为了让同一个资源适用于不同的平台，我们使用了 UCloud 先进的对象存储服务。

因为 Web 服务器有多台，传统的代码部署不太能满足需求，因而搭建了私有化 GitLab 代码仓库，部署 RunDeck 自动化服务，可以基于指定版本、指定服务器快速完成 Web 可视化操作部署。

针对一些服务器工具，比如 PDF 解析、消息推送，我们专门搭建了私有化的 API 进行操作管理，保障服务稳当运营，不会因为服务的异常，影响整个项目的运营。

总之，这套架构既可以横向快速扩展服务，也不会因为单台服务器的故障影响整个系统的运行。

2. 部署方案

期刊数字化及融合出版解决方案部署方案见图 8-49。

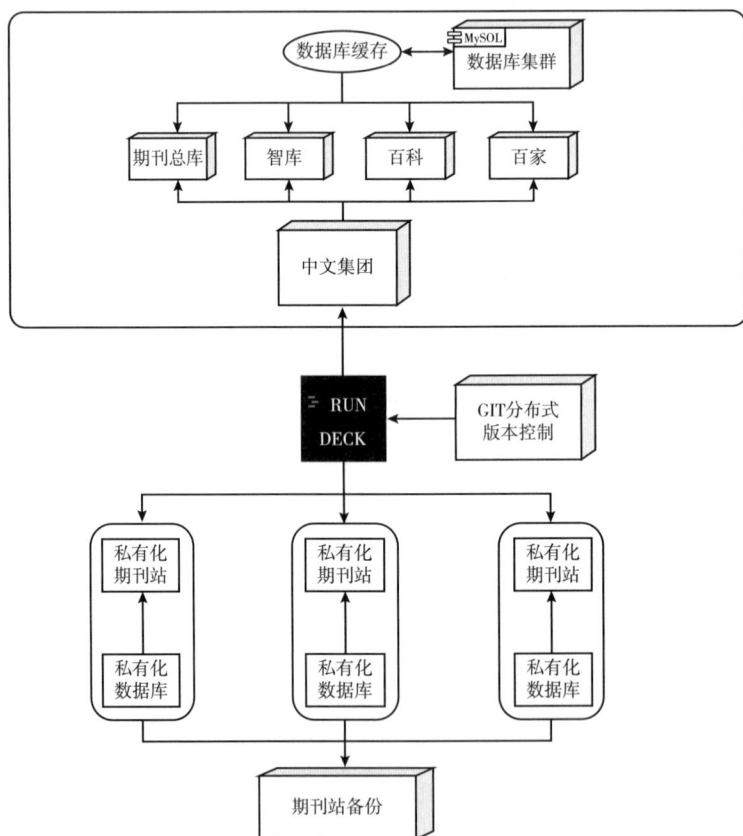

图 8-49　期刊数字化及融合出版解决方案部署方案

使用内部私有化 GitLab 仓库管理各个项目代码。如期刊站群测试版本号：0f0052f4。

针对快速搭建 Web、DB 服务器的要求，使用了内部成熟稳定的对应服务器镜像系统，保障能在 1 分钟内快速部署新主机。

针对多台 Web 服务器代码同时更新及切换问题，搭建 RunDeck 代码自动化部署服务，可以通过 Web 进行简单管理。

三 产品架构、典型产品功能及特点

1. 产品架构

期刊数字化及融合出版解决方案产品架构见图 8-50。

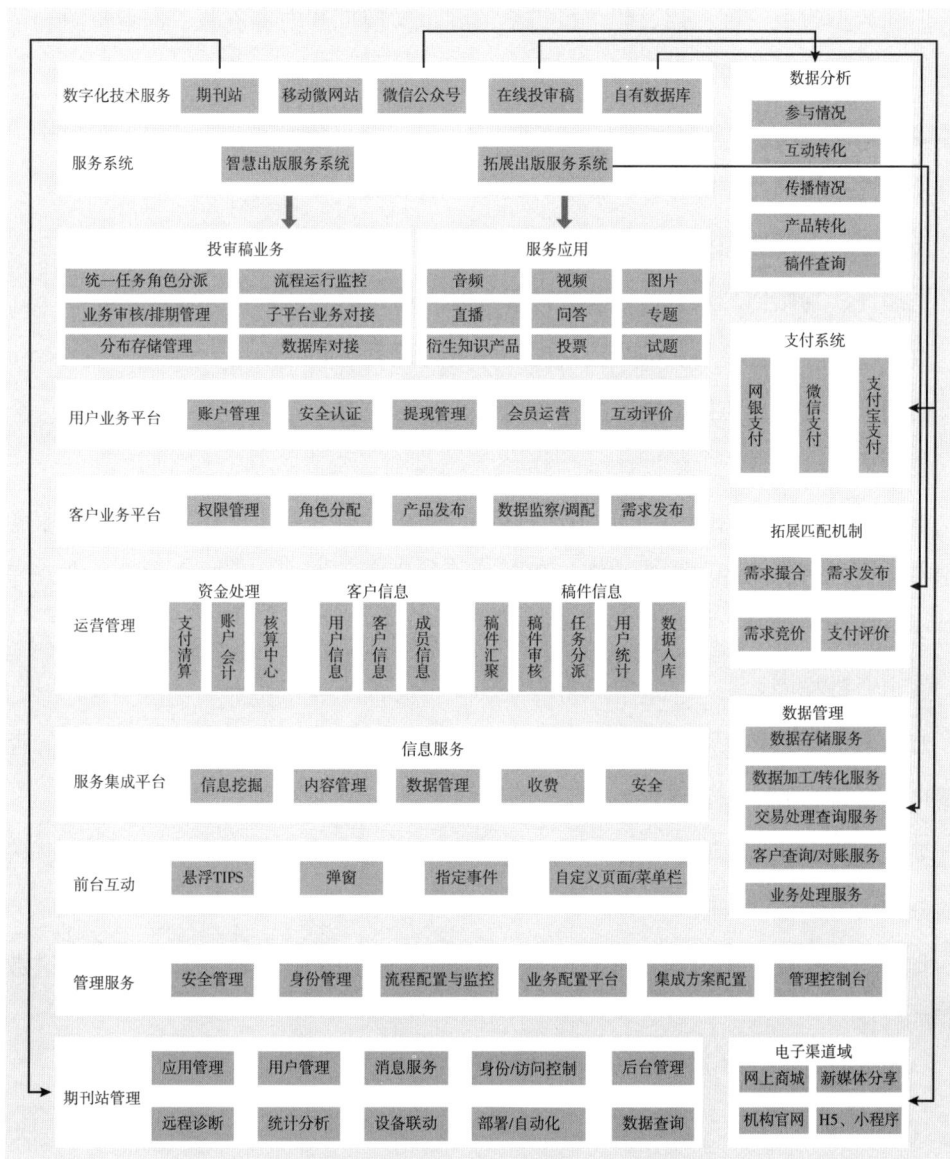

图 8-50 期刊数字化及融合出版解决方案产品架构

2. 典型产品功能及特点

（1）产品功能及使用场景

①期刊站

期刊对外宣传窗口：唯一官方网站，规避代理网站的分流作用，提升期刊对外影响力。

网站功能更加丰富：网站除新闻中心、期刊查询、稿件信息统计、在线投稿、在线订阅等基础功能外，还根据期刊特色定制个性功能模块，网站功能更加丰富。

期刊数据线上管理：通过线上投审稿流程，实现期刊内容资源、作者资源、读者资源的存储和管理，便于期刊社进一步管理数据，优化服务功能。

②移动微网站

便捷性：在移动端随时进行分享，突破空间限制。

多样性：多终端阅读，丰富阅读方式。

联通性：与微信公众号、自有数据库互联互通，与期刊站同步录入。

互动性：多角色参与互动交流，提升作者与读者之间的黏性。

传播性：移动端传播，提升期刊社传播力和影响力。

③微信公众号

读者、作者、编辑的交流互动；互联网服务模式创新；个性化定制推送，服务功能提高；公众号、小程序相互配合，移动端功能完善，期刊社影响力提升；公众号统一管理、运营、推广，聚集行业资源，打造行业品牌。

④自有数据库

加强数据管理：实现期刊社对内容数据、用户数据、业务数据和财务数据的存储和管理，实现资源的积累。

实现数据加工：通过云计算、云分析技术实现数据资源的深度挖掘和整合，研发新的知识服务产品。

促进数据转化：通过数据资源积累，探索基于数据的增值产品和服务，促进数据资源的转化。

（2）产品特点

①对行业

投审稿系统：角色定位清晰、职责分工明确，规避了传统出版业散、漏、慢等弊端，全程线上化办公，移动终端交互，解决了受场地、设备限制而导致的工作效率低下问题。

自有数据库：传统行业对数据不够重视，即使重视也不知道如何管理，即使管理也无从运用。自有数据库结合期刊站、投审稿系统等数字化产品，吸纳和管理大量的数据资源，通过云存储、云处理、云计算等技术手段，将数据一一归纳，安全保管，可随时调用、加工、转化。

两微一站一库：成系统的梳理行业资源，通过数字化工具，对知识进行归纳、储备、加工、转化，将资源的学术价值提升至新高度，使知识脉络更清晰，配合其他数字服务，供不同用户在各类场景下使用。

②对用户

数字化服务：解决用户在使用产品过程中，体验不够细致、消费不够透明、设备局限性大等诸多问题。用户在享受数字化服务的同时，可以领略更多别样知识体验，摆脱传统服务的枷锁。通过知识服务打破对传播的限制。

用户参与度：消费产品在为用户带来体验的同时，将用户带入主人公角色，让用户参与互动交流、生产知识付费产品，真真切切站在用户角度，使知识价值在不断循环中扩大。

四　运营模式、盈利模式

1. 运营模式

采用线上线下相结合的产品运营推广模式。线上主要表现为产品推广宣传，通过公司自媒体以及其他媒体，进行产品的宣传推广，例如用公司微信公众号、合作期刊微信公众号等，对公司产品进行推广。线下主要表现为产品的运营，包括会议、活动策划。

根据公司服务对象以及市场定位，产品的推广和运营应主要以会议策划为主；借助于行业主管部门、行业协会等机构的影响力，为公司产品备书；举办行业培训及研讨会议，邀请期刊出版机构负责人参加，在会上对产品的功能进行宣传介绍，实现推广的目的。

2. 盈利模式

通过为期刊社提供数字化及融合出版解决方案，实现期刊社资源积累和自有数据库的建设，在数据库建设基础上，运用知识加工工具形成新的知识服务产品，由公司和期刊社通过对知识产品的销售获得利润。

知识服务产品的盈利模式包括以下三种。

政府采购：面向政府机构、高校、行业组织提供智库报告等知识服务产品。

会员制：面向社会个体，以会员制形式提供知识服务产品。

数据库打包销售：对数据进行挖掘、分析和加工整合，形成专业的微数据库，面向机构和个体进行销售。

五 采用相关标准情况

暂未使用。

第十一节 北京合纵医信网络科技有限公司 *

一 产品名称、简介、市场定位、服务对象

1. 产品名称

医信知识服务平台、医信 App

2. 产品简介

医信知识服务平台包括知识内容发布与审核系统和知识内容管理信息系统；医信 App 的核心功能包括知识内容展示、用户职业社交体系、个性化知识库、会议直播和在线继续医学教育活动系统等。

医信知识服务平台结构化加工期刊 6397 期、文章 19.5 万篇，整合了 1 万余条专业词条，图表资源有 16.5 万张，包括我国首次公开数字化发布的 12 万余篇全球最新医学科研文献报道，对广大临床医务工作者来说极具学习和实践价值。

北京合纵医信网络科技有限公司（以下简称"合纵医信"）旨在在创造新型医学

---

* 撰稿人：北京合纵医信网络科技有限公司李翠薇。

专业知识服务模式的同时构建纯粹的医学职业社交，以知识服务内容带动职业社交，以职业社交丰富知识服务模式，以具有创新性的内容和模式促进医疗工作者的知识水平提升，推动医务工作者的职业发展。

知识服务是通过自身的知识创新，满足客户的需求而生成的高智力型产物，具有难以复制的创新性。它通过提高用户的专业知识和实际能力来实现自身的价值，而不是仅仅通过资源占有来实现价值。知识服务是通过对信息资源进行再加工，使其从资源转化为能够转化为实用价值的知识，形成实际生产力，从而在基于知识的产品和服务中植入价值、提升价值、萃取价值的知识服务增值过程。

3. 市场定位

医信知识服务平台和医信 App 是融合了传统知识服务和同行社交的知识服务产品，开辟了新型互联网知识服务模式，具有独特的功能属性、资源优势和技术优势，在我国尚无同类型平台和产品。

医信 App 为广大卫生工作者提供全球最新的学术进展，为工作在一线的广大医务工作者、教学科研人员和医学学生进行知识更新、经验交流和学术探讨提供平台。

4. 服务对象

医信知识服务平台的用户群广泛，面向全国各级别医疗卫生工作者，包括 2.7 万家各级医院、92.5 万个基层医疗卫生机构、3.5 万个专业公共卫生机构和近 150 所医学院校的从业人员、科研教学人员和医学学生。

用户包括具有高级、中级、初级职称的医师、药师、护士和技术人员及广大基层卫生工作者和医学院校的在校学生。

二　知识服务技术架构

1. 技术架构

系统整体技术架构如图 8-51 所示。数据访问通过内容分发网络加速，尽可能避开互联网上有可能影响数据传输速度和稳定性的瓶颈和环节，使内容传输得更快、更稳定；预防 DDoS 攻击模式，保证了系统的安全性；请求通过服务器负载均衡至应用层，再由应用层分发至服务层，将图片、视频、文件等非结构化数据存储至阿里云的对象储存系统。

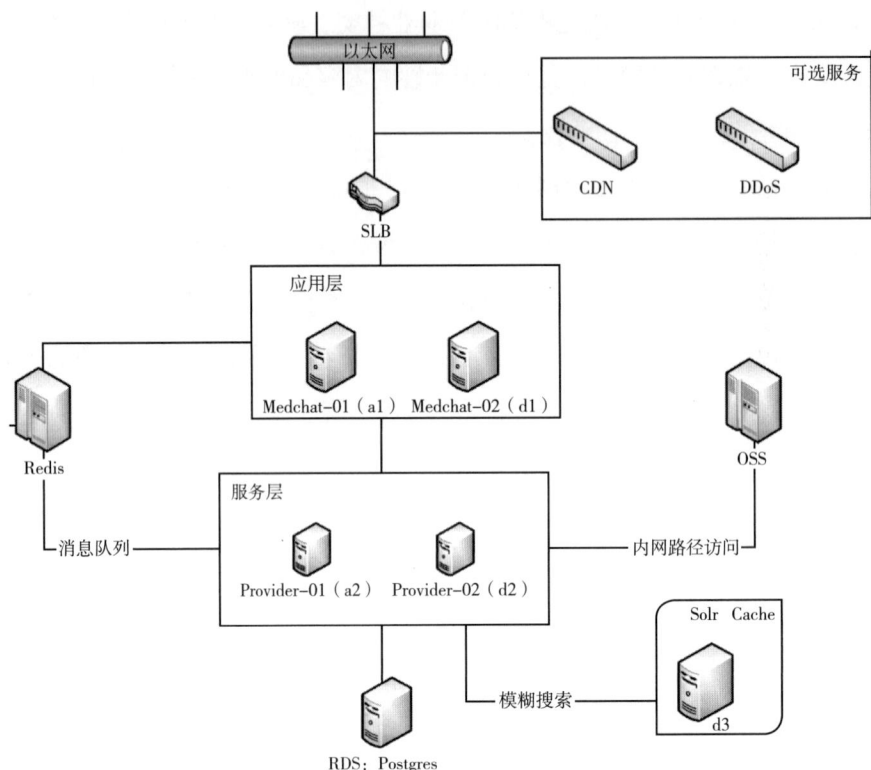

图 8-51　系统技术架构

应用层与服务层的登录验证、短信、推送消息等任务由消息队列完成。常见的消息队列插件有 4 种（见表 8-9），我们选择在 App 后台中被广泛使用的 Redis 插件来处理这一类任务。

表 8-9　常见的消息队列插件

消息队列软件	说明
RabbitMQ	重量级，适合企业级的开发，自带 Web 监控界面，方便监控队列的情况
Redis	轻量级，是一个 key-value 系统，但是也支持消息队列这种数据结构，App 后台中 Redis 被广泛使用
ZeroMQ	号称最快，尤其针对大吞吐量的需求场景
ActiveMQ	Apache 的一个子项目，能够以代理人和点对点的技术实现队列

2. 部署方案

新应用部署到生产环境的主要部署策略如表 8-10 所示，我们采用了滚动部署来缓慢发布应用的一个新版本。过程如下：在负载调度后有个版本 A 的应用实例池，当一个版本 B 的实例部署成功可以响应请求时，该实例被加入池中，然后版本 A 的一个实例从池中删除并下线。

表 8-10 主要部署策略

部署策略	说明
重建部署	版本 A 下线后版本 B 上线
滚动部署 （滚动更新或者增量发布）	滚动部署（滚动更新或者增量发布）
蓝绿部署	版本 B 并行与版本 A 发布，然后流量切换到版本 B
金丝雀部署	版本 B 向一部分用户发布，然后完全放开
A/B 部署	版本 B 只向特定条件的用户发布
影子部署	版本 B 接受真实的流量请求，但是不产生响应

考虑到滚动部署依赖于系统，可以调整如下参数增加部署时间。

（1）并行数、最大批量执行数：同时发布实例的数目。

（2）最大峰值：考虑到当前实例数，实例可以加入的数目。

（3）最大不可用数：在滚动更新过程中不可用的实例数。

优点包括便于设置；版本在实例间缓慢发布；对于能够处理数据重平衡的有状态应用非常方便。

应用部署统计如表 8-11 所示。

表 8-11 应用部署统计

	说明	软件 / 应用	描述	路径
p1	业务系统	Medchat-Provider	业务系统服务	/home/medchat/medchat-provider/apache-tomcat-8.0.21
	权限管理	Auth-Provider	权限管理服务	/home/medchat/auth-provider/apache-tomcal-8.0.21
	服务监控	Dubbl-Monitor	Dubbo 服务监控	/home/medchat/dubbo-monitor/dubbo-monitor-simple-2.8.4
	服务治理	Dubbo-Admin	Dubbo 服务治理	/home/medchat/dubbo-admin/apache-tomcat-8.0.21
	注册中心	Zookeeper	注册中心	/usr/local/zookeeper-3.4.8

续表

	说明	软件/应用	描述	路径
p2	业务系统	Medchat-Provider	业务系统服务	同 p1
	权限管理	Auth-Provider	权限管理服务	同 p1
	搜索引擎	Medchat-Solr	搜索	/home/medchat/medchat-solr/apache-tomcat-8.0.21
	注册中心	Zookeeper	注册中心	/usr/local/zookeeper-3.4.8
p3	短信	Msg-Provider	提供者	/home/medchat/msg-provider/apache-tomcal-8.0.21
		Msg-Timer	消费者	/home/medchat/msg-timer/apache-tomcat-8.0.21
	推送	Impush-Provider	提供者	/home/medchat/impush-provider/apache-tomcat-8.0.21
		Impush-Timer	消费者	/home/medchat/impush-timer/apache-tomcat-8.0.21
	统计分析	Bass-Provider	提供者	/home/medchat/bass-provider/apache-tomcat-8.0.21
	任务中心	Medchat-Timer	消费者	/home/medchat/medchat-timer/apache-tomcat-8.0.21
	注册中心	Zookeeper	注册中心	/usr/local/zookeeper-3.4.8
p4			同 p3	
p5	App 接口	Medchat-Mini-Portal	消费者	/home/medchat/medchat-mini-portal/apache-tomca-8.0.21
	App-H5	App-Server	移动端嵌入 H5	/home/medchat/medchat-app-H5
p6	App 接口		同 p5	
p7	Portal 接口	Medchat-Portal	医信门户	/home/medchat/medchat-portal/apache-tomcat-8.0.21
	Console 接口	Portal-Server	管理平台（含静态页面）	/home/medchat/medchat-console/apache-tomcat-8.0.21
	Portal 门户页	Portal-Server	个人端	/home/medchat/node-portal/portal-server
	Portal 注册组件	Portal-Reg	机构注册	/home/medchat/node-portal/portal-reg
	Portal 登录组件	Portal-Login	机构登陆	/home/medchat/node-portal/portal-login
	Console 组件	Console-Server	Console 组件	/home/medchat/node-console/console-server
p8			同 p7	

三 产品架构、典型产品功能及特点

1. 产品架构

产品的基本架构主要分为四个模块：微论文、同行、沟通和我。"微论文"模块主要实现获取医学前沿资讯和配合 PC 端完成微论文发布的功能；"同行"和"沟通"模块主要实现结识同行、互动社交、构建个人学术品牌的功能；"我"模块主要实现个人信息、学习和收藏记录管理及认证的功能。

2. 典型产品功能及特点

（1）知识内容发布与审核系统

如图 8-52、图 8-53 所示，在医信知识服务平台的互联网技术支持下，合作机构

图 8-52 知识内容发布与审核系统界面示例一

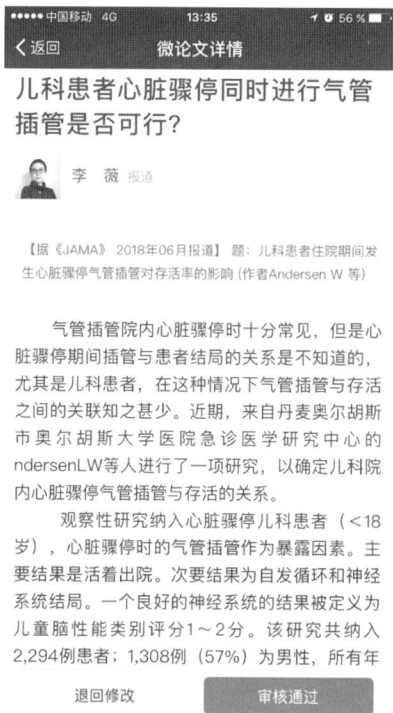

图 8-53 知识内容发布与审核系统界面示例二

可实现内容结构化、知识化、数字化发布，包括字段内容提取、在线审核和线上实时发布，极大地提高了文献传播的时效性，通过数据分析技术和数据库对比保障内容的真实性和专业性，对传统纸质出版机构的业务流程实现了全面补充和提升。

同时，医信知识服务平台依托强大的医学专家资源，实时跟踪在国际上具有高影响力的医学专业期刊，筛选出对中国医学行业最具价值的学术进展和动态，并加以解读和评论，形成精炼的"微论文"报道，经同行专家审核通过后对外发布。与合纵医信合作的出版机构也可将已出版的优秀论文以文献报道的形式发布在医信知识服务平台。

使用场景：对于传统学术出版机构而言，医信知识服务平台可实现在线审稿及预评议，在内容正式发布前广泛地进行评议，更加精准地把握论文的研究价值和推广价值。

（2）知识内容管理信息系统

如图8-54、图8-55所示，该系统是一个知识数据应用统计管理软件。它可对所

图 8-54 知识内容管理信息系统界面示例一

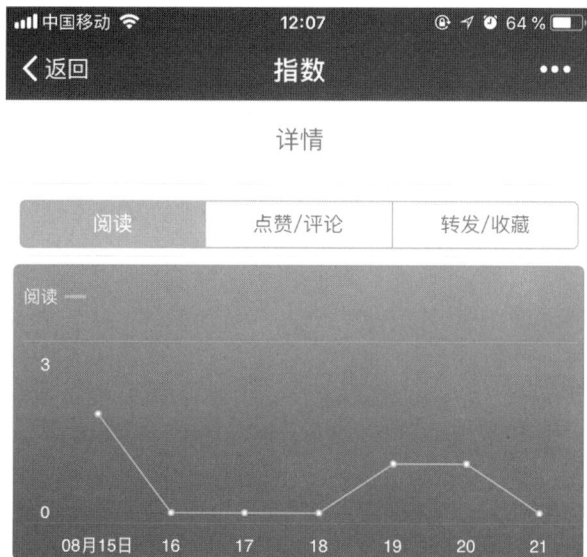

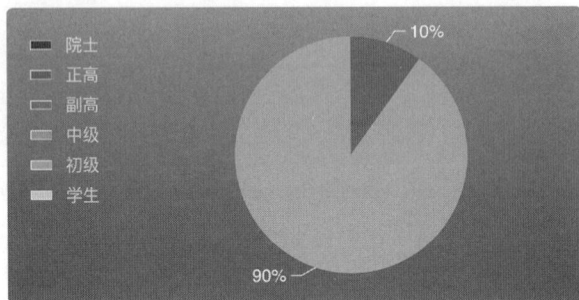

图 8-55　知识内容管理信息系统界面示例二

有发布信息及信息发布后用户的浏览、收藏、点赞、转发等动作进行大数据运算和深度解析，建立用户操作数据模型并对所有的操作赋予不同的权重分值，产生微论文指数并进行排序。微论文指数不随时间的延续而衰减，它代表了单条知识内容在学科内被用户使用的程度，能直接体现知识内容的实用价值和影响力。

使用场景：传统出版机构可通过医信知识服务平台掌握读者用户对文章的反馈情况，如浏览、收藏、点赞数据等，并可从读者年龄、地区、职称、阅读时间、阅读频次等多个角度进行数据分析，能够更科学、更精准地分析出读者的核心需求，有助于全面提高出版质量。

（3）个性化知识库

"学术空间"是专为用户量身定做的个人专属知识库。用户可将自己感兴趣的知识内容保存至学术空间，并按照自定义的逻辑顺序进行展示；可以设置学术空间的访问权限，将学术空间的内容开放给好友或所有同行，以促进同行之间的专业交流和信息共享。在此功能的支持下，用户可以通过对知识资源的整合和重组展示自己独到的专业见解和深厚的学术功底。学术空间更像是一张学术名片，是获得同行认可的窗口，更有助于用户快速建立自己的品牌。

使用场景：当用户阅读到实用价值较大的文献时，往往希望能够进行特殊标记、标注或单独保存，这样下次使用的时候可以迅速调取，经过长期积累还可以形成珍贵的个人知识库，如自己专业方向的最新进展、最新指南解读、特殊病例的深入分析等，在遇到临床需要时可快速查阅，极具临床实用价值。

（4）用户社交体系

为适应全球移动互联网的快速发展趋势，提高医学文献传播的时效性、精准性和广泛性，在坚持国际化、专业化、学术化原则的前提下，医信知识服务平台与国际知名的高影响力医学专业媒体及各领域医学专家开展合作，旨在与全球医务工作者群体共建一个专业、纯粹的医生深度社交平台。

合纵医信的合作机构专家登陆医信 App 后可自动获得高级别用户权限，可审核发布内容、对文章的评论置顶显示、向同行好友发布学术公告、组建同行团队、组建科室群并开展继续医学教育活动等。

用户可以自行邀请同行、仰慕专家和添加好友，医信知识服务平台也将根据用户的地区、机构、教育背景、专业方向、职称、知识兴趣等维度为用户精准推送同行信息，拓展医务工作者的社交范围，结实更多志同道合的专业同行，从社交的角度创造新型的知识服务模式，促进知识服务的发展。

使用场景：受地域和时间限制，医生与专业同行进行交流的机会有限，大多数医生的日常学术探讨仅限于本科室范围。通过医信知识服务平台医生可以克服地域和时间限制，随时与同行进行讨论和交流。没把握的临床问题、没用过的新药反馈等，都可以与同行进行探讨和交流。该平台增加了同行交流的频次，促进了同行之间的沟通，拓展了学术人脉，极大地拓展了医生职业发展的可能性。

（5）会议直播

我国每年召开的医学会议数以万计，对于工作紧张忙碌的医务人员来说，很难抽出时间频繁地参加现场会议。合纵医信借助互联网技术跨时间、空间的特性，将线下会议的真实场景实时迁移到互联网移动终端，使专家用户可以远程参会，通过会议官方演讲台发布文字、图片和语音，并可与现场专家和参会者实时沟通互动，促进了学术交流，节省了路途时间，大大降低了参会成本。

普通用户在会议演讲台中能够实时观看在线会议或收听收看会议的文字资料和音频视频，拓宽了用户获取知识服务的途径，丰富了知识服务的形式和内容。

使用场景：学术会议是医生获取专业信息的重要渠道，但频繁参加线下会议耗费不少精力和财力，工作繁忙的临床医生很难有时间频繁地参加线下会议。但医生是一个需要终身学习的职业，医学知识更新非常迅速，医信知识服务平台为线下会议提供线上直播平台，使医生足不出户就能了解会议内容，利用碎片化时间就可以实时了解最新动态，完成知识更新。

（6）在线继续医学教育活动系统

在线继续医学教育活动是专家高级用户的专属权限，经过实名认证的几千名合作专家可以在线发起自己所在学科的继续教育活动，以文字、语音、图片、会场直播和录播、手术直播等丰富的形式与广大平台用户进行在线实时学术交流，将宝贵的专业知识和临床经验分享给更多基层临床医生，是我国广大基层医务工作者获取专业知识、提高执业水平的重要平台。

使用场景：根据目前卫生管理部门对医务工作者参加继续教育活动的统一要求，医务工作者每年需要参加继续医学教育活动并获得相应数量的学分证明，方能通过执业资格的延续、满足职称晋升的基本要求。医信知识服务平台与具备举办继续医学教育活动的机构合作，为医生提供在线继续医学教育平台，使医生能够随时随地参加在线继续医学教育，并可以和专家进行在线交流，有效节省了成本，提高了学习质量和学习效率。

产品特点：医信知识服务平台将国际最新的医学专业科研动态精炼解读为一千字左右的"微论文"，方便用户利用碎片化时间快速高效地获取国际最新动态，也更加适合移动互联网传播。用户还可从专家点评、用户评论和同行交流中，将适用于自己的内容提炼出来，整合保存至自己的学术空间，形成具有个性化内容的专业知识库，在学习知识的同时实现了知识融合和创新。

合纵医信采用领先的 TMT（Technology+Media+Telecom）媒体平台技术及互联网新技术，为广大的互联网用户提供阅读、检索、整合、推荐服务，配合同行社交和在线继续医学教育服务，打造全面系统的知识服务模式。

四 运营模式、盈利模式

1. 运营模式

合纵医信目前已联合国内 20 余所知名医疗机构、医学院校和 4 家医学专业出版机构（如首都医科大学、北京大学医学部、中华医学会、中国医学科学院信息研究所等高校、研究机构和医疗机构）的多位教授和研究员担任学术和技术顾问，与专家团队一起定期对医信知识服务平台发布的内容进行专业解读、审核和评论。平台专家用户包括《医学参考报》社及 3 本合作期刊编委队伍中 35 位两院院士及 3902 位知名医学专家，多年来积累的大量作者和读者超过 37 万。

合纵医信还将与全国名词编审委员会、全国医学高校联盟、全国护理自考命题委员会、北京市卫生局社区卫生服务管理中心等多家机构开展广泛的合作，纳入更多的专家、科研教研人员、社区基层医务工作者，以全新的知识服务模式促进我国医务工作者知识技能水平的综合提高，推动我国医疗卫生领域的全面发展，为给全国人民提供更优质的医疗服务做出贡献。

2. 盈利模式

产品处于上线初期，目前尚无盈利。随着产品的推广，将与众多专家用户及出版机构合作，陆续推广以下付费模式：最新内容阅读付费、专家专题讲座付费、线下会议直播付费、继续教育专题付费、合作机构会员按年付费和召开全球医学评议年度论坛。

五 采用相关标准情况

医信知识服务平台及医信 App 在研发中充分考虑了合作出版机构现行的出版标准、印刷标准和发行标准，使线上流程能够满足各标准要求，同时严格按照信息标准、知识服务标准和版权标准进行产品设计和实施，积极配合知识服务标准工作的开展和推广。

在这一过程中合纵医信也认识到，要构建内容科学、体系完整、结构合理的知识产权服务标准体系，需要从知识服务的发展现状和实际需求出发，除了通用的基础知识服务标准体系与知识服务保障标准体系，还需要根据行业特点和专业特色制定符合各行业（如医药卫生行业）特点和需求的行业知识服务标准体系，不断推进和完善我国的知识服务标准体系建设。

第十二节　山东科学技术出版社 [*]

一　产品名称、简介、市场定位、服务对象

1. 产品名称

（1）区域农业数字图书馆

（2）理化生在线互动学习平台

（3）Mombaby 育儿园在线教育平台

2. 产品简介

（1）区域农业数字图书馆

区域农业数字图书馆是山东科学技术出版社与中原农民出版社等联合开发的，以数字技术为依托，服务于现代农业生产、经营、管理、仓储、物流和贸易的数字出版项目，被列入 2017 年度"国家新闻出版改革发展项目库"。

（2）理化生在线互动学习平台

理化生在线互动学习平台以"云教育平台"为系统中心，借助先进技术手段向外发散，形成一个庞大的教学资源共享体，为中学阶段的教师和学生提供物理、化学、生物三门学科的个性化教学和学习服务。该平台主要借助微信公众号来实现其功能，之后还会陆续开通网页版和 App 版以方便学生使用。

（3）Mombaby 育儿园在线教育平台

计划搭建 Mombaby 育儿园在线亲子教育平台，并以微信公众号的形式进行第一步推广，随后进行相关网站及 App 的开发。课程主题以全脑开发、语言力培养、亲子阅读、国学故事等为主，辅以推拿等内容。邀请育儿界知识大 V 编写脚本，录制分镜头，剪辑、制作高质量音视频课程及宣传物料等。对接音视频课程技术服务平台，实现在线付费、上课及无限回放等功能。该项目包含以下三大模块。

MOM 育儿园：以"视频 + 音频 +PPT 联合语音直播 + 图文"的形式，对家长进行习惯培养、小儿推拿、亲子关系、婚姻家庭等知识的培训。

＊　撰稿人：山东科学技术出版社郑天然。

BOX 故事街：以"视频 + 音频 + 图文"的形式，让孩子学习国学、传统文化、经典童话故事，Rainbow Loom 亲子手工项目同时进行。

BOX 英文馆：以"视频 + 音频 +PPT 联合语音直播 + 图文"的形式，邀请牛津大学出版社首席顾问、Phonics 教学推广人 Tony Sir 及自然拼读标准化教学示范讲师 Aaron（美国籍）讲授英文童谣、英文绘本，进行分级阅读。

3. 市场定位

暂无。

4. 服务对象

（1）区域农业数字图书馆

该项目服务对象为农场主、合作社骨干、农业技术推广员、种养殖大户、农村经纪人等，以及涉农院校、涉农相关管理部门等机构用户。销售模式灵活，可以通过销售账号，让客户实现多终端云端阅读；可以销售镜像，将其布置到本地的相关机构用户系统，这种方式访问速度更快；可以导入各院校的数字图书馆，按照拷贝数量销售，实现盈利。

（2）理化生在线互动学习平台

本项目致力于打造一款应对传统初、高中阶段教育模式的全方位升级方案，力图解决教育发展中的几大难题，如教育资源不平衡、教师重复性工作繁重、学生日益增长的个性化学习需求与有限的师资资源的冲突，以及家长对于孩子的过度关心等问题。通过本平台建立起一个集立体化、智能化、个性化于一体的教育教学新生态圈，最终实现自主备课、在线学习、成绩管理、家校互通、资源平衡与共享、服务对接等一系列功能，达到实现教育信息化、减轻教师工作负担、提高学生学习效率、促进（分层级的）教育智能化和个性化的目的。

（3）Mombaby 育儿园在线教育平台

本项目服务对象为 0~6 岁儿童及其家庭。付费意向人群特征：25~40 岁，注重幼儿早期教育、性格培养、亲子关系增进、语言及阅读能力提高等。

二 知识服务技术架构

（一）技术架构

1. 信息平台建设思路

区域农业数字图书馆与 Mombaby 育儿园在线教育平台的设计思路是采用云计算技术构建一个高弹性和高可靠性的信息化基础教育服务平台，实现"五个统一、五个开放、四个集中、三个特点"的建设思路。

五个统一：统一传输网络、统一安全保障、统一运维管理、统一身份认证、统一备份恢复。

五个开放：开放的技术架构、开放的技术规范、开放的应用接口、开放的服务平台、开放的基础资源。

四个集中：集中机房环境、集中数据存储、集中基础数据库、集中互联网接入。

三个特点：建立高弹性、高可用性、高可靠性的开放的共享和服务平台；实现按需服务，按质按量付费；分层架构，共享互备，分层交付。

2. 信息平台建设内容

序列产品信息平台建设内容见表 8-12。

表 8-12　信息平台建设内容

序号	名称	主要建设内容	部署位置
1	网站站群服务	网站站群系统	云服务器
		网站模版	150.138.216.187
2	基础数据服务	基础数据服务	150.138.216.186
3	在线课程服务	在线课程管理	119.188.116.184
		在线课程直播	
		在线课程点播	
4	成绩查询服务	成绩查询服务	150.138.216.186
5	在线支付服务	网上支付	150.138.216.186
6	信息安全	统一登录	150.138.216.187
7	运维服务	网站站点监控	150.138.216.186 119.188.116.184
8	数据灾备	数据灾备	均有部署

3. 网站系统栏目分类

本系统实现了门户网站的内容管理，包括站点的管理、栏目的管理、模板的管理、完善的权限管理，支持内容的创建、审核及发布的全过程，支持内容统计。系统具有良好的跨平台能力和扩展能力。采用主流模板技术，对网站展现提供强力支持。

（二）部署方案

系列产品门户系统功能组成见图 8-56。

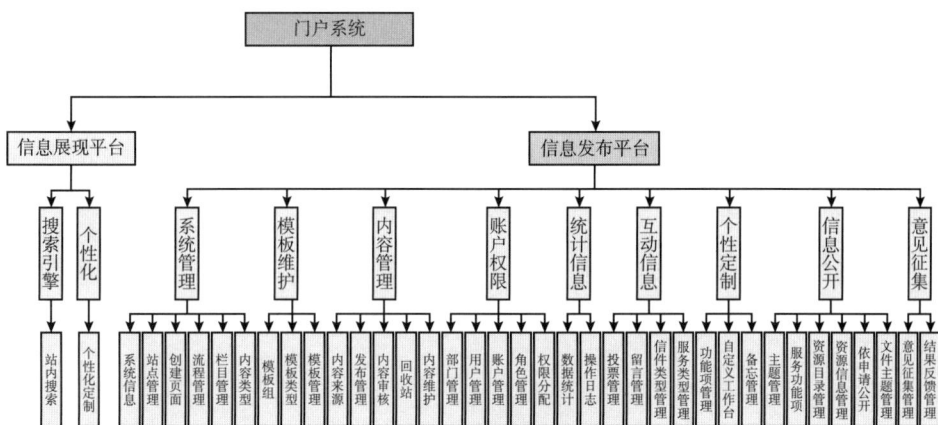

图 8-56 系统功能组成

1. 信息展现平台功能介绍

（1）搜索引擎

对站点的内容进行搜索，包括网站的站内搜索。

（2）个性化

本系统采用动态内容静态生成的规则，所以在生成静态内容之前要对将要发布的内容与对应的模板进行关联，使最后生成的内容能够随着模板的不同而不同，以这样的方式实现个性化。

2. 信息发布平台功能介绍

系统管理：对系统信息、站点、页面、流程、栏目和内容类型几个功能模块的管理操作。

模板维护：包括对模板组、模板类型和模板的增、删、改、查的管理。

内容管理：包括对内容来源、内容发布、内容审核、内容删除及回收和内容维护的管理。

账户权限：包括对部门、用户、账户、角色和权限几个功能的管理。

统计信息：包括对数据统计和操作日志的管理。

互动信息：包括对投票、留言、信件类型和服务类型的管理。

个性定制：包括对功能项的管理、工作台的管理和备忘的管理三个模块。

信息公开：包括对主题、服务功能项、公开目录、公开信息、依申请公开和文件主题的管理。

意见征集：包括对意见征集和结果反馈的管理。

（三）信息安全

安全服务平台主要明确安全服务平台建设内容和安全服务平台的总体框架，指导整个平台数据安全保护、数据防护和安全管理的建设。

安全服务建设内容分为：基础层安全服务、网络层安全服务、系统层安全服务、应用层安全服务和服务管理层安全服务（见图 8-57）。

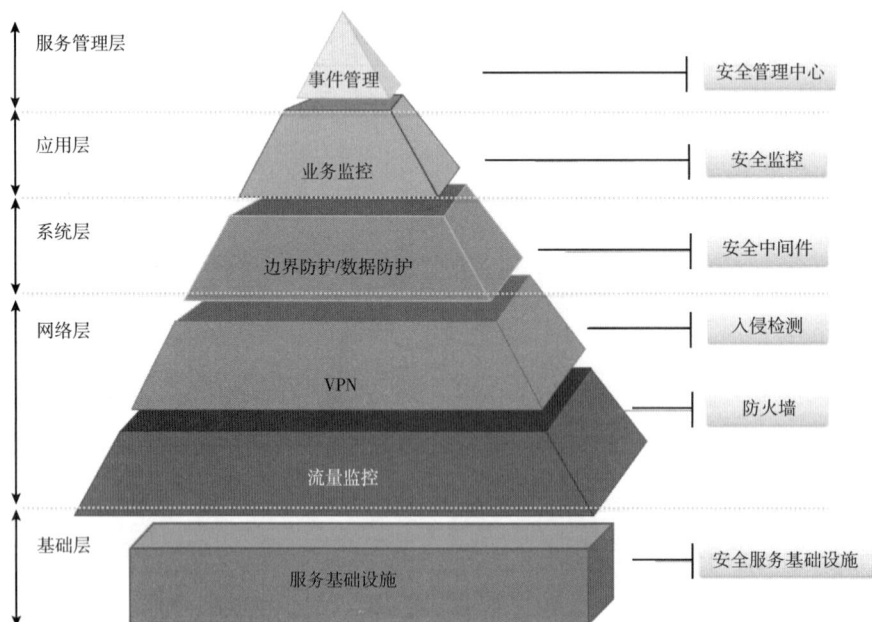

图 8-57　安全服务平台建设内容示意

图 8-57 所示是在线教育平台安全服务建设和实施内容，主要包括安全服务基础设施、安全防护、数据安全保护和安全管理。

安全服务基础设施包括公钥基础设施、加密服务、密钥管理、安全档案库管理、安全预案库管理。

安全防护是面向用户提供私有 VPN 和流量控制，包括对网络传输过程的入侵检测和防火墙等的安全防护。

数据安全保护重点是边界防护和数据防护，通过安全中间件服务向用户提供基于密钥体系的访问控制和监控，包括对应用系统的监控，实现对应用层的有效监察，控制业务流程和业务风险，为应用系统连续性工作提供安全保障服务。

安全管理由安全管理策略、安全事件关联分析和安全档案库响应协同进行安全管理服务，对用户在不同安全域中的不同安全服务需求进行规划和统一的安全管理。

三　产品架构、典型产品功能及特点

1. 区域农业数字图书馆产品架构及功能特点

区域农业数字图书馆页面见图 8-58。

图 8-58　区域农业数字图书馆页面

中央一号文件多次提到农业信息化建设，互联网、大数据和遥感技术是农业信息化的基础，区域农业数字图书馆正是在这种大背景下应运而生的。该项目遴选的近2000 种农业图书电子版，是中部九省地方科学技术出版社出版资源的聚合，品种涵盖

种养殖业、加工业、农业设施、农业法律法规、经营管理、贸易物流、金融、电子商务、环境治理等方面。该项目分为网站（已上线）、App（即将上线）两个版本，旨在建设一个初级和灵动的图书馆系统。首先，对农业图书电子版进行集成，实现整本借阅，具有基本标识和检索功能。然后，对其进行"两微"加工，植入微信息（含图片）、微视频等"两微"元素，使版面更灵活生动。

区域农业数字图书馆除了电子图书馆外，还包括电子期刊馆、听书馆、视频馆，旨在为职业农民服务，实现可视、可听、可读功能。同时，引入数据库管理模式，具备标识录入、检索、存储和借阅功能，可按年限、出版者、作者、地域、检索热度等检索。具有定位的专业性、资源的多样性、知识的新鲜性、内容的权威性、平台的先进性等特点。

区域农业数字图书馆发展潜力巨大，以后会更加智能化、人性化，具备更准确的内容标识、更强大的检索系统、更精准的定位阅读服务，以及信息资源重组再生功能。

2. 理化生在线互动学习平台产品架构及功能特点

理化生在线互动学习平台产品架构见图8-59。

a. 鲁教版高中物理资源汇界面

b. 鲁教版高中化学资源汇界面

图 8-59　理化生在线互动学习平台示例

目前，"在线教育"是国内较常见的一种教育信息化模式，也是教育与互联网融合的成功模式之一。中国产业信息网数据显示，截至 2016 年 12 月，中国在线教育用户规模达 1.38 亿，较 2015 年底增加 2750 万人，年增长率为 24.9%；在线教育用户使用率为 18.8%，在 2015 年基础上增加了 2.7 个百分点。其中，手机在线教育用户规模为 9798 万人，与 2015 年底相比增长 4495 万人，增长率为 84.8%；手机在线教育用户使用率为 14.1%，比 2015 年底增长 5.5 个百分点。中国在线教育重点细分领域呈现不同程度的发展。按照在线教育的细分方法，2016 年在线中小学教育市场发展迅速，其用户使用率最高，为 53.4%，用户规模为 345 万人，年增长率为 6.9%。中小学互联网设施的完善为高清直播课程等在线教学方式提供了基础，年轻教师对互联网接受程度高，更容易推广在线教育产品。中小学教育培训市场主要以线下培训为主，辅之以在线题库、在线作业、在线课程复习等方式，线上线下相结合达到了更好的培训效果。

3. Mombaby育儿园在线教育平台产品架构及功能特点

Mombaby 育儿园在线教育平台产品架构见图 8-60。

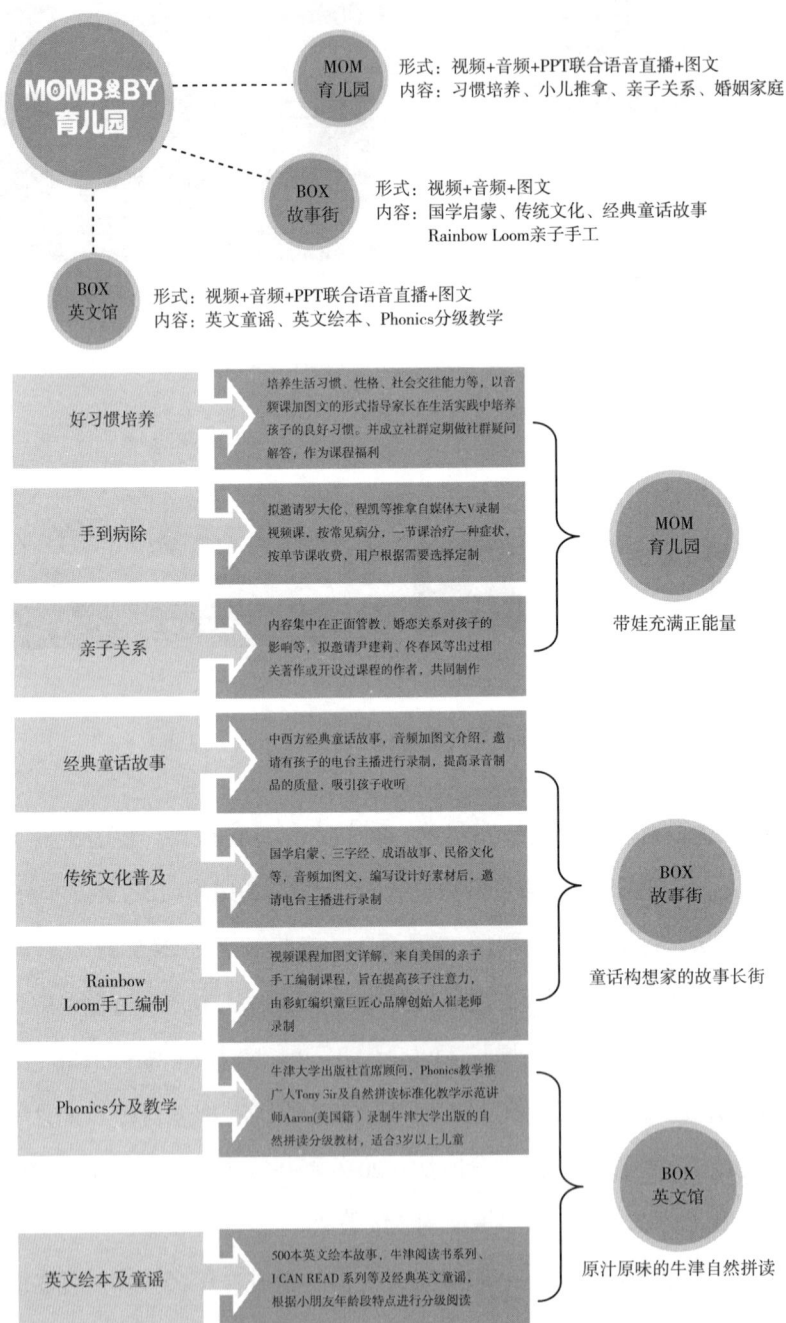

图 8-60　Mombaby 育儿园在线教育平台产品架构

2018 年，中国亲子行业市场总体规模约 3 万亿元，新生代用户对知识的强需求也增加了付费服务的必要性。排名前几位的荔枝微课、千聊讲堂、喜马拉雅、蜻蜓 FM 等知识平台，都将家庭、亲子放在首页横栏推荐处，方便目标群体寻找。亲子栏目中，又以性格、心理、健康指导为主打课程。说明育儿课程的市场潜力还是比较大的，随着知识付费占比最大的 90 后群体逐步踏入父母行列，亲子市场的需求也会继续增长。

在母婴行业，妈妈们需要的是能够解决个性化问题的知识，一般只关注自己孩子所在的年龄层。付费服务，一定要解决家长群体的细节问题，而不是提供大而全的百科内容。

因此，Mombaby 育儿园在线教育平台将课程定位为"方法论"，即去除繁杂的理论，每节课 30~45 分钟，只介绍最实用的育儿技能，解决育儿焦虑，让家长觉得花时间花钱听课物有所值。

四 运营模式、盈利模式

山东科学技术出版社在对自有的三项知识服务产品进行推广前，首先要对相关用户群体做细致的调研，具体步骤如图 8-61 所示。

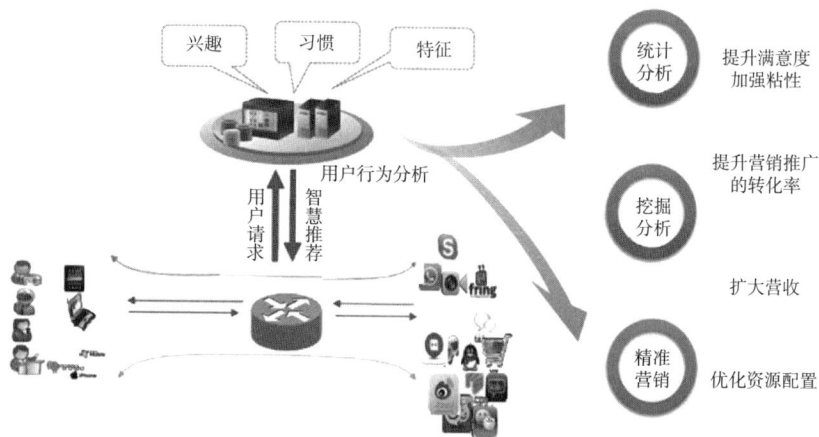

图 8-61 用户群体分析

资料来源：专业资源知识服务大数据平台汇报材料［EB/OL］.2016-05-11.https://wenku.baidu.com/view/e7753828524de518974b7d7c.html.

1. 区域农业数字图书馆

（1）运营模式

区域农业数字图书馆旨在建设一个初级和灵动的图书馆系统，对农业图书电子版进行集成，实现整本借阅，具有基本标识和检索功能；再对其进行"两微"加工，即植入微信息（含图片）、微视频等"两微"元素，使版面更灵活生动。该项目创造性地融合图书馆和电子商城，集电子图书和纸质图书借阅、购买多平台服务于一体。用户的多样化需求可以在一个平台便捷实现。无论是通过收藏、借阅、购买中何种方式选定所需要的电子书，都会被贴心地分别放置在个人中心"已收藏""已借阅""已购买"栏目内，以方便查阅。

（2）盈利模式

①会员制收费

该项目运营采取会员授权借阅模式，通过农业协会、农业服务民间组织和农业院校发展会员，让农场主、合作社骨干、农业技术员、农业院校学生和老师成为受众，可实现会员收费。

②网上书店业务

该项目一期计划打造农业领域的"知网"，具备整本借阅功能；二期计划打造优于"知网"的智能图书馆，具备信息编辑重组功能。网上书店是其可以推广的商业模式。

③专业领域业务

该项目一期后，对专业资源进行深度加工，生成的专业版本是科研院所专业书架，可以获得科研、教学经费支持。

2. 理化生在线互动学习平台

（1）运营模式

由山东科学技术出版社联合鲁科版教材使用地区的名校名师，以鲁科版教材为依据，经大数据分析重新生成符合用户个体特征和实际需求的课堂习题、课后作业和检测试卷，以实现个性化、高效率的学习。包括优质课、示范课、观摩课、微课、实验等不同类型的教学视频，并支持在线直播功能，山东科学技术出版社会及时跟踪各教材使用地区的相关教学活动，教学视频的更新时间是在相应教学内容实施的 2

周之前。

本项目基于教育部审核通过的国家课程标准教材，配套开发相关数字内容，数字产品与线下实体产品同步发布，互为补充。

（2）盈利模式

山东科学技术出版社致力于用服务来反哺教育、回馈社会，为培养我国经济社会发展所需的合格人才助力。本项目通过理化生在线互动学习平台模式运营，服务平台上的优质资源多为免费共享，其盈利有限。

3. Mombaby育儿园在线教育平台

（1）运营模式

本项目以国内知名的拥有15年幼教类选题策划经验的《妈妈宝宝》《宝贝盒子BOX》等杂志的百万读者为对象，并联合全国百家幼儿园进行阅读推广，为Mombaby育儿园在线教育平台的搭建提供基础。妈妈宝宝传媒微信平台自2015年认证后，通过文章改版、微店促销、线上团购、萌宝投票、微信众筹等各种活动吸引了共7万多个粉丝，宝贝盒子的故事平台也有2万多个粉丝，他们都是Mombaby育儿园在线教育平台运营的有力保证。同时，我们也将与自有新媒体平台和流量平台合作，共同发布录制好的课程或者直播类课程，多渠道获取粉丝效益和经济回报。

（2）盈利模式

视频课程：10节，每节30分钟，总价99.9元，以购买量500次计，课程总收入为49950元。

音频课程：60节，每节5分钟，总价99.9元，以购买量500次计，课程总收入为49950元（未包含广告收入）。

五 采用相关标准情况

由于长时间的原始素材积累，如今市面上已有的各类知识服务项目形态各异、五花八门，这本就是一项难以确定范围，难以把控内容水平的信息传播模式。建立知识服务标准化体系可以在各类信息资源的基础上，有效地对数字化信息进行分类筛选，以保证其内容的时效性、权威性以及统一性。同时，为了对相关信息进行更有效的利用，还要实现对地域资源的全面整合。

对于科技类知识服务产品的评判标准有很多，考虑到用户类型的多样性，应当从其科学性、准确性和可操作性三方面考虑。现有的所有标准可分为专业标准和通俗标准两大类。专业标准指学术类信息，来源通常为具有学术标准的科技出版物、文献、统计等，是体现出版物水平的本质和核心部分，是科学性最强的评估标准，其目标用户为科技类从业人员。通俗标准则是指生活类或者常识类信息，目标用户为科技类知识爱好者或其他用户，它的精确性和运用成本都远低于专业标准，但应用程度相对于专业标准来说更为广泛。

1. 标准化知识服务的地域划分

标准化知识服务作为促进区域内经济环境发展，促进区域内企业实力提升的信息服务业，植根于区域的经济环境与市场环境，依赖于与区域内经济环境和市场环境密切相关的信息基础建设，而且知识服务的基础——知识库的建设，在很大程度上需要并有赖于政府的先期投入。作为地方性的标准化研究机构，由于其在各种资源获取途径上弱于国家性的标准化研究机构，因此在标准化知识服务的总体市场上只能成为补缺者，但在所补缺的细分市场上仍可以处于垄断地位——局部垄断。①

因此，地方性的标准化研究机构，其知识服务应以建立补缺知识库，面向当地企业提供知识服务为产品策略，即围绕地方经济特色开展标准化知识研究与探讨服务研究，以地方经济发展重心为依托，由地方政府资助项目，形成标准化科研成果，在当地企业需要时再行定制，从而大幅度降低企业购买标准化咨询的费用，形成政府对产业的支持，避免出现由于企业独立承担标准化相关资讯收集、分析、研究时产生的过高费用而将一些中小型企业拒之门外的问题。而且，对企业的咨询应根据产业建设重心来合理选择企业，并借助产业价值链中领军型的大中型企业的力量，通过双方合作形成标准化科研成果。再以此为基础，针对为产业价值链配套的中小型企业的特点进行定制，提供标准化知识服务，从而发挥政府在促进地方特色产业规模化、集群化、行业整合上的职能

---

① 邵卫民，陈洁. 标准化知识服务运营策略探讨［J］. 中国标准导报，2009（11）：34-37.

优势。

2. 标准化知识服务的跨领域合作

标准化是在经济、技术、科学及管理等社会实践中，通过制定、发布和实施标准，使重复性事物和概念达到统一，以获得最佳的秩序和社会效益。其基本原理是统一原理、简化原理、协调原理和最优化原理，其本身就是一种跨领域的工作方法。非常明显，质量管理就是一种跨越生产管理、行政管理、人力资源管理、市场营销管理等多领域的标准化工作。[①] 由此可见，标准化知识服务不可避免地需要涉及跨领域的知识内容。跨领域规模化合作经营是标准化知识服务发展的必然趋势，也是市场环境对这一行业的客观要求，更是标准化知识服务中以客户目标为驱动力的一种深入的体现。

作为一种提供标准化相关知识内容的知识服务，标准化知识服务需要策划好其知识的定位问题，管理好其知识创造、知识集成、知识运用与更新，以及做好知识传播等工作，亟待从细化市场定位和市场策略、重视信息管理、重视知识库建设、管理好知识型员工、开展整合传播、开展跨领域知识联盟服务等多方面加强和完善其运营的策略与措施。

第十三节　重庆课堂内外杂志有限责任公司[*]

一　产品名称、简介、市场定位、服务对象

1. 产品名称

移动作文学习应用——"壹笔·作文"

2. 产品简介

移动作文学习应用——"壹笔·作文"（以下简称"壹笔"）是一个面向移动互联网的作文教学应用平台，旨在推动畅销十年的中国作文素材第一刊——《作文素材》向数字出版与服务升级转型，深度挖掘和充分利用期刊的品牌和内容优势，借助"互联网+"，打造以移动互联网为载体的系列新媒体作文教育

---

① 邵卫民，陈洁.标准化知识服务运营策略探讨［J］.中国标准导报，2009（11）：34-37.

* 撰稿人：重庆课堂内外杂志有限责任公司黎万彪。

产品与服务，向学生提供包括内容阅读、高考估分和作文批改等在内的综合作文教学服务，实现传统出版企业从纸质媒体向互联网媒体和从单一内容提供商向综合服务提供商的转型升级。

目前，壹笔已实现了数字阅读资源推送、在线问答、作文评分、作文批改、电子书和借阅证等线上服务。其中"资源推送"板块已经聚集了各类作文教育资源数万条，打造了每日首推、阅卷论语、名师押题和高考真卷等十余个内容板块，以满足用户的阅读需求；"壹笔知道"、"作文估分"和"作文批改"三个服务功能，可以方便学生根据自己的实际情况与在线名师进行作文学习交流；"电子书"和"借阅证"等服务，能方便用户按主题在线选择资源包，进行素材的订阅和收藏。壹笔在 2015 年 4 月上线之初，即位列小米应用教育板块前 10 名，当年 11 月再次成为小米应用精品 App，跻身 2016 年度中国教育 App 金榜，获得首届数字媒体设计创意大赛优秀奖，并入选 2017 年度重庆市优秀数字出版项目。目前，平台用户超过82 万人，遍及 31 个省份的 4966 所学校，汇集名师 1778 名，日均活跃量维持在 1万人左右。

3. 市场定位

"互联网＋中学作文"的市场前景广阔。教育部公布的数据显示，近四年来全国高考人数稳步增长，2018 年共有 975 万名考生报名参加高考，较 2017 年增加了 35 万人。并且通过对历年的高考真题进行分析发现，高考作文的命题趋势是以"当下中国现实"为核心命题，近三年的高考命题，越来越侧重国家大事，更贴近时代社会，高考作文命题标准呈现趋同性。在潜在用户规模稳步增长以及服务标准趋同的背景下，利用"互联网＋"信息手段，提供中学作文个性化优质服务成为一种大势所趋。正如福建省高考作文阅卷组组长李都明所言："中学生运用在线工具提升作文水平，和今天老师用电脑阅卷一样，都是不可逆的趋势。"高中学生由以前的被动接受教师填鸭式教学到主动寻找个性化互联网应用，从"被动学习"到"我要学习"的转变，也呼唤着现有教育培训类 App 服务品质的快速提升。

以作文辅导为突破，重构教辅行业新生态圈。从"请他教""帮你学"到"美术宝"，在线教育平台逐渐向平台化和垂直化转变。壹笔从作文这个教育细分领域着手，依托编辑和运营团队十余年来积累的经验、内容及师资资源，旨在打造作文辅导领域的 Uber。壹笔平台为教师和学生的线上交流和交易，提供从内容到工具，再到服务的全面支撑。同时，壹笔也是教育领域的乐视。学生是观众，教师是演员，编辑团队既是编剧又是导演，壹笔为教师策划出能够在移动互联网上为学生所接受的产品和服务，帮助教师实现向新媒体的转型。壹笔通过打造一个以用户需求和体验为驱动、以内容资源为基础、以个性化产品和服务为核心的在线教育生态圈，坚持以内容造产品、以活动带流量、以服务创价值的产品理念，实现教师、学生和编辑之间的高效互动，助力传统出版企业从纸质媒体向互联网媒体、从单一内容提供商向综合服务提供商的转型升级。

4. 服务对象

壹笔服务的对象是教师和学生，实现传统出版的单一阅读服务向面向移动互联网的综合服务的革命性转变。

教师用户：在壹笔平台上，每一个教师就是一个服务提供商，可以像淘宝店主一样打造自己的名师频道（店铺）。教师可以通过展示自己的基本信息（包括教龄、职称、教学成果和阅卷经验等）和提供一些免费服务（例如问题咨询、素材推荐和免费点评等）来吸引学生用户，最终销售自己的服务。教师还可以自由确定自己服务的范围（如作文批改时间、最多接受订单数和是否接受加急服务等）以及价格。

学生用户：在壹笔平台上，学生可以以更加方便的方式和更加优惠的价格突破时间和空间的限制，获取优质的作文教育资源。同时，学生还可以自由选择自己喜欢的老师并对其服务进行评价。

二 知识服务技术架构

1. 技术架构

壹笔由移动应用程序（Android 和 iOS）、API 接口和管理后台三个部分组成（见图 8-62）。其中，移动应用程序支持终端用户基础的数据展示和基本操作；API 接口负责 App 与后台之间数据通信和逻辑处理；管理后台支持编辑用户发布每日素材、审核稿件，运营人员查看运行数据等功能。

移动应用程序（App）采用 MVP 模式进行开发。Presenter 完全把 Model 和 View 进行了分离，主要的程序逻辑在 Presenter 里实现。而且，Presenter 与具体的 View 没有直接关联，而是通过定义好的接口进行交互，从而使得变更 View 的时候可以保持 Presenter 不变，很好地达到了松耦合的效果。

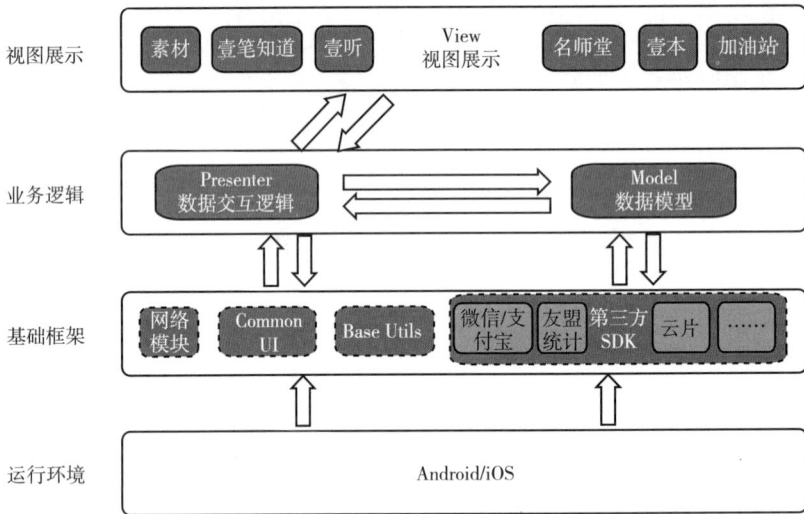

图 8-62　壹笔 App 技术架构

如图 8-63 所示，后端服务器需要承担大用户量的并发请求访问和业务逻辑处理工作，因此需要强大的 CPU。在单台主机 CPU 达到一定程度时，可以横向扩展服务器的形式，通过负载均衡来调配请求，从而合理分担单台服务器的压力，达到提升服务处理能力的要求。应用服务器合理使用缓存机制，对频繁访问的静态数据和资源进行本地缓存，无须重复读取文件和数据库，直接从缓存中获取，提升服务器响应能力。

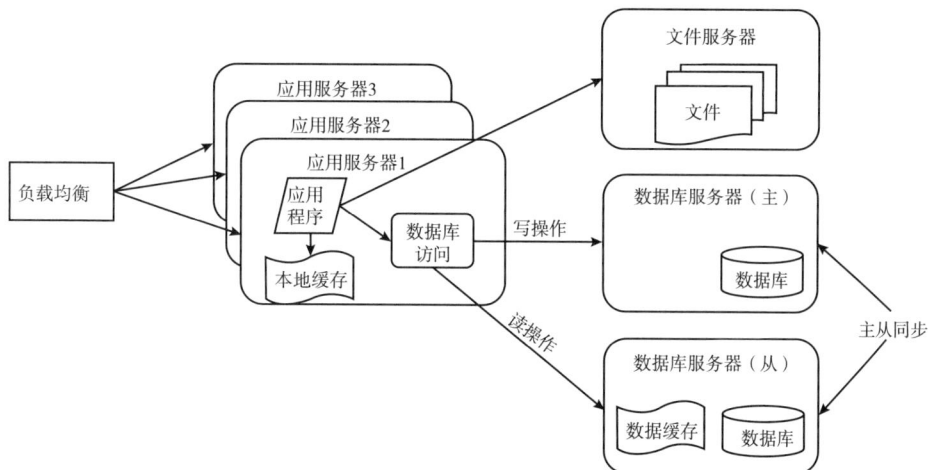

图 8-63 壹笔应用服务端架构

2. 部署方案

壹笔整套服务器环境部署在阿里云服务器中,需要用到的阿里云产品如表 8-13 所示,部署架构如图 8-64 所示。

表 8-13 壹笔所需阿里云产品

产品	参数	数量	备注
前端 ECS	2 核 /4G/SATA	2	前端页面访问入口
后端 ECS	4 核 /8G/SSD	1	后台应用程序
SLB 负载均衡	10000 并发	1	请求分发
OSS	200GB	1	存储图片、文件等非结构化数据
RDS for MySQL	双机高可用	1	MySQL 数据库
只读 RDS		1	查询只读实例
RDS for Redis	2GB	1	内存数据库
弹性伸缩		2	按 CPU 和内存阈值自动扩展和减少 ECS 服务器
VPC		1	专有网络

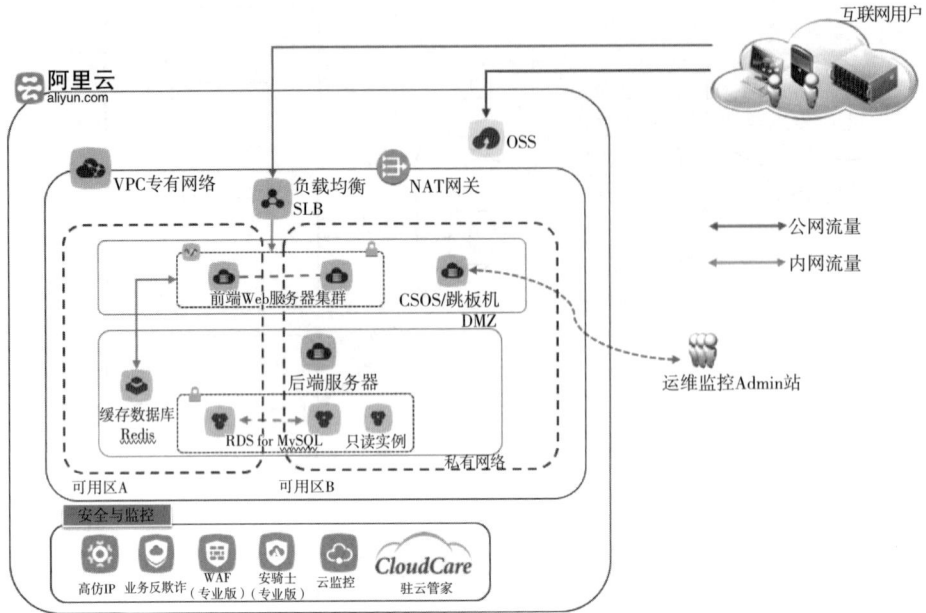

图 8-64　阿里云服务器部署架构

第一，整个 VPC 内分为两个逻辑区域：DMZ 隔离区，Inside 内网区。

DMZ 隔离区：部署互联网接入的业务服务器，SLB 提供公网入口，NAT 网关实现业务服务器访问外部资源。

Inside 内网区：部署后台系统和数据库，这部分系统没有公网出口。

不同区域内有各自的虚拟交换机，形成不同网段，并配置安全组权限进行访问控制。

第二，云服务前端使用 SLB 负载均衡，将用户访问转发到后端服务器上处理；后端服务器放在两个可用区中，共享 RDS 数据库。公网 SLB 支持接入不同可用区的后端服务器，保证在一个可用区失效的情况下，业务不会受到影响。前端 Web 服务器配置弹性扩展，在业务高峰期灵活扩展资源提高系统处理能力，高峰过后回收资源，达到 TCO 最大化。

第三，关系数据库选用 RDS for MySQL 高可用版本，并增加一台只读实例做读写分离，分担查询时的压力。

第四，采用基于云监控指标（CPU、内存、带宽利用率等）的动态伸缩模式，自动增加和减少 ECS 实例。CPU 使用率超过 80% 时增加主机，小于 40% 时减少主机，带宽按量收费。

第五，业务通道和运维管理通道隔离，使用一台低配的 ECS，作为管理运维访问的入口。弹性 IP 和 VPN 网关可提供内网和互联网通道。

三　产品架构、典型产品功能及特点

1. 产品架构

壹笔平台建成了包括资源聚合、资源管理、资源编辑、资源发布和资源重用的应用链条，实现了编辑、教师和学生在线作文互动的全新应用模式（见图 8-65）。

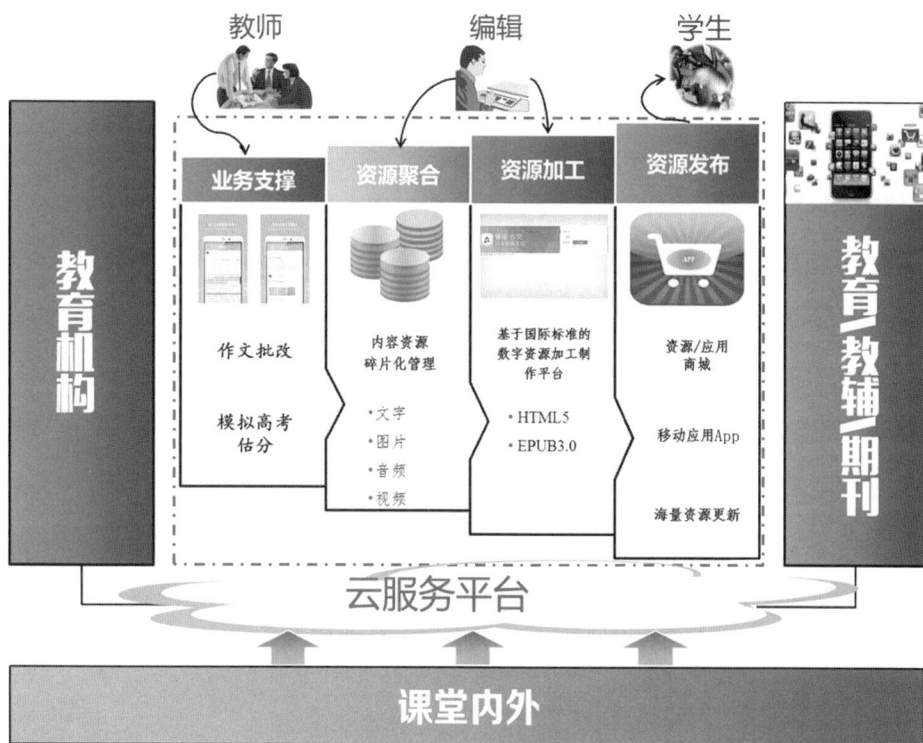

图 8-65　壹笔产品架构

2. 典型产品功能及特点

（1）产品功能及使用场景

①优势教育资源库

优势教育资源库是应用核心，对作文所涉及的素材、范文和讲义进行数字化和碎

片化管理，通过高效的检索查询引擎建立资源索引，为资源的加工和编辑提供高效灵活的访问接口。

②作文素材在线编辑

为老师和编辑提供所见即所得的编辑工具，同时提供移动富媒体自选内容排版模板，实现基于控件的多功能模板封装，创建不同版式、风格和主题的应用配置，通过标签设置和独立对象聚合，方便用户定制个性化资源素材，实现素材快速编辑、打包和发布。

③移动互联网教育应用

移动互联网教育应用是壹笔的交互前端，向下与资源库和编辑平台有机整合，向上实现用户访问和使用，是整个应用的窗口和商业价值的体现。应用分为教师端和学生端，针对目前提供的作文评分和在线批改，教师和学生可以分别根据需求借助本应用实现教育服务的提供和获取，打破时间和空间限制，获取优质的作文服务。

④特色功能

A. 素材推荐

向用户提供内容丰富、形式多样的作文素材、经典范文和写作技巧等内容阅读服务，包括每日首推、阅卷论语、名师押题和高考真卷等十余个板块，数万条资源，并保持每日更新。

B. 在线互动

为教师和学生提供一个交互平台，加强用户对于产品的黏性。一方面，教师通过社区交互，向学生提供简单的写作辅导和问题解答服务，以便学生熟悉和了解自己的教学和服务水平；另一方面，编辑根据用户和营销需求，定期策划有奖征文、写作竞赛和名师讲堂等服务，吸引用户，集聚人气。

C. 作文批改

作文在线批改功能基于名师在线，打破传统课堂教学局限，学生可以通过壹笔选取名师对自己的作文打分和批改；系统提供包括打分、划线、备注和点评等传统作文批改方式。

D. 按需云打印

基于云服务的按需打印系统，通过大数据热度分析推荐热门资源，用户在线选择素材后通过云打印服务实现通过纸媒渠道获取数字内容。通过接口与壹笔的"打印服务"模块与超级快印的云打印服务对接，实现收藏素材的在线打印内容生成。

（2）产品特点

壹笔在线教育可以解决教育资源分配不均匀、缺乏个性化教育指导等问题，也具有将学生的碎片化时间高效利用、不受空间和条件限制等特点，并在资源聚合、运营模式、技术研发和服务功能方面具有以下四个方面的创新。

资源整合创新。全产业链整合，传统教辅杂志资源、语文教师资源、学生资源、技术开发资源的整合。

运营模式创新。一点对多点的互动平台（一个老师发布素材，多个学生受益；一个学生写作文或提问，可选择多个老师修改、点评和解答）。壹笔不是对传统教育领域的简单改造，而是互联网在线教育的一种全新模式。

技术研发创新。提供给教师和学生的是一套简单易用的自媒体工具，而不是简单的教辅资料数字化。

服务内容创新。包括提供素材、互动、批改、打印等功能。

四 运营模式、盈利模式

1. 运营模式

业务模式逐渐固化。以打造作文辅导领域的 Uber 为目标，通过对资源的整合、编辑、再造，打造一系列高考作文素材包、定制资源包和作文视频微课等产品，实现从传统纸媒向"移动互联网 +"媒体转变。打造教师、编辑和学生三方互动的在线作文教育平台，为教师和学生的线上交流和交易，提供从内容到工具，再到服务的全面支撑，完成传统期刊出版企业向互联网服务商的关键性转变。

服务模式不断升级。不断丰富和完善产品和服务的内容和形式，为学生提供包括数字阅读、疑难解答、在线辅导、互动活动和在线素材云打印等在内的全方位综合教育在线服务；为教师提供教育产品的设计、开发和封装，设计并推出十余个功能类别，数百个教育服务产品，价格从几元到数百元人民币不等，以满足用户的个性化需求。同时，通过将线下赛事活动向线上转移，进一步增加用户数，快速实现应用的裂变。

推广模式逐步优化。前期通过图书和杂志的广告宣传，微博、微信等网络平台宣传，以及公益大讲堂进校园等活动对高中师生进行推广，通过《课堂内外》、《创新作文》、《高考金刊》、《时尚文摘》和《英语街》等十余种刊物进行推广，这些刊物覆盖全国，发行量超过千万。同时，提供线下活动的线上服务功能，以及多个有针对性的节假日专题活动和高考作文服务。近三年来获得了"创新作文大赛"活动的独家线上承办权，并将"五好小公民"、"科学"和"财经"等传统优势线下活动向线上转移。

2. 盈利模式

在线教育通行的商业模式有付费模式、平台模式、免费模式。单一的免费模式已经逐渐被行业淘汰，是一种不健康的商业模式；付费模式的内容收费和服务收费取决于内容、服务的质量以及平台的知名度，蓄客能力有限；平台模式多为佣金提取和广告收费方式，运营方较为被动，而且对团队的运营能力和资金投入要求较高。

壹笔颠覆了传统出版单纯依靠期刊图书销售和广告收入的盈利模式，依托移动互联网平台，将原有的在内容和纸媒渠道上的优势转移到线上，探索"以内容做产品，以活动带流量，以服务创价值"的创新业务模式，实现企业的战略转型和产值的跨越式提升。壹笔将基础的素材库免费开放，用户可通过"壹听""微课"免费试听音视频内容。用户在使用素材的同时，产生了对优质作文辅导服务的需求。素材库成为用户的"蓄水池"，以免费的内容吸引用户进入池内再通过其他增值产品进行付费转化，如通过云打印服务、电子书、名师批改、模拟估分、悬赏答疑等方式来收费，并提供券、笔星等方式的折扣优惠，用户的实际支付单价从几元到几十元不等。

后期将通过广告收入、大数据应用、教师端服务、赛事活动等方式实现远期盈利。

五　采用相关标准情况

壹笔平台以 HTML5 和 EPUB3.0 为其互动媒体内容的资源标准，实现传统纸媒期刊资源的数字化、结构化和自适应编排，同时将音频、视频、3D 和动画等交互式展现方式引入教育资源，突破传统数字出版内容单调、缺乏互动的实际问题，增强内容资源的互动性，提升内容的传播力和感染力。

在资源制作方面，基于上述标准通过研究传统印刷版内容数字化存储涉及的关键技术，实现不同存储格式（WORD、EXCEL、TXT、PDF 等）和不同存储内容（文字、表格、图片、视频等）等数字资源涉及的信息提取关键技术，较好地融合版式描述信息和逻辑语义信息。研发基于 HTML5 和 EPUB3.0 标准的数字出版内容转换工具，输入格式包含 PDF、DOC、TXT、HTML、CHM 等常见格式。同时，通过模板、流程化和界面引导提供基于 EPUB3.0 标准的编码技术，真正实现所见即所得的数字资源编辑技术；通过 XML（eXtensible Markup Language，可扩展标记语言）编码，将文件制作成 XML 格式的可编辑工程文件，实现资源的一次制作多次使用，让没有任何技术基础的使用人员即可通过该制作工具完成资源的快速制作。针对传统出版物资源进行数字出版编辑的难题，特别是如何快速、高效地完成传统出版物向数字出版物的转型，资源制作工具基于 Qt5.1.0、HTML5、CSS3（Caseading Style Sheet 级联样式表）和 EPUB3.0 技术，研发 EPUB 文件编辑制作工具，集成多种渲染方式和交互式效果组合，使用人员无须任何技术基础，即可将资源制作成符合国际通用标准的 EPUB 文件，真正实现所见即所得。

在阅读方面，研发跨终端的富媒体阅读引擎，通过对功能、风格和配置的分析，以及不同功用、主题和用户类型的设置，实现富媒体数字阅读中基于控件的开放阅读引擎架构。开发基于 Android 和 iOS 的阅读软件，并可以链接云服务平台更新和下载应用资源。同时，研发具有 Native 交换能力的 App 制作技术，实现基于 HTML5 的数字出版移动应用。将数字出版资源以混合模式开发技术通过云服务平台集成，借助云服务平台数字资源编辑器，生成支持 Android、iOS 等主流移动操作系统的 App 资源，使大众可以通过智能手机以及平板电脑等移动设备，接收云服务平台发布的信息以及数字期刊的推送，除专有渠道用户（杂志、图书引流用户）和产品定制用户外，将以数字出版资源为核心内容做好伸展性服务，实现用户全覆盖。

第十四节 人大数媒科技（北京）有限公司 *

一 产品名称、简介、市场定位、服务对象

1. 产品名称

壹学者学术科研移动服务平台

2. 产品简介

壹学者学术科研移动服务平台（以下简称"壹学者"）是专注于人文社会科学研究垂直领域的学术科研一站式移动服务平台。

平台包括个人版和机构版两大版本，涵盖了微信端、Android 客户端、iOS 客户端以及 PC 端四个产品形态，为学者、学术机构提供"学术论文库、学术社交平台、科研工具服务"三类核心功能，全方位满足学者、学术机构多场景的数字阅读及科研服务需求。

"壹学者"通过科学计量、语义分析和大数据等技术，通过提供实名学者社交平台、丰富多样的科研工具、专业的同行评议平台、快捷多元的传播渠道、灵活精准的营销平台，为学者用户解决学术知识获取、学术知识交流分享等问题，解决传统期刊出版单位稿源不足、评议能力不足、传播能力不足、营销能力不足等四大市场痛点，助力学术科研更加便捷高效，助力传统期刊在变革与转型中获得新的发展。

3. 市场定位

学术成果传播是目前中国数字出版市场中的蓝海，学术成果凝聚着对人的本质和各种社会现象及其发展规律的探究思考，是人类文明进步和社会时代发展的重要标志。"壹学者"希望充分发挥互联网的网络传播优势，辅助公众更好地了解学术成果，提升学术成果的社会效益。

4. 服务对象

面向学者、高校科研院所、期刊出版等机构。

---

* 撰稿人：人大数媒科技（北京）有限公司沈晓春。

二 知识服务技术架构

1. 技术架构

"壹学者"项目由底层数据中心服务平台、基础服务平台和前端展示平台三大模块构成，基础服务平台与前端展示平台采用统一的开放平台对接，开放平台采用基于OAuth2.0标准开发，未来支持与第三方合作（见图8-66）。

系统架构开发大量地使用了开源软件技术，前端系统和论文期刊系统主要采用高性能的MVC架构，后端数据处理和数据管理采用高效的.NET架构开发。

"壹学者"以微信服务号的方式架构在微信移动端，用户通过自己的微信可以获取最新的学术动态，通过微信可以进行学术交流，比如发起调研、参与调研、关注著名学者的最新信息等。

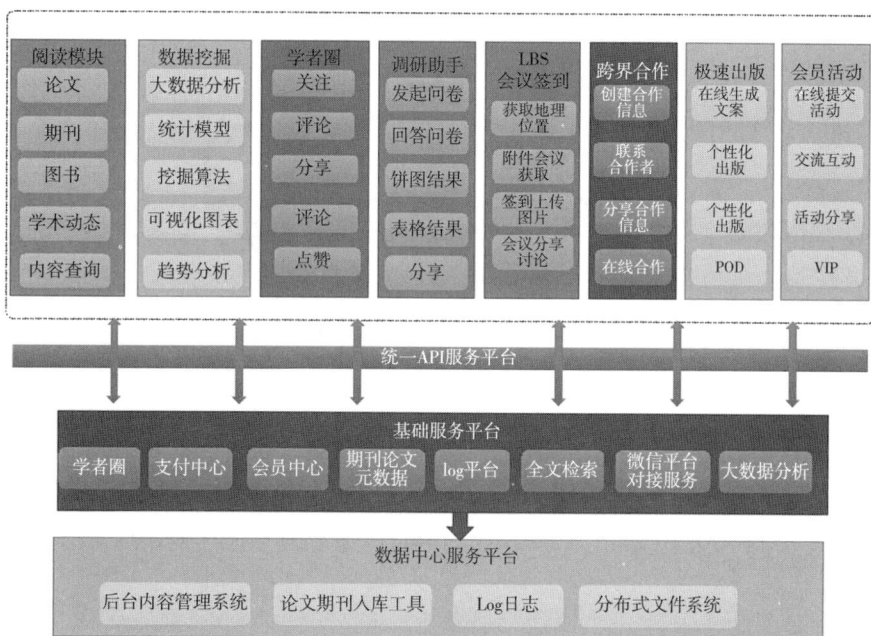

图8-66 "壹学者"技术架构

2. 部署方案

如图8-67所示，"壹学者"采用软件负载均衡，根据实际的业务量，采用LVS +

Heartbeat 双组合的方式承担负载，未来可以支持横向扩展。Heartbeat 和 LVS 支持健康检查，即在 Heartbeat 集群中如果有不健康的机器，LVS 不会将请求转发到该 Heartbeat，在 AppVM 中有不健康的机器，Heartbeat 同样不会将请求发转到该机器，直到机器恢复正常工作。

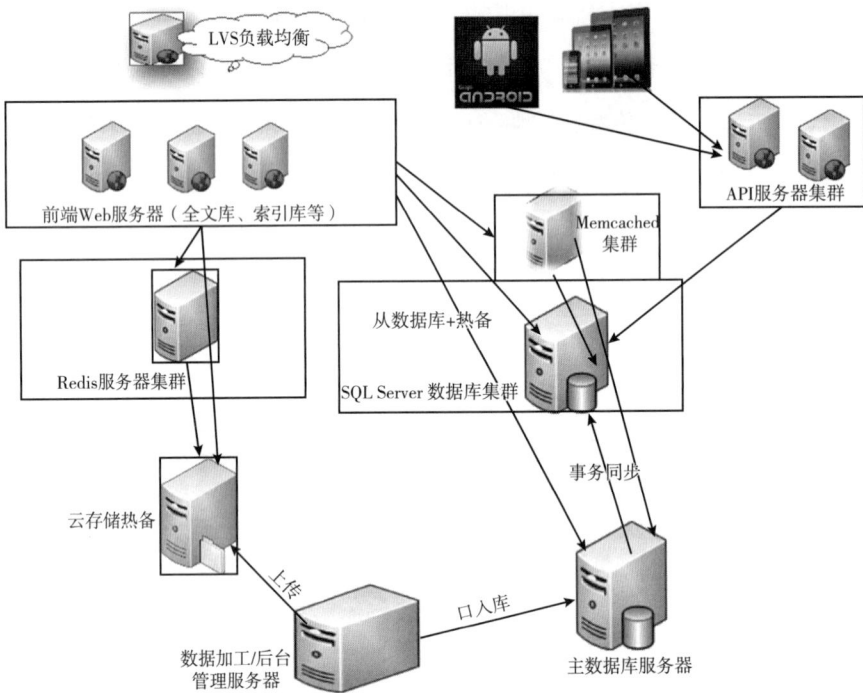

图 8-67 "壹学者"部署方案

"壹学者"是一个移动端的学术生态系统，会产生大量的动态数据，频繁地对数据库进行读写，所以我们采用分布式缓存 Memcached 来减轻数据库的压力，未来将把学者圈拆分出来，并且引入 NoSQL 技术 MongoDB，提供系统的高可用性。

"壹学者"第三方登录注册采用 oAuth 认证，保证用户的第三方账号不被记录与获取，保护用户账户的安全性。网络通信采用 SSL 传输协议，保证数据传输的安全及完整性，客户端采用 3DES+Base64 加密传输应用数据，非对称加密可以使用 RSA，对称加密使用 DES。

三 产品架构、典型产品功能及特点

1. 产品架构

"壹学者"产品架构见图8-68。

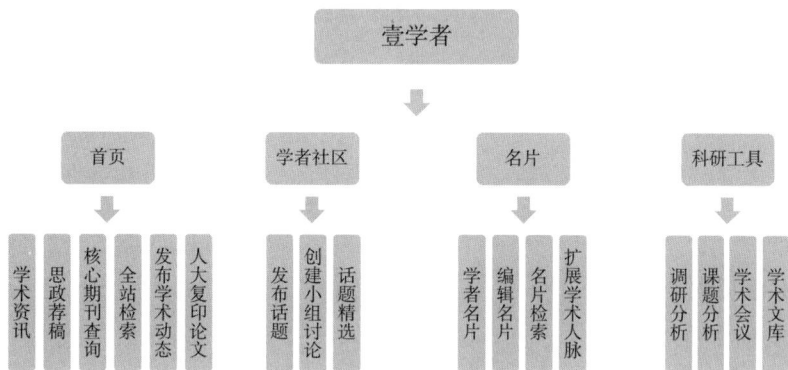

图8-68 "壹学者"产品架构

2. 典型产品功能及特点

（1）产品功能及使用场景

"壹学者"是面向国内学者用户开发的学术科研服务产品。产品基于中国人民大学书报资料中心50余年积累的资源优势、品牌优势、学者优势，为广大师生提供文献检索、学术社交、工具服务等功能，致力于满足学者、学术机构多场景的应用需求，让学术科研工作更高效、更便捷、更智能。

"壹学者"主要产品功能分为三大块：学术资源获取服务；科研工具服务；学术社交服务。三大功能互为支撑，构成了"壹学者"学术生态系统。

①学术资源获取服务

中国人民大学"复印报刊资料"系列数据库包括六大子库，即全文数据库、数字期刊库、摘要数据库、索引数据库、目录索引库和专题研究库，包含60万篇学术研究论文、137种人文社科核心期刊、14种专题文摘、40年700多万条索引数据、90万条复印报刊资料目录、26个实用精选特色专题。整合学界热点动态，每日更新学术资讯，信息涵盖学者观点、学界热点、课题信息、会议信息、政策动态、机构动态、学术书讯、项目成果等类型，覆盖人文社科全部学科，累积阅读量接近 2 亿人次。

②科研工具服务

基于学术科研的真实应用场景，采用先进的数据处理技术，充分发挥移动互联网便捷、即时、定向、精准等特点，为机构用户提供多场景、精细化的科研工具服务，具体包括：文献检索、项目合作、学术笔记、课题分析助手、学术会议助手、调研分析助手、学术社交服务、学者专属学术名片。

其中，名片集成了学者的基础信息、学术成果、学术社交动态，用户可随时随地阅读学者被人大"复印报刊资料"转载的论文，以学者为点、机构为面，助力学术传播，扩大机构影响力。

③学术社交服务

A. 实名学者圈

"壹学者"学术社区支持创建学术话题、研究小组，为机构内用户提供学术热点评论、学术话题争鸣、科研难题探讨、调研投票的互动平台，促进学术交流与合作。

B. 学术社会化传播

支持将学术名片、成果著作、观点、资讯、会议、项目等分享转发至微信、微博等社交媒体，有效促进学术交流，大大提高学术传播效率。

（2）产品特点

"壹学者"以中国人民大学书报资料中心的"刊"为核心资源，将学术论文的检索搬上移动互联网，满足了学者随时随地查阅学术文献的实际需求，但"壹学者"并没有局限于内容提供，而是从满足知识工作者多场景的使用需求出发，不断地拓展学者的科研工具和社交方式。

在科研工具提供方面，"壹学者"充分发挥了移动互联网便捷、即时、定向、精准等特点，为用户定制了课题立项助手、会议服务、著作出版、随手笔记等工具。学者可以方便地查看本专业的学术科研趋势，发起各种数据调研；与不同学科的学者进行跨界合作；查看周边会议、沙龙；进行论文发表、著作出版、成果传播等。

在学者社交服务方面，依托其丰厚的学术资源积累，开发了"学术名片"功能，帮助用户扩大个人影响力，用户还能在"实名学者圈"与学者、老师、同行、同学进行各种交流互动，包括热点评论、学术话题争鸣、科研难题探讨、调研投票等。

通过对内容、工具、社交模块的整合，首先，"壹学者"实现了从知识提供向知识服务的转型，如其宣传语所揭示的"全新学术生活从这里开始"，"壹学者"要改变的是现有学术科研模式，而不仅仅是提供学术内容。其次，大大增加了用户的活跃度和黏性，相较于内容，用户对工具性和社交性的应用服务更易形成使用习惯，有利于提高使用频率。在众多公众号纷纷掉粉或出现大量僵尸粉的情况下，"壹学者"依然保持着较强的用户黏性和用户活跃度。[①]

四 运营模式、盈利模式

1. 运营模式

（1）依托成熟的移动应用平台运营

初期，"壹学者"没有自建平台或做独立的应用开发，而是以微信服务号为呈现载体。很多机构只看到了微信公众平台的媒体属性，但事实上微信公众平台已经打通了内容生产、销售、支付等环节，形成一种闭环的商业生态模式，它不仅提供了和用户连接的能力，也提供了实现商业的能力。依托微信这个开放式轻应用平台进行产品开发的策略为"壹学者"的开发推广带来了很多益处。

第一，微信公众平台提供的基础功能，使"壹学者"得以以较低的成本和最快的速度完成一站式移动服务平台的研发。

第二，微信庞大的潜在用户群（据统计，2018 年微信每月活跃用户数约 10.8 亿）大大降低了其获得用户的成本，且传播方式便捷，传播成本低。

第三，微信强关系链接的特点使"壹学者"得以方便地实现精准营销和一对一个性化服务，增强了用户的黏性和忠诚度。

第四，通过微信公众平台的管理后台以及开放接口，"壹学者"能掌握用户数据并对用户行为、用户交互数据进行深度的分析和挖掘，以完善产品，为用户提供更

① 赵慧明，武宝瑞：从"人大复印"到"壹学者"，守望学术理想［EB/OL］．2018-04-04. http://www.bookdao.com/article/4056121.

个性化的服务。在拥有了近一年的运营经验，聚集了数十万的活跃用户后，"壹学者"才开始筹备开发独立 App 和独立平台。

（2）多触点、社交化、数据化的互联网推广策略

在产品推广中，"壹学者"综合采用了数据库推广、微信服务号推广、网络媒体推广、会议合作推广、口碑传播推广等策略，包括各种显性和隐性渠道，有意识地构建全方位的传播触点，灵活运用社群传播策略及品牌传播策略，让传播无处不在。

人大数媒科技有限公司不仅和各个渠道展开合作，以软广、互推等显性方式获取用户，还通过推出"有声音、有态度"的深度专题研究，举办系列"文化讲坛"活动，组建"人文社科学术联盟"等隐性渠道获取用户。在获得用户后，又使用一切可行方法来"吸引用户、留住用户、转化用户"。"壹学者"服务号每周推送的文章中，有较大比例是通过故事性的文章来引导用户使用"壹学者"的各种服务功能，如《那些年出现的新闻传播学学术新词》《怎样做课题／论文选题才能高效又轻松》等，这些文章的内容和学术爱好者的科研工作息息相关，一方面容易得到关注，极易引发用户在社交圈转发，另一方面能推动用户使用平台功能，提高用户转化率。在推广中，"壹学者"也非常关注后台数据分析，如消息发送人数、次数，人均发送次数，图文阅读数，分享转发量等微信后台数据分析，以及访问用户日报、新用户付费转化率日报、24 小时用户报表等产品后台数据分析，并根据数据分析来调整产品功能和推广策略。正是这样多触点、社交化、数据化的推广策略使"壹学者"这样一款高度垂直的移动互联网产品在短短一年内获得了 30 万用户。

（3）用户价值导向的社群商业模式

移动互联网产品运营最大的难点在于收费。"壹学者"没有采用面向机构用户的数据库资源售卖模式，而是坚持"用户价值导向"，探索社群商业模式。"壹学者"的用户因为资讯观点、期刊论文、图书、课题立项助手等而聚合，通过实名学者圈、互动区等社交关系沉淀，最后通过菜单式的增值服务产生交易，实现商业价值。概括起来说，就是"提供特定服务，聚集特定用户，进而运营用户价值"。

目前，"壹学者"一方面以收取年费的形式打造独特的会员体系，另一方面以学

术国际传播和智库服务模式放大学者价值，构建起"学术服务—学者—智库服务"闭环商业模式，并逐步形成模式前端以会员收入为主，模式后端以佣金收入为主的清晰盈利模式。

2. 盈利模式

公司探索出"用户价值导向的社群商业模式"。公司产品主要采用"B2C2B"的盈利模式，和传统学术服务类产品的不同在于，传统学术服务类产品是在内容资源基础上叠加服务，通过售卖资源来赢利；公司产品是用服务来黏住用户，然后在用户的基础上叠加增值服务，从而实现商业价值。

不同于一般的互联网产品，"壹学者"的 60 万用户并不直接用来变现。"壹学者"发挥的作用，是希望先将 C 端用户吸引到平台上，产生使用需求；不是让 C 端用户直接付费，而是反馈给身后的 B 端机构，比如高校图书馆、科研院所，实现机构买单，个人免费使用。

五 采用相关标准情况

遵循《知识服务标准体系表》等 8 项项目标准，其标准编号和名称如下。

——GC/ZX 19—2015 知识服务标准体系表

——GC/ZX 20—2015 知识资源建设与服务工作指南

——GC/ZX 21—2015 知识资源建设与服务基础术语

——GC/ZX 22—2015 知识资源通用类型

——GC/ZX 23—2015 知识元描述通用规范

——GC/ZX 24—2015 知识应用单元描述通用规范

——GC/ZX 25—2015 知识关联通用规则

——GC/ZX 26—2015 主题分类词表描述与建设规范

第十五节　化学工业出版社 *

一　产品名称、简介、市场定位、服务对象

1. 产品名称

化工知识服务平台（http://www.chem-know.com）

2. 产品简介

化工知识服务平台是针对化工专业师生的科研、学习需求，聚集化工行业专业知识资源构建的一站式知识服务平台，为用户提供专业导航、智能检索、相关推荐、文献浏览与下载等服务。

3. 市场定位

化工知识服务平台是针对化工专业师生的，内容专业、资源丰富的一站式知识服务平台。

4. 服务对象

开设化学化工相关专业的高校的图书馆、化工相关科研院所、化工企业。

二　知识服务技术架构

本平台是化学工业出版社面向高校、科研院所及化工企业开发的专业知识库，以本体为知识组织系统，除化学工业出版社自有图书、期刊、标准、多媒体资源外，还可集成第三方的标准、专利以及第三方数据库的文献摘要信息，以多种方式为用户提供便捷、集成、专业的信息与知识服务。

1. 逻辑结构

化工知识服务平台逻辑结构如图 8-69 所示。从下至上，展示了资源的加工过程走向。原始资源进入知识库的资源库，自有资源经过智能分析——根据本体提供的关联关系从资源抽取章节并标引数据——连同原始资源一同录入知识库、资源

---

* 撰稿人：化学工业出版社韩娜。

库，系统组织其展示形式和编辑内容，最后发布到网站上。在网站上，用户可根据自己的需求进行搜索和互动操作。

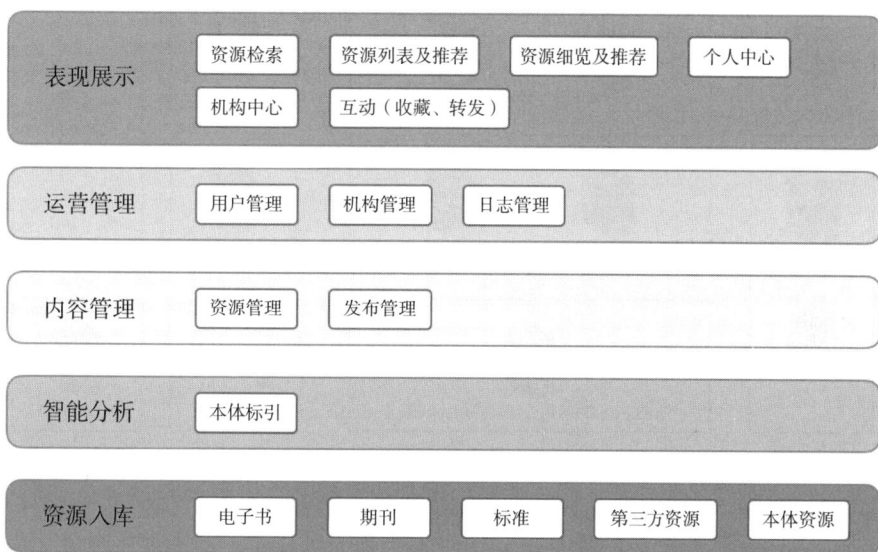

图 8-69　化工知识服务平台逻辑结构

2. 物理架构

在内容资源准备完成后，即可搭建平台系统。根据项目建设策略，平台建设采用 TRS 数据处理等软件产品作为系统核心和基础，通过项目定制实现功能目标。具体物理架构如图 8-70 所示。

3. 技术架构

系统运行环境使用 B/S 模式的实现方式。开发语言以 Java 为主，建立系统服务主体功能的各个模块。

系统技术架构如图 8-71 所示。

产品用户使用内容管理系统时，通过浏览器访问前台的 HTML、JSP 页面，发起操作请求，请求经过业务层的处理调用持久层的数据处理接口访问或修改数据库中的数据。

用户访问资源页面，需要在页面中发出 HTTP 请求到内容管理系统中的 JSP 页面或 Servlet，然后由 WebController 控制器请求业务层和持久层，访问数据库中的数据。

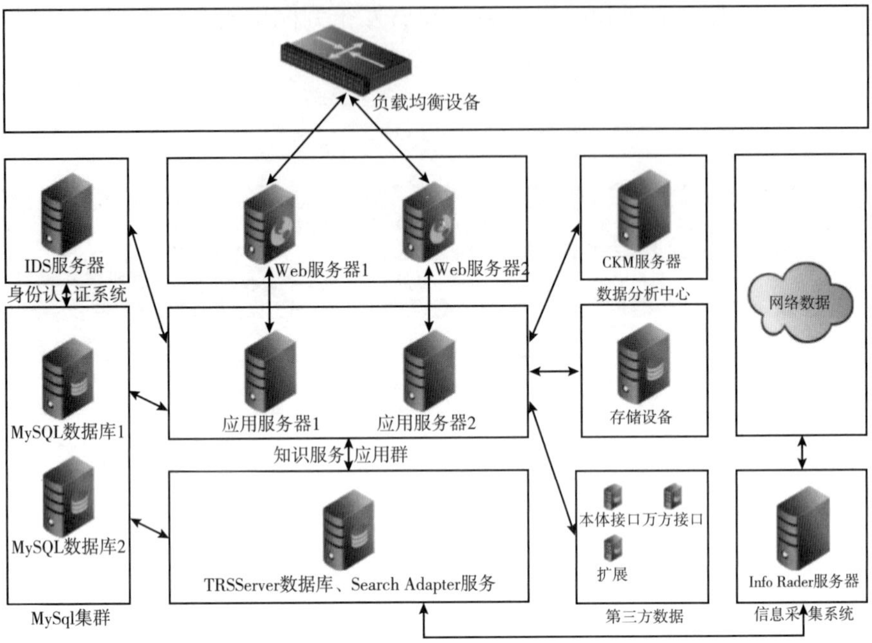

图 8-70　化工知识服务平台物理架构

三　产品架构、典型产品功能及特点

1. 主要功能

主要功能：快速检索、高级检索、分类导航、知识图谱导航、知识推荐、知识关联、作者关联、参考文献关联、资源在线浏览、文件下载等（见图 8-72）。

资源数量：碎片化、结构化的化工专业图书资源 8000 余种，化工行业标准 2200 余种，期刊 4 种。资源实时更新。

2. 产品特色

内容专业：所有资源均是正规出版单位出版的优质资源，并经过了专业分类、标引。

资源丰富：汇聚了最丰富、最全面的化工专业图书、期刊、标准。

使用便捷：提供快速检索、高级检索、分类导航、知识图谱导航等多种功能，并提供多种专业筛选方式。

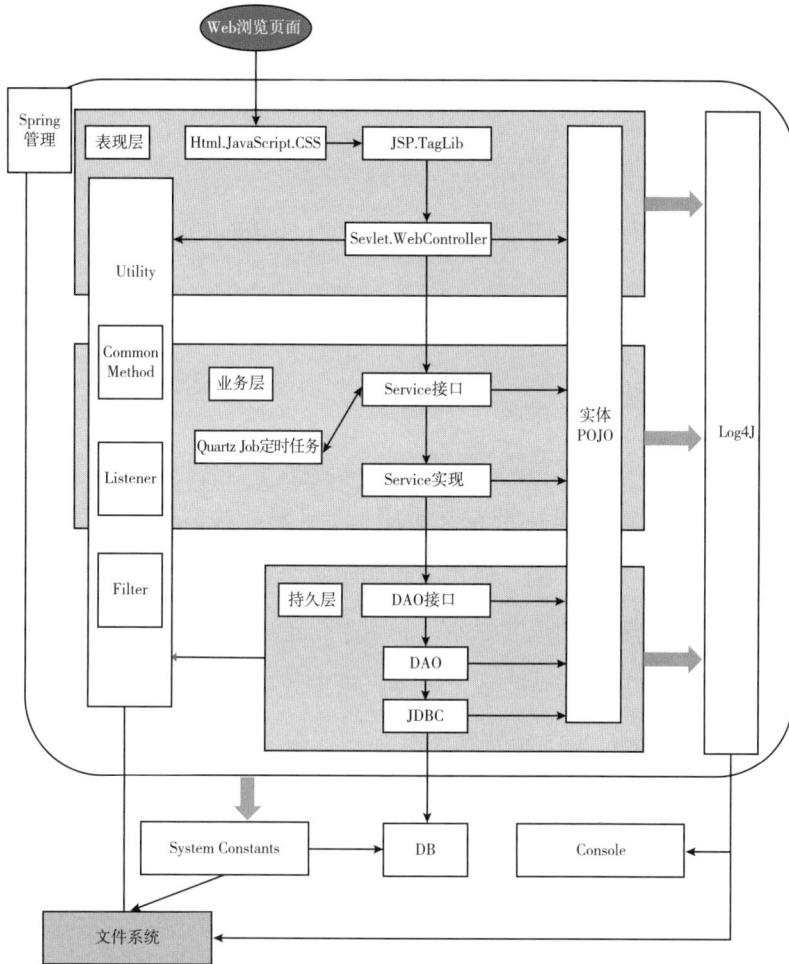

图 8-71　化工知识服务平台技术架构

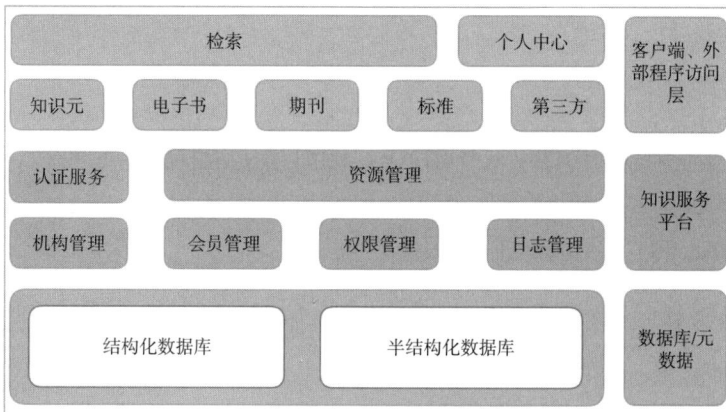

图 8-72　化工知识服务平台功能结构

四 运营模式、盈利模式

1. 运营模式

内容运营为主，活动运营和用户运营为辅。

2. 盈利模式

以产品销售为主，定价为 12 万 ~18 万元 / 年，用户每年续费，试用免费。

五 采用相关标准情况

作为组长单位，化学工业出版社参与编写了知识服务项目标准《知识资源通用类型》（GC/ZX 22—2015）。本标准定义了用于专业数字内容资源知识服务的知识资源通用类型，并列举了相关实例。适用于新闻出版企业进行专业数字内容知识资源分类、聚合、重组，建设领域知识资源库，向用户开展知识服务。

化学工业出版社在知识服务实践过程中，根据数字出版的实际需求，实施了分步走的策略。第一步是参考 2015 年发布的各项知识服务标准，尤其是基础术语、通用类型等标准，制定了一系列资源碎片化加工和标引的规范，完成了近万种自有图书资源的 XML 加工和标引。第二步是邀请和组织化工领域知名专家，基于知识服务项目的各项标准，进行了领域主题词表和属性词表的制定，使用独立开发的"领域本体构建系统"成功构建了化工专业领域知识体系。第三步是基于前期的工作开发了内容专业、资源丰富、使用便捷的化工知识服务平台，并将其作为前端应用平台为用户提供服务。

第十六节　中国出版集团东方出版中心 *

一　产品名称、简介、市场定位、服务对象

1. 产品名称

影像中国旅行文化在线服务平台

---

* 撰稿人：中国出版集团东方出版中心丁峰。

2. 产品简介

在碎片化、移动化、社交化的阅读新时代，我们以积极的心态、创新的方式适应"阅读转型"时代大趋势。移动互联网和智能技术正在驱动和引领内容生产者的知识产权运营新方式。中国出版集团东方出版中心（以下简称"东方出版中心"）秉持自身及前身——中国大百科全书出版社上海分社的优势，即文字形态的知识产权运营，把脉受众需求，试图按照中国出版集团建设"主流出版、数字融合、国际传播"三型集团的总体要求，将纸质媒介承载知识运营平台，向包含文字、图片、音频、视频等全媒介的运营服务平台全面转型，通过数字产业园建设和产业吸附、自主多媒体融合出版传播平台"影像中国旅行文化在线服务平台"（以下简称"影像中国"）的建设等，努力开发数据库出版、知识服务、知识付费，以及 UGC、游戏等不同形态的知识运营模式。

近年来，东方出版中心积极进行官网、官微，以及企业 OA、ERP 等内控和营销系统的信息化建设，更积极地探索传统出版和数字出版的融合创新发展，特别是创立了"影像中国"这一互联网新业态项目。

影像中国是一个国家级的重大主题出版工程。该项目依托互联网移动、位置和交互等最新技术，用影像讲好中国故事，见证中国梦。它通过按中版标准对有较高文化价值的地标进行内容挖掘，形成内容传播模式，再在遴选的基础上对文化内容进行以影像为主的富媒体内容编撰和资源库建设等工作，以向全世界推出一个能全面见证中国大美的、以新媒体融合为特色的"中国影像内容资源库"。通过提升文化影响力，项目最终将形成"旅行文化在线服务"模式，形成新的经济增长点，为中国出版价值提升做贡献。

3. 产品定位

做时代的见证者，传播中国大美，见证中国梦。

做文化的传承者，展现中国特色，歌颂华夏文明。

做未来的引导者，遴选优秀地标，作为未来遗产。

4. 服务对象

一是一切因所处自然或人文地理位置有文化、旅游阅读价值的各类法人或业主（B 端）。

示例：官方公布的世界文化／自然遗产，全国重点文物保护单位，省级历史文物保护单位，全国爱国主义教育基地，全国科普教育示范基地，全国工、农业旅游示范点，中国历史文化名城（镇、村），中华老字号，国家 A/AA/AAA/AAAA/AAAAA 级旅游景区（点），中国国家地理标志保护产品（产地）；各省区市在社会主义现代化建设中涌现出来的当代新地标等。

二是爱好中国文化和旅游的一切中外游客、摄影爱好者（含机构用户、第三方合作者）。

二　知识服务技术架构

1．技术架构

影像中国旅行文化在线服务平台技术架构见图 8-73。

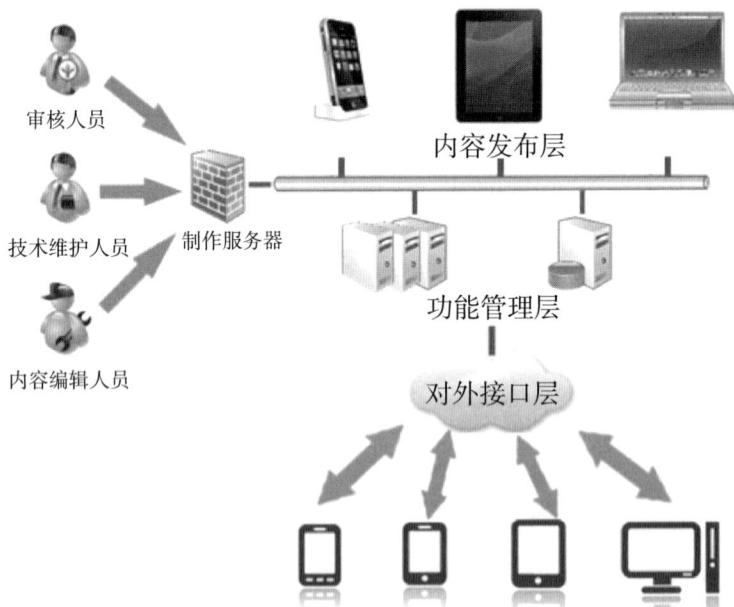

图 8-73　影像中国原试运营平台系统架构

2．部署方案

如图 8-74 所示，在拟升级平台系统架构中，对原有的"功能管理层"进行升级开发，增加为"核心管理层"，"功能支撑层"和"辅助支撑层"。具体增加了源数据管理、单点登录、渠道管理、搜索管理、推荐管理、互动系统、权限管理、统计视图、工作流支撑、运营监控等架构。同时，保留了原"门户发布层"和"外部接口层"并进行了相应的拓展。

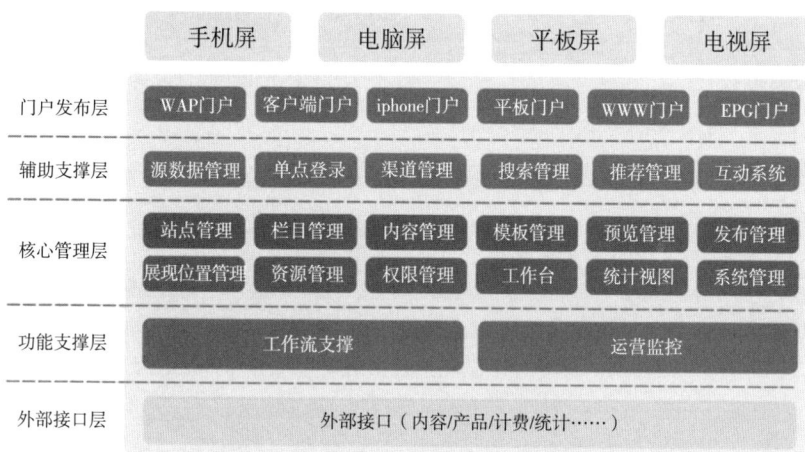

图 8-74 影像中国拟升级平台系统架构

三 产品架构图、典型产品功能及特点

1．产品架构图

影像中国站点式融合出版升级平台功能结构如图 8-75 所示。

2．典型产品功能

升级平台充分适应了东方出版中心作为一个传统的出版社（内容 PGC），面对移动互联时代、自媒体时代的机遇和挑战，利用自身在内容审校、PGC 引领 UGC 方面的优势，依托互联网引擎进行转型创新的需求。平台新增功能设计能更好地为解读、传播文化旅游类地标提供双向互动、平台化、即时反馈、影像化的服务。

（1）子站自服务系统

子站是指在影像中国总平台上，按照地域划分的多个内容封装的子模块，并打包生成独立的客户端。包括用户个人中心、子站官方图集管理、影像池管理、子站

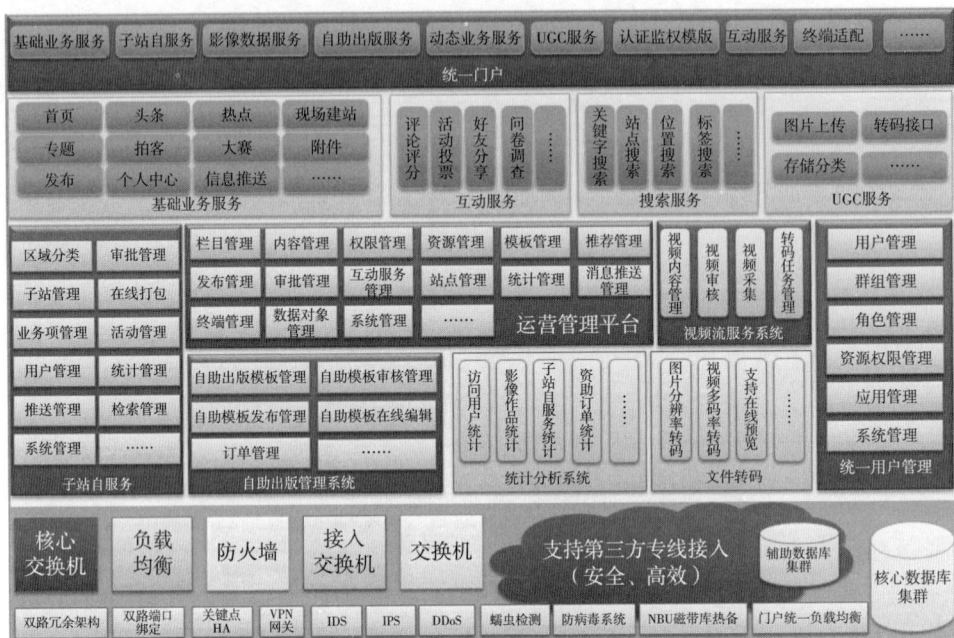

图 8-75　影像中国站点式融合出版升级平台功能结构

官方简介等模块，涵盖美食、住宿、交通、旅行、娱乐、购物等信息，用户可进入相应页面查看相应内容。通过官方图集内容展示子站的风采，给访问用户便利、权威的感受。子站自服务系统是独立子站的运营管理系统，可对总站已有站点独立打包，生成 App。支持对独立子站 App 进行内容管理、用户管理、统计分析。系统平台要求具备子站自服务能力，如具备业务项（如美食、住宿、交通、旅行、娱乐、购物）数量的扩展能力，支持子站管理员账号管理功能，为子站运营人员提供管理和发布子站内容及信息的功能，支持子站客户端的打包，支持子站按地域分类管理，支持子站的申报、批准、审核、上线、发布、下线的生命周期管理流程，支持子站及主站之间的规范管理流程，支持对运营策划的活动及活动内容的管理，支持子站在平台上生成客户端，支持对影像池等栏目的内容进行增删改查、排序、移动、发布、撤回等。

（2）自助出版服务系统

为了在互联网时代更好地帮助用户做出版，降低出版的技术门槛，促使线上线下互动良性有序发展，项目将开发自助出版服务系统，包括设计并定义自助出版的模板母版格式，支持图片、文字的编辑，支持格式位置的定义，提供模板母版的修改、维护、预览等功能；设计并定义自助出版物的格式，支持基于模板的图片、文字编辑，支持二次保存和编辑；提供模板类型和模板文件的管理功能，支持模板的审核、发布、下线；支持用户编辑自助出版物的预览、查询功能；提供自助出版订单管理功能，用户在编辑自助出版物后，可在线提交出版订单，由线下印刷机构接收订单。

（3）UGC 服务系统

为了利用互联网模式解决内容来源问题，实现内容大规模爆发式自生成，有效降低成本，需要充分调动 UGC 的积极性，实现 PGC、UGC 互补有序发展，为此要开发 UGC 服务系统。

UGC 服务系统功能主要有：支持手机拍照和本地相册的云端上传、下载、存储以及分类管理（公开、私密、分组等）；支持 Web 网页方式的照片浏览、上传、下载；支持 iTV 专区形式的私有照片播放和公开照片发布；支持基于摄影活动和图片展示的互动；支持多渠道快速分享：支持微博、微信等社交平台的同步发布；支持可互动的位置服务、位置信息拓展社交服务：支持筛选同一地点的图片、同一地点的人、附近的景点等；以位置信息为基础，面向各风景区、旅行社提供景区提醒、签到等功能；大型活动支撑功能：为多个摄影大赛、旅游活动提供支撑。

（4）互动服务系统

商用平台将通过开发互动服务系统增加用户的黏性，可以通过互动方式如"评论""收藏""反馈""投票""打分""订阅""分享"等进行用户与内容的互动。用户互动服务系统要求实现互动模块可管理、可配置。

（5）搜索服务系统

平台将开发搜索服务系统，支持实现用户搜索、自然语言处理、排序功能以及搜索运营。其中，用户搜索包括图片搜索、并发多字段检索、分类搜索、多关键词搜索、搜索请求敏感词过滤、搜索结果敏感词过滤、搜索词联想等功能；自然语言处理包括中文分词、拼音转换、数字与中文转换、智能纠错等功能；搜索运营包括词库运营管理、同义词管理、热度运营管理、无结果页管理、纠错词管理、分频道排序管理、敏感词管理等功能。

（6）视频流服务系统

支持视频内容的上传、预览、审核、编辑、转码、搜索、删除等常规操作功能，支持用列表和图片展示视频内容；支持文件智能过滤，自动对上传的文件进行识别过滤，对非视频类型文件的上传弹出错误类型提示；支持点播文件的多码率自适应功能；每个视频文件可显示基本信息（大小、时长、码率、类型、来源、添加时间等），提供操作日志和审计功能，追踪视频内容的来源和创建时间。

流媒体具备针对 iOS、Android 等智能操作系统的直播协议和点播格式的支持功能；流媒体升级软件须具备平台端内容防盗链及内容版权保护功能，须支持自选时间和断点续播的播放功能；流媒体升级软件可具备多格式视频文件集成转码功能。

（7）文件转码

提供对图片、视频等文件的多协议、多码率的输出转码功能。转码后的视频文件在后台物理文件上易于存放和管理。实现 UGC 上传内容遵循先审核、后转码的生产模式，转码过程实现批量化与自动化。

（8）统计分析系统

统计分析系统包括用户访问统计分析、影像作品统计分析、合作伙伴统计分析、报表管理等功能，报表要求具有柱状图、折线图、饼图等不同的表现方式，按照建设要求进行数据格式的导出。

（9）运营管理后台

运营管理平台需支持大规模、高并发、跨地域的移动互联网多媒体海量内容的组织，实现业务运营流程化、清晰化、高效化运营。系统需要支持运营人员灵活的权限设置，实现不同用户按照运营流程有条不紊地工作。功能包括栏目管理、内容管理、资源管理、推荐管理、发布管理、发布撤回。

（10）账号权限管理系统

该系统要求具备完善的账号权限管理系统，不同操作员具备不同的角色，不同的角色登录后视图和功能不同，管理权限要求定义到页面按钮级，支持从不同的维度进行划分。权限可以管理和维护，超级管理员具备所有的管理权限，对员工及合作伙伴的权限管理由管理员来完成。系统要求对管理员的操作日志进行管理，对运营人员的操作日志进行记录，以供对运营人员的操作行为进行追溯。日志查询：提供操作日志的查询功能，能够根据用户和时间段提取操作日志。

账号权限管理系统根据权限可以分为超级管理员、普通管理员和一般用户；根据功能可分为编辑权限、删除权限、审核权限、上下线权限、浏览权限；根据管理内容可分为内容管理、应用管理、模板管理、栏目管理、发布管理、预览管理；根据管理范围可分为超级管理员、栏目管理员和合作伙伴管理员。

作为一个以移动互联为主要发展目标的动态系统平台，其移动客户端功能如图8-76所示。

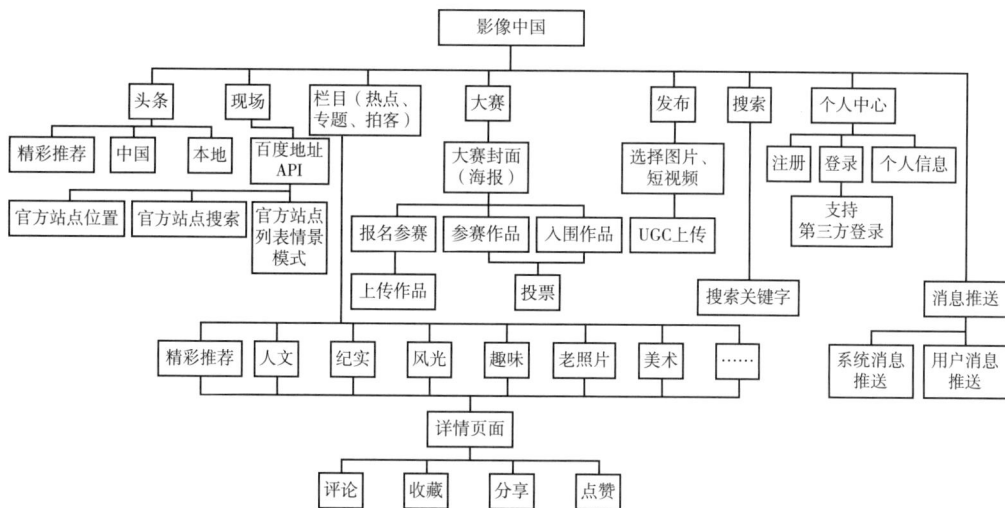

图 8-76 影像中国移动客户端功能

3．产品特点

通过上述功能设计，可以形成手机客户端、Pad 客户端、Wap 门户以及 www 网站门户多屏形态，具备多屏互动基础能力。通过客户端技术，实现应用化体验的影像中国业务产品。支持 Wap 门户，实现客户端产品的外部系统分享。产品具备可扩展的框架能力，符合影像模式的设计，同时具备面向 PGC 及 UGC 的设计。

在移动互联网时代，用户对产品的容忍度较低，一款移动应用在推出的时候可能只是接近完成的状态，这就需要通过快速的迭代开发来更新产品，通过不断完善产品来留住用户。为了适应移动互联网时代更新换代的需求，在充分听取用户体验意见和建议的基础上，项目将根据移动互联网产品的开发规律，安排三次迭代开发。

四 运营模式、盈利模式

1. 运营模式

一是地标内容建设。完成 20000 个地标和融合出版内容建设，实现全覆盖，形成基本布局，建立影像中国地标资源库；实现从 6000 个到 20000 个，从富媒体 H5 到 AR/VR 影像的发展。

二是升级自助出版和中央播控的服务平台。

三是开展以中国文化为主题的地标遴选和评比活动。十九大报告指出：经过长期努力，中国特色社会主义进入了新时代，这是我国发展新的历史方位。在这一重要的时代背景下，作为中国出版国家队，我们有责任担负起传播社会主义先进文化的历史使命。结合影像中国用影像传播中华文化，展现大美中国的项目定位，我们将联合中华文化促进会，以地方推荐、全网评选、专家认定等方式，对中国有较高文化价值，并且能体现当代意义的地标进行遴选，并将遴选出的地标进行全球发布。

四是完成影像中国地标商城的商品精选工作，建立产品资源库。全面整合资源，初步建成地标精选商城，力争让每个有中国文化特色的地标都有 2~3 种以非遗传承、文创为特色的精致商品，代表地标的特色和文化，以满足消费升级后的人民对美好生活的需要。项目组已和上海老字号、各地非遗传承人、大世界等展开了合作，数百种优选文创商品资源底库已经具备。

五是开展以顶级地标为对象的数字影像互动传播和展览展示服务。2018 年，拿到募投资金后，我们将举办一场在全国有影响力的互动影像展。目前，在分管领导的牵头下，已经和敦煌研究院文创中心进行了初步接触。

六是打造地标 IP 授权运营平台。引入专业 IP 运营公司，打造产业生态链，形成产业升级态势，创造新的经济增长点。

2. 盈利模式

地标经济的业务拓展路径：地标的遴选和评比；基于单个地标或主题地标的内容

IP 经济开发；地标电商。

（1）地标遴选和"福布斯经济"

2018 年，我们把中国文化地标评选这件事作为驱动项目发展的重要抓手，进一步加大力度，以形成地标评选的"福布斯经济"。

我们利用评选这一事件进行营销，开展网络互动，以 UGC 方式为主来建设内容资源。

当内容达到一定等级后，中国大地上的每一个有价值的地标都会有一个高品质的地标百科介绍，地标的数字内容用习总书记的话概括，就是要"跨越时空，跨越国界，富有永恒魅力，具有当代价值"。我们将以此为基础开展地标 IP 授权运营。

（2）影像传播服务和融合出版

①地标影像互动展：以合作伙伴的故宫乾隆御书房项目为案例

600 万常住人口的城市有 100 多万人争先观看，产生了数千万的经济效益。

这是当年合作方在策展时的一个测算，相对而言还比较保守，实际运营情况比预计的要好很多，说明高品质的以顶级地标 IP 为主题的影像互动展市场潜力较大。这就是我们追求的地标经济模式。

②融合出版案例：《影像中国·地标日历》系列

2016 年出版了十多个品种，销售实洋超过 500 万元，单个项目实现净利过百万。

我们探索的脚步永不停止，2017 年，我们在融合出版方面又有新的突破。我们运用 AR 和 3D 技术，实现了融合出版的 2.0。

（3）地标电商和其他延伸文创服务

以内容电商的领军企业"得到""一条""果壳"等为例，垂直电商的盈利模式以内容导流，以严选和精品为产品选择标准，这种适应都市白领需求的垂直化电商具有巨大的想象空间，这也是消费升级带来的大趋势。

在项目建设过程中，我们已经拥有了很多精选的、能够代表地标的文创产品，地标商城后续开发将水到渠成。

（4）广告等其他收入模式

随着平台的建设，影像中国将凝聚海量终端用户，产生巨大的广告效益，特别是针对文化、摄影、旅游爱好者和专业人士，对于旅游、汽车、数码影像产品、生活服务等产业的推广具有很好的广告平台效应；在景点营销推广、企业品牌和形象建立方面更是一个非常专业的平台。

平台的广告价值通常与其年日均用户数/PV呈正相关。

项目前期即2014年8月至今的试运营期间，共发展用户13万人。其中，通过建立60个站点发展了用户6万人（平均每个站点对应用户1000人）；通过微信、微博等传播手段发展了7万人。试运营期间通过直营方式已取得55万元广告收入，对应上述13万人（视为年日均用户数）的用户规模，即项目试运营期间通过直营方式，每万名年日均用户创造的广告收入约为4.23万元。

预计随着功能丰富、用户体验深入和营销推广力度加大，项目用户数能实现几何倍数增长，广告收入会大大增加，广告形式（客户端首页广告、开机画面广告、各频道首页广告等）也会不断丰富。

（5）项目后续商业拓展

项目未来将建立大数据支持服务体系：以自身内容源数据为基础，利用云平台具备的API对接功能，采集社交平台、工具平台的用户行为数据，通过协作，对接地标现场实时人流、消费、承载指数、空气指数等大数据系统，通过分维画像，提供大数据支持服务体系。

五 采用相关标准情况

1. 中版标准保障

移动互联网时代的阅读呈现读图化、碎片化、互动化趋势，有"5分钟阅读"的说法。如何保持用户对本项目这样的数字影像平台产生关注兴趣和使用黏性？用标准引领，形成独特有吸引力的产品标识，对内容产品进行质控，从而在市场竞争中形成吸引眼球的差异化优势显得十分重要。中版标准就是这样一个由中国出版集团主导，集中相关专家资源，应用最新文化科技融合手段，从数字影像出版形式、影像图文标准到技术指征，分门别类创建的站点式融合出版传播体系。

本项目是根据中国出版集团数字化转型对公司的具体要求论证、决策和实施的"互联网+"新业态尝试。从试运营阶段和近期来看，围绕站点开发、出版体例、技术演绎和图片影像，形成一整套专业、权威、相互协调的标准体系，对项目进行差异化竞争、争取更多机构选择本项目进行移动互联网影像建站很重要；从长远看，标准的建立对项目能起到促进、保护、协调作用。鉴于国内数字影像内容产业一直缺乏行业标准的规范和引领，中版标准致力于以企业层级的标准化为落脚点，通过今后的建站实践、调研和研究，逐步形成相关的知识产权，为形成相关的行业国家标准（GB）和 ISO 标准做积累。

中版标准涵盖三方面内容：内容架构的影像图文体例标准、全媒介互动传播的技术标准、影像选择标准。

内容架构的影像图文体例标准，包括图片的数量与结构、文字表达、目录设置等。

全媒介互动传播的技术标准，就是制定符合时代发展潮流的技术标准，既符合最新的 HTML5 技术标准，又对接所有的系统，打通微信、微博的推广通路，为站点社交化、互动化提供技术支撑，适应将来多屏跨系统响应适配需求。在工作流程上，建立云写作和中央管理平台，使得远程协作变得快捷简便。

影像选择标准，就是数字影像选择和采集标准，如每个站点对全景图、航拍图、延时拍摄图、白天和黑夜对比图等的"配伍"要求，形成项目特定影像识别符号。同时，对影像像素、拍摄技巧做出规范。

2. 质量保障

项目主要包括内容资源库建设、升级平台建设和营销体系建设，涉及内容、渠道、技术和运营各部门。因此，项目将从总体层面制定各项业务管理制度，强化部门间的业务衔接和协作，确保内容建设和各业务条线销售业绩提升。

图片自采、版权采购、建站对象提供方面，要与签约摄影师团队，各专业图片机构和建站对象等合作伙伴保持密切联系，同时提升内容编辑审核人员业务素质和版权方面守法符规操作能力，确保质量提升、数量增长和结构合理，尽量规避风险，实现图片资源开发利益最大化。

3. 技术保障

技术方面，形成外部对接市场需求反馈灵敏，内部与委外开发技术公司、各业务部门协作高效的接口机制，充分调研业务流程需求和平台总站、子站及各应用层用户的个性化需求，建立并完善一整套数字影像站点式融合出版服务流程体系。

第十七节　上海交通大学出版社 *

一　产品名称、简介、市场定位、服务对象

1. 产品名称

地方文献云出版平台

2. 产品简介

上海交通大学出版社在研发中国地方历史文献数据库过程中发现存在大量文献资源、无足够资金投入、系统开发周期长的痛点，因此设想能有一种"万能的文献数据库系统"让用户只关注优质内容建设三年后，地方文献云出版平台在中国地方历史文献数据库上线推广过程中得到客户需求验证后立项。该平台可帮助拥有与地方文献类似的馆藏机构或出版单位迅速建成数据库。

3. 市场定位

用该平台既可建单体数据库，也可建多个既独立运行又可跨库检索的集群数据库。产品可单独销售，也可联合运营。

4. 服务对象

"以数据库为服务"的模式为图书馆等机构提供数据库使用服务；"以开发平台为服务"的模式为文献拥有者提供数据库建设服务。

二　知识服务技术架构

本平台技术架构基于云计算架构，[①] 如图 8-77 所示。

云基础设施层建设主要包含数据库集群、全文检索、存储、内容分发 CDN、服务器、缓存、负载均衡、信息安全等基础设施，采用云计算架构。信息安全对网站或者 App 的业务流量进行恶意特征识别及防护，将正常、安全的流量回源到服务器。避免网站服务器被恶意入侵，保障业务的核心数据安全，解决因恶意攻击导致的服务器

＊　撰稿人：上海交通大学出版社地方文献云出版平台项目组。

①　薛博召．云计算架构及其技术研究 [J]．电脑知识与技术，2015（3）：72-73.

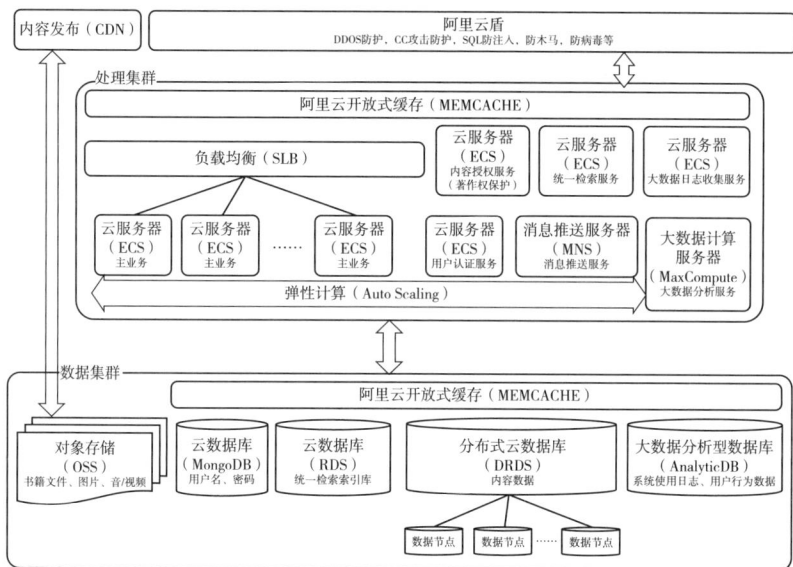

图 8-77 云计算架构

性能异常问题；DDoS 高防 IP 是针对互联网服务器（包括非阿里云主机）在遭受大流量 DDoS 攻击后导致服务不可用的情况下，推出的付费服务，用户可通过配置高防 IP，将攻击流量引流到高防 IP，确保源站的稳定可靠。对多台云服务器进行流量分发的负载均衡服务，可以通过流量分发扩展应用系统对外的服务能力，通过消除单点故障提升应用系统的可用性。通过高速缓存，显著提升需要频繁访问数据的访问速度。全文检索系统对全文数据进行词、字、段落等更深层次的加工、索引的功能，大大加快了非结构化数据的检索速度。数据和日志存储采用了海量、安全、低成本、高可靠的云存储服务，提供极高的数据可靠性。使用 RESTful API 可以在互联网任何位置存储和访问，容量和处理能力弹性扩展，多种存储类型供选择，全面优化存储成本。内容分发将源站内容分发至最接近用户的节点，使用户可就近取得所需内容，提高用户访问的响应速度和成功率。解决因分布、带宽、服务器性能带来的访问延迟问题，加快了多媒体资源的访问速度。数据集群解决了数据库扩展性问题，具备轻量（无状态）、灵活、稳定、高效等特性，支持分库分表、平滑扩容、服务升降配、透明读写分离和分布式事务等特性，具备分布式数据库全生命周期的运维管控能力。

三 产品架构、典型产品功能及特点

1. 产品架构

地方文献云出版平台是以资源层、数据加工层、数据层、挖掘整合层、应用支撑层、应用层、访问层等构成的，包括数据库前台应用系统、跨平台全终端自适应阅览系统、服务接口，以及服务管理体系、质量保障体系、平台运行规则及安全保障等部分（见图8-78）。

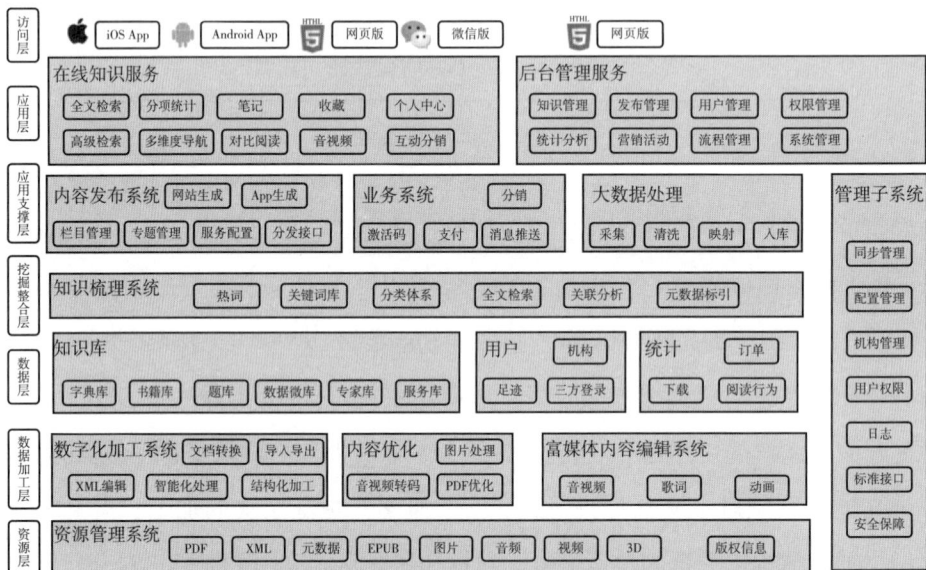

图 8-78　总体架构

访问层：前台应用系统由前台展示模块、综合检索模块、在线阅读视听系统及在线运营系统四部分组成。前台展示模块包含首页展示、多维分类展示、专题列表展示、主题词导航、知识关联展示等模块；综合检索模块包括全文检索、高级检索、导航查询检索、多语言对照检索、语义检索、比对检索等模块；在线阅读视听系统包括在线阅读模块、多媒体阅览模块、交互模块、云书房模块等；在线运营系统包括账号购买模块、交易及支付模块；前台终端覆盖的终端类型有 iOS 终端，包括 iPad 终端、Android 平板电脑、Windows 终端等。

应用层：应用层是功能提供层。包括为用户提供的知识服务功能和为管理员提供的后台管理、编辑功能。应用层为系统提供各项业务的处理能力。向访问层提供在线知识服务。应用层完成对服务逻辑的描述和处理。处理所需数据来自应用支撑层。应用层根据来自访问层的反馈，进行用户行为数据的收集。

应用支撑层：应用支撑层为系统提供各项业务所需的数据管理与发布能力。向业务层提供经过发布的数字资源。处理所需数据来自数据加工与挖掘整合服务。应用支撑层可以将数据以多种格式发布至多种渠道和多种终端平台，并负责所发布数据的管理。应用支撑层为应用层提供基础业务支持。

挖掘整合层：这一层主要对知识库里的知识进行分类、关键词标引、建立索引等，为多维度导航和智能化检索提供便利。数据加工处理系统包括数字化加工、元数据管理与标引、接口化加工、平行语料加工、多格式数据输出等模块；标引生产工具系统包括账户权限管理、标引任务管理、功能权限管理等模块；数据挖掘系统包括自动分类、中心词挖掘、抽取挖掘、资源关系挖掘、自动索引、成果关联等模块。

数据层：数据层的数据由三部分组成，包括知识库、用户和统计数据。知识库是经过加工、整理的，可以提供服务的知识内容的集合。知识的内容主要由图片、音频、视频、XML 数据库、PDF 等文件和知识条目的索引表、知识条目的分类、知识属性描述数据、知识导航图谱、知识内容的全文检索等组成。对于知识条目的索引表，提供给用户端 App 的，则加密后存放在 OSS 上，可公开访问，支持 CDN 加速；用于服务器端提供服务的，存放于全文检索引擎。用户端 App 的索引，采用 SQlite 格式，而服务器端索引，采用全文检索格式。知识属性描述数据、分类数据、导航图谱，存放于数据库。知识内容存放于全文检索引擎。

数据加工层：数据化加工指的是通过文档格式转换、智能化内容提取、人工编辑和标引等手段，将纸书 PDF 上的原始内容，加工成结构化的数字资源等基本数据处理服务。内容优化指的是将发布内容自动做网络和空间最优化处理，改善应用端用户体验。在内容优化的同时，需要考虑加密和内容宫校验、断点续传等能力。

资源层：资源层包含原始文件及版本信息。资源层的内容，可以在资源层内检索。资源层根据权限，分为管理平台、工作平台、编辑平台，为不同用户提供不同功能。提供了采集工具，方便资源的采集处理。为数字化采编系统和 ERP 系统提供了接口，方便了内容的管理和导入。元数据信息的自动化处理。例如，提取 PDF 目录，提取 PDF 字数，提取视频文件像素、比特率、帧数等信息。

共通：系统提供管理子系统，为整个系统提供通用能力，避免重复开发和接口混乱。管理员和权限：虽然系统有多个子系统和功能，但只有一个统一的管理员登录和权限管理中心。管理员数据也可从现有 ERP 等系统导入。日志：系统提供了日志处理的共通模块。可定义日志生成等级，日志的集中采集、分析和备份机制。安全保障：提供服务状态巡检报告、密码验证、数据备份、操作日志等统一的安全保障机制。标准接口：各系统和模块间通过统一的接口交互，保证模块的独立性，便于扩展。通过接口对外提供服务。

2. 典型产品功能及特点

（1）产品功能及使用场景

古籍文献整理出版工作与我国经济、政治、文化、社会建设事业密切联系在一起，盛世修典、以文化人是我国文化建设的优良传统。[①] 我国明清至 20 世纪 50 年代初期形成的契约文书，每一份都具有其独特性与不可复制性，每一份都是逝去时代之印记。从文化保存的意义上看，每一份契约文书都具有自己独特的价值。明清至 20 世纪 50 年代的契约文书，也是研究中国土地制度、产权关系、乡村商业、乡村社会的最好资料。因此，每一份契约文书，都具有较高的学术研究价值。

随着契约文书的收集整理，"契约文书"这一概念已不能涵盖迄今为止发现的各种类型，于是有学者提出以"民间历史文献"或"地方历史文献"指称迄今发现的明清以来各种民间文献。本项目即使用"地方文献"指称这些资料。

目前，契约文书之纸质出版都已有相当长的时间，也有个别图书馆、博物馆或大学建立了相应的古籍数据库，但都未形成规模。如中国社科院建立的明代徽州文书数据库，不足 1 万件；黄山学院也于 2004 年开始创建徽州文书特色数据库，至 2010 年仅录入数据 1.2 万余条；祁门县博物馆于 2011 年开始实施馆藏徽州文书数据库建设，

---

① 李明杰. 数字环境下古籍整理范式的传承与拓新 [J]. 中国图书馆学报，2015（5）：99-110.

但仅有1万件徽州文书。正是基于以上几方面的考虑，我社与上海交通大学地方历史文献研究中心达成协议，率先投入启动馆藏丰富的地方历史文献出版工作，利用科技支撑、创新技术手段，重点打造本平台，为中国学术，包括史学、法学、人类学与社会学，甚至文学的研究，搭建起一个新的平台。本项目无论在资源丰富程度上，还是在技术创新上都是首屈一指的，可更好地为学术研究服务，促进和引领学术研究。本平台产品功能如下：

多种检索方式：本平台下的数据库能实现全文检索和高级检索方式，可支持单词检索、多词检索（见图8-79）。高级检索可按文献编号、年代、地域、事主、类型等多条件组合检索，下一阶段将实现智能化语义检索、相似性检索方式。为方便研究者使用，支持授权用户复制、粘贴和打印。下一阶段数据库还将跟踪、记录读者检索历史，为未来进行大数据分析打下基础。

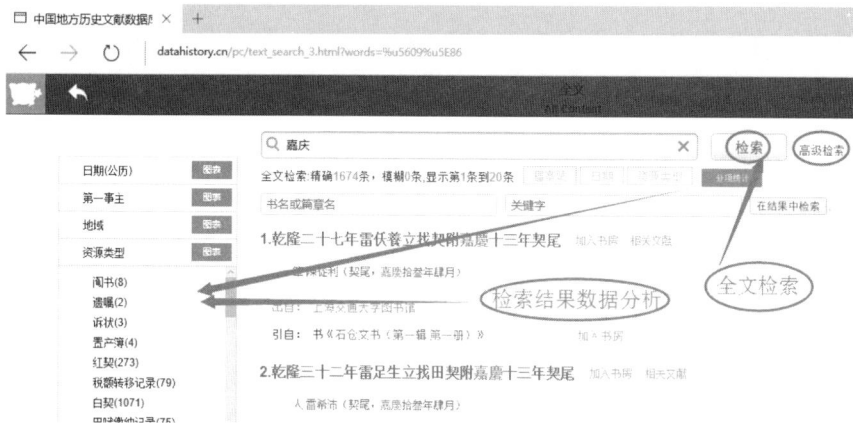

图8-79 全文检索示例

主题化、全媒体服务：本平台下的数据库就某一文献主题，进行完整的搜集汇集，并组合成某特定主题进行推送，包括文本、图片、音频、视频等。

多维度导航服务：一般数据库只提供一个维度的分类导航树，但本平台下的数据库由于对文献资料利用上的高度细分，可支持多个维度的分类树，从而给用户提供个性化、多路径的导航阅览服务。对本库而言，既可按年代，也可按出处；既可按归户，也可按地域；还可按物理特性、内容特征、身份识别特征等（见图8-80）。

图 8-80　多维度交叉检索

适应多种终端：本平台下的数据库将根据用户需求提供多种服务方式，包括局域网镜像服务、在线服务两种服务模式。对于机构用户，可提供本地安装；对于一般客户，还提供移动阅读客户端（iPad App）和网络在线服务。下一阶段将支持多种支付方式，用户可根据需要，申请购买并发数、点卡，充值等相应的访问方式，部分资源可免费查阅。支持多种终端、多种操作系统。

个性化云端服务：通过注册、登录操作，为个体用户提供个性化云端服务。对于检索到的电子书或图集，只要是同一用户，用不同终端，在不同时间、不同地点打开同一本书可实现同步阅览。建议用户将检索结果收藏至云书房，这样在下一次阅览时可快速找到。云书房将台式机、笔记本、手机、平板等终端设备连接为一体，实现在多个终端上同步阅览，让用户不受时间和空间的限制，持续工作或学习。

（2）产品特点

①保存珍贵的历史文献资料，为学术研究提供基础文献

例如，上海交通大学地方文献研究中心近年来所收藏的"契约文书"内容十分丰富，包括契约、账本、赋役、诉讼、行政、宗谱、信函、家礼、地图等 13 个类别。许多早期的文献由于时间久远，保存不善，已受到严重损坏。本平台建设中将聘请文献修复专家对原始文书资料进行平整加工，再通过扫描进行数字化存档，并手工录入

所有原版文本，从而较完善地保存这些珍贵的历史文献，为学术研究提供文献基础。此外，本项目的推进，也有利于进一步收集乡村散落保存的大批契约文书，挽救珍贵文献。

②利于文献查阅检索，促进学术研究和文化传播

数据库出版与纸质出版相比最大的优势就在于智能检索和海量存储，本数据库将运用最新的数字出版技术，实现一次制作、多终端发布，加工后的 XML 数据库还可实现关键字全文检索、语义检索、比对关联检索等智能检索功能；全平台覆盖移动终端和 PC 端，多分辨率自适应显示，通过云端同步各终端阅读状态，实现无缝衔接，从而为用户提供高质量内容查阅体验，促进学术研究和文化传播。

本平台下的数据库的设计思想和技术与现有古籍数据库有很大不同，独特的产品呈现方式将给用户带来与众不同的阅读体验，有利于推动古籍经典的大众普及，实现中国传统文化的广泛传播。

③为用户提供个性化阅读服务，创新出版模式

传统纸质出版物都是统一编辑加工、印刷出版，无法根据用户的个性化需求定制内容。通过最新的数据库出版技术，可根据用户不同的需求，提供个性化服务，从而创新出版模式。如通过结构化阅读呈现，按专题、归户、件、页等单位灵活定价；根据用户具体需求提供 POD 服务；根据用户对象检索历史，智能组织相关属性内容，向读者推荐阅读内容等。此外，网络无国界，数据库出版也为中国历史文献数据库"走出去"创造了更好的条件。

本数据库由我社主持建设，与大学、图书馆、博物馆等机构的出发点有所不同，我们会更注重产品的市场需求，在满足大众需求的同时，为用户提供个性化服务，有利于提升内容质量，拓展产业规模。此外，数据库出版也有利于保护环境、节约运输成本和存储空间。

四 运营模式、盈利模式

当前，数据库产业存在两条发展路径：一是内容比较全面的综合数据库，如 ScienceDirect、EBSCO、Wiley、CNKI、万方、维普；二是内容单一的专题数据库，

如美国的 APS、ACS，我国的北大法宝数据库、CCER 中国经济金融数据库。[①] 本平台聚焦于后者。

"以数据库为服务"的模式为图书馆等机构提供数据库使用服务；"以开发平台为服务"的模式为文献拥有者提供数据库建设服务。——这是我们通过不断摸索明确的运营和盈利模式。

在"以数据库为服务"这一模式上，我们最初的探索是中国地方历史文献数据库，这也是整个平台的基石。前文已提及我社与上海交通大学地方文献中心的合作。该数据库的全部文献源于该中心专家 2006~2013 年的田野调查，或来源于市场收购，或走村入户获得授权复制的第一手文献资料，共 35 万件 150 万页，分为契约、账本、赋役等 13 类，涵盖历史学、经济学等 10 多门学科，是研究中国乡村政治、经济、文化活动的"活化石"。鉴于其历史和文化意义重大，数字化工作刻不容缓。我社决定自筹经费，用边运营、边建设的思路坚持研发。2015 年 10 月，该数据库上线，我社迅速组织专门的营销团队，将产品以图书馆为入口推向市场，取得了一定的销售业绩。随即，我社接洽其他的资源渠道，以第一个数据库为基础，又建设了中国司法档案数据库（江津卷）、中国商会档案数据库。同时，又开发了东京审判文献数据库。目前，用户有中国人民大学、上海交通大学、安徽师范大学、中山大学、哈佛大学、普林斯顿大学、香港中文大学、上海图书馆等几十家单位。

在近几年实战经验和一线市场经验基础上，"以开发平台为服务"的理念逐步清晰。我社以已有数据库所在的平台和技术为基础，依托经验丰富的古籍文献类编辑团队，为类似资源拥有者快速建设数据库，并以提供技术支持服务或联合运营的模式进行合作。此模式不但可充实平台本身，也丰富了商业模式。

五 采用相关标准情况

平台在开发时虽没有完全采用相关标准，但在设计时参考了 DCMI（Dublin Core Metadata Initiative），与相关标准具有较好的兼容性。希望知识服务标准化能覆盖更多的专业。

---

① 李明理. "程焕文之问"的数据库垄断观解读 [J]. 图书馆论坛，2015（3）：1-8.

第十八节 《中国出版传媒商报》社 *

一 产品名称、简介、市场定位、服务对象

1. 产品名称

（1）《中国出版传媒商报》历史资料数据库

（2）《中国出版传媒商报》数字报

（3）好书探听书产品

2. 产品简介

（1）《中国出版传媒商报》历史资料数据库（以下简称"历史资料数据库"）

涵盖1995年《中国图书商报》（《中国出版传媒商报》前身）创刊以来所有文字（包括图片）信息，按照人物、机构、产品、数据、专题供图书馆、高等院校信息传媒专业，以及其他书业研究机构等用户检索查询。

（2）《中国出版传媒商报》数字版（以下简称"数字报"）

自2013年开始，将每期的报纸数字化并加工成数据化的数字产品，为书业信息传播提供可迅速搜索与检索的数字产品。

（3）好书探听书产品（以下简称"好书探"）

是一个知识服务生产的内容平台，旨在以产品为纽带，通过新媒体建立起连通出版社和书店的好书选书平台和传播推广平台。以中国阅读周报为内容生产基地，以书店新媒体联盟为内容分发基石，以当当、京东等电商为战略合作伙伴，提供多角度的好书报道内容，为渠道选品提供参考，为读者购书提供帮助，导读、导购、导文化。好书探以发现有价值的好书为己任，通过文字、音频、视频以全媒体形式全网分发。

3. 市场定位

（1）历史资料数据库

用户检索查询。

---

* 撰稿人：《中国出版传媒商报》社孟丽媛。

（2）数字报

可迅速搜索与检索的数字产品。

（3）好书探

以产品为纽带，通过新媒体建立连通出版社和书店的好书选书平台和传播推广平台。

4. 服务对象

（1）历史资料数据库

图书馆、高等院校信息传媒专业，以及其他书业研究机构等用户。

（2）数字报

图书行业用户。

（3）好书探

大众读者。

二　知识服务技术架构

1. 历史资料数据库技术架构

项目总体架构从如下四个方面展开：项目应用运行的基础平台、数据整合及管理、数据库服务、增值运营。数字资源公共服务平台项目建设技术架构如图8-81所示。

（1）基础设施

充分考虑基础设施的安全性、可扩展性，这主要是因为数字资源公共服务平台是新闻单位核心资产，项目建成后，资源存储是否安全、系统能否稳定运行，是本项目建设是否成功的重要指标。另外，数字资源公共服务平台是一个开放的系统，后续会不断地有资源进入，因此基础设施需要具备可扩展性。

对此，在设计项目的架构时，基础设施层采用虚拟化技术，在兼顾了项目运行安全性考虑的同时，也便于随着业务的发展和资源的不断增加弹性地扩展基础资源。

（2）数据整合及管理

数据整合及管理层在技术设计上主要有如下几个关键点：规范引擎、入库引擎、检索引擎和数据库。这几个技术关键点决定了整个项目的数据处理能力和效率。

数据规范引擎将不同来源的数据按照统一的数据描述规范统一化；入库引擎将规范化处理之后的数据导入数据库，在入库逻辑中，包含对数据的拆条、标识、分类等

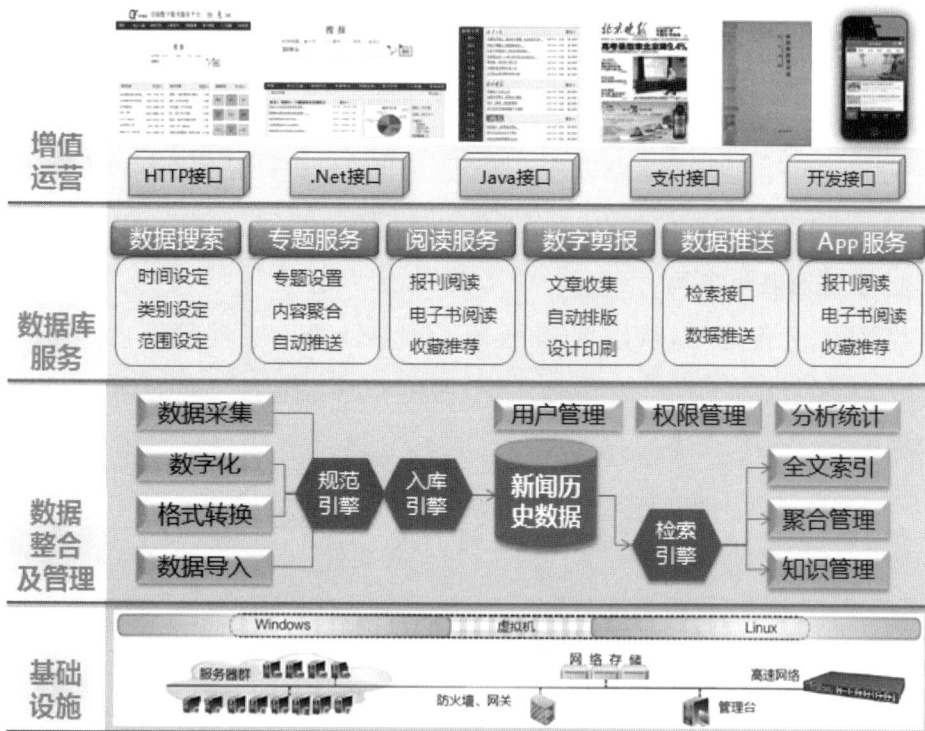

图 8-81　项目建设技术架构

操作。检索引擎是依据入库数据的全文及标引信息分词、创建索引，以支持上层的全文检索、专题管理、知识检索等服务。数据库管理包括了关系型数据、实体对象数据的存储管理，以及数据库的用户管理、权限管理、分析统计等。

（3）数据库服务

数据库服务层从技术上将数字资源公共服务平台的服务进行了封装，将其抽象成若干个可以组合应用的基础数据库服务，包括数据搜索、专题服务、阅读服务、数字剪报、数据推送、App 服务、互动服务、公告管理与发布。

其中，数据搜索、专题服务、数据推送时基于搜索引擎及全文数据库所进行的封装。阅读服务及数字剪报是基于规范引擎及入库引擎处理后的数据应用。App 服务是基于智能终端平台上各项服务的封装，以实现在移动互联网上接受数据库服务。

（4）增值运营

在增值运营层，技术设计时需要考虑到数字资源公共服务平台多种类型的用户，以及为不同用户选用不同的服务。为了方便用户使用数据库的服务，在增值运营层以用户为中心，提供统一的服务接口。在增值服务层，以个人和机构用户为核心，包装好统一的支付、用户管理门户功能。

同时，除了上述增值运营以外，增值运营也可以进行二次开发，基于 HTTP、Java、.Net 的接口构建不同的增值服务对象和增值服务内容。

2. 数字报技术架构

数字报技术架构设计从如下方面展开，包括项目报刊版面反解、数字报内容管理、数字报模板制作、数字报生成等。数字报技术架构流程如图 8-82 所示。

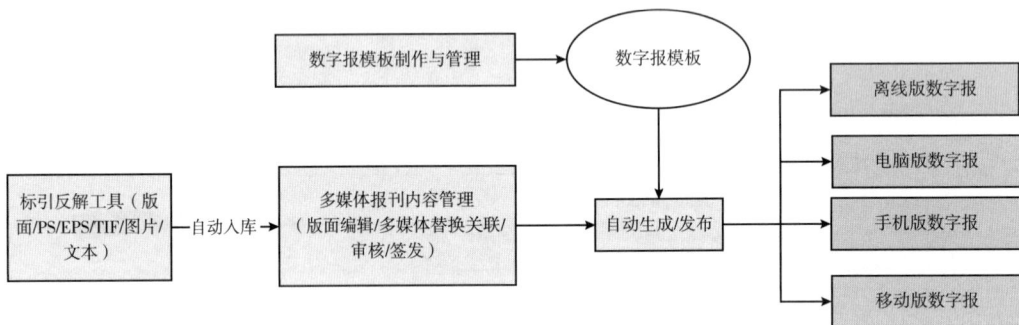

图 8-82　数字报技术架构流程

（1）技术方案

数字报刊系统平台涵盖了数字内容的生产、数字内容的存储、跨媒体发布及经营等诸多环节，实现报社与读者、报社与广告商、读者与读者之间的良性互动和沟通，通过融合音频、视频、图像、动画等多媒体元素，利用网络媒体低成本快速有效的传播特性，帮助报业在新的历史时期继续保持主流强势媒体的话语权，增强受众体验，拓展经营渠道，从而反哺母报。

通过一体化高效的生产流程，同时生成离线版数字报、电脑版数字报、移动版数字报、手机版数字报这四种形式互为补充的全媒体数字报刊内容，结合统一读者资源管理平台，实现评报、投票调查、点击量统计等与读者实时互动的功能，通过数字报发行管理平台和广告管理平台，实现数字报经营模式的突破。

（2）生产制作平台

平台前方核心的版面报刊技术实现四种数字报刊展现形式的一体化生产与制作流

程，通过对排版文件、PS/PDF 印前大样文件、图片 /TXT 等的全面支持，实现了兼容所有数据源的开放式系统架构。

（3）内容管理平台

本平台是数字报生产系统的内容管理中心，实现了数字报稿件内容的管理、替换、关联等编辑功能，也能够对数字报刊版面进行编辑、审核、签发、发布、撤销等操作，实现安全的数字报采、编、发流程，为报社提供安全的数字内容发布流程保障，并通过对数字报稿件的数据库分类管理，为报社进行进一步的数字内容营销提供数据来源。开放式设计使平台具有很好的可扩展性。

（4）读者资源管理平台

本平台在统一会员管理的基础上，实现了会员读者对数字报内容的注册、登录、访问控制等功能的管理，并在识别会员身份的基础上，收集读者评论、点击、投票调查等信息，为进行读者行为分析、定向广告推送、精准信息服务提供数据依据。

（5）发行管理平台

本平台实现了报刊数字内容到数字报的最终转换。在前期生产制作平台生成具有统一标准的 XML 格式数据之后，批量生成面向 PC\ 移动 \ 离线 \ 手机等 HTML 页面。

（6）数字报

数字报采用 HTML5 标准技术，搭建 Web 应用站点，面向最终用户。

以上平台内容共同构成数字报应用平台。平台整体采用 B/S 架构体系，应用最新Web 及后端技术方案。综合应用分层架构、组件模板、HTML5 统一适配方案。

3. 好书探技术架构

项目总体架构从如下方面展开，包括项目应用运行的基础工作、增值运营、粉丝维护等。

（1）基础工作

①文字方向以书摘为主，书评为辅（每周五更）

A. 需要宣发的新书

B. 经典书籍

②音频流程（配合文字每周五更）

提前一周文字定稿；拿到稿件后录制音频；对音频进行制作，配合稿件制作公众号推文。

（2）视频制作方案

①好书探·店（每周一更）

定期对书店进行实地访问，对销售负责人或者书店老板进行采访。问题分为常规问题以及特殊问题。常规问题包括书店最近一月销量最好的书是什么？您觉得是什么原因呢？特殊问题包括主持人临场发挥。

②好书探·短视频（每周三更）

每周一份特色书单，推荐 3~5 本书，摘取经典片段；主持人出镜朗读书中最经典的一句话；好书探·店的视频预告。

③好书探·人（随时更新）

对两个月内出版新书的作者进行专访，针对作者个人特色制定采访提纲和拍摄脚本。

④好书探·读书会（随时更新）

对一些比较有影响力的读书会进行视频拍摄，后期可组织好书探的线下活动，举办读书会。

（3）增值运营

对制作好的产品进行全网分发，跟微信、微博、今日头条等 App 平台以及各大书店和出版社进行合作，增大产品影响力。定期对客户进行回访，提升客户对好书探系列产品的满意度和关注度。对客户的广告咨询进行跟踪，及时处理数据与产品反馈，协助营销部门做好支持工作。

（4）粉丝维护

①设置投票话题

让粉丝参与内容制作。需要对粉丝有足够的了解，需要对粉丝的消息进行分析，后期有针对性地对他们进行营销。

②自定义菜单设置

自定义菜单设置，加入各种能够增加粉丝黏性的活动，定期整理公众号自定义菜单，提高粉丝好感度。

③消息回复

提高全网粉丝量，不仅仅要提高粉丝的数量，最关键的是还需要把粉丝给维护好，从中培养核心粉丝，让他们为内容买单。

4. 部署方案

此部分以数字报为例，数字报目前有两种部署方案。

（1）前方云平台部署

数字报前方云平台部署方案见表8-14。

表8-14　前方云平台部署方案

项目	数量	应用目的	技术要求	备注
Web 应用服务器	10+	Web 应用平台服务器	1. 可扩展 2. 内存要求较高 3. 站点负载	
文件服务器	2+	图片、静态资源服务器	1. 容灾 2. 容量可扩展 3. GPU 要求较高 4. 可插拔	
数据库服务器	3+	应用数据服务器	1. 容灾 2. 映射 3. 分布式	
任务处理应用服务器	1	任务处理服务器	CPU 要求较高	
检索服务器	2+	检索库＋检索引擎服务器		

（2）客户自行部署

数字报客户自行部署方案见表8-15。

表8-15　客户自行部署方案

项目	数量	应用目的	技术要求	备注
Web 应用服务器	3+	Web 应用平台服务器	4. 可扩展 5. 内存要求较高 6. 站点负载	
文件服务器	2	图片、静态资源服务器	4. 容灾 5. 容量可扩展 6.GPU 要求较高 4. 可插拔	
数据库服务器	3	应用数据服务器	4. 容灾 5. 映射 6. 分布式	
任务处理应用服务器	1	任务处理服务器	CPU 要求较高	
检索服务器	1	检索库＋检索引擎服务器		

三　产品架构、典型产品功能及特点

此部分以数字报为例。

1. 产品架构

数字报产品架构如图 8-83 所示。

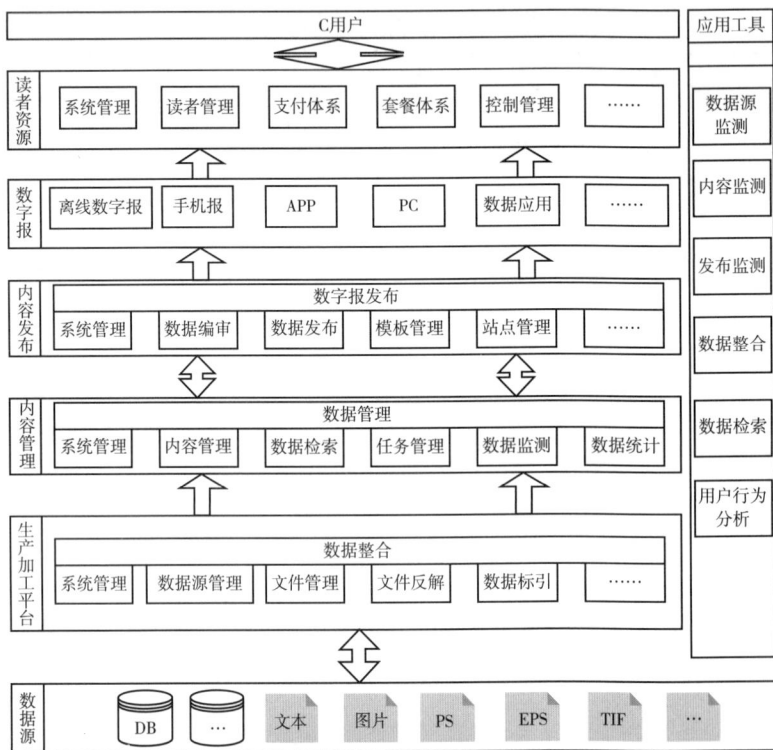

图 8-83　数字报产品架构

2. 典型产品功能及特点

（1）使用场景

传统媒体行业出版物数字报刊代加工业务。

传统媒体行业出版物历史内容数字化。

传统媒体行业出版物内容数字化运营方案。

为图书、文献、档案馆等提供有价值的数字化内容覆盖。

（2）主要功能

文献等的数字化展现。

文献等多种数字化数据源整合。

文献等数字化内容价值维度的标引标注。

（3）产品特点

前方数字报系统采用标准化的加工流程和工艺，严格的质量控制，对内容出版物进行反解、标引、结构化、发布、整合；一键发布生成 PC 版数字报、小程序，移动版数字报、大屏；提供多套模板库服务，语音读报、搜索、数字剪报服务。

前方数字报系统可以为传媒出版行业提供相关纸质内容的数据加工和二次标引，加工业务流程采用"双编三校"流程，确保数据质量为 99.99%，实现历史内容和日常流水内容的无缝整合，提供历史内容库，实现历史内容数据管理、查询、个性化定制平台、增值产品的应用。

采用最先进的大数据和云计算技术，整合传媒出版行业内容资源，实现新闻、内容资源标准化、智能化的统一管理，挖掘历史信息的潜在价值，构建抽屉模式的外延信息接入服务，以云平台为大众和专业机构用户提供在线服务，多形式、多渠道实现信息资源的有效利用和增值服务，开创媒体融合和数字内容运营模式。

（4）解决行业痛点

前方数字报系统主要满足了传统媒体行业对历史内容的数字化、对未来内容的数字化运营的需求，实现了对已有数字化内容源的无缝整合，完美支撑了客户对所有版权内容的互联网时代战略布局。

四　运营模式、盈利模式

此部分以好书探为例。

1. 运营模式

好书探在线上进行全网运营，主要平台有微信、微博、网易云音乐、喜马拉雅等。以书店新媒体联盟为内容分发基石，以当当、京东等电商为战略合作伙伴，提供多角度的好书报道内容，为渠道选品提供参考。线下举办会员制读书会，实现线上线下的联动。

2. 盈利模式

除了赚取平台流量费和出版社广告费，好书探部分产品以会员制和按量收费为盈利模式。

五　采用相关标准情况

暂未使用。

第十九节　北京师范大学出版社 *

一　产品名称、简介、市场定位、服务对象

1. 产品名称

京师英语听说训练系统

2. 产品简介

京师英语听说训练系统是北京京师讯飞教育科技有限公司联合北京师范大学集团、出版融合发展（北京师范大学出版社）重点实验室，结合科大讯飞先进的智能语音评测技术而研发的英语听说训练平台。

京师英语听说训练系统是依托北京师范大学出版社优质的内容资源，利用先进的智能语音测评技术，推出的"听说训练考试用书＋网络训练系统"线下线上相结合的融媒体出版解决方案。系统严格按照听说考试流程建立学生仿真人机考试场景，支持同步练习、全真模拟、专项训练、考前冲刺等多种训练方式，全面支持学生不同学习场景下的需求。

3. 市场定位

主要针对北京中考英语听说考试，满足考生对英语听说考试平时训练和考前模考的刚性需求，以及部分学校和老师课上集中练习的教学需求。

4. 服务对象

北京地区初中学生和教师。

　＊　撰稿人：北京师范大学出版社姜钰。

二 知识服务技术架构

1. 技术架构

京师英语听说训练系统技术架构见图8-84。

（1）基础设施

基础设施为系统保驾护航，同时也是最基础的底层硬件设置，同时提供7×24小时的基础设施服务保证。

（2）公共服务数据层

①用户身份验证

保护用户信息数据不被泄露，同时保证系统的安全性。

②数据库服务

为英语听说提供整体数据、文件资源的底层物理支撑。其中，数据库服务主要涉及系统账号的落地存储及文件资源的体系结构存储。

③文件系统

用于存储英语听说试卷相关海量文件资源（教学视频、课件以及试卷、录音等）。

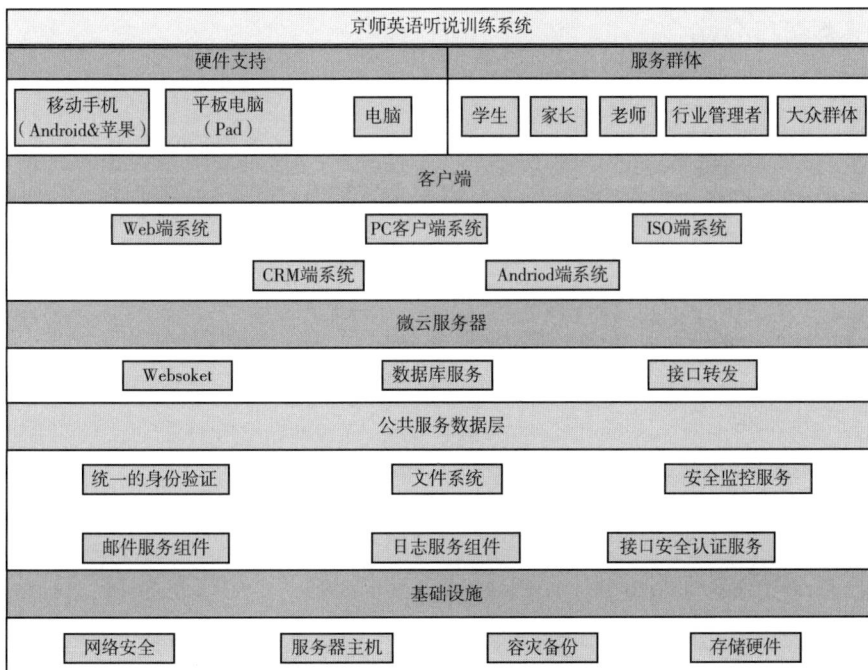

图 8-84 京师英语听说训练系统技术架构

④日志服务

日志服务实现日志数据、业务数据的全生命周期智能管理，适用于英语听说的运维监控、安全审计及业务数据智能分析等。

⑤接口安全认证

接口安全认证能提高数据的安全性，同时为系统设置了安全阀门，从而根据不同的需求提供数据的分类。

（3）客户端

①Web 端

以 Windows 桌面程序形式存在。与学生客户端通过微云服务器实现数据通信，同时提供学生端以及教师端角色的应用供学生和老师使用。

②PC 客户端

以桌面应用形式存在，能为学生提供集听说练习于一体的服务。

③CRM 系统

主要对学生、试卷以及统计信息，进行管理以及数据维护。

2. 部署方案

（1）云端方式

主要采用云端部署方式，数据从云端传输到学生手机，学生在家或者学校用手机和 Pad 进行英语听说的练习，在节省成本的同时，解决部署复杂的问题。

（2）多媒体教室部署方式

采用多媒体教室的部署方案，适用于模拟考试。

三 产品架构、典型产品功能及特点

1. 产品架构

京师英语听说训练系统产品架构如图 8-85 所示。

2. 典型产品功能及特点

（1）产品功能及使用场景

全真模拟：模拟中考真实考试流程，让学生提前体验中考要求，熟悉考试界面。

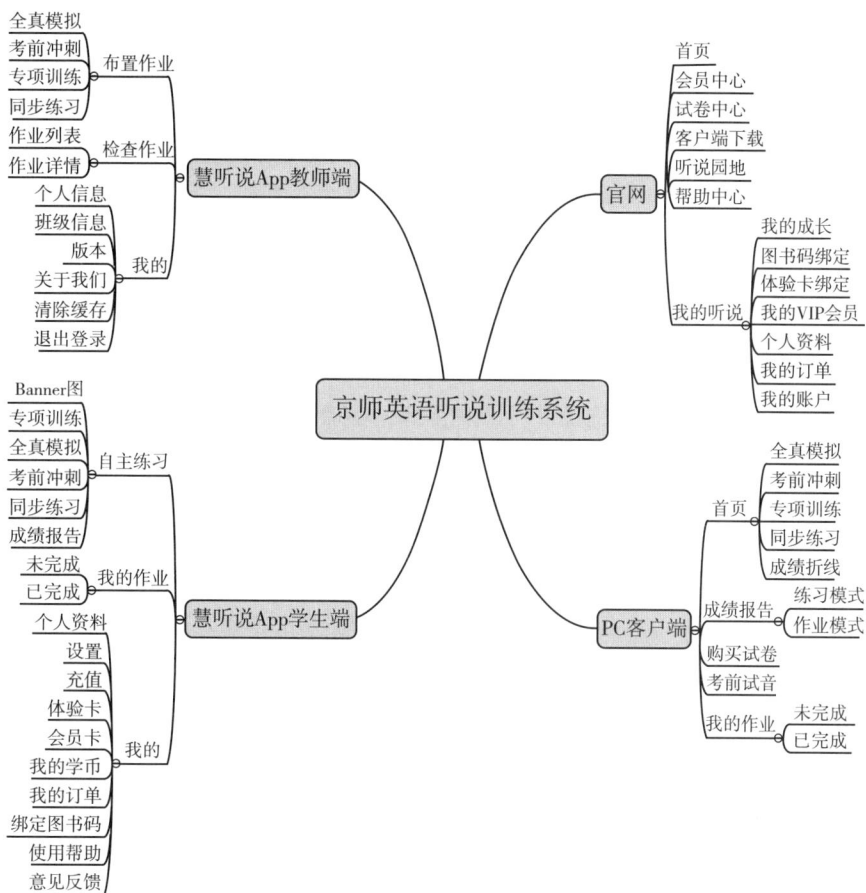

图 8-85　京师英语听说训练系统产品架构

适用于学生中考备考。

考前冲刺：凝聚教育专家与一线名师的心血，以考试强化为目的，在考前突击训练时使用，帮助学生提升成绩。适用于学生考前冲刺。

专项训练：针对中考要求的四种题型，可以逐一练习，有针对性地训练。适用于平时练习与强化弱项。

同步练习：包含知识精讲与试题精练两部分。知识精讲配套北京师范大学出版社同步出版的图书，提供音标学习、朗读单词、朗读句子、朗读段落、听后选择、听后回答、听后记录和转述、朗读短文等练习形式，配以精讲的内容，方便学生同步练习使用。试题精练针对同步话题，提供与中考四种题型一致的习题，方便学生熟悉考试要求，达到为中考而练习的目的。适用于老师带学生课堂练习、课下布置作业、作业讲评等场景。

（2）产品特点

京师英语听说训练系统主要解决中学生在英语听说方面的中考备考与同步训练问题，采用"图书 + 系统"的融媒体解决方案。

充分发挥北京师范大学资源优势，所有资源均由优秀教研员组织编写并且审核把关，经过北京师范大学出版社严格的三审三校流程，确保资源质量。

系统采用业内最先进的评测引擎，对学生录音进行精准评测，并给出多维度的评测报告。"评测系统"对听说结果进行即时评测，确保训练效果与考试一致，精准权威。

系统可满足多种场景的学习需求，学生可进行课前、课后自主练习，课上集体练习，开展日常听说训练；考前可以反复训练，全真模拟。学生也可以完成老师布置的作业，老师可及时查看作业数据，进行作业检查与讲评等。英语听说产品覆盖网站、PC 客户端、慧听说 App（学生端）、慧听说 App（教师端）等多个终端，方便教师和学生使用。

四 运营模式、盈利模式

1. 运营模式

教研会推广：参加北京市各区县教研会，在会上宣讲产品，培训如何使用等，达到推广的目的。

通过图书引流：将购买同步图书和模考图书的用户引导到线上，使用系统。

公众号：通过推送与英语听说相关的考试资讯、学习技巧、系统讲解、优惠活动等文章，让用户加强对产品的关注。

代理商渠道：通过代理商售卖"图书 + 系统"套装，代理商在各个区域都有对应的直销人员进行入校推广。

线上运营活动：系统会进行定时的运营活动，例如打折优惠、团购等。

申请试用：官网上有申请试用功能，学校或者老师提交试用信息后，系统会发放体验卡，让学校免费试用一个月。

2. 盈利模式

图书销售：纸质图书的销售分成。

会员卡销售：用户可以购买会员卡，享受会员服务。

耳机销售：售卖与系统配套的两款耳机。

学校采购：学校可以统一采购该系统。

五　采用相关标准情况

暂未使用。

第二十节　大象出版社 *

一　产品名称、简介、市场定位、服务对象

1. 产品名称

大象 e 学

2. 产品简介

为出版社教辅图书的用户提供增值服务，提供不同于纸质书形式和超出纸质书范围的内容，让用户更有效地获取知识。

为了节约家长的辅导时间，提高学生的学习效率，拓展学生的学习维度，大象出版社集成教辅同步微课和国内外优质在线课程等教育产品，推出大象教辅同步数字教育服务平台——大象 e 学。"大象 e 学"是面向广大师生及家长的在线学习服务平台，大象出版社通过"大象 e 学"向读者提供与大象教辅同步的视频微课、名师精品特色课程以及基于大数据的智能化专项、定向训练及精准习题推送等专业化和个性化服务。

视频微课：根据用户对教辅使用情况的反馈，大象出版社组织广大教师针对书中与各个单元的重难点契合度较高的难题、易错题等代表性题目，开发了精品习题讲解视频。视频短小精悍、权威实用，通过习题串讲，有效提升学生学习效率。读者扫描习题旁边的二维码即可获取相关服务。

名师精品特色课程：大象出版社联合国内一线名师，将其"拿手绝活"以"线上课程＋图书＋试卷"的方式进行立体化、多角度开发，以专题化、精准化、小切口

---

　　* 撰稿人：大象出版社李程。

为特色，打造最实用、最有效的名师精品特色课程。

专项、定向训练及精准习题推送："大象 e 学"与教学进度同步，根据相应知识点精准推送习题，帮助学生掌握重点知识，提升学习能力。读者可通过关注"大象 e 学"微信公众号获取相关内容。

"大象 e 学"可以让家长辅导更轻松，让孩子学习更高效。

3. 市场定位

主要针对使用大象教辅的河南省内用户，兼顾全国市场，为学生、教师以及辅导学生的家长提供教辅增值服务。

4. 服务对象

服务对象包括学生、教师和家长等用户。

二 知识服务技术架构

1. 技术架构

技术架构采用 Java 的 Spring MVC 架构（见图 8-86）。

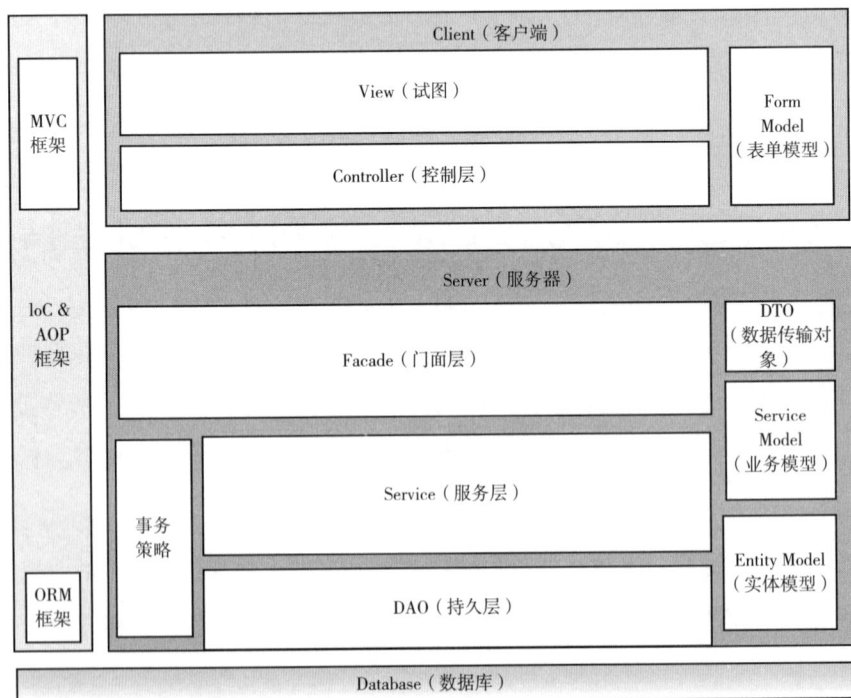

a. 技术架构

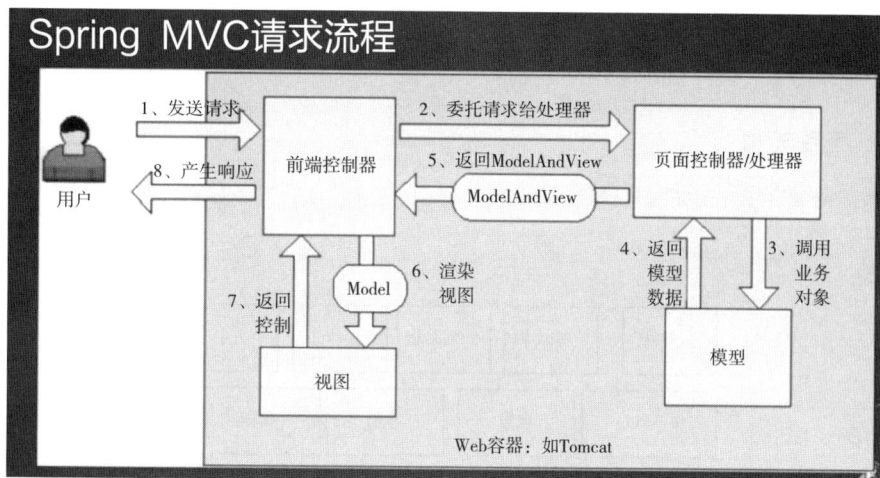

b. Spring MVC 请求流程

图 8-86 "大象 e 学"技术架构

2. 部署方案

采用部署在公有云的方案（见图 8-87）。

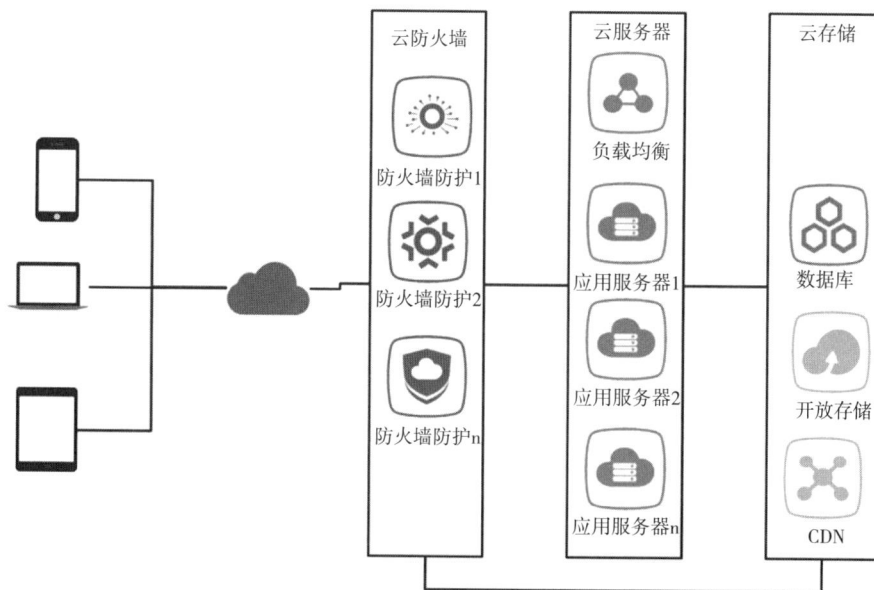

图 8-87 "大象 e 学"部署方案

三 产品架构、典型产品功能及特点

1. 产品架构

"大象 e 学"产品架构见图 8-88。

| 习题解析 | 专项训练1 | 专项训练2 | 专项训练n | 个人中心 |

图 8-88 "大象 e 学"产品架构

2. 典型产品功能及特点

（1）产品功能及使用场景

产品提供习题解析、专项训练、个人中心等功能。

习题解析的使用场景包括在课内外使用微信扫码、浏览等方式观看针对特色题目的习题解析视频、音频、图片等形式的讲解等。

专项训练的使用场景包括课内外使用电脑、手机等方式，针对中小学中的某个知识点进行讲解和训练，包括直播、点播、测验、文章等形式。

个人中心功能包括针对用户个人的学习记录形成的数据，提供积分及奖励、用户反馈、用户资料等使用场景。

（2）产品特点

主要解决了学生学习过程中疑难题目难以掌握的痛点，满足了学生更好地掌握某个知识点的需求，并采用人机解答、训练的方式实现高效在线学习的数字教育形式。

四 运营模式、盈利模式

1. 运营模式

线上主要通过消息通知、转发分享等方式进行推广和运营。线下主要通过在教辅书上铺设二维码，开展教研合作等形式进行推广。

2. 盈利模式

盈利模式包括促进纸质教辅书的销售、用户个人购买、机构采购等。

五　采用相关标准情况

已经开展并积极研究相关的技术标准，建议标准化工作能够有针对性，以满足出版社的个性化需求。

第二十一节　北京广播公司 *

一　产品名称、简介、市场定位、服务对象

1. 产品名称

听听 FM

2. 产品简介

听听 FM 是北京人民广播电台官方手机客户端和媒体融合的主运营平台。听听 FM 1.0 于 2014 年 11 月正式上线，截至 2018 年底平台累计安装用户超过 2000 万，月活跃用户（MAU）超过 200 万，日活跃用户（DAU）超过 30 万。

听听 FM 依托北京人民广播电台现有资源，包括 10 套开路广播、15 套有线调频广播，并紧密结合中央人民广播电台等的 34 套开路广播，致力于为用户提供高品质互联网声音盛宴。拥有版权节目 15 万个，音频专辑 2600 张，其中精品专辑 1200 张，包含小说、广播剧、相声、戏曲、传记、亲子、娱乐、生活等音频节目内容。

3. 市场定位

听听 FM 是集内容和服务为一体的互动平台，以音频内容为主，视频内容为辅，未来将主打广播电台、精品专辑、互动直播、用户社区四大版块。以"把美好送到你耳边"为愿景，联合近 200 位专业主持人，共同打造声音精品。

---

* 撰稿人：北京广播公司杨硕、雷鹏。

4. 服务对象

听听 FM 的受众主要为追求高品质声音及内容的人群。

二　知识服务技术架构

1. 网络接入方案

本系统采用租用公有云服务的方式，将服务部署在阿里云北京机房。阿里云北京机房的网络接入联通、电信、教育等主干网络，可以保证用户快速访问服务。阿里云北京机房网络拓扑结构如图 8-89 所示。

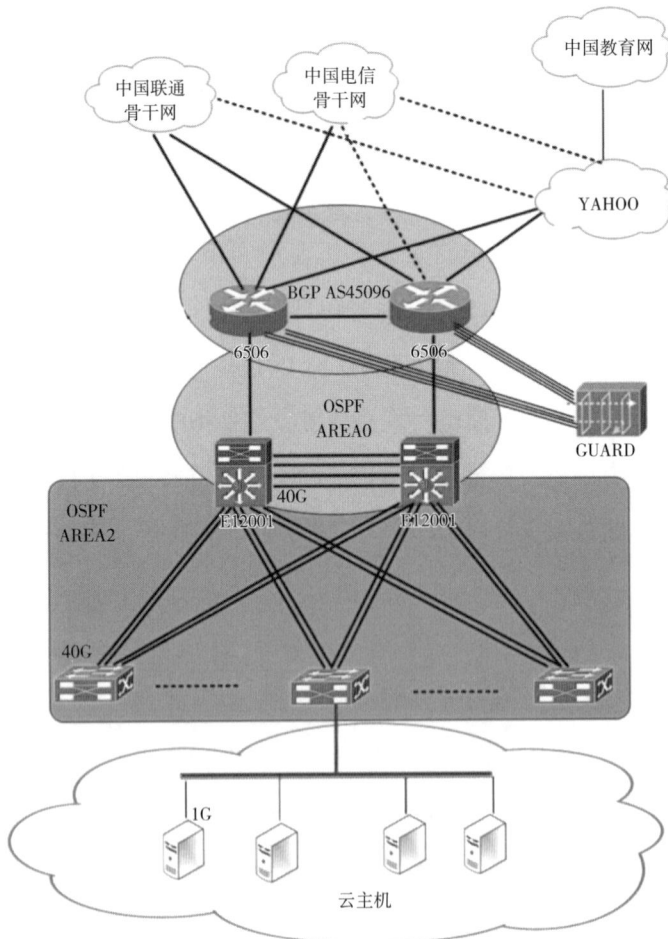

图 8-89　阿里云北京机房网络拓扑结构

2. 节目播出平台的结构

本系统的部署结构如图 8-90 所示,用户通过负载均衡和 CDN 访问服务。通过负载均衡可以将用户分配到不同的服务器处理,降低服务器访问压力,提高系统并发能力,同时使系统具有横向扩容能力。通过 CDN 可以将资源缓存到边缘节点上,使用户访问资源的链路更短、速度更快,提升收听或收看体验。

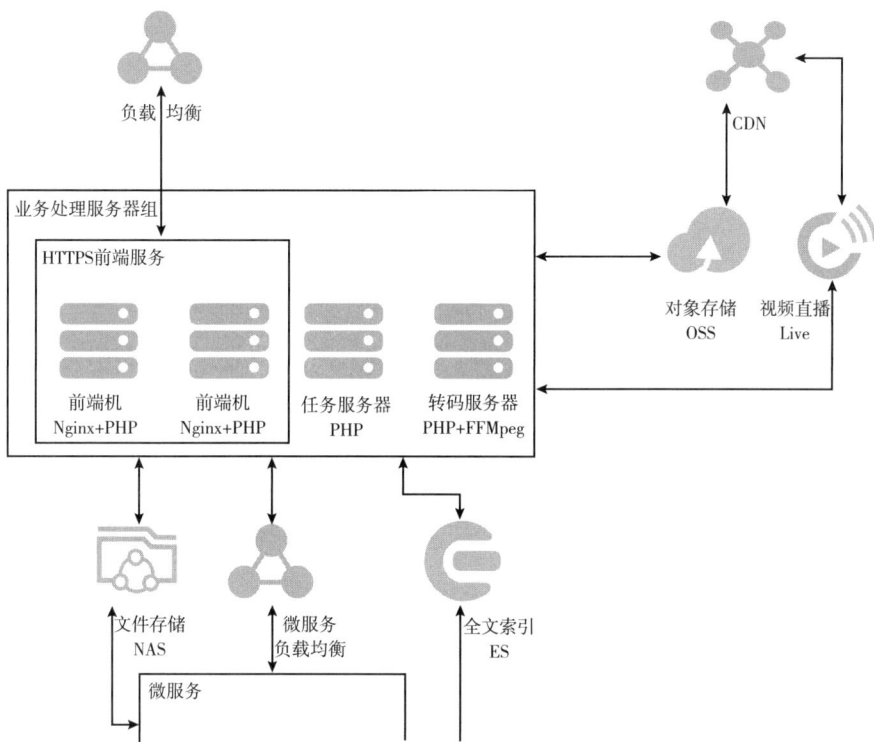

图 8-90　听听 FM 部署结构

对于音视频的点播服务,将数据存储在阿里云的 OSS 对象存储服务上,容量可弹性伸缩。在 OSS 对象存储服务上采用 CDN 进行内容分发,降低流量费用,提高收听体验。

对于音视频的直播服务,将直播流推送到阿里云的视频直播服务上,通过视频直播服务和 CDN 服务,为用户提供收听或收看的直播流。

三 产品架构、典型产品功能及特点

1. 产品架构

（1）首页

标签化内容，个性化推荐，将内容推荐优化到底。丰富的内容模板，将首页页面变得更活泼。功能区中的正在直播、音乐电台、播客原创等，都是听听 FM 主打的新功能，能给用户新的体验。

（2）频道

频道导航放在首页主导航下方，便于用户快速定位自己喜欢的频道。在频道页中，优化频道内的推荐，将频道内的优质内容，快速、准确地展现给用户。二级频道的标签更清晰，并能够按精选、最新、最热排序。

（3）电台

电台内容独立于主导航。将我的电台、精选电台等新功能，集成在电台页中，用户能够快速找到自己喜欢的电台。

（4）订阅

用户可订阅未完结的专辑或节目，系统在有新音频更新时，第一时间通知用户。

（5）我的

用户个人主页及多功能操作，如：登录、关注、粉丝、我的预约、收藏、我的电台、播放历史、我的私信、收集电台等。

（6）播放器

播放器除了提供常用的播放控制功能，还有详细的节目单、播放列表，为用户选择收听提供了方便。另外，定时关闭功能，能够让用户在睡前不再担心手机耗电。

（7）搜索

全平台搜索音频、专辑、节目、电台、用户，为用户提供能精准定位的快速检索工具。

2. 应用特色

（1）优质内容

汇集电台及个人播客的数万个节目，并对其进行全面梳理，第一时间为用户推荐优秀的节目。

（2）首页导航

可以通过"+"简单操作，实现个性调整，选择自己喜爱的频道自由收听。

（3）首页功能区

有听听 FM 特色的正在直播、音乐电台、订阅、播客原创等功能。

（4）正在直播

通过类型、地区、时间快速找到直播电台。

（5）我的电台

制作用户自己的电台书签，轻松播放喜欢的节目。

（6）我的下载

离线下载，节省流量，随时随地尽情畅听。

3. 产品特点

听听 FM 的个性推荐实现了"千人千面"的人性化推荐内容，解决了用户被动查找内容的困惑，下载和添加功能解决了用户离线缓存和准时收听订阅内容的需求。

（1）个性推荐

根据用户的喜好、播放、收藏等方面的大数据进行精准推荐。同时，提供热门资讯、音乐、脱口秀、情感心理、小说、综艺娱乐、评书、相声小品等垂直频道的订阅服务。

（2）下载

用户可以随时进行离线缓存，将喜欢的专辑下载下来，随时随地收听。在已下载的专辑中，可以直接用"添加更多"功能，随时添加更多的下载任务，避免占用过多的空间。

（3）我的订阅

不必再为错过电台直播节目烦恼，新一期节目的回听内容上线时，系统会第一时间提醒，让你随时掌握已订阅专辑的更新动态。

四 运营模式、盈利模式

1. 运营模式

听听 FM 紧密结合北京人民广播电台的资源，在内容上、活动上进行联动。作为北京人民广播电台的官方 App，听听 FM 是多个宣传报道中重要宣传渠道之一。例如：

北京两会报道、奥运会报道、中非论坛、"一带一路"等。

听听FM注重自身内容建设，在版权内容和原创内容上深耕细作。内容覆盖新闻、资讯、音乐、体育、脱口秀、相声小品、情感心理、两性健康、名家讲堂、历史军事、人文哲学、影视剧、旅行美食、综艺娱乐、故事笑话、生活服务、亲子、宗教、小说、评书、教育、学习、戏曲等。

积极参加大型展会和论坛，除了在传统广播体系内得到认可，在音频App市场上也崭露头角。

2. 盈利模式

现在听听FM还未盈利，未来将在自有会员体系内创造更多的玩法，会陆续推出付费收听、互动打赏、社群服务体系垂直领域的服务，如高招咨询服务、医疗健康服务、法律咨询服务、汽修服务、旅行服务等，深挖北京人民广播电台的资源，力争在产业上有所突破。

五 采用相关标准情况

听听FM采用相关广播电视节目制作许可要求进行相关内容制作；对平台自制内容也制定相关标准和要求，如节目时长、片头时长等。

北京广播公司建议知识服务标准化工作根据会员单位产品形式提出不同要求，如音频类别、音频格式、码率、时长、文件大小、是否有片花等。

第二十二节　时代新媒体出版社[*]

一　产品名称、简介、市场定位、服务对象

1. 产品名称

时代教育在线平台（http://www.timeep.com）

2. 产品简介

时代教育在线平台依托时代出版在线平台的后台资源，以教育内容的语义化和知识化研究为基础，针对教育资源特点，通过对教育资源蕴含的知识进行抽取与形式化

---

　　* 撰稿人：时代新媒体出版社昌磊。

表示,将人能够理解的知识转化为计算机能够理解的知识,并进一步依据不同教育资源蕴含的知识之间的关系,实现以个性化知识服务为导向的教育资源管理,达到大范围的知识共享和知识传递。时代教育在线平台在聚集名校、名师优质资源的基础上,利用移动互联网提供电子书包应用服务云平台,实现教育资源"校校通"、"班班通"和"人人通"。

3. 市场定位

立足安徽省基础教育市场。

4. 服务对象

基础教育阶段的学习用户。

二 知识服务技术架构

1. 技术架构

时代教育在线平台技术架构如图 8-91 所示。

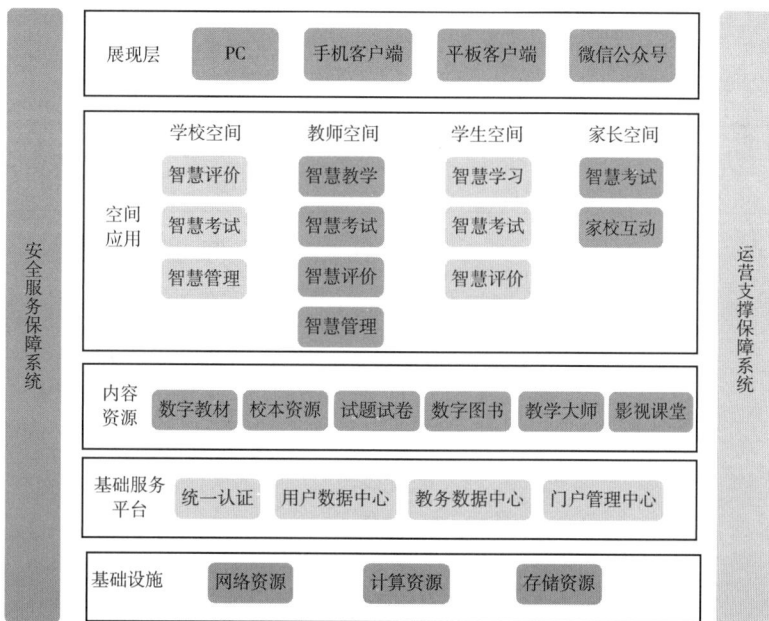

图 8-91 时代教育在线平台技术架构

2. 部署方案

如表 8-16、表 8-17 所示，系统以面向服务架构（SOA）的实现方法为技术支撑手段，基于成熟先进的 J2EE 技术架构进行框架设计和系统开发，采用 MySQL+ Linux 的应用部署方式以确保系统在架构上可持续、稳定，在应用上可协同、共享，在实施上灵活、快速。

表 8-16　时代教育在线平台部署方案之物理部署节点

物理部署节点名称	软件类型	软件版本
应用服务器部署节点	操作系统	Linux 操作系统
	中间件	Tomcat7.0
	Java 软件开发工具包	JDK1.8
	在线编辑软件	PageOffice
文件服务器部署节点	操作系统	Linux 操作系统
	Java 软件开发工具包	JDK1.8
	存储库	Hadoop 分布式文件存储系统
	视频切割转换	FFmpeg
	Office 文件转换工具	OpenOffice
	PDF 文件转换工具	SWFTools
数据库服务器部署节点	操作系统	Linux 操作系统
	数据库	MySQL

表 8-17　时代教育在线平台部署方案之硬件

硬件名称	配置	备注
应用服务器	CPU：4 颗 4 核，2.0GHz 内存：16G 硬盘：500G 网卡：1000M	虚拟服务器 内网 IP：192.168.2.120
数据库服务器	CPU：4 颗 4 核，2.0GHz 内存：16G 硬盘：500G 网卡：1000M	虚拟服务器 内网 IP：192.168.2.121
分布式文件存储 转换服务器	CPU：4 颗 4 核，2.0GHz 内存：8G 硬盘：300G 网卡：1000M	虚拟服务器 内网 IP：192.168.2.122
	CPU：4 颗 4 核，2.0GHz 内存：8G 硬盘：2TB 网卡：1000M	虚拟服务器 内网 IP：192.168.2.123
	CPU：4 颗 4 核，2.0GHz 内存：8G 硬盘：2TB 网卡：1000M	虚拟服务器 内网 IP：192.168.2.124

三 产品架构、典型产品功能及特点

1. 产品架构

时代教育在线平台产品架构见图8-92。

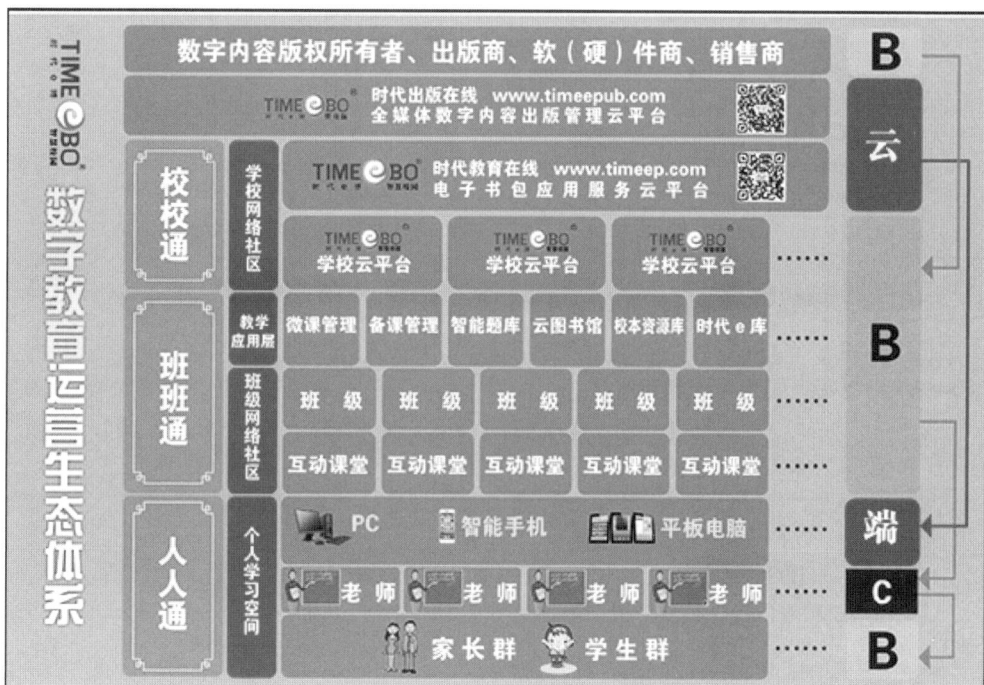

图8-92 时代教育在线平台产品架构

2. 典型产品功能及特点

（1）产品功能及使用场景

时代教育在线平台的资源管理主要包括教材学科管理、分类管理、教育词汇管理、本体词汇管理、年级管理、学科管理、教材版本管理、教材体系管理、知识点体系管理等（见图8-93、图8-94）。

目前，时代新媒体出版社依托时代教育在线平台参与由安徽省教育厅主管的安徽基础教育资源应用平台的建设，以其中的网络学习空间与教育资源应用服务为全省的中小学提供服务。

时代教育在线平台的创新服务产品主要有"时代e博·智慧校园"、人教数字校

园、教学大师、影视课堂、试题试卷库、云图书馆、时代优课、校本资源、"E 起扫"智慧教辅 App 等。

图 8-93　资源管理之知识点体系管理

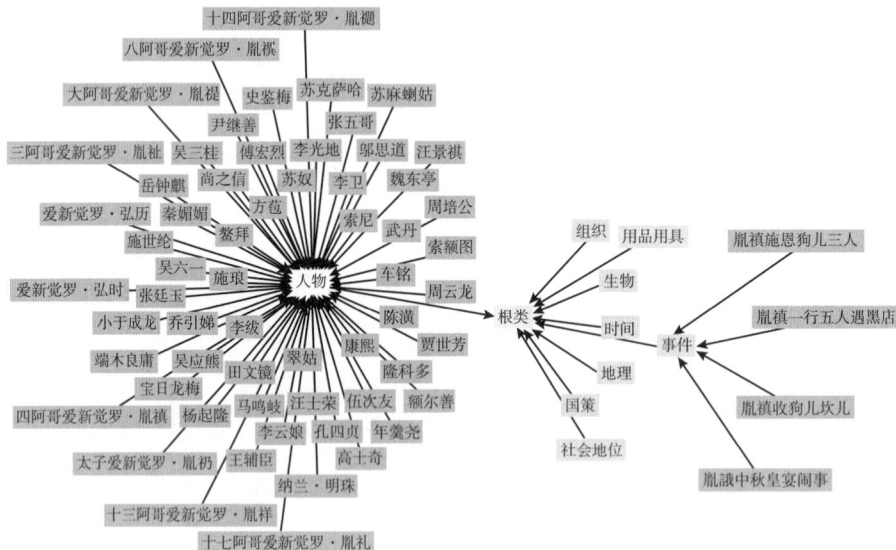

图 8-94　资源管理之知识关联关系图谱

"时代 e 博·智慧校园"：依托时代教育在线平台为学校提供基于网络学习空间的电子书包综合解决方案，利用"云＋端"技术集成满足用户对教育资源随时随地个性化移动应用的需求。通过学校云平台建设，为教师提供教学管理、资源交互、互动教学、教育研修等方面的深度应用，提高教学效果；为学生提供网络技术帮助其实现自主学习，建立实名制的网络学习空间；为家长提供教学信息服务，使其参与教学活动，随时掌握孩子的学习情况（见图 8-95）。

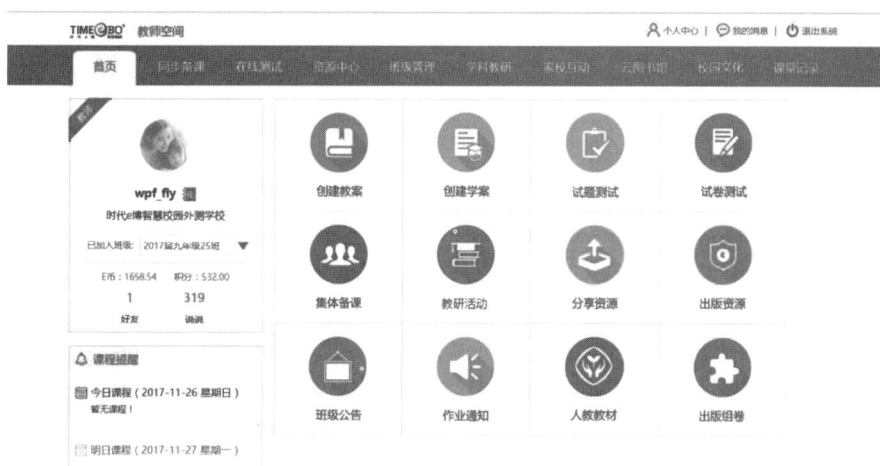

图 8-95　"时代 e 博·智慧校园"应用界面

人教数字校园：汇集了由人民教育出版社精心制作的原版数字教材，同步提供了与原版教材配套的课件、示范课、习题等资源，是专门针对教师教学和教务管理打造的专业数字化教学解决方案。核心是采用系统方法，通过分析教学、教研和教务需要，整合教学策略，为教师提供课堂数字教学过程中需要的核心资源（见图 8-96）。

图 8-96　人教数字校园应用界面

教学大师：将全国优秀教师丰富的教学经验加以整合，汇集了各学科丰富的教学资源，将每一课（知识点）同步教学资源以图片、文字、音频、动画和视频等多媒体形式展现，是教师必备的同步教学资源库（见图8-97）。

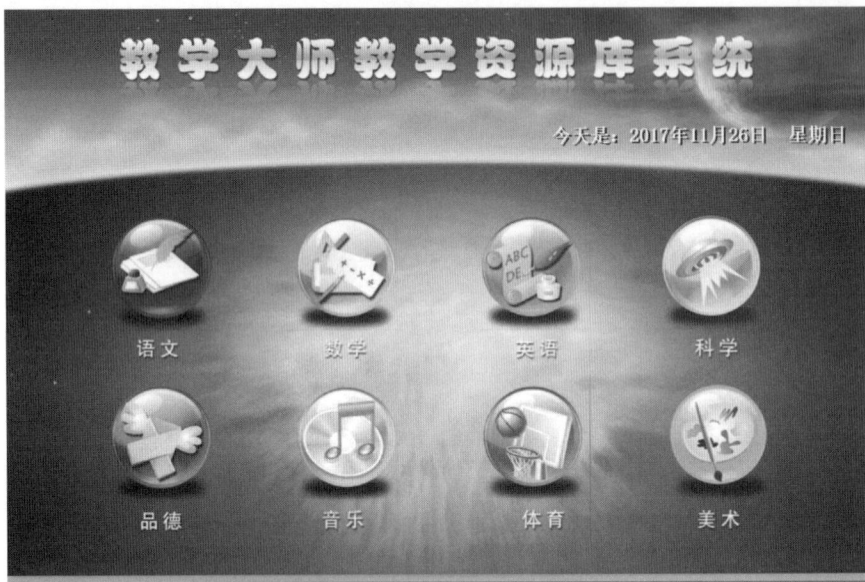

图8-97　教学大师应用界面

影视课堂：将学科内容按不同知识点（主题）分类，以学生非常感兴趣的多媒体视频的形式呈现，提供影视资源、专项讲解、课外拓展等方面的内容，为教师制作课件及日常备课、授课提供海量资源（见图8-98）。

试题试卷库：为学校及教师提供一个知识结构完整、学科齐备，按照知识点进行分类的碎片化试题、试卷数据库。为教师组卷，学生答题、查看答案提供多样化应用的可能。结构化试卷库是结合学校特点，提供专属的试卷资源库，用于辅助学校纸质教辅的使用，提供最直接、便捷的高质量试卷。试题试卷库之时代卷库界面如图8-99所示。

云图书馆：在规范数字版权使用和保留图书原版原式前提下，遴选国内优质的图书、期刊建立数字期刊库；在满足学校共性阅读需求的基础上，提供个性化内容的数字出版和对外采购服务，定期更新资源库，保证读者获得最佳阅读体验（见图8-100）。

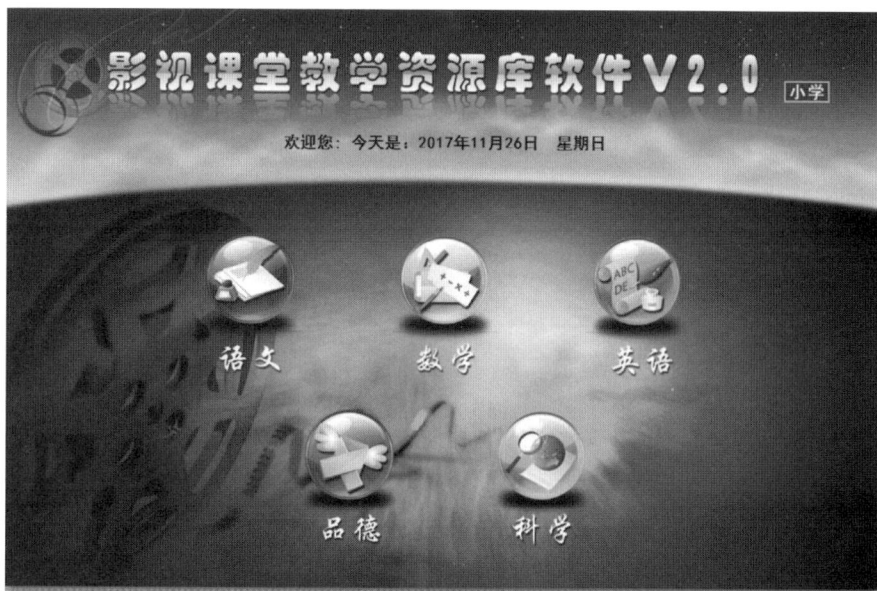

图 8-98　影视课堂应用界面

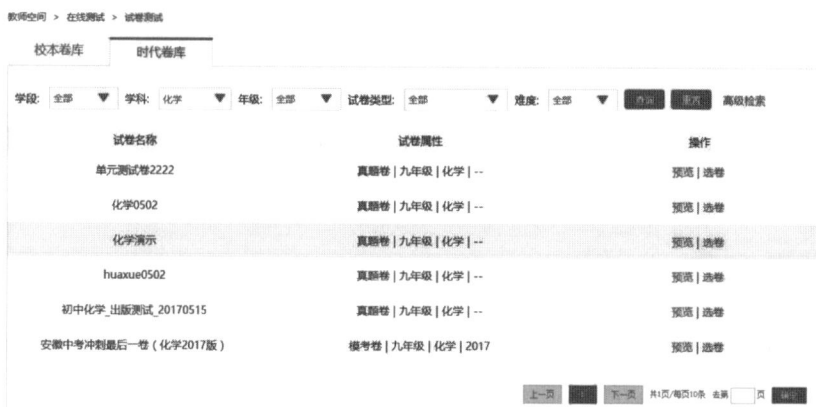

图 8-99　试题试卷库之时代卷库界面

　　时代优课：嵌入了丰富、实用、有趣的教学资源，让教师能更轻松、更高效、更有针对性地选取备课资源，使备课流程更加简便，节约备课时间，实现了高效率的同步课堂教学和教学资源的共建共享。截至 2018 年底，时代优课共有线上教材 1800 余本、教辅 1000 余种（见图 8-101）。

　　"E 起扫"智慧教辅 App 是基于自适应测试与诊断分析技术、个性化的学习资源推荐等关键技术开发和建设的大数据互联网教辅出版服务平台，旨在为出版企业提

图 8-100　云图书馆界面

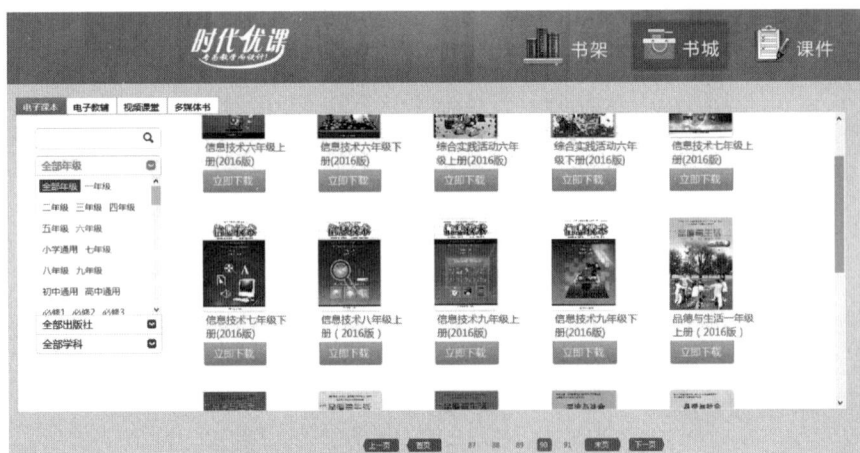

图 8-101　时代优课界面

供一个"互联网 + 教辅""互联网 + 教育"的综合互动平台。该产品通过 O2O 模式，实现纸质化教辅资源与数字化教辅资源间的无缝对接，通过用户数据采集，采用自适应测试与诊断分析技术，对用户学习能力水平、知识掌握结构及学习兴趣进行评测，智能分析学生学习过程中的不足，为其提供智能化、个性化的学习资源推荐（见图 8-102）。

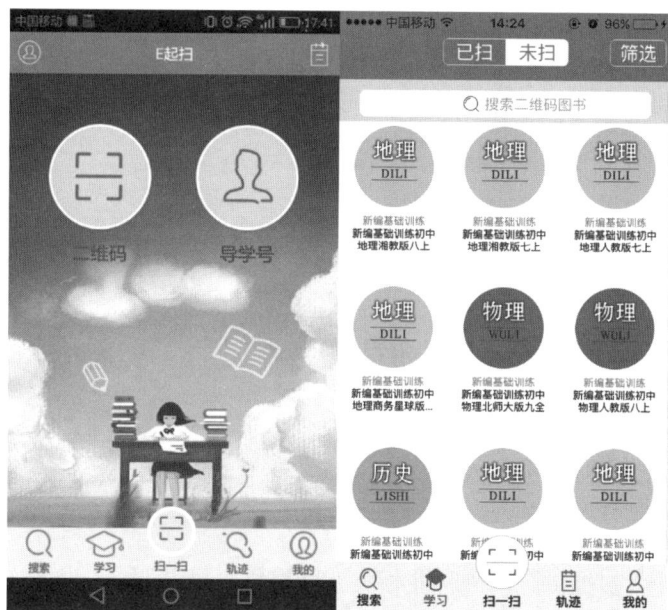

图 8-102　"E 起扫"智慧教辅 App 界面

（2）产品特点

根据国家提出的"三全两高一大"信息化战略，依托安徽省教育厅批复的"时代教育在线平台"，在服务区域级教育云平台的基础上，实现信息互联互通，探索 B2B2C2B 的运营模式，为教育主管部门、学校提供教学资源数字出版与技术应用集成创新。在聚集名校、名师优质资源的基础上，利用移动互联网提供电子书包应用服务云平台，实现教育资源"校校通"、"班班通"和"人人通"。

四　运营模式、盈利模式

以区（县）教育主管部门为招标主体的政府采购（B2G）：通过政府招标采购智慧教育（区域教育）云平台建设、内容资源的方式获取运营收入。

为老师提供服务，实现学生、家长自愿购买服务（B2B/B2C）：通过为学校提供智慧校园资源服务并由学校进行购买的方式获取运营收入，通过线上申购内容资源服务和线下支付费用的方式获取收益。

申报国家融合出版财政资助奖励支持：通过国家在融合发展以及科技文化融合相关方面的政策支持，把握住政策红利。

五 采用相关标准情况

暂未使用。

第二十三节 中国农业科学技术出版社[*]

一 产品名称、简介、市场定位、服务对象

1. 产品名称

种知网移动端产品：种知 App

2. 产品简介

为种业从业人员提供国内外种业相关新闻聚集、推荐服务，农技知识查询、在线学习、下载服务，农技知识精准推送服务，种子信息查询服务，农技交流服务，核心用户（种子推广者）扶植服务，在线专家答疑服务等。

3. 市场定位

针对农作物种业这一垂直领域的特定人群，提供知识信息服务，填补空白市场。

4. 服务对象

种子推广者、种子生产经营企业人员、种植者（主要着眼于农业新型经营主体）、育种者、种业行业管理者以及行业协会等。

二 知识服务技术架构

1. 技术架构

技术架构如图 8-103 所示。

2. 部署方案

部署于中国农业科学技术出版社的私有云上。

---

　　[*] 撰稿人：中国农业科学技术出版社邵世磊、任玉晶。

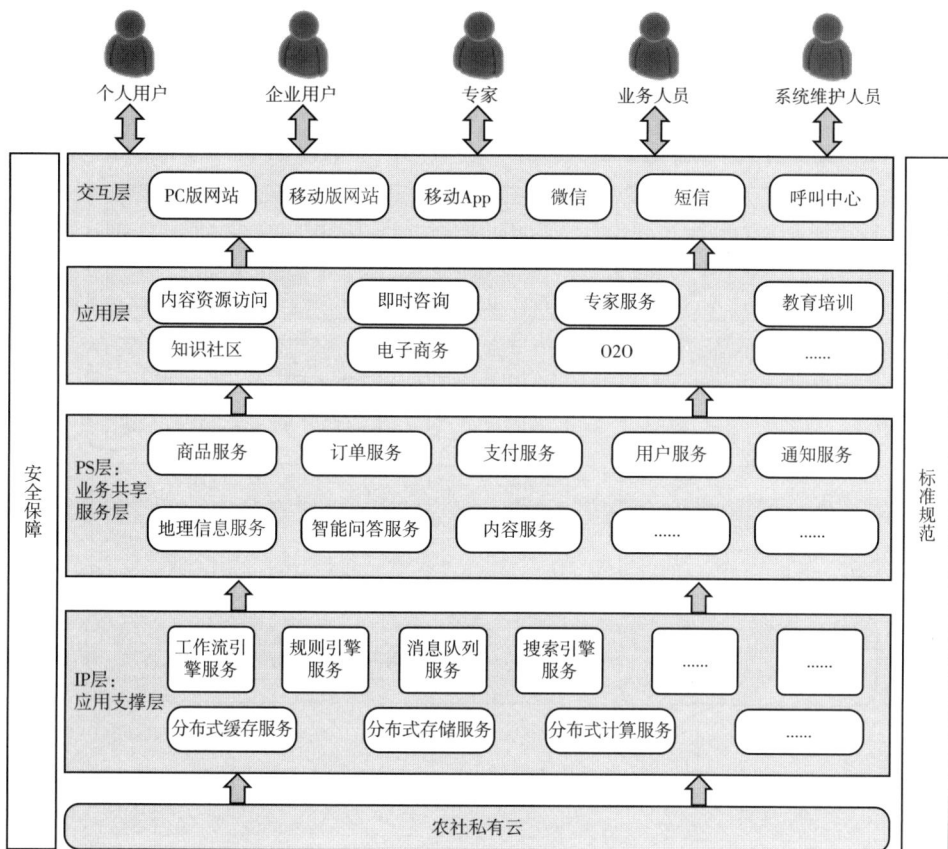

图 8-103　技术架构

三　产品架构、典型产品功能及特点

1. 产品架构

产品架构如图 8-104 所示。

2. 典型产品功能及特点

（1）产品功能及使用场景

农技交流：用户需要比微信群更合适的方式来维护客户，向客户展示种子信息，了解客户（种子销售者的客户是种植者）反馈，用户之间互相提问、交流时。

农技知识：用户需要解决与种植相关的问题或为提高专业技能而学习时。

资讯推荐：用户需要了解行业动态时。

专家服务：遇到大问题，需要请大专家到现场时，或因农场规划等事情需要咨询专家时。

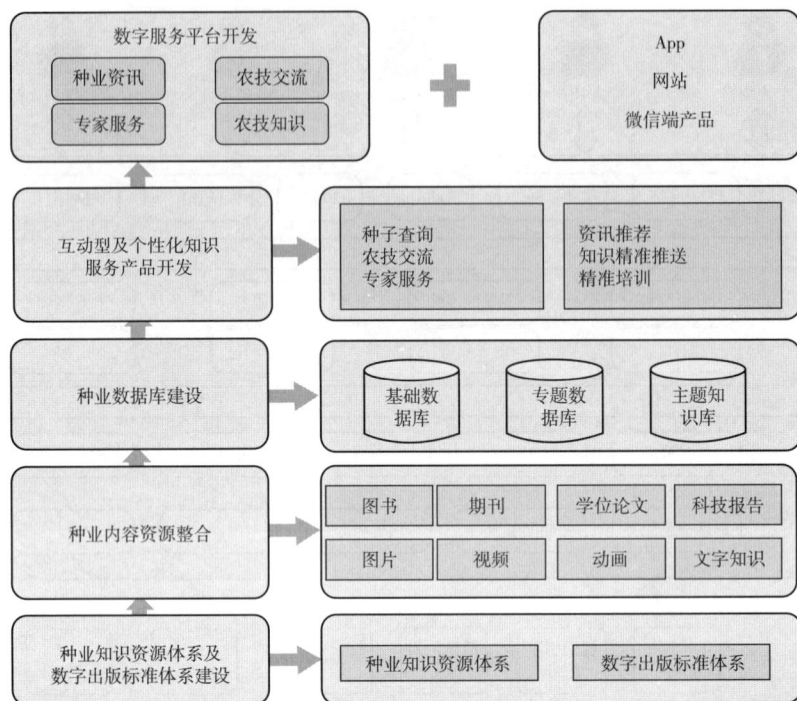

图 8-104　产品架构

（2）产品特点

一是首个专门针对种子推广者、种植者等基层人员开发的知识服务产品，让基层农业人也能有专门的工具解决工作中的问题；二是解决种子推广者用微信群管理客户的诸多问题。

四　运营模式、盈利模式

1. 运营模式

（1）线上推广

组建运营团队，通过搜索引擎优化、行业网站广告、自媒体号（微信公众号、今日头条、抖音、快手、火山小视频、喜马拉雅）等方式进行线上推广和运营。

（2）线下推广

招聘地推人员，通过与农资产品绑定推广，广泛参加行业会议、会展，发放纪念品等方式推广。

2. 盈利模式

精品内容服务：分为会员制收费和按量收费两种方式。

广告收入：分为定向广告收入（软广）和页面固定位置广告（硬广）收入两种。

专家有偿服务费抽成。

个性化咨询服务收入。

五　采用相关标准情况

1. 采用相关标准情况

在知识服务产品开发过程中参考了数字化转型升级相关工程标准、知识服务工程标准，并据此研发了企业标准。

2. 对知识服务标准化工作建议

继续加强关于知识服务通用流程（知识关联、知识元描述等）的国家标准和行业标准建设，促进整个行业更好更快地发展。

第二十四节　河北冠林数字出版有限公司 *

一　产品名称、简介、市场定位、服务对象

1. 产品名称

河北教育资源云平台（http://www.hebeijiaoyu.com.cn）

2. 产品简介

河北教育资源云平台是河北冠林数字出版有限公司面向数字时代教育教学和在线学习倾力打造的综合性在线教育教学平台，现为河北省基础教育教研信息化支撑平台、河北省公告版教辅数字化学习官方服务平台和河北出版传媒集团转型升级战略支撑平台。

经过几年来持续的建设运营，河北教育资源云平台完成了 K12 内容资源体系、大数据云计算在线教育技术支撑体系等"四梁八柱"的基础性建设，包括在国内

---

　* 撰稿人：河北冠林数字出版有限公司沈敬可。

率先被纳入教育行政部门，成为教研管理信息化的官方服务平台；率先完成了覆盖河北省教育厅公告目录小学一年级到高中三年级全学科全学段的推荐教辅，以及河北省其他知名教辅，共计 1000 余种，年发行图书上亿册，让全省 800 万名学生受益的数字化教辅体系；搭建了覆盖教育管理部门、学校、教师、学生、运营商等多群体互动互联的有机生态运营体系。目前，河北教育资源云平台已经建成了以 K12 阶段为主的"教、学、乐"三大子平台架构，平台商业化运营成效显著。现拥有付费用户 300 万人，其中直接付费活跃用户 70 万人，覆盖全国 25 个省市和千万学生群体。依托该平台，我们研发了一系列覆盖全终端、主流渠道的知识服务产品，比如冠林教育 App，冠林教育作业辅导、冠林微学吧等移动端产品，冠林培优、冠林优学等渠道型产品以及在线评课、作文即时批等平台型产品等。初步探索出了一个用较少资本撬动传统出版行业转型升级的运营模式和盈利模式。2017 年，该平台作为国内唯一的在线教育平台获得新闻出版最高奖项——第四届中国出版政府奖。

3. 市场定位

河北教育资源云平台的市场定位是着眼教育教研信息化和学生自适应学习等市场领域，通过 3~5 年时间，将河北教育资源云平台建设成河北省注册用户最多、用户黏性最强、业内知名度最高的教育资源服务平台，打造 K12 在线教育领域国内领先的平台型知识服务模式。

4. 服务对象

依托河北教育资源云平台，我们打造了面向 B 端（学校）、C 端（教师和学生）、G 端（政府），覆盖 PC 端、手机端、主流网站、IPTV 等国内主流渠道，包括多媒体读物、有声读物、App 等多种形式的立体化精准服务体系。

二 知识服务技术架构

1. 技术架构

（1）Java 语言开发技术

（2）基于 J2EE 技术的多层构架开发模式

（3）基于 Ajax 的数据交互技术，页面无刷新，提高交互效率

（4）基于 Nginx 的负载均衡

2．部署方案

本项目围绕教育资源服务这一中心点，通过接口协议、开放 API 等方式，主动或被动获取用户的使用信息，组建数据中心，并通过终端软件实现与数据中心对接，为用户提供教育信息服务，包括教育资源查询、用户行为分析、在线资源预订等具体服务。

三　产品架构、典型产品功能及特点

1．产品架构

河北教育资源云平台产品架构见图 8-105。

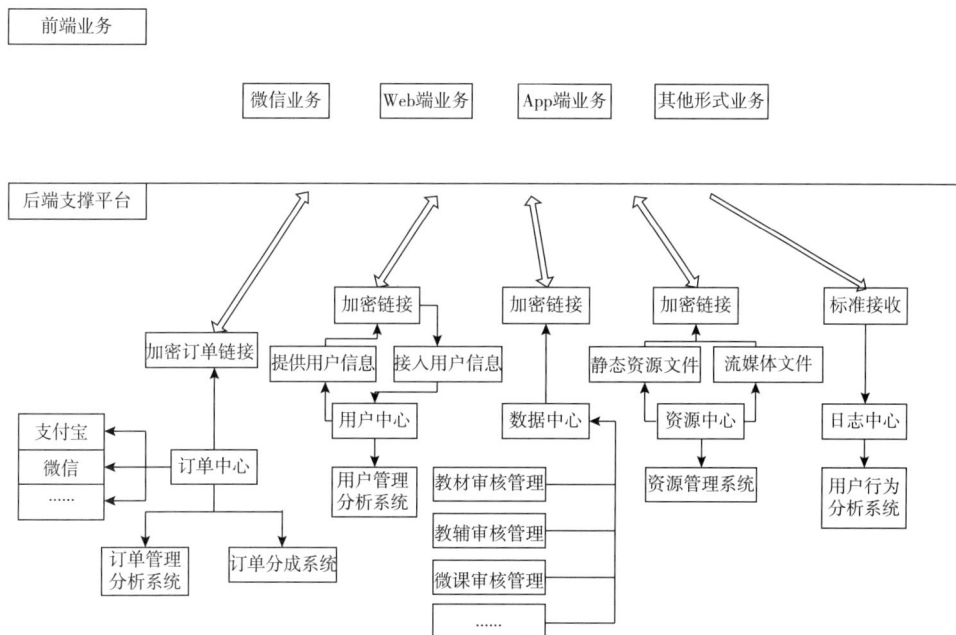

图 8-105　河北教育资源云平台产品架构

2．典型产品功能及特点

（1）产品功能及使用场景

①自适应学习

依托平台搭建的多终端立体化服务体系，以移动、智能、个性化为特色，以"纸质教辅＋多智能终端"的O2O精准个性化服务体系为主要应用场景，针对学生"教学评测练"自适应学习提供全流程的服务。

②网络教研

为河北省省级教师评优课和各地市教师评优课活动提供在线直播和录播评优、专家评价、全省教师观摩等在线评课活动全流程的网络支撑，助推教育教研工作信息化发展进程。

③网络教学

以服务教师教学为中心，针对基础教育阶段教师教学的备课、授课、辅导、批改作业、考试、教研、培训、交流等主要环节，为一线教师量身定做了一整套数字教育资源体系，包括"备授课""网上评课""教师培训""数字教育期刊""学业评价系统""远程课堂"等。

（2）产品特点

该平台顺应时代发展大势，贯彻落实国家智能教育的发展战略，在出版行业的转型升级过程中取得了实质性进展和突破，主要在以下三个方面解决了制约行业发展的问题。

一是平台在服务教研信息化方面取得了关键突破，该平台的教师子平台被纳入教育行政部门管理体系，成为河北省教育教研管理官方服务平台，并支撑河北省百万教师在线评课评优等教研活动。2017年，平台入选河北省2017年度"互联网＋区域教研"省级课题，并服务教师7万多人。

二是学生平台中的"数字化教辅"，是河北出版传媒集团教辅数字化工程，在国内率先完成了覆盖省教育厅公告教辅目录小学一年级到高中三年级全学科全学段，年出版上亿册图书的数字化教辅体系，通过以纸质教辅为基础，建立了"虚拟数字服务＋实体应用场景"的学生课业自主学习O2O精准服务模式。覆盖国内31个地市，学生用户超千万，在地方出版业转型升级中具备典型示范作用。

三是在"宽平台"建设方面，建成了聚合产业链上中下全链条，包括教材教辅、教育报刊等优质内容提供商、电信运营商、移动互联渠道，IPTV、有线电视等广电渠道，新华书店渠道，各类市场发行代理渠道以及教育行政部门、学校、学生、家长等在内的跨行业、跨地域、跨媒体共赢共生的数字教育"生态共同体"。

四 运营模式、盈利模式

1. 运营模式

采取线上线下全渠道立体化运营，线上方面主要包括新媒体渠道、主流通信运营商渠道、主流电商渠道、IPTV 渠道、有线电线渠道等，线下方面主要包括新华书店渠道、纸媒渠道、传统走访式营销等。

2. 盈利模式

盈利模式主要包括会员点播收入、内容多渠道立体化运营收入、机构用户收入、政府采购等。

五 采用相关标准情况

围绕构建平台型知识服务体系，河北冠林数字出版有限公司在知识服务平台和多元化知识服务体系方面积极贯彻落实国家新闻出版署关于推动标准化建设的各项政策措施，积极参与国家和行业标准化制定工作，先后参与了"ISDL 国际标准制定"项目和《中小学教材加工规范》国家标准的制定工作。根据河北教育资源云平台的发展规划，自主研发的在线编辑出版平台已经投入使用，规模化内容资源的加工及资源标引能力初步形成。内容数据从数字化加工、知识标引、内容审校到数据库存储全部实现流程的在线化、数字化，通过搭建知识分析模型，可自动实现相关数据流和知识单元的科学匹配。

建议针对在线教育内容加工制作等全业务流程加大标准的制定推广力度，提升产业标准化水平。

第二十五节 中国图书进出口（集团）总公司 *

一 产品名称、简介、市场定位、服务对象

1. 产品名称

易阅通数字资源交易与服务平台

＊ 撰稿人：中国图书进出口（集团）总公司晴青 。

2. 产品简介

中国图书进出口（集团）总公司（以下简称"中图公司"）投资建设的易阅通数字资源交易与服务平台（以下简称"易阅通"）聚合全球各类正版数字资源，目前已成为各项数字服务的基础平台，也是深入挖掘中图公司数字资源，进行大数据分析、语义分析，开发知识服务产品的拓展平台。

"易阅通"不断迭代升级，融入全新的人工智能技术，包括对海量内容资源的智能审读、聚类、发现和推荐，建设更智能化的内容管理和发布体系，提高内容的可发现性，缩减对内容进行预加工处理的成本和时间，同时通过智能化的搜索和推荐，让用户快速定位内容，获得更好的内容体验。

3. 市场定位

在数字内容领域，中图公司凭借在出版物进出口领域的龙头地位以及积累多年的行业影响力和运营经验，以市场化的方式聚合了海量的国内外数字内容资源（包括中外文电子书、电子期刊、有声书、视频等多种形态）及其元数据，这些资源来自全球72个国家和地区，涵盖87个语种。此外，中图公司深耕出版物进出口业务多年，拥有海量书目数据、编目MARC、目次文摘数据和各类元数据，以及在产业升级、创新发展过程中积累的渠道数据和用户数据。这些资源都具备版权清晰、鲜活可运营、标准化等特点。依托这些资源，中图公司已成为国内最大、国际一流的全球数字资源中盘。

依托覆盖全球的渠道网络、数字资源的聚合能力、70年的进出口经验以及数字产品技术开发、策划与运营优势，"易阅通"将为全球机构用户提供出版物发现、智能推荐服务，以及智能辅助采选与文献综述等增值服务，帮助客户方便、快捷地从海量信息中找到所需内容，为快速了解某一领域研究进展提供方便。

4. 服务对象

"易阅通"主要服务于国内外图书馆、大学、科研单位等机构用户。

二 知识服务技术架构

1. 技术架构

采用微服务架构搭建和部署，将各个功能拆分为不同的微服务，每个微服务封装特定职责的业务能力，独立部署和运行在固定的进程中。"易阅通"包含版权管理、数据加工、授权管理、搜索引擎、全文阅读、智能推荐、订单管理、知识发现等多个微服务模块，每个模块根据需要进行技术选型，呈现组件化、松耦合的特点，可以帮助系统采用更灵活的组织方式和发布节奏。

采用 Redis（Remote Dictionary Server）将大量需要高频读取的数据（如授权数据、配置数据等）进行缓存，来提高读取速度和提升性能，同时在多并发情况下，避免数据库异常。现有缓存服务由 Redis Cluster 提供，具有高效率、高可靠、高容错的特征，它可以对系统中特有的基于海量数字资源的细粒度授权模式所产生的授权数据、大量的配置类参数化数据等进行缓存，来提升响应速度和可用性。目前，"易阅通"采用多级缓存策略，即在 Web 服务器端采用 Nginx 来请求内容缓存，提高请求响应速度，降低上游服务器压力；在应用服务端使用 Spring Boot 的 Cache 组件封装缓存服务，提高缓存服务的标准化服务能力和易用性。

采用 MySQL 的主从模式，实现读写分离。根据系统的特点（即读请求比例远高于写请求比例）把数据的请求拆分到读库和写库：将读处理放到多台从服务器上进行，将关系数据库的事务性处理、数据的写处理放到主服务器来完成，以免写请求的锁和占用服务器资源而影响了读请求的执行，最后基于 MySQL 的 Binary Log 从服务器开启 I/O 进程去读取主服务器的 Binary Log 来完成与主服务器的同步，极大地提高了读请求处理效率和并发处理能力。

搜索引擎对所有资源的元数据、全文、标签等内容进行索引，支持用户从多个维度查询、获取、阅读、订阅资源，优化后的 Solr 整合 HanLP 分词器，词性矩阵更加友好，支持中文繁简字体互换检索，支持拼音查询和小语种检索，并且根据系统特点充实了自定义词典（如作者、出版社和分类法等），优化了推荐算法，能够准确地为用户推荐相关的有价值的资源信息。

通过智能推荐系统向用户推荐其可能感兴趣的内容。在首页、搜索结果页、详情页均有推荐位，首页根据资源热度和用户环境信息（如机构、位置信息等）进行推荐，搜索结果页、详情页结合资源特征、资源热度、机构信息等多维数据进行推荐，尽可能向用户展示高质量的相关内容。推荐系统通过构建用户特征库，进行用户画像；

通过资源特征库存储资源基本属性、元数据、标签数据，全方位描述资源特征；对用户画像、环境信息、资源热度以及资源特征进行匹配推荐。此外，还将辅以用户主动推荐、机构推荐、专家推荐等多种策略。

引入中图智能审读系统对所有资源进行审读，结合中图公司 60 余年审读语料库和大数据分析，采用多种审读规则、分级审读策略、三级权重体系进行智能审读，以适应各种不同的应用场景。系统通过机器自动完成审读，同时可人工干预纠正，形成最终审读结果，整个过程与"易阅通"线上系统无缝衔接，可高效地完成资源的上架过程。

2. 部署方案

采用一主站多分站的部署方式，以主站为中心点，构建在不同国家地区、面向不同类型用户群体的分站群，各分站独立运行，面向客户提供个性化服务，所有资源均由主站提供。主站需要对所有分站进行统一管理，包括数据管理、开通授权等，并且按设定好的分发策略将资源推送给分站；各分站面向不同的用户群体分别提供个性化界面、定制功能和指定资源。主分站之间通过失败重试、握手机制等方式来保障资源传输的可靠性。

架设境外服务器，解决网络带宽的地域限制，进而解决访问速度慢问题。由于分站系统规模、负载能力相对较小，因此分站的架构相对简单。

三 产品架构、典型产品功能及特点

1. 产品架构

如图 8-106 所示，"易阅通"采用 Spring Cloud 来构建微服务架构，以系统业务线条、功能模块为基础，以"服务模块能独立运行且功能完整尽量最小化、一个服务中存在不均匀的负载节点则分离成多个服务"为划分原则，抽象出数个独立运行在各个容器中的微服务，每个微服务有自己的访问地址，运行在不同的硬件资源、不同的架构上。通过采用版本管理工具 Git 配合系统中的 Config Service，来完成庞大的分布式系统配置的自动化管理和部署分发，保障大量的微服务的系统配置能自动同步。

Zuul 用来实现智能路由，将服务分散部署的架构对于服务间的调用透明化，动态路由的方式能够适应系统架构的动态调整、服务迁移、灰度发布，还可以作为服务入口来进行流量管理和监控等。

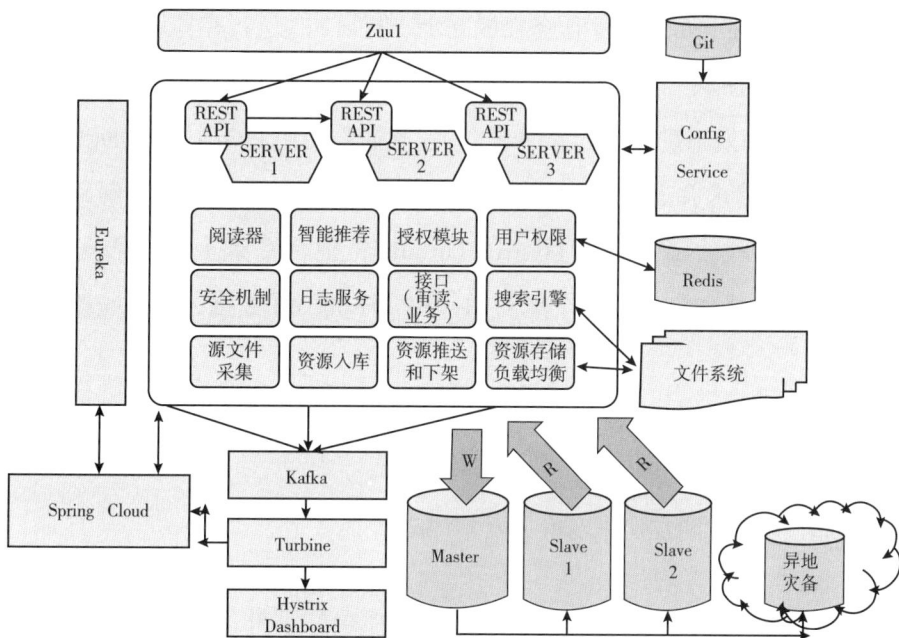

图 8-106 "易阅通"产品架构

Eureka 用于构建服务的注册和发现系统，实现微服务架构中的服务治理功能：自动化的发现系统能保障服务的高可用性，服务器自动将注册服务的状态复制到其他服务器，并提供对服务的健康检查、对状态和健康指标的监控。

Kafka 通过消息生产者发布消息、消息消费者订阅消息的模式来构建分布式消息传递系统，它在系统中主要有两个作用：一是系统架构中部分组件的运行需要依赖消息系统，二是作为程序接口间数据传递的一种方式。接口间通过异步的方式进行通信可以解除接口间的前后序强依赖关系，让程序解耦，让流程分步，而且能够推进业务环节往下执行，能让业务流程更好地进行分步处理、异常处理、失败重试等，提高业务处理效率和容错能力。

采用具有高 I/O 能力的文件系统和 Redis 缓存系统分别对不同类型的数据进行存储。将访问频度高的数据存到 Redis 缓存，以提高读取效率；将全部资源的索引数据存储到内存和具有高 I/O 能力的磁盘文件系统，完成资源搜索。

系统使用 MySQL 构建一主多从的模式，在主库上进行写操作，在从库上进行读操作，实现读写分离。基于 MySQL 的 Binary Log，从服务器开启 I/O 进程去读取主服务器的 Binary Log 来完成与主服务器的同步，同时其他运行在异地的从服务器可以作为灾备服务器存在。

为了应对高并发下产生的异常情况，"易阅通"使用 Hystrix 作为断路器，当下层服务故障或者请求并发数达到阈值时，触发熔断机制，进行服务断路处理，及时阻止服务的级联故障。配合 Hystrix Turbine 将整个系统上每个服务的 Hystrix Dashboard 数据进行整合，监控全局的 Hystrix Dashboard 数据，对系统整体运行情况进行掌握。

2. 典型产品功能及特点

（1）产品功能及使用场景

"易阅通"产品功能及使用场景见表 8-18。

表 8-18 "易阅通"产品功能及使用场景

功能	使用场景
智能审读	进口出版物审读场景，基于 60 余年来累积的审读语料库进行自动审读
知识发现	检索场景，针对普通用户，基于检索词，进行"图书 + 内容"的匹配
智能推荐	"检索 + 浏览"场景，基于检索词、用户行为、标签相似度等维度，进行多维度、多语种的资源、内容匹配
智能辅助采选	检索场景，针对图书馆馆员、机构管理员、专家的采选辅助，基于知识发现和智能推荐模块，帮助采选所需资源
文献综述	针对学者，对发现的内容和推荐的内容进行文本扫描，基于关键词、标签、引证关系、作者、时间、机构等多维度，用知识图谱、可视化等方式呈现综述

（2）产品特点

"易阅通"主要解决两个问题。

对内部，随着近年来中图公司聚合的海外资源数量、语种的快速增长，传统的审读方式越发难以满足快速、高效审读的要求，需要更智能、更自动化的方式进行资源审读，在满足业务要求的同时保障文化安全。

对外部，聚合资源数量增多，使得用户难以找到最想要的资源，在数字环境下，资源利用率依然遵循二八定律，大量的资源很少被使用，因此需要更智能的推荐算法和策略来提升资源的发现率。同时，用户对资源的期待越来越高，仅仅基于书或者文章的发现和推荐也难以满足需求，需要更细粒度的标注和使用，来帮助用户快速定位内容。

四　运营模式、盈利模式

1. 运营模式

"易阅通"主要针对机构用户，其运营主要依托中图公司的国内外线上线下渠道：中图公司的全球发行渠道覆盖国内 1 万家机构客户、海外 4 万家机构客户。同时，将充分利用国际会展和文化交流资源，1986 年创办的北京国际图书博览会现已成为世界第二大书展，来自 89 个国家和地区的 2500 家出版企业参展，此外中图公司每年还参加 20 多个国际书展，已与 40 多个"一带一路"国家有业务往来。

2. 盈利模式

盈利模式包括内容收费、平台服务、分析报告服务等。"易阅通"支持灵活的销售模式，例如内容资源库、DDA、订阅、借阅等多种形式。

五　采用相关标准情况

"易阅通"的标准能够同时对接国内和国外标准，采用 ONIX、CNONIX、JATS、MARC、RDA 等数据标准，同时兼容多种非标准格式的数据；关键词、分类方面采用中国图书馆分类法（CLC）、美国国会图书馆图书分类法（LCC）、BISAC 分类体系、BIC 标准分类法等主流分类体系，并参考美国图书馆协会及国会图书馆罗马化表（ALA-LC Romanizationtable）、美国国会图书馆标题表（Library of Congress Subject Headings，LCSH）和中国分类主题词表等；在统计方面遵循机构客户使用较广泛的 COUNTER 标准。

在规划和开展知识服务过程中，还将充分借鉴学习知识服务的系列国家标准。

第二十六节　湖北科学技术出版社 *

一　产品名称、简介、市场定位、服务对象

1. 产品名称

"绿手指"园艺知识服务平台及产业应用

2. 产品简介

"绿手指"园艺知识服务平台及产业应用为湖北长江出版集团"绿手指"园艺产业化布局的核心部分。该项目在"绿手指"品牌资源（商标、图书、花园 Mook、俱乐部、花友分享会、花园旅游、社交媒体等）储备的基础上，以"互联网+"的方式实现应用创新、模式创新，通过搭建集数字化采集、加工、管理、多元发布于一体的技术平台，建设涵盖植物百科、园艺设计、园艺生活、有机园艺、园艺人文等全媒体内容的绿色生活知识数据库，通过碎片化、标引、语义关联、深度挖掘和统计分析，为用户提供知识服务，并以"知识+"的方式实现全媒体出版、社交分享、文化旅游、园艺培训、亲子园艺、园艺治疗、园艺服务、商品购买等方面的产品、服务支撑，并初步实现绿色生活一站式服务。

3. 市场定位

战略定位：建设中国最具潜力的园艺产业一站式综合服务平台，打造园艺服务领域第一品牌。

内容定位：充分体现"科技与生活的结合，科学与人文的结合"，围绕"园艺基础、情趣园艺、亲子园艺、园艺延伸"进行全媒体出版和产业延伸。

4. 服务对象

服务对象为热爱生活的人，包括但不限于普通家庭、专业设计师和花艺师等。"绿手指"图书有清晰的市场和目标群体定位，主要致力于打造绿色环保的生活方式，主要针对人群为有一定经济基础的女性（白领、受过高等教育的家庭主妇）以及向往自然、质朴的有机生活人群。"绿手指"图书出版的核心在于捕捉绿色生活主题或者

＊ 撰稿人：湖北科学技术出版社沈慧。

是"绿色生活圈子"读者的兴趣和爱好，这种较强的针对性将清晰地决定"绿手指"读者群和读者购买行为。对这部分消费群体做相应的宣传和营销计划，可以达到事半功倍的效果。"绿手指"图书的读者群体受教育水平较高，他们对知识的追求是主动的，因此在购买和阅读上也比较主动。

二　知识服务技术架构

1. 技术架构

项目资源平台业务总体架构如图 8-107 所示。

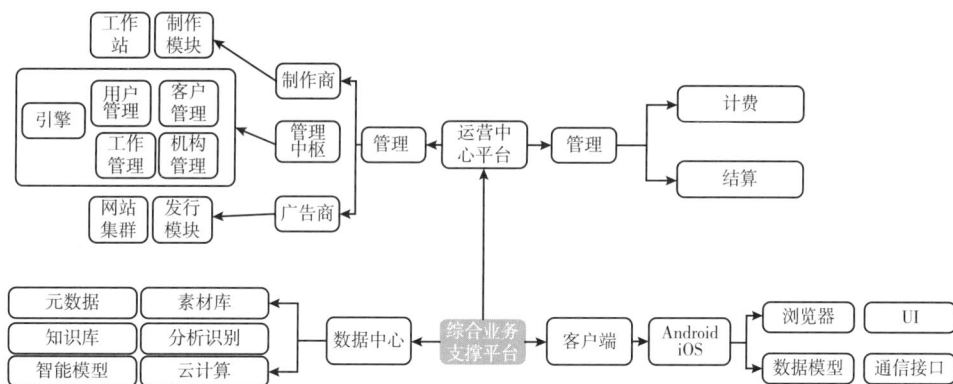

图 8-107　项目资源平台业务总体架构

综合服务平台业务架构如图 8-108 所示。

2. 部署方案

在本方案中，内容资源管理平台包括内容数字化加工软件、内容资源管理系统、内容数字化编辑加工系统、数字资源应用与发布系统四部分。内容数字化加工软件可以将增量的数字格式文件转化成数字出版所需要的通用数字格式；内容数字化编辑加工系统用于出版社资源的加工和生产，可以生成成品的数字产品；内容资源管理系统负责对各时期产生的资源进行管理，包括条目、图书、图片、音视频资源及配套的各类成品资源，并提供检索等资源服务；数字资源应用与发布系统能够将已经成品化的数字内容通过各种信息展现形式展现给读者或者机构用户，通过数字内容交易获得收益。

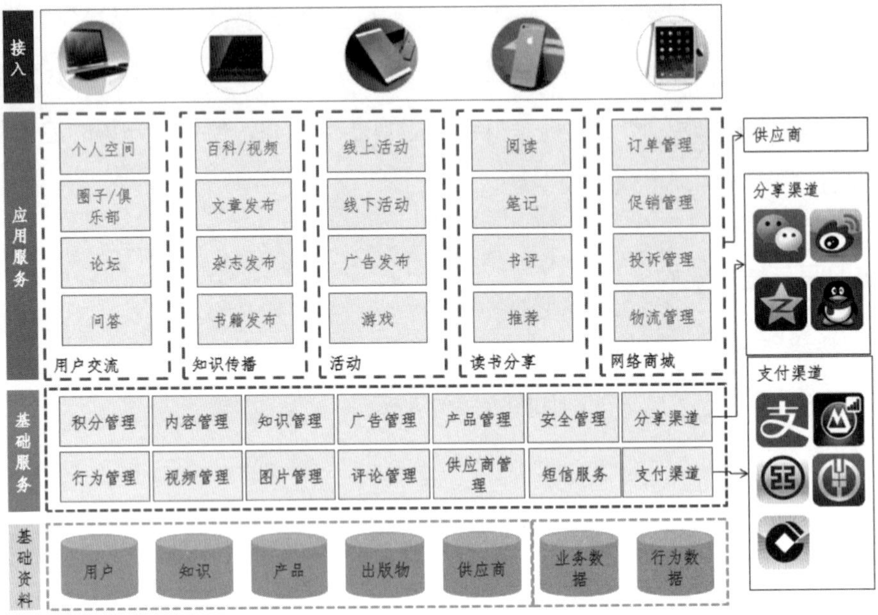

图 8-108　综合服务平台业务架构

三　产品架构、典型产品功能及特点

1. 产品架构

"绿手指"园艺产业整体布局如图 8-109 所示。

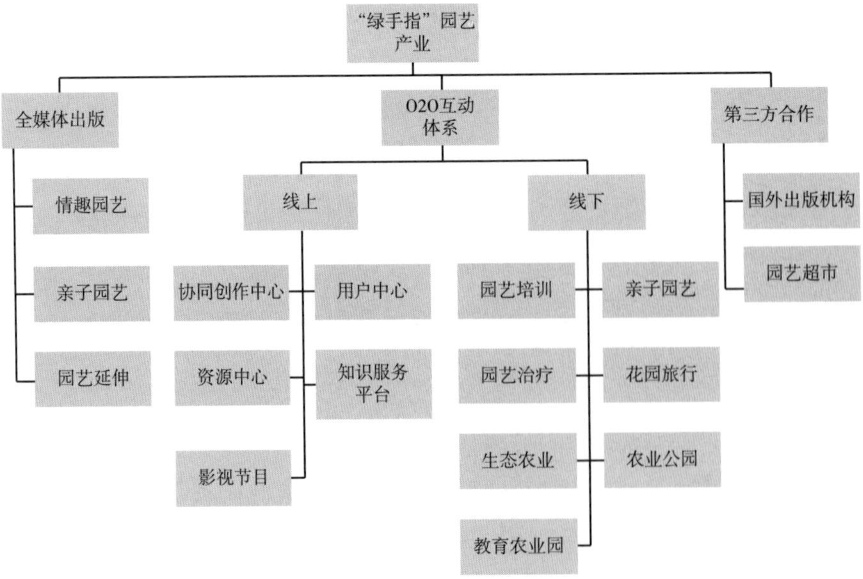

图 8-109　"绿手指"园艺产业整体布局

"绿手指"知识服务平台体系架构如图 8-110 所示。

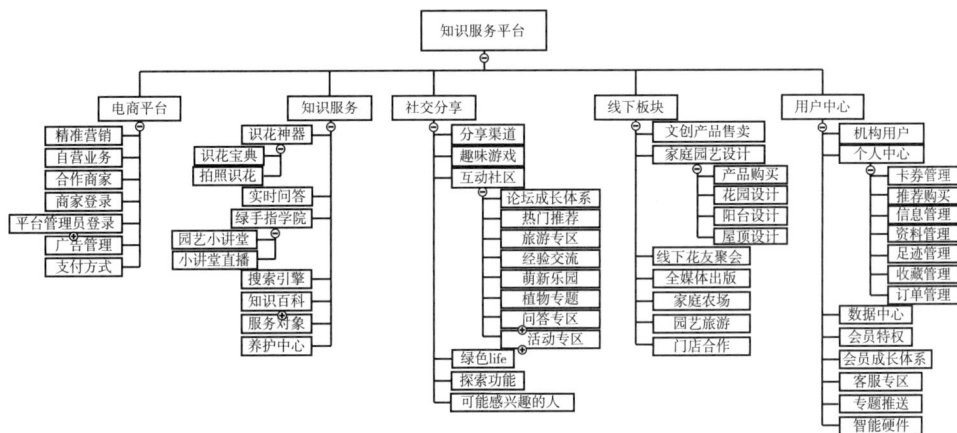

图 8-110 "绿手指"知识服务平台体系架构

"绿手指"知识体系架构如图 8-111 所示。

2. 典型产品功能及特点

（1）产品功能及使用场景

"绿手指"园艺知识服务平台将"绿手指"品牌资源的全媒体内容资源进行碎片化、深度挖掘和统计分析，为用户提供多元化、定制化、个性化的知识服务，满足用户知识服务、社交分享和一站式购买三大线上功能需求，以及家庭园艺设计、花友聚会、家庭农场、园艺旅游等线下应用场景需要，基本满足人民群众家庭园艺 DIY 的需求，助推大众生活品质提升。

（2）产品特点

出版发布服务，通过内容的收集、整理、出版和发布，实现纸质书、电子书出版服务，定制化的按需印刷、按需购买服务。

内容产品服务，支持书刊、电子书、定制化内容购买等，以及面向机构用户提供专业数据库产品和服务。

用"知识+"的方式提升用户体验，提高用户黏性，通过满足终端用户需求的个性化定制来实现向后收费。

平台有一定规模的目标用户基础时，就具备了开拓其他商业业务的基础，可针对相对集中的目标人群开发广告精准投放、一站式电子商务、社交分享、会展服务、园艺培训、新媒体课堂、网络游戏等周边产品或第三方服务。

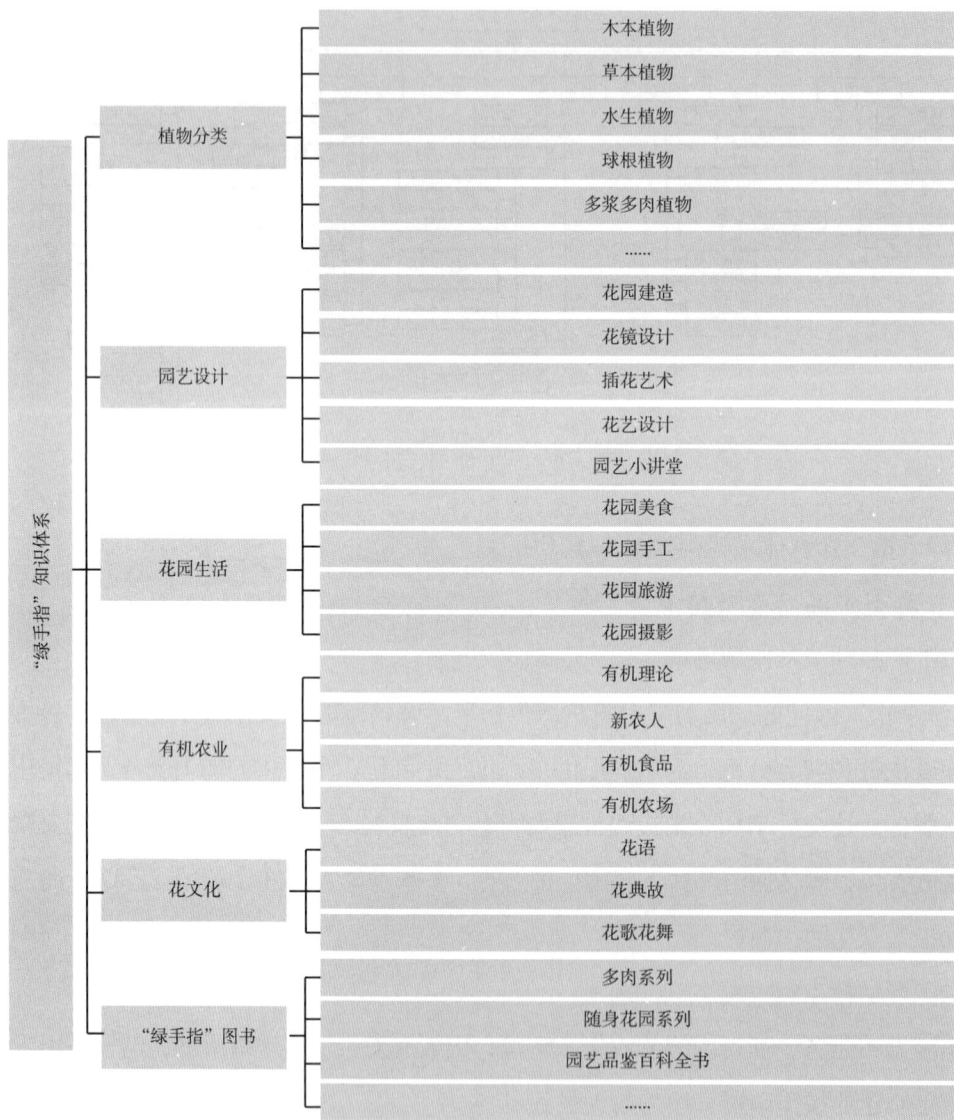

	植物分类	木本植物
		草本植物
		水生植物
		球根植物
		多浆多肉植物
		……
"绿手指"知识体系	园艺设计	花园建造
		花镜设计
		插花艺术
		花艺设计
		园艺小讲堂
	花园生活	花园美食
		花园手工
		花园旅游
		花园摄影
	有机农业	有机理论
		新农人
		有机食品
		有机农场
	花文化	花语
		花典故
		花歌花舞
	"绿手指"图书	多肉系列
		随身花园系列
		园艺品鉴百科全书
		……

图 8-111 "绿手指"知识体系架构

四 运营模式、盈利模式

1. 运营模式

（1）线上体系

以"绿手指"图书、花园 MOOK、俱乐部、花友分享会、花园旅游、社交媒体等资源储备为基础，以"互联网＋"的方式实现应用创新、模式创新，突破原有以图书出版为主的产品服务，打造园艺互动式社交平台，构建绿色生活垂直场景 O2O（线上＋线下）综合服务体系。主要包括电商平台、知识服务、社交分享三大功能需求。

电商平台以淘宝店铺为起点，后期根据业务需求在 App 和网站独立显示自己的电商平台。

知识服务主要基于 App 和网站，给用户提供识花神器、实时问答、"绿手指"学院、搜索引擎、知识百科、养护中心等服务。

社交分享板块，在 App 里，用户可以参与趣味游戏活动，编辑自己的绿色 life 主页，还能玩转互动社区，并且分享到微信（朋友、朋友圈、群）、QQ（好友、群、空间）、新浪微博等热门社交软件。

（2）线下体系

围绕绿色生活垂直场景，根据用户和市场需要，在园艺手工、园艺空间设计、园艺培训、园艺电商、亲子园艺、园艺治疗、花园旅行、园艺展览、生态农业等领域分批次开展产业延伸项目。

文创产品：结合电商平台售卖文创产品。

家庭园艺设计：满足用户在自家阳台、花园、室内布置家庭园艺的需求。

花友聚会：平台定期发布花友聚会信息。举办不同地方的，具有特色的花友线下聚会活动。

家庭农场：用户通过认种的方式，对平台用户发布的认种植物进行认种认购。用户也可以到农场进行旅游参观，对自己认种的植物进行采摘，同时可以参观其他的植物花卉，并且通过电商平台进行购买。

花园旅游：提供具有特色的旅游线路，并且配有"绿手指"特有的知识服务，增加用户的黏性。也可与旅行社就特定的线路进行合作，为用户提供增值服务，包括考察游、花海游、亲子游等。

2. 盈利模式

图书出版：园艺生活、亲子园艺、园艺延伸、花园 MOOK 等全媒体出版物及数字图书的销售。

渠道分成：推荐渠道，如今日头条等；视频渠道，如搜狐、腾讯等；粉丝渠道，如美拍，抖音等。

电商引导："绿手指"电商平台专营店，是服务于绿色生活产业的一站式购买平台。

广告传媒 O2O 营销：本项目平台可依托自有、合作平台上用户近期关注的热点、阅读习惯、购买行为大数据分析，实现相关信息的精准推送，开启"互联网＋"时代的广告推送和 O2O 营销新模式。

文化旅游：国际旅游开发比利时等四条以上线路；国内旅游方面拟开发植物探寻、城市花园、有机农场、慢生活度假、森林氧吧、踏古寻花等主题旅行体验与拓展。

其他：花园设计咨询服务；植物及园艺知识培训；线下活动组织（国内最美私家花园比赛、广告赞助等）

五　采用相关标准情况

现阶段，国家知识资源服务中心的相关标准已较为系统和完备，但是普及范围不够广泛，望能提供一些培训和指导，以便于提高一线工作单位的标准应用率。

第二十七节　北京畅想数字音像科技股份有限公司 *

一　产品名称、简介、市场定位、服务对象

1.　产品名称
"四有"校本研修平台

2.　产品简介
根据党的十九大关于立德树人的要求，培养习总书记与北京师范大学师生座谈时提出的新时代"四有"好教师，北京畅想数字音像科技股份有限公司整合"云管端"整体技术解决方案，自主研发了"四有"校本研修平台（见图 8-112）。该平台为中

＊ 撰稿人：高等教育出版社沈强、曹玉山、任燕、曾龙。

小学幼儿园教师提供专业发展服务，建设网络研修社区，提供优秀课程资源，指导教师开展校本研修活动，解决教师在教育教学过程中遇到的突出问题，推动中小学幼儿园教育变革和创新，构建网络化、数字化、个性化、终身化的教育体系，建设"人人皆学、处处能学、时时可学"的学习型社会。

图 8-112 "四有"校本研修平台

3. 市场定位

本产品的市场定位是各级教育管理部门、中小学幼儿园。

4. 服务对象

各级教育管理部门工作人员、中小学幼儿园教师。

二 知识服务技术架构

1. 技术架构

该平台采用"公有云"部署，实施 CDN（Content Delivery Network），即内容分发网络，其基本思路是尽可能避开互联网上有可能影响数据传输速度和稳定性的瓶颈和环节，使内容传输得更快、更稳定。系统工程同时满足教师用户在线学习与互动数据交换。技术架构由表示层、应用层、服务层、数据层四部分组成（见图 8-113）。

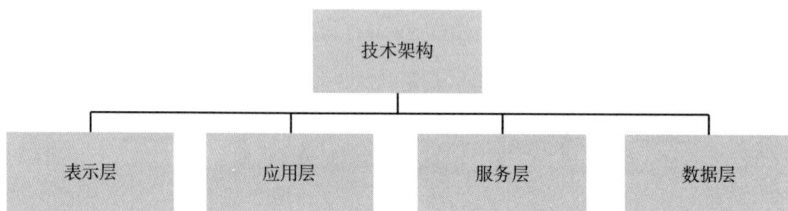

图 8-113 "四有"校本研修平台技术架构

表示层按功能划分，可分为总管理平台、大数据中心、应用服务系统三大块；在应用服务系统中按照系统角色划分，可分为管理平台、工作平台、辅导空间、学习空间和交流社区五部分。

应用层根据平台各用户角色，设计开发相应的功能，满足各类人员在平台上的管理需求。

服务层作为平台的底层服务模块，建立基于大数据与云计算的框架设计，具备数据响应及时准确，智能化分析及报表输出科学高效的特点。

资源管理中心作为本平台核心课程资源及生产性资源的管理中心，应具备 10T 级数字化资源管理和存储的安全稳定技术保障措施，具备 2G 的单一文件上传支持，具备主流视频文件的云端自动转码支持，具备主流文本型文件的在线预览支持，具备云端资源碎片化加密输出，具备防盗链功能。

服务管理是教师在本平台上参加教师培训的过程管理与考核服务的核心功能，具备第三方远程培训电子证书导入功能，应满足"学分银行"建设要求，实现统一学分认证和考核管理，对符合学习要求结业的教师，平台可提供电子证书生成和预览、打印等功能，并具备对外真伪查询等服务功能。

过程管理具备教师在线参与的功能，并能根据活动效果进行统计分析和报表输出，在线上服务的基础上，应进一步服务好线下活动的网上反馈功能，并可依据学习要求，量化到整个学习考核中。

权限管理是为满足不同角色的平台管理需要，在平台上为不同的角色赋予统一角色权限或个性化差异权限而设计的功能，功能细化到具体的平台各功能模块的多动作响应服务上，如增、删、改、查等。

效果监控是平台的智能化服务核心模块，应具备对平台上每个教师的学习效果进行监控跟踪服务功能，特别是在相关核心课程或技能学习环节，要进行关键性效果跟踪，及时发现问题，为学习的下一步组织开展提供效果反馈支持。

统计管理作为平台各角色的核心管理模块，为管理提供关键性决策数据支持，统计管理应具备报表输出、图示显示、对比分析等功能；数据管理是平台的核心模块之一，承载平台不同时期、不同阶段教师学习效果数据存储和分析应用的基础数据，上为管理平台做决策数据支持，下为教师的个性化学习内容输出提供云计算，中为过程数据的存储提供保障服务，良好的数据中心是平台各环节的技术基础。

安全控制是平台抵御系统性攻击和数据篡改的核心模块，在平台上实施分析各服务响应请求的合规性，对恶意访问和不合规访问进行实时拦截，并进行监控预警和消息推送，能把具备严重威胁的攻击行为实时反馈给系统管理员及相应的预设部门。

接口管理作为满足本平台拓展性要求的重要组织模块，应具备和相关项目的安全对接和数据上传下达功能，为平台间的数据调用和内容输出提供技术支持。

数据层分为数据库，媒资系统，安全、加密系统及操作系统，是系统实施的基本保障。根据平台需要采用相应的数据库，数据库设计应满足读写分类、松耦合式可扩展设计，在关键数据库上应采用热备方案，确保业务无间断运行。

平台软件体系为模块化设计，可随服务内容扩展进行动态的系统扩展，以满足系统在正常运行状态下升级及扩容的需求。

表示层和应用层重点在平台的用户使用，是本项目多角色工作和学习的平台，在 UI 设计和程序开发中应注重用户体验和业务流程，具有良好的应用性；服务层和数据层重在底层设计，要求较高，是上层业务系统安全性和稳定性的保障层，设计中应注重两级至多级分布设计，采用 CDN 及云计算要求，做到用户请求负载均衡、媒资内容热备容灾、数据统计精准高效、服务推送智能科学，并在做好本平台服务的同时，注重与其他项目的互通性，为整体项目的数据调取和业务认证提供良好的 API 接口服务。

2. 部署方案

本系统采用 CDN 二级网络部署方案，公有云由项目合作方提供，采用电信网、教育网、联通网以及其他网络进行市级和区县二级节点分部部署，要求公有云具备项目超负荷运行状态下依然能保持系统稳定运行功能，在建设中应充分考虑高扩展性和高并发性要求，在 CDN 节点建设上应按照跨区域跨网络运营商部署，各 CDN 节点服务器集群应实现业务数据的实时同步、完全热备；依托省教育网、市级和区县二级节点建成私有云，项目合作方应按照 CDN 节点网络建设标准，将省私有云纳入整体网络体系，在数据同步和热备、容灾处理等方面形成整体性。

中心节点主要负责资源的存储和调度、转码等工作，边缘节点负责用户请求的响应及资源等内容输出服务，并作为核心内容的边缘备份，为容灾热备、快速响应，以及私有云、公有云实施数据交换提供保障。

中心节点的服务器有集群存储服务器、源站点 Web、学习管理、运营管理、交互用服务器、源站点数据库服务器、源站点分发用服务器、源站点 GSLB 服务器；各 CDN 节点的服务器有 CDN 节点分发、监控用服务器、CDN 节点点播存储服务器、区县分支节点服务器、扩展分支节点服务器；省私有云依照 CDN 节点要求建设部署。

网络方面采用 CDN 全网负载均衡和局部负载均衡技术实现系统的网络负载调度稳定性系统可根据访问者所在位置自动分配到所在区域服务器。系统可根据访问者所在网络的类型，如教育网、网通等自动接入所对应的服务器。

硬件方面采用全网骨干应用服务器与核心数据硬盘阵列、数据加密、千兆抗攻击防火墙等网络架构实现了数据的安全稳定性，确保了平台的高效稳定运行。具备双机热备和应急服务器，可随时解决网络故障及硬件问题，保障系统 24 小时不间断运行，根据系统运行需要快速扩充。提供 7×24 小时监控及技术支持服务，负责网络流量、服务器状态等资源的实时监控与管理，1 小时内快速响应。

软件系统架构要求设计完善、功能完备。上线前须经过各种压力测试，经过长期的应用一直保证运行稳定。系统有成熟的异常处理机制，可自动捕获系统运行过程中的所有异常情况并及时处理、记录。通过数据库服务器群、读写分离等多项技术保证数据库的高性能并发处理。

在机房部署中，分为中心机房和 CDN 节点机房，其核心设备布置方案拓扑结构分别如图 8-114、图 8-115 所示。

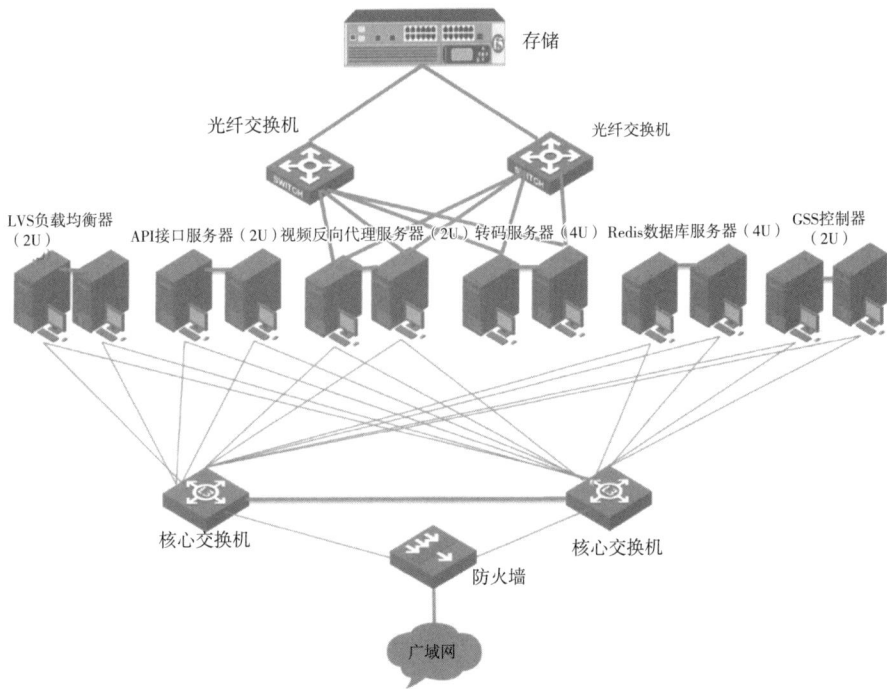

图 8-114　中心机房核心设备布置方案拓扑结构

中心机房和 CDN 节点机房之间通过广域网连接，核心 CDN 节点之间可采用专线连接，可进一步提升数据实时同步的响应速度。

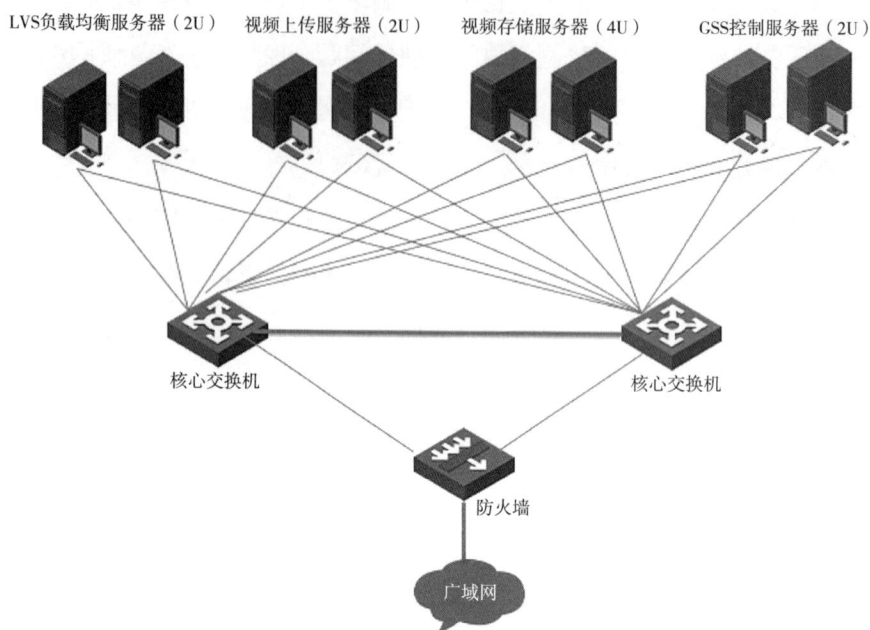

图 8-115　CDN 节点机房核心设备布置方案拓扑结构

三　产品架构、典型产品功能及特点

1. 产品架构

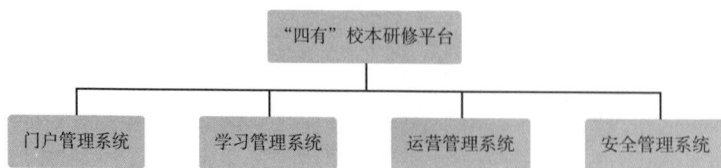

图 8-116　"四有"校本研修平台产品架构

　　"四有"校本研修平台共分为四部分：门户管理系统、学习管理系统、运营管理系统和安全管理系统。其中门户管理系统为前台展示系统，分为多个子系统；学习管理系统按照系统角色划分，可分为管理人员管理系统、教研人员工作系统、骨干教师辅导空间、教学人员学习空间等部分；运营管理系统提供监控管理功能；安全管理系统包含数据监控、过程监控和安全监控三个子系统,实现信息上传下达,学习过程可管可控。

2. 典型产品功能及特点

(1)产品功能及使用场景

①门户管理系统

门户管理系统是提供基于网络的、开放的、集成的内容、信息、活动展示的系统。门户管理系统包含学校门户以及各种赛课、微课评比等活动门户子系统,承载汇聚展示、信息发布、系统集成、课程发布管理、资源发布管理等功能,对网站的内容进行行之有效的汇聚、展示、管理,并最终使得信息能够让参加学习的教师快速方便地获得资讯信息。

门户管理系统应满足对访客的信息展示,在做好频道报道的基础上,完成学员的注册和登录,并可通过其他"三通两平台"的 API 接口,实现对培训系统的平行访问。在项目门户系统开发中应注重 UI 在相关项目中的继承性,让相关项目的用户在进行系统间访问时无缝过度,满足视觉无障碍的良好用户体验。

②学习管理系统

学习管理系统除满足学习需求外,还提供适合各角色的相应的管理功能。学习管理系统为不同角色提供不同功能的个人空间,分别含有学习模块、活动模块、实践模块、管理模块、统计模块、展示模块、交流模块、拓展模块、展示模块和电子档案,通过不同功能的权限设置,形成管理系统、工作系统、辅导空间、学习空间。

由学校各个教研组空间组成学校研修社区,依托平台进行校本研修活动及计划的发布实施,以及对学习过程的监控管理。

社区汇聚校本研修中生成的优质资源,完成优秀课例和微课程的建设,实现优质资源的审核和推送,更好地体现各自区县及校本特色;通过线上线下活动及跨校协作,促进区域间的经验交流和资源共建共享;系统具有良好的用户交互体验,学员间可互助、互学、互评,能实现跨区域研修活动的开展。

③运营管理系统

运营管理系统提供强大的监控和管理功能,可以有效地整合现有的和将来的"三通两平台"应用学习业务，利用该系统可以方便地实现用户业务的受理开通等操作；可以便捷地进行考核。系统采用安全的统一认证模式，保证业务系统的安全可靠运行；对业务和 SI 进行有效的管理，易于以后业务的维护与扩展，实现应用学习业务与其他拓展业务的互联共享。

运营管理系统提供强大的数据监控功能，分别对教学人员、教研人员，在网络研修、课堂实践、校本实践等阶段进行多方面数据监控。

运营管理系统对个体学习质量过程监控提供了多种技术监控，从不同方面进行个体学习过程展现与监控，如学习进度实时追踪服务，学习行为质量实时积分，分步骤、环节、阶段实施研修，学习成长历程体现，日志资源互评机制，光荣榜自动排名等。

④安全管理系统

安全管理系统具有强大的安全保障能力，提供数据审核、非法数据过滤、网络危机应对、软件危机应对等多种安全保障措施。

通过 TOP300 最新提交的数据评审展示系统，实时将最新发布的 300 条论坛帖子等投影展示在中心监控显示屏，信息管理服务人员将实时监控各功能模块数据的合法性。

通过敏感词过滤，系统自动屏蔽非法信息。另外，在信息互动页面建立"非法信息举报"按钮，学员可以实时将监控系统漏网的"非法数据"提交人工审核中心。通过敏感词智能隔离系统，当学员在论坛、日志、分享等环节发布带有敏感字样的信息时，系统会智能屏蔽相关信息，并用手机短信、站内短消息、邮件系统三个方式将审核提示发送至对应管理中心，由对应管理人员审核后决定是否显示。

整个网络体系在多线通、电信、网通、教育网均采用了 CDN 智能调度负载均衡系统服务，全网络拓扑监控系统可以实时监控全国各地 IDC 节点服务器健康状况，并智能启动故障接管机制保障网络的顺畅运行。

Web 服务器、数据库服务器均采用了热备机制，任何一个服务器发生故障均可以由其他服务器瞬间接管，有效地解决了硬件损坏、黑客攻击及系统访问堵塞等突发情况造成的问题。

（2）产品特点

①立德树人，引领教师培训方向

立德树人是发展中国特色社会主义教育事业的核心所在，是培养德智体美全面发展的社会主义建设者和接班人的本质要求。"四有"校本研修平台把社会主义核心价值观纳入教师教育课程体系，融入教师培训的全过程。创新教师培训模式，着力提升教师综合素质，增强育人能力。

②优秀课程，提升教师专业素养

充分发挥课程在教师培训中的核心作用，统筹一线教师、管理人员、教研人员、专家学者等力量。充分发挥各自优势，明确各支力量在教书育人、服务保障、教学指导、研究引领、参与监督等方面的作用，建设包含幼儿园、小学、初中以及高中学段语文、数学、体育、美术等学科在内的，涵盖校长、园长、班主任、教务主任等人群，以及涉及师德、法制、心理健康教育、传统文化、信息技术、教师专业发展等领域的数字课程资源供教师选学，提升教师专业素养。

③专家在线，指导教师开展校本研修活动

安排专家在线指导，帮助教师提高利用信息化手段进行教材分析、教学设计、教学组织实施、教学资源开发利用和教学评价等的能力，解决教师在课堂教学实践中的困惑与问题，促进信息技术与教育教学的整合，切实提升教师的专业素养和教学能力，提高教学质量。

④提高教师队伍整体水平，促进教育公平

通过项目实施，开展线上研修与线下实践相结合的教研活动，充分调动学校骨干教师的积极性，发挥其在本地、本领域的示范引领作用，同时通过网络优势为其提供更加广阔的展示空间，促使其成长为优秀教师。通过这些"种子"教师的示范引领作用，逐渐为本地培养一支有一定影响力的教师培训队伍，带动和促进教师队伍整体水平提高，促进教育公平。

四　运营模式、盈利模式

1. 运营模式

推广："四有"校本研修平台依托北京畅想数字音像科技股份有限公司遍及全国

各个省区市的地方分中心，利用每年实施超过100万人次的"国培计划"中小学与幼儿园教师培训业务的契机，在全国乡村学校进行推广与服务。

运营：2017年开始规模化推广，到2018年底可交易课程资源总量达到3000小时，首批建设已达到12000所学校；到2020年，建设学校可达到40000所。随着"三通两平台"在乡村中小学校的逐步建设，培训与服务收入会有相当大的增长空间，预计项目建成后3年内，可收回全部投资。

2. 盈利模式

"四有"校本研修平台开发完成后，提供的是综合性服务，既包括课程资源与平台支持，也包括运营服务与专家指导。将为乡村中小学与幼儿园教师培训和服务业务带来全新的运营模式，从教师培训与服务产业中获得经济效益。

五 采用相关标准情况

本系统采用了高等教育出版社数字化资源建设与管理标准，建议新闻出版研究院可以出台一个建设意见，让行业在资源建设与管理中以国家标准为基础，方便市场化运营。

第二十八节 接力出版社 *

一 产品名称、简介、市场定位、服务对象

1. 产品名称

接力社泛教育类有声知识服务

2. 产品简介

接力出版社（简称"接力社"）是全国百佳出版单位，一直处在引领少儿图书市场走向的前沿。"接力社泛教育类有声知识服务"以小读者及新生儿的家长为服务对象，通过自有渠道（天鹅阅读网）及主流有声渠道，传递少儿科普与家教育儿类知识，使家长及少儿在没有纸书的情况下，通过声音也能获取知识。

＊ 撰稿人：接力出版社马婕、常帅。

3. 市场定位

"接力社泛教育类有声知识服务"目标用户为 3~10 岁的儿童，市场定位是做差异化及"小而美"的产品，产品形式为有声与付费课程。目前市场上的"凯叔讲故事""樊登小读者"等渠道既是我们的合作方，也是我们的竞争者。我们的优势在于除去自有分销渠道，还可以借助这些规模较大的移动互联网有声渠道进行分发，在控制预算的情况下，使效果达到最大。

4. 服务对象

接力社所面向的主要读者群体是 3~10 岁的儿童及其父母，知识服务产品的用户定位与此年龄段相契合。

二　知识服务技术架构

1. 技术架构

接力社的知识服务主要以内容策划为主，面向 C 端市场推广销售有声课程。知识服务的框架就是电商销售的框架。

2. 部署方案

接力社天鹅阅读网及其子项目拥有电商功能，因此，"接力社泛教育类有声知识服务"在天鹅阅读网的基础上，借助其电商功能实现战略部署。

三　产品架构、典型产品功能及特点

1. 产品架构

接力社的知识服务主要以内容策划，面向 C 端市场推广销售有声课程为主。现已开发的知识服务课程主要有以下五个。

一是超级飞侠乐迪带你游世界。该产品根据接力社畅销书《超级飞侠》进行改编，其独特之处在于以丰富的地理知识卡片介绍超级飞侠所到之处的风土人情，帮助少年儿童开阔眼界，增长智慧。用新奇有趣的故事情节和乐观无畏的精神内涵，培养孩子聪明、勇敢、乐于助人的美好品质。该产品共 92 集，已在"凯叔讲故事"及接力社自有渠道销售。上线一周销量突破百万，半年内总点播量超过一千万次，成为孩子们最喜欢的音频故事之一，为数百万家庭带来欢声笑语。

二是小牛顿科学馆。小牛顿科学馆是我国台湾少儿科普的巅峰之作，三度荣获台湾出版最高奖金鼎奖。该课程根据纸书《小牛顿科学馆》进行改编，力图通过声音的方式向少年儿童普及科学知识。该课程共 120 集，已在"懒人听书"及接力社自有渠道上线销售，与十几部作品一同成为懒人听书的"镇店之宝"，获得了广大听众的喜爱和好评。

三是安全力：如何让孩子远离伤害。该课程由著名儿童伤害预防专家、全球儿童安全组织高级咨询专家张咏梅主讲，从儿童意外伤害和预防角度入手，从居家、出行等各个方面进行讲解，逐个破解危害儿童的安全隐患，训练家长的安全思维，提升家长的安全意识，帮助孩子远离伤害。该课程共计 40 集，已于今年 9 月在喜马拉雅及接力出版社的机构账号上线。

四是超级法则：从管教到自律。该课程由陆军上校、国内少儿军事文学开创者、教育文学界领军人物"八路"老师，根据自身的军旅生涯，结合当下孩子的共性问题倾情打造。"八路"老师将知识、技能和品质三大要素融入课程，用 30 条来自军校的管理秘诀，帮助孩子告别拖延、懒惰，成为自律、高效的"真正男子汉"。该课程共计 30 集，已于今年 9 月在喜马拉雅及接力出版社的机构账号上线。

五是故事中的经济学——青少年经济启蒙 50 课。该课程由著名经济学家李晓鹏博士讲解，以生动、有趣、贴近生活的故事让孩子了解经济学，帮助孩子树立经济学思维，打开理解世界的全新视角。该课程已于今年 10 月在喜马拉雅及接力出版社的机构账号上线，上线仅 30 天，收听量已达到 10.4 万人次，在新知榜知识付费 10 月新课程榜单中排名前 30 位，远超同期上线的其他课程。

2. **典型产品功能及特点**

（1）产品功能及使用场景

"接力社泛教育类有声知识服务"让少年儿童与新生儿父母，在没有纸书的场景下，借助音频与课程，也能获得需要的知识，丰富精神生活。

（2）产品特点

"接力社泛教育类有声知识服务"借助新兴的数字出版产品形式，以区别于纸质图书的风格，以更强的互动性与应用性，解决了碎片化时间的利用问题，为广大少年儿童和新生儿父母，提供专业的解决方案，让他们在故事中获得知识。

四　运营模式、盈利模式

1. 运营模式

"接力社泛教育类有声知识服务"实现线上、线下联合运营，社内资源与合作方资源联合推广。

线上：借助接力社与合作方的微信公众号、微博等新媒体资源进行预热和推广；App 资源位展示；开展社群营销，在不同的社群就某一话题进行讨论；媒体宣传。

线下：在作者进校园、讲座等活动中，利用海报、二维码等进行推广。

2. 盈利模式

"接力社泛教育类有声知识服务"主要以会员制、产品包、按量收费等模式来盈利，根据不同产品的特色和表现形式的差异，采用不同的盈利模式。

会员制主要采用包月或包年的 VIP 卡形式，对不同等级的会员定制不同的价格。

产品包主要以用户的年龄为基础，将适合同一年龄段用户的产品制作成一个产品包，对不同年龄的用户进行个性化的营销。

按量收费主要是按用户的下单量进行计算，用户下单量越多则费用越多。

除此之外，还包括政府采购、批量采购等盈利模式。

五　采用相关标准情况

接力社是面向 C 端大众市场的出版社，产品以有声知识服务为主，与专业出版社有很大的不同，希望在体系建设及标准建设中，可以考虑下面向大众市场的知识服务架构。应组织社领导决策层的会议，执行层面才好推进工作。

第二十九节 广西师范大学出版社 *

一 产品名称、简介、市场定位、服务对象

1. 产品名称

基于"知更社区"的知识服务内容生产与传播体系

2. 产品简介

"知更社区"是广西师范大学出版社（以下简称"广西师大出版社"）对"互联网＋出版"革新和媒体融合道路的重点尝试，也是广西师大出版社"出版 3.0"发展战略的举措之一，即"出版＋文化"的双核驱动，实现从产品提供商向内容服务商转型目标的重点项目。

3. 市场定位

通过充分调动社会广大优秀内容生产者的积极性与创造性，并将其内容策划生产成高质量的"文化产品"，甚至升级为社会效益与经济效益兼顾的"文化产业"，在最受用户欢迎、流量最大、影响力最大的互联网诸多平台上进行"全 IP 运营"式传播。

4. 服务对象

该生产与传播体系的最终服务核心是用户，先期通过服务组织来经营用户，总结需求，传递信息；然后组织牵头作者启动内容生产体系，制作产品反馈用户；接着是全渠道的传播。

二 知识服务技术架构

1. 技术架构

坚持标准化、体系化的发展思路，项目组按照产品制作标准化流程的需要划分为策划组、内容组、运营组、技术组、用户组和社群组 6 个功能性分支队伍。各个队伍之间相互协作，交叉运行，保证语音直播、音频课程、视频、图文产品、读书会、文

---

* 撰稿人：广西师范大学出版社汪毓楠。

化深度游学、人文私课等多种产品的顺利制作与运行。

2. 部署方案

基于"知更社区"的知识服务内容生产与传播体系部署方案见图 8-117。

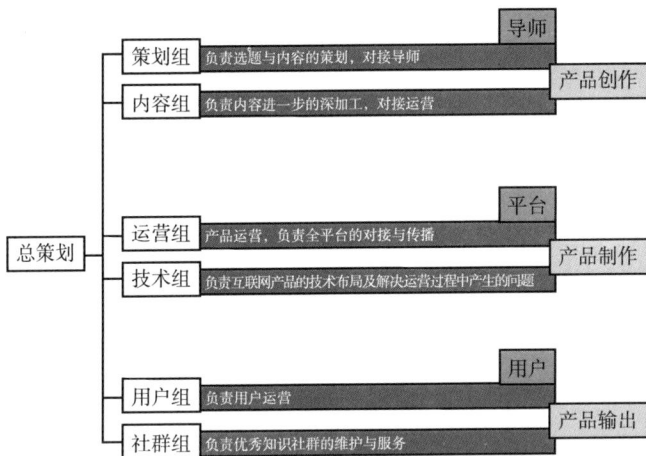

图 8-117　部署方案

（1）策划组

策划组负责市场调研，根据用户需求策划选题，并从高校、社会广泛联系合适的导师，与导师进行碰撞、交流，打磨样稿，主要负责工作包括选题策划标准化流程和着重对接导师。

（2）内容组

内容组对导师提供的底稿，按照流程进行加工、编辑，使之更符合音频的特点，更加通畅明白，适合用户收听。同时，知更社区还打造了自己的内容原创团队。针对某些跨学科的、更符合用户迫切需要的通识选题，由自己的原创队伍进行资料整合和文稿撰写，这样会大大提高课程制作过程中的沟通效率，并且使得工作流程更加可控。主要负责工作包括内容加工标准化流程和着重对接运营。

（3）运营组

音频内容完成后，由运营组进行文案包装、海报设计，然后与各大微信公众号、App 联系洽谈，并根据平台方的风格和用户群体进行进一步策划包装，最终使课程在各大平台上与用户见面。同时，配合各大平台的活动和版面，对课程进行宣传推广。主要负责工作包括内容推广标准化流程和着重对接平台。

（4）技术组

负责互联网产品的技术布局及解决运营过程中产生的问题，主要负责以下工作。

①搭建大数据追踪数据库：收集并分析用户消费习惯，构建用户画像

②微信小程序（小鹅通）：产品输出渠道开拓及维护

③搭建App（H5）平台：产品输出渠道开拓及维护

④搭建多媒体处理平台：音视频处理，UI界面设计（音频制作标准化流程）

（5）用户组

负责用户运营，具体包括以下工作：维护知更社区微信公众号；组织及推广线下读书会活动；策划优质游学产品（游学产品设计标准化流程）；负责市场商务。

（6）社群组

负责优秀知识社群的维护与服务，主要负责以下工作：维护30个优秀知识社群；维护25个游学相关社群；维护线下500家优质读书会；支持并服务全国线下读书会、社区书店、咖啡馆、文化阅读空间的相关活动。

三 产品架构、典型产品功能及特点

1. 产品架构

基于"知更社区"的知识服务内容生产与传播体系产品架构见图8-118。

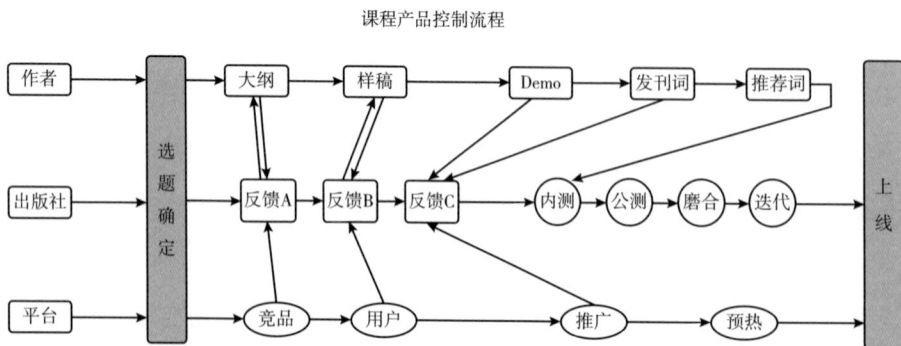

图 8-118 产品架构

2. 典型产品功能及特点

（1）产品功能及使用场景

基于"知更社区"的知识服务内容生产与传播体系产品功能及使用场景见图8-119。

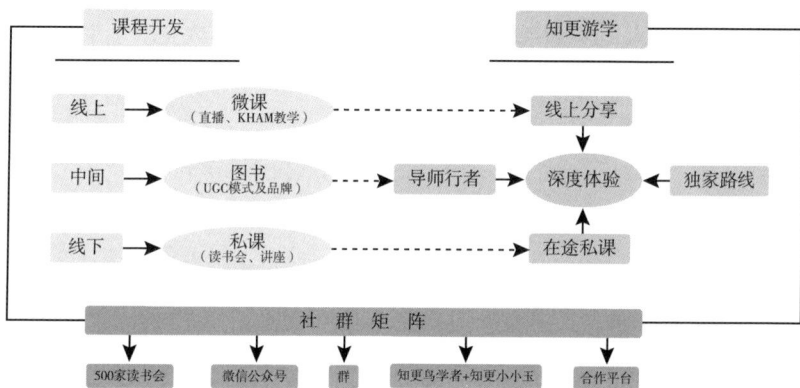

图8-119　产品功能及使用场景

（2）产品特点

价值感：目的性学习，所学知识要能直接为生活、工作服务。具备较强操作性。

增量感：以提供增量知识为主。所谓增量知识，就是新知。

用户匹配度：私人订制式内容生产，高针对性。

友好度：用户大多是跨界学习，是外行，降低准入门槛，对用户友好。

四　运营模式、盈利模式

1. 运营模式

包括线上运营、技术运营、用户运营、线下运营等方式。

2. 盈利模式

包括会员制、内容付费、专栏订阅和第三方平台分销。

五　采用相关标准情况

暂未使用。

第三十节　中国时代经济出版社 *

一　产品名称、简介、市场定位、服务对象

1．产品名称

审计知识服务

2．产品简介

审计知识服务是中国审计数字在线网利用自身在审计专业领域中的图书期刊、新闻资讯、培训课件等内容资源优势基础上，汇集审计行业及其他相关行业的顶级专家，利用互联网、云计算和大数据等现代信息技术，为国家审计机关、内部审计机构和社会审计组织提供的专业化知识应用和知识创新服务。

3．市场定位

产品适用于从事审计现场作业、审计管理、审计学术研究、审计教育培训等业务的机构，以及审计领域相关专家学者和个人。

4．服务对象

从事国家审计业务的政府审计机构，从事内部审计业务的行政事业、企业单位内部审计机构，从事社会审计业务的会计师事务所等中介机构，审计领域学术科研机构和教育培训机构以及相关个人。

二　知识服务技术架构

1．技术架构

审技知识服务技术架构如图 8-120 所示。

---

* 撰稿人：中国时代经济出版社何新。

图 8-120　审计知识服务技术架构

2. 部署方案

基础平台：安全接入平台、分布式大数据存储系统、大数据计算组件与应用工具、数据整合工具、互联网数据采集平台、审计知识内容聚合平台、审计知识管理平台、审计知识产品协同创作编辑发布平台（含综合选稿系统）等。

应用产品：审计知识库、审计业务培训、审计知识专题、审计知识编创、审计知识智能问答、审计知识圈、审计文化书屋等 PC 端、移动端应用。

云服务：审计领域自然语言处理、审计知识图谱可视化、智能搜索、用户行为分析与感知、关注与推荐等。

三　产品架构图、典型产品功能及特点

1. 产品架构图

审计知识服务产品架构如图 8-121 所示。

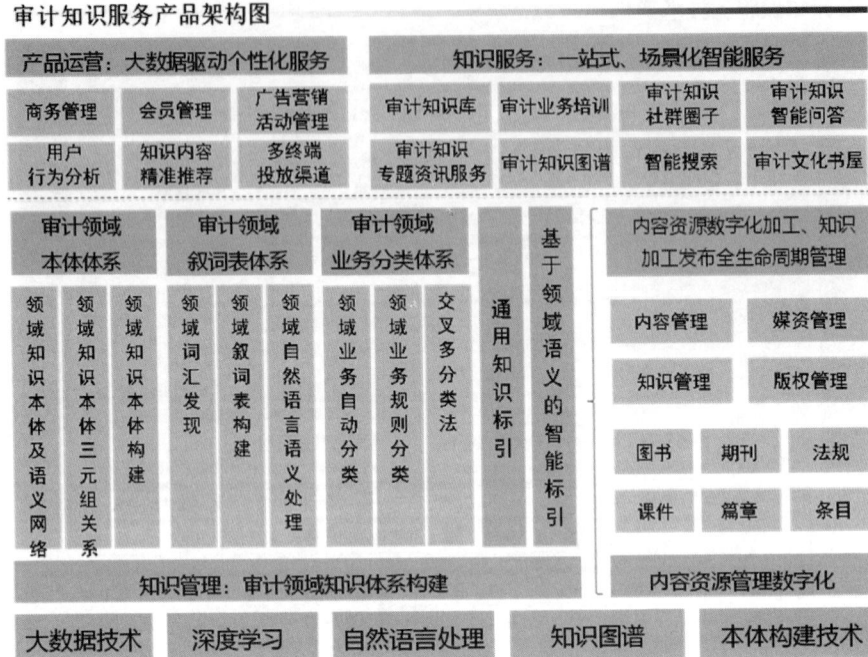

图 8-121　审计知识服务产品架构

2．典型产品功能及特点

（1）产品功能及使用场景：审计知识库

该知识库覆盖财政审计、行政政法审计、税收征管审计、教科文卫审计、农业审计、固定资产投资审计、社会保障审计、资源环境审计、金融审计、企业审计、外资运用审计、境外审计、经济责任审计和电子数据审计等 14 大类国家审计业务，分为审计准则指南知识库、审计实务方法知识库、审计法律法规知识库、审计常见错弊定性知识库、审计经验案例知识库、审计报告公告知识库、审计论文文献知识库、行业政策解读知识库等 12 个子库，包含 3000 多个审计事项，近 20 万篇审计业务知识内容，是目审计行业内容资源最多、标引分类最贴近审计业务、有助于更快提升审计职业经验的知识产品，适用于从事审计现场作业、审计管理、审计学术研究、审计教育培训等业务的机构，以及审计领域相关专家学者。

（2）产品特点

该知识库立足审计实践，采用业内技术领先和首创的审计知识图谱和大数据审计语义处理技术，将海量知识按审计事项进行自动关联，用户可以以更直观的方式来获取审计工作需要的职业经验。审计人员在查阅任一审计事项时，跟该审计事项相关的指南指引、理论实务、审计方法、审计法规、错弊定性、经验案例、报告公告、行业政策及解读等各类审计业务知识均自动关联起来。这种机器辅助深度学习的方式，将显著提高审计人员查阅和学习审计专业知识、形成职业判断经验的效率。

四　运营模式、盈利模式

1. 运营模式

中国审计数字在线网是审计署立体化传播平台的重要组成部分，由审计署主管，中国时代经济出版社主办，具有审计信息权威发布和审计知识服务市场化运营双重属性。一方面，要按照中央审计委员会和审计署的统一部署，认真、及时地做好审计信息的权威发布和政策解读工作，另一方面，要根据审计业务工作实际需要，及时有效地为各级审计机关和一线审计人员提供精准、专业的审计知识服务。服务的具体形式包括在线阅读、知识检索、专题学习和网络培训等，线上服务的渠道包括PC端、移动端 App 和公众号，以及数字化大屏等，线下有图书、期刊等传统行业渠道。

2. 盈利模式

包年付费制，主要面向审计机关、内部审计机构、社会审计机构、政府部门、国有企业等机构用户，以及相关研究、培训、教育等机构或个人用户。

五　采用相关标准情况

1. 采用相关标准情况

中国时代经济出版社在中央文化企业国有资本经营预算和文化产业发展专项资金、国有资本金的支持下，基本上建立了审计学知识领域的本体概念和语义框架、叙词表，以及机器语义语法解析等自然语言处理和识别的应用架构，并以审计知识图谱为基础推出了"审计知识库"产品。项目建设过程中，采用如下规范和标准:《关于做好中央文化企业数字化转型升级项目技术需求的编制说明》（科技与数字〔2013〕159号）、《关于推动新闻出版业数字化转型升级的指导意见》（新广出发〔2014〕52号）、《新闻出版企业数字化转型升级软件系统需求框架》（2016版）。

2. 对知识服务标准化工作的建议

目前常见的知识图谱和语义分析技术更多应用于自然科学知识领域，这些领域的概念和概念间的关系相对稳定容易提取，传统的"关键词技术＋机器学习算法"或许能基本满足建立相应学科知识体系应用的需要。但在社会学领域，学科概念和概念间的关系往往需要通过对中文自然语言进行语义（语法）分析才能获得，学科知识体系需要进行深度学习才能逐步建立，而此类应用在社会学领域的知识管理案例较少。建议尽快推动以下两项国家标准建设工作，为社会学领域的中文自然语言知识管理、知识服务工作提供规范性指导文件。

——通用领域和专业领域知识图谱（或语义网络框架）国家标准

——中文自然语言语义分析国家标准建设

第三十一节 中信出版社 *

一 产品名称、简介、市场定位、服务对象

1. 产品名称

中信书院

2. 产品简介

中信书院是中信出版社倾力打造的，基于移动互联网和智能科技的全形态、系统性多媒体知识服务平台。

3. 市场定位

中信书院市场定位见图 8-122。

中信出版社为中国主流群体提供全形态、系统性的知识服务，为每个用户定制自适应的知识进阶解决方案。

全形态，既指知识载体上包括文字、音频、视频等，也指针对不同场景的产品设计。

系统性，指的是中信书院提供结构性的知识，而非市场同类产品提供的单点知识。中信书院可按照不同的路径、不同的难度等级设计知识产品。

---

* 撰稿人：中信出版社段李敏。

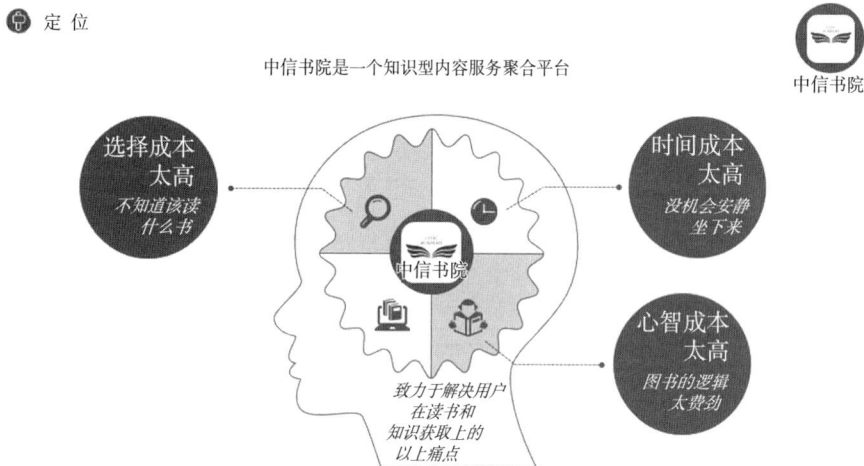

图 8-122　中信书院市场定位

4. 服务对象

阅读爱好者，希望自我提升的学习者。

二　知识服务技术架构

1. 技术架构

该技术方案是根据中信书院的发展及特征定制而成。包括数据层、业务层及接口网关层三个主要结构层，三层之间通过分布式框架进行互相调用（见图 8-123）。

底层数据层为中信书院所产生的数据进行持久存储提供保障。包括 ES 服务（日志存储及搜索数据存储）、中信云 RDS、中信云 Redis、MongoDB、文件存储服务 OSS。

中间部分为中信书院对外服务的主要核心业务层。包括 App、微信、第三方平台等服务的对外业务。

两边部分为中信书院内容运营及服务监控模块，主要负责中信书院知识内容的管理及日常核心服务监控和业务统计。

2. 部署方案

中信书院部署方案见图 8-124。

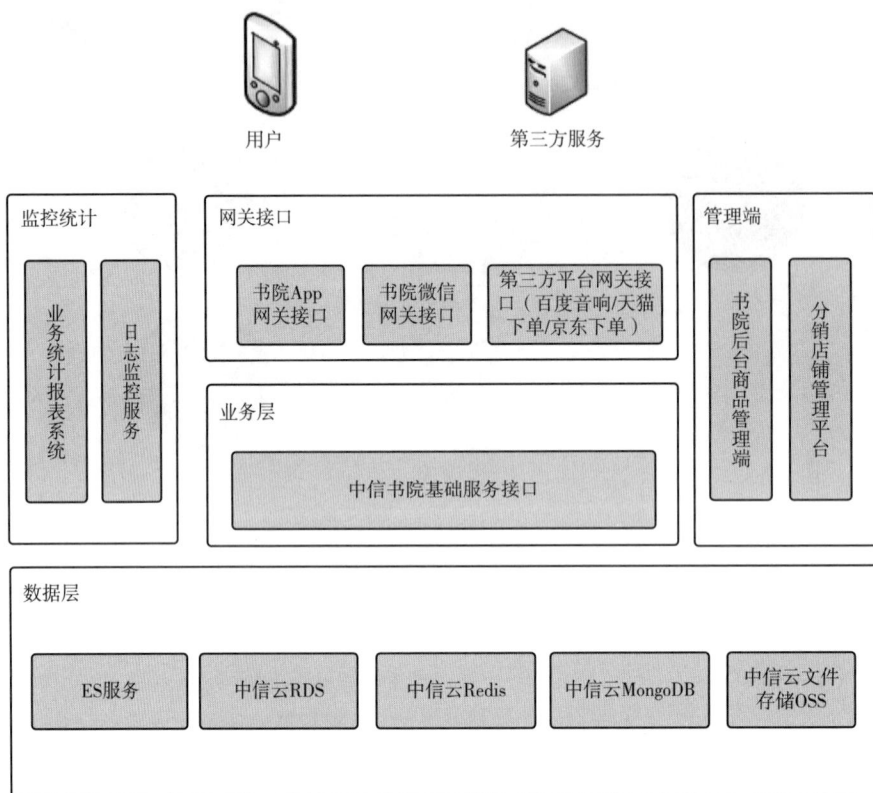

图 8-123　中信书院技术架构

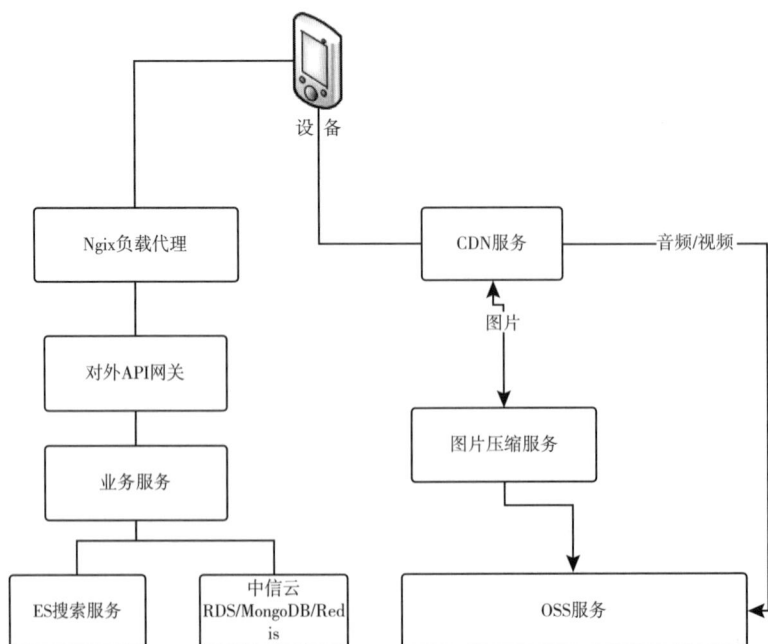

图 8-124　中信书院部署方案

三 产品架构、典型产品功能及特点

1. 产品架构

中信书院产品架构如图 8-125 所示。

图 8-125 中信书院产品架构

2. 典型产品功能及特点

（1）产品功能及使用场景

中信书院产品包括有声书、电子书、好书快听、阅读时差、全球阅读、精品课程等知识内容栏目，通过以有声及文字的形式为用户提供服务。

有声书栏目每年精选百本以上经典书籍，邀请专业主播团队为用户录制成音频，随时随地为用户播讲优质知识，让用户听原汁原味好书。

好书快听让用户的那些不经意忽略的碎片时间变得闪闪发光，为用户快速了解一本书的精华内容节约时间。

电子书是移动的图书馆。让用户可以在手机等移动终端上快速地阅读经典书籍，真正徜徉在知识的海洋中。

阅读时差，时差就是机会。中信出版社每一本书，从选题、申报、立项到正式出版，平均需要 456 天，中信书院通过提前的整理、加工、解读，帮助用户提前知晓全球新知。

全球阅读，给用户一个来自全球的精简图书馆，从全球财经商贸到个人提升成长，从获悉商业精要到探索科学奥秘，为用户提供精品图书内容。

精品课程，集全球名校名师、业界权威大咖，从不同角度、不同领域为用户构建完整的知识体系，应对不期而遇的挑战。

（2）产品特点

中信书院产品以 App 为首要载体，兼有新媒体和小程序，内容以音视频为主要形式，辅以文字和直播，以传递真正有价值的知识为己任，解决用户在信息时代下快速获取知识的需求，同时利用用户的碎片时间为其快速掌握某个知识点、搭建知识体系。

四　运营模式、盈利模式

1. 运营模式

（1）线上

通过京东、天猫销售中信书院的虚拟商品兑换码，完成线上引流。

通过与第三方平台合作为第三方平台提供在线内容收听阅读服务，完成用户引流。

（2）线下

与书店合作，在读书会现场提供在线直播服务等在线内容服务，实现引流。

与插画展合作，为插画展提供在线的展览内容介绍服务，实现服务号的引流操作。

通过出版社纸质书上二维码的印刷，为纸质书提供扩展的在线知识内容服务来引流。

2. 盈利模式

知识付费的盈利模式包括以下三个方面：中信书院知识内容单品权益销售及权益时长销售，天猫、京东等第三方平台虚拟商品的销售（书院的兑换码），通过与第三方的合作，提供内容阅读及收听等在线服务。

五　采用相关标准情况

暂未使用。

第三十二节　北京交通大学出版社 *

一　产品名称、简介、市场定位、服务对象

1. 产品名称

知识服务平台方面的数字产品有 9 个，包括加阅 App、知阅 App、数字出版 3D 引擎、多层二维码、直播推流平台、VR 播放器、图像识别 SaaS 平台、智眸微信小程序以及 NAS 复合系统。

2. 产品简介

承载上述产品与技术模块的项目于 2015 年 4 月立项，通过拓展 ISLI 国际标准在我国数字资源管理中的应用，采用图像技术与全能阅读识别器等数字媒体技术，将纸质出版物与移动终端中的多种媒体形式有机融合，创造一种体现媒体融合的新型出版形式——M+Book，以方便读者学习；出版一批既有实际应用价值，又具有示范意义和推广价值的 M+Book 新型优质教材，打造一个 M+Book 出版物的管理系统与通用平台。

2018 年 2 月 6 日，北京交通大学出版社在北京组织召开了 2015 年文化产业发展

---

　　* 撰稿人：北京交通大学出版社王丽那。

专项资金项目"ISLI 国际标准应用示范——基于媒体融合的 M+Book"专家验收会。专家组听取了项目工作总结、绩效报告、关键技术报告和用户使用报告，观看了成果演示，审阅了相关文档，经过质询讨论，专家组同意"ISLI 国际标准应用示范——基于媒体融合的 M+Book"项目通过验收，并建议出版社利用已有平台与技术优势，根据市场需求进一步开展技术研发和市场运营推广。

3. 市场定位

依托项目开发的平台，其未来的应用场景与市场前景广阔，运营范围具体体现在以下几个方面。

M+Book 系列应用中的加阅 App 可抽象成"以混合云盘存储为基础，通过图像识别等技术手段连接两个本体（实体或非实体）"这样一个应用模型，任何基于关联关系的应用场景均适合此平台。

其中，混合云即加阅 App 可线上存储，亦可本地存储，在线、离线场景下均可使用。连接手段即图像识别技术，比二维码更安全、更直观、更生动形象，应用场景更广；连接两个本体即 ISLI 标准中描述的源和目标。

基于上述应用模型，应用场景十分丰富，如学校课程平台、行业社区平台、知识服务平台、社会公益组织等，凡是涉及线上—线下连接、线上互动、资源存储及展示等应用需求的场景，均可采用加阅 App。例如，名人字画通过图像识别连接作家介绍视频，无须改动字画本身，也无须增加二维码破坏字画意境；再如，地铁轨道对岸广告画，因为距离较远，即使附加二维码也无法扫描，将二维码放大又占据较多广告画面，通过图像识别技术连接动态广告或购物地址即可解决此应用痛点。又如，高校可把大学美育等大型公共课程开设至加阅 App，实现校本教材电子化，随时在平台中增加相关资源，安排直播课程等应用，这样做既可提高效率，又环保节约。

项目建设时，几乎所有技术项均采用模块式开发，技术模块均可单独拆分以对接其他单位的已有应用或微信平台。如图像识别技术可直接提供 API 接口，已有应用只需对接数据接口即可接入图像识别应用；再如，3D 播放器可作为完整的阅读器封装至任何平台或 App 应用中，为已有项目提供 3D 格式读取功能，服务细节将在后续商用过程中不断完善。

平台应用的销售模式主要有产品托管模式、独立自运营模式、平台购买模式等，每种销售模式有待在以后的市场业务拓展中实践与完善，使平台在更多的应用场景中发挥更大的作用，产生良好的社会效益与经济效益。

通过 ISLI 国际标准的应用，以及出版社自主研发的具有创新特色的图形图像技术，可以为同行业的其他出版社或文化单位打造具有各自特色的一系列新型的交互式 M+Book 教材，开发教材出版和教育服务的新模式、新市场。例如，针对高等数学、大学物理、电磁场等经典基础学科打造基于 ISLI 标准的 M+Book 版教材，可将高等教育与知识服务相结合，使经典教材的更新频率不断提高，无限延长教材使用寿命，以单科百科为起点，打造知识图谱级产品。

4. 市场定位

在项目的建设过程中，出版社本着边打磨平台，边积累图书资源，在客户使用过程中修改、完善与优化开发方案的建设原则，不断完善优化后台管理与服务功能。2016 年 8 月出版社专门制定并下发《关于图书数字化资源上线流程的规定》（社发〔2016〕8 号），依托出版社的图书资源，上线了涵盖高速铁路、城轨交通、土木、机械、外语、经济管理、人文社科、少儿等方面的具有本社特色的交互式 M+Book 出版形态的新书、重印书。截至 2018 年 1 月，共上线图书 844 种，使用二维码 92 万余个。

利用打造的项目平台与技术，在积极服务于本社的同时，还努力探索项目成果应用的对外合作和服务模式，主要工作与取得的成果体现在以下五个方面。

第一，在项目建设期间，先后有中国社会与劳动保障出版社、北京外国语大学社区、高等教育出版社、北京大学出版社、北京师范大学出版社、重庆大学出版社、燕山大学出版社等 40 余家出版单位来社里进行数字出版业务方面的深入交流，为项目的平台建设提供智力支持，并为今后的业务合作探索渠道。

第二，先后为中国农业大学出版社、人民音乐出版社、北京体育大学出版社、河南大学出版社、北岳文艺出版社、清华大学公共管理学院、华夏未来传承（北京）非物质文化遗产保护有限公司等 30 多家单位免费提供服务，让更多的同行出版社和应用单位能够成为融媒体新型图书 M+Book 产品的体验者，为后续的合作奠定了基础。

第三，借助项目开发的特色优势图像识别功能，已完成微信对接，并与多家单位初步达成战略合作，为后续数字出版发展助力增效。与此同时，利用数字部门的人员技能优势，承接对外服务的业务。

第四，2017 年 5 月与人民音乐出版社成功签署双方合作协议。截至 2018 年底，为人民音乐出版社上线图书 25 种约 67 万册，制作二维码约 70 万个。

第五，在项目开发技术成果的基础上，2017 年 11 月与北京市海淀区人民政府紫竹院街道办事处成功签署"北外社区"（北京外国语大学出版社区）App 项目，该项目于 2018 年 1 月初完成上线。围绕此项目，后续可进一步融合社区发展的其他业务，并进行社区模式复制，做社区大数据运维、知识服务等，为社区产业化的进一步发展打下良好的基础。

在今后的发展规划中，出版社将依托项目研发的平台与主要技术成果，将传统编辑团队对内容创作和质量的把关与数字化加工紧密结合，形成自己独有的图书数据知识库，将现有的知识服务平台，打造成为读者手中"专业精准"、"便捷高效"和"实用友好"的知识服务工具和内容创作社区，将平台积累的用户数据，用于用户知识服务的知识链组建和定制开发，形成一个可循环的内容生态链。

二 知识服务技术架构

北京交通大学出版社知识服务平台技术架构见图 8-126 至 8-130。

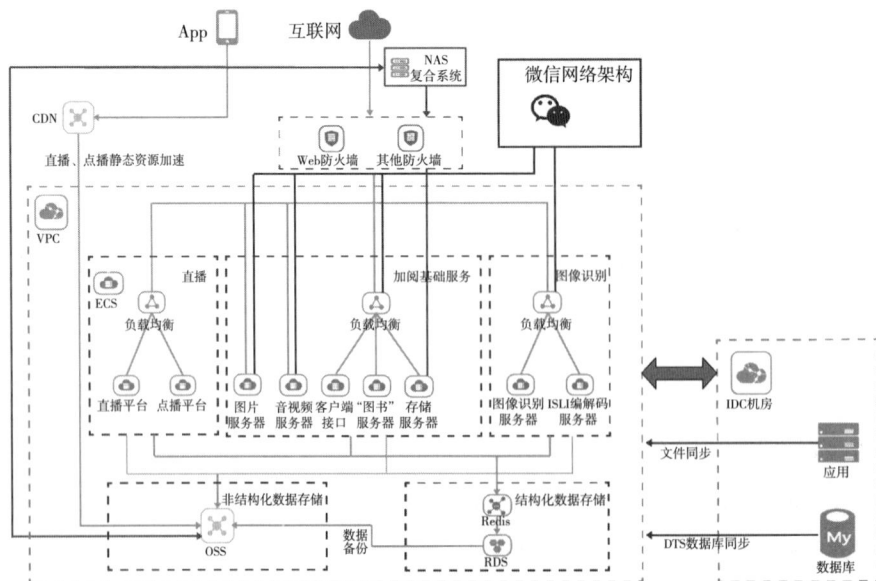

图 8-126　知识服务平台技术架构一

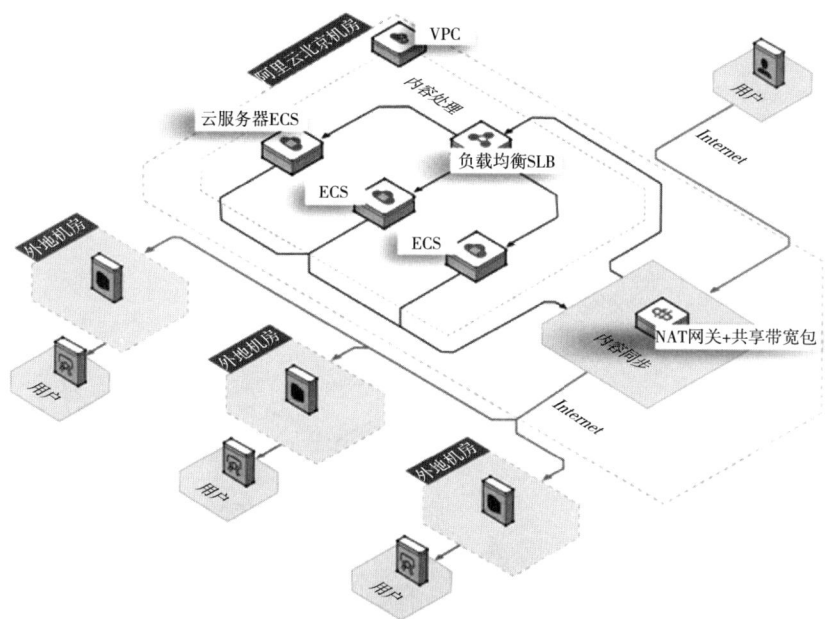

图 8-127　知识服务平台技术架构二

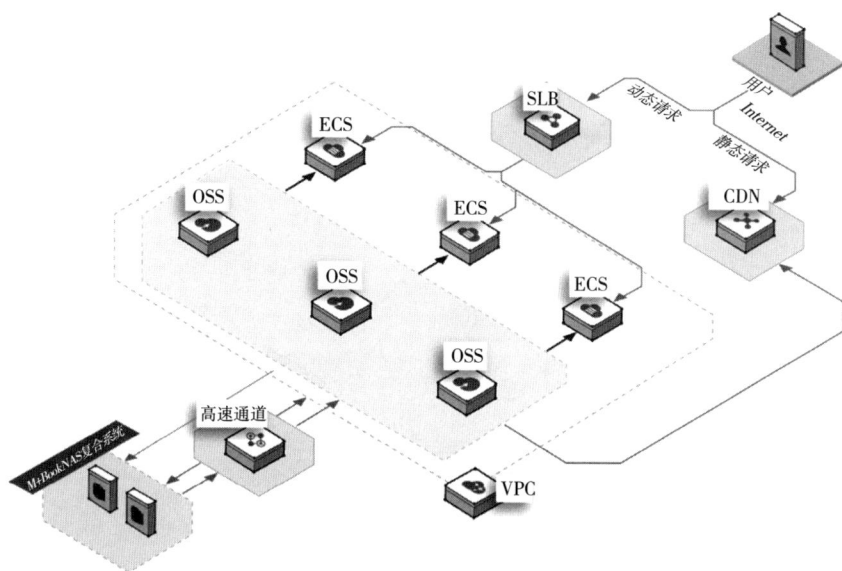

图 8-128　知识服务平台技术架构三

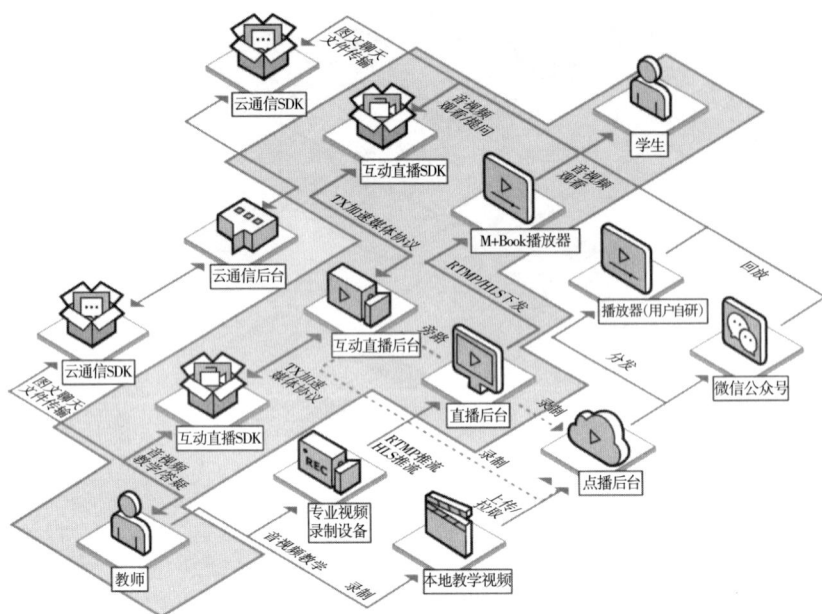

图 8-129　知识服务平台技术架构四

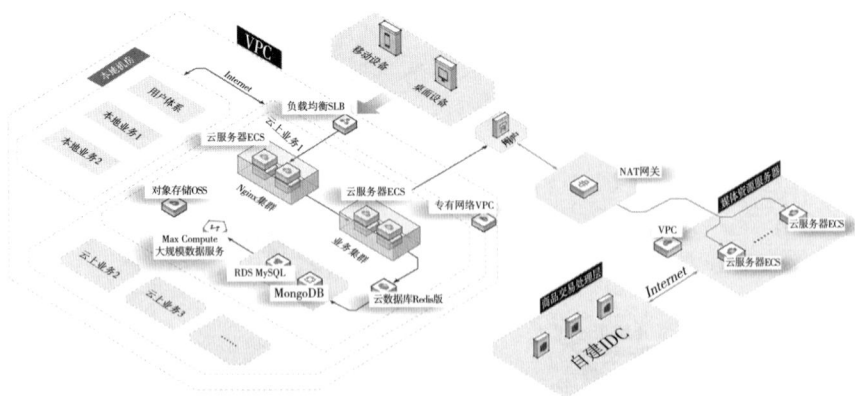

图 8-130　知识服务平台技术架构五

三 产品架构、典型产品功能及特点

1. 产品架构

此部分仅展示 M+Book 系列应用及加阅 App 产品架构（见图 8-131、图 8-132）。

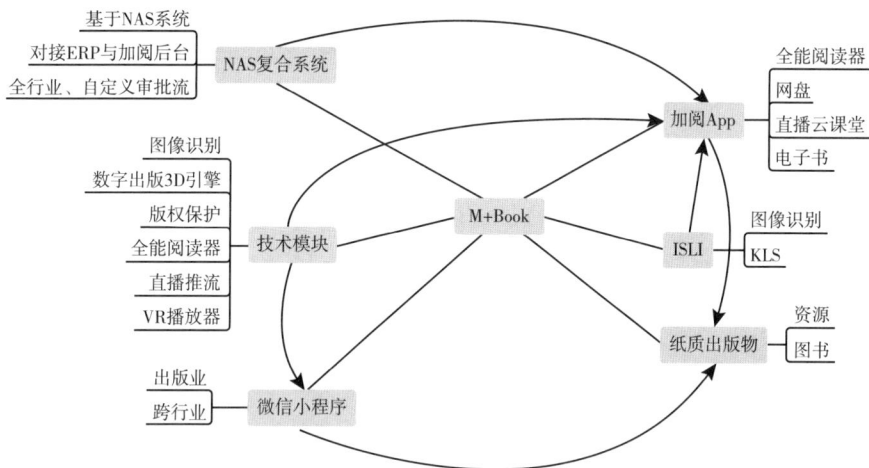

图 8-131 M+Book 产品架构

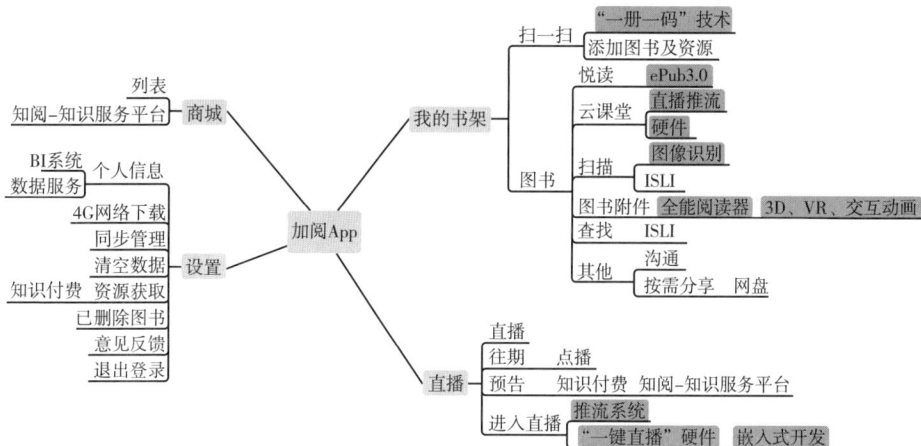

图 8-132 加阅 App 产品架构

2. 典型产品功能及特点

（1）产品功能及使用场景

典型数字产品有多层二维码、图像识别 SaaS 平台、直播推流平台、数字出版 3D

引擎等。

"一册一码"技术实则为动态二维码技术，扫描一次就销毁的实际意义是二维码动态替换次数为一次，同理，可设置为替换两次、三次或更多次，并且次数可无限制"充值"。延伸开来，这种技术实质上同样适用于溯源场景，追溯产品的流通过程，应用场景与领域广泛。

图像识别技术的发展有两个维度：一是像二维码一样做连接服务，二是基于机器学习的自然语义识别。无论哪种服务都会随着训练过程的推演，大量积累学习数据，获得更精准、更智能的效果，应用前景十分广泛。

云课堂基于直播业务，目前的娱乐直播大多使用手机作为直播工具，不同于娱乐直播，教育直播更多地倾向于严肃和专注。专业的直播设备成本太高，本项目自主研发的直播推流系统与第三方合作研发的"直播机"，成本约 2000 元，采用嵌入式系统，结合加阅 App 可实现"一键直播"，大大降低使用门槛，同时配有 4G 卡槽和各种配件，可实现雨天、水下、运动、无人机等特殊场景直播使用。推流系统在自主研发决策时便决定使用 HEVC/H.265 编码格式，其优秀的编码算法使得带宽占用率更低，画面质量更高，为后续即将开发的 VR 直播铺路。

数字出版 3D 引擎中 WebGL 格式的使用，使得 3D 模型素材的传播和查看变得非常方便，因为渲染过程极快且只需要网页浏览器即可查看，目前的各种终端无论是手机、电脑还是电视，均具备基础的网页浏览器，几乎实现了跨平台使用，应用范围广泛。

拓展延伸，加大与同行业、不同产业间融合发展的力度。一方面，在开发基于媒体融合的 M+Book 项目的同时，在已有功能模块的基础上，进一步进行功能模块的拆分、封装，根据不同用户的需求，提供个性化服务；另一方面，进一步细化与完善"知识服务平台"的建设，使平台的建设沿着需求的方向发展，提高融合外界资源的能力，促进本社与行业、产业间的融合。

（2）产品特点

目前，加阅 App 已上线投入使用，且对数字出版 3D 引擎、多层二维码、直播推流平台、VR 播放器、图像识别 SaaS 平台等多种已研发的数字产品进行应用。加阅 App 目前在实际应用中具备六大优势功能。

第一，多层二维码技术应用于图书的版权保护，实现"一书一码，一码三用"。第一次扫码下载功能，打开微信等扫码软件下载加阅 App。第二次扫码添书功能，添加图书可获得新书资源。第三次扫码防盗功能，保护纸质书和数字资源。使数字资源和图书实现了 1+1>2。

第二，数字出版 3D 引擎的加入，使加阅 App 成为一款全能阅读器，使得音视频声情并茂，同时找到了代替 Flash 动画的解决方案，多角度带交互的 3D 模型拆解，一个 HTML 实现 3D 交互，更加高效地服务读者。同时也建立了读者和作者的沟通交流模块，在无形中建立起一个"书圈"或者"课堂"。同时，基于 NAS 复合系统的开发的"无纸化"的协同平台让出版流程变得井然有序。

第三，直播功能的加入，使加阅 App 实现了云课堂，可实时对各种教学场景实时直播，还可对存量视频资源进行分类点播。

第四，同时针对直播合作定制的移动直播机，实现快速、高效、便携"一键式"直播，上天下水都能应对。同时，这个直播的独立推流模块可嫁接任何平台。

第五，图像识别技术接入加阅 App，使得图书或其他纸质读物可基于图像识别的 ISLI 编码算法，将图片直接链接数字资源，快捷高效调取资源，同时其识别行为算法具备机器学习（开发方向）算法，可以为数据积累和用户画像提供更加精确的数据参考。

第六，接入 VR 播放器，使读者可以直观感受课堂或者其他学习场景的现场气氛。

四　运营模式、盈利模式

1. 运营模式

在面临互联网流量被巨头吞噬殆尽的境况下，本产品的运营思维转为"流量池"思维，靠线下纸质图书获取精准用户，提供增量服务确保用户长期处于活跃状态。通过存量找增量，借助一批用户获取新一批用户，使用品效合一的营销思路，在企业的流量布局和运营中快速破局，避免浪费。线上仍通过病毒式营销和精准投放的方式运营，避免流量陷阱和流量欺诈。因产品运营经费有限，线下通过讲座、论坛等形式进行推广。

2. 盈利模式

盈利模式包含单品付费和会员制，会员制采取线下模式开通。

五 采用相关标准情况

目前采用的是互联网行业常用技术标准，并根据业务和服务场景的不同自定项目标准。

建议知识服务标准化尽量以国际通行标准为主，让产品能在国际化的道路上专心做好内容和服务。

第三十三节 江苏凤凰教育出版社 *

一 产品名称、简介、市场定位、服务对象

1. 产品名称

智慧帮错题本

2. 产品简介

智慧帮错题本是基于出版社的教辅和题库的移动端应用。学生（家长）可以非常方便快捷地收集错题，生成电子错题本。针对重点难点题目，产品还提供同类题推送服务。

3. 市场定位

作为出版社教辅的增值服务，针对学生（家长）手抄错题的痛点。配套的推送题可以帮助学生更好地解决学习中的问题，实现举一反三。采用会员制的方式实现商业变现。

4. 服务对象

K12阶段的学生及其家长。

＊ 撰稿人：江苏凤凰教育出版社张钰。

二　知识服务技术架构

1. 技术架构

智慧帮错题本技术架构见图 8-133。

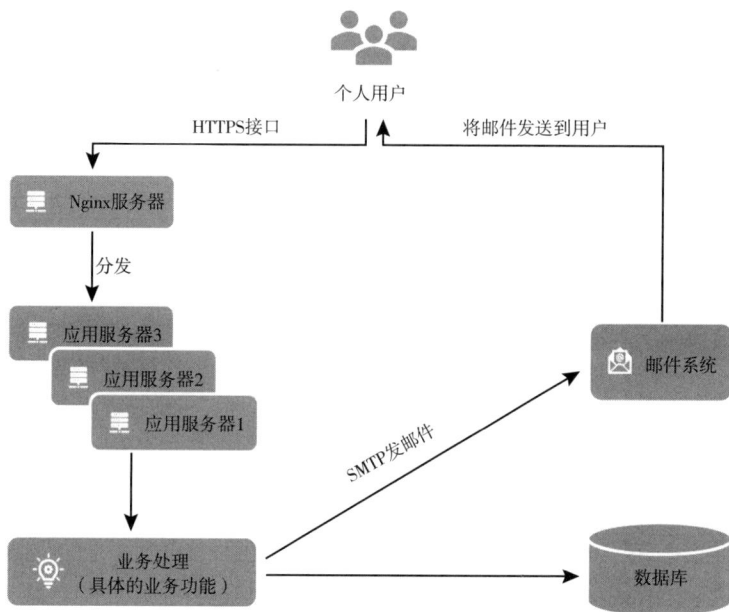

图 8-133　智慧帮错题本技术架构

2. 部署方案

智慧帮错题本部署在私有云。数据库、Redis、Nginx 负载，应用（接口）服务、资源服务（见图 8-134）。

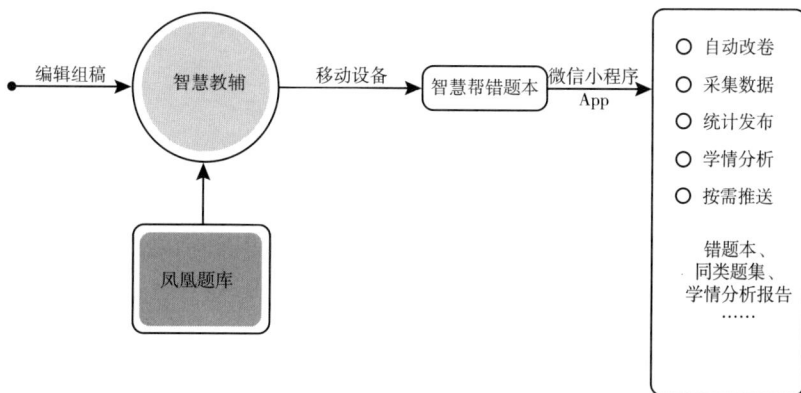

图 8-134　智慧帮错题本部署方案

三 产品架构、典型产品功能及特点

1. 产品架构

智慧帮错题本产品架构见图 8-135。

图 8-135 智慧帮错题本产品架构

2. 典型产品功能及特点

（1）产品功能及使用场景

产品基于出版社教辅《练习与测试》《凤凰数字化导学稿》《凤凰数字化新学案》，通过"扫一扫"图书上的二维码，手动勾选老师批改的学生错题并登记。在"错题中心"通过"下载"自动生成学生的错题本及同类题集。错题本可以通过多维度的检索分批生成，比如：登记日期、难度、题型、错误频次。对于学生错题本再练后的错题，可以再次收集，反复练习。

（2）产品特点

一是针对学生（家长）手抄错题的痛点。与市面上其他错题本应用的区别是，智慧帮错题本登记的错题非手工拍照的照片，而是来源于出版社题库中精加工及标引的题目，体验更好。二是提供学生（家长）错题的同类题训练，帮助学生实现个性化的学习。

四　运营模式、盈利模式

1. 运营模式

线上通过出版社官网、官微推广。

线下在使用出版社教辅的学校提供"告家长书"，做宣讲。

运营上采用优惠码及抽奖的方式鼓励学生（家长）使用。

2. 盈利模式

会员制。

五　采用相关标准情况

暂未使用。

第三十四节　重庆出版集团 *

一　产品名称、简介、市场定位、服务对象

1. 产品名称

自助出版发行平台

2. 产品简介

自助出版发行平台是由重庆出版集团为推动融合发展，构建全新的出版产业链，围绕用户需求，打造的一个为作者、编辑、读者服务的全新商务平台。平台立足于数字内容积累，集创作、培养、价值挖掘为一体，融合在线阅读、移动阅读、实体图书出版、自助排版、按需印刷等业务功能，并搭配 App、微信成书等多形态文化产品，实现基于移动互联网的立体出版新格局，探索新闻出版和移动互联网出版运营新模式。

3. 市场定位

平台围绕用户需求，致力于构建移动互联网出版产业链，成为具有全国影响力的数字内容资源聚合和分销平台。

---

* 提供人：重庆出版集团段方。

4. 服务对象

主要服务对象包括作者、技术商、平台商、读者等。

二 知识服务技术架构

1. 技术架构

自助出版发行平台技术架构见图 8-136。

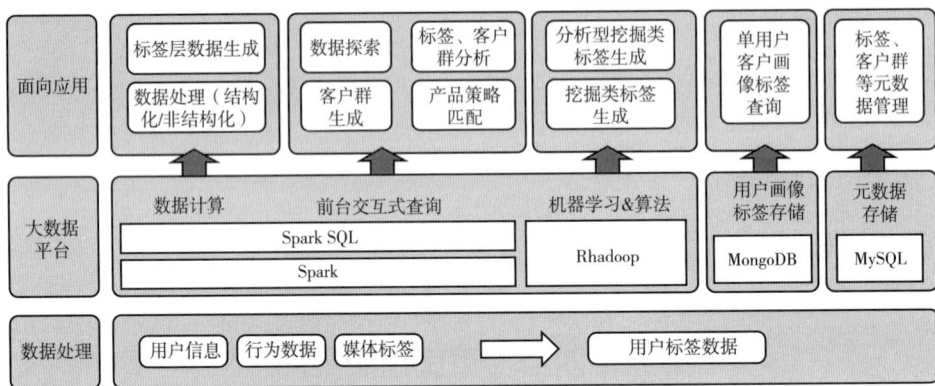

图 8-136　自助出版发行平台技术架构

2. 部署方案

自助出版发行平台部署方案见图 8-137。

主要应用服务器	配置	数量（个）
Web 服务器	CPU E5-2609*2 Memory 16G Disk 300G*2	2
DB服务器	CPU E5-2630*2 Memory 48G Disk 600G*4	2
图片服务器	CPU E5-2609*2 Memory 8G Disk 600G*2	2
KV服务器	CPU E5-2609*2 Memory 16GDisk600G*2	2

辅助应用服务器	配置	数量（个）
LB服务器	CPU E5-2609*2 Memory 16G Disk 300G*2	2
预发布服务器	CPU E5-2630*2 Memory 48G Disk 600G*4	1
管理备份服务器	CPU E5-2407*2 Memory 16G Diks 600G*8	1

注：该部署方式为本地部署方式

图 8-137　自助出版发行平台部署方案

三 产品架构、典型产品功能及特点

自助出版发行平台产品架构见图 8-138。

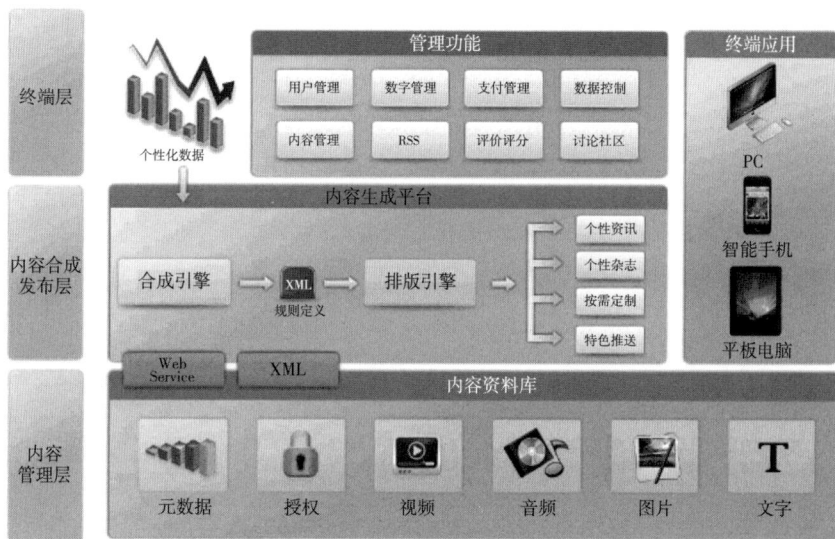

图 8-138 自助出版发行平台产品架构

四 运营模式、盈利模式

1. 运营模式

自助出版发行平台基本运营模式是，平台为用户提供文字编辑、策划包装、书号、印刷等服务，还兼顾发行、推广业务，收取服务费。

2. 盈利模式

包括个人用户的付费出版，依靠电子书广告盈利和通过网络平台直接发布盈利。

五 采用相关标准情况

暂未使用。

六 补充资料

出版集团正在建设两个知识服务平台：大足石刻知识库和中国抗战大后方历史文化知识库。

1. 大足石刻知识库

该知识库依托大足石刻艺术博物馆关于大足石刻文化遗产保护相关研究资料以及有关大足石刻的相关图书、文献资料，按照"大足学"学科建设的要求，运用现代最新 IT 技术对大足石刻知识体系进行深度标引以及碎片化资源动态重组，深度挖掘知识元及用户行为数据，构建相关应用的专业知识服务，满足该领域问题研究、学习以及观赏旅游的需要，建设情况见图 8-139。

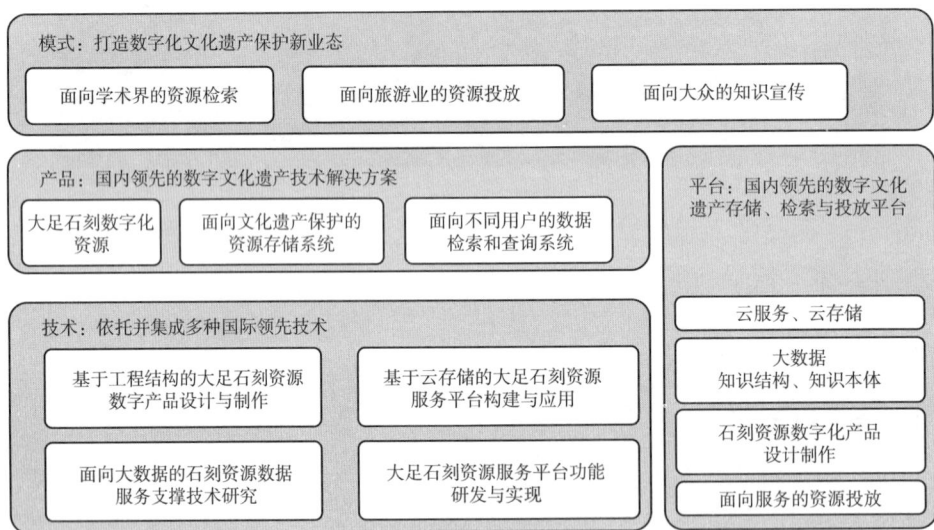

图 8-139　大足石刻知识库建设情况

（1）优势

全国首个全面系统反应大足石刻情况的知识库。

（2）发展规划

①课题一：基于云存储的大足石刻资源服务平台构建与应用

目标：通过研究的开展，构建大足石刻资源云存储和服务平台，实现石刻资源的数字化保存。

研究内容：基于互联网和移动互联网构建石刻资源云服务平台，面向学术研究、智慧旅游和新闻宣传提供包括业务流程引擎和多模式展示控制引擎，实现多种交互式展示，丰富石刻资源展现形式，丰富资源宣传、推广和保护手段，提升文化遗产信息化水平。

②课题二：基于工程结构的大足石刻资源数字产品设计与制作

目标：分析并研究大足石刻工程结构，通过自适应三维重建系统与三维全景空间测量技术，实现大足石刻数字化。

研究内容：分析并研究大足石刻工程结构和保存状况，针对石刻体态庞大、形态复杂和不可移动的实际情况，通过自适应三维重建系统与三维全景空间测量技术，构建大足石刻资源数字化保护方案。

③课题三：面向大数据的大足石刻资源知识服务支撑技术研究

目标：研究大数据应用模式，实现石刻资源入库分类及标识技术，形成基于知识结构的多维度检索和基于知识本体的资源检索。

研究内容：研发基于知识结构和关键字的资源标引技术，通过标志符标识资源内容和信息实体，为石刻资源的商业服务应用提供相关信息的技术支持，支持对资源的自动知识标引和事件概貌构造，使用户通过简单的检索手段即可获取资源重要摘要内容。

④课题四：大足石刻数字资源服务平台功能研发与实现

目标：通过对导航功能、资源展示功能、交流互动功能的研发，实现石刻资源的数字化展示。

研究内容：研究文献、视频、数字合成资源的动态展示，为用户提供一个互动交流平台，实现对大足石刻发展史，大足石刻艺术，大足石刻开凿源流，其与佛教的关系，儒、道相关人物以及其他石刻相关知识的动态展示。面向学术界提供最新研究动态和相关史料记载；面向旅游业提供游览参观重点和景点历史知识。打造旅游电子商务生态圈，实现资源投放效益最大化。

（3）预期技术指标

大足石刻资源云存储服务构建及实施。

基于工程结构的大足石刻资源数字产品设计与制作。

面向大数据的大足石刻资源数据入库、分类与检索技术。

（4）预期知识产权指标

申报国家专利 1~2 项。获得 1~2 个软件著作权。发表学术论文 2~3 篇。

（5）资源规模

文字约 500 万页、图片约 20 万幅、音像资料约 2 万分钟、词条约 15 万条。

（6）用户规模

机构用户 100 家，个人用户 10 万人。

2. 中国抗战大后方历史文化知识库

主要包括中国抗战大后方历史文化内容资源的数字化加工、结构化加工和知识化加工，构建相关知识体系和基于 CNONIX 标准的大数据交换平台，制定大数据知识服务标准，建立大数据知识化加工系统、大数据知识存储管理系统、大数据知识服务系统（见图 8-140）。

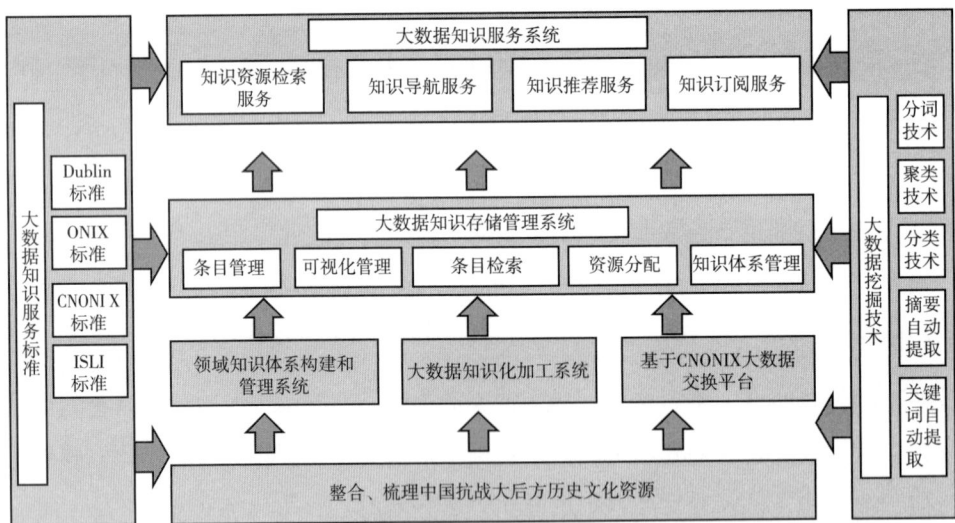

图 8-140 中国抗战大后方历史文化知识库

（1）优势

全国首家全面反映中国抗战大后方历史文化的知识库。

（2）发展规划

整合中国抗战大后方历史文化内容资源。数字化加工、结构化加工和知识化加工重庆图书馆馆藏抗战文献资料、"中国抗战大后方历史文化丛书"。构建中国抗战历史文化领域知识体系。

（3）项目平台

基于 CNONIX 标准大数据交换平台：基于 CNONIX 标准，实现数据发送、数据校验、数据审核、数据交换等。通过不同数字内容格式、不同数字内容标准的中国抗战大后方历史文化资源的数据交换，实现中国抗战大后方历史文化资源的整合。

制定大数据知识服务标准：通过整理、梳理中国抗战大后方历史文化丛书资源，编制适用于中国抗战大后方历史文化丛书资源的知识组织加工标准、知识服务标准、知识评价标准等。此标准从多维度设置数字化标准，兼容国外、国内多种分类标准，可以为任何机构和个人提供服务。同时兼容 Dublin 标准、ONIX 标准、CNONIX 标准和 ISLI 标准。为实现中国抗战大后方历史文化资源共享奠定基础。

中国抗战历史文化领域知识体系构建和管理系统：通过中国抗战历史文化领域知识体系构建实现中国抗战大后方历史文化资源基于知识主题的内在连接、关联和关系推理，可以为使用对象提供精准的知识服务及知识延伸服务。主要包括主题词表和知识领域本体库构建。利用分词技术、搜索技术、语义分析技术结合领域词库，对库中信息进行提取；提取出的信息协助构建领域本体库。

大数据知识化加工系统：包括结构化加工、主题标引、引文关联、分类汇编、知识自组织整合与关联等。知识加工一般采取语义分析技术和自动主题抽取技术 并结合专业知识加工人员标引的方式，可以实现多人协作标引。知识化加工是在已完成数字化、结构化的内容资源基础上，对内容资源提取知识属性并形成知识标签的加工过程。包括关键词、摘要提取，主题分类，知识本体抽取等。

大数据知识存储管理系统：大数据知识存储管理系统存储的是知识条目、本体、知识组织关系等。具体的知识资源可以直接从内容资源库中抽取，也可以将经过知识化加工后的资源存至知识库。

大数据知识服务系统：立足于用户、作者、服务者、编辑出版者的需求，为用户提供全方位的智能化专业知识服务。提供多种用户授权方式、多种搜索方式及数据统计，满足用户的多种需求，最终实现中国抗战大后方历史文化资源知识共享。

大数据分销平台：把中国抗战大后方历史文化知识库推送至第三方运营平台、馆藏平台等机构进行运营。

（4）资源规模

近20万册民国时期文献，其中馆藏抗战文献3万余种7.6万册。抗战文献中图书有2.8万种、6万册，期刊3600余种1.2万册，报纸186种4456册，词条约30万条。

（5）用户规模

机构用户100家，个人用户约100万人。

第三十五节　中财数据网络有限公司 *

一　产品名称、简介、市场定位、服务对象

1. 产品名称

（1）中财传媒在线教育平台

（2）中国财经数字图书馆

2. 产品简介

（1）中财传媒在线教育平台

为传统出版物提供增值服务产品。通过对中国财经出版传媒集团出版的各类图书配套数字资源库的开发，形成了对以传统纸质书为主体的产品的立体化支撑。

（2）中国财经数字图书馆

提供数字图书馆服务，同时可提供财经专业数字图书文献检索服务。

中国财经数字图书馆于2014年开始设立，由中财数据网络有限公司负责建设与维护。中国财经数字图书馆中包括了中国财政经济出版社自1955年至今出版的大部分图书，数字图书1.6万种，涵盖财政、经济、会计、税收、金融等各个学科。

3. 市场定位

（1）中财传媒在线教育平台

可以满足学校师生对教学信息服务的要求，优化并整合学校信息化教学资源，提高教学效率，提升教与学的水平，极大地促进学校教学方式的改进和教学效果的改善。

＊ 撰稿人：中财数据网络有限公司于勰。

（2）中国财经数字图书馆

可提供完整的财经专业数字图书文献检索服务，并持续补充新的出版资源，可以充分利用数字化手段提升财政工作的效率，满足用户对中国财政经济出版社已出版图书资料的查阅和使用需求。

中国财经数字图书馆可根据权限向用户提供全文在线阅读服务（不可下载），近五年左右的图书还可提供章节阅读服务，章节内容可以复制。对未购买的用户可提供部分内容试读功能。

4. 服务对象

（1）中财传媒在线教育平台

财经专业教师与学生，中国财经出版传媒集团出版图书的读者。

（2）中国财经数字图书馆

机构用户，财经专业研究人员，财经专业学生。

二　知识服务技术架构

1. 技术架构

两产品技术架构见图 8-141。

图 8-141　技术架构

2. 部署方案

两产品均为刀片式服务器＋存储。

三 产品架构、典型产品功能及特点

1. 产品架构

（1）中财传媒在线教育平台

中财传媒在线教育平台见图 8-142。

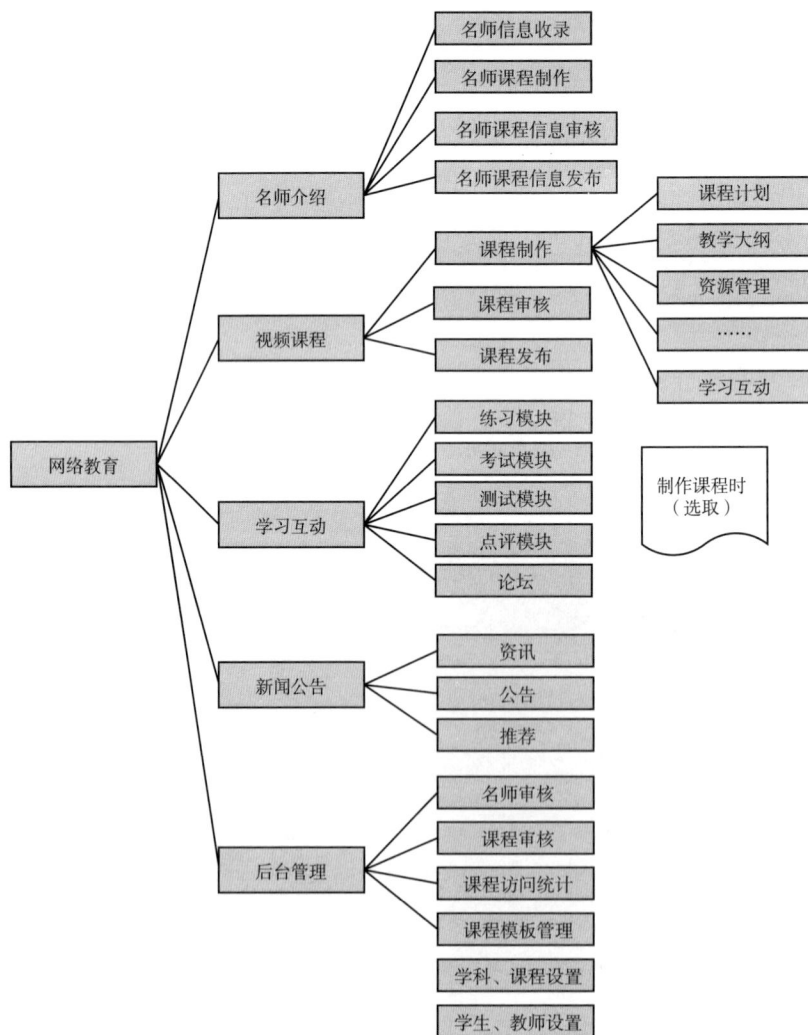

图 8-142 中财传媒在线教育平台产品架构

（2）中国财经数字图书馆

中国财经数字图书馆产品架构见图 8-143。

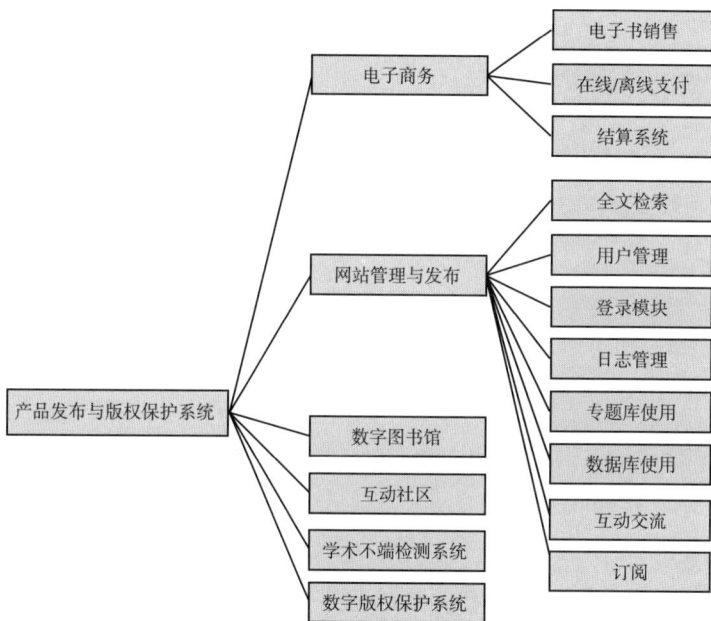

图 8-143　中国财经数字图书馆产品架构

2. 典型产品功能及特点

（1）中财传媒在线教育平台

①产品功能及使用场景

平台构建了以教学大纲和知识点为内容联结点的架构，支持各类教学资源的开发。在技术上为资源导入提供通用工具，为用户学习提供测评反馈。能够对不同类型的资源进行分类上传（编辑即可进行操作），能够对章节顺序练习、综合考试等进行分类提供。

与传统图书配套捆绑，不仅可以为传统图书增值，而且可以有效扩大和保持传统图书的市场，同时为传统市场用户转化为数字出版平台用户提供快捷途径。

②产品特点

财经专业图书增值资源库，可提供文档、图像、视频、音频、题库等多种形式的资源，丰富用户体验。

（2）中国财经数字图书馆

产品功能及使用场景：本子系统主要是通过电子商务平台对图书进行发布，其中包括产品管理、用户管理、登录功能、登录管理、日志管理等模块，该系统的主体是用户，所需要的产品是图书，通过这些模块将资源关联起来形成一个可以为用户提供高效服务的电子商务服务系统。

四　运营模式、盈利模式

1. 中财传媒在线教育平台

（1）运营模式

代理商、发行部门、院校、公众号推广等。

（2）盈利模式

与纸质图书捆绑定价，资源单独定价销售，题库出售镜像版本。

2. 中国财经数字图书馆

（1）运营模式

通过渠道商推广。

（2）盈利模式

电子书销售，数字图书馆出售镜像版本。

五　采用相关标准情况

1. 中财传媒在线教育平台

SCORM 2004：由内容聚合模型（CAM）、SCORM 元数据描述、SCORM 运行时间环境（RTE）组成完整的学习资源和内容包装指针。

2. 中国财经数字图书馆

DC 元数据标准 ISO15836：包含 15 个元素的元数据元素集合，用以描述资源对象的语义信息，包括题名 Title、创建者 Creator、日期 Date、主题 Subject、出版者 Publisher、类型 Type、描述 Description、其他责任者 Contributor、格式 Format、来源 Source、权限 Rights、标识符 Identifier、语种 Language、关联 Relation、覆盖范围 Coverage。

Dita、DocBook 模式标准：基于 XML 的体系标准，用于发布图书信息。

第三十六节 湖北长江传媒数字出版有限公司 *

一 产品名称、简介、市场定位、服务对象

1. 产品名称

（1）"党员知家"智慧党建综合服务平台

（2）数字化全民阅读整体解决方案

（3）互联网知识付费产品线

2. 产品简介

（1）"党员知家"智慧党建综合服务平台

"党员知家"智慧党建综合服务平台是一款互联网知识服务产品，也是党建知识服务垂直平台，包含讲习、发现、在线三大模块，提供有温度的在线微党课、前沿的党建咨询、丰富的党建数字阅读内容。是移动互联网时代的党务工作管理工具，为各级党组织提供新时代党建的抓手，为基层党员学习提供知识服务，建立党建专家智库，构建党建知识图谱。产品融合了 Web 网站（"党员知家"智慧党建网）、移动应用 App（"党员知家"移动党建 App）、微信（"党员知家"微信公众号）三大平台，建成了用户中心（党员信息网络管理后台）、内容中心（党建知识内容库）、数据中心（党建大数据）三大中心。

（2）数字化全民阅读整体解决方案

数字化全民阅读整体解决方案是一项全民阅读落地项目，涵盖平台开发、内容供给、用户维护、大数据分析及产品推广等一整套数字阅读服务，目前已经建成了"四屏"（"长江云"全民阅读机、"长江云"全民阅读平板、电脑屏、手机屏）、"一网"（"长江中文网"网络原创平台）、"两微"（"书香+"系列微信公众号集群、全民阅读微博媒体联盟）、"一端"（长江阅读客户端）的数字阅读平台矩阵。针对政府机关、企事业单位、社区、学校、医院、党员活动中心等机构组织，提供"以需定供"的数字阅读服务，建立职工书屋、社区智慧阅览室、数字农家书屋、校园电子阅览室、智慧书店、数字馆配等不同形态的数字阅读阵地。

---

* 撰稿人：湖北长江传媒数字出版有限公司马豫。

（3）互联网知识付费产品线

依托湖北长江传媒数字出版有限公司优势出版资源，围绕现今知识付费服务课程中的畅销领域，诸如文化类、成长类、亲子类、技能类、财经类、商业类、职场类的对应资源，从中挖掘有价值的产品和主题进行包装策划，打造目前市场畅销的知识服务课程，与喜马拉雅、懒人听书、静好书院等知识付费平台达成战略合作关系，共同推动产品运营。

3. 市场定位

三个产品为机构用户提供丰富多样的数字内容服务，构建一站式的解决方案和应用模式；为个人用户提供全方位的、便捷的知识获取通道。

4. 服务对象

三个产品的服务对象一致。

机构类服务对象：企业、党政机关、社区、学校、基层组织等。

个人类服务对象：对知识有需求的各类人群。

二 知识服务技术架构

三个产品技术架构一致。

1. 技术架构

湖北长江传媒数字出版有限公司产品技术架构见图8-144。

2. 部署方案

以"党员知家"智慧党建综合服务平台为案例进行说明。

以安装包的形式部署，由运营方向机构用户和个人用户提供安装包，并开通账号权限。

关于账号。账号从类型上来说，分为虚拟账号和实名认证账号。虚拟账号仅供运营人员使用，在使用上须坚持一人一账号，以便实现权责分明，便于日志管理。实名认证账号，主要使用者为机构管理员和普通用户，账号名统一为手机号，用户可自行设置密码。

关于权限。用户权限分为使用和管理两部分权限。使用权限从党组织层级这个维度来进行确定和授予。管理权限从平台管理层级这个维度来进行确定和授予。

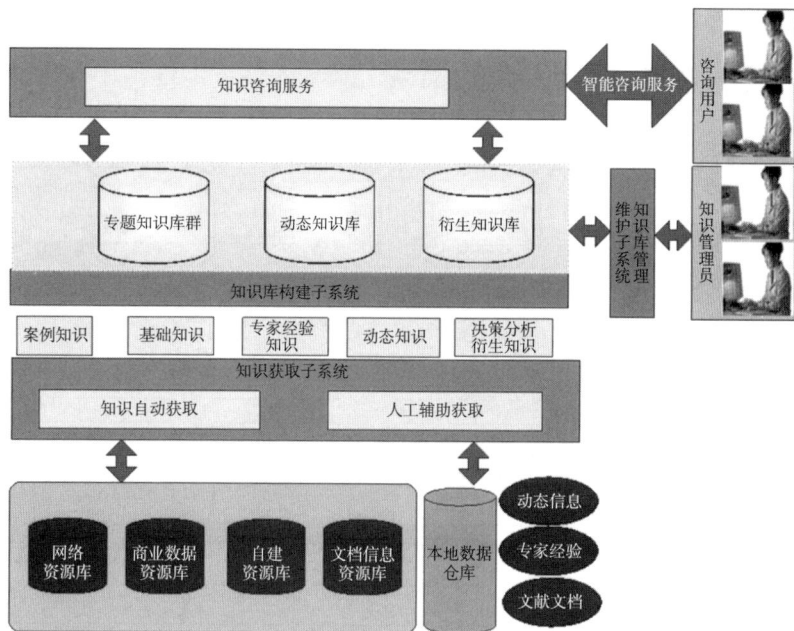

图 8-144　技术架构

三　产品架构、典型产品功能及特点

以"党员知家"智慧党建综合服务平台为案例进行说明。

1. 产品架构

产品架构见图 8-145。

2. 典型产品功能及特点

（1）产品功能及使用场景

①产品功能

能实现 PC 端、Pad 端、手机端多终端同步交互和内容资源的全网互联互通，创新性地将互联网党建与传统党建相结合、将内部组织活动与外部互动交流相结合、将党务工作管理与党员知识学习相结合，既面向组织型用户，也适用于个人用户。构建动态可扩展的党建知识内容体系，通过对信息的汲取和专业化重组来形成符合需要的党建知识产品，运用交互式方法把握党组织和党员的学习情况、学习需求及党建工作的未来发展趋势，通过精准施策、主动推送、流程监督、指数评价，达到党员学习管理的定制化、精确化、个性化、智能化目的。开辟了党员之间学习交流与互动的园地，也便于各级党组织和党员队伍的管理工作，是一款助推党建事业发展的新型利器。

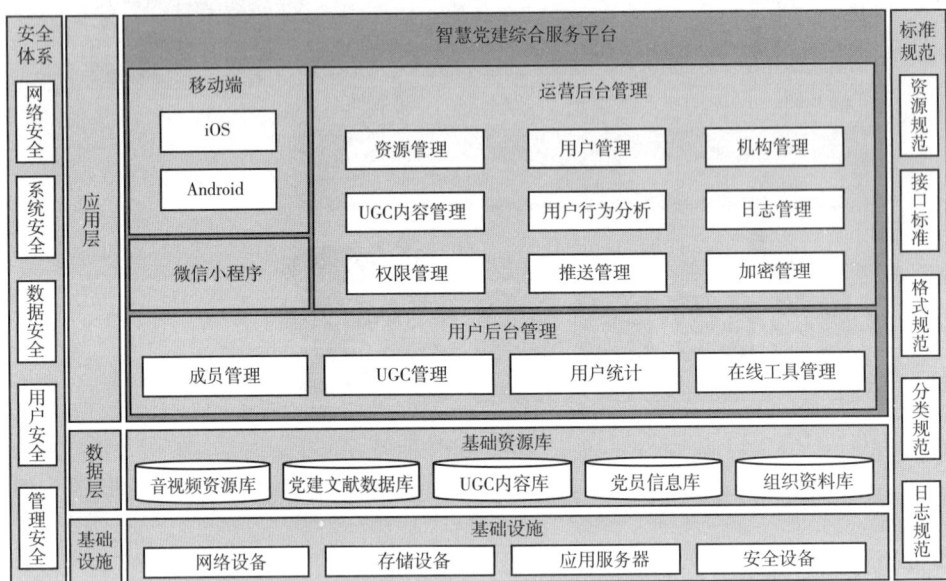

图 8-145 "党员知家"智慧党建综合服务平台产品架构

②使用场景

项目建成后，将形成湖北省最大的党建互动社群和党员交流园地，围绕党建主题，吸引党史理论研究人员、党校老师、高等院校马列专业教授、政经界专家等入驻平台，分享知识内容，进行知识创新，搭建起一条集党建知识生产、传播、消费于一体的"PGC+UGC"平台，打造一批党建流量明星，形成舆论焦点，使党建工作走向公众、融入社会，创造出一种新形态的党建知识服务模式，构筑党建工作新格局。

（2）产品特点

是湖北省首个以党员学习管理、党建大数据分析为主的综合性服务平台、垂直类党建知识服务平台。

平台接入大数据分析功能，智能量化党员学习成效，建立学习模型，进行跟踪式测评，实现动态长效管理机制，实现涵盖课程管理、在线学习、互动答疑、移动评测、统计分析的党员教育学习的全闭环管理。

提供碎片化、系统化的党建学习知识内容，同时支持用户本地上传，鼓励知识创新，通过设置开放程度选项，实现资源共享。

开放平台入驻权限，借助平台的影响力，打造一批知名的党建明星，形成湖北省乃至全国最大的党建互动社群，以粉丝经济和流量经济为党建工作注入新活力。

采用积分制管理，搭建积分体系，通过激励表彰、排名的方式，鼓励党员进行知识学习、分享、互动，增加用户对平台的黏性。

讲究信息发布的对称性，根据用户角色，建立组织用户（党委、支部）和个人用户（党员）的双向关注通道，实现管理与监督功能。

四　运营模式、盈利模式

以"党员知家"智慧党建综合服务平台为案例进行说明。

1. 运营模式

平台运营成熟后，即在湖北省全省范围内进行应用推广。建设期内，在湖北省设立1家"党员知家"智慧党建综合服务平台政府机关应用示范点，1家企业单位示范点，1家社区示范点，提供丰富实用的标准化服务。为各级党组织、党员提供智慧化党建工作服务方案，建立完善的党建学习与管理服务体系。

本项目的推广需要树立标杆意识，第一期以平台为切入点铺占市场，联合省直机关工委或部分省厅机构，以点带面，横向辐射省委宣传部、省委组织部等各省直机构，纵向向各地市州宣传部、组织部、机关工委进行推广，最后覆盖到县级党政部门，聚集起一定量的组织型用户。

第二期推广以线上为主，打造"阅读学习＋组织管理＋社交互动"三位一体的"互联网＋党建"服务，通过社群互动和知识服务，形成党建品牌口碑，引流个人用户。

2. 盈利模式

（1）平台应用授权准入费

面向政府机关、企事业单位、社会团体等组织机构进行推广，服务对象为对思想政治学习有要求的各类人群，以开通账号的形式收取平台应用授权准入费。

（2）定制化方案服务费

为用户提供个性化的党建工作解决方案，提供有针对性的学习内容和管理服务，收取定制化方案服务费。

（3）信息／数据咨询服务费

可为单位或个人提供有偿信息／数据咨询服务，收取信息／数据咨询服务费。

（4）知识服务费

包括平台驻场费、开放栏目收益返点、订阅费、知识内容付费、用户打赏等知识服务相关收益。如，付费型栏目可邀请中央党校、地方党校、各大高校的知名教授、明星专家进行微党课讲授，向用户收取课程点播或订阅费用。

（5）增值服务费

包括商品销售分成、广告植入运营、移动终端销售等附着性收益，如组织不同支部进行联谊活动，同步打通红色旅游、培训学习等一条龙服务。

五　采用相关标准情况

积极响应国家总体层面和行业领域业已出台的数字出版标准，不断加强数字出版中技术兼容和数字内容相互结合、共享的功能，涵盖了电子书标准、元数据标准、二维码标准、数据库出版标准、MPR 出版物标准、数字内容加工标准、软件研发标准等，呈现多样性、丰富性特征，使数字内容在兼容性、推广度方面不受制约。

第九章
知识服务技术企业单位案例

一 北京凤凰学易科技有限公司

1. 知识服务相关项目/部门技术人员数量（D）

A.10 人以内　　　B.10~50 人　　　C. 51~100 人　　D. 100 人以上

2.. 本单位已开发的知识服务产品形式有（BCD）？

A. 电子书阅读　　　　B. 知识资源库　C. 知识图谱库

D. 在线学习/题库　　　E. 在线问答　　F. 知识社区

G. 有声读物　　　　　H. 其他（请注明）

3. 知识服务相关案例情况简述

（1）为（15000）个企/事业单位，开发过（5）个知识服务产品。

注：服务用户主要包括学校、教育局、出版社以及第三方教育公司等。

（2）知识服务相关项目收入占公司整个收入百分比为（100%）。

（3）本公司开展知识服务的优势或专长是什么？

小初高在线教学内容。

4. 开发过的知识服务典型案例架构、功能及特点

（1）典型知识服务产品情况介绍

网校通是学科网推出的一项包年产品服务，为全国小学、初中、高中学校提供一次性购买产品可享受一站式教学资源下载的服务。帮助教师减负，助力学生提分，同时提升学校的软实力及综合竞争力。

（2）典型案例架构图或部署架构图

网校通部署架构见图 9-1。

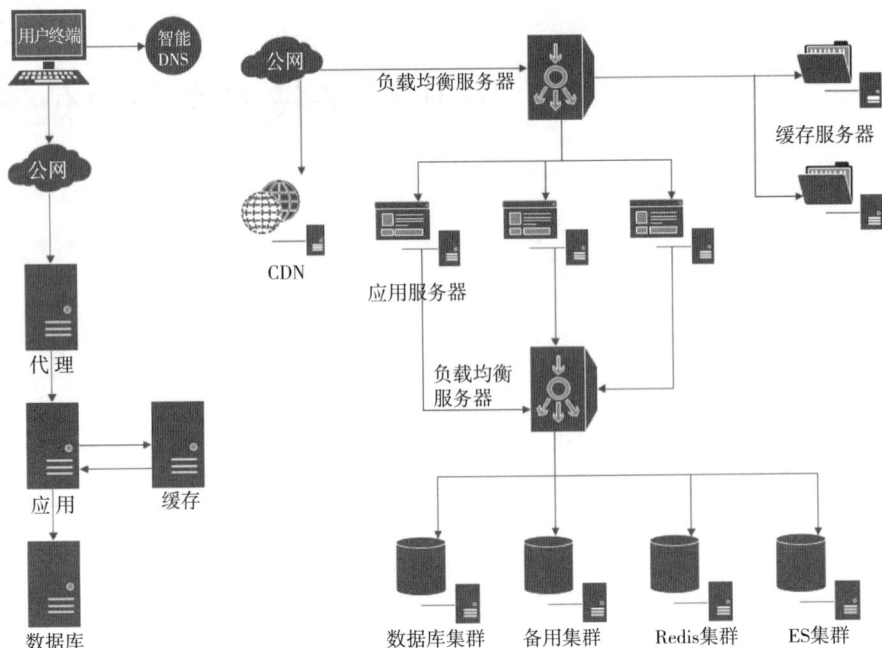

图 9-1　网校通部署架构

（3）典型案例功能及特点

①案例功能及使用场景

案例功能：小初高教学资源分类浏览、搜索、预览、下载、推荐、上传、更新等。

使用场景：教师备课、考试、教研。

②案例特点

提供高并发、大流量服务，具备高可用和海量数据的处理能力，同时针对用户分布广泛及用户网络复杂情况加速用户访问速度，减轻后端服务器负载压力。

5. 采用相关标准情况及对知识服务标准化工作的意见或建议

暂未使用。

6. 对国家知识服务中心平台建设的意见或建议

暂无。

二　方正阿帕比

1. 知识服务相关项目／部门技术人员数量（B）

A.10 人以内　　　B.10~50 人　　　C. 51~100 人　　D. 100 人以上

2. 本单位已开发的知识服务产品形式有（ABCEH）？

A. 电子书阅读　　　　　B. 知识资源库　　　　　C. 知识图谱库

D. 在线学习／题库　　　E. 在线问答　　　　　　F. 知识社区

G. 有声读物　　　　　　H. 其他（机器人）

3. 知识服务相关案例情况简述

（1）为（3）个企／事业单位，开发过（2）个知识服务产品。

（2）知识服务相关项目收入占公司整个收入百分比为（20%）。

（3）本公司开展知识服务的优势或专长是什么？

依托国家重点实验室知识服务技术的研究。

知识服务的经验积累，包括知识体系建设、知识本体库建设、知识场景的设定与知识服务的运营实现。

4. 开发过的知识服务典型案例架构、功能及特点

（1）典型知识服务产品情况介绍

华服志——中国服饰文化知识服务平台：整合出版社的图书、图片、视频、条目类型资源，构建服饰文化专业的知识体系，抽取并优化知识点，构建专业领域知识库，提供多场景应用的知识服务。

平台资源总量：图书 9000 册，图片 80000 多张，音频 3000 分钟，视频 400 集，古籍文献 9000 条，工书、辞书条目 20000 余条。

（2）典型案例架构图或部署架构图

华服志技术架构见图 9-2，部署架构见图 9-3。

图 9-2　华服志技术架构

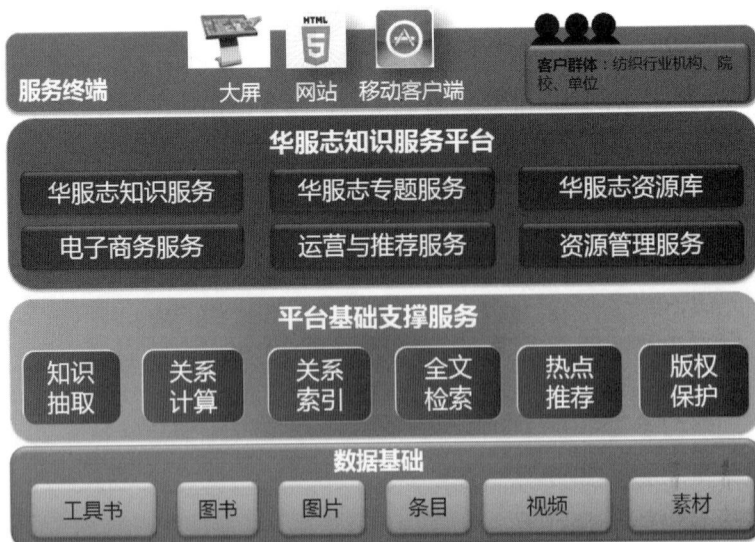

a. 华服志部署架构一

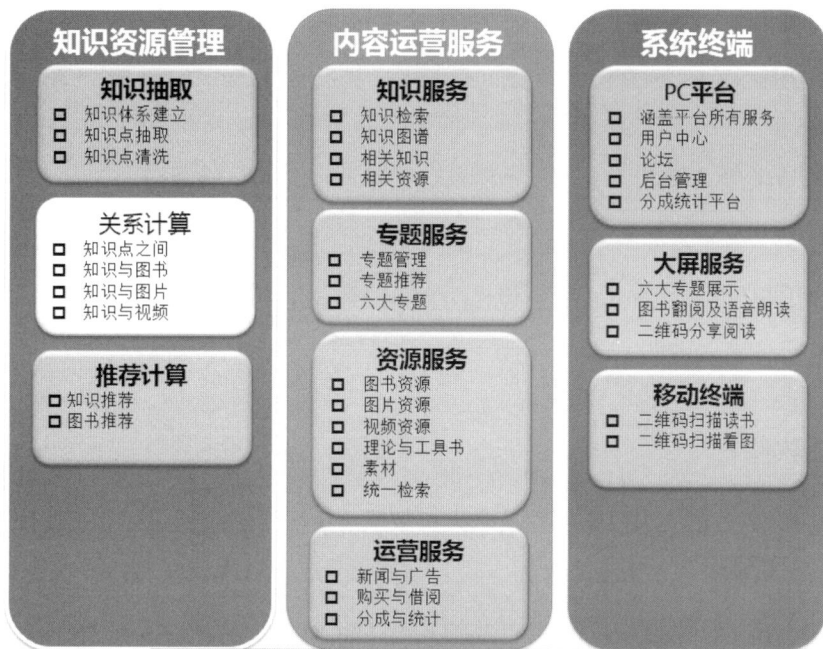

b.华服志部署架构二

图 9-3　华服志部署架构

（3）典型案例功能及特点

①案例功能及使用场景

华服志案例功能见图 9-4。

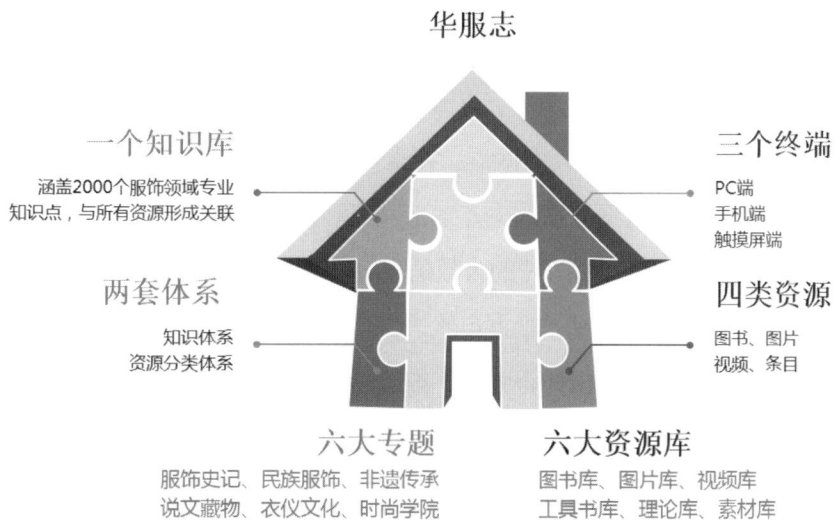

图 9-4　华服志案例功能

面向服装类学生、老师、设计师提供检索服务，为设计师提供设计创作灵感。

②案例特点

暂无。

5. 采用相关标准情况及对知识服务标准化工作的意见或建议

暂无。

6. 对国家知识服务中心平台建设的意见或建议

暂无。

三 灵玖软件

1. 知识服务相关项目/部门技术人员数量（B）

A.10 人以内　　　　B.10~50 人　　　C. 51~100 人　　D. 100 人以上

2. 本单位已开发的知识服务产品形式有（BCH）？

A. 电子书阅读　　　　B. 知识资源库　　　　　C. 知识图谱库

D. 在线学习/题库　　　E. 在线问答　　　　　F. 知识社区

G. 有声读物　　　　　H. 其他（文件规范性、正确性核查）

3. 知识服务相关案例情况简述

（1）为（15）个企/事业单位，开发过（16）个知识服务产品。

（2）知识服务相关项目收入占公司整个收入百分比为（40%）。

（3）本公司开展知识服务的优势或专长是什么？

灵玖软件（LING-JOIN），专注于人工智能领域自然语言处理方向，核心中文分词技术有近 20 年的积累。提供大数据语义搜索与挖掘的技术创新与服务，提供大数据搜索、大数据挖掘与大数据应用解决方案，以应对大数据的管理、处理、分析，并从大数据中获取知识与智慧，将用户的大数据困境转变为大数据宝藏。

灵玖软件的知识服务类产品，根据自然语言技术，提取专业知识，算出知识点的关联关系，构建知识图谱，根据知识关系，推送临近相关关系等。同时，定向采集互联网网页、新闻、论坛、博客等通道信息，实时提供面向大数据的信息采集、存储、分析、挖掘整体解决方案，为政府、军队、互联网等各行业情报挖掘与商业智能提供强有力的技术支持，形成针对各行各业的知识库。

知识文本核查能对给定的文本文件或者内存字符串进行有针对性的检测识别，生成命中预设条件的特定关键词、特定类别与权重等信息。其中，特定词兼容中文与英文、繁体与简体、字母与数字等，也包括多种形式的混合。同时，该系统中应用了积累已久的中文分词标注技术，词典管理技术，内容搜索与挖掘开发平台软件等多项专利与著作权。

内容搜索与挖掘开发平台软件含有多个功能组件，如新词发现、文档去重、文本聚类、文本分类等。能识别词典中没有出现过的词汇、短语、命名实体、流行用语；能够根据文本内容进行类别的划分；能基于相似性算法的自动聚类技术，自动对大量无类别的文档进行归类，把内容相近的文档归为一类，并自动为该类生成标题和主题。

4. 开发过的知识服务典型案例架构、功能及特点

（1）典型知识服务产品情况介绍

九眼智能核查系统是利用大数据挖掘及知识图谱构建、智能语义分词等技术，从多层次、多角度对报告、合同、论文等相关文档进行智能核查的软件系统，具有灵活度高、线上修改编辑、智能核查、精准推送错误信息、知识图谱构建体系完备等特点。

（2）典型案例架构图或部署架构图

九眼智能核查系统部署架构见图9-5。

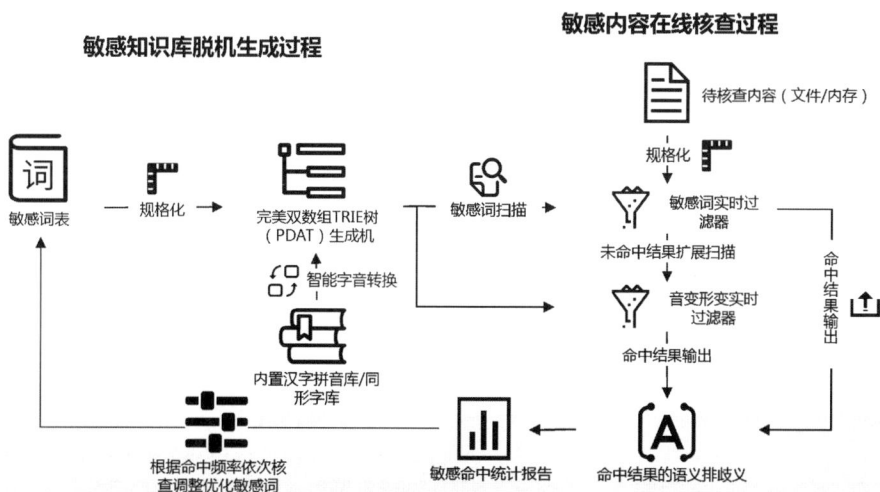

图 9-5 九眼智能核查系统部署架构

（3）典型案例功能及特点

①案例功能及使用场景

九眼智能核查系统通过对报告、合同、论文等相关文档进行智能审核，标记文档中的各类错误，例如：文档格式规范、字体字号规范、图表错误、上下标错误、专业术语错误、文字重复、实体前后一致性检查、表格数据合法性审核、标准规范合法性检查等。

②案例特点

从传统的人工审核转向高效的智能审核，提高效率，节约人工成本。系统属于通用型产品，依托不同行业的知识库，形成较强的程序拓展性及行业扩展性，可快速适应各行业规范、准则、问题的更新。

5. 对国家知识服务中心平台建设的意见或建议

愿在专业领域知识体系建设、知识服务标准研制、知识资源加工、知识生产工具研发、知识服务平台建设、知识服务模式探索等领域取得更大成绩。

四　人大数媒科技（北京）有限公司

1. 知识服务相关项目／部门技术人员数量（B）

A.10 人以内　　　B.10~50 人　　　C. 51~100 人　　D. 100 人以上

2. 本单位已开发的知识服务产品形式有（ABF）？

A. 电子书阅读　　　　B. 知识资源库　　　　C. 知识图谱库

D. 在线学习／题库　　E. 在线问答　　　　　F. 知识社区

G. 有声读物　　　　　H. 其他（请注明）

3. 知识服务相关案例情况简述

（1）为（6）个企／事业单位，开发过（4）个知识服务产品。具体情况见表9-1。

表9-1　人大数媒科技（北京）有限公司案例情况

知识服务产品	服务单位
国家学术数字出版平台——学者在线	中国人民大学书报资料中心
人大知云知识服务产品	中国人民大学、中国人民大学书报资料中心、知识产权出版社、民族摄影艺术出版社、北京万方数据股份有限公司
北京市社科学术数据服务平台	北京市社会科学界联合会
思政高精尖项目	中国人民大学书报资料中心

（2）知识服务相关项目收入占公司整个收入百分比为（20%）。

（3）本公司开展知识服务的优势或专长是什么？

庞大的专业期刊群：拥有覆盖人文社科全学科领域的学术期刊群；中国人民大学及其书报资料中心在人文社科领域具有强大的品牌影响力。

专业的内容编选能力：有 50 余年的内容编选经验；有由 300 余名硕士及以上学历员工组成的专业编辑队伍；有由来自全国各大著名高校的 200 余位专家学者组成的专业内容编审团队。

权威的学术评价机制："复印报刊资料"转载量是学术界评价人文社科期刊以及论文的影响尺度之一；经过 50 余年的实践探索，已形成相对完善、颇具影响的学术评价体系。

独特的政策资源优势：有教育部正式发文批准建设的"国家学术数字出版平台——学者在线"；"学者在线"和"中国人文社科新型学术评价体系建设及应用项目"入选原新闻出版总署新闻出版改革项目库。

4. 开发过的知识服务典型案例架构、功能及特点

（1）典型知识服务产品情况介绍

"壹学者"是专注于人文社科研究垂直领域的学术科研一站式移动服务平台。

平台涵盖了微信端、Android 客户端、iOS 客户端以及 PC 端四个产品形态，为学者、学术机构提供文献检索、学术社交、工具服务三类核心功能，能全方位满足学者、学术机构多场景的数字阅读及科研服务需求。

（2）典型案例架构图或部署架构图

"壹学者"采用 Entity Framework 及 MVC4 开发，并使用传统的 3 层架构开发，项目引入 MemCache 作为第三方缓存机制。数据库采用 SQL Server 进行开发。

①系统架构及说明

"壹学者"采用 .NET 架构开发，大量地使用开源软件技术，微信前端系统和后台管理系统主要采用高性能的 MVC 架构，后端数据处理和数据管理采用高效的 .NET 架构开发（见图 9-6）。

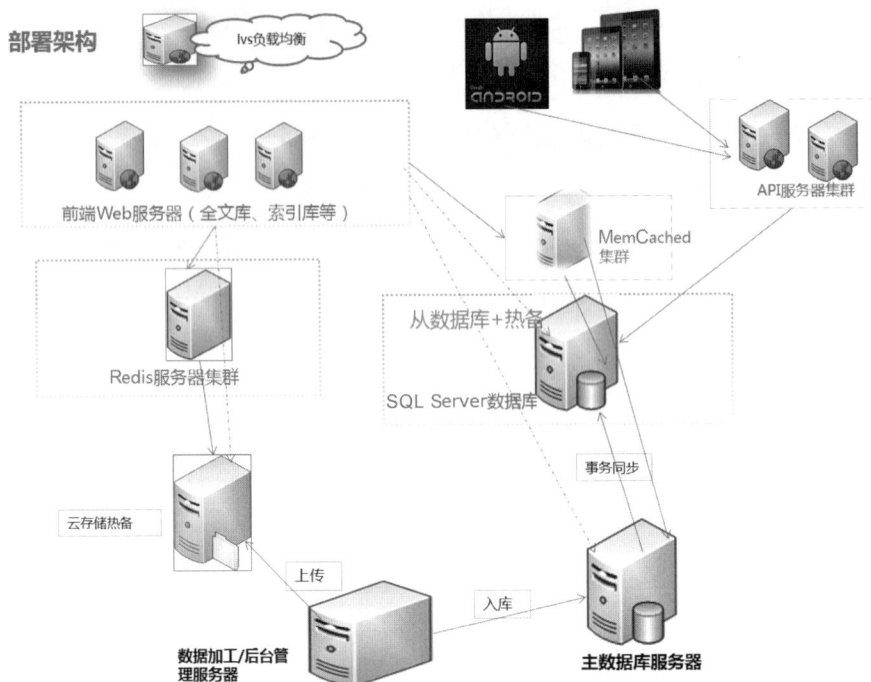

图 9-6 "壹学者"系统架构

"壹学者"采用软件负载均衡，根据实际的业务量，采用 LVS + Heartbeat 双组合的方式承担负载，未来可以支持横向扩展。Heartbeat 和 LVS 支持健康检查，即在 Heartbeat 集群中如果有不健康的机器，LVS 不会将请求转发到该 Heartbeat，在 AppVM 中有不健康的机器，Heartbeat 同样不会将请求转发到该机器，直到机器恢复正常工作。

"壹学者"是一个移动端的学术生态系统，会产生大量的动态数据，频繁地对数据库进行读写，所以我们采用分布式缓存 MemCached 来减轻数据库的压力，未来将把学者圈拆分出来，并且引入 NoSQL 技术 MongoDB，实现系统的高可用性。

"壹学者"第三方登录注册采用 oAuth 认证，以保证用户的第三方账号不被记录与获取，提高用户账户的安全性。网络通信采用 SSL 传输协议，保证数据传输的安全性及完整性，客户端采用 3DES+Base64 加密传输应用数据，非对称加密可以使用 RSA，对称加密使用 DES。

②产品架构图

"壹学者"产品架构见图 9-7。

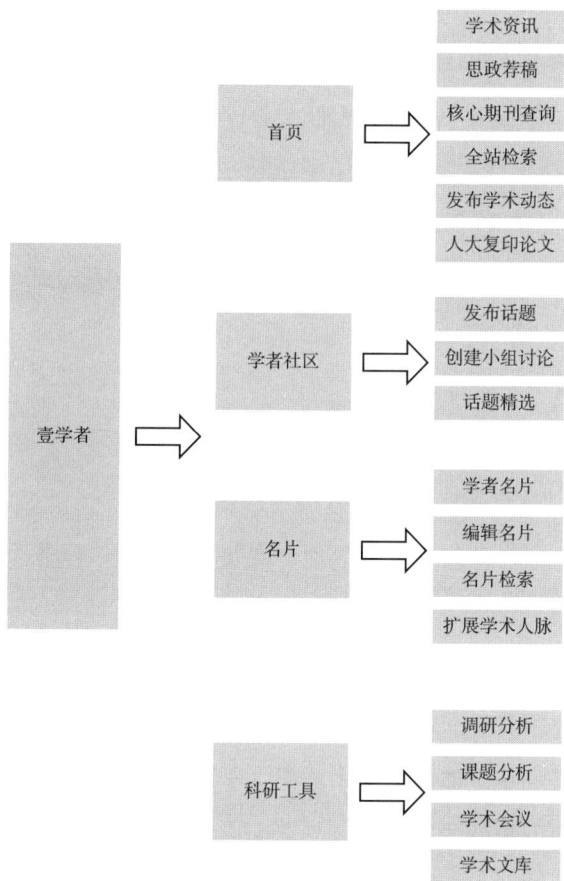

图 9-7 "壹学者"产品架构

（3）典型案例功能及特点

"壹学者"是面向国内学者用户开发的学术科研服务产品。产品基于中国人民大学书报资料中心 50 余年积累的资源优势、品牌优势、学者优势，为广大师生提供文献检索、学术社交、工具服务三类核心功能，致力于满足学者、学术机构多场景的应用需求，让学术科研工作更高效、更便捷、更智慧。

"壹学者"主要产品功能分为三大块：学术资源获取服务；科研工具服务；学术社交服务。

①学术资源获取服务

人大"复印报刊资料"系列数据库包括六大子库，即全文数据库、数字期刊库、摘要数据库、索引数据库、目录索引库和专题研究库，包含60万篇学术研究论文、137种人文社科核心期刊、14种专题文摘、40年间700多万条索引数据、90万条复印报刊资料目录、26个实用精选特色专题。整合学界热点动态，每日更新学术资讯，信息涵盖学者观点、学界热点、课题信息、会议信息、政策动态、机构动态、学术书讯、项目成果等类型，覆盖人文社科全部学科，累积阅读总量接近2亿人次。

②科研工具服务

基于学术科研的真实应用场景，采用先进的数据处理技术，充分发挥移动互联网便捷、即时、定向、精准等特点，为机构用户提供多场景、精细化的科研工具服务，具体包括文献检索、项目合作、学术笔记、课题分析助手、学术会议助手、调研分析助手。

③学术社交服务

A. 学者专属学术名片

名片集成了学者的基础信息、学术成果、学术社交动态，可随时随地阅读学者被人大"复印报刊资料"转载的论文，以学者为点，机构为面，助力学术传播，扩大机构影响力。

B. 实名学者圈

"壹学者"学术社区支持创建学术话题、研究小组，为机构内用户提供学术热点评论、学术话题争鸣、科研难题探讨、调研投票的互动平台，促进学术交流与合作。

C. 学术社会化传播

支持将学术名片、成果著作、观点、资讯、会议、项目等分享转发至微信、微博等社交媒体，有效促进学术交流，大大提高学术传播效率。

五 山东斯麦尔

1. 知识服务相关项目 / 部门技术人员数量（B）

A.10 人以内　　　B.10~50 人　　　C. 51~100 人　　D. 100 人以上

2. 本单位已开发的知识服务产品形式有（ABC）？

A. 电子书阅读　　　　　B. 知识资源库　　　　　C. 知识图谱库

D. 在线学习 / 题库　　　E. 在线问答　　　　　　F. 知识社区

G. 有声读物　　　　　　H. 其他（请注明）

3. 知识服务相关案例情况简述

（1）为（4）个企 / 事业单位，开发过（4）个知识服务产品。

（2）知识服务相关项目收入占公司整个收入百分比为（30%）。

（3）本公司开展知识服务的优势或专长是什么？

有数字加工的经验和积累，掌握国际出版行业的标准规范。熟悉各种出版物的类型及特点。拥有专业知识服务产品的独立软件研发团队。

4. 开发过的知识服务典型案例架构、功能及特点

（1）典型知识服务产品情况介绍

期刊知识服务系统功能包括：历史资源的碎片化批量自动入库；利用语义分析技术辅助提取关键词、内容摘要，实现内容聚类；建立知识分类体系，生成知识图谱，形成知识网络；内容的全文检索、智能关联推荐、个性化推荐等。

中国中药知识港服务系统利用结构化加工、知识化加工、数据挖掘和知识关联、基于语义学习的人工智能匹配引擎等关键技术，按照个性化、动态化、集成化的原则，对中药专业知识进行科学重组，实现专业化海量数据库检索、多维度可视化分析，建立多元化的知识管理体系。涵盖了中药饮片 404 味、中草药 296 种、药方 606 个，为用户提供知识导航、知识检索、知识挖掘和知识推送等服务。

（2）典型案例架构图或部署架构图

期刊知识服务系统部署架构见图 9-8。

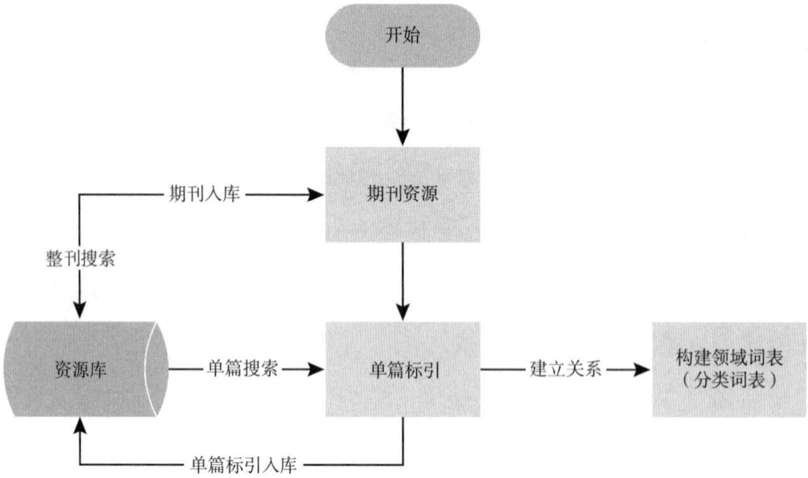

图 9-8　期刊知识服务系统部署架构

（3）典型案例功能及特点

①案例功能及使用场景

期刊知识服务系统为期刊社建立内部数字图书馆，实现内容的智能化推荐、历史资料查询及参考、内容工作量统计，并将其提供给相关行业的机构用户作为专业资料库。

②案例特点

可解决历史资源存档的问题，支持现有资源的全文检索及分类检索，对现有资源进行深入挖掘和提取。

5. 采用相关标准情况及对知识服务标准化工作的意见或建议

标准化知识服务的行业和用途细分。

规范数字化资源的加工标准、数字内容的使用。

规范专业领域知识体系建设、知识服务标准研制、知识资源加工、知识生产工具研发、知识服务平台建设。

6. 对国家知识服务中心平台建设的意见或建议

提供公共数据调用和查询服务，便于用户的内容检索。

支持数据的个性化定制、个性化推荐。

提高知识服务平台的公共技术服务。

六 拓尔思

1. 知识服务相关项目 / 部门技术人员数量（B）

A.10 人以内　　　　B.10~50 人　　　C. 51~100 人　　D. 100 人以上

2. 本单位已开发的知识服务产品形式有（BCEFH）？

A. 电子书阅读　　　　　　B. 知识资源库　　　　　C. 知识图谱库

D. 在线学习 / 题库　　　　E. 在线问答　　　　　　F. 知识社区

G. 有声读物　　　　　　　H. 其他（专题知识库、知识体系管理）

3. 知识服务相关案例情况简述

（1）为（46）个企 / 事业单位，开发过（58）个知识服务产品（见表 9-2）。

表 9-2 拓尔思案例情况

序号	客户单位	产品 / 项目名称
1	人民出版社	金典语义，金典比对，金典关联，金典找句
2	人民卫生出版社	i 卫士 App
3	法律出版社	手机律师 App
4	九州出版社	台湾问题知识库
5	中国时代经济出版社	审计数字出版大数据知识库
6	中国社会科学出版社	中国社会科学年鉴数据库
7	中国社会出版社	中国政区信息全文检索平台
8	中国税务出版社	税收法规库
9	知识产权出版社	中国知识产权大数据与智慧服务系统
10	机械工业出版社	中国装备制造业智能知识库及企业应用平台
11	化学工业出版社	化工知识库
12	石油工业出版社	钻井知识库，勘探知识库
13	中国水利水电出版社	水利水电专业内容资源库
14	国家知识产权局	专利机检报告系统，专利跨语言检索系统，专利商标近似检索系统，专利图像检索系统，专利自动标引系统
15	北京软件和信息服务交易所	智能招标采购结算平台
16	新华通讯社	新华社影响力传播分析系统

续表

序号	客户单位	产品／项目名称
17	新华文摘	数字平台
18	浙江日报集团	浙报新闻自动写作系统，浙报专题分析系统
19	中国外文局	外宣知识图谱
20	中国医学科学院医学信息研究所	中国生物医学文献服务系统，中国卫生政策研究门户
21	中国中医科学院	中医中药问答机器人，中医药知识图谱
22	中国标准化研究院	标准智能问答机器人项目
23	中国电信研究院	中国电信研究院知识库
24	民航科学院	民航不安全飞行事件本体自动建模系统
25	国家海洋信息中心	海洋工程专业知识服务系统
26	国家统计局	国家统计局联网直报门户知识库
27	中国国家认证认可监督管理委员会	国家认监委知识管理平台
28	中国建设银行	建行 IT 服务知识管理平台
29	中国铁路信息技术中心	12306 呼叫中心知识库
30	北京市南水北调工程建设委员会办公室	南水北调中线调水系统北京段知识管理系统
31	中国电信	中国电信号码百事通知识管理系统
32	海尔集团	海尔集团知识管理系统
33	万达集团	万达学院案例库系统
34	神华集团	神华集团知识库平台
35	海信集团	海信国际营销知识库项目
36	京东方集团	京东方 EKPS 知识管理平台
37	中国南方航空股份有限公司	中国南方航空知识管理平台
38	中航商用航空发动机有限责任公司	数字化装配工装设计知识库
39	深圳天珑无线科技有限公司	天珑知识管理建设项目
40	广州市政府	广州政务机器人
41	国家税务总局	国家税务总局知识管理平台
42	广州市国税局	广州市国税局知识管理平台
43	广州市地方税务局	广州市地方税务局业务知识库项目
44	杭州市电子税务局	杭州 12366 纳税服务平台智能机器人
45	广发银行股份有限公司	广发银行知识管理系统，信用卡问答机器人
46	圆通速递有限公司	圆通速递知识管理系统

（2）知识服务相关项目收入占公司整个收入百分比为？

公司业务横跨多个行业和领域，年收入 8 亿元（2017 年年报为 8.21 亿元），知识服务项目收入占比较少。如果按照严格意义上的知识服务项目计算（不包含相关软件的直接销售或间接销售），小于 1%。如果按照宽泛标准计算，即计算公司 NLP（自然语言处理）、人工智能、大数据技术对公司收入的整体贡献度，则大于 50%。

（3）本公司开展知识服务的优势或专长是什么？

拓尔思是一家特别注重自主核心技术和自主知识产权软件研发的公司，公司核心高管大都具有研发背景，在 NLP、人工智能、大数据方面有多年的技术积累和项目工程经验。在知识服务领域，拓尔思有 3 款具有广泛适用性的旗舰产品。

① TRS 文本挖掘软件

拓尔思早在 2001 年就推出了中文领域第一款商业化的中文文本挖掘处理软件——TRS 文本挖掘软件（TRS CKM）1.0。在学术界的多次技术评测中，TRS CKM 不断取得领先成绩。在 IT 行业，TRS CKM 也被众多集成商和软件开发商列为中文文本挖掘的首选软件，从拓尔思公司的软件出货量统计，第三方销售占比超过 70%。经过 18 年的发展，TRS CKM 已进化到 6.0 版本，最新的 TRS DL-CKM 体系完整、功能完备，提供了 50 多个功能组件、200 多个调用接口，提供训练接口和训练工具，可满足行业领域定制化开发需求，并且积累了涉及媒体、专利、出版、公安、金融等各个领域的词典知识资源。

在出版领域，TRS CKM 可以对图书、新闻、专利、论文等非结构化文本进行语义分析，提取实体（人物、机构、地点、电话、邮箱等）、实体关系、主题词、标签词、分类、摘要、各方观点、事件、时间线、数值单位特征、引文特征、文档指纹等各种语义标签，将非结构化的文本结构化，帮助用户从大规模的文本集合中提取所需的知识，协助用户构建可视化的知识体系。

② TRS 海贝大数据管理系统

TRS 海贝大数据管理系统（TRS Hybase）（以下简称"海贝"）作为企业级的搜索平台，是拓尔思公司深耕企业搜索市场 25 年的旗舰型产品，已经广泛应用于公安大数据、媒体大数据、政府大数据等，获得公安部、新华社、工商总局、国家知识产权局、知识产权出版社等众多高端用户的认可。海贝采用 TRS 自研的分词器，单一分词器可以支持中、日、韩、英、法、俄等多国语言，并且支持藏文、蒙文、维吾尔文等多种少数民族语言，为出版社各语种数据的处理打下良好的基础。海贝将按字索引和按词索引有机结合起来，能够实现查全率和查准率的平衡，后续结合 TRS 在词库方面的积累，为项目的检索效果提供了保障。海贝还具有完善的权限管理机制，可以保证社内数据访问的安全可靠。

③ TRS 企业搜索适配器

TRS 企业搜索适配器（TRS Search Adapter）软件是一款具有强大数据集成能力的数据集成平台。TRS Search Adapter 能帮助企业修正数据质量、汇集多数据源、转换数据形态，提升数据的利用价值。其最大的特点是具备超强的对非结构化数据的文本处理能力，包括以下 5 项。

A. 文件夹（File）

能够对本地、局域网共享文件夹、FTP 服务器文件夹和 HTTP 服务器上的文件夹进行采集，并能对采集的文件进行元数据或文本内容的抽取和预处理。

B. 关系数据库（RDBMS）

支持各种主流关系数据库数据和权限的采集，如 Oracle、SQL Server、DB2、Sybase、MySQL、达梦、人大金仓、南大通用、神舟通用、虚谷等。

C. 目录访问（LDAP）

支持 LDAP 数据和权限的采集。

D. 云存储（iCloud）

支持亚马逊 S3、阿里云数据和权限的采集。

E. 大数据（Big Data）

支持 PostgreSQL、Greenplum、HBase、HDFS、Hive、MongoDB、Kafka、Redis 数据和权限的采集。

不仅如此，上述几款软件的产品化程度非常高，各产品间可灵活组配，能结合出版社具体的资源情况和服务场景，快速搭建起一套可运营的大数据知识服务平台，而且技术团队根据出版社运营的需要不断对系统进行升级迭代，提升用户体验。

4. 开发过的知识服务典型案例架构、功能及特点

（1）知识社区产品——知识百科

①产品情况介绍

知识百科以出版社专业内容资源、百科类图书资源或第三方知识资源等通过规范化加工形成的知识条目为基础，基于维基技术建设以知识百科为核心的网站或移动端，形成网络众议及共建共享的专业知识生产及服务平台。

②典型案例架构图

图9-9是拓尔思在机械工业出版社中国装备制造业智能知识库及企业应用平台开发项目中的总体架构。

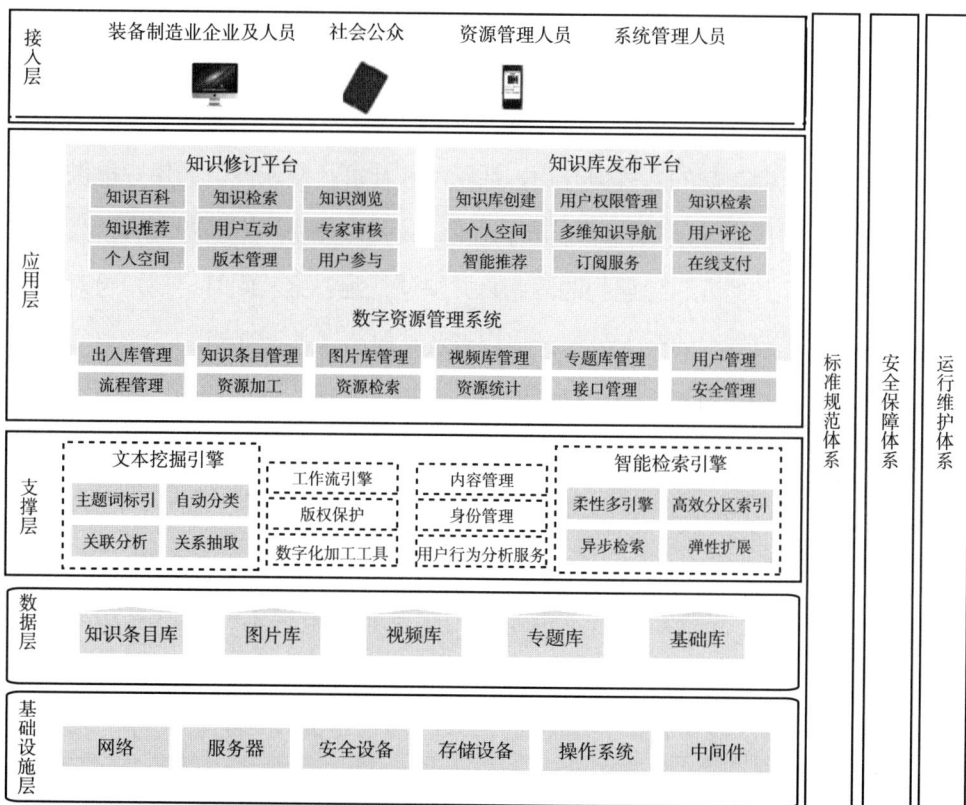

图9-9　中国装备制造业智能知识库及企业应用平台技术架构

③典型案例功能及特点

A. 案例功能及使用场景

词条浏览：用户可查看词条的详细内容。词条详情页面是展示词条所有内容的页面，在这个页面里面，用户可以查看词条图片、点赞、收藏和分享，可以通过这个词条的相关资料或相关书籍继续查找自己想要的资料，也可以点击推广链接查看相关的推广。

词条检索：输入要搜索的关键字，展示联想搜索列表，点击可进入词条详情页面，也可进入模糊搜索界面，找到需要的词条，进入词条详情页面。

词条修订：支持面向社群的协作式写作并提供相应的辅助工具，对知识进行可视化编辑。根据词条修订情况，可以显示知识编辑贡献者信息，包括平台等级、编辑次数、通过次数、通过率以及贡献曲线等。

版本管理：支持每一个变更版本的保留、恢复以及版本间的比对，可以根据知识更新时间查阅知识的各历史版本，同时列出版本的贡献者以及修改原因等项。

用户互动：以会员制的方式提升用户活跃度和社群社交属性。为用户提供专题论坛，有相同兴趣的用户可就相关话题进行讨论，吸收专业用户发表的内容。当用户遇到问题时，可以和其他人讨论遇到的困惑，并快速找到答案。同时，用户可对知识进行评论，回复对本篇知识的个人见解，与作者及其他读者进行互动。

积分商城：用户在百科系统中通过登录、注册、点赞、创建词条、编辑词条等操作积累积分，系统根据积分的多少和排名给予一定荣誉，或兑换相应奖励（知识库发布平台优惠码、线下活动门票、小礼物等）。

B. 案例特点

中国装备制造业智能知识库及企业应用平台将《机械工程手册》和《电机工程手册》的内容用百科的方式展现，网络用户通过对百科资源的持续讨论修订及新资源的补充完善，形成在一定知识体系下的持续更新的专业知识库。百科的开放性使得知识服务系统可借助群体的力量来不断完善知识库的建设，为群体提供一个开放的平台来贡献各自的知识，使得知识服务系统可积聚大众的智慧，保障知识库的时效性、完整性、可靠性及信任度，并能激发新知识的产生。通过知识百科的建设，实现装备制造业的资源共享，使各系统之间能够相互沟通、相互借鉴，避免人力、物力和财力的浪费，同时也是出版社以最小投入换取最大效益的信息共享模式。

（2）知识资源库产品——年鉴数据库

①产品情况介绍

针对年鉴类内容资源的典型特征构建通用的年鉴加工标准，实现内容的加工重组；利用自然语言处理技术对年鉴内容进行深度挖掘和知识标引，最终为用户提供基于知识化内容的在线阅读和多维分析服务。

②典型案例架构图

图9-10是拓尔思开发的中国社会科学年鉴数据库项目的总体架构。

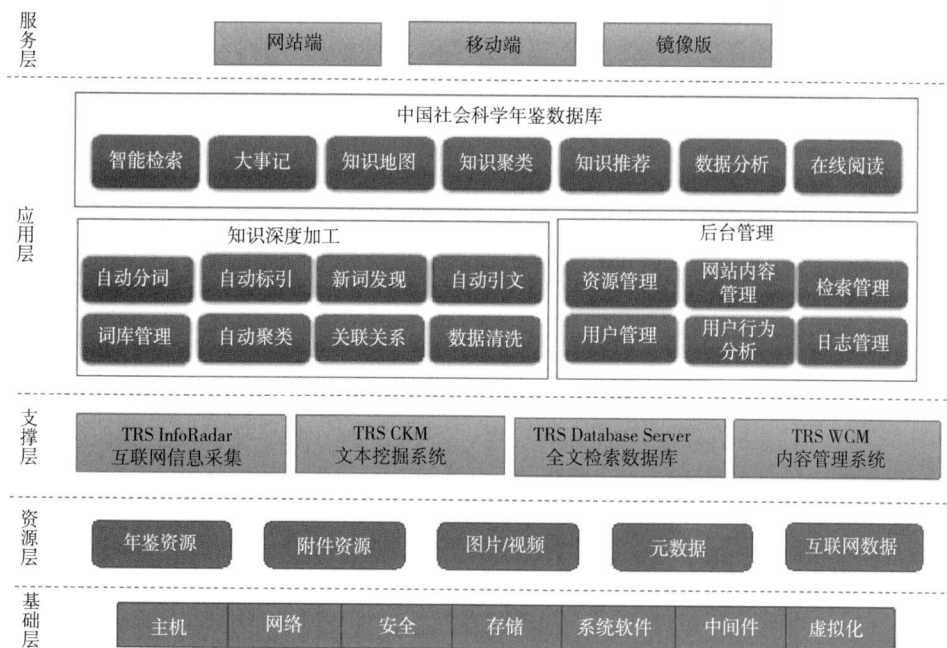

图9-10 中国社会科学年鉴数据库总体架构

③典型案例功能及特点

A. 案例功能及使用场景

智能检索：可对年鉴、章节、人物、论文、课题、会议、图书、大事记等多种类型的内容分别进行检索，检索结果支持多层次筛选、智能排序。

结构化阅读：对年鉴进行深度加工后，对热门文献、图表、会议活动、大事记、图书、人物、机构、课题、最佳论文等信息进行抽取，用户可从这些角度快速了解年鉴。

在线阅读：提供年鉴的在线版式阅读，根据其中的章节条目可直接定位原文位置。

同类对比：对历年来的同类年鉴，可进行章节间的多选和拼接阅读，以在时间维度上进行相关内容的对比阅读。

年鉴分析：对历年年鉴热词、热门人物、热点事件、关联文献、关联机构和人物等信息进行挖掘分析，从多个角度系统而全面地反映学科发展的脉络。

B. 案例特点

年鉴是一种全面、系统、准确地记述、汇辑一年内的重要时事、文献和统计资料，按年度连续出版的工具书。年鉴信息密集，对行业、学科、企业分析其现状，研究其发展趋势有重要的统计意义和参考价值。中国社会科学年鉴数据库项目以中国社会科学出版社全学科的年鉴资源为基础，对其实现深度的知识服务应用，并形成一套适用于年鉴类资源的加工分析模型，对不同学科年鉴的分析同样具有利用价值。

（3）在线问答产品——标准智能问答机器人项目

①产品情况介绍

标准智能问答机器人项目（以下简称"智能问答"）是一款中文智能问答云服务产品，综合运用自然语言处理、信息检索、知识表示与推理等技术，通过语法语义分析、问题分类、问题解析、信息源自动识别与评价、实体识别与关系抽取、信息搜索、逻辑形式生成、知识表示与推理、提取备选答案、对备选答案证据的搜寻、对证据强度的计算和综合等一系列处理流程，实现问题解答与人机交互。

②典型案例架构图

拓尔思在中国标准化研究院智能问答中的总体架构设计如图9-11所示。

③典型案例功能及特点

A. 案例功能及使用场景

实时智能提示与交互：智能问答在线服务与相关业务服务深度结合，提供主动式交互服务。可根据用户检索关键字，给予相关检索提示，检索问题与标准服务相关，则提供服务入口。

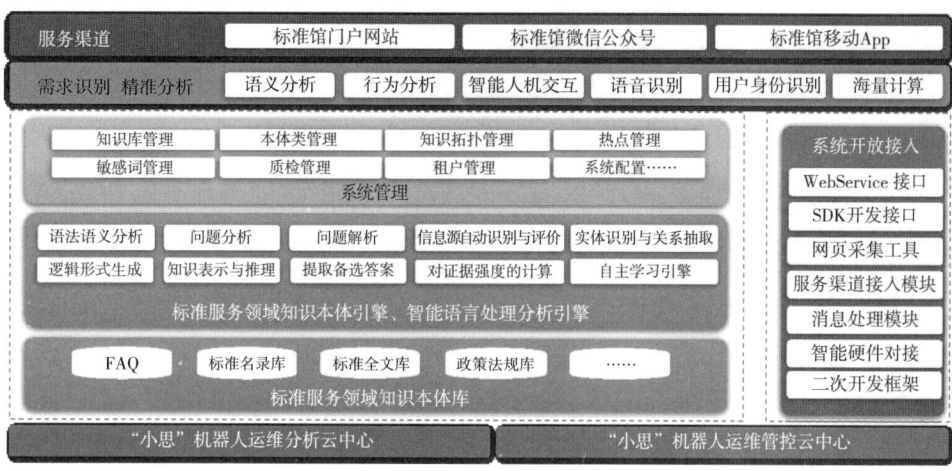

图 9-11　智能问答总体架构

多媒体交互：提供响应的问答接口，包括微信在内的第三方应用可通过调用接口，实现基于多媒体的交互服务。

智能引导：对于经常输入错误的词语，提供自动纠错功能，提示按正确词语作为关键词进行搜索，减少重复输入操作。系统还提供关键词联想功能，即当用户输入某个检索词的一部分时，自动联想到与该输入词相关的词语，方便用户直接选择。

在线办事：用户在与智能问答交互办理某种业务时，系统会调用统一身份认证服务判断用户是否已登陆业务系统，是否为实名认证用户，然后根据用户的当前状态，进行合理的在线办事业务引导，直到完成该项业务的在线办理。在线办事服务将与精准关联服务进行高度集成，通过识别用户的注册信息、属性信息和业务特征等，实现在线办事服务的引导与个性化推荐。

精准关联：用户在与智能问答的交互过程中，可调用用户画像服务，根据预定的精准化营销策略主动向目标客户进行关联服务的推荐和宣传。

满意度调查：服务结束后，系统提示用户对智能问答的服务给出满意度评价，还可以搜集用户的建议和意见。满意度调查与在线投票功能是智能问答的一套扩展功能组件，是网络内容互动的实用工具之一，能帮助系统通过在线投票、填写问卷的方式，获取用户意向、网上投诉、用户反馈等直观而有价值的信息。

B. 案例特点

标准馆门户网站是提供公共服务的最主要窗口，作为政府官方网站，它既是服务终端，也是公民与政府互动交流的平台。为了更好更及时地基于网站这一平台为公众提供服务，小思智能机器人系统可以逐步将大量简单的标准业务咨询通过自动应答的方式解决，以一问一答的形式，精确的定位网站用户所需要的知识，通过与网站用户进行交互，为网站用户提供个性化的信息服务。小思智能机器人使民众与标准馆门户网站之间产生良性互动，让民众不再是简单的查询、浏览，真正做到"服务为民、服务便民"，解决民众"办事难"的问题。

（4）知识图谱库

①典型知识服务产品情况介绍

构建垂直领域的知识图谱，即在专业领域知识范畴内，基于大量的"实体—关系—属性"本体三元组构建的结构化语义网络，可应用于结构化知识的图形化展现、基于知识图谱的智能检索、知识推理及智能问答等场景。

②典型案例架构图

拓尔思在中国中医科学院的中医药知识图谱项目的架构设计如图 9-12 所示。

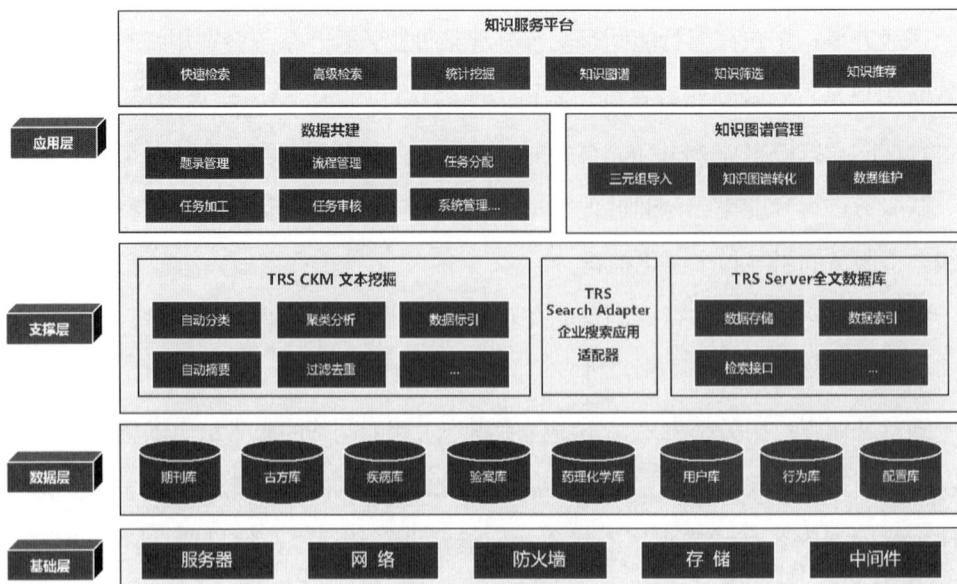

图 9-12　中医药知识图谱架构设计

③典型案例功能及特点

A.案例功能及使用场景

数据加工标引：以数据共建的形式对不同来源的内容进行加工，由总中心管理员将数据加工任务分发给分中心管理员，最后由标引员完成数据的加工标引。

加工任务管理：可对数据加工任务进行多级分派，对流程及权限进行管理，并提供对标引结果的任务审核。

三元组导入：提供实体、关系、属性三元组数据的导入功能，实现数据库存储并用于管理和展示。

数据管理维护：提供知识图谱的数据管理功能，即对实体、关系、属性进行编辑，实现知识图谱的动态更新。

知识图谱展现：实现知识资源及其关联关系的图形化展现，以动态、可交互的可视化方式提供知识地图导航、知识钻取和知识关联推荐等。

检索及分析：提供多源知识内容的跨库检索，并对检索结果实现挖掘分析，如数据统计、趋势分析、相关知识元分析、相似内容推荐等。

B.案例特点

中国中医科学院中医药知识图谱项目以面向中医药业内人员提供专业的文献知识服务为目标，实现了对期刊、古籍古方、图书、疾病、验案等多元异构中医药文献的整合、加工、利用。攻克了复杂的多源异构数据整合加工难点，并将其信息化、知识化、图谱化，在提供专业、权威的中医药知识的同时，提升用户的使用体验。

（5）其他——知识专题库

①产品情况介绍

知识专题库以采用"人工＋半自动化"行业知识专题智能的方式，为出版用户提供智能化、自动化的专题信息聚合和专题挖掘分析与展现工具，通过对内外资源的全面聚合分析，实现知识专题的快速构建和对外发布，为互联网用户提供全面、深入的专题知识服务。

②典型案例架构图

该产品在中国时代经济出版社审计数字出版大数据知识库项目中的总体架构如图9-13所示。

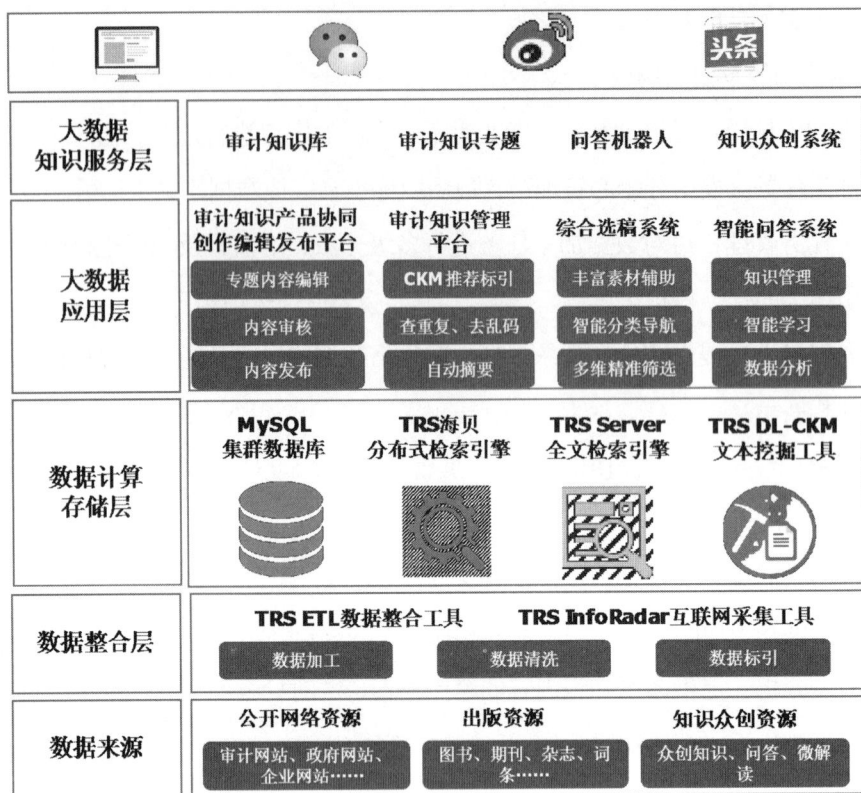

图 9-13　审计数字出版大数据知识库总体架构

③典型案例功能及特点

A. 案例功能及使用场景

专题内容生产：专题内容可以从互联网资源、出版资源中获得，也可吸收专业人员作为知识工程师参与知识内容编辑，以知识众创的方式提供资源。对知识内容进行统一管理、添加标引，将其作为知识专题的知识来源进行统一存储。

专题信息汇聚：内外部标引后的资源信息通过自动聚类形成一定的主题，经过专家的扩充与调整，并设置专题汇聚的关键词、资源类型等必要参数，最终实现专题信息的一键汇聚。具有权限的用户可对汇聚结果进行修改、调整。

专题内容筛选：资源信息汇聚为专题后，具有权限的用户可对专题内容进行筛选。通过完善的分类导航及精确的多维度筛选功能，过滤出符合用户条件的专题内容。

专题管理发布：对于符合要求的专题栏目，具有权限的用户可进行统一管理，能够对专题内容进行检索、预览、编辑、删除、发布与下线等操作，发布后的专题可供全平台用户进行浏览与学习。

专题事件分析：利用大数据分析技术对各类结构化数据、半结构化数据以及非结构化数据进行存储、调度和处理，提供基于专题数据的统计和分析功能。针对系统发现或用户指定的热点专题事件，提供多种分析能力，包括多维度分析、知识关联、相似事件关联、事件发展追踪、倾向性分析等，支持其他常用的事件分析挖掘手段。

B.案例特点

审计知识专题服务是审计知识服务的创新，面向 12 个涉及审计的行业，基于知识的领域细分与聚类，通过百余项专题为涉及审计的领域提供行业研究、专家视角、焦点话题、发展趋势等诸多专业知识分析功能，致力于提供相对全面的行业知识，为审计人员深入接触学习相关行业知识提供较为直接的帮助。

（6）其他——知识体系管理系统

①产品情况介绍

知识体系管理系统以加工入库的图书资源、互联网信息等的内容资源为基础数据，以自然语言处理的基础组件为支撑，通过知识体系的构建和管理，对内容实现知识化标引、分析，实现知识的深度加工和知识元自动或半自动组合集成，形成新的知识服务产品。

②典型案例架构图

图 9-14 是拓尔思在中国时代经济出版社审计数字出版大数据知识库项目中对知识体系管理系统的架构设计。

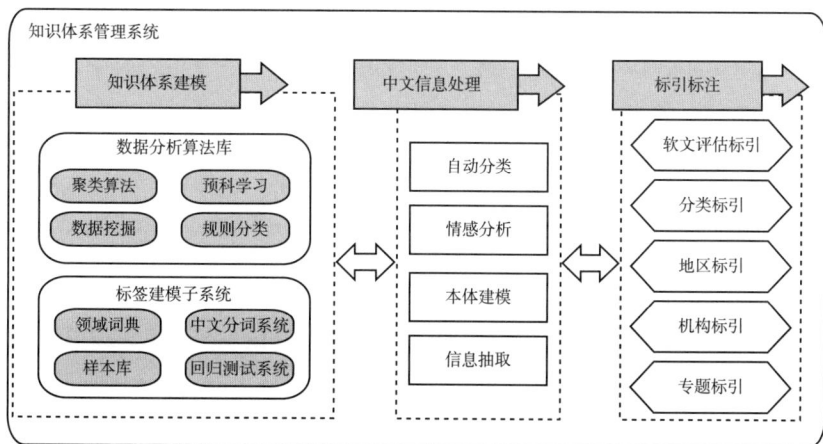

图 9-14　知识体系管理系统架构设计

③典型案例功能及特点

A. 案例功能及使用场景

知识体系的构建和管理：按自上而下和自下而上相结合的方式构建知识体系。一方面，充分借助出版社的专业资源和专家资源梳理领域知识体系；另一方面，借助主题词抽取工具，从语料中抽取主题词、关键词用于词表体系的动态更新。

内容清洗加工：提供对知识内容进行查重、去乱码、查抄袭的功能，提供涉禁内容、涉黄内容、广告内容、涉密内容、涉政内容的自动识别功能，快速完成对互联网信息的处理。

知识内容管理：提供知识内容的查看、自动摘要、编辑修改、删除等管理功能。

内容推荐标引：基于通用知识体系对内容进行自动推荐标引，辅以人工确认环节，实现知识初加工。

内容精确标引：可对内容进行多维度知识体系的精确标引，将内容与知识体系进行关联，为后续知识产品的筛选分发、知识的智能化检索、知识的精准推荐等应用提供精细化标引支撑。

B. 案例特点

审计数字出版大数据知识库项目为中国时代经济出版社构建了审计业务体系、审计事务体系、通用体系等多个维度的共 6000 多个知识分类节点；对持续更新的大量内容信息实现数据清洗、文本识别、知识标引，使信息快速转化为可利用的知识，及时为全国审计人员提供源源不断的迭代知识。

5. 采用相关标准情况及对知识服务标准化工作的意见或建议

拓尔思在知识服务相关项目建设中主要借鉴、采用的标准有《中央文化企业数字化转型升级项目标准》和《专业数字内容资源知识服务模式试点工作项目标准》等系列标准。这些标准具有较强的通用性，在知识服务项目的规划设计初期，对图书的数字化加工、资源元数据设计、知识元抽取及词表建设等能起到指导作用；在项目建设过程中，相关的质量要求、质量评价及软件接口标准，能有效地规范系统开发，尤其能在多方合作项目中规避一定的争议风险。但由于各单位涉及的行业领域差异较大，知识体系的建设能力不同，除主题分类词表的相关规范外，一般还需根据具体需求扩展定制或细化相关标准规范。

以下是拓尔思主要采用的相关标准。

① 图书数据加工采用的相关标准

——GC/ZX 12—2014 图书数字化加工模式应用规范

——GC/ZX 15—2014 图书数字化加工质量要求

——GC/ZX 16—2014 图书数字化加工质量评价规范

② 知识服务产品建设实施中采用的相关标准

——GC/ZX 5—2014 图书产品基本信息规范

——GC/ZX 7—2014 数字出版产品（电子书和内容数据库）质量要求

——GC/ZX 14—2014 图书数字资源内容标引规则

——GC/ZX 23—2015 知识元描述通用规范

——GC/ZX 26—2015 主题分类词表描述与建设规范

③ 项目开发过程采用的相关标准

——GC/ZX 18.1—2014 项目软件系统接口规范　第 1 部分：数字化加工软件与内容资源管理系统接口

——GC/ZX 18.3—2014 项目软件系统接口规范　第 3 部分：内容资源管理系统与产品发布系统接口

——GC/ZX 18.6—2014 项目软件系统接口规范　第 6 部分：项目软件系统与第三方平台接口

6. 对国家知识服务中心平台建设的意见建议

一是将知识服务作为产业来整体规划和布局，推动知识服务与新技术的融合发展，支持"知识服务 + 大数据""知识服务 + 人工智能"等示范应用创新。

二是建立健全国家知识服务中心的商业化运行机制，运用创新方法和市场化手段，接入更多社会优质的知识服务资源，通过加强内容和品牌建设形成运营的正反馈效应，反向促进传统出版社的转型升级。

七　武汉理工数字传播工程有限公司

1. 知识服务相关项目 / 部门技术人员数量（D）

A.10 人以内　　　　B.10~50 人　　　C. 51~100 人　　D. 100 人以上

2. 本单位已开发的知识服务产品形式有（ABDEFG）？

A. 电子书阅读　　　　　B. 知识源库　　C. 知识图谱库

D. 在线学习 / 题库　　　E. 在线问答　　F. 知识社区

G. 有声读物　　　　　　H. 其他（请注明）

3. 知识服务相关案例情况简述

（1）为（607）个企 / 事业单位，开发过（303）个知识服务产品。

（2）知识服务相关项目收入占公司整个收入百分比为（100%）。

（3）本公司开展知识服务的优势或专长是什么？

公司形成了产学研一体化研究发展路线，公司核心研发团队由武汉理工大学数字传播工程研究中心核心研发人员组成，团队主持和承担了国家科技支撑计划和国家文化产业发展专项资金项目，具体如下。

① 2012 年国家文化产业发展专项资金项目——中国出版云平台建设示范工程

② 2012 年国家科技支撑计划——动态数字出版语义关键技术及其在教育出版领域的应用模式及示范（2012BAH89F01）

③ 2011 年国家科技支撑计划——文化遗产知识本体构建存储可视化技术研究（2012BAH33F03）

④ 2012 年国家科技支撑计划——增强现实互动关键技术研究（2012BAH61F03）

上述国家科技支撑计划和国家文化产业发展专项资金项目的研究成果，经过评估作价，以股权的形式转化至武汉理工数字传播工程有限公司，形成了公司在行业的高新技术引领地位。公司具有强大的科研能力以及丰富的高科技人才。

公司主要从事数字出版、数字传播、出版业数字化转型升级、新闻出版行业大数据服务等业务。公司拥有完善的自主研发体系，在大数据技术、移动互联网技术、出版融合等方向有丰富的研究成果，拥有核心的专利技术。公司形成了包括高层次人才在内的，专业配置齐全、结构合理的创新人才队伍。公司与多家大型出版、传媒集团合作承担多项国家科技支撑计划与国家文化产业发展专项资金项目等国家级科研项目，在数字传播领域拥有极强的商业模式策划能力、自主技术研发能力、培训及运维能力。

资质方面，公司获得了国家高新技术企业、武汉市大数据企业、东湖高新区瞪羚企业、"双软"企业等称号，通过了 ISO9001 质量管理体系认证、OHSAS27001

职业健康安全管理体系认证、ISO14001 环境管理体系认证、ISO27001 信息安全管理体系认证、CMMI3 级认证。2015 年，公司入选国家新闻出版广电总局专业数字内容资源知识服务模式试点工作技术支持单位，并获得知识服务与运营技术支持单位第一名。2016 年，公司成为湖北省唯一入选国家新闻出版广电总局"2016 新闻出版业数字化转型升级软件技术服务商推荐名录"的企业，并成为国家新闻出版广电总局首批20 个出版融合发展重点实验室建设单位。2016 年公司入选湖北省新闻出版广电产业"双百工程"示范企业，荣获"2014~2016 推动媒体融合十佳传媒科技企业"荣誉称号。公司核心技术团队连续入选 2015、2016、2017 年度湖北省创新创业战略团队。

4. 开发过的知识服务典型案例架构、功能及特点

（1）典型知识服务产品情况介绍

公司 2014 年底研发出 RAYS 出版融合平台，经过反复迭代，已经由 RAYS1.0，发展至 2018 年的 RAYS4.3；基于该平台的应用，也从 2015 年的 11 种，发展至 2018 年的 303 种。

RAYS 出版融合平台已在多家国内顶尖的出版传媒集团和出版社使用，帮助出版企业整合内容资源，打造数字资源库。提供基于用户数据分析技术的个性化定向投送平台建设服务；提供知识资源数据库的知识服务平台建设服务；建设作者、编辑、读者资源管理系统，选题热点推荐与评估系统；开展生产与消费互动的定制化服务模式探索，形成线上与线下（O2O）互动的内容投送新模式。

采用首创的双线盈利模式和版权保护体系，将所有渠道的终端用户吸纳为自由平台读者，重构用户链接，实现出版企业基于大数据技术的精准营销。利用知识资源数字化、语义标注、本体构建、大数据技术、HTML5 等核心技术，解决了传统出版企业在数字内容生产、数字内容管理、数字内容发布和运营过程中遇到的共性问题，构建了集加工中心、数据中心、用户中心为一体的高效平台，利用大数据和云服务系统，科学管理和监控数字出版的每一个环节。

RAYS 出版融合平台 2015 年服务 27 家新闻出版机构，到 2017 年服务 203 家出版社、400 多家期刊社。截至 2018 年底，公司已为出版行业实现线上增收 3.1 亿元，RAYS 出版融合平台注册编辑人数 16000 名，累计读者 13500 万人。在全国近 600 家出版社中，公司已经服务了排在前列的 200 余家出版社，占据了约 40% 的市场份额。

（2）典型案例架构图或部署架构图

RAYS 出版融合平台技术架构见图 9-15，总体架构见图 9-16。

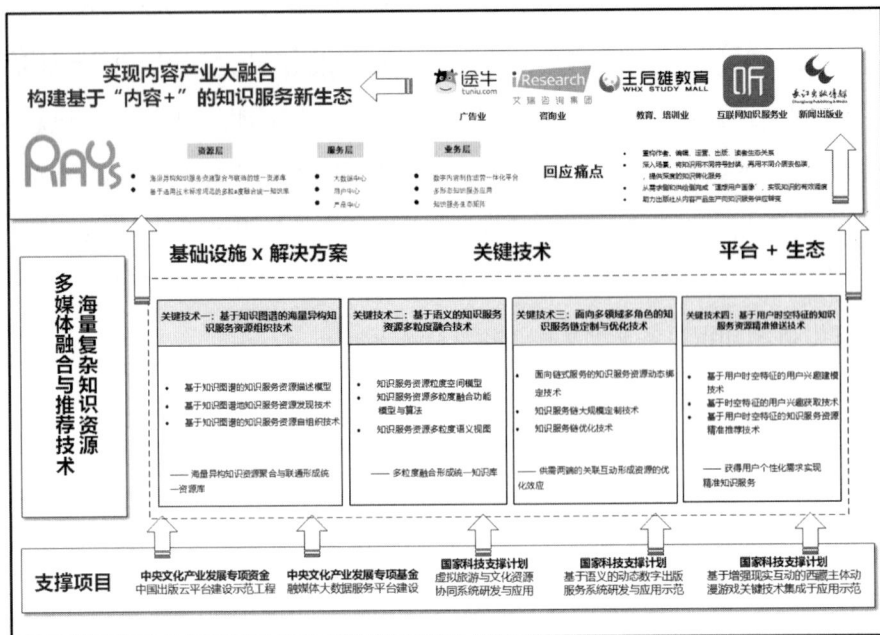

图 9-15　RAYS 出版融合平台技术架构

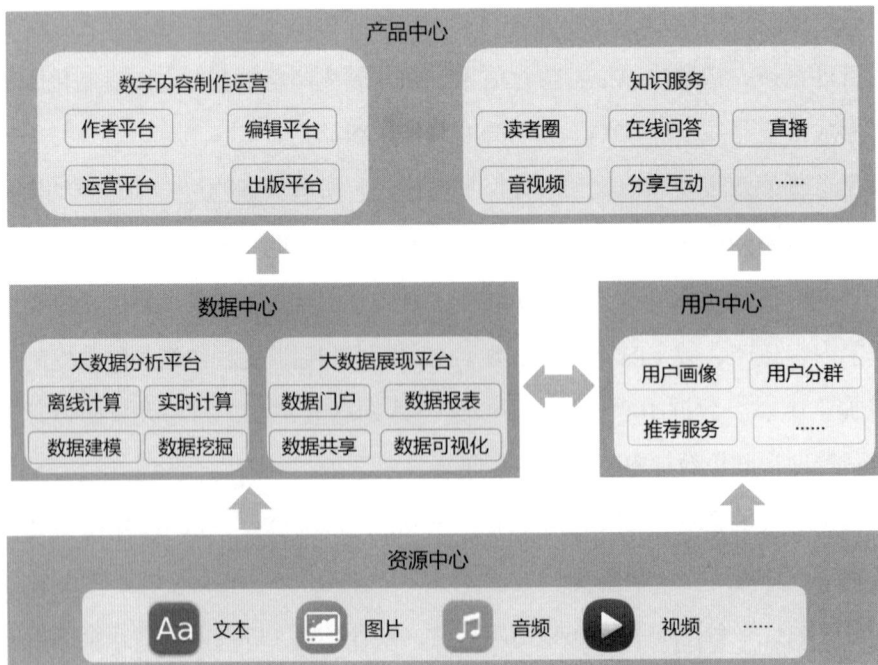

图 9-16　RAYS 出版融合平台总体架构

RAYS 出版融合平台运行机理见图 9-17，混合云模式软件体系架构见图 9-18。

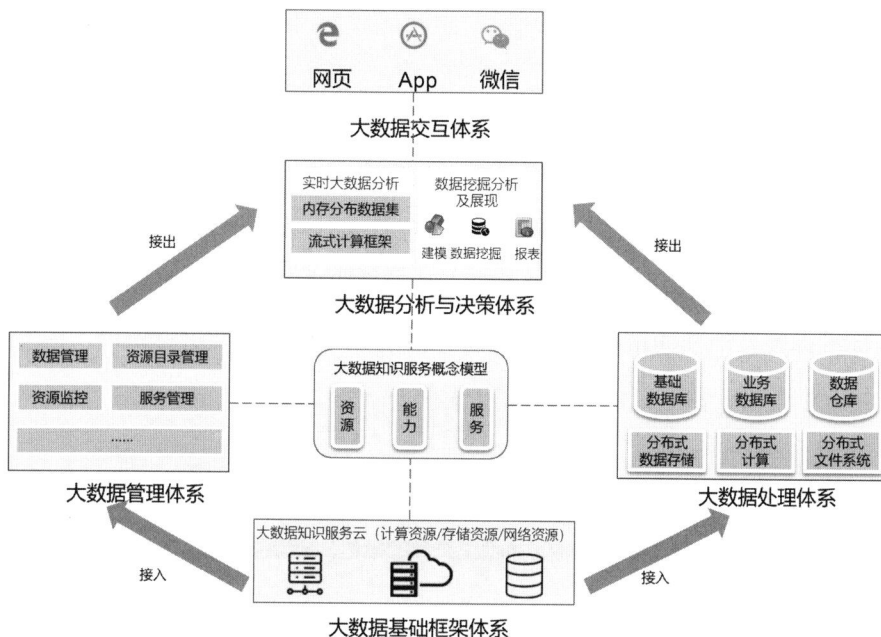

图 9-17　RAYS 出版融合平台运行机理

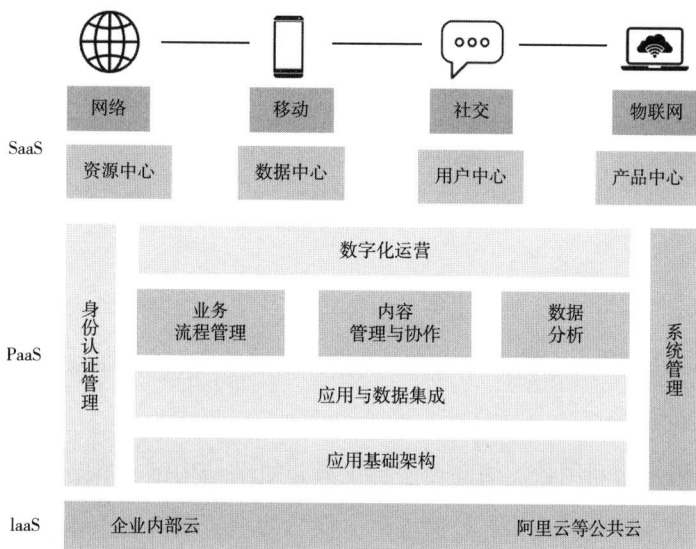

图 9-18　混合云模式软件体系架构

（3）典型案例功能及特点

①案例功能及使用场景

A. 资源中心

资源中心是为满足海量信息统一管理、高效利用数字内容资源的需求而构建的文化资源管理平台。数字文化资源形态多样、载体介质不同，平台系统支持建立企业级全媒体资源的存储、管理中心，规范统一的资源存储接口，为数字内容制作、派生各种知识服务提供丰富的原材料。平台系统支持数字内容的制作，同时为数字资源建立科学的标签体系及严谨的审核机制，平台系统可以对数字资源进行新增、提交审核、删除、修改、查询、预览、转码等操作（见图9-19）。

图9-19　资源管理页面

B. 数据中心

数据中心是对数字内容制作业务、媒体资源及用户行为数据进行集中、集成、共享、分析挖掘的系统平台。数据中心由大数据分析平台与大数据展现平台两部分组成。

C. 大数据分析平台

大数据分析平台利用数据清洗算法与工具将复杂结构化、半结构化以及非结构化的数据进行去重、补缺、改错等处理操作，保持数据的精确性、完整性、一致性、有效性、唯一性。平台采用离线分析和实时分析相结合的方式，运用关联分析、聚类分析等数据挖掘技术，从海量、不完全和弱效数据中找出隐含的、有潜在价值的知识和规律，增强产品和服务供给能力，提升供给品质，满足用户个性化的信息消费需求。其处理流程如图 9-20 所示。

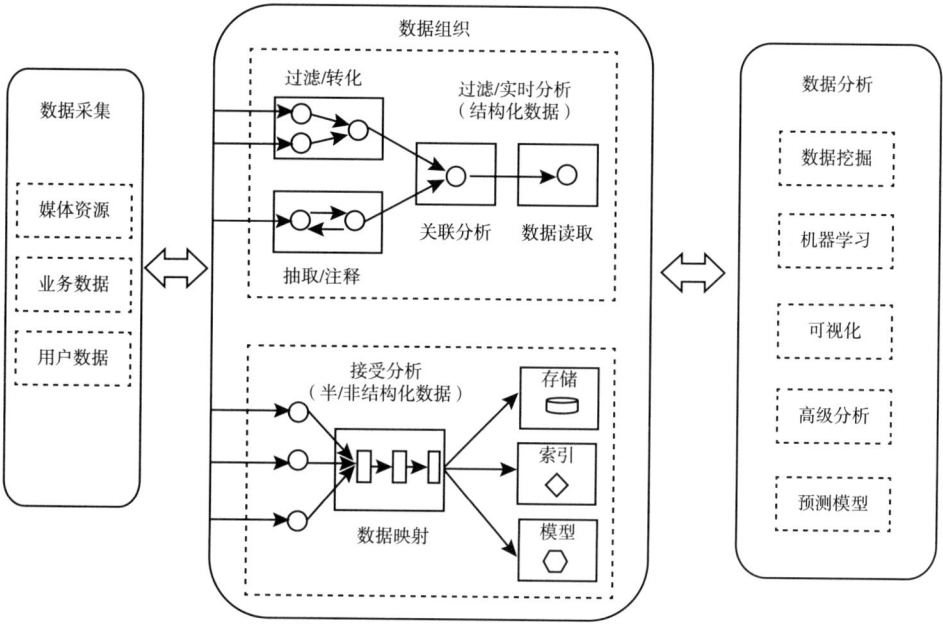

图 9-20 数据分析中心处理流程

D. 大数据展现平台

大数据展现平台运用可视化、统计分析技术实现数据信息的多维度展现，使得企业能够快捷、全面地了解和观察该企业业务动态信息以及整个产业的发展态势（见图 9-21、图 9-22）。

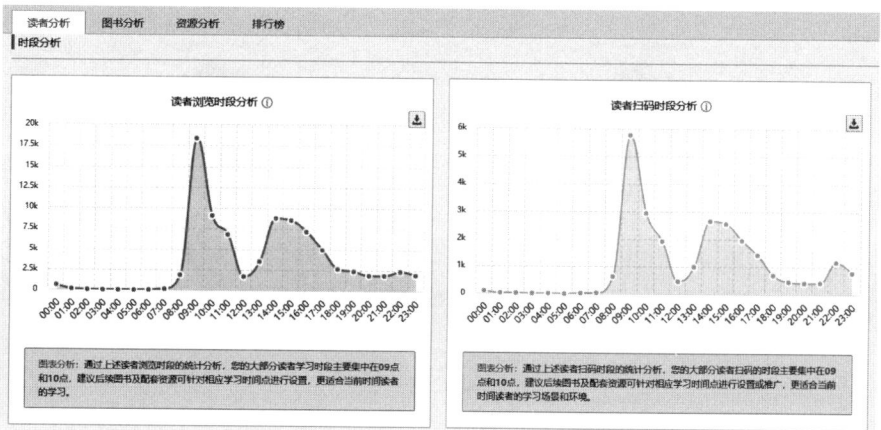

图 9-21 读者用户时段分析

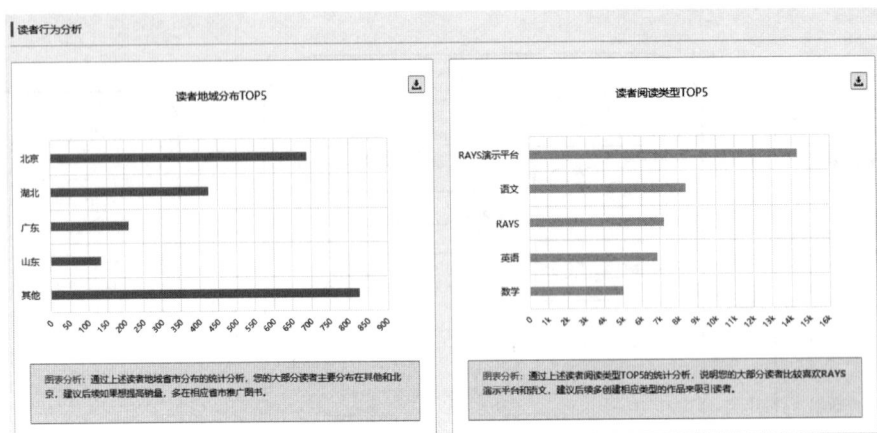

图 9-22　读者用户信息消费行为分析

E. 用户中心

用户中心通过对海量数字内容数据、用户信息消费行为数据进行采集、清洗、集中处理和挖掘分析，建立了由专业、专业深度、阅读目的组成的三维立体式标签体系，实现海量用户的群体画像、用户分群、个性化推荐服务，让阅读场景精准匹配用户需求，进一步挖掘用户信息消费潜力（见图 9-23 至 9-25）。

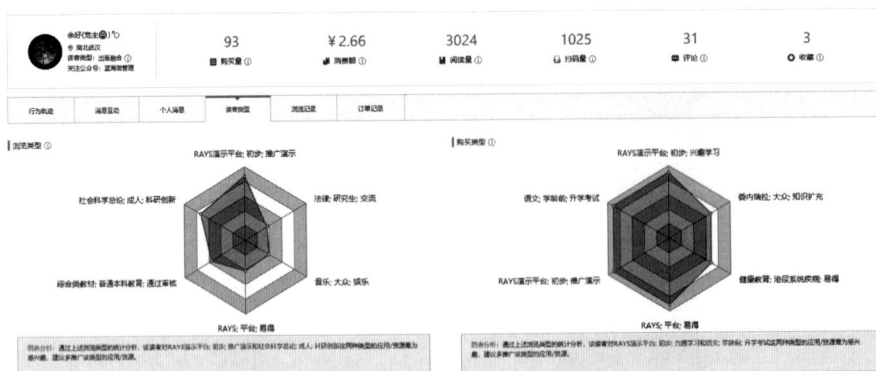

图 9-23　单个读者用户画像页面

图 9-24　读者用户群体画像页面

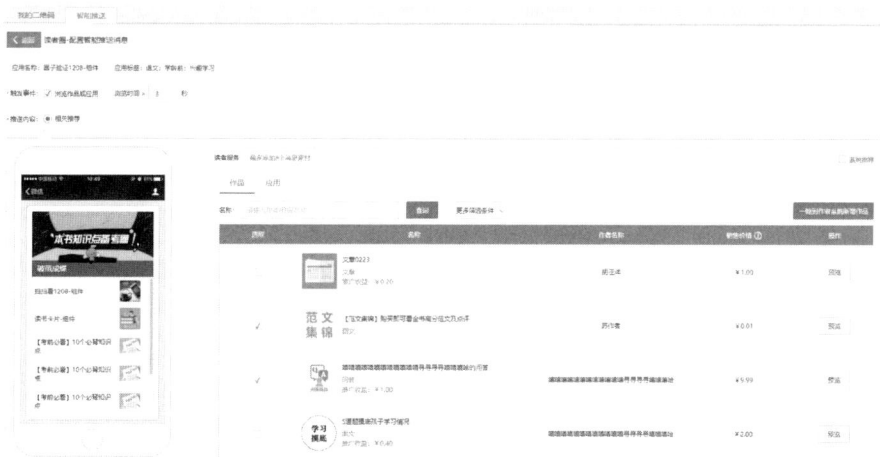

图 9-25　读者用户消息智能推送页面

F. 产品中心

a. 数字内容制作运营一体化平台

平台提供一体化内容协同生产数字化运营工具，进行协同采编、集中存储、发布运营，支持原创网络作品创作，提高文化资源数字化转换及开发利用效率，平台主要包括作者平台、编辑平台、运营平台以及出版平台。其业务架构如图9-26所示。

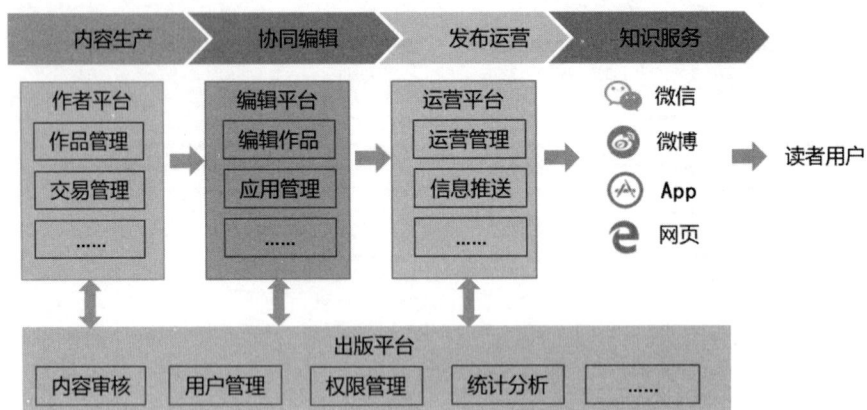

图 9-26　数字内容制作运营一体化平台业务架构

其中，作者平台支持出版社签约作者进行远程撰写，上传文字、图片、音视频等多形态文化资源；支持数字内容作品的交易管理；支持作者对自己的数字内容资源进行管理；支持作者与读者的互动；支持对作者受众群体的分析以及内容分析（见图9-27 至 9-31）。

图 9-27　作品管理页面

图 9-28　新增作品页面

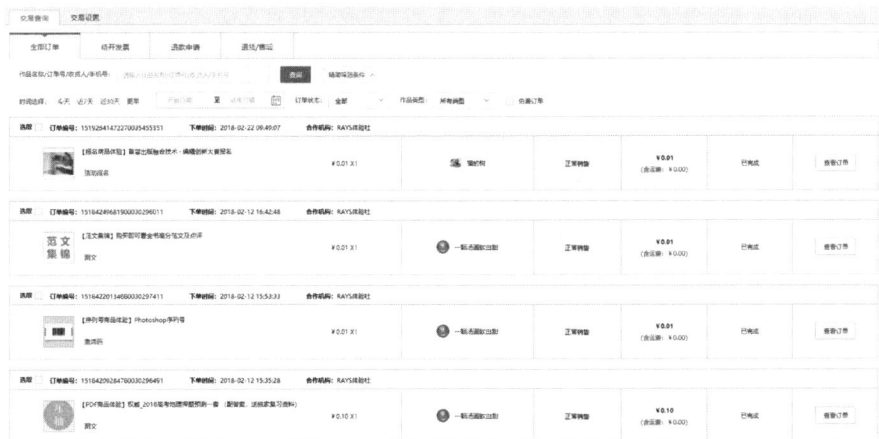

图 9-29　数字内容作品交易管理页面

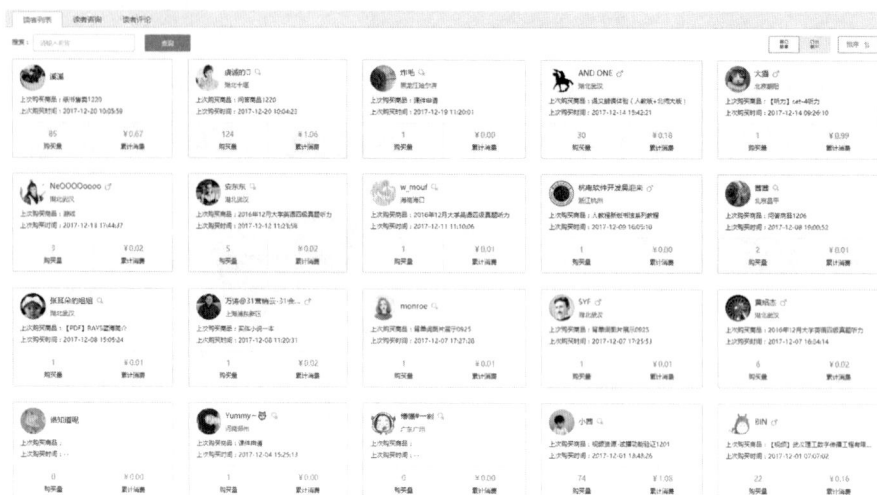

图 9-30　读者管理页面

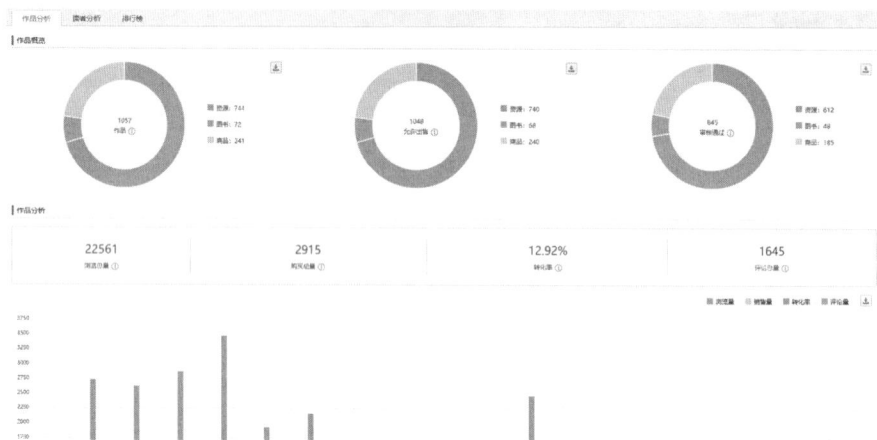

图 9-31　统计分析页面

　　编辑平台为数字内容资源的加工提供工具，可以管理书刊、配置推送消息、管理数字内容资源，支持开发知识服务系列应用，并且可以进行内容资源及用户消费行为统计分析（见图 9-32、图 9-33）。

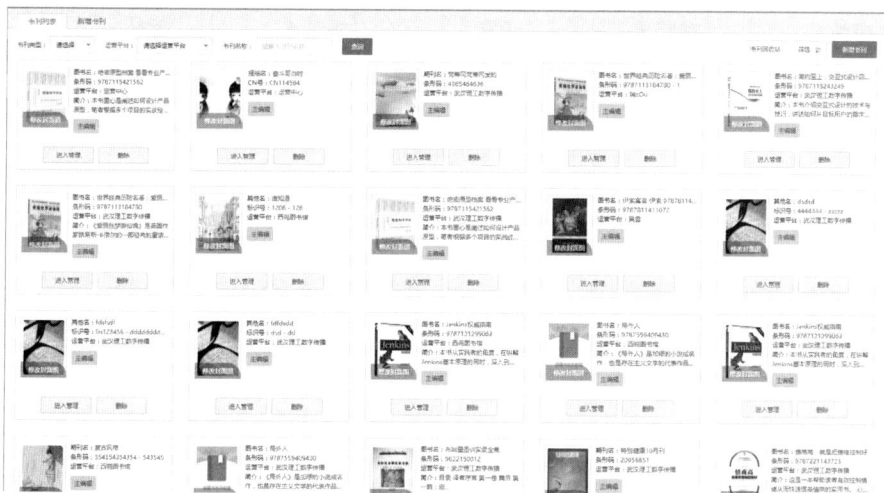

图 9-32　书刊管理页面

图 9-33　二维码消息配置页面

运营平台是出版企业面向多终端提供产品销售和展示服务的平台，该平台主要负责微信公众号的管理、作者资源商品的上架以及基于读者分析的营销推广（见图9-34、图9-35）。

图 9-34　应用商城页面

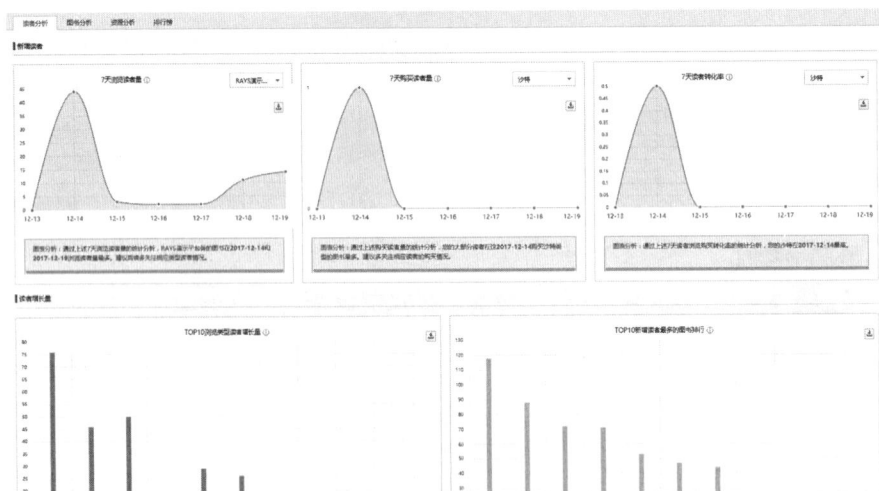

图 9-35　统计分析页面

　　出版平台实现对作者、编辑、运营等角色的管理，主要包括以下几方面：管理运营的功能权限、资料审核、分成比例和公众号信息；管理作者的应用权限、功能权限和资料审核；管理编辑的应用权限、功能权限、资料审核和奖励设置；对资源中心的作品、应用、资源和付费应用有审核权限；对已付费的产品有分成结算收益管理权限，主要是编辑结算、运营结算、作者结算和提现操作（见图 9-36 至 9-38）。

图 9-36 微信公众号运营模板选择页面

图 9-37 作品上架页面

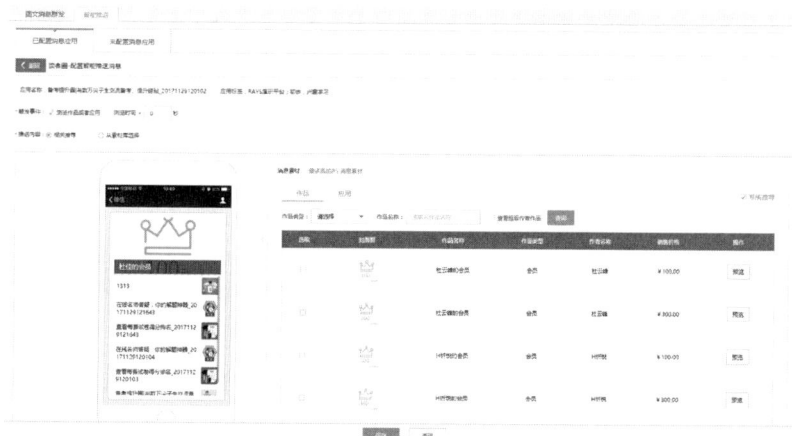

图 9-38 推广消息配置页面

b. 知识服务应用

以读者用户为中心，以纸质图书、期刊为媒介，形成适合不同场景的知识服务应用，为读者用户提供基于场景的知识服务（见图9-39、图9-40）。

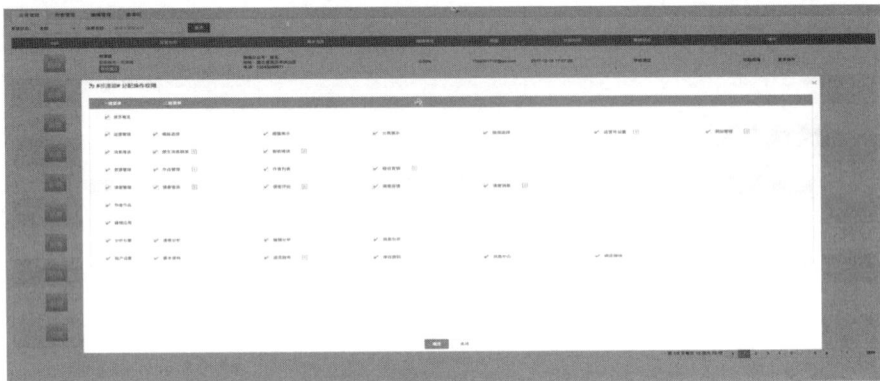

图 9-39　角色管理页面

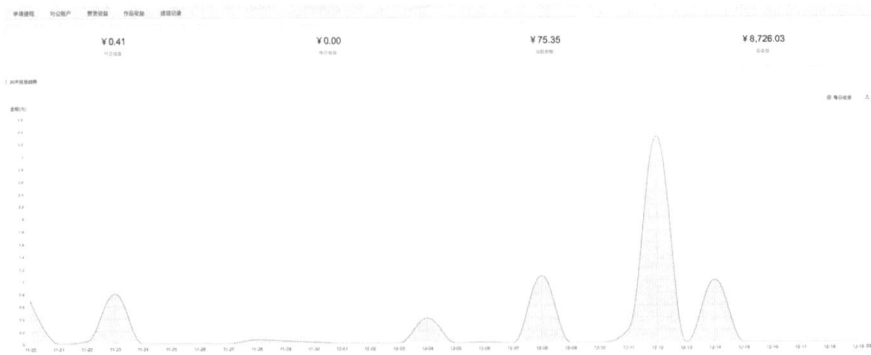

图 9-40　收益管理页面

②案例特点

A. 优化传统出版流程，构建新型交互式出版生态系统

传统出版的工作流程一般由选题策划、组稿、审稿、印刷以及发行等重要环节组成，彼此之间有明确的界限，每个环节都由专人负责。在推进数字化转型过程中，大多数出版企业仍然照搬这一流程开发新兴出版业务，忽视了新兴出版的特殊性，未能实现真正意义上的出版融合。

RAYS 出版融合平台对传统出版流程进行了优化升级，以提供知识资源与服务的思维开展出版活动，为用户提供个性化、专业化以及定制化的知识产品。在现代纸书的整个出版流程中，编辑是连接作者、用户、线上知识服务平台以及其他参与者的中心，肩负着发现作者、连接作者与读者的责任，扮演着将线上知识服务平台商纳入现代纸书体系的角色，从知识发现、知识挖掘、知识生产到知识推送等整个知识服务过程均离不开编辑的引导。

此外，RAYS 出版融合平台更为核心的变革还在于其将大数据、云计算、物联网等新一代信息技术渗透到整个出版流程中，知识服务的整个过程都离不开新技术的参与，并且参与主体均呈现多元化的状态，出版企业、编辑、作者、用户以及线上知识服务平台商等第三方平台的职能相互交织与融合，形成了新型交互式出版生态系统。在这个新型生态系统中，各参与者各司其职且相互交融，彻底颠覆了传统出版的单向传播模式。

B. 改造传统出版生产方式，搭建一体化内容生产平台

一体化内容生产平台的搭建是传统出版企业实现深度融合的重要保障。RAYS 出版融合平台强调对传统出版生产方式的改造，以打造深度一体化的内容生产部门，构建面向多平台多渠道的一体化生产流程，实现知识资源与服务的多平台多渠道发布。具体体现为在整个生产过程中，只有一条内容生产线，只有一个内容生产部门，编辑对内容的策划、选择、组织与把关均在一个系统内完成，并面向多平台多渠道发布，同时对不同平台和渠道的不同生产流程进行完善。

现代纸书一体化内容生产平台的搭建让出版企业摆脱了传统出版生产方式的束缚，为编辑快速掌握新技术创造了条件，推动了优质内容的生产与传播。在选题策划环节，编辑即可在策划纸质出版物的同时，策划线上数字内容资源与服务，将二维码置于纸质出版物的封面和内页，确保纸质出版物上的内容与二维码上的线上资源能够配套使用。如果编辑在策划纸质出版物时，没有充足的时间进行线上资源的设计，那么也可以先在纸质出版物上使用空二维码，只要在纸质出版物销售前能够将配套的线上资源配置好即可。此外，参与现代纸书出版的编辑还可以获得配套的共享服务，包括实现成功运营的成熟模板、丰富的读者与行业数据、典型案例库等，从而帮助编辑快速掌握现代纸书出版的技巧。

C. 颠覆传统出版商业模式，引领知识服务新业态

新技术时代，免费与共享已经成为信息消费领域的共识。将新技术运用于出版领域之后，免费与共享也无疑会成为新型出版商业模式需要考虑的重要因素。在传统出版商业模式中，内容的复制与传播均是以出版物为载体的有偿转让。在新技术环境下，丰富的信息资源可以被免费获取、复制与传播，出版企业要想再以出版物的形式对其进行有偿传播必然很困难，用户基本上不会为这些内容资源买单。如何有偿传播免费信息资源，如何对海量信息资源进行知识挖掘与知识发现，如何实现满足用户个性化需求的精准知识推送，成为传统出版实现商业模式创新的关键。

RAYS 出版融合平台颠覆了传统出版商业模式，借助大数据、云计算、物联网等新一代信息技术，创造了"免费＋付费"的精准知识服务新型商业模式，通过对海量信息资源进行知识挖掘与知识发现，将有偿传播免费信息资源变为可能，实现了满足用户个性化需求的精准知识推送。具体体现在现代纸书配套的线上衍生资源与服务中，基于"可下载资料包"模式，出版企业对传统纸质出版物进行深度挖掘，为用户提供线上资源与服务。其中，部分属于免费共享资源，而另外一些能够满足用户个性化、定制化需求的数字内容资源则需要付费获取。此种商业模式将出版企业的产品从出版物变成了知识服务，出版行业的商业模式也由以出版物为载体的内容资源有偿传播转变为以知识服务平台为依托的有偿服务提供。

此外，现代纸书体系还以创新的商业模式构建了全新的出版融合发展生态链，利用社会资本和社会力量，为新闻出版服务。支持各类小微出版服务企业，扶持"专、精、特、新"小微出版服务企业发展。支持有条件的出版企业利用众创、众包、众扶、众筹等方式支撑平台快速发展。构建以新闻出版单位为主体的内容生产、审核和传播的开放式生态布局。既满足内容管控，又可促进内容产业生态的繁荣和发展。

D. 扩展内容传播渠道，提升出版企业传播能力

现代纸书为出版企业创新传统发行渠道，实现整合延伸产业链，构建线上线下一体化发展的内容传播体系。进一步加强场景化阅读消费体验场所的建设，努力将传统阅读形式转变为集场景、互动阅读、线下活动、线上消费等功能于一体的复合式文化

消费形式。以用户为中心构建线下纸书和线上资源服务相结合的全渠道服务新模式。利用 RAYS 系统，建立以现代纸书为核心的出版网络社区等传播载体，打通传统出版读者群和新兴出版用户群，着力增强黏性，广泛吸引用户，不断扩大出版产品的用户规模，进一步扩大覆盖面，提升出版企业的传播能力。

E. 创造了基于传统出版物的线上数字内容服务新生态

截至 2017 年底，公司成功推进出版企业数字出版内容产品在知识产权交易所成交，借助武汉知识产权交易所完成出版融合产品交易项目 1850 宗，成功为出版社引入社会资本 3952.54 万元，涉及图书 10263.99 万册。基于 RAYS 平台的二维码技术，公司创造性地开发了 OSID 产品。OSID 是以二维码为入口，将论文作者无法通过论文全面展示的内容部署在二维码上，其中包括语音介绍、在线问答、交流圈等应用，让作者、读者回归编辑那里，让编辑建立自己的作者、读者资源库，并建立长期联系，提供精准服务，实现用户转化，形成消费盈利模式。

5. 采用相关标准情况及对知识服务标准化工作的意见或建议

公司采用包括新闻出版内容资源加工规范、新闻出版行业信息系统分类编码规范、新闻出版行业电子商务基础数据元、新闻出版行业监管和服务信息系统规范、新闻出版行业信息系统安全等级保护项目管理数据规范等在内的新闻出版行业规范，以及包括现代设计工程集成技术的软件接口规范、软件工程开发方法元模型、软件工程标准和规范等在内的软件工程相关标准。

公司目前申请了 6 项行业标准，分别如下。

——出版物线上扩展内容服务系统二维码与引导内容排版标准

——出版物线上扩展内容服务系统二维码印刷标准

——出版物线上扩展内容服务系统数字内容产品质量标准

——出版物线上扩展内容服务系统数字内容与服务系统产品操作日志与样本管理规范

——出版物线上扩展内容服务系统运行故障与处理标准

——出版物线上扩展内容服务系统业务规范

6. 对国家知识服务中心平台建设的意见或建议

第一，降低使用门槛，扩大免费知识资源的范围。

第二，拓展传播渠道，让更多企事业单位及个人知晓该平台地址。

第三，提高资源的更新换代频率，让知识资源与时俱进。

八 中国科学技术信息研究所

1. 知识服务相关项目/部门技术人员数量（B）

A.10 人以内　　　　B.10~50 人　　　C. 51~100 人　　D. 100 人以上

2. 本单位已开发的知识服务产品形式有（B）？

A. 电子书阅读　　　　B. 知识资源库　　　　C. 知识图谱库

D. 在线学习/题库　　　E. 在线问答　　　　　F. 知识社区

G. 有声读物　　　　　H. 其他（请注明）

3. 知识服务相关案例情况简述

（1）为（2）个企/事业单位，开发过（2）个知识服务产品。

（2）知识服务相关项目收入占公司整个收入百分比为（50%）。

（3）本公司开展知识服务的优势或专长是什么？

多年来，一方面中国科学技术信息研究所（以下简称"中信所"）承担多项国家科技支撑计划、国家自然科学基金项目，进行与知识服务相关的多项基础性技术的研发，如知识组织体系的自动化构建、实体识别、关系抽取等。另一方面，中信所一直提供以在线知识获取为特征的知识服务，不但服务于国家或地方的重点科研项目和专业人员，也服务于学科带头人、学者、高校师生等，实现了前沿理论技术研究与实践服务产品研发的结合。

在知识服务特色上，中信所重视用户需求分析，通过信息的析取和重组来形成符合需要的知识产品，并能够对知识产品的质量进行评价。帮助用户找到或形成解决方案。解决方案的形成过程，又是一个对信息和知识不断进行查询、分析、组织的过程。通过知识和专业能力为用户创造价值。

在具体的知识服务产品落地上，中信所立足于科技情报需求，面向知识管理和知识服务应用，借助工程化思维模式，研究知识组织的理论与方法，研发知识组织系统和工具，为科技情报挖掘、知识管理和知识服务提供理论、方法和工具，支持自动化和智能化的知识组织方法、知识工程技术、知识服务技术。主要依靠的支撑课题包括国家数字复合出版系统工程第 28 包（领域词表构建与管理系统）等。开发的工具及系统平台包括领域本体构建系统、知识组织系统构建管理与服务平台、多领域标注服务平台。

4. 开发过的知识服务典型案例架构、功能及特点

（1）典型知识服务产品情况介绍

中信所承担的领域词表构建与管理系统采用了最新的词表构建方法和标准，利用人工智能技术提高词表加工的自动化程度，为出版机构提供领域词表的建设和管理平台，支持专业词表的协同编纂和快速构建；为出版行业提供结构化知识的资源发布平台，支持多领域词表的关联和融合。

（2）典型案例架构图或部署架构图

领域词表构建与管理系统架构如图 9-41 所示。

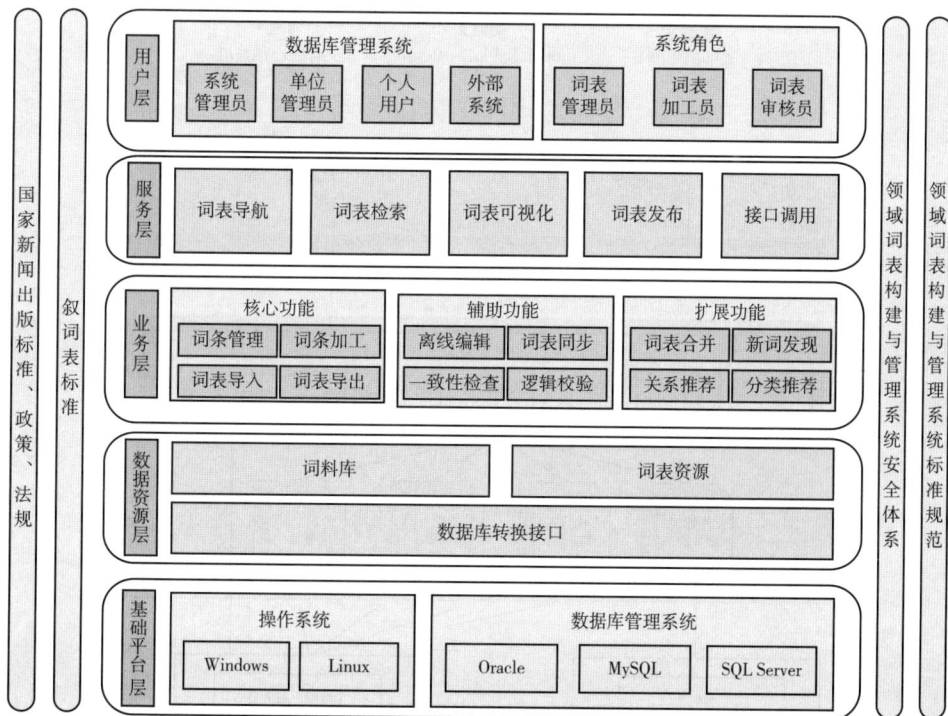

图 9-41　领域词表构建与管理系统架构

领域词表构建与管理系统部署架构如图 9-42 所示。

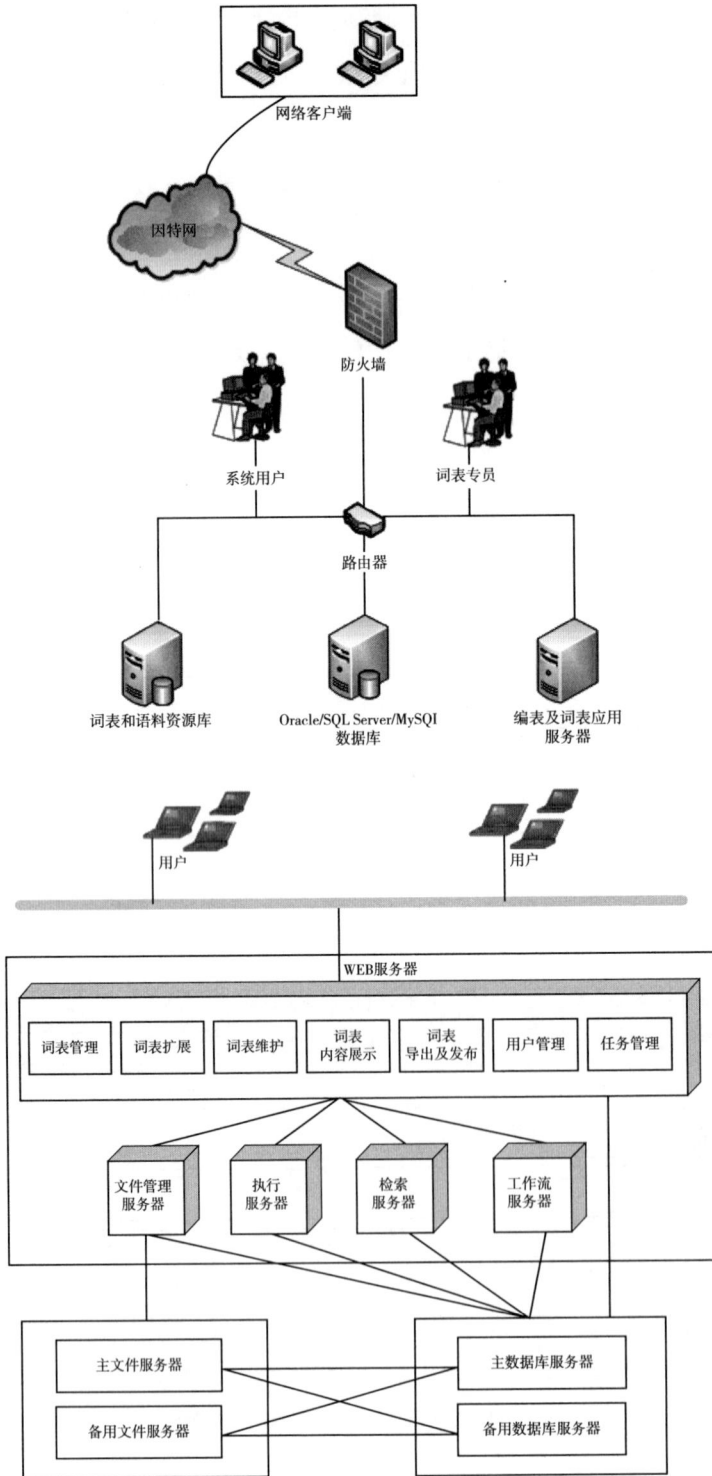

图 9-42　领域词表构建与管理系统部署架构

（3）典型案例功能及特点

①案例功能及使用场景

领域词表构建与管理系统采用了先进的词表构建方法和标准，利用人工智能技术提高词表加工的自动化程度，为出版机构提供领域词表构建和管理平台，支持专业词表的协同编纂和快速构建；为出版行业提供结构化知识的资源发布平台，支持多领域词表的关联和融合。

A. 主要功能

词表管理：提供词表的创建和维护功能，也提供领域概念属性、关系、分类和范畴等结构性知识定义功能。用户可以在系统中新创建一个词表进行知识加工和管理，也可以将已有的词表导入系统进行管理和更新。

词表扩展：提供词表的扩展功能，包括新词发现、同义词推荐、词间关系推荐、词分类知识推荐、词表合并等，可以支持领域词表的自动化构建和更新。

词表维护：提供词条、概念属性、词间关系、分类、语种和注释等知识的添加、删除、修改、存储等功能，提供词表元数据的管理功能，可以支持网络环境下的词表协同构建和任务管理。

词表内容展示：提供词条查询、词条内容展示、词条数量统计、词间关系数量统计等功能，支持词条、相关词及关系的可视化展示和领域知识数量的统计。

词表导出及发布：提供词表内容的多种格式导出和发布，支持字顺表、功能表、范畴表等多种词表组织形式，支持纯文本、EXCEL、CSV、XML 等多种导出格式。导出的词表可以用于图书在版编目 CIP 数据的规范填写、资料库的标引和检索、数字资源内容的动态重组等。

B. 使用场景

用户具有或者可获取词表基础资源和语料资源，在已有基础上进行词表建设。用户主要的工作是筛选和补充完善，这是最优的场景。

用户具有或者可获取词表基础资源，但是没有语料资源，在已有基础上进行词表建设，用户主要的工作是筛选和补充完善，但是对用户的领域和专业素养要求较高，这是次优的场景。

用户具有或者可获取语料资源，但是没有词表基础资源，在已有语料基础上进行词表建设，用户主要的工作是重新构建词表，系统在语料基础上可以提供一些辅助，对用户的领域和专业素养要求较高，这是再次优的场景。

用户不具有，也无法获取词表基础资源和语料资源，完全依赖人工重新构建词表，对用户的领域和专业素养要求最高，所建设的词表有可能发生偏离，这是最不推荐的场景。

②案例特点

随着科技与出版业的不断融合、数字化转型升级步伐的日益加快，我国数字出版行业取得了突飞猛进的发展。然而，现有数字出版存在内容资源组织和融合程度不高、发掘深度不够以及数据库功能不能满足用户个性化需求等问题。导致这些问题的重要原因之一在于缺乏有效的索引词典和先进的组织工具的支持，只能实现元数据层面的关联，不能提供丰富的语义关联和检索功能，知识的获取不能深入数字出版资源内部，造成用户体验不佳，新闻出版领域词表的建设正是解决这些问题的关键技术之一。

新闻出版单位数字产品转型升级：新闻出版领域词表对规模内容资源的知识标引和知识挖掘起支撑作用，可帮助新闻出版单位盘活现有数字资源，丰富产品的表现形式，提高数字产品的质量和单位的系统开发能力，加速出版社的转型升级。

新闻出版行业知识的精细化加工：新闻出版领域词表可以支持词汇级、细粒度、系统化的知识关联和重组。以知识体系建设和领域主题词表建设为基础进行知识的精细化加工，帮助出版单位实现数字资源的碎片化和重组，实现知识产品的多样化和个性化。

新闻出版行业知识资源的优化和增值：新闻出版领域词表采用先进的语义分析和挖掘技术，支持对数字内容资源进行科学有效的组织管理以及多维度、多层次的挖掘分析，推动出版单位优化知识资源，实现知识资源的增值。在此基础之上，新闻出版单位依托其完善的知识体系和权威的专业数据资源，将提高其数字资源的整合能力和数字内容的生产能力。

5. 采用相关标准情况及对知识服务标准化工作的意见或建议

领域词表构建与管理系统采用国家数字复合出版系统工程标准，具体如下。

　　——工程术语

　　——名称标识应用规范

　　——复合出版公共标签

　　——数据存储与备份规范

　　——资源数据库管理规范

　　——工程软件系统编码规范

　　——组件注册配置规范

　　——工程软件系统接口描述规则

　　——工程标准符合性测试规程

六、对国家知识服务中心平台建设的意见或建议

暂无。

九　中新金桥数字科技（北京）有限公司

1. 知识服务相关项目 / 部门技术人员数量（C）

A.10 人以内　　　　B.10~50 人　　　C. 51~100 人　　D. 100 人以上

2. 本单位已开发的知识服务产品形式有（ABCDEF）？

A. 电子书阅读　　　　　　B. 知识资源库　　　　　C. 知识图谱库

D. 在线学习 / 题库　　　　E. 在线问答　　　　　　F. 知识社区

G. 有声读物　　　　　　　H. 其他（请注明）

3. 知识服务相关案例情况简述

（1）为（10 多）个企 / 事业单位，开发过（20 多）个知识服务产品。

（2）知识服务相关项目收入占公司整个收入百分比为（60%）。

（3）本公司开展知识服务的优势或专长是什么？

中新金桥数字科技（北京）有限公司（以下简称"中新金桥"）拥有一支业务扎实、技术过硬、管理高效、服务一流的业务团队，拥有应用于新闻出版内容资源数字化、结构化及知识化的相关核心技术，网络化服务运营管理技术，专业内容数字阅读核心技术，内容智能化核心技术等多项知识产权和专利，并通过 ISO9000 ： 2008 软件设计开发、数据处理质量管理体系认证。

公司拥有图书情报领域专家型人才，同时与标准化研究、词表研究、知识组织方面的专家有较为深入的合作，基于公司的知识体系建设工具和知识化标引工具为客户提供从专家筛选、建设方案设定到项目管控的全流程支持服务，并已有相关成功案例。

4. 开发过的知识服务典型案例架构、功能及特点

（1）典型知识服务产品情况介绍

中新金桥为电子工业出版社打造的"E知元"产品，精选电子技术类图书、专业论文、设计手册、行业标准以及相关的图片和视频进行结构化加工和知识化标引，并提供深度阅读功能，以辅助用户对电子技术类知识与技能的教学和培训。

该产品的数字出版产品理念、软硬结合的产品模式、场景式的用户体验和知识服务的典型应用，顺应了市场发展趋势，在技术创新领域进行独立研发，代表了行业未来的发展方向。"E知元"2016年荣获第三届中国创意工业创新奖中的"新技术奖"金奖，目前已成为出版单位新的经济增长点。

（2）典型案例架构图或部署架构图

"E知元"总体架构见图9-43，部署架构见图9-44。

图9-43 "E知元"总体架构

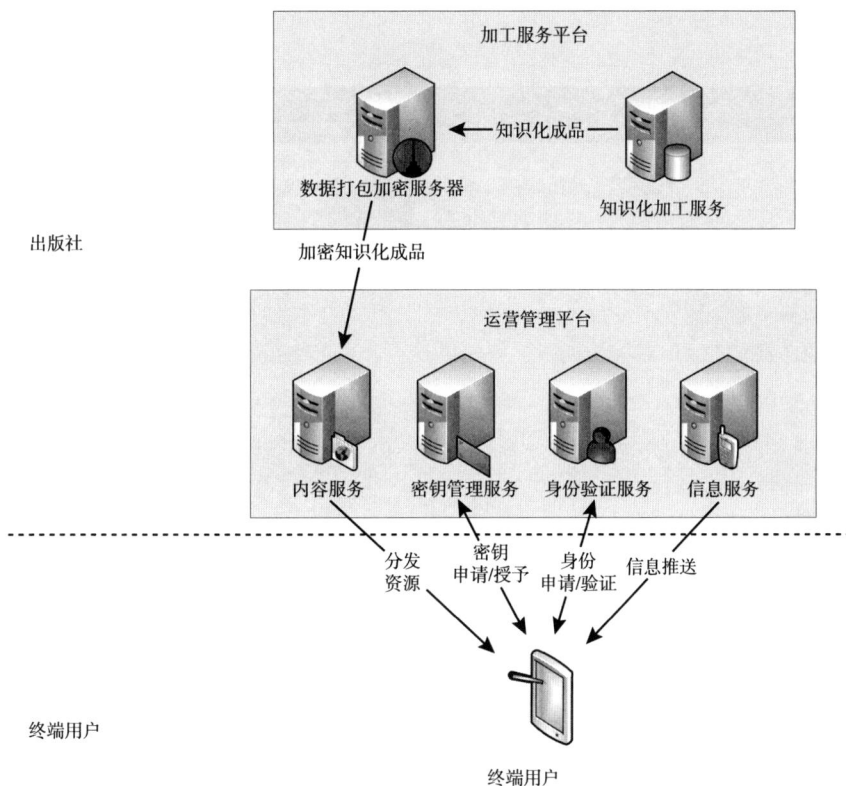

图 9-44　"E 知元"部署架构

（3）典型案例功能及特点

①案例功能及使用场景

知识导航：展示知识和技能两个维度的一级分类，通过分类找到某类知识点下知识元。

知识地图以力导向图展示了以某个知识点为中心的相关知识，通过这个网状图，用户可以直观生动了解知识元的关联关系。知识地图采用重力感应技术，能够自动调节各个节点的位置，呈现最佳的显示效果，同时用户还可以放大缩小地图、移动地图，如果对某个知识地图感兴趣，也可以将感兴趣的知识地图保存为图片（见图 9-45）。

知识束突出显示具有顺序关系知识元的关键路径，通过知识束，用户可以了解工艺流程、发展阶段、设计步骤等（见图 9-46）。

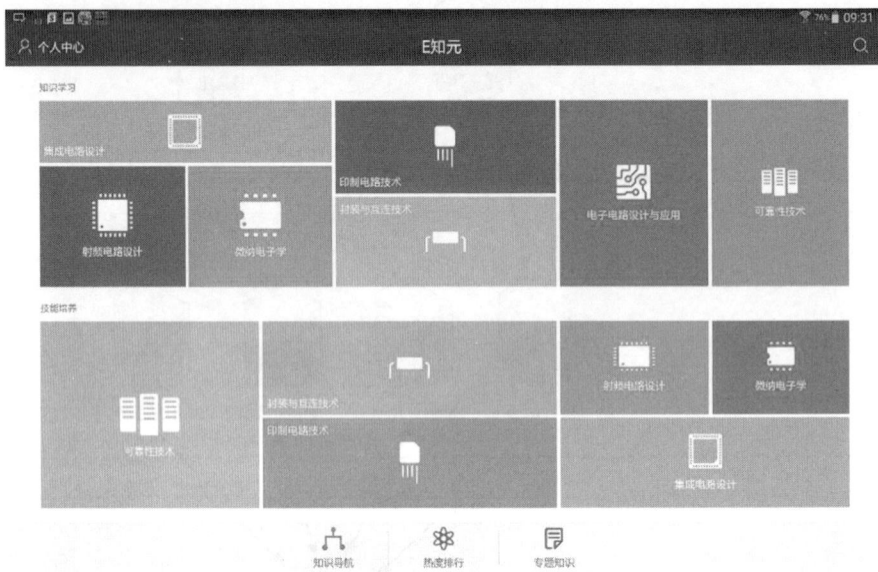

图 9-45　知识地图示例

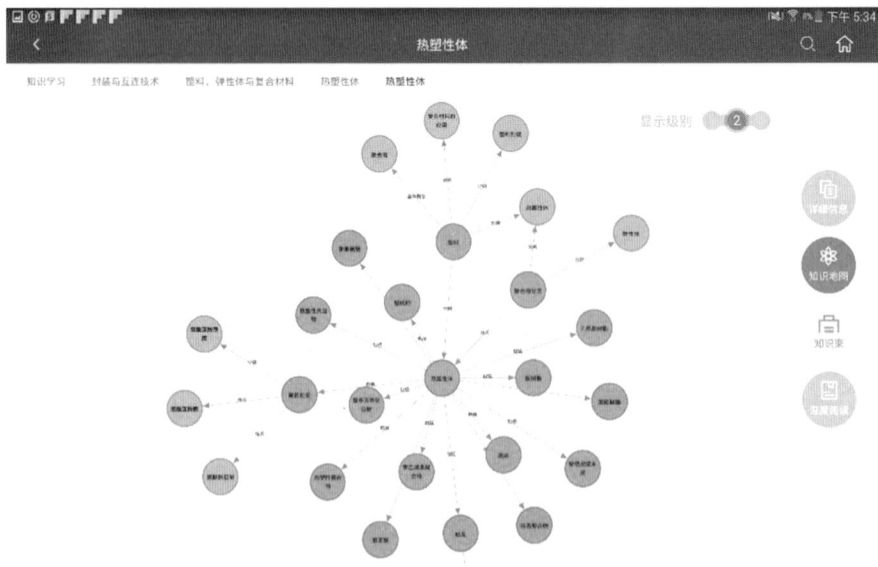

图 9-46　知识束示例

"E知元"不仅包含一般图书阅读的常见功能（如收藏、目录、进度控制、背景设置、书签、文字复制等），还提供适合专业图书的多窗口阅读功能，用户既可以同时打开多个资源进行阅读，又可以一边看文内图一边阅读解释，还可以在阅读过程中通过知识标签发现知识并进行深度学习。在使用多窗口的过程中，用户可以根据需求自由调节窗口大小（见图9-47、图9-48）。

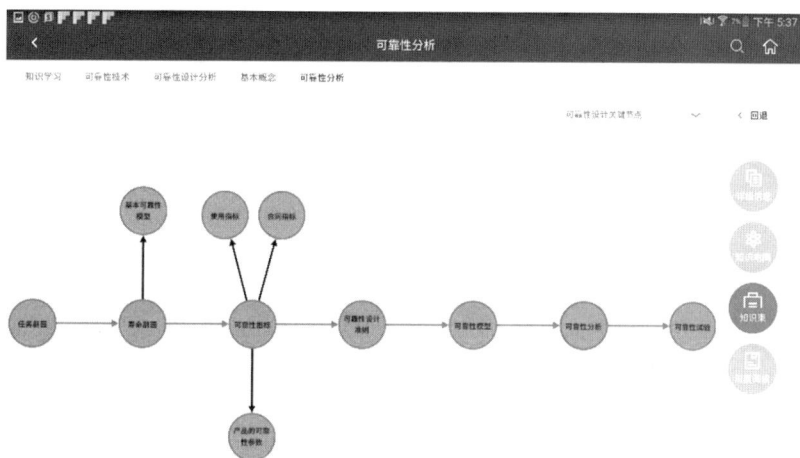

图9-47　多窗口专业阅读示例

图9-48　多媒体并行阅读示例

在"E知元"中，任何一种资源都可以通过多窗口形式呈现。用户既可以同时阅读两本书，也可以同时打开图书和视频窗，还可以同时看课件和视频（见图9-49）。

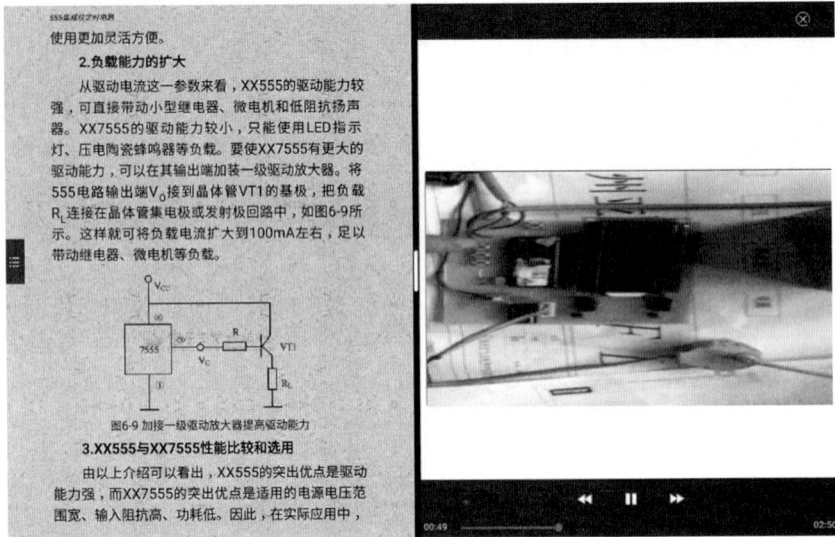

图9-49　资源、知识同步利用示例

阅读过程中，如果用户有了解其他知识点的需求，可以通过知识标签打开其代表的知识点页面，查看详情／知识地图／知识束／相关资源，并可从相关资源中打开一本书进行深入阅读（见图9-50）。

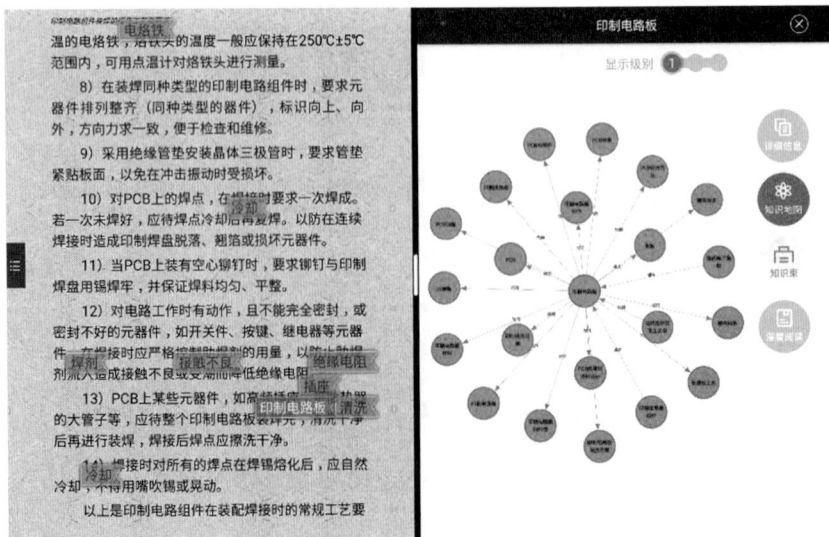

图9-50　相关资源阅读示例

在重要页面中均提供检索入口，方便用户检索知识元或资源，检索算法中加入了叙词表等可控词表，提高了检索效率（见图9-51）。

图9-51　知识检索示例

②案例特点

该产品以创新知识服务模式为目标，采用"内容＋终端＋平台"商业模式，将用户、渠道和内容生产者完美融合，推动产、学、研、用知识链中的信息流与知识流整合，推进传统专业出版向基于移动互联网的知识服务转型。

5. 采用相关标准情况及对知识服务标准化工作的意见或建议

中新金桥为电子工业出版社打造的"E知元"产品，是知识关联标识符（KLS）和知识对象标识符（KOI）标准在知识服务中应用的典型代表。

KLS是我国新闻出版业发起的构建于ISLI国际标准体系之上的面向知识关联的标准应用体系，是实现专业领域内容知识体系构建和服务的关键支撑技术体系。KOI标准体系将数字出版与知识服务从数字资源对象提升为内容知识对象，这将从根本上改变数字出版的服务模式，并真正实现基于知识内容的应用与服务。

目前，公司正在研制的KLS和KOI两项知识服务行业标准技术原型已全部应用于知识服务产品建设，希望未来能为国家知识服务中心的建设提供底层的技术解决方案。

6. 对国家知识服务中心平台建设的意见或建议

公司与电子工业出版社、电子科技大学共同发起的"科技出版与知识服务应用联盟"2017 年 9 月在北京成立。通过搭建专业出版机构和图书馆之间的信息交流和知识共享平台，让优质的专业知识内容产品和服务能够及时、精准、智能地满足以高校为代表的用户的实际应用需求，促进高校学术、科研、教育和学科建设的健康发展。目前，该平台技术建设工作已完成，并已接入 10 家国内知名专业出版社的专业知识内容产品。

希望公司在知识服务领域的探索和实践成果，能够成为国家知识服务中心平台建设的试验田，为国家知识服务平台建设提供一些有益的尝试和补充，更希望未来可与国家知识服务平台建立合作关系，在纵深的专业知识内容服务方面发挥一定的作用。

后 记
在我脑子里，知识服务不只是营销概念

一般情况下，我们不会认为孔子做的事、亚里士多德做的事是知识服务。当然，从广义上说，出版、教育、科研的应用本身都可以叫作知识服务，只是如果这样定义的话，就等于否定了今天意义上的"知识服务"。我的意思是：阅读、出版、培训、教学等带有知识生产、知识传播、知识分享、知识传承的工作确实都具有知识服务的性质，但与今天意义上的"知识服务"不是一回事儿。

今天我们所说的"知识服务"，是基于 AI 技术、自然语言处理技术、大数据技术等的集内容创作、生产、传播，甚至应用于一体的知识内容的全新服务模式。它既不同于传统的纸质出版模式，也不同于早期的媒体搬家式的数字出版模式，它甚至不强调非要以"出版物"这种有形的、封装型的知识产品为单元提供服务。正是因为技术发展到了今天这种程度，知识内容才可能抛开"出版物"这种特有的形式直接提供服务。这种服务既包括阅读服务，也包括直接的应用服务。即使是阅读服务，也不再是以单纯的"出版物"这种形式提供了，它至少也会是以文献、数据资源库甚至知识库检索的形式提供。当然，还有一种更先进的方式，就是知识内容的直接服务。这里的"服务"可不是指"阅读"，不然我们就无法理解机器人写作、机器人诊疗、机器人导航了——导航的后台具有全套实时更新的地理数据，但它不是地图册的出版。过去，出版业提供知识产品，人从知识产品中学到了知识，人变成了服务的主体。但今后的知识服务至少有一部分可能真的不需要人来完成了，机器可能在很多领域跃升为服务的主体。这就是人工智能要做的事情了。知识服务最终会不会与智慧出版相结合，这值得期待。从这个意义上说，知识服务会给传统出版业带来挑战是肯定的。

所以今天，有些人所谓的"知识付费"，其实就是传统的出版服务，没有什么创新的模式。知识付费或知识服务，充其量只是一个营销的概念，而非现代意义上的知

识服务。

正是基于这种认识，参与原国家新闻出版广电总局知识资源服务模式试点工作的单位，所开发建立的知识服务系统，有些已经不再是以往的电子出版、数字报刊或数据库等媒体搬家式的数字出版工作了。特别是已经形成商业模式的系统，它们还真不是传统的知识作品的阅读，它们提供的检索服务，甚至定制化的商业服务的底层数据结构有可能已经是经过自然语言处理的多维度网状的知识图谱了，同时系统还会结合获取到的用户行为数据不断地完善数据结构并更新迭代出更加贴合用户需求的服务。有些甚至已经结合新技术建立了一种全新的知识内容服务模式。就我个人而言，我更关注的是知识资源服务模式的创新，而不是原有知识内容新瓶装旧酒式的服务。

本书从互联网知识付费对传统出版业的冲击以及建设国家知识资源服务模式的重要性入手，分析了知识资源服务模式试点单位遴选情况、试点单位知识服务产品建设情况，同时全面介绍了国家知识资源服务模式试点工作情况，包括背景、历程、成绩和问题。

为摸清情况，我们还开展了试点单位问卷调查。调查问卷共发出 110 份（覆盖全部试点单位），回收 95 份。我们对问卷内容进行了分析。问卷内容涉及如下方面：知识资源总体情况，包括知识资源拥有情况、知识资源规模情况、知识资源服务应用开发情况、知识资源类别分布情况等；试点单位运营情况，包括资金投入情况、产品销售情况、市场推广情况、盈利模式情况、人员投入情况等；试点单位产品情况，包括产品内容、产品形式、产品内容资源权利情况、产品应用效果自我评估等；试点单位用户情况，包括总用户数量、活跃用户数量、用户行为采集情况、用户分布情况等；当前存在的困难和未来预期等。

在上述情况介绍和分析基础上，本书第一次全面发布了已经研制的知识服务标准，包括：知识服务标准体系表、知识资源建设与服务工作指南、知识资源建设与服务基础术语、知识资源通用类型、知识元描述通用规范、知识应用单元描述通用规范、知识关联通用规则、主题分类词表描述与建设规范等。

本书还全面收集了国家知识资源服务模式试点单位应用案例，案例共 82 份。我们对这些案例进行了详细的分析，主要涉及知识服务产品、产品定位、服务对象、产品功能及特点、运营模式、盈利模式、技术架构、采用相关标准情况等几个方面的内容。

为了给读者提供多元的信息和内容，本书摘录了部分流行的知识服务观点，这些观点也许与本书编者的观点不尽一致，但具有代表性，应予以留存。这些观点主要围绕下面几个方面进行摘录：知识服务的起源与概念、知识付费的创新与实践、出版业怎么做知识服务、知识服务未来发展趋势等。

本书还对当前知识资源服务模式试点工作中发现的问题进行了归纳和总结，这些问题是：内容资源多数局限于本单位，难互联互通；不了解用户需求，使得产品功能虚设、产品运营投入低，多数产品尚未赢利；标准应用不深入，执行力度有待加强；各家知识服务产品开发框架不统一，维护成本较高；多数知识服务产品仅考虑功能点，产品缺乏友好性。本书也对知识服务应用推广工作提出了若干建议，包括：建立内容资源共享机制、加强知识服务垂直应用、加快各项标准推广使用、加大服务保障体系建设、加强知识服务持续推动等。

纵观目前知识服务研究情况，本书应该是比较全面的关于知识服务研究与实践的总结报告，参与本书撰写的一线科研与技术人员多达 173 人，全书共 3 册。

最后要说的是，试点的意义在于探索，以试点形式完成全行业知识服务转型这本身并不现实。知识服务的主体在市场中，知识服务最具活力的突破也一定在市场中，将来我们能看到的成功的具有商业意义的知识资源服务模式更会是市场激发出来的。政府前瞻性的指导与支持，代表的是一种方向和态度。本次参与知识资源服务模式试点的单位，其建立的知识服务系统和商业应用，也不都源自试点，有些是他们本身在市场运营中自行探索的，我们只是将其纳入试点工作而已。这套书的出版，既是对试点工作的总结，也是给那些未参与试点工作的单位提供的参考。下一步，我们还将推动知识服务联盟的成立和知识服务分中心、分平台的搭建，以及知识服务在垂直领域的应用。通过这些具体的工作，我们希望能为出版业知识服务转型提供力所能及的支持。

最后，感谢对知识资源服务模式试点工作给予具体指导的领导，感谢所有参与知识资源服务模式试点工作的单位及个人，感谢历次不辞劳苦提供智力支持的专家，感谢中国新闻出版研究院工程研发中心的全体工作人员。谢谢你们！愿我们在新的一年继续撸起袖子加油干！

张　立

2019 年 2 月 20 日于北京

图书在版编目(CIP)数据

出版业知识服务转型之路：国家知识资源服务模式
试点研究：全3册 / 张立主编. -- 北京：社会科学文
献出版社, 2019.8
　　ISBN 978-7-5201-4986-0

　　Ⅰ.①出…　Ⅱ.①张…　Ⅲ.①出版业-知识经济-产
业发展-研究-中国　Ⅳ.①G239.2

　　中国版本图书馆CIP数据核字（2019）第110672号

出版业知识服务转型之路（全3册）
　　——国家知识资源服务模式试点研究

主　　编 / 张　立

副 主 编 / 刘颖丽　介　晶

出 版 人 / 谢寿光
责任编辑 / 刘　姝　江　山
文稿编辑 / 许文文

出　　版 / 社会科学文献出版社·数字出版分社（010）59366434
　　　　　地址：北京市北三环中路甲29号院华龙大厦　邮编：100029
　　　　　网址：www.ssap.com.cn

发　　行 / 市场营销中心（010）59367081　59367083
印　　装 / 三河市尚艺印装有限公司

规　　格 / 开　本：787mm×1092mm 1/16
　　　　　印　张：56.5　字　数：965千字
版　　次 / 2019年8月第1版　2019年8月第1次印刷
书　　号 / ISBN 978-7-5201-4986-0
定　　价 / 338.00元（全3册）